KB175790

알프레트 아들러(1870~1937)

아들러가 태어난 집 빈 루돌프스하임의 마리마힐퍼 거리 208

빈 김나지움 아들러의 성적은 우수하지 않았지만 노력형이었다.

우수에 찬 모습의 아들러(15세 때)　　《신경증적 기질》(1917)

빈 대학교　의학부를 졸업한 아들러는 안과의사가 되었다(1895).

▲국제정신분석학회(1911)
프로이트의 《꿈의 해석》(1900)을 읽고 프로이트와 교류하게 된 아들러는 '빈 정신분석학회' 핵심 멤버가 된다. 1910년 '빈 정신분석학회' 회장을 맡기도 했으나 프로이트와 학설상 이견으로 탈퇴하여 '개인심리학회'를 결성했다.

◀빈에서 강연
제1차 세계대전이 끝난 뒤 아들러는 빈에서 열정적인 사회비평가로 발언하며 많은 사람들을 일깨웠다.

세계사상전집100
Alfred Adler
WHAT LIFE SHOULD MEAN TO YOU
아들러 인생방법 심리학
알프레트 아들러/한성자 옮김

동서문화사

아들러 인생방법 심리학
차례

아들러 인생방법 심리학

1 인생의 의미란 무엇인가 … 11

2 마음과 몸은 어떤 관계인가 … 31

3 열등감 보상과 우월감 추구 … 51

4 처음 기억에 담긴 의미 … 71

5 꿈을 이해하고 사용하는 방법 … 92

6 우리는 가족에게 어떤 영향을 받는가 … 117

7 우리는 학교에서 어떤 영향을 받는가 … 149

8 사춘기란 무엇인가 … 172

9 범죄의 발생 원인과 그 예방법 … 186

10 직업이란 무엇인가 … 224

11 개인과 사회는 어떤 관계인가 … 236

12 사랑과 결혼에 대한 모든 것 … 248

삶의 용기는 어떻게 일어나는가–한성자 풀어 옮김

　　1 잃어버린 용기 … 271

　　2 용기란 무엇인가 … 299

　　3 용기를 꺾어버리는 방법 … 335

　　4 용기를 북돋워주는 방법 … 342

　　5 상담을 통한 도움 … 382

아들러 삶의 고민을 해결하는 100가지 말–한성자 풀어 엮음

　　아들러 삶의 고민을 해결하는 100가지 말 … 397

아들러 '인생방법 심리학'에 대하여–한성자

　　아들러 '인생방법 심리학'에 대하여 … 485

What Life Should Mean to You

아들러 인생방법 심리학

1 인생의 의미란 무엇인가

사람은 무엇으로 사는가

인간은 수많은 의미의 영역에서 살아가고 있습니다. 우리는 현실 상황을 그 자체로서 경험하는 것이 아닙니다. 언제나 자기에게 의미 있는 것만 경험하게 됩니다. 우리의 경험은 근본적으로 이미 인간적인 목적에 의해 규정됩니다.

'나무'는 '인간과의 관계에서 나무'라는 의미이고, '돌'은 '인간 생활의 요소로서 돌'이라는 의미입니다.

이런 의미를 빼놓고 눈앞에 사실만 생각하려는 사람이 있다면, 그런 사람은 불행해지기 쉽습니다. 자신을 타인으로부터 멀어지게 하는 이런 인생 행동은 누구에게도 도움이 되지 않으며, 한마디로 삶이 무의미해집니다. 인간은 의미를 떠나서는 살아갈 수 없습니다. 사람은 언제나 현실을, 그것에 부여한 의미를 통해 경험합니다.

즉 현실을 그 자체로서 체험하는 게 아니라, 무언가 해석된 것으로서 경험하게 됩니다. 그러므로 그 의미란 늘 미완성이거나 불완전하며, 결코 완전하고 올바를 수 없다는 결론을 내려야 마땅합니다. 삶의 의미 영역은 이처럼 오해의 영역이라고도 할 수 있습니다.

누군가에게 "인생의 의미란 무엇인가?" 묻는다면 아마 선뜻 대답하기 어려울 것입니다. 거의 그런 질문에 머리를 싸매고 고민하려 들지 않거나, 뚜렷하게 대답하려 들지 않습니다. 그 질문은 오래되고 낡은 탓입니다. 우리 시대 젊은이들—노인도 그렇지만—은 때때로 이런 의문을 갖게 됩니다.

"우리는 왜 살아가는가? 삶의 의미란 무엇인가?"

그러나 이런 질문을 하는 것은 무언가에 절망감을 느꼈을 때뿐이라고 할 수 있습니다. 모든 것이 잘 풀리고 있어 어려운 문제에 부딪히지 않으면 그런 질문을 던지지 않습니다.

오히려 사람들은 행동으로 묻고 답합니다. 귀를 막아 언어를 가리고 행동만을 집중해서 관찰하면, 사람은 저마다 고유한 '인생의 의미'를 가지고 있고 의견, 태도, 움직임, 표현, 버릇, 야심, 습관, 성격 특성 등 모든 것이 그 의미를 향하고 있음을 알 수 있습니다.

인간은 살아가는 나날에 대해 마치 어떤 이해에 의지하는 것처럼 행동합니다. 그 모든 행동 속에 세계와 자신에 대한 암묵적인 평가, 즉 '나는 이러하고 우주는 이러하다'는 판단, 또 자기 자신과 인생에 부여하는 의미가 있습니다.

인생에 주어지는 의미란 사람 수만큼이나 많고, 이미 헤아렸듯이 모든 의미에는 많든 적든 오류가 있습니다. 그리고 인생에 대한 절대적인 의미를 알고 있는 사람은 인류 역사상 어느 누구도 없으리라 단언할 수 있을 것입니다. 그렇기 때문에 어떤 의미가 도움이 되는지, 또 어떤 의미는 절대적으로 잘못된 것인지 단정 지을 수는 없습니다. 모든 의미는 이러한 두 가지 한계 사이의 차이입니다.

'삶의 의미'는 여러 뜻을 갖지만, 어떤 의미는 잘 기능하고 어떤 의미는 그다지 효과적이지 않습니다. 오류가 적은 것이 있는가 하면 큰 것도 있습니다. 우리는 더 나은 의미가 공통으로 지닌 게 무엇인지, 받아들이기 어려운 의미가 가진 결함이 무엇인지 발견할 수 있습니다. 그리하여 그것에서 진리의 공통 척도, 인간과 관련된 범위 안에서 현실을 해석할 수 있는 공통의 의미를 이끌어낼 수 있습니다.

따라서 우리는 '진실'이란 인류에 대한 진실, 인간의 목표와 목적에 대한 진실이라는 뜻임을 깊이 새겨두어야 합니다. 그것 말고 진리는 없습니다. 만일 다른 진리가 있다고 해도 우리와는 관계가 없는 진리입니다. 그것을 아는 것은 불가능하며, 무의미한 일입니다.

인생의 세 가지 과제

모든 사람은 세 가지 중요한 기반 위에 살고 있으며, 그것이 사람의 현실을 이루어 나갑니다. 왜냐하면 거기에서 사람이 맞닥뜨리는 모든 문제와 질문이 생겨나기 때문입니다. 우리는 언제나 그런 질문에 답하고 그런 문제를 처리해야만 합니다. 사람은 끊임없이 그것들과 부딪히기 때문입니다. 그 사람의 대답 안에서 인생의 의미에 대한 개인적인 생각을 알 수 있습니다.

그 기반의 하나는 우리가 이 작은 행성의 표면, 즉 지구상에 산다는 사실입니다. 그 밖의 장소에서는 살 수 없습니다. 우리는 '지구'라는 공간이 내려주는 제한과 가능성 속에서 발전해야 합니다. 이 지구상에서 개인으로 살기 위해서나, 또 인류의 존속을 보장하기 위해서도 몸과 마음이 함께 발달해야 합니다. 이는 모든 사람에게 대답을 요구하는 피할 수 없는 문제입니다.

우리가 무엇을 하든, 그 행위는 인간 생활에 대한 우리 자신의 대답입니다. 그것은 우리가 필요하다고 여기는 것, 그리고 적절하며 가능하고 바람직하다고 생각하는 것을 보여줍니다. 모든 대답은 우리가 인류의 한 구성원이라는 점, 인류가 이 지구상에 살고 있다는 점, 그것을 바탕으로 얻어져야만 합니다.

따라서 인간의 허약한 신체와 우리 앞에 있는 잠재적 위험을 생각한다면, 폭넓은 시야에서 일관된 대답을 하기 위해 그것을 재평가하는 일이 매우 중요합니다. 이는 우리 생활과 인류의 행복을 위한 것입니다.

우리는 수학 문제를 다룰 때처럼 해답을 찾기 위해 노력해야만 합니다. 되는대로 아무렇게나, 추측을 따라 나아갈 수는 없습니다. 우리가 쓸 수 있는 모든 수단을 다해서 올곧게 나아가지 않으면 안 됩니다. 확고한 진리를 세울, 절대적으로 완전한 해답을 찾을 가능성은 거의 없어 보이더라도, 우리는 정답에 가까운 것을 찾기 위해 온 힘을 기울여야 합니다.

그리하여 끊임없이 더 나은 답을 구해야만 합니다. 그리고 모든 답은 우리가 이 지구라는 행성의 빈약한 표면에, 그 위치가 가져다주는 모든 이점 및 결점과 함께 묶여 있다는 사실을 생각하지 않으면 안 됩니다.

여기서 우리는 두 번째 기반에 이르게 됩니다. 바로 누구나 인류의 오직 한 사람의 성원은 아니라는 점입니다. 우리 주위에는 나 아닌 다른 사람들이 있습니다. 또한 그들과 관계를 맺고 살아갑니다. 개인으로서의 인간은 약하고 한계가 있으므로 자신의 목표를 이룰 수가 없기 때문입니다. 만일 그러한 상태로 살아가며 홀로 문제에 대처한다면 자멸할 수밖에 없습니다. 그는 자신의 삶을 이어갈 수 없고, 그렇다면 인류의 삶도 오래 이어질 수 없습니다. 따라서 사람은 허약함과 결점, 한계로 인해 언제나 다른 사람과 관계를 맺고 살아가는 것입니다.

개인의 행복과 인류의 행복에 가장 도움이 되는 것은 공동체 감각입니다. 그러므로 인생의 문제에 대한 모든 답은 이 바탕을 고려해야만 합니다. 우리가 다른 이와 관계를 맺으며 살아가고 있다는 것, 만일 혼자라면 삶을 유지할 수 없을 것이라는 사실을 드러낸 답이 아니면 안 됩니다. 살아남고자 한다면 우리의 감정조차도 문제와 목적과 목표의 가장 큰 것, 즉 우리가 동료와 협력해 살아가는 이 우주에서 개인으로서의 우리 삶과 인류의 삶을 꾸준히 이어 나가는 것과 일치해야 합니다.

우리를 지배하는 세 번째 기반은, 인간은 두 가지 성(性)으로 구성되어 있다는 사실입니다. 개인과 공동체의 생활을 유지하기 위해서는 이 사실도 헤아려야 합니다.

사랑과 결혼 문제는 이 세 번째 바탕에 속합니다. 어느 누구도 그것을 무시한 채 인생을 살아갈 수는 없습니다. 사랑과 결혼 문제에 맞닥뜨렸을 때, 우리가 무엇을 하든 그것이 이 문제에 대한 답이 됩니다. 여기에 대답하는 방법은 많습니다. 인간 행동은 그들 스스로 이 문제에 대한 유일한 답이라 믿고 있는 것을 보여줍니다.

이런 세 가지 기반에 따라서 다시 세 개의 문제가 제기됩니다. 먼저 자연환경에 따른 한계 안에서 살아남을 수 있게 하는 일을 어떻게 찾을 것인가, 다음으로 나를 둘러싼 동료들 가운데에서 어떻게 내 자리를 찾을 것인가, 끝으로 인류의 존속은 두 성의 관계에 달려 있다는 사실에 어떻게 적응할 것인가입니다.

개인심리학은 인간의 모든 문제를 이 세 가지 문제, 즉 일과 대인 관계와 성으로 나눌 수 있다고 보아왔습니다. 사람들은 저마다 이 세 가지 문제에 보이는 반응으로 인생의 의미에 대한 개인적 해석을 분명하게 드러냅니다.

이를테면 성생활이 불완전한 사람, 자신의 일에서 노력하지 않는 사람, 또는 친구가 거의 없고 동료와 가까이하는 것을 고통으로 여기는 사람을 가정해 봅니다. 그런 사람은 인생에서 자신에게 주어진 한계와 제한 때문에, 삶을 실패뿐인 어렵고도 위험한 것으로 여깁니다. 이런 사람일수록 아래와 같은 생각을 가지고 있으므로 행동 범위가 좁습니다.

'인생은 위험에 대해 방어벽으로 자신을 보호하고 무사히 달아남으로써 스스로를 지키는 일이다.'

한편 이런 사람을 관찰한다고 가정해 봅니다. 이 사람은 친밀하고 협조적인 사랑의 관계를 가지고 있고, 일은 유익한 결실을 맺으며, 친구는 많고, 다른 사람과의 유대는 넓고 풍요롭습니다. 이런 사람은 인생을, 좋은 기회들은 많은 반면 돌이킬 수 없는 실패를 가져다주는 일은 아주 작은 창조적인 과제로 보고 있습니다. 이 사람이 인생의 모든 과제와 마주하는 용기는 이런 생각에서 나옵니다.

'인생은 동료에 대한 관심이고, 전체의 일부이며, 인류 행복에 이바지하는 일이다.'

함께 살아가기 감각

우리는 여기서 잘못된 '인생의 의미' 모두와, 진실한 '인생의 의미' 모두가 가진 공통 척도를 볼 수 있습니다. 모든 잘못—신경증 환자, 정신장애인, 범죄자, 알코올의존자, 문제아, 자살자, 성도착자(性倒錯者), 매춘부—의 까닭은 함께 살아가기, 즉 공동체 감각이 없기 때문입니다. 그들은 일, 우정, 성(性), 이런 문제를 힘을 모아 서로 도움으로써 해결할 수 있다고 믿지 않습니다. 그들이 인생에 두는 의미는 개인적인 것들뿐입니다. 즉 자신이 한 일에서 이득을 얻는 것은 자기뿐이라 여기고, 모든 관심을 자신에게만 쏟는 것입니다. 그들의 성공 목표는 단순한 허구의 개인적 우월성이며, 승리는 오로지 그 자신에게만 의미를 둘 뿐입니다.

이를테면 살인자가 무기를 손에 들었을 때 스스로 강한 사람이라고 느꼈음을 고백할 경우, 이것은 틀림없이 자기 혼자만을 염두에 둔 것입니다. 사람들은 고작 무기를 손에 쥐는 일이 뛰어난 가치를 가진다고는 생각하지 않기 때문입니다.

사실 개인적인 의미는 완전히 무의미합니다. 참된 의미는 다른 사람과의 교류 속에서만 만들어질 수 있습니다. 오직 한 사람에게만 기능하는 의미를 가진 말들은 사실상 아무런 의미도 갖지 못합니다. 우리의 목적과 행동 또한 마찬가지입니다. 모든 사람은 의미를 추구합니다. 그러나 만약 자신의 의미가 다른 사람의 인생에 이바지하고 있음을 깨닫지 못한다면 그것은 잘못된 것입니다.

한 작은 종교 단체의 이야기입니다. 어느 날 예언자가 신자들을 모아놓고 다음 주 수요일에 이 세계는 종말을 맞이한다고 말했습니다. 크게 놀란 신자들은 가진 것을 모두 팔아치우고 하던 일을 그만둔 뒤, 흥분 속에 그날을 맞을 준비를 했습니다. 하지만 그 수요일이 되었을 때는 막상, 아무 일도 일어나지 않았습니다. 목요일이 되자 그들은 예언자를 찾아가 해명을 요구했습니다.

"당신 때문에 우리는 곤경에 빠졌습니다. 우리는 모든 것을 버렸어요. 만나는 사람 모두에게 수요일에 세계가 멸망한다고 전했습니다. 모두 우리를 비웃었습니다. 그러나 결코 흔들리지 않고 틀림없는 권위자에게 그 이야기를 들었다고 말했습니다. 하지만 수요일이 지났는데도 세계는 아직 아무 일도 없지 않습니까?"

이 말을 듣고 예언자가 대답했습니다.

"하지만 나의 수요일은 당신들의 수요일이 아니오."

이렇게 예언자는 개인적인 의미를 써서, 비난으로부터 자신을 보호했습니다. 이러한 의미는 검증되지 않기 때문입니다.

모든 참된 '인생의 의미'의 근거는, 그것이 사람들 사이에 공통 의미를 가지고 있다는 점입니다. 다른 사람이 공유할 수 있는 의미이자 받아들일 수 있는 의미라는 뜻입니다. 인생의 문제에 대한 유용한 해결법은 언제나 다른 이에게도 좋은 행동 원리가 됩니다. 우리는 거기서 공통 문제가 성공적인 방법으로 처리되는 것을 볼 수 있기 때문입니다. 천재조차 최고의 유용성에 지나지 않는다고 정의할 수 있습니다. 우리가 어떤 사람을 천재라 부르는 것은 삶이 다른 사람에 의해 자신들에게 의미를 지닌다고 느껴질 때뿐입니다.

이러한 인생에서 드러나는 의미는 '인생의 의미란 전체에 대한 공헌'이라는 것입니다. 여기서 우리는 겉으로 보여지는 동기를 말하는 것이 아닙니다. 우리는 이러한 겉보기는 무시하고 그 대신 실제로 이룩된 것을 보기 때문입니다.

인생의 과제에 부딪혀 성공하는 사람은 마치 인생의 근본적인 의미란 다른 사람에 대한 관심과 협력이라는 것을 스스로 충분히 인정하는 듯이 행동합니다. 그런 사람이 하는 일은 모두 동료에 대한 관심에 의해 이끌려지고 있는 것처럼 보입니다. 그리고 어려움에 부딪히면 그것을 다른 이의 행복과도 이어지는 방법으로 극복하려 합니다.

이것은 아마 대부분의 사람들에게는 새로운 시점(視點)일 것입니다. 또한 인생의 의미가 정말 전체에 대한 공헌, 그리고 다른 이에 대한 관심과 협력에 있는 것이 맞는지 의심할 수도 있습니다. 그들은 다음처럼 물을지도 모릅니다.

"그렇다면 개인은 어떻게 되는 것인가? 만일 언제나 다른 사람을 생각하고 다른 이의 이익을 위해 자신을 바친다면, 그건 한 사람의 개성을 잃어버리는 것이 아닌가? 무엇보다 자신의 이익을 보호하고, 개성을 강화하는 법을 배워야 하는 사람도 있지 않을까?"

나는 이러한 견해는 잘못된 것이고, 그것이 보여주는 문제는 허위라고 생각합니다. 사람이 만약 인생이 주는 의미에 대해 뭔가 이바지하고 싶다면, 그리고 모든 감정이 이 목표로 향해진다면 공헌을 가장 좋은 방법으로 여기는 것은 마땅한 일입니다. 그들은 목표를 향해 자신을 조정합니다. 공동체 감각을 키우고 연습함으로써 그것에 익숙해질 것입니다. 한번 목표가 정해지면 나머지는 훈련뿐입니다. 그러면 그때 인생의 과제를 해결하고 자신의 능력을 키울 수 있는 힘이 붙을 것입니다.

사랑과 결혼을 예로 들어봅시다. 만약 우리가 상대에게 관심이 있고 상대의 인생을 안락하게 만들고 풍요롭게 하는 데 노력을 다하고 있다면, 당연히 우리는 가능한 한 자신을 최선의 존재로 만들려고 할 것입니다. 하지만 다른 사람의 인생에 도움을 주고자 하는 마음 없이 자신의 개성을 발달시킨다면, 우리는 참을 수 없을 만큼 지배적인 존재가 될 것입니다.

그 밖에도 공헌이 인생의 참된 의미라고 헤아릴 수 있는 예가 있습니다. 오늘날 우리는 조상으로부터 물려받은 유산에서 무엇을 볼 수 있을까요? 그 가운데 남아 있는 것은 모두 인간 생활에 큰 공헌을 한 것뿐입니다. 우리는 경작된 땅과 길, 건물을 볼 수 있습니다. 조상들이 인생 경험을 통해 거둔 열매는 전통, 철학, 과학, 예술, 그리고 우리 인간의 상황에 대처하기 위한 기술로써 전해지고 있습니다. 이러한 것들은 모두 인간의 행복에 공헌한 사람으로부터 우리에게 이어져왔습니다.

다른 사람은 어떻게 되었을까요? 협력하지 않은 사람, 인생에 다른 의미를 부여한 사람, "인생에서 무엇을 얻을 수 있는가?" 이렇게밖에 묻지 않았던 사람은 어떻게 되었을까요? 그들은 아무것도 남기지 않고 죽었습니다. 그들의 인생은 불모(不毛)였습니다. 지구가 그들에게 말을 걸어 다음처럼 이야기했듯이 말입니다.

"우리는 당신들을 필요로 하지 않는다. 당신들은 인생에 어울리지 않는다. 당신들의 목적과 노력, 당신들이 중요하다고 여긴 가치, 당신들의 마음과 정신에는 미래가 없기 때문이다. 가라! 필요하지 않다. 죽어버려라, 사라져버려라!"

협력과는 거리가 먼 것을 인생의 의미로 삼은 사람에 대한 마지막 심판은 이것입니다.

"당신에게는 아무런 가치가 없다. 누구도 당신을 필요로 하지 않는다. 가라!"

물론 오늘날 우리 문화는 불완전합니다. 그리고 결함이 있는 것은 변해야 합니다. 그러나 그 변화는 언제나 인류의 행복에 더욱 이바지하는 것이어야 합니다. 이 사실을 이해하고, 인생의 의미는 인류 전체에 관심을 가지는 것임을 알고, 공동체 감각과 사랑을 키워나간 사람은 늘 존재했습니다.

모든 종교에서 이러한 인류 구제에 대한 관심을 엿볼 수 있습니다. 세계의 모든 위대한 운동에서 사람들은 공동체 감각을 키우는 데 노력을 기울여왔고, 종교가 그 방향의 가장 중요한 노력 가운데 하나입니다. 그러나 이것은 이따금 오해를 받았습니다. 만일 종교가 이 공통 과제를 위해 더욱 세밀하게 대처하지 않으면 종교가 이미 이루어온 것 이상으로 나아가기는 어렵습니다.

개인심리학은 과학적인 방법으로 같은 결론에 이르러 있고, 그것을 마침내 이룩하기 위해 과학적인 방식을 제안합니다. 나는 이것을 우리가 앞으로 나아가기 위해 내디딘 한 걸음이라고 생각합니다. 아마도 과학은 인간과 인류의 행복을 위한 관심을 튼튼히 다짐으로써, 이 영역에서 정치적이든 종교적이든 다른 어떠한 운동이 일찍이 해온 것보다 더 많은 것을 이룩하게 될 것입니다.

우리는 다른 각도에서 문제에 접근하지만 의도는 같습니다. 다른 사람에 대한 관심을 키우는 일입니다.

우리가 인생에 부여하는 의미는 이른바 수호천사가 될 수도 있고 또 우리 인생에 따라다니는 악령이 될 수도 있으므로, 이러한 의미가 어떻게 이루어졌고, 그것들이 서로 어떻게 다르며, 그리고 만약 그것들이 큰 오류를 포함하고 있다면 어떻게 고칠 수 있는지를 이해하는 것은 매우 중요합니다.

생리학이나 생물학과 구별되는 심리학의 역할은, 우리에게 의미와 그것이 인간 행동과 운명에 영향을 주는 방법을 이해시키는 일입니다.

어린 시절의 경험

우리는 어린 시절, 그 최초의 순간부터 이 '인생의 의미'를 더듬어 찾고 있습니다. 젖먹이조차 자기 자신을 확인하고, 자기 주변의 인생에 끼어들기 위해 노력합니다. 어린이는 다섯 살까지 통일되고 결정화된 행동 유형, 문제와 과제에 대한 접근 방식(생활 양식)을 선택해 왔습니다.

어린이는 이미 세계와 스스로에게 무엇을 기대할 수 있는지에 더욱 깊이, 지속적으로 관련하게 될 관념을 자신 안에 세웁니다. 그 뒤에는 이렇게 확립된 통각(統覺)[1]으로 세계를 볼 수 있습니다. 사건은 그것이 받아들여지기 전에 해석되고, 그 해석은 언제나 어린이가 인생에 부여해 온 본래 의미와 일치합니다.

만일 이 의미에 중대한 오류가 있다 해도, 또 문제와 과제에 대한 우리의 잘못된 접근이 결과적으로 끊임없는 불운과 불행을 불러오게 된다 해도 우리는 쉽게 포기하지 않습니다. 인생의 의미에 대한 우리의 그릇된 인식은 잘못된 해석이 내려진 상황을 다시 생각해 오류를 인정하고, 통각을 재검토해 수정함으로써 바로잡을 수 있습니다.

그런데 개인이 이처럼 통각 체계를 바꿈으로써 자신이 인생에 부여했던 잘못된 의미를 고친다거나 혼자 힘으로 끝까지 변화하는 데 성공하는 경우는 매우 드뭅니다. 어떤 사회적인 압력도 받지 않거나, 또는 낡은 접근을 계속하고 있다면 잘못된 인식 체계가 바뀌는 일은 결코 없을 것입니다. 자기 자신의 방식을 바꾸어야만 모든 일이 잘되리라는 사실을 깨닫지 못하기 때문이죠.

일반적으로 한 사람의 삶의 방식을 바꾸는 가장 유효한 방법은 심리학이나 그러한 의미를 이해하는 훈련을 받은 사람의 도움을 얻는 것입니다. 그런 사람은 처음의 오류를 발견하는 것을 도와 더욱 알맞은 의미를 제안할 수 있습니다.

어린 시절의 상황이 다르게 해석되는 단순한 예를 들어봅시다. 어린 시절의 불행한 경험에 완전히 반대의 의미를 부여하게 될지도 모릅니다.

이를테면 어떤 사람은 불행한 경험에 더는 얽매이지 않고 앞으로는 회피할 수 있다고 생각합니다. 그리고 '그 불행을 없애기 위해 우리 아이들이 더 좋

---

1) 경험이나 인식을 자기의 의식 속으로 종합하고 통일하는 작용.

은 상황에 있도록 노력해야 한다'고 여길 것입니다. 그러나 똑같은 경험을 한 사람이 이렇게 느낄 수도 있습니다.

'인생은 불공평하다. 다른 사람만 언제나 잘살고 있다. 세상이 나를 이렇게 다루는데, 왜 내가 세상을 이 이상으로 좋게 보아야 한단 말인가.'

많은 부모가 자녀들에게 "나도 어렸을 때 똑같은 괴로움을 겪었지만 나는 그것을 이겨냈다. 너희들도 그렇게 해야 한다"고 말하는 것은 이런 이유에서 입니다. 어떤 사람은 이렇게 생각할지도 모릅니다.

'나는 불행한 어린 시절을 보냈으니까 무엇을 해도 용서받아야 한다.'

그 어느 경우에도, 그들이 어떤 식으로 인생에 의미를 부여하고 있는지는 행동으로 이해할 수 있습니다. 그리고 해석을 바꾸지 않는 한 결코 행동도 바꾸지 않을 것입니다.

개인심리학이 결정론에서 벗어나는 것은 여기에 있습니다. 어떠한 경험도 그 자체로는 성공과 실패의 원인도 아닙니다. 우리는 자신의 경험에 의한 충격—이른바 트라우마—에 괴로워하지 않고, 경험 속에서 목적에 맞는 것을 찾아냅니다. 자신의 경험으로 결정되는 것이 아니라, 경험에 내리는 의미에 따라서 스스로를 결정합니다. 그래서 특정한 경험을 앞으로 다가올 인생을 위한 기초로 생각할 때, 무언가 잘못을 저지르는 것입니다.

의미는 상황에 따라서 결정되는 것이 아닙니다. 우리가 상황에 부여하는 의미에 의해 스스로를 결정합니다.

신체 기관열등성

매우 잘못된 의미가 이끌려 나오는 어린 시절의 상황이 있습니다. 잘못의 대부분은 그 상황을 겪은 어린이에게서 일어납니다. 유아 때 신체장애나 질병으로 고통받은 어린이들이 이 경우에 속합니다. 이런 어린이들은 많은 어려움을 겪기 때문에 인생의 의미가 다른 사람에게 공헌하는 데 있다고 느끼기가 쉽지 않습니다.

누군가가 곁에서 그 아이로 하여금 자신의 문제에서 벗어나 타인에게 관심을 갖게 하지 못하면, 결국 아이는 자신의 일에만 마음을 빼앗기게 됩니다. 그리고 시간이 지나 자신을 주위 사람과 비교하고 용기가 꺾일지도 모릅니다. 또 주위 사람들이 그를 안타까워하거나 조롱하고 피함으로써 아이에게 열등감을 안겨줄 수도 있습니다.

이것은 모두 그러한 어린이들이 고립되어 사회에서 쓸모 있는 역할을 할 수 있다는 희망을 잃고, 자신이 세상으로부터 수치를 당하고 있다고 여기게 하는 상황입니다.

신체에 열등한 기관이 있거나 분비샘에 이상이 있는 어린이가 부딪히는 어려움을 서술한 것은 아마 내가 처음일 겁니다. 이 분야의 과학은 크게 진보했지만, 내가 바랐던 방향과는 많이 다릅니다. 나는 처음부터 그러한 결함을 유전이나 신체 상태 탓으로 돌리는 근거보다는, 그러한 고통을 이겨내는 방법을 찾고 있었습니다.

어떠한 신체 결함도 왜곡된 삶의 방식을 강제하지는 않습니다. 샘(腺)이 모든 사람에게 똑같은 영향을 미치는 일은 결코 없습니다. 실제로 우리는 곤란을 극복하는 어린이들, 그리고 어려움을 이겨낼 때 뛰어나게 이로운 능력을 발달시키는 어린이들을 때때로 볼 수 있습니다.

그 때문에 개인심리학은 우생학(優生學)의 선별 계획에 있어서는 그다지 좋은 선전이 될 수 없습니다. 가장 뛰어난 사람, 우리 문화에 크게 기여한 사람의 대부분이 인생을 시작할 때 불완전한 기관을 가지고 있었습니다. 건강이 나빠서 일찍 죽은 사람 또한 있었습니다. 신체적으로나 환경적으로 곤란한 처지를 이겨낸 사람만이 진보와 발명을 가져왔습니다. 싸움이 그들을 강하게 단련해 그런 일이 없었을 때보다 한결 더 멀리 나아가게 한 것입니다.

신체만으로는 정신이 잘 발달했는지 아닌지 판단할 수 없습니다. 그러나 이제까지는 신체의 기관열등성이나 샘의 분비이상을 가지고 인생을 시작한 어린이들 대부분이 올바른 쪽으로 훈련되지 않았습니다. 그로 말미암아 이러한 어린이들의 어려움은 이해받지 못하고, 그들은 오로지 자신에게만 관심을 기울이게 되었습니다. 어린 시절 기관열등성의 무거운 짐을 진 어린이들 가운데 잘못된 경우를 많이 볼 수 있는 것은 이 때문입니다.

응석받이

인생의 의미를 곧잘 잘못된 해석으로 이끄는 두 번째 상황은 응석받이로 자란 어린이의 경우입니다. 응석받이로 자란 어린이는 자신의 말이 곧 법이 되기를 기대하도록 키워집니다. 그들은 주목받지만 주목받으려는 노력을 하지는 않습니다. 그리고 보통 이렇게 주목받는 것을 타고난 권리로 요구하게 됩니다.

그 결과 자신이 주변 관심의 중심에 있지 못하거나 남들이 자기 감정을 먼저 살피지 않을 때는 당황해 어찌할 바를 모릅니다. 세상이 자신을 버렸다고 느끼는 것입니다. 베풀지 않고 받기만 하는 훈련 속에서 문제에 대처하는 다른 방법은 아무것도 배우지 못했기 때문입니다.

그들은 주위 사람들이 자기가 요구하는 대로 해주기 때문에 자립심을 잃어버리고 어떤 것도 스스로 할 줄 모릅니다. 오로지 자신에게만 관심이 쏠려서, 협조하는 것과 그 필요성을 배우지 못했습니다. 그래서 곤란에 맞닥뜨렸을 때 그것에 대처하는 방법을 하나밖에 모릅니다. 바로 다른 사람에게 요구하는 것입니다. 주목받는 위치를 회복한다면, 다른 이에게 자신은 특별한 사람이며 자신이 바라는 것은 뭐든지 허락해야 한다는 것을 인정하게 할 수 있다고 믿습니다. 그럴 때만 자신의 상황이 나아진다고 여깁니다.

응석받이가 어른이 되면, 아마도 공동체에서 가장 위험한 부류의 사람이 될 것입니다. 자신에게는 선의가 있다고 똑똑히 말하는 사람도 있을지 모릅니다. 다른 사람을 지배할 기회를 얻기 위해 매우 '사랑스러운' 사람이 될 수도 있습니다. 그러나 보편적으로 사람이 하는 일에서 평범한 사람처럼 협조할 것을 요구하면 무조건 거부합니다. 거리낌 없이 반항하는 사람도 있습니다. 이미 익숙해진 기분 좋은 따뜻함이나 순종을 찾아내지 못하면 배신당했다고 느끼는 것입니다.

그들은 공동체의 모든 사람을 적으로 대하고 복수합니다. 만약 공동체가 그들이 가진 삶의 방식에 적의를 드러내면(아마 그럴 것입니다), 그 적의를 자신만이 부당한 처사를 당했다는 새로운 증거로 여길 것입니다. 그들에게는 처벌이 아무런 도움도 되지 않기 때문입니다. 처벌은 그들에게 '모든 사람은 나의 적'이라는 생각을 확인해 줄 뿐입니다.

응석받이로 자란 어린이가 맡은 일을 그만두고 반항하거나 또는 나약함과 폭력으로 지배하려는 것 모두, 실제로는 세계에 대한 하나의 잘못된 해석을 바탕으로 한 행위일 뿐입니다. 두 가지 방법을 다른 때에 시도하는 사람도 볼 수 있습니다. 그런 사람은 '인생은 최고가 되는 것이고, 가장 중요한 사람으로 인정받는 것이며, 바라는 것은 모두 손에 넣는 것을 의미한다'고 느낍니다. 그리고 인생에 그런 의미를 내리는 한, 그들이 선택하는 모든 방법은 잘못된 것입니다.

무시

쉽게 오류에 빠지는 세 번째 상황은 무시받은 어린이의 경우입니다. 그런 어린이는 사랑과 협력이 무엇인지 모릅니다. 그들은 이러한 우호적인 힘을 담지 않는 인생의 해석을 만들어냅니다. 그들이 인생의 과제에 맞닥뜨릴 때 그 어려움을 얼마나 과대평가하고, 다른 이의 도움과 선의를 얻어 대처하는 자신의 능력을 얼마나 과소평가하는지는 쉽게 이해할 수 있습니다.

그들은 사회란 차갑고, 우호적이지 않은 곳이라 여겨왔으며 앞으로도 늘 그러리라 믿습니다. 특히 다른 이에게 도움이 되는 일을 함으로써 사랑과 존경을 얻을 수 있다는 점을 이해하지 못할 것입니다. 그래서 이러한 어린이들은 다른 사람을 의심하고 자신마저도 믿지 않습니다.

그들은 이타적이고 사심 없는 애정을 대신할 수 있는 어떠한 경험도 하지 못했습니다. 어머니의 가장 중요한 과제는, 자식에게 신뢰할 수 있는 타인을 최초로 경험하게 해주는 일입니다. 어머니는 나중에 이 믿음을 넓혀서, 마침내 아이의 모든 환경까지 거기에 포함해야 합니다.

만일 어머니가 이 최초의 과제, 즉 아이의 관심과 애정과 협력을 얻는 데 실패하면 아이가 공동체 감각, 주변 사람과 관계를 맺고 있다는 감각을 발달시키는 것은 매우 어려워집니다. 누구나 다른 사람에게 관심을 갖는 능력을 타고납니다. 그러나 이 능력은 훈련되고 단련되어야 합니다. 그렇지 않으면 발달이 늦어집니다.

만약 무시당하고 미움받는 어린이, 또는 바람직하지 않은 어린이의 극단적인 경우를 조사한다면 우리는 아마 그들이 서로 도우며 살아가는 방법인 협력이라는 것을 모르고, 그래서 다른 이와 교류하지 못한 채 고립되어 있음을 알게 될 것입니다. 하지만 이미 살펴본 것처럼, 이러한 상황에서 사람은 자멸하고 맙니다.

어린이가 그 유아기를 살아냈다는 것은 어느 정도의 보살핌과 관심을 받았다는 증거입니다. 그러므로 어린이가 완전한 무시를 당하는 경우는 없습니다. 오히려 우리가 관심을 가져야 하는 것은 보통 아이들보다 소중하게 다뤄지지 않았거나 어떤 부분에서는 무시당했지만 다른 부분에서는 그렇지 않았던 어린이들입니다. 요컨대 무시당한 어린이는 믿을 만한 타인을 만난 적이 없습니다. 인생에서의 많은 실패는 고아나 사생아들의 것이었고, 이러한 어린이를 무시당한 어린이들 범주에 넣어야 한다는 것은 우리 문명에 대한 슬픈 평가입니다.

이러한 세 가지 상황—기관열등성, 응석받이, 무시—은 인생의 의미에 대해 잘못된 결론을 내리는 커다란 원인이 될 수 있습니다. 이런 상황을 겪은 어린이들은 대부분 과제에 접근하는 방법을 바꿀 때 도움이 필요합니다. 인생이 어떤 것인지 더욱 잘 이해할 수 있게 하는 협력을 받지 않으면 안 됩니다.

만일 우리가 그러한 일에 시선을 돌리면, 다시 말해 우리가 이러한 세 가지 부류의 어린이들에게 진정으로 관심을 두고 그 방향으로 자기 자신을 훈련해 간다면 우리는 그들이 하는 모든 일에서 인생에 어떤 의미를 부여하고 있는지 발견하게 될 것입니다.

최초의 기억과 꿈

꿈과 기억(을 살펴보는 것)이 도움되리라는 사실이 밝혀질지도 모릅니다. 삶의 방식은 꿈속에서도, 깨어났을 때에도 같습니다. 단지 꿈속에서는 사회적인 요구의 압력이 강하지 않고, 안전장치와 숨을 장소가 거의 없기 때문에 개성이 더욱 드러납니다.

그러나 자기 자신과 인생에 부여하는 의미를 밝힐 때 가장 도움이 되는 것은 기억입니다. 아무리 하찮은 기억이라도, 그것은 그 사람에게 기억할 만한 가치가 있는 것이며, 그 이유는 그가 떠올리는 인생과 관계가 있기 때문입니다. 그것은 그들에게 이렇게 말합니다.

"이것은 당신이 기대해야 하는 것이다." 또는 "이것은 당신이 피해야만 하는 것이다." 또는 "이것이 인생이다!"

우리는 또다시 경험 그 자체는 중요하지 않다는 것을 강조해야 합니다. 경험은 기억 속에서 사라지지 않고 남아, 인생에 주어진 의미를 결정화하는 데 쓰이기 때문입니다. 모든 기억은 선택된 신호입니다.

최초의 기억은 사람이 얼마나 오랫동안 인생에 대해 특정한 접근을 해왔는지를 나타내고, 가장 처음 인생에 대한 태도를 공식화한 상황을 밝히는 데 특히 유용합니다. 모든 기억 가운데 첫 번째인 기억은 다음의 두 가지 이유로 중요합니다.

먼저 그것은 사람이 자기 자신과 상황에 대해 내리는 근본적인 평가를 요약합니다. 상황에 대해 최초로 내리는 요약입니다. 그리고 자신에게 주어지는 요구가 많든 적든 최초의 완전한 상징입니다.

두 번째로 그것은 그 사람의 주관적인 출발점입니다. 스스로 써온 자서전의 첫 부분입니다. 그 결과 때때로 그 속에서 자신의 허약함 또는 무능력으로 여겨지고 있는 상황과, 이상(理想)으로 여겨지는 힘과 안전에 대한 목표 사이의 대조를 볼 수 있습니다.

심리학의 목적을 위해서 최초의 것으로 여기는 기억이 과연 실제로 떠올릴 수 있는 최초의 기억인지 아닌지는 중요하지 않습니다. 실제로 있었던 사건인지 아닌지도 중요하지 않습니다. 기억은 그것이 '뜻하는 것' 때문에, 또 인생에 대한 해석과 그것의 현재와 미래에 대한 '관계' 때문에 중요합니다.

최초 기억의 몇 가지 예를 들어 그것이 나타내는 '인생의 의미'를 살펴봅시다.

"커피포트가 탁자에서 떨어져 화상을 입었어요."

'이것이 인생입니다!' 하며 자서전을 쓰기 시작한 소녀가 무력감에 빠져 인생의 위험과 어려움을 과장하는 것을 발견해도 놀라서는 안 됩니다. 그녀가 마음속으로 자신을 충분히 돌봐주지 않았다고 다른 사람을 비난한다 해도 놀랄 일이 아닙니다. 어린아이를 이렇게 위험에 빠뜨릴 만큼 누군가가 매우 부주의했던 것입니다.

세상에 대한 이와 비슷한 견해가 다른 이의 최초 기억에도 묘사됩니다.

"세 살 때 유모차에서 떨어진 것을 기억합니다."

이 기억과 함께 몇 번이나 꾸는 꿈이 있었습니다.

"세상에 종말이 오고 있었어요. 한밤중에 눈을 뜨니 하늘이 시뻘겋게 타올랐죠. 별이 모두 떨어졌고, 우리는 다른 행성에 부딪히려고 했어요. 그러나 부딪히기 직전에 잠에서 깨어났죠."

그의 최초 기억과 이따금 꾸는 꿈이 그의 용기를 꺾어 실패와 파국에 대한 두려움을 강하게 만들고 있음이 뚜렷합니다.

야뇨(夜尿)와 함께 줄곧 어머니와 부딪치는 일로 진료소를 찾은 열두 살 소년의 첫 기억은 다음과 같습니다.

"엄마는 내가 없어진 줄 알고 밖으로 뛰쳐나가 내 이름을 부르면서 몹시 걱정했어요. 나는 사실 내내 집 안의 옷장 속에 숨어 있었는데 말이죠."

이 기억에 다음과 같은 해석을 내릴 수 있습니다.

"인생의 의미는 문제를 일으켜 주목을 받는 일이다. 안전을 확보하는 방법은 속임수뿐이다. 나는 무시당하고 있다. 하지만 다른 사람을 경멸할 수 있다."

그의 야뇨증은 자신을 걱정과 주목의 중심에 머물게 하기 위한 알맞은 방법이었습니다. 어머니는 걱정했고 그것 때문에 소동을 벌임으로써 그의 인생에 대한 해석을 입증했습니다. 앞의 예처럼 이 소년은 일찍부터 바깥 세계는 위험으로 가득하다는 인상을 품고, 다른 사람이 그를 걱정해 줄 때만 안전하다는 결론을 내렸습니다. 즉 다른 사람은 그가 필요로 할 때 그를 보호하기 위해 그곳에 있다는 것이, 안심할 수 있는 유일한 방법이었습니다.

서른다섯 살 여성의 최초 기억은 다음과 같았습니다.

"어둠 속 계단에 서 있는데 사촌오빠가 문을 열고 나를 쫓아왔어요. 오빠가 너무 무서웠어요."

이 기억에서 그녀가 다른 아이들과 노는 일에 익숙하지 않았고 이성과 함께 있을 때 특히 불안해한 사실을 알 수 있습니다. 예상대로 그녀는 외동딸이었습니다. 그리고 서른다섯 살에도 여전히 미혼이었습니다.

더욱 발달한 공동체 감각은 다음의 기억에서도 볼 수 있습니다.

"어머니가 내게 젖먹이 여동생이 탄 유모차를 밀게 했던 일을 기억해요."

이 예에서는 자신보다 약한 사람과 함께 있으면 안심이 되고, 아마도 어머니에게 많은 부분을 의존하고 있는 징후도 찾을 수 있을지 모릅니다. 동생이 태어나면 오빠, 언니가 돌보면서 서로 협력하여 새롭게 가족의 한 사람이 된 아이에게 관심을 가지고, 그 아이의 행복을 위해 책임을 나누는 것은 언제나 최선의 일입니다. 만약 큰 아이들의 협력을 얻어낼 수 있으면, 젖먹이에게 관심이 쏠려도 그 일로 자기 자신의 중요성이 줄어들었다 생각하고 화를 내는 일은 없을 것입니다.

사람과 함께 있고 싶어 하는 것이 언제나 다른 이에게 진정으로 관심이 있다는 뜻은 아닙니다. 어떤 소녀는 최초 기억에 대해 이렇게 대답했습니다.

"나는 언니와 친구 둘하고 놀고 있었어요."

여기서는 사회성을 훈련하고 있는 어린이를 뚜렷이 볼 수 있습니다. 하지만 그녀가 "혼자 있는 게 가장 두려워요"라고 말한다면 새로운 견해가 등장합니다. 곧 자립심의 부족함을 볼 수 있는 것입니다.

사람이 인생에 부여하는 의미를 찾아내고 그것을 이해하면 곧 성격 전체에 대한 열쇠를 찾게 됩니다. 성격은 바뀌지 않는다는 말을 때때로 듣습니다. 그러나 그렇게 생각하는 것은 상황을 이해하는 열쇠를 발견한 적이 없는 사람뿐입니다. 이미 살펴본 것처럼 어떠한 논의나 치료도, 처음의 잘못을 찾지 못하면 성공할 수 없습니다. 그리고 개선의 유일한 가능성은 인생에 대해 더욱 협력적이고 용기 있는 접근을 선택하도록 훈련하는 데 있습니다.

협력을 배우는 것의 중요성

협력은 신경증적인 경향을 키우는 것에 맞서는 단 하나의 안전장치입니다. 그러므로 어린이들이 협력하도록 훈련을 받고 용기를 얻어 또래들 사이에서 공통 과제와 공통 놀이로써 자신의 길을 찾아낼 수 있도록 해야 합니다. 협력을 가로막는 것은 무엇이든 심각한 결과를 불러옵니다.

예를 들어 응석받이는 자신에게만 관심을 가지는 것을 배웠기 때문에, 학교에서 함께 공부하는 다른 어린이들에게 전혀 관심을 갖지 않습니다. 공부에는 흥미를 느끼지만 교사로부터 칭찬받을 수 있다고 생각할 때뿐입니다. 그리고 자신에게 이롭다고 생각하는 것만 듣습니다. 어른이 될수록 공동체 감각이 부족한 사실은 더욱 뚜렷해집니다. 인생의 의미를 최초로 오해했을 때, 책임과 자립을 배우는 훈련을 그만두고 만 것입니다. 이제는 곤란하게도 어떠한 인생의 시련에도 맞설 준비가 되어 있지 않습니다.

어린이의 첫 번째 잘못에 대해 이제 와서 어른을 비난할 수는 없습니다. 우리가 할 수 있는 일은 어린이가 그 결과를 경험하기 시작했을 때, 잘못을 고치도록 도와주는 것뿐입니다. 우리는 지리를 배우지 않은 어린이가 지리 시험에서 높은 점수를 받기를 기대하지 않습니다. 마찬가지로 협력하는 훈련을 받은 적이 없는 어린이가 협력을 필요로 하는 과제가 앞에 놓였을 때 그것에 곧장 알맞게 대응하기를 기대할 수 없습니다.

그러나 인생의 과제를 해결하기 위해서는 협력하는 능력이 필요합니다. 모든 과제는 사회 테두리 안에서 인간의 행복을 촉진하는 방법으로 극복되어야 합니다. 인생의 의미는 공헌이라는 것을 이해하는 사람만이 용기와 성공의 기회를 가지고 어려움에 맞설 수 있습니다.

만일 교사, 부모, 심리학자가 인생에 의미를 부여할 때 저지르는 실수를 이해하면, 그리고 그들 자신이 같은 실수를 저지르지 않는다면 공동체 감각이 모자란 어린이들도 결국은 자신에게는 능력이 있고 인생에는 기회가 있음을 느끼게 될 것입니다.

그렇게 되면 어린이들이 문제와 마주했을 때 도전을 멈추는 일은 없을 것입니다. 거기서부터 쉽게 빠져나갈 수 있는 길을 찾아 달아나거나 다른 이의 어깨에 짐을 지우지는 않을 것입니다. 특별한 배려와 공감을 요구하지도 않을 것입니다. 수치를 당했다 느끼고 복수하려 들지도 않을 것입니다. 또는 "살아 있어서 뭐하나? 인생에서 무엇을 얻을 수 있을까?" 묻지도 않을 것입니다. 오히려 이렇게 말할 것입니다.

"우리는 스스로 인생을 만들어가야 한다. 그것은 우리 자신의 과제이고 우리는 그것을 해결할 수 있다. 우리는 자기 행동의 주인이다. 뭔가 새로운 것이 이루어져야 하고 또 무언가를 찾아내어 낡은 것을 대신해야 한다면 그것은 우리 자신밖에 할 수 없다."

만약 인생이 이러한 방법, 다시 말해 자립한 인간의 협력으로 이루어진다면 문명의 진보에는 한계가 없을 것입니다.

2 마음과 몸은 어떤 관계인가

마음과 몸의 상호작용

마음이 몸을 지배하는가, 아니면 몸이 마음을 다스리는가 하는 것은 언제나 논의 대상이었습니다. 철학자들은 이 논의에 끼어들어 온갖 견해를 내세웠습니다. 그들은 자신들을 관념론자 또는 유물론자라고 부르며 이런저런 논의를 제시했습니다. 그럼에도 이 문제는 여전히 해결되지 못하고 있습니다. 어쩌면 개인심리학이 그 의문을 해결하는 데 도움을 줄 수 있을지 모릅니다. 왜냐하면 개인심리학이 큰 관심을 기울이는 것은 마음과 몸의 살아 있는 상호작용이기 때문입니다.

어떤 사람—그 마음과 몸—이 치료를 받기 위해 우리를 찾아옵니다. 우리의 치료가 잘못된 전제에 서 있으면 그 사람을 도와줄 수 없을 것입니다. 그러므로 우리 이론은 경험 속에서 길러진 것이어야 하고 그 경험으로 유효성이 검증되어야 합니다. 우리는 이러한 상호작용을 다루며 올바른 견해를 찾아내는 가장 강한 동기를 가지고 있습니다.

개인심리학의 연구 결과는 이 문제가 가진 긴장의 많은 부분을 없애주었습니다. 단순히 '이것인가, 저것인가' 하는 문제가 아닙니다. 우리는 마음과 함께 몸을 생명의 표현으로 봅니다. 그것은 전체로서의 생명의 부분입니다. 우리는 마음과 몸의 상호 관계를 그 전체 안에서 이해하기 시작한 것입니다. 인간의 생명은 움직이며, 몸이 성장하는 것만으로는 충분하지 않습니다.

식물에는 뿌리가 있어서, 하나의 장소에 머문 채 움직이지 않습니다. 그러므로 식물에게 마음, 적어도 우리가 이해할 수 있는 어떠한 의미이든 마음이 있다는 사실이 발견된다면 매우 놀라울 것입니다. 하지만 식물이 결말을 예측할 수 있다 해도 그 능력은 식물에는 아무런 도움도 되지 않습니다. 식물이 다음처럼 생각한다고 해도 과연 그것이 어떤 이익을 줄 수 있을까요?

'누군가가 이쪽으로 오고 있다. 그 사람은 곧 나를 짓밟을 것이다. 그러면 난 그 발아래에서 짓뭉개지고 말리라.'

이렇게 예측할 수 있다고 해도 식물은 거기서 달아날 수 없습니다.

그러나 움직이는 동물은 모두 예견할 수 있고 어느 쪽으로 움직일지 그 방향을 결정할 수 있습니다. 그것이 마음 또는 영혼을 가지고 있다는 의미입니다.

"감각, 물론 당신은 그것을 가지고 있습니다. 그렇지 않다면 움직이지도 못할 테니까요"(《햄릿》 제3막 4장).

이와 같이 예견하고 움직임을 결정하는 능력이 마음의 중심 원리입니다. 그 사실을 알면 마음이 어떻게 몸을 지배하는지 곧 이해할 수 있습니다.

마음은 운동 목표를 결정합니다. 닥치는 대로 이것저것 운동을 시작하는 것은 충분하지 않습니다. 운동에는 목표가 있어야 합니다. 운동 목표를 결정하는 것은 마음의 작용이므로 마음은 생명을 지배하는 위치에 있습니다.

동시에 몸도 마음에 영향을 줍니다. 움직여야 하는 것은 몸이기 때문입니다. 마음은 몸을 신체적 능력에 일치시키고, 그 한계 안에서 움직이게 할 수 있을 뿐입니다. 이를테면 마음이 몸을 달까지 움직이려고 해도 마음이 몸의 제한을 극복하는 기술을 찾아내지 못하면 실패합니다.

인간은 다른 어느 생물보다도 많이 움직입니다. 손의 복잡한 움직임에서 볼 수 있듯이 더 많은 방법으로 움직일 뿐만 아니라 운동으로 환경을 움직일 수 있습니다. 그러므로 우리는 인간의 예견 능력이 고도로 발달했다는 것, 그리고 인간이 자신이 놓여 있는 모든 상황을 개선하기 위해 노력한다는 또렷한 증거를 보여주기를 기대할지도 모릅니다.

그리고 모든 인간에게서는 부분적인 목표를 위한 온갖 노력의 바탕이 되는 하나의 포괄적인 움직임을 발견할 수 있습니다. 우리의 노력(추구)은 모두 안심하는 마음, 즉 인생의 모든 어려움은 극복되었고, 주위의 모든 상황과의 관계에서 마침내 안전하게 승리를 거두어 헤쳐 나왔다는 감각으로 향합니다. 모든 운동과 표현은 이 목표를 확인하고 합쳐져 일체화되어야 합니다. 그리하여 최종적인 이상(理想)의 목적을 이루도록 발달해야만 하는 것입니다.

몸에 대해서도 마찬가지입니다. 몸 또한 통일체가 되려고 노력합니다. 몸도 생식세포 속에 먼저 존재하는 이상의 목표를 향해 발달합니다. 이를테면 만일 피부에 상처가 나면 몸은 이를 치료하기 위해 몸 전체의 기능을 서둘러 움직이기 시작합니다. 그러나 몸만으로 그런 잠재력을 발달시키는 것은 아닙니다. 마음이 그 발달을 도울 수 있습니다.

운동과 훈련의 가치, 일반적인 위생학의 가치는 충분히 증명되어 왔습니다. 이것은 모두 몸을 위한 최종 목표를 추구하고 노력할 때 마음이 전달하는 도움입니다.

인생의 첫날부터 마지막 날까지, 이 성장과 발달의 협력 관계는 이어집니다. 몸과 마음은 하나의 나눌 수 없는 부분으로서 협력합니다. 마음은 모터와 비슷합니다. 몸속에서 발견할 수 있는 모든 잠재력을 끌어내 그것이 안전하게 모든 어려움을 이겨낼 수 있도록 돕는 것입니다. 몸의 모든 움직임, 모든 표현과 징후에 마음의 목적이 깊이 새겨져 있음을 볼 수 있습니다.

사람은 움직입니다. 그 움직임에는 의미가 있습니다. 사람은 눈, 혀, 얼굴 근육을 움직입니다. 얼굴은 표정과 뜻을 가지고 있습니다. 거기에 뜻을 부여하는 것은 마음입니다. 바야흐로 우리는 심리학, 즉 마음의 과학이 실제로 다루고 있는 것을 보기 시작합니다.

심리학의 목적은 개인의 모든 표현이 지닌 의미를 탐구하고 그 목표에 대한 단서를 찾아내어 그것을 다른 사람의 목표와 비교하는 것입니다.

안전이라는 최종적인 목표를 추구할 때 마음은 언제나 그 목표를 구체적으로 밝힐 필요성에 부딪힙니다. 즉 '어디가 안전한지, 어떻게 그곳에 이를 수 있는지'를 계산하는 필요성입니다. 물론 잘못된 쪽으로 나아갈 수도 있습니다. 그러나 일정한 목표와 선택된 방향이 없으면 처음부터 운동은 있을 수 없습니다. 내가 손을 움직이면 이미 마음속에 운동의 목적을 가지고 있어야 합니다.

마음이 선택하는 방향이 결국 파멸로 이어지는 일도 있습니다. 이것은 마음이 잘못되어 가장 이롭다고 생각했기 때문에 선택된 것입니다. 모든 심리학의 오류는 이렇게 그 운동 방향을 선택할 때의 오류에 따릅니다.

안전이라는 목표는 모든 사람에게서 볼 수 있습니다. 그러나 어디서 그것을 찾을 것인가 하는 결론에서 실수하는 사람이 있습니다. 잘못된 쪽으로 출발한 탓에 헤매는 것입니다.

표현과 징후를 보아도 그 바탕에 있는 의미를 깨닫지 못한다면 그것을 이해하는 최선의 방법은 첫째, 그 윤곽만을 잡고 단순한 움직임으로 돌아가는 것입니다.

이를테면 훔친다는 행위를 살펴봅시다. 도둑질은 다른 사람의 소유물을 가져와서 자기가 갖는 일입니다. 그런데 그 운동의 목적을 깊이 생각해 보면, 자신이 부유해지고 더 많이 가짐으로써 더욱 안전하다고 느끼는 것입니다. 그러므로 운동의 출발점은 자신이 가난하고 불운하다는 감각입니다.

다음 단계는 사람이 어떠한 상황과 조건에서 가난하다고 느끼는지를 발견하는 일입니다.

마지막으로 이러한 상황을 바꾸고 가난하다는 감각을 극복하기 위해 올바른 쪽으로 나아가고 있는지, 아니면 바라는 것을 손에 넣는 방법이 잘못되지는 않았는지를 지켜보는 일입니다. 우리는 최종 목표를 비판할 필요는 없지만 그것을 이루기 위해서 선택한 방법이 잘못되었다는 부분은 지적할 수 있을지도 모릅니다.

문화는 인류가 그 환경 속에서 이루어낸 변화에 주어진 이름입니다. 우리의 문화는 사람의 마음이 몸에 일으킨 모든 움직임의 결과입니다. 우리가 하는 일은 마음에 의해 계발되고, 마음은 몸의 발달에 방향을 부여하며 그것을 돕습니다. 최종적으로 우리는 모든 인간의 표현에 마음의 목적성이 가득 차 있는 것을 발견합니다.

그러나 마음이 그 중요성을 과대평가하는 것은 결코 바람직하지 않습니다. 곤란을 이겨내고자 할 때는 신체 능력이 필요합니다. 그러므로 마음은 몸이 질병, 죽음, 손해, 사고, 기능장애로부터 보호받는 방법으로 환경을 다스립니다. 그런 까닭에 우리는 기쁨과 고통을 느끼고 상상하며 자기 자신을 좋은 상황과 나쁜 상황에 동일시하는 능력을 발달시켜 온 것입니다.

감정은 몸이 특별한 반응으로 상황에 대처하도록 준비합니다. 공상과 공감은 예측 방법이지만 거기에는 그 이상의 것이 있습니다. 그것은 적절한 정동(情動)[1]을 불러일으키고, 그것에 반응해 신체가 활동하도록 합니다. 그리하여 사람의 감정은 인생에 주어진 의미와 그 추구를 위한 목표에 의해 이루어집니다. 감정은 몸을 지배하지만 몸에 의존하지는 않습니다. 그보다는 주로 목표와 결과로서 생기는 삶의 방식에 의존합니다.

삶의 방식이 행동을 지배하는 유일한 요소가 아닌 것은 분명합니다. 그 삶의 방식은 다른 것들의 도움이 없으면 행위를 불러일으키지 못합니다. 행위가 되기 위해서 그것은 감정에 의해 강화되지 않으면 안 됩니다. 개인심리학의 견해에서 새롭게 관찰된 바에 따르면, 감정은 결코 삶의 태도와 모순되지 않습니다.

목표가 있는 곳에서 감정은 그것을 이루기 위해 스스로를 적응시킵니다. 그러므로 이것은 우리로 하여금 생리학과 생물학의 영역을 넘어서게 합니다. 감정의 기원은 화학 이론으로는 설명되지 않으며 화학 검사로는 예언할 수 없습니다.

개인심리학에서도 생리적인 과정을 바탕에 두어야 하지만, 우리는 심리학적인 목표에 더 큰 관심이 있습니다. 이를테면 불안이 교감신경이나 부교감신경에 주는 영향이 아니라, 불안의 목적과 목표가 무엇인지를 알아내는 것이 우리 일입니다.

이런 접근 방법으로 볼 때 불안은 성욕의 억압에서 비롯되었다거나, 탄생 때의 올바르지 못한 경험 때문이라고 해석할 수는 없습니다. 그러한 설명은

---

1) 희로애락과 같이 일시적으로 급격히 일어나는 감정. 진행 중인 사고 과정이 멎게 되거나 신체 변화가 뒤따르는 강렬한 감정 상태.

핵심을 크게 벗어나는 것입니다. 우리는 어머니의 보살핌과 지지에 익숙해진 어린이가 보여주는 불안에서, 그것이 어디서 유래한 것이든 어머니를 통제하는 매우 효과적인 수단을 발견할지도 모른다는 사실을 알고 있습니다.

우리는 분노에 대한 신체적 서술에도 만족하지 않습니다. 우리는 경험을 통해 분노가 사람이나 상황을 지배하기 위한 수단이라는 것을 알게 되었습니다. 사람의 신체적, 정신적인 모든 특징은 유전에 기초한다는 사실은 증명되었습니다. 사람이 특정한 목표를 이루고자 노력할 때 이 유전적 특징이 어떻게 쓰이는지 주의를 기울여야 합니다.

이것만이 유일하고 참된 심리학적 접근 방법이라고 생각됩니다.

모든 사람은 그 개인적인 목표를 이루기 위해 그들의 감정을 필요한 방향과 크기로 성장시키고 발달시킵니다. 사람의 불안 또는 용기, 쾌활함이나 슬픔은 늘 삶의 방식과 일치해 왔습니다. 또한 그것에 비례해 나타나는 모든 감정의 힘과 지배는 어김없이 우리의 기대에 들어맞습니다. 슬픔에 의해 더 나은 사람이 되려는 목표를 이루려는 이는 쾌활해질 수가 없고, 이루어낸 것에 만족할 수도 없습니다. 그런 사람은 비참할 때만 행복할 수 있습니다.

우리는 또 감정이 생각한 대로 나타나기도 하고 사라지기도 하는 것을 알고 있습니다. 광장공포증 환자는 집에 있을 때와 다른 사람을 지배하고 있을 때는 불안을 느끼지 않습니다. 신경증 환자는 자신이 지배자가 될 만큼 강하다고 느낄 수 없게 하는 생활의 모든 부분으로부터 고개를 돌립니다.

감정은 삶의 방식과 마찬가지로 고정되어 있습니다. 이를테면 겁이 많은 사람은 자기보다 약한 사람에게는 오만하고, 다른 사람의 보호를 받고 있을 때는 용기가 있음에도 늘 겁을 냅니다. 그들은 문에 삼중으로 자물쇠를 채웁니다. 집 지키는 개나 경보장치로 몸을 보호합니다. 그러면서도 그는 자신이 사자처럼 용감하다고 주장합니다. 아무도 그의 불안한 감정을 증명할 수는 없지만, 겁이 많은 성격은 몸을 보호하는 데 드는 수고로써 충분히 드러납니다.

성과 사랑도 같은 증언을 합니다. 성적인 감정은 언제나, 마음속에 성적인 목표를 가졌을 때만 일어납니다. 성적인 목표에 집중함으로써 그에 대립하는 취미와 양립할 수 없는 관심사로부터 어떻게 해서든 벗어나려 합니다. 그리하여 적당한 감정과 기능을 일깨울 수 있습니다. 이러한 감정이나 기능이 잘 작동하지 않고 부적절한 취미나 관심을 빼놓고 싶어 하지 않으면 발기불능, 조루, 도착, 불감증과 같은 증상이 나타납니다.

이러한 이상(異常)은 언제나 잘못된 우월성의 추구와 잘못된 삶의 태도에 따라 일어납니다. 그런 사람들은 늘 남을 배려하는 것보다 상대로부터 배려받고자 하는 경향이 강하고, 공동체 감각과 용기와 낙관주의가 부족하다는 것을 알 수 있습니다.

내가 돌보던 환자 가운데에는 심한 죄의식에서 벗어나지 못하는 사람이 있었습니다. 그는 둘째 아들이었습니다. 아버지와 형은 정직을 중요시했습니다. 일곱 살 때 그는 학교 선생님에게 스스로 숙제를 했다고 말했지만, 실제로는 형이 그를 대신해서 해준 것이었습니다. 소년은 3년 동안 그 죄의식을 숨기고 지냈습니다. 그러다가 마침내 선생님을 찾아가 거짓말을 했다고 고백했습니다. 선생님은 그저 웃기만 했습니다. 다음에는 아버지에게 가서 눈물을 흘리며 두 번째 고백을 했습니다. 이번에는 선생님의 경우보다 성공적이었습니다. 아버지는 아들이 진실을 사랑하는 것을 자랑스럽게 여기며 그를 칭찬하고 위로했습니다. 그러나 아버지가 그를 용서했음에도, 소년은 계속 그 죄의식에서 헤어나지 못했습니다.

이 소년은 이러한 별것 아닌 비행 때문에 심하게 자책함으로써 자신의 정직함과 솔직함을 증명하는 데 관심이 있었다고 결론지을 수 있습니다. 소년이 속한 집안의 높은 도덕적 분위기가 그에게 순결한 정직에 대한 자극을 준 것입니다. 그는 학업과 사교 면에서 형에게 뒤떨어진다고 느꼈습니다. 그래서 우월성을 인생의 주변에서 이루고자 한 것입니다.

나중에 그는 다른 형태의 자기비판으로 괴로워했습니다. 학교에서 부정행위를 완전히 그만둔 것이 아니었기 때문입니다. 그의 죄의식은 시험이 다가오면 더욱 깊어졌습니다. 이 문제는 날이 갈수록 심해졌고 그는 예민한 양심 때문에 형보다 무거운 짐을 느꼈습니다. 그래서 언제나 형이 이루어놓은 것에 상대가 되지 않을 때는 핑계를 준비했습니다. 그는 대학을 졸업하자 기술 관계 일을 하고 싶었습니다. 그러나 강박적인 죄의식이 강해져서 온종일 신에게 용서를 빌면서 지냈습니다. 그런 이유로 일을 제대로 할 시간이 없었습니다.

그의 상태는 악화되어 끝내 정신병원에 들어가게 되었습니다. 치료가 불가능하다는 진단이 내려졌습니다. 하지만 다행히 차츰 좋아져서 퇴원할 수 있었습니다. 그는 일을 그만두고 미술사 공부를 시작했습니다. 시험 날이 다가왔습니다. 축일에 그는 교회에 가서 신자들 앞에 무릎 꿇고 소리쳤습니다.

"나는 모든 사람 가운데 가장 죄 많은 인간입니다."

그리하여 한 번 더 그는 자신의 과민한 양심에 주의를 끄는 데 성공했습니다.

다시 병원에서 지낸 그는 집으로 돌아갔습니다. 그러던 어느 날 그는 점심을 먹으러 아래층에 알몸으로 내려갔습니다. 체격이 당당했던 그는 그 점에서는 형이나 다른 사람과 겨룰 수가 있었습니다.

그의 죄의식은 다른 사람보다 자신이 정직하다는 사실을 보여주기 위한 수단이었습니다. 그것을 통해 우월성을 얻고자 했습니다. 그러나 그의 싸움은 인생의 유용하지 않은 면을 바라보고 있었습니다. 시험과 취직을 피한 것이 두려움과 무기력의 징후를 보여주었습니다. 그의 신경증은 실패하는 것이 두려운 모든 활동을 일부러 빼놓는 것이었습니다. 하찮은 수단에 의한 그와 같은 우월성 추구는 그가 교회에서 엎드린 것과 식당에 선정적인 방법으로 들어온 것으로 확인할 수 있습니다. 그의 삶의 방식이 그러한 행동을 요구했습니다. 그리고 그가 불러일으킨 감정은 그의 목적에 알맞은 것이었습니다.

감정이 하는 역할

제1장에서 말했듯이 사람은 태어나서 처음 4년이나 5년 동안에 마음의 통일성을 세우고 마음과 몸의 관계를 구성합니다. 이 시기에 물려받은 성질과 환경에서 인상을 얻고 그것을 우월성의 추구를 위해 적응시킵니다. 성격은

다섯 살까지 형성됩니다. 인생에 부여하는 의미, 추구하는 목표, 과제에 다가가는 방법, 감정적인 성질이 모두 결정됩니다.

물론 그것은 나중에 바뀔 수 있습니다. 어린 시절에 얻은, 잘못된 쪽으로 이끄는 태도에서 자신을 자유롭게 할 수 있을 때 말입니다. 그 이전의 모든 생각과 행위가 인생의 해석과 이어져 있듯이, 만약 자신의 잘못된 통각을 고칠 수 있다면, 그의 새로운 해석에 따라 모든 생각과 행동이 새롭게 표현될 것입니다.

사람이 환경과 접촉하고 거기서 여러 인상을 받는 것은 감각을 통해서입니다. 그러므로 우리는 사람이 몸을 단련하는 방법에서, 자기 환경을 어떻게 인식하는지, 또 경험을 어떤 식으로 이용하는지를 알 수 있습니다. 만약 누군가가 대상을 어떤 방법으로 보거나 듣는지, 또 무엇이 그의 주목을 끄는지를 깨달으면 그에 대해 많은 것을 배울 수 있습니다. 자세가 매우 중요하다는 것은 바로 이런 이유에서입니다. 자세는 그 사람이 어떻게 감각을 훈련했는지, 인상을 선택하기 위해 어떻게 감각을 사용하는지를 보여줍니다. 모든 자세에는 의미가 있습니다.

이제 심리학에 대한 우리의 정의(定義)에 이렇게 덧붙일 수 있습니다.

"심리학은 몸으로 들어오는 감각적 인상에 대한 태도를 이해하는 일이다."

우리는 또 인간의 마음속에 어째서 커다란 잘못이 생기게 되었는지를 볼 수 있습니다. 환경에 적응하지 못해 그 환경의 요구를 잘 받아들일 수 없는 몸은 보통 마음에 의해 무거운 짐이라고 여겨집니다. 그 때문에 기관열등성을 가지고 태어난 어린이들은 정신 발달도 늦는 경향이 있습니다. 마음의 더 큰 노력이 필요합니다.

그들이 보다 나은 삶에 다다르기 위해 자기 몸을 움직이거나 제어하기란 더욱 어려운 일입니다. 똑같은 목표를 이루려고 할 때도 다른 누구보다 더 큰 의지가 필요하며, 정신적 집중도 훨씬 높여야 합니다.

이러한 일이 되풀이되면 그들의 마음에 지나친 부담이 지워져 마침내 자기 중심적이고 이기적인 아이가 됩니다. 어린이가 언제나 자기 몸이 불편하다는 사실을 인식해야 하거나 자신이 움직이기 어렵다는 점을 걱정하다 보면, 자기 바깥에 있는 것에 주의를 돌릴 여유를 잃게 됩니다. 다른 이에게 관심을 가질 시간도 자유도 찾지 못합니다. 그 결과, 공동체 감각이 흐릿하고 협력하는 능력도 부족한 채로 자라게 됩니다.

기관열등성은 많은 장애를 불러오지만 그 장애는 결코 피할 수 없는 운명이 아닙니다. 만약 마음이 그 자체로 적극적이고 장애를 이겨내기 위해 열심히 노력하면 장애 없이 태어난 사람처럼 성공하는 것이 마땅합니다. 실제로 기관열등성이 있는 어린이가 장애에도 불구하고 매우 자주, 모든 이점과 함께 인생을 시작하는 어린이들보다 많은 것을 성취합니다. 장애가 자극을 주어 앞으로 나아가는 원동력이 된 것입니다.

이를테면 시각장애 소년은 그 때문에 엄청난 스트레스를 받을지 모릅니다. 그러나 시력이 좋은 또래 아이들보다 보는 것에 집중할 수 있습니다. 그리고 눈에 보이는 세계에 더욱 주의를 기울이며 색과 형태를 구별하는 데 더욱 관심을 가집니다. 마침내 눈에 보이는 세계를, 그것을 보기 위해 눈을 긴장시키지 않는 아이들보다 더 잘 이해하게 되는 것입니다. 이처럼 불완전한 기관이 큰 이점의 원천이 될 수 있습니다. 하지만 이것은 마음이 그러한 불완전함을 극복하는 방법을 찾아냈을 때의 이야기입니다.

화가와 시인 가운데 많은 사람이 시력이 좋지 않다고 알려져 있습니다. 불완전함은 마음을 잘 단련함으로써 마침내 완전한 시력을 가진 다른 사람보다도 눈을 더 좋은 목적을 위해 쓸 수 있습니다.

이런 종류의 보상은 왼손잡이를 인정받지 못한 아이들에게서 더욱 쉽게 볼 수 있습니다. 그들은 집에서 또는 학교에 처음 들어간 무렵에는 불완전한 오른손을 쓰도록 훈련받습니다. 그래서 글을 쓰고, 그림을 그리고, 공작을 하는 일이 서투를 수밖에 없습니다. 그러나 마음이 그러한 어려움을 이겨낼 수 있다면, 그 불완전한 오른손도 높은 수준으로 기능을 발달시키는 것이 가능할지도 모릅니다. 이것은 실제로 일어나는 일입니다. 많은 예에서 왼손잡이 아이들이 다른 아이들보다 글씨체가 아름답고 그림도 잘 그리며 공작에도 뛰어납니다. 올바른 기술과 동기부여, 훈련과 연습으로 불리한 점을 이점으로 바꾼 것입니다.

전체에 이바지하길 바라고, 관심이 자기 자신과 모두에게 열려 있는 어린이만이 결점을 보상하는 법을 성공적으로 배웁니다. 만일 그가 어려움을 없애는 것만 바란다면 줄곧 뒤떨어진 채로 있을 것입니다. 어린이들은 노력하기 위해 마음속에 목표를 품을 때만, 그리고 그 목표를 이루는 것이 그들의 앞길을 가로막는 장애보다 중요하다고 생각할 때만 용기를 가질 수 있습니다.

그들의 관심과 주의가 어디를 바라보고 있는지가 문제입니다. 그들이 자신 밖에 있는 것을 향해 노력한다면, 그것을 이루기 위해 자연스레 자신을 훈련하고 힘을 기를 것입니다. 어려움은 성공으로 가는 여정 가운데 넘어야 할 장애물일 뿐이라고 볼 수 있습니다.

한편 그들의 관심이 자신의 한계를 강조하거나 오직 그 한계에서 벗어나기 위해 싸우는 것만을 강조한다면 진정으로 성장하는 일은 없을 것입니다. 서투른 오른손을 좀 더 능숙하게 쓸 수 있으면 좋겠다고 생각만 하거나, 익숙하지 못한 것을 해야 하는 상황을 피하기만 하면, 아무리 훈련해도 능숙한 오른손이 될 수 없습니다. 서투른 손은 실제 활동 속에서 훈련함으로써만 능숙해집니다. 그리고 앞으로 더 좋아지리라는 격려가, 현재 서투른 것으로 인한 실망감보다 강하게 느껴지지 않으면 안 됩니다.

만약 어린이가 자신의 힘을 모두 모아 장애를 이겨낼 생각이라면, 자기 바깥에 운동 목표가 있어야만 합니다. 현실에 대한 관심, 다른 이에 대한 관심, 협력에 대한 관심을 바탕으로 한 목표입니다.

나는 신장장애에 시달리는 가정에서 유전적 자질과 그 사용의 좋은 예를 볼 수 있었습니다. 그러한 가정의 아이들은 대부분 야뇨증을 가지고 있었습니다. 실제로 불완전한 신체 기관이 있었으며, 그것은 신장과 방광의 이상, 또 척추갈림증 등으로 나타났습니다. 그리고 때때로 그 부분에 피부 반점과 사마귀가 관찰되어 척추부의 불완전함 때문이라고 의심되었습니다.

그러나 신체적인 결함만으로 야뇨증을 완전히 설명할 수는 없습니다. 어린이는 기관이 하는 대로가 아니라, 자신의 방법으로 기관을 사용합니다. 예를 들면 어떤 아이들은 밤에는 오줌을 싸도 낮에는 오줌을 싸지 않습니다. 그 습관은 때로는 환경이 바뀌거나 부모의 태도가 바뀌면 어느새 사라집니다. 야뇨증은 어린이가 자신의 불완전함을 잘못된 목적을 위해 사용하길 멈추면 극복됩니다.

하지만 대부분의 야뇨증 어린이들에게는 그것을 극복하기 위한 자극이 아니라 계속하게 되는 자극이 주어집니다. 숙련된 어머니는 아이들을 알맞게 훈련할 수 있지만, 어머니가 미숙하면 이 경향은 불필요하게 이어집니다.

신장 또는 방광의 장애에 시달리는 가정에서는 흔히 배뇨와 관련된 모든 일들이 지나치게 강조됩니다. 어머니들은 그런 때 야뇨증을 멈추게 하려고 지나친 노력을 기울입니다. 어린이가 이 문제에 얼마만 한 가치가 놓여 있는지 안다면 아마 반항할 것입니다. 그런 종류의 교육에 맞설 수 있는 절호의 기회를 어린이에게 쥐여주는 셈이죠. 부모의 치료에 저항하는 어린이는 언제나 부모의 가장 약한 점을 찔러 공격하는 방법을 찾아낼 것입니다.

독일의 유명한 사회학자는 범죄자의 가족 가운데 직업이 재판관, 경찰관 또는 교도관처럼 범죄를 억제하는 일에 종사하는 사람이 놀랄 만큼 많다는 사실을 발견했습니다. 또한 교사의 자녀 가운데 의외로 공부를 못하는 아이들이 있습니다. 내 경험에 비추어보아도 이 통계는 맞는 듯합니다. 나는 놀랄 만큼 많은 신경증 어린이들이 의사의 자녀이고, 많은 비행 어린이의 부모가 성직자인 것도 보았습니다.

마찬가지로 부모가 배뇨 문제를 지나치게 강조하는 자녀들은 야뇨증으로 자신의 의지를 밝힐 기회를 갖습니다. 그뿐만 아니라 야뇨증은 우리가 의도하는 행위에 들어맞는 감정을 불러일으키기 위해서 꿈이 어떻게 이용되는지를 보여줍니다. 침대를 적시는 어린이들은 흔히 침대에서 일어나 화장실에 가는 꿈을 꿉니다. 그렇게 하여 둘러대는 것입니다. 침대를 적시는 것은 나무랄 데 없이 올바른 행위라 주장하는 것입니다.

야뇨는 몇 가지 목적에 도움이 됩니다. 주의를 끄는 것, 자신을 위해 다른 사람을 움직이게 하는 것, 낮뿐만 아니라 밤에도 주목하게 만드는 것입니다. 때로는 반감을 사기 위해 이용됩니다. 이 습관은 선전포고와도 같습니다. 어느 쪽이든 야뇨증이 실제로 창조적 표현인 것은 틀림없습니다. 어린이는 입 대신 방광으로 말하는 것입니다. 몸의 허약함은 어린이에게 자신의 생각을 나타내는 방법을 제공할 뿐입니다.

이러한 방식으로 자신을 표현하는 아이들은 늘 어떠한 스트레스를 받고 있습니다. 흔히 그런 아이들은 관심의 중심에 있을 수 없게 된 응석받이들입니다. 아마 동생이 태어남으로써 어머니를 자신에게만 붙들어놓기가 어렵게 되어버렸다고 생각하는 것입니다. 그래서 야뇨증은 불쾌한 수단을 써서라도 어머니와 더욱 가깝게 접촉하고자 하는 시도를 나타냅니다. 결국 아이들은 이렇게 말하고 있는 것입니다.

"나는 엄마가 생각하는 것만큼 어른이 아니에요. 아직 보살핌이 필요하다고요."

다른 상황, 또는 다른 기관열등성에서 아이들은 이 목적을 이루기 위한 다른 방법을 고를 것입니다. 이를테면 어머니와 가까이하기 위해 소리를 사용할지도 모릅니다. 그 경우에는 밤새도록 칭얼거리고 울어댑니다. 또 자는 동안 돌아다니거나 침대에서 떨어지고, 목이 마르다며 물을 가져다달라고 하는 아이들도 있습니다. 이러한 표현의 심리학적인 배경은 모두 같습니다. 어느 증상을 선택할지는 아이의 몸 상태, 또는 환경에 따라 달라집니다.

이러한 경우는 마음이 몸에 미치는 영향을 매우 뚜렷하게 보여줍니다. 틀림없이 마음은 신체 증상의 선택에 영향을 줄 뿐만 아니라, 몸 전체 구조를 지배하고 영향을 주고 있습니다. 우리는 이 가설을 직접적으로 증명할 수 없으며, 또 이러한 증명이 확립될지 어떨지도 이해하기 어렵습니다. 그러나 간접적인 증거는 충분하다고 생각됩니다.

겁이 많은 한 소년을 관찰해 보면 그의 두려움이 성장 전체에 드러납니다. 그는 신체적으로 무언가를 이루려고 하지 않습니다. 또는 그렇게 하는 것은 자신의 힘으로는 부족한 일이라고 생각할 것입니다. 그 결과 근육을 효과적인 방법으로 단련하는 것은 생각지도 못합니다. 그리고 근육 발달에 자극이 되는 외부로부터의 인상을 모조리 무시합니다. 근육 훈련에 관심을 가진 다른 아이들은, 그에 대한 관심이 차단되어 있는 겁 많은 소년보다 신체적성 면에서 더욱 성장할 것입니다.

우리는 이러한 관찰에서 몸 전체의 형태와 발달은 마음의 영향을 받으며, 마음의 오류와 결점을 드러낸다고 결론지어야 할 것입니다. 우리는 흔히 정신과 감정 문제의 최종 결과인 몸 상태를 관찰할 수 있습니다. 그 경우 사람은 몸의 곤란한 문제에 대해 만족할 만한 보상을 찾아내지 못합니다.

이를테면 내분비샘 자체는 분명히 네 살 또는 다섯 살까지는 영향을 받을 수 있습니다. 샘의 이상은 행위에 강제적으로 영향을 주지 않지만 끊임없이 환경 전체, 어린이가 그 환경에서 인상을 받으려고 노력하는 방향, 마음의 창조적인 활동에 따라서 영향을 받습니다.

마음이 몸에 영향을 미친다는 또 다른 증거가 있습니다. 다음에 이어지는 설명들이 더욱 뚜렷이 보여줄 것입니다. 그것은 고정적인 습성이 아니라 일시적인 신체 상태에서 나오는, 널리 알려진 현상과 관련이 있기 때문입니다. 그것은 모든 감정이 어느 정도는 특정한 신체적 표현을 찾아낸다는 사실입니다.

사람은 감정을 눈에 보이는 어떤 형태로, 곧 자세와 태도, 얼굴, 또 다리와 무릎의 떨림으로 드러냅니다. 이러한 변화는 기관 그 자체에서 찾아볼 수 있습니다. 이를테면 붉어지거나 새파래지는 등 혈액순환의 영향을 들 수 있습니다. 분노, 불안, 슬픔, 그 밖의 감정은 우리의 '장기언어(臟器言語)'로 표현됩니다. 저마다의 몸이 그 자신의 언어로 이야기하는 것입니다.

무서운 상황에서 몸이 떨리는 사람이 있습니다. 어떤 사람은 온몸의 털이 곤두서기도 합니다. 심장이 두근거리는 사람도 있습니다. 심지어 식은땀을 흘리거나 숨이 막히고 목소리가 갈라지거나 주저앉아 버리거나 몸이 위축됩니다. 때로는 신체의 균형이 영향을 받고 식욕이 사라지거나 구토를 하기도 합니다.

이렇게 감정의 영향을 받는 곳이 방광인 사람이 있는가 하면, 생식기에 영향을 받는 사람도 있습니다. 많은 어린이들이 시험을 치를 때 성적(性的)으로 자극을 받습니다. 범죄자가 때때로 범행을 저지른 뒤 매춘굴이나 애인을 찾아간다는 것은 널리 알려진 사실입니다.

과학의 영역에서는 성욕과 불안이 동시에 일어난다고 이야기하는 심리학자가 있는가 하면, 그 둘은 전혀 관계가 없다고 주장하는 심리학자도 있습니다. 그들의 시점은 개인 경험을 바탕으로 한 것입니다. 관련이 있다고 보는 사람도 있고 그렇지 않다고 보는 사람도 있다는 말입니다.

이러한 모든 반응은 개개인의 유형에 따라 다릅니다. 아마 조사해 보면 그 반응은 어느 정도 유전적이라는 사실이 드러날 것입니다. 어떤 신체 표현은 이따금 우리에게 가족 전체의 허약함과 특색에 대한 암시를 줍니다. 가족의 다른 구성원도 비슷한 신체적 반응을 보여줄지 모릅니다. 여기서 가장 흥미로운 점은 마음이 감정을 통해 얼마나 신체 조건의 방아쇠로 작용할 수 있는지, 즉 신체적인 모든 조건을 어떻게 활성화하는지를 보는 것입니다.

감정과 그것의 신체적 표현은, 마음이 그것이 유리한지 불리한지를 해석하는 상황에서 어떻게 활동하고 반응하는가를 가르쳐줍니다. 이를테면 화가 난 사람은 곤란을 가능한 한 빨리 극복하고 싶어 합니다. 그러한 사람은 다른 사람을 때리고 공격하는 것이 최선의 방법이라고 생각한 것입니다. 노여움은 신체 기관에도 영향을 미칩니다. 그것은 행위를 위해 신체 기관을 움직이거나 더욱 긴장시킵니다. 분노하면 위장에 탈이 나거나 얼굴이 붉어지는 사람이 있습니다. 두통이 일어날 만큼 혈액순환이 나빠지는 사람도 있습니다. 주로 편두통이나 습관성 두통을 겪는 사람들 배후에서 억압받은 노여움 또는 굴욕감을 볼 수 있습니다. 심지어 삼차신경통이나 뇌전증 발작을 일으키는 사람도 있습니다.

감정이 어떤 방법으로 신체에 영향을 미치는지는 아직 완전히 연구되지 않았으므로 충분히 설명할 수 없을지도 모릅니다. 정신적인 긴장은 의식적인 신경계와 자율신경계 모두에 영향을 미칩니다.

긴장했을 때는 의식적인 신경계에서 행위가 일어납니다. 탁자를 두드리거나 입술을 깨물고 종이를 찢기도 합니다. 긴장하면 무슨 방법으로든지 움직여야만 하는 것으로 보입니다. 연필이나 손톱을 깨무는 것은 긴장의 배출구가 됩니다. 이러한 움직임은 어떤 상황에 의해 위협받는다고 느끼고 있음을 나타냅니다. 모르는 사람들 속에 있을 때 얼굴을 붉히고 몸을 떨며 틱장애 (Tic disorder)를 보이는 것 또한 마찬가지입니다. 그것은 모두 긴장으로 일어나는 증상입니다.

긴장은 자율신경계를 통해 몸 전체에 전달됩니다. 그리하여 온몸이 모든 감정으로 긴장합니다. 그러나 이러한 예처럼 언제나 긴장이 뚜렷하게 나타나는 것은 아닙니다. 우리는 여기서 신경과 긴장의 연관성이 뚜렷한 신체 증상만을 다루고 있습니다.

더욱 깊이 파고들면 신체의 모든 부분이 감정 표현과 관련되어 있고, 신체 표현은 마음과 몸이 상호작용한 결과임을 발견할 수 있습니다. 몸에 대한 마음의, 마음에 대한 몸의 상호작용을 찾는 것은 늘 중요합니다. 그것은 우리가 관련된 전체의 두 부분이기 때문입니다.

이러한 증거에서 사람이 가진 삶의 방식과 그것에 대응하는 감정적인 성질이 신체 발달에 끊임없는 영향을 미친다는 결론에 이르는 것은 마땅합니다. 만약 어린이의 성격과 삶의 방식이 인생의 매우 빠른 시기에 만들어진다는 것이 사실이라면, 우리가 충분한 경험을 쌓은 뒤 나중 인생에서 결과로 나타나는 신체 표현을 발견할 수 있을 것입니다.

용기 있는 사람은 그 체격에 정신적인 태도의 영향이 드러납니다. 신체가 달라지고 근육은 단단해지며 자세는 더욱 곧아집니다. 아마 자세가 신체 발달에 많은 영향을 미친다는 점이, 근육이 더욱 발달하는 것에 대한 부분적인 설명이 될지도 모릅니다. 용기 있는 사람은 표정도 달라져 나중에는 얼굴 전체가 영향을 받습니다. 어쩌면 머리뼈 모양까지 영향을 받을지도 모릅니다.

오늘날 마음이 뇌의 작용에 영향을 줄 수 있다는 사실을 부정하는 사람은 거의 없을 것입니다. 병리학은 좌뇌의 장애로 읽고 쓰는 능력을 잃은 사람이 뇌의 다른 부분을 대신 훈련함으로써 읽고 쓰는 능력을 되찾은 경우를 보여주었습니다. 이것은 뇌졸중 발작으로 뇌의 손상된 부분을 복구할 가능성이 전혀 없을 때 이따금 일어납니다. 뇌의 다른 부분이 장애를 보상하는 것인데, 그렇게 해서 기관의 기능을 회복하는 것입니다. 이 사실은 개인심리학을 교육에 적용할 수 있음을 밝히는 데 도움이 된다는 의미에서 특히 중요합니다.

만일 마음이 뇌에 이러한 영향을 미칠 수 있다면, 뇌가 마음의 도구—그것이 신체 가운데 가장 중요하지만, 그럼에도 도구일 뿐입니다—에 지나지 않는다면 우리는 이 도구를 발달시키고 개선하는 방법을 찾아낼 수 있습니다. 그 누구도 평생 뇌의 한계에서 벗어나지 못한 채 그것에 묶여 있을 필요는 없습니다. 뇌를 훈련해 그것을 인생에 더욱 적응시킬 수 있는 방법을 발견할지도 모르기 때문입니다.

잘못된 방향으로 목표를 고정해 놓은 마음, 이를테면 협력하는 능력을 키우지 않은 마음은 뇌 발달에 이로운 영향을 미칠 수 없습니다. 그 때문에 우리는 협력하는 능력이 모자란 많은 어린이들이 그 뒤의 인생에서 지성과 이해력을 충분히 발달시키지 못하는 것을 봅니다.

어른의 모든 행동은 4~5세까지 몸에 밴 생활 방식의 영향을 밝혀주며, 세계와 인생에 두는 의미에 따른 결과가 누구의 눈에도 뚜렷하게 나타나기 때문에 협력을 방해하는 것이 무엇인지 찾아내어 실패를 바로잡도록 도와줄 수 있습니다. 우리는 개인심리학에서 이미 이런 학문에 대한 첫 단계를 세웠습니다.

성격 특성과 신체 유형

많은 저자들이 마음과 몸의 표현 사이에 끊임없는 관계가 있음을 지적해 왔습니다. 그러나 양쪽 사이의 다리, 또는 그 인과 관계를 찾아내려는 사람은 아무도 없는 듯합니다.

이를테면 독일의 심리학자 에른스트 크레치머는 사람의 신체적 특성을 연구하고 우리가 그것에 대응하는 정신적, 정동적인 특성을 어떻게 찾아낼 수 있는지에 대해 말했습니다. 그렇게 하여 그는 많은 사람들을 특정한 유형으로 구별할 수 있었습니다. 예를 들어 코가 작고 얼굴이 둥글며 살이 찌는 경향이 있는 비만형이 있습니다. 이것은 율리우스 카이사르가 말한 사람입니다.

"내 곁에는 뚱뚱한 사람을 두어라. 머리가 매끈하고 밤이면 세상모르고 잠에 떨어지는"《율리우스 카이사르》 제1막 2장).

크레치머는 특정한 정신 특성을 이런 체형과 관련지었는데, 그의 저서에서는 이러한 상호 관계의 이유를 밝히지 않았습니다.

우리 사회에서는 이런 체형을 가진 사람이 신체적으로 불리하게 보이지는 않습니다. 그들의 체형은 우리 사회에 이미 적응하고 있어, 그들은 신체적으로 다른 사람과 같다고 느낍니다. 또한 긴장하고 있지 않으며, 싸우고 싶으면 싸울 수도 있다고 여깁니다. 그러나 그들은 다른 사람을 적으로 보거나 인생과 적대적으로 싸울 필요는 없습니다. 심리학의 어떤 학파는 그들을 외교적이라 부르겠지만 그 이유를 설명하지는 않을 것입니다. 우리가 그들을 외향적이라고 추정하는 것은 신체에 대해서는 고려하지 않기 때문입니다.

크레치머가 구별하는 대조적인 유형은 분열성 기질입니다. 그들은 순진무구하게 보이지만, 매우 키가 크고 코가 높으며 머리는 달걀형입니다. 분열병질은 얌전하며 내향적이라고 크레치머는 생각했습니다. 그들이 정신장애를 앓으면 조현병(調絃病)이 됩니다. 그들은 카이사르가 말하는 다음과 같은 유형입니다.

"저기 있는 카시우스는 몸이 마른 것이 배가 고파보이는군. 그는 생각이 너무 많아. 저런 사람은 위험해"《율리우스 카이사르》 제1막 2장).

아마 이런 사람은 신체적인 결함을 지녔으며 자기중심적이고 비관적, '내향적'으로 자랐을 것입니다. 그들은 다른 사람보다 더 많은 도움을 바랄 텐데, 자신이 충분히 배려받지 못한다는 사실을 알게 되면 괴로워하며 의심을 품게 됩니다.

그러나 우리는 크레치머가 인정하듯이 많은 혼합형을 봅니다. 그가 분열병질에서 볼 수 있다고 한 정신적 특성을 가지고 자란 비만형도 봅니다. 이것은 만약 그들의 상황이 그들을 그런 쪽으로, 즉 그들을 겁이 많고 용기를 잃도록 훈련한 것이라면 이해할 수 있습니다. 아마 우리는 체계적으로 용기를 꺾음으로써 어떤 어린이든지 분열질처럼 행동하도록 만들 수 있을 것입니다.

풍부한 경험이 있으면 여러 상황에 따른 사람의 행동에서 그가 협력하는 능력을 어느 만큼 가지고 있는지 알 수 있습니다. 하지만 그것을 모른다고 해도 사람들은 이러한 징후를 언제나 찾고 있습니다.

우리는 끊임없이 협력해야 할 상황에 부딪힙니다. 그리고 과학적이지 않지만 직감적으로 이 혼란스러운 인생에서 어떻게 우리 자신의 방향을 정할지 보여주는 암시를 이미 찾아냈습니다.

마찬가지로 우리는 역사의 모든 대변동이 일어나기 전에 사람의 마음이 이미 변화의 필요를 깨닫고 그것을 이루기 위해 노력했음을 알 수 있습니다. 그러한 추구가 순수하게 직감적인 것이라면 쉽게 실수를 저지릅니다.

우리는 늘 두드러진 신체 특성을 가진 사람을 싫어하며 상처와 추함을 지닌 사람을 피해 왔습니다. 단순히 그런 사람들은 협력에 그리 알맞지 않다고 판단했습니다. 이것은 커다란 오류였지만 그들의 판단은 아마 경험을 바탕으로 한 것일 테죠. 이러한 특성으로 괴로워하는 사람이 협력 능력을 키우는 방법은 아직 발견되지 않았습니다. 그래서 그들의 결점은 지나치게 강조되어 대중적인 편견의 희생자가 된 것입니다.

이제 우리의 관점을 요약해 봅시다. 아이들은 태어난 지 4, 5년 안에 정신적인 노력으로 몸과 마음 사이의 근본적인 관계를 세웁니다. 고정된 생활 방식과 함께 감각과 신체의 습관, 특성이 형성됩니다. 그것은 크든 작든 특정한 크기의 협력을 포함합니다.

우리가 사람을 평가하고 이해하는 것은 이 협력의 정도에 의해서입니다. 이를테면 모든 오류에 공통되는 점은 협력하는 능력이 뒤떨어진 것입니다.

그렇다면 우리는 심리학에 대해 다른 정의를 내릴 수 있습니다. 그것은 협력이 부족한 점을 이해하는 일입니다. 마음은 통일되었고 인생에 대한 같은 태도를 그것의 모든 표현을 통해 볼 수 있기 때문에, 사람의 모든 감정과 생각은 생활 방식과 일관된 것이 아니면 안 됩니다.

만일 어떤 사람이 매우 곤란한 문제를 일으켜서 자신의 행복에 반대되는 일을 한다면 이러한 감정 자체를 바꾸려는 일부터 시작하는 것은 완전히 무의미합니다. 감정은 생활 방식의 참된 표출이고, 이것은 삶의 자세를 바꿀 때만 근절되기 때문입니다.

여기서 개인심리학은 우리에게 교육과 치료의 전망을 암시합니다. 하나의 징후와 누군가의 인격이 가진 한 가지 측면만을 다루어서는 안 됩니다. 사람이 생활 방식, 즉 마음이 자신의 경험을 해석한 방법, 사람이 인생에 부여한 의미, 신체와 환경으로부터 받아들인 인상에 반응한 행동을 선택했을 때 저지른 잘못된 가정(假定)을 찾아야 합니다. 이것이 심리학이 해야 하는 참된 과제입니다.

어린이가 얼마나 뛰어오르는지 보기 위해 아이를 핀으로 찌르거나 얼마나 웃는지 보려고 일부러 간질이는 일은 심리학이라고 할 수 없습니다. 이러한 시도는 현대심리학에서 곧잘 볼 수 있으며, 실제로 사람 심리에 대해 뭔가 이야기할지도 모릅니다. 하지만 그것은 고정된 개인적 생활 방식을 증언하는 것뿐입니다.

생활 방식은 심리학의 적절한 주제이고 조사를 위한 자료입니다. 어떤 일이든 그 밖의 주제를 다루는 심리학자는 거의 생리학이나 생물학과 관련이 있습니다. 이것은 자극과 반응을 조사하는 사람, 트라우마와 쇼크를 가져온 경험의 자취를 찾는 사람, 유전된 능력을 살펴보고 그것이 어떻게 발달했는지를 관찰하는 사람에게 적용됩니다.

그러나 개인심리학에서 우리는 마음 그 자체, 통일된 마음을 연구합니다. 우리는 사람이 세계와 자기 자신에게 주는 의미, 목표, 추구와 노력의 방향, 인생의 과제에 부딪히는 방법들을 조사합니다. 그때까지 심리학적인 차이를 이해하기 위해 우리가 가진 최선의 열쇠는 협력하는 능력의 정도를 관찰하는 것입니다.

3 열등감 보상과 우월감 추구

열등감에 대한 올바른 이해

'열등감'은 개인심리학자에게는 가장 중요한 발견의 하나이며, 이제는 세계적으로 널리 알려진 이론입니다. 다른 많은 학파와 영역이 이 말을 채택하고 실제로 쓰고 있습니다. 그러나 나는 그들이 열등감을 충분히 이해하고 있는지, 또 올바른 의미로 쓰고 있는지 확신하지 못합니다.

이를테면 환자에게 그가 열등감으로 괴로워하고 있다는 사실을 알려주는 것은 아무런 도움이 되지 않습니다. 환자의 열등감을 어떻게 하면 극복할 수 있는지는 보여주지 않고 강조할 뿐이기 때문입니다. 우리는 환자의 생활 방식 속에 나타나는 무력감을 인식하고 용기가 꺾인 바로 그 문제를 찾아서 용기를 주어야 합니다.

신경증 환자는 모두 열등감을 가지고 있습니다. 그것은 유익하게 살아갈수 없다고 느끼는 상황들과, 노력과 활동에 주어진 제한들로 밝혀집니다. 환자의 문제에 이름을 붙이는 행동은 아무런 도움도 되지 않습니다. "당신은 열등감이 있군요"라고 말해 봤자 환자에게 용기를 주는 것은 아닙니다. "당신이 어디가 나쁜지 말할 수 있습니다. 당신은 두통을 앓고 있어요!" 하고 말해도 두통이 있는 사람을 도울 수 없는 것과 같습니다.

많은 신경증 환자는 자신이 뒤떨어진다고 느끼느냐 물어도 "아니요"라고 대답할 것입니다. 어쩌면 이렇게 말하는 사람도 있을지 모릅니다.

"아닙니다. 나는 내 주위 사람보다 뛰어나다고 느낍니다."

사실 우리는 이런 질문은 할 필요가 없습니다. 사람의 행동을 관찰하기만 하면 됩니다. 그러면 자신이 중요하다는 사실을 거듭 확인하기 위해 쓰고 있는 기만이 드러납니다.

예를 들어 오만한 사람을 만나면 우리는 그 사람의 마음을 이렇게 추측할 수 있습니다.

'사람들은 나를 무시하는 경향이 있다. 내가 중요한 사람임을 보여줘야 한다.'

이야기할 때 몸을 심하게 흔드는 사람이 있다면 다음처럼 느끼는 거라고 헤아릴 수 있습니다.

'내 말은 충분히 강조하지 않으면 무게를 가지지 못한다.'

다른 사람보다 뛰어난 듯이 행동하는 모든 사람의 내면에는, 그러한 것으로 감추기 위해 특별히 노력하는 열등감이 숨겨져 있습니다. 키 작은 사람이 조금이라도 크게 보이려고 뒤꿈치를 든 채 걷는 것과 같습니다. 때로는 이런 행동을 어린이 둘이 키 재기를 하고 있을 때 볼 수 있습니다. 키가 작을까 봐 걱정하는 아이는 몸을 늘려 뻣뻣하게 긴장시켜서 실제보다 커 보이려고 시도합니다. 그러한 어린이에게 "키가 작다고 생각하니?" 물어도 그 사실을 인정하는 일은 거의 기대할 수 없습니다.

그러므로 강한 열등감을 가진 사람이라고 해서 반드시 유순하고 조용하며 눈에 띄지 않는 성향을 보이지는 않습니다. 열등감은 온갖 방법으로 표현됩니다.

동물원에 발을 들여놓은 세 어린이의 일화로 그 사실을 알 수 있습니다. 아이들이 사자 우리 앞에 섰을 때 그들 가운데 하나는 어머니 치마폭에 숨어서 "집으로 돌아가고 싶다"고 말합니다. 두 번째 아이는 그 자리에 그대로 선 채 하얗게 질린 얼굴로 몸을 떨고 있습니다. 그러고는 말하지요. "조금도 무섭지 않아." 세 번째 아이는 사자를 노려보면서 "침 뱉어도 돼요?" 하고 어머니에게 묻습니다. 이 세 아이 모두 실제로는 무서웠지만, 자기 생활 방식에 들어맞는 자신만의 방법으로 그 감정을 드러낸 것입니다.

우리는 모두 어느 정도 열등감을 가지고 있습니다. 모두들 더 나아지길 바라는 상황에 있기 때문입니다. 만일 우리가 용기를 가지고 있다면, 단 하나의 직접적이고 현실적이며 만족스러운 수단으로 곧바로 상황을 개선함으로써 이 열등감을 자신에게서 없애려고 할 것입니다. 열등감을 품은 상태로 오래 견딜 수 있는 사람은 어디에도 없습니다. 마침내는 무언가 행동을 요구하는 긴장 상태 속에 틀림없이 내던져질 것입니다.

용기를 잃어버린 채 현실적으로 노력한다 해도 그 상황을 바꿀 수 있다고 상상하지 못하는 사람을 가정해 봅시다. 그는 열등감을 견디지 못하겠지만, 그러면서도 열등감을 없애려고 노력할 것입니다. 하지만 그들이 시도하는 방법은 조금도 그들을 나아가게 하지 못합니다. 그의 목표는 여전히 '곤란한 상황에 지지 않는 것'이지만, 장애를 이겨내는 대신 뛰어나다고 느끼도록 자신을 설득하고 나아가서는 강요하려 들 것입니다.

그러는 동안 그의 열등감은 더욱 심해집니다. 열등감이 생기는 상황은 아무것도 변하지 않았기 때문입니다. 근본적인 원인은 그대로이기 때문에 그가 내딛는 온 발걸음은 그를 더욱 자기기만으로 이끌고, 이윽고 모든 문제는 커다란 긴급성을 가지고 그를 덮치게 될 것입니다.

그의 행동을 이해하지 못한 채 바라본다면 거기에는 아무 목적도 없다고 생각할 것입니다. 그것은 우리에게 상황을 바꾸려 했다는 인상을 주지 않습니다. 반면 그가 다른 사람들과 마찬가지로 보다 나은 사람이 되기 위해 애쓰고 있지만 상황을 바꿀 희망은 포기했다는 것을 알게 되면, 곧 그가 하는 일은 모두 의미를 갖기 시작합니다.

만일 그가 자신을 약하다고 느끼면 강하다고 느낄 수 있는 상황을 만들어 냅니다. 진실로 강해지고 상황에 알맞도록 자신을 훈련하기보다는, 더욱 강해 '보이도록' 훈련합니다.

자신을 속이는 이런 노력은 부분적으로밖에 성공하지 못합니다. 눈앞에 놓인 과제를 감당할 수 없다고 느끼면 집 안에서 전제군주가 됨으로써 자신의 중요성을 다시 확인하려 들지도 모릅니다.

따라서 아무리 자신을 속인다 해도 그의 진정한 열등감은 같은 자리에 고스란히 남게 됩니다. 그것은 조금도 바뀌지 않은 처음의 상태에 따라 일어난 열등감이며, 그의 심리적 생활의 변함없는 흐름이 됩니다. 우리는 이러한 경우에서 진정으로 열등감에 대해 이야기할 수 있습니다.

이제 열등감이 무엇인지 확실한 정의를 내릴 때입니다. 열등감은 눈앞의 문제에 대해 사람이 알맞게 적응하지 못했거나 준비되어 있지 못했을 때 나타납니다. 그리고 마음 한쪽은 그것을 해결할 수 없다는 확신을 강조합니다. 이 정의에서 분노가 눈물이나 변명과 마찬가지로 열등감의 표현일 수 있음을 알게 됩니다.

열등감은 언제나 스트레스를 만들어내므로 늘 우월감으로 향하는 보상을 얻기 위한 움직임이 나타날 것입니다. 그러나 그것은 문제를 푸는 쪽으로 가지는 않습니다. 우월감만을 바라는 움직임은 이렇게 인생을 유용하지 못한 면으로 나아가게 합니다. 진짜 문제는 나중으로 미루어두거나 빼놓습니다. 사람은 자신의 행위가 미치는 영역을 제한하려 들고, 성공을 위해 노력하기보다는 실패를 회피하는 쪽에 더욱 기울어져, 어려움 앞에서 망설이며 서 있거나 심지어는 물러서는 모습마저 보입니다.

이러한 태도는 광장공포증의 경우에서 뚜렷하게 볼 수 있습니다. 이 증상은 '나는 너무 멀리 가서는 안 돼. 익숙한 상황에 머물러 있어야 해. 인생은 위험으로 가득 차 있어서 반드시 그것을 피해야만 해'라는 확신의 표현입니다. 이 태도가 계속 유지되면 그 사람은 방 안에 틀어박히거나 침대에 들어가서 좀처럼 나오지 않게 됩니다.

난관을 앞에 둔 채 달아나려는 태도의 가장 철저한 표현은 자살입니다. 자살하는 사람은 자신이 인생의 온갖 문제에 부딪혀 모든 것을 포기하고, 상황을 좋게 만들기 위해 할 수 있는 일은 아무것도 없다는 확신을 여실히 드러냅니다.

자살에서 볼 수 있는 우월성의 맹목적인 추구는 자살이 언제나 비난 또는 복수의 표현임을 알면 이해할 수 있습니다. 자살은 늘 그 죽음의 책임을 누군가 다른 사람에게 떠넘깁니다. 마치 다음처럼 말하는 것 같습니다.

"나는 이 세상에서 가장 상처받기 쉬운 예민한 감수성을 지녔다. 그런데도 당신은 나를 가장 무자비하게 대했다."

모든 신경증 환자는 많든 적든 행동의 영역을 통제하고 세계와의 접촉을 가둡니다. 현실적으로 눈앞에 놓인 인생의 세 가지 과제로부터 거리를 두고, 스스로 온전히 지배할 수 있다고 느끼는 상황 속에 자신을 제한합니다. 이렇게 해서 신경증 환자는 좁은 방을 만들고 문을 굳게 닫은 채, 바람과 햇빛과 신선한 공기로부터 자신을 보호하며 지내는 것입니다.

거들먹거리며 지배할 것인가, 아니면 우는소리를 하면서 지배할 것인가는 그가 받은 교육에 달려 있습니다. 그는 자신의 목적을 위해 가장 효과적이라고 생각하는 방법을 고를 것입니다. 때로 한 가지 방법에 만족하지 못하면 다른 방법을 시도합니다. 어느 경우에도 목표는 같습니다. 즉 상황을 나아지게 할 실질적인 노력은 아무것도 하지 않고 우월감만을 얻는 일입니다.

이를테면 우는 것으로 자신이 바라는 것을 손에 넣을 수 있다고 생각하는 용기 없는 어린이는 울보가 됩니다. 이 울보가 그대로 어른이 되면 우울증 환자가 됩니다.

눈물과 불평—나는 그것을 '물의 힘'이라고 불러왔습니다—은 협력을 가로막고, 다른 이를 종속시키는 매우 효과적인 무기입니다. 부끄러워하거나 곤혹스러워하며 죄의식으로 괴로워하는 사람과 마찬가지로, 우는 사람에게도 열등감이 있음을 얼핏 엿볼 수 있습니다. 이런 사람은 자신이 허약하고 아무것도 할 수 없다는 사실을 곧 인정합니다. 그들이 감추고 싶은 것은 강박적인 우월감의 목표, 무엇을 희생해서라도 최고가 되고 싶은 욕구입니다.

한편 자신을 자랑하는 아이는 언뜻 우월감을 지닌 것처럼 보입니다. 그러나 말이 아닌 행동을 살펴보면, 곧 아이가 인정하고 싶어 하지 않는 열등감을 찾아낼 수 있습니다.

이른바 오이디푸스 콤플렉스는 사실, 신경증 환자의 '좁은 방'에 대한 특별한 예에 지나지 않습니다. 세상 모든 일에서 사랑의 과제에 대처하기를 두려워하는 사람은 신경증을 없애는 데 절대로 성공하지 못할 것입니다. 가족의 테두리에서 밖으로 나가려 하지 않을 때, 성(性)이 이 한계 안에서 표출되고 마는 것은 그리 놀라운 일이 아닙니다. 이러한 상태에 있는 어린이는, 낯선 사람은 안전하지 않다는 느낌 때문에 매우 친밀한 몇 사람에게만 관심을 기울입니다. 자기 테두리 안에 있는 사람을 다스리는 데만 익숙해져서 다른 사람을 지배할 수 없을지도 모른다는 두려움을 느낍니다.

오이디푸스 콤플렉스의 희생자는 어머니에게 과보호받으며 자란 아이들입니다. 그러한 아이들은 자기가 바라는 것이 곧 법이어서, 가정의 경계 밖에 스스로 서려 노력해야 호의와 사랑을 얻을 수 있음을 깨닫지 못합니다. 이러한 사람은 어른이 되어서도 늘 어머니 치마폭에 싸여 있습니다. 사랑에 있어서 그들은 대등한 상대가 아니라 자신의 하인이 되어줄 사람을 찾습니다. 자신을 보호해 줄 가장 믿음직한 하인은 물론 그들의 어머니입니다.

아이들은 누구나 오이디푸스 콤플렉스에 빠질 수 있습니다. 어머니가 아이를 지나치게 보호하고, 그 아이는 오로지 어머니한테만 관심을 쏟으며 다른 사람에게 관심 갖는 것을 거부하고, 아버지가 무관심하거나 냉정하기만 하면 됩니다.

신경증의 모든 징후에서 움직임의 제한을 발견할 수 있습니다. 말을 더듬는 사람에게서 망설이는 태도를 볼 수 있듯이 말입니다. 그에게 남아 있는 공동체 감각은 다른 사람과 관계를 맺도록 부추기지만, 그의 낮은 자기평가와 실패에 대한 두려움이 공동체 감각과 부딪치기 때문에 말하기를 망설이게 됩니다.

학교에서 '뒤처지는' 아이들, 서른 살이 넘어도 취직하지 않는 사람들, 결혼을 회피해 온 사람들, 같은 일을 끊임없이 되풀이하는 강박신경증 환자, 낮에 맞닥뜨리는 일에 너무 지친 불면증 환자들은 모두 열등감을 나타내는데, 그것이 인생의 과제를 해결할 때 성장하는 것을 가로막습니다.

자위, 조루, 발기불능, 성도착의 특징이 있는 사람은 모두 이성에게 다가갈 때의 무능감에서 오는 인생에 대한 잘못된 접근을 보여줍니다. 만약 우리가 "왜 그렇게 할 수 없다고 생각합니까?"라고 물어보면 그것에 따르는 우월감 추구의 목표를 곧 알 수 있습니다. 그 유일한 대답은 다음과 같습니다.

"나 자신에게 너무 높은 성공 목표를 부과했기 때문입니다."

우리는 열등감 자체는 정상(正常)과 다르지 않다고 말합니다. 그것은 인류가 이루어낸 모든 진보의 원인입니다. 과학의 진보는 사람이 무지하다는 사실과, 어떤 기술이 앞날을 위해 필요하다는 것을 깨달을 때만 가능합니다. 그것은 인간의 운명을 개선하고 우주에 대해 더 많은 것을 알며 우주를 더욱 잘 제어하고자 하는 노력의 결과입니다. 실제로 나는 인간의 모든 문화는 열등감에 바탕을 둔다고 생각합니다.

인간과 아무런 관계가 없는 외계의 관찰자가 지구를 찾는다면 틀림없이 다음과 같은 결론을 내릴 것입니다.

"모든 조직과 제도, 안전을 추구하는 노력, 비를 피하는 지붕, 몸을 보호하는 옷, 통행을 쉽게 하는 길을 가진 인간들은 뚜렷하게 자신을 지구상에서 가장 약한 생물로 느끼고 있는 게 틀림없다."

실제로 어떤 점에서 인간은 지구상에서 가장 약한 생물입니다. 인간은 사자나 고릴라 같은 힘이 없습니다. 그리고 대부분의 동물은 홀로 생활의 어려움과 부딪히는 일에 우리 인간보다 뛰어납니다. 짝을 지음으로써 약점을 보완하는 동물도 있습니다. 즉 무리를 짓는 것입니다. 그러나 인간에게는 자연계의 다른 어디서 찾아볼 수 있는 종(種)보다 다양하고 근본적인 협력이 필요합니다.

어린이들은 특히 약합니다. 그래서 몇 년 동안은 보살핌과 보호가 필요합니다. 인간은 모든 생물 가운데서 가장 신체적으로 약하며 서로 협력하지 않으면 환경의 완전한 지배 아래 놓이기 때문에, 협력에 대한 훈련을 하지 않은 어린이가 비관주의와 열등감에 빠지는 것은 이해할 수 있습니다. 또한 인생이, 가장 협력적인 사람에게조차 끊임없이 문제를 주는 것도 이해할 수 있습니다.

우월성의 최종 목표에 이르러, 환경의 완전한 지배자라는 위치에 선 자신을 발견하는 사람은 아무도 없습니다. 인생은 너무나 짧고 우리 몸은 몹시 허약하며 인생의 세 가지 과제는 늘 더욱 풍요롭고 충분한 해결을 요구합니다.

우리는 언제나 잠정적인 해결점을 찾을 수 있지만, 우리가 이룩한 것에 결코 완전히 만족할 수는 없습니다. 어떠한 경우에도 보다 나은 해결점을 찾으려는 노력은 계속될 것입니다. 그리고 협력하는 사람에게 그 노력은, 공통된 상황에서의 현실적 진보를 향한 희망적이고도 쓸모 있는 것입니다.

마지막 목표에 이를 수 없다는 사실 때문에 고민하는 사람은 아무도 없을 것입니다. 한 사람 또는 인류 전체가 더는 어떠한 곤란도 없는 위치에 다다랐다고 상상해 봅시다. 그러한 상황에서 인생은 틀림없이 따분해지고 말 것입니다. 그렇게 되면 모든 것을 예견할 수 있고 미리 헤아릴 수 있으며, 내일이 되어도 예상치 못한 일이 일어나는 법이 없고, 미래에 기대할 수 있는 것은 아무것도 없습니다. 그러니 인생에 대한 우리의 관심은 오로지 불확실성에서 오는 것입니다.

만일 우리가 모든 것을 확신한다면, 알아야 할 것을 모조리 알고 있다면 더 이상의 논의나 발견은 없을 것입니다. 과학은 끝나고 우주는 여러 번 되풀이된 이야기에 지나지 않게 됩니다. 우리가 지향해야 할 이상을 보여주는 예술과 종교는 더는 어떤 의미도 갖지 않게 됩니다.

인생의 도전에 끝이 없는 것은 우리에게 행운입니다. 인간의 추구와 노력은 결코 끝나지 않고 늘 새로운 문제를 찾아내거나 창조해 낼 수 있으며, 협력과 공헌을 위한 새로운 기회를 만들어낼 수 있습니다.

그러나 신경증 환자의 발달은 처음부터 차단됩니다. 그들에게 주어진 인생 과제의 해결점은 피상적인 수준에 머물고 그에 따라 곤란은 더욱더 커집니다.

보통 사람은 자신의 문제에 대해 차츰 의미 있는 해결책을 생각해 냅니다. 새로운 곤란으로 옮겨가 새로운 해결에 이를 수 있습니다. 그리하여 공동체에 이바지할 수 있게 되는 것입니다. 뒤처져서 동료에게 걸림돌이 되는 일은 없습니다. 특별한 배려를 필요로 하지 않는 한 요구도 하지 않습니다. 그 대신 자신의 필요뿐만 아니라 공동체 감각에 일치하는 용기와 자립심을 가지고 과제를 해결하기 시작합니다.

우월성의 목표

우월성의 목표는 개인적이며 저마다에게 독창적입니다. 그것은 사람이 인생에 부여하는 의미에 의존합니다. 그리고 그 의미는 단순히 언어의 문제가 아닙니다. 그것은 생활 방식 속에 나타나, 자기 스스로 만들어낸 기묘한 선율처럼 인생에 늘 울려퍼집니다. 확실하게 공식화할 수 있는 방법(도식화)으로 목표를 드러내는 일이 없습니다. 오히려 아주 간접적으로 나타냅니다. 그래서 우리는 목표를 그 사람이 주는 단서에서 추측해야만 합니다.

누군가의 생활 방식을 이해하는 것은 시인의 작품을 이해하는 것만큼이나 어렵습니다. 시인은 언어밖에 사용하지 않지만 그 의미는 그들이 쓰는 언어 이상의 것입니다. 그 의미의 대부분은 연구와 직감에 의해 이끌려 나와야 합니다. 행간을 읽지 않으면 안 된다는 말입니다. 이것은 가장 깊고 복잡한 창조물이며, 삶의 방식도 이와 마찬가지입니다. 심리학자는 행간을 읽는 방법을 배워야 합니다. 인생의 의미를 헤아리는 기술을 배워야 합니다.

그 밖에는 어떤 식으로 이해할 수 있을까요? 우리는 태어난 지 처음 4년이나 5년 안에, 우리에게 인생은 어떤 의미를 가지는지를 결정합니다. 수학 계산에 따라 결정하는 것이 아니라, 암흑 속을 더듬어 나아가서 완전하게는 이해할 수 없는 감정을 경험하고 설명을 위한 암시를 알아차려 결정하는 것입니다.

마찬가지로 우리는 어림짐작과 추측을 따라서 우리의 우월성 목표를 결정합니다. 그것은 생애에 걸친 자극이고 동적인 경향일 뿐, 지도에 그려지거나 지리학적으로 결정된 점(點)은 아닙니다.

자기 자신의 우월성 목표를 충분히 이야기할 수 있을 만큼 깨달은 사람은 없습니다. 아마 직업의 목표라면 알고 있겠지만, 그것은 사람이 추구하고 노력하는 것의 작은 부분에 지나지 않습니다. 만일 목표가 확실하게 정해졌다고 해도 그 목표를 위해 노력하는 방법은 수없이 많습니다.

예를 들어 어떤 사람이 의사가 되고 싶어 한다고 칩시다. 그러나 의사가 되고 싶다는 바람에 담긴 의미는 다양합니다. 그는 내과 전문의나 병리학 전문가가 되고 싶을 수 있습니다. 그뿐만 아니라 그 일을 통해서 자기 자신과 다른 사람에 대한 독자적인 관심을 나타낼 것입니다. 동료에게 힘이 되어주기 위해 얼마나 훈련하고 있는지, 그리고 도움이 되기 위해 어떤 제한을 두고 있는지를 우리는 볼 것입니다.

그는 이런 목표로 특별한 열등감에 대해 보상하고자 합니다. 우리는 그의 직업 또는 직업과 연관되지 않은 다른 분야에서 나타나는 그의 행동을 통해 그가 보상하려고 하는 특별한 감정을 추측할 수 있어야 합니다.

우리는 때때로, 의사들이 아주 어린 나이에 죽음과 마주했던 사실을 발견합니다. 죽음은 그들에게 가장 깊은 인상을 준 인간의 불안한 측면이었습니다. 아마 형제 또는 부모가 죽은 뒤, 자신을 위해서나 다른 이를 위해서나 죽음 앞에 흔들리지 않을 수 있는 방법을 찾아내는 쪽으로 그 마음이 향했을 것입니다.

어떤 사람은 교사가 되는 것을 구체적인 목표로 삼을지도 모릅니다. 하지만 교사에도 여러 유형이 있다는 사실을 우리는 잘 알고 있습니다. 만약 그 교사에게 공동체 감각이 부족하다면, 교사라는 직업에 대한 그의 우월성 목표는 자기보다 못한 사람들을 다스리는 일인지도 모릅니다. 그는 자신보다 약하고 경험이 적은 사람과 함께 있을 때만 안전하다고 느낄 수도 있습니다. 공동체 감각이 높은 교사는 학생을 대등하게 봅니다. 진심으로 인류의 행복에 공헌하고 싶은 것입니다. 여기서는 교사의 능력과 관심이 얼마나 다른 것이고, 그들의 행동이 확실하게 독자적인 목표를 가리키고 있다는 사실을 언급하는 것으로도 충분합니다.

하나의 목표가 확실하게 정해지면 사람의 능력은 그 목표를 위해 집약되고 한정되어야만 합니다. 그러나 우리가 원형(原型)이라 부르는 전반적인 목표는 늘 그러한 한계를 밀기도 하고 당기기도 하면서, 어떠한 상태에서도 사람이 인생에 부여하는 의미와 우월성 추구의 최종적인 이상을 표현하는 방법을 찾아낼 것입니다.

그러므로 우리는 어떤 사람이든지 그 겉모습에 가려진 속마음을 보지 않으면 안 됩니다. 사람은 목표를 구체적인 것으로 만드는 방법을 바꿀지도 모릅니다. 마치 구체적인 목표의 표현인 직업을 바꾸듯이 말입니다. 그래도 우리는 밑바탕에 있는 일관성, 인격의 통일성을 찾아야 합니다. 이 통일성은 그 모든 표현에서 고정되어 있습니다. 만일 정삼각형을 여러 곳에 내려놓으면, 각각의 장소가 우리에게 다른 삼각형을 주는 것처럼 여겨질 것입니다. 그러나 자세히 보면 모두 같은 삼각형임을 알 수 있습니다.

원형도 마찬가지입니다. 그 내용은 어떤 행동으로도 충분히 표현되지 않지만, 모든 표현에서 인식할 수 있습니다. 우리는 결코 이렇게 말할 수는 없습니다.

"당신의 우월성 추구는, 만약 이런저런 노력을 하면 충분히 채워질 것이다."

우월성의 추구는 끊임없이 유연함을 유지합니다. 그리고 실제로 사람이 건강하고 정상(正常)에 가까우면 가까울수록 하나의 특정한 방향이 가로막히더라도 더 확실한 추구를 위한 새로운 돌파구를 발견할 수 있습니다. 자기 목표의 구체적인 표현에 대해 '이것 말고는 없다'고 생각하는 것은 신경증 환자뿐입니다.

어떤 우월성의 추구에 대해서도 지나치게 성급한 평가를 내려서는 안 되지만 대부분의 목표에서 하나의 공통된 요소를 볼 수 있습니다. 신이 되려고 하는 일입니다. 때로는 어린이들이 다음과 같이 아주 솔직하게 말하는 것을 볼 수 있습니다.

"나는 신이 되고 싶다."

많은 철학자들도 마찬가지로 생각해 왔습니다. 어린이들을 마치 신처럼 되도록 훈련하고 가르치고 싶어 하는 교사도 있습니다. 옛 종교의 수행에서도 같은 목적을 볼 수 있습니다. 제자들은 신처럼 되기 위해 스스로 배우고 익히지 않으면 안 됩니다.

이렇게 신과 닮는다는 개념의 더욱 온전하고 건강한 형태는 '초인'의 생각에서 엿볼 수 있습니다. 니체가 정신착란을 일으켰을 때 스웨덴의 극작가인 요한 아우구스트 스트린드베리에게 보낸 편지 속에 '십자가에 못 박힌 자'라고 서명한 것은 흥미롭습니다.

　정상적이지 못한 정신을 가진 사람은 이따금 '신과 닮는다'는 우월성의 목표를 매우 거리낌 없이 드러내, "나는 나폴레옹이다" 또는 "나는 중국의 황제다" 말합니다. 그들은 온 세계의 주목을 끌며 끊임없이 대중에게 자신을 내보이고, 라디오를 통해 전 세계 모든 대화를 훔쳐 들으며 미래를 예언하고 초자연적인 힘을 키우고 싶어 합니다.

　아마 '신을 닮는다'는 목표의 더욱 겸허하고 합리적인 표현 방법은 모든 것을 알고 싶다는 바람, 보편적인 지식을 소유하고 싶다는 욕구, 또는 생명을 영원히 이어가고 싶다는 소망 속에 있을 것입니다. 이 지상의 생명이 영속하길 바라고 몇 번이나 이곳에 다시 태어날 것이라 상상하는 일이기도 합니다. 또한 내세에서의 불사(不死)를 내다보는 일이기도 하지만 어떠한 것이든 이러한 기대는 모두 신을 닮고 싶다는 욕구를 바탕으로 합니다.

　종교의 가르침에서 불사의 존재, 즉 모든 시간과 영원을 통해 살아남는 것은 신입니다. 나는 여기서 이런 생각이 올바른지 아닌지에 대해 논의하고 싶지는 않습니다. 그것은 인생에 대한 의미이고, 우리는 모두 얼마쯤 이 의미—신과 신을 닮는 것—에 사로잡혀 있습니다. 무신론자조차 신을 정복하고 싶어 하며, 신보다 높아지기를 바랍니다. 우리는 이것을 특별히 강한 우월성의 목표로 볼 수 있습니다.

　우월성의 목표가 먼저 구체적으로 정해지면 삶의 방식에서 오류가 일어나지 않습니다. 모든 행위는 그 목표와 일관성을 유지하기 때문입니다. 사람의 습관과 행동은 구체적인 목표를 얻는 데 적절하고 모든 비판을 뛰어넘습니다. 문제아, 신경증 환자, 알코올의존자, 범죄자, 성도착자는 자신이 우월한 지위라고 여기는 것에 이르는 데 어울리는 행동을 합니다. 그의 행동을 그 자체만으로 비판하는 일은 불가능합니다. 그것은 그러한 목표를 따른다면 마땅히 보여주어야 하는 행위이기 때문입니다.

　학급에서 가장 게으른 소년에게 교사가 물었습니다.

　"너는 왜 이렇게 성적이 낮니?"

소년이 대답했습니다.

"만약 제가 학교에서 가장 게으르다면 선생님은 저를 위해 시간을 내주실 거예요. 하지만 반에서 아무런 문제를 일으키지 않는, 무슨 일이든 잘하고 성적도 좋은 아이에게는 관심을 기울이지 않잖아요."

소년의 목적은 주목을 끌고 교사를 통제하는 것이므로, 그는 그것을 위한 가장 효과적인 방법을 찾아낸 것입니다. 이럴 때는 소년의 게으름을 아무리 고치려 해도 소용이 없습니다. 게으름은 그의 목표를 위해 꼭 필요하기 때문입니다. 이런 시선에서 보면 소년의 행동은 모두 옳은 것이며, 그 행동 방식을 바꾸는 일은 어리석은 것이 됩니다.

다른 소년은 집에서는 유순하지만 미련해 보였습니다. 학교에서는 뒤처졌고 집에서는 완전히 아둔했습니다. 반면 두 살 위인 형은 생활 태도가 아주 달랐습니다. 형은 영리하고 활발했지만 매우 건방지고 늘 말썽을 부렸습니다. 어느 날 동생이 형에게 이렇게 말했습니다.

"형처럼 건방진 사람이 되느니 차라리 나처럼 바보가 되는 편이 나아."

그가 겉으로 드러낸 아둔함이 그의 목표—문제를 피하는 것—를 이루는 방법이란 사실을 알고 나면, 오히려 그것은 똑똑한 행동으로 보일지도 모릅니다. 소년은 이 의도적인 아둔함 때문에 그에 대한 사람들의 기대치가 낮아져서 잘못을 저질러도 좀처럼 비난받지 않았습니다. 그런 목표에서 본다면 바보가 되지 않는 게 어리석은 일입니다.

오늘날까지 어떤 문제에 대해서는 보통 증상을 없애는 것이 대처법이었습니다. 개인심리학은 의학이나 교육에서 보여주는 접근 방식과는 완전히 반대됩니다. 어린이가 산수를 잘 못하거나 학교 성적이 나쁘면, 주의를 집중해서 그와 다른 표현을 이끌어내려고 시도하는 것은 무의미합니다. 아마도 아이는 교사를 골탕 먹이고 싶거나, 심지어 퇴학당함으로써 학교에서 벗어나고 싶어하는지도 모릅니다. 하나의 방법을 쓰지 못하게 해도 목표를 이루기 위한 새로운 방법을 찾아낼 것입니다.

신경증 환자도 마찬가지입니다. 예를 들어 여기 어떤 사람이 편두통을 앓고 있다고 가정합시다. 이 두통은 그에게 아주 유용한 것으로 어쩌면 그가 필요로 하는 순간에 맞춰 나타날지도 모릅니다. 두통 덕분에 인생의 과제와 맞닥뜨리는 일을 피할 수 있는 것입니다. 두통은 새로운 사람을 만나거나 결단을 내려야 할 때 일어날 수도 있습니다. 이렇게 확실한 수단을 그가 어떻게 포기하겠습니까? 자신도 모르게 스스로에게 주고 있는 고통은 그의 처지에서는 지혜로운 투자일 뿐입니다. 그 대가로 자신이 바라는 모든 것이 돌아오지 않습니까?

물론 그 사람에게 모든 것을 설명해 충격을 줌으로써 위협하고 두통을 몰아낼 수 있을지도 모릅니다. 마치 전쟁신경증이 있는 병사가 전기충격이나 가짜 수술에 놀라서 증상을 그치는 것처럼 말이죠. 아마 의료 행위가 증상을 없애 그가 선택한 특정한 표현을 계속할 수 없게 만들 수는 있을 것입니다. 그러나 목표에 변함이 없는 한 이전 증상을 그만두는 대신 다른 증상을 찾아내고야 맙니다. 두통을 '치료'받으면, 이번에는 불면증이 생기거나 뭔가 다른 증상이 새롭게 나타나는 것입니다. 목표가 사라지지 않는 한 그것은 계속될 뿐입니다.

어떤 신경증 환자에게는 놀랍도록 빠르게 증상이 사라지고 한순간의 망설임도 없이 새로운 증상이 나타납니다. 그들은 신경증의 명인이 되어 끊임없이 병명을 늘려갑니다. 심리요법에 관한 책은 그들에게 그때까지 시도할 기회가 없었던 신경증적인 문제를 제안합니다. 우리가 찾아야 하는 것은 증상이 채택되는 목적이고, 그 목적은 우월성의 전반적 목표와 일관되어 있습니다.

교사인 내가 사다리를 올라가 칠판 위에 앉았다고 가정해 봅니다. 나를 본 사람은 누구나 '아들러 선생이 완전히 미쳤다'고 생각할 것입니다. 그들은 그 사다리가 무엇을 위한 것인지, 왜 내가 거기에 올라갔는지, 또는 왜 이런 불편한 장소에 앉아 있는지 이해할 수 없기 때문입니다. 하지만 만일 '그가 칠판 위에 앉고 싶어 하는 까닭은 다른 사람보다 물리적으로 높은 곳에 있지 않으면 뒤떨어진다고 느끼기 때문이며, 그는 위에서 교실을 내려다볼 수 있으면 안전하다고 느낀다'는 사실을 알면, 내가 그리 이상해 보이지는 않을 것입니다. 나는 내 구체적인 목표를 이루는 데 가장 좋은 방법을 고른 셈입니다. 그때 사다리는 매우 훌륭한 도구이고, 그것에 올라가는 내 노력은 무척 좋은 계획 아래 잘 실천되었다고 생각될 것입니다.

다만 한 가지 부분은 이상하다고 여겨질 수 있습니다. 즉 우월성에 대한 나의 해석입니다. 만일 내가 구체적인 목표를 잘못 선택했다고 확신할 수 있다면 내 행동은 바뀔 것입니다. 그러나 목표가 바뀌지 않은 채 사다리가 없어진다면, 나는 다시 의자로 같은 일을 할 것입니다. 그리고 그 의자마저 사라진다면 나는 뛰어오르든지 기어오르든지 힘닿는 대로 올라가는 방법을 생각해낼 것입니다.

모든 신경증 환자도 마찬가지입니다. 수단의 선택에 있어서는 그 무엇도 틀린 것이 아닙니다. 그것은 비판을 넘어섭니다. 우리가 바꿀 수 있는 것은 구체적인 목표입니다. 목표가 바뀌면 신경증 환자의 습관과 태도 또한 달라집니다. 낡은 습관과 태도는 더 필요하지 않게 됩니다. 그리고 그의 새 목표에 알맞은 새로운 습관과 태도가 곧 그것을 대신할 것입니다.

불안신경증으로 친구를 사귀지 못하는 서른 살 여성의 경우를 살펴봅시다. 그녀는 도저히 스스로 생계를 꾸려나갈 수가 없었기 때문에 여전히 가족에게 짐이 되고 있었습니다. 이따금 속기사나 비서로 취업했지만, 불행히도 고용주가 늘 그녀에게 치근덕거리며 괴롭혀서 일을 그만두어야만 했습니다. 그런데 어느 경우에는 고용주가 그녀에게 그다지 관심을 보이지 않았습니다. 그러자 그녀는 이번엔 그것을 수치로 여기고 그만두어 버렸습니다.

오랫동안—아마도 8년이었을 것입니다—심리요법을 받았지만, 치료가 그녀를 사교적으로 만들거나 생활을 이어갈 수 있는 일자리를 얻는 데 도움을 주지는 못했습니다.

그녀가 다시 나를 찾아왔을 때, 나는 그녀의 어린 시절로 거슬러 올라갔습니다. 어린 시절에 대해 잘 알지 못하면 어른을 이해하지 못합니다. 막내딸이었던 그녀는 상상도 못할 만큼 사랑을 독차지하면서 금이야 옥이야 자랐습니다. 그녀의 부모는 그 무렵 매우 부유해, 그녀가 원하는 것이 있으면 말이 떨어지기 무섭게 갖다 바쳤습니다. 나는 그 이야기를 듣고 그녀에게 이렇게 말했습니다. "당신은 공주처럼 자랐군요." 그러자 그녀가 "모두들 나를 공주라고 불렀죠"라고 대답했습니다.

나는 다시 어린 시절에 대해서 물었고 그녀가 말했습니다.

"네 살 때, 집 밖에서 노는 아이들을 만난 것이 기억나요. 그들은 언제나 팔짝 뛰면서 소리쳤어요. '저기 마녀가 오고 있어!' 나는 무서워하면서 집에 돌아와 그때 우리 집에서 일하던 할머니에게 정말 마녀가 있느냐고 물었어요. 할머니는 이렇게 대답했죠. '그럼! 마녀도 있고 도둑도 강도도 있단다. 모두가 널 쫓아올 거야.'"

이 이야기를 통해서 그녀는 혼자 있는 것을 두려워하게 되었음을 알 수 있습니다. 생활 방식 전체에서 공포를 드러낸 것입니다. 그녀는 자신이 집을 나갈 수 있을 만큼 강하지 않다고 느꼈습니다. 그래서 가족들이 그녀를 보호하며 모든 방법으로 보살펴야 했습니다. 다른 초기 기억은 다음과 같았습니다.

"피아노 선생님이 있었는데 남자였어요. 어느 날 나에게 키스를 하려고 했어요. 나는 피아노를 치다 말고 나가서 어머니에게 말했죠. 그 뒤로 다시는 피아노를 치고 싶지 않았어요."

여기서도 그녀가 자신과 남성 사이에 거리를 두도록 스스로 훈련한 것을 알 수 있습니다. 그리고 그녀의 성적 발달은 자신을 사랑으로부터 보호한다는 목표와 일치했습니다. 그녀는 누군가를 사랑하는 것은 나약한 일이라고 느끼고 있었습니다.

여기서 많은 사람이 누군가에게 사랑을 느끼는 것은 자신이 약하다는 증거라고 여기고 있음을 말해야겠습니다. 어느 정도는 옳은 말입니다. 우리가 누군가를 사랑할 때는 부드럽고 상냥해지게 마련입니다. 그리고 다른 사람에 대한 깊은 관심은 우리를 상처받기 쉽게 합니다.

그러므로 우월성이 목표인 사람은 '나는 결코 약해지면 안 되고, 또 약한 모습을 절대 드러내면 안 된다'고 생각하며 서로에게 의지하는 사랑의 관계에서 멀어지려 합니다. 이런 사람은 사랑을 피하고, 사랑에 대한 준비가 되어 있지 않습니다. 때때로 누군가를 좋아할 것 같다고 느끼면 그 상황을 우습게 여기려고 애씁니다. 웃거나 농담을 하고, 불안해하는 사람을 놀리기도 합니다. 그렇게 함으로써 자신에게서 약하다는 감정을 없애는 것입니다.

이 여자도 사랑과 결혼 관계에서 자신이 약하다고 느꼈습니다. 그 결과 그녀는 직장에서 자기 앞에 남성이 나타나면 필요 이상으로 마음이 어지러워졌습니다. 그리고 달아나는 것 말고는 어떻게 해야 할지 몰랐습니다. 이러한 문제에 계속 부딪히는 동안, 부모는 모두 세상을 떠났고 그와 함께 '공주님'의 궁정 생활도 끝나고 말았습니다. 그녀는 친척들을 불러와 자신을 돕게 하려고 했으나, 그런 상황에도 그리 만족하지 못했습니다. 얼마 지나자 친척들은 그녀에게 질려서 더는 관심을 기울이지 않았습니다. 그녀는 그런 친척들을 비난하면서 집에 혼자 있는 것이 얼마나 위험한 일인지 이야기했습니다. 그리하여 그녀는 자기 스스로 살아가야 하는, 혼자가 되는 비극을 겨우 멈춘 것입니다. 만약 가족이 그녀에 대해 걱정하는 일을 완전히 그만두었다면, 그녀는 자신이 미쳐버렸으리라 확신했습니다.

그녀가 우월성의 목표를 이루는 유일한 방법은, 가족에게 그녀를 보호할 것을 강요하고 자기 인생의 모든 과제를 틀어지는 일 없이 끝내도록 하는 것이었습니다. 그녀는 마음속에 다음과 같은 이미지를 계속 품었습니다.

'나는 이 행성에 속해 있지 않다. 내가 속한 곳은 내가 그곳의 공주인 다른 행성이다. 이 가난한 지구는 나를 이해하지 못하고 내가 중요한 존재임을 인정해 주지 않는다.'

거기서 한 발짝만 더 나가면 광기에 빠졌을 테지만 그녀가 어느 정도의 자산을 지녔고, 여전히 친척과 친구에게 그녀를 보살펴주도록 설득할 수 있는 한, 최종 단계까지는 가지 않았던 것입니다.

열등감과 우월감 둘 다를 확실하게 인정할 수 있는 다른 사례가 있습니다. 열여섯 살 소녀가 나를 찾아왔습니다. 그녀는 예닐곱 살부터 도둑질을 했고 열두 살부터는 소년들과 함께 지내며 집에 돌아가지 않았습니다. 부모는 그녀가 두 살 무렵 기나긴 싸움 끝에 이혼했습니다. 소녀는 할머니 집에서 어머니와 살게 되었는데, 할머니는 여느 할머니가 그렇듯이 그녀를 애지중지 키웠습니다. 소녀는 부모의 갈등이 정점에 다다랐을 때 태어났고 어머니는 그녀의 탄생을 달가워하지 않았습니다. 어머니는 그런 딸을 결코 좋아할 수 없었으며 둘 사이에는 상당한 긴장감이 흘렀습니다.

소녀가 나를 찾아왔을 때 나는 그녀와 친구처럼 이야기를 나눴습니다. 그녀는 내게 이렇게 말했습니다.

"나는 물건을 훔치거나 남자아이들과 다니는 것이 즐겁지는 않았어요. 하지만 엄마에게 나를 마음대로 할 수 없다는 것을 보여주지 않으면 안 돼요."

내가 "복수하고 싶니?" 묻자 그녀는 "그런 것 같아요"라고 대답했습니다. 소녀는 자신이 어머니보다 강하다는 것을 증명하고 싶었습니다.

다르게 생각해 보자면, 그녀가 이런 목표를 갖게 된 까닭은 자기가 어머니보다 약하다고 느꼈기 때문입니다. 어머니가 자신을 좋아하지 않는다 느끼고 그에 대해 열등감을 가지고 있었던 것입니다. 우월성을 주장하기 위해 그녀가 생각해 낼 수 있었던 한 가지 방법은 문제를 일으키는 것이었습니다. 어린이들이 도둑질을 하거나 다른 비행을 저지르는 것은 거의 복수를 하기 위해서입니다.

열다섯 살 소녀가 8일 동안 행방불명이 되었습니다. 다행히 그녀는 발견되어 소년법원으로 보내졌습니다. 그녀는 자신이 어떤 남자에게 유괴당했다고 말했습니다. 남자가 그녀를 묶어둔 채 방 안에 8일 동안 감금했다는 것이었습니다. 아무도 그 말을 믿지 않았습니다. 의사가 둘만 있는 곳에서 사실을 말하라고 설득했습니다. 그녀는 자신의 이야기를 믿어주지 않는다고 크게 화를 내면서 의사의 뺨을 때렸습니다.

그 소녀를 만났을 때 나는 그녀에게 어떤 사람이 되고 싶은지 물었고, 그녀가 행복해지는 것과 그녀를 돕기 위해 할 수 있는 일이 무엇인지에 대해서만 관심이 있는 듯한 모습을 보여주었습니다. 소녀에게 어떤 꿈을 꾸는지 물으니 웃으면서 말했습니다.

"나는 술집 안에 있었어요. 밖으로 나가자 엄마가 있었죠. 곧 아빠가 찾아왔어요. 난 엄마에게 아빠가 찾지 못하게 나를 숨겨달라고 말했어요."

소녀는 아버지를 두려워하며 반항하고 있었습니다. 아버지는 자주 그녀에게 벌을 주었고, 그녀는 벌받는 것이 두려워서 거짓말을 하는 수밖에 없었습니다.

이렇듯 거짓말을 하는 경우를 조사해 보면 보통은 엄격한 부모를 발견할수 있습니다. 진실을 말하는 것에 위험을 느끼지 않으면 거짓말을 할 필요가없습니다.

한편 이 소녀는 어머니와는 어느 정도 협력 관계에 있음을 알 수 있었습니다. 그녀는 누군가가 술집으로 유혹해 그곳에서 8일 동안 지냈다고 내게 솔직히 털어놓았습니다. 그녀는 아버지 때문에 진실을 고백하기가 두려웠습니다. 그러나 동시에 소녀의 행위는 아버지를 이기고 싶다는 욕구에서 비롯된것입니다. 그녀는 아버지에게 정복당하고 있다고 생각했기에, 아버지에게 고통을 줌으로써 그보다 더 강하다고 느낄 수 있었던 것입니다.

우월성을 추구하기 위해 잘못된 방향으로 나아간 사람을 어떻게 도와줄수 있을까요? 누구나 우월성을 좇는다는 사실을 인정하면 그리 어려울 것이없습니다. 우리는 그들 입장에 서서 그들의 싸움에 공감해 볼 수 있습니다. 그들이 저지르는 유일한 잘못은 그들의 추구가 이로운 목적에 도움이 되지않는다는 데 있습니다.

모든 사람에게 동기를 부여하고 우리가 우리 문화에 하는 모든 공헌의 원천은 우월성 추구입니다. 인간 생활 전체는 이 활동의 굵은 선을 따라, 즉 아래에서 위로, 음수에서 양수로, 패배에서 승리로 진행합니다. 그러나 진정으로 인생의 과제에 부딪혀 그것을 이겨낼 수 있는 유일한 사람은, 그 '우월성' 추구에서 다른 모든 사람을 풍요롭게 하는 경향을 보여주는 사람, 다른 사람에게도 이로운 방법으로 나아가는 사람입니다.

우리가 다른 사람에게 올바른 방법으로 다가간다면 그를 설득하는 일을어렵게 여기지는 않을 것입니다. 가치와 성공에 대한 인간의 모든 판단은 마침내 협력을 바탕으로 합니다. 이것은 인류의 위대하고 보편적이며 뚜렷한 이

치입니다. 우리가 행동, 이상, 목표, 그리고 성격에서 구하는 모든 것은, 인간이 서로 힘을 모으는 데 도움이 되는가 아닌가 하는 것입니다.

공동체 감각이 완전히 결여된 사람은 없습니다. 신경증 환자와 범죄자도 이 공공연한 비밀을 알고 있습니다. 그들이 이 사실을 안다는 것은, 자신의 생활 방식을 정당화하거나 다른 사람에게 죄를 뒤집어씌우려 애쓰는 데서 알 수 있습니다. 그러나 그들은 유용한 방법으로 행동할 용기를 잃어버렸습니다. 열등감이 그들에게 "협력해서 성공하는 것은 너에게 보탬이 되지 않는다"고 말합니다. 그들은 인생의 참된 문제로부터 벗어나 자신의 힘을 재확인하기 위한 섀도복싱[1]을 하는 것입니다.

우리 인간의 분업에는 다양하고 구체적인 목표의 여지가 있습니다. 이미 보았듯이 모든 목표가 조금이나마 오류를 포함합니다. 그리고 언제나 무언가 비판할 만한 점을 찾을 수 있습니다. 하지만 인간의 협력은 여러 종류의 많은 우수함이 필요합니다. 어떤 어린이의 우월성은 수학 능력에 있고 다른 어린이에게는 예술, 또 다른 어린이에게는 강한 신체에 있을 수 있습니다.

소화 기능이 약한 어린이는 자신이 맞닥뜨린 문제는 오로지 영양 문제라 생각하고 음식에 관심을 가질지도 모릅니다. 그렇게 함으로써 상황을 고칠 수 있다고 믿기 때문입니다. 그 결과, 뛰어난 요리사가 되거나 영양학 교수가 될 수도 있습니다.

우리는 이런 모든 특별한 목표에서 진정으로 어려움을 보상하는 것도 볼 수 있지만 가능성의 배제, 자신에게 한계를 두는 훈련이 이루어지는 것 또한 볼 수 있습니다. 우리는 철학자가 사색하고 책을 쓰기 위해서는 때때로 사회에서 도피해야만 하는 것을 이해할 수 있습니다.

그러나 저마다의 목표에 담긴 피할 수 없는 오류는, 그 우월성 추구에 높은 수준의 공동체 감각이 뒤따른다면 결코 큰 문제가 되지 않습니다.

---

1) 권투에서, 상대편이 앞에 있다고 가정하고 공격·방어·풋워크 따위를 혼자 연습하는 일.

4 처음 기억에 담긴 의미

성격의 비밀을 푸는 열쇠

우월한 상황에 이르려는 노력은 사람의 성격 전체를 아는 열쇠이므로, 정신적인 발달의 모든 부분에서 볼 수 있습니다. 이 사실을 인식하는 것은 생활 방식을 이해하는 데 도움이 됩니다. 여기 기억해야 할 두 가지 중요한 점이 있습니다.

하나는, 우리가 어디서라도 시작할 수 있다는 것입니다. 모든 표현이 우리를 같은 방향, 즉 하나의 동기와 하나의 주제로 이끌 것입니다. 성격은 그 주위에 쌓여갑니다.

다른 하나는, 우리에게 여러 가지 소재를 쌓아놓은 거대한 보물창고가 주어져 있다는 것입니다. 여기에 보관된 모든 언어, 생각, 감정, 또는 행동이 우리의 이해에 도움이 됩니다. 성격의 한 면과 표현을 지나치게 평가할 때 우리가 저지를 수 있는 어떠한 오류도 다른 수많은 면과 표현을 참조하고 음미함으로써 바로잡을 수 있습니다. 한 면의 의미를 충분히 이해하기 위해서는 그것이 전체에서 하는 역할을 볼 수 있어야 합니다. 그러나 모든 면은 똑같은 말을 하면서 우리에게 해결을 재촉합니다.

우리 모두는 토기와 도구, 건물의 무너진 벽, 파피루스 조각을 찾아내는 고고학자와도 같습니다. 그러한 단편들이 멸망한 도시의 전체 생활을 짐작하는 단서가 됩니다. 하지만 우리는 멸망한 어떤 것을 다루고 있는 게 아니라, 인간이 서로 관계를 맺고 있는 모든 측면, 우리 앞에 그 자신의 인생에 대한 해석을 끊임없이 새롭게 보여주는 만화경을 둘 수 있는, 살아 있는 성격이 서로 관련된 모든 면을 다루는 것입니다.

인간을 이해하는 것은 쉬운 일이 아닙니다.

개인심리학은 어쩌면 모든 심리학 가운데 배우고 실천하기 가장 어려운 학문일지도 모릅니다. 우리는 언제나 이야기 전체를 들어야 합니다. 열쇠가 뚜렷해질 때까지는 회의적이어야만 합니다. 수많은 작은 신호에서 온갖 암시를 모아야만 합니다. 즉 사람이 방에 들어올 때의 방법, 인사하고 악수하는 방법, 미소 짓는 방법, 걷는 방법 같은 것입니다.

어떤 한 가지 면에서 망설이게 될지도 모릅니다. 그러나 우리의 인상을 바로잡거나 확인하기 위해 다른 면을 쓸 수 있습니다. 치료 자체가 협력의 훈련이자 시험입니다. 다른 사람에게 진정으로 관심이 있을 때만 치료에 성공할 수 있습니다. 우리는 다른 사람의 눈으로 보고 다른 사람의 귀로 들을 수 있어야 합니다. 환자는 우리가 공동으로 이해하는 것에 이바지하지 않으면 안 됩니다. 태도와 문제를 함께 해결해야 합니다.

만일 우리가 환자를 이해했다고 느껴도 환자 자신 또한 이해하지 않으면, 우리가 옳다는 증거를 갖지 못하는 것입니다. 함께 통하지 않는 진리는 결코 전체의 진리가 될 수 없습니다. 그것은 우리의 이해가 충분하지 않음을 나타냅니다.

아마 이 점을 이해하지 못하기 때문에, 다른 심리학파는 개인심리학에서는 볼 수 없는 요소인 '부정적 및 적극적 전이'라는 개념을 이끌어냈을 것입니다. 응석을 부리는 데 익숙해진 환자의 응석을 받아주는 것은 환자에게 사랑받을 수 있는 손쉬운 방법이지만, 지배하고 싶다는 환자의 숨은 욕구가 드러나게 할 수도 있습니다.

만일 우리가 환자를 업신여기거나 내려다본다면 환자는 쉽사리 적의를 느끼게 됩니다. 그렇게 되면 치료받는 것을 그만둘 수도 있겠지만, 예상과는 달리 치료를 꾸준히 이어갈 수도 있습니다. 그러나 이것은 자신을 정당화하고 우리를 후회하게 만드는 것을 기대하는 행동인지도 모릅니다.

그러므로 환자를 떠받들거나 또는 하찮게 보는 것은 아무런 도움이 되지 않습니다. 우리는 한 사람으로서 타인(인 환자)에 대한 관심을 보여주어야 합니다. 어떤 관심도 이보다 더 진실하거나 객관적일 수 없습니다.

우리는 환자의 오류를 발견할 때 그에게 협력하지 않으면 안 됩니다. 그것은 환자 자신을 위한 것이기도 하고, 다른 사람의 행복을 위한 일이기도 합니다. 이 목적을 고려한다면 우리는 결코 '감정의 전이'를 만들어내거나 권위자인 척하거나, 의존과 무책임의 상황에 환자를 두는 위험을 무릅쓰지는 않을 것입니다.

모든 정신적인 표현 가운데, 숨어 있는 것을 가장 뚜렷하게 하는 표현은 기억입니다. 지나간 일을 다시 기억해 보는 일은 자신의 한계와 사건의 의미를 떠올리게 합니다. '우연한 기억'은 없습니다. 아무리 무심하게 있어도 자신이 받는 수많은 인상에서 자신의 문제와 관계가 있다고 느끼는 것만 기억하도록 골라냅니다.

그러한 기억이 '나의 인생 이야기'를 보여줍니다. 그것은 경고하거나 위로해주기 위해, 지난날 경험을 통해 목표에 집중하기 위해, 또는 준비하거나 시행착오를 통한 접근으로 미래에 대처하기 위해 자기 자신에게 되풀이해 들려주는 이야기입니다.

일상적인 행동에서 마음을 안정시키는 데 기억을 사용하는 것을 확실하게 볼 수 있습니다. 만일 좌절하거나 용기를 잃었을 때는, 이전에 좌절했을 때를 떠올립니다. 우울할 때 떠오르는 것은 우울한 일뿐입니다. 활기가 있고 용기로 가득 차 있으면 전혀 다른 기억을 골라냅니다. 그때 떠오른 사건은 유쾌한 것으로 현재의 즐거운 마음을 더욱 북돋습니다. 마찬가지로 문제에 맞닥뜨리면, 그것과 마주하는 태도에 도움이 되는 기억을 불러낼 것입니다.

이렇게 기억은 꿈이 가진 목적과 맞아떨어집니다. 대부분의 사람은 무언가를 결정해야 할 때, 시험에 쉽게 합격하는 꿈을 꿀 것입니다. 결심을 시험으로 판단하는 것입니다. 그리고 이전에 성공했을 때의 기분을 되살립니다. 사람의 생활 방식 가운데 기분 변화에 영향을 주는 것은 기분 전반의 구조와 균형에도 영향을 줍니다. 우울한 상태에 있는 사람은 성공했던 말을 오랫동안 생각하면 그 상태에서 벗어날 수 있습니다.

우울증이 있는 사람은 스스로에게 "나는 태어나서 지금까지 내내 불행했다"고 말하고는, 불행한 운명의 예로 해석할 수 있는 사건만을 불러낼 것입니다.

초기 기억과 생활 방식

기억은 결코 생활 방식과 대립하지 않습니다. 우월성의 목표가 '다른 사람은 나를 언제나 모욕한다'고 느끼기를 요구한다면, 굴욕으로 해석할 수 있는 일을 떠올릴 것입니다. 그러므로 생활 방식이 바뀜에 따라 기억도 바뀝니다. 다른 사건을 떠올릴 수도 있고, 같은 기억을 떠올려도 그것을 다르게 풀이할 수도 있습니다.

특히 초기 기억은 중요합니다. 맨 먼저 그것은 원초적인 가장 단순한 표현으로 삶의 태도를 보여줍니다. 이러한 초기 기억에서 어린이가 소중하게 자랐는지, 무시당했는지, 다른 사람과 협력하기 위해 얼마나 훈련을 받았는지, 누구와 협력하기를 좋아하는지, 어떠한 문제에 맞닥뜨렸는지, 그것에 어떻게 대처했는지 등을 판단할 수 있습니다.

시력이 나빠서 모든 것을 유심히 바라보는 훈련을 받은 어린이의 초기 기억에서는 시각적인 이미지를 볼 수 있습니다. 그러한 아이의 기억은 "나는 주위를 둘러보았다……"처럼 시작됩니다. 또는 무언가의 색깔과 형태를 설명합니다. 신체장애가 있었던 어린이, 걷거나 달리지 못했던 어린이는 자신의 기억 속에서 그런 일에 대한 관심을 보여줄 것입니다.

어린 시절부터 기억되는 사건은 틀림없이 그의 중요한 관심에 매우 가까울 것입니다. 그 중요한 관심을 알면 그 사람의 목표와 개인적인 생활 방식을 알게 됩니다. 직업 선택을 지도할 때 초기 기억이 중요한 까닭은 바로 이 때문입니다.

거기서는 또 아이의 어머니와 아버지, 다른 가족 구성원과의 관계를 엿볼 수 있습니다. 그 기억이 정확한지 어떤지는 그리 중요하지 않습니다. 기억에서 중요한 것은 그것이 그 사람의 판단을 나타낸다는 사실입니다. '어릴 때조차

나는 이러했다' 또는 '어린 시절에도 나는 세계를 이렇게 보고 있었다'는 판단입니다.

모든 것 가운데 가장 뚜렷하게 드러나는 것은 이야기, 곧 맨 처음의 기억을 어떻게 이야기하는가입니다. 최초의 기억은 인생에 대한 근본적인 견해, 처음 만족했을 때의 태도를 나타낼 것입니다. 그것은 사람이 무엇을 발달의 출발점으로 선택했는지 한눈에 알아볼 수 있도록 합니다. 내가 초기 기억에 대해 묻지 않고 사람을 파악하는 일은 없을 것입니다.

때로는 이런 질문에 대답하지 않는 사람이 있습니다. 어느 것이 먼저인지 모르겠다고 말하는 사람도 있습니다. 그러나 그 일 자체가 밝혀주는 사실이 있습니다. 그런 사람은 인생의 근본 철학에 대해 논의하고 싶어 하지 않고 협력할 준비가 되어 있지 않은 것입니다. 하지만 사람들은 대부분 초기 기억에 대해 말하고 싶어 합니다. 초기 기억을 단순한 일로 여기고 거기에 숨겨진 의미를 인식하지 못하기 때문입니다.

초기 기억을 이해하는 사람은 거의 없습니다. 그러므로 대부분의 사람은 이것을 통해 인생의 목적, 다른 사람과의 관계, 주위 세계에 대한 견해를 완전히 중립적이고 자연스러운 방법으로 고백할 수 있습니다.

초기 기억에서 또 흥미로운 부분은, 압축되어 있고 단순하다는 점 때문에 이것을 집단 조사에 이용할 수 있다는 사실입니다. 학교 교실에서도 초기 기억을 사용할 수 있습니다. 해석하는 방법을 알고 있으면 어린이들에 대해 큰 도움이 될 이미지를 얻을 수 있습니다.

초기 기억에 대한 해석

초기 기억의 몇 가지 예를 들어 해석해 봅시다. 나는 그가 이야기하는 기억 말고는 그 사람에 대해 아무것도 모릅니다. 어린이인지 어른인지도 모릅니다. 초기 기억에서 찾을 수 있는 의미는 성격의 다른 표현과 대조해 봐야 하지만 기억을 그대로 받아들이고 나머지를 추측하는 능력을 키움으로써 우리의 기술을 훈련할 수 있습니다.

그리하여 어느 해석이나 추측이 올바른지 알 수 있으며, 하나의 기억을 다른 기억과 비교할 수 있습니다. 특히 사람이 협력을 향해 움직이는지, 아니면 거기서 멀어지고자 하는지, 또 대담한지 겁쟁이인지, 지지받고 보호받고 싶은지, 자신감을 갖고 자립하기를 바라는지, 또는 상대에게 줄 준비가 되어 있는지 그저 받기만 하고 싶은지를 알 수 있습니다.

1. "내 여동생이……."
주변의 누가 초기 기억에 나오는지를 아는 것도 중요합니다. 여동생이 나온다면 그 사람이 동생에게 영향받은 것을 확신할 수 있습니다. 동생이 다른 아이의 성장에 그림자를 드리우게 된 것입니다.
주로 형제 사이에서는 서로 경쟁하는 관계를 볼 수 있습니다. 그것은 더 큰 곤란을 불러옵니다. 어린이가 경쟁 관계에 있을 때는, 우호적으로 협력하고 있을 때만큼 다른 사람에게 관심을 기울일 수가 없습니다. 그러나 성급히 결론에 이르러서는 안 됩니다. 어쩌면 두 아이는 사이가 좋을 수도 있기 때문입니다.
"동생과 나는 가족 가운데 가장 어렸기 때문에, 나는 동생이 입학하게 될 때까지 학교에 가지 못했어요."
경쟁 관계가 뚜렷해집니다.
'동생이 나를 방해했다! 난 어린 동생이 자랄 때까지 기다리는 것을 강요당했다. 동생은 내 기회를 제한해 버렸다!'
만약 이것이 그야말로 기억의 의미라면, 이 소녀 또는 소년이 다음처럼 느끼고 있음을 예상할 수 있습니다.
'누군가가 나를 제한하고 내가 자유롭게 성장하는 것을 가로막을 때가 내 인생에서 최대의 위기이다.'
이런 기억을 가진 사람은 아마도 소녀일 것입니다. 사내아이를 동생이 학교에 갈 수 있을 때까지 기다리게 하는 일은 거의 없을 것이기 때문입니다.
"그래서 우리는 같은 날에 첫 수업을 시작했어요."

우리는 이것이 그런 상황에 있는 소녀에게 최선의 양육 방법이라고 생각하지 않습니다. 나이가 더 많기 때문에 동생 뒤에 남아 있어야만 한다는 인상을 줄지도 모릅니다. 어쨌든 적어도 이 소녀는 그런 의미로 해석했음을 알 수 있습니다. 동생이 더욱 사랑을 받고 자신은 무시당했다 느끼고, 그렇게 무시당한 일로 누군가를 비난하게 됩니다. 그 누군가는 아마도 어머니일 것입니다. 따라서 아버지를 좋아하고, 아버지 마음에 들려고 노력한다 해도 놀라운 일은 아닙니다.

"우리가 처음 학교에 간 날, 어머니가 얼마나 허전했는지 우리 모두에게 이야기한 것을 똑똑히 기억해요. 어머니는 이렇게 말했죠. '그날 오후, 난 몇 번이나 문으로 가서 딸들을 찾았어. 다시는 돌아오지 않는 게 아닐까 걱정하면서.'"

이것은 어머니에 대한 서술입니다. 어머니가 그다지 지혜롭게 행동하지 않은 것을 보여줍니다.

"다시는 돌아오지 않는 게 아닐까 걱정하면서"라는 묘사에서 알 수 있듯이, 어머니는 분명 매우 애정이 깊은 사람인 동시에 걱정으로 쉽게 긴장하는 사람이었습니다. 이 소녀와 대화를 나눈다면, 어머니가 동생을 더 좋아했던 사실에 대해 많은 이야기를 들을 수 있을 것입니다. 이러한 편애는 우리를 그다지 놀라게 하지 않습니다. 막내는 거의 대부분 과보호를 받기 때문입니다.

나는 이 기억에서 언니는 동생과의 경쟁 관계에 의해 정서적 성장의 방해를 받았다는 결론을 내릴 것입니다. 그리고 그 뒤 인생에서 질투와 경쟁을 두려워하는 모습을 찾을 수 있으며, 자기보다 젊은 여성을 싫어하는 사실이 밝혀져도 놀라지 않을 것입니다. 살면서 늘 자신은 너무 나이가 많다고 느끼는 사람이 있습니다. 그리고 질투심이 강한 여성들은 자기보다 젊은 여성에 견주어 열등하다고 느낍니다.

2. "내 초기 기억은 할아버지의 장례식이에요. 난 그때 세 살이었죠."

소녀가 쓴 내용입니다. 죽음이 그녀에게 강한 영향을 주었습니다. 이것은 무엇을 뜻할까요? 그녀는 죽음을 인생의 가장 큰 불안, 무엇보다 큰 위험으로 본 것입니다. 어린 시절 이 소녀에게 일어난 사건에서, 그녀는 '할아버지도 죽는다'고 추론했습니다. 아마도 그녀는 할아버지의 귀여움을 독차지하면서 애지중지 자랐음을 알게 될 것입니다.

조부모는 대부분 손주를 한없이 귀여워합니다. 할아버지, 할머니에게는 부모만큼의 책임이 없고, 때때로 아이들이 자신에게 애착을 갖게 하여 지금도 누군가의 애정을 얻을 수 있음을 보여주고 싶어 합니다. 우리 문화에서는 노인이 자신의 가치를 확신하기란 쉽지 않습니다. 그래서 때로는 그것을 쉬운 수단, 예를 들면 불평을 함으로써 확신하려고 합니다.

이 사례에서는 할아버지가 소녀의 젖먹이 시절에 무조건 응석을 받아주었으며, 할아버지가 어리광을 받아준 것 때문에 그녀의 기억 속에 깊이 남았으리라 여겨집니다. 할아버지의 죽음은 그녀에게 커다란 고통이었습니다. 하인 또는 협력자가 사라진 셈이니까요.

"나는 하얀 얼굴로 아주 조용히 관 속에 누워 있던 할아버지의 모습이 똑똑히 기억나요."

나는 세 살 아이에게 죽은 사람을 보여주는 것이 좋은 생각인지 확신할 수는 없습니다. 죽음에 대한 준비가 되어 있지 않다면 더 말할 것도 없습니다. 많은 어린이들이 죽은 사람을 보고 받은 인상을 결코 잊을 수 없었노라 내게 이야기해 주었습니다. 이 소녀 또한 잊지 않았습니다. 이러한 아이들은 죽음의 공포를 줄이거나 이겨내려고 노력합니다. 그들은 때때로 의사가 되려는 야심을 가집니다. 의사는 다른 사람들보다 죽음과 싸우는 일에 훈련이 되었다고 느끼는 것입니다. 의사들의 초기 기억 속에는 곧잘 죽음에 대한 어떤 기억이 들어 있는 경우가 많습니다.

"하얀 얼굴로 아주 조용히 관 속에 누워 있던"이라는 말은 눈으로 본 것에 대한 기억입니다. 아마 이 소녀는 세계를 보는 일에 관심이 있는 시각 유형일 것입니다.

"장례식 때 관이 내려지고 나서 관 밑에서 당겨져 나온 끈도 생각나요."

이것 또한 그 소녀가 본 것입니다. 이 사실에서 그녀가 확실히 시각 유형임을 알 수 있습니다.

"이 경험 때문인지 친척, 친구 또는 지인들 가운데 세상을 떠난 사람에 대해 이야기할 때는 늘 무섭다는 느낌이 들어요."

또다시 죽음이 그녀에게 준 강한 인상을 볼 수 있습니다. 그녀에게 말을 걸 기회가 있다면 나는 "어른이 되면 어떤 일을 하고 싶어?"라고 물을 것입니다. 아마 그녀는 '의사'라는 대답을 할 것입니다. 만일 대답하지 않거나 답을 피한다면 나는 이렇게 제안하겠습니다.

"의사나 간호사가 되고 싶지 않니?"

소녀가 '저세상'에 대해 말할 때 죽음의 공포를 극복하는 보상의 한 가지 유형을 볼 수 있습니다. 그녀의 기억에서 알게 된 점은 할아버지가 그녀를 매우 사랑했으며, 죽음이 그녀의 마음속에서 커다란 역할을 하고 있다는 것입니다. 그녀가 인생에서 이끌어낸 의미는 '우리는 누구나 죽는다'는 것입니다. 물론 이것은 사실이지만 모든 사람이 거기에 사로잡혀 있지는 않습니다. 마음을 끄는 것은 그 밖에도 많기 때문입니다.

3. "세 살 때, 아빠가……".

처음부터 아버지가 등장합니다. 이 소녀는 어머니보다 아버지에게 관심이 있었다고 가정할 수 있습니다. 아버지에 대한 관심은 보통 성장의 제2단계에서 나타납니다.

어린이는 처음에는 어머니에게 더 관심이 많습니다. 한두 살까지는 어머니와의 접촉이 매우 긴밀하기 때문입니다. 어린이는 어머니를 필요로 하고 어머니와 연결되어 있습니다. 만일 아이가 아버지를 향하고 있다면 어머니는 진 것입니다. 어린이는 자신의 상황에 만족하지 못하고 있습니다. 이것은 일반적으로 동생이 태어난 결과입니다. 이 기억 속에 동생의 이야기가 나온다면 우리의 추측은 확실한 것이 됩니다.

"아버지가 우리에게 조랑말 두 마리를 사주셨어요."

어린이가 혼자가 아닌 사실을 알 수 있습니다. 또 한 사람에 대한 이야기가 나올지 흥미롭습니다.

"고삐에 끌려왔어요. 세 살 위인 언니는……."

여기서 우리의 해석을 바꾸지 않으면 안 됩니다. 우리는 이 소녀가 언니라고 예상했지만 동생인 것입니다. 아마 언니는 어머니의 사랑을 독차지하고 있었을 겁니다. 이것이 소녀가 아버지와 두 마리의 조랑말 선물을 언급한 이유입니다.

"언니는 고삐를 잡고 자랑스럽게 조랑말을 데리고 거리를 다녔어요."

여기에는 언니의 승리가 있습니다.

"내 조랑말은 언니의 조랑말을 쫓아가기 위해 내가 따라갈 수 없을 만큼 빨리 걸어갔어요."

이것은 언니가 앞장선 결과입니다.

"조랑말에게 끌려가다가 진흙 속에 넘어지고 말았죠. 자랑거리가 되리라고 기대했던 경험이 비참한 결말로 끝났어요."

언니가 승리하고 점수를 뺏어간 것입니다. 이 소녀가 이야기하고 있는 것은 다음과 같은 의미임을 확신할 수 있습니다.

'주의하지 않으면 언니가 늘 나를 이길 거야. 난 언제나 지고 있어. 언제나 진흙 속에 있어. 안전해지는 유일한 방법은 최고가 되는 거야.'

언니가 승리해 어머니를 차지하는 것도 이해할 수 있습니다. 이것이 아버지에게 동생의 마음이 기울어진 이유입니다.

"나중에는 내가 언니보다 말을 잘 탈 수 있게 되었지만, 그때의 실망을 조금도 보상해 주지는 못했어요."

우리의 추측은 모두 확인되었습니다. 자매 사이에서 일어난 경쟁을 볼 수 있었고 동생은 이렇게 느꼈습니다.

'난 언제나 뒤처져 있어. 앞지르지 않으면 안 돼. 다른 사람을 제치지 않으면 안 돼.'

이것은 내가 이전에 이야기한 유형으로, 둘째나 막내에게서 매우 흔하게 볼 수 있습니다. 이러한 어린이들은 언제나 오빠나 언니를 기준이 되는 사람으로 두고 그들을 넘어서려고 노력합니다. 이 소녀의 기억은 그녀의 태도를 부추깁니다. 그것은 끊임없이 스스로에게 이렇게 말하는 것입니다.

"누가 나보다 앞에 있으면 나는 위험에 빠진 거다. 언제나 맨 앞에 서지 않으면 안 된다."

4. "나의 첫 기억은 언니가 나를 연회나 다른 사교적인 모임에 늘 데리고 다녔다는 거예요. 언니는 내가 태어났을 때 열여덟 살이었어요."

이 소녀는 사회의 일원으로서 자신을 떠올리고 있습니다. 아마 이 기억에서는 다른 사람보다도 높은 수준의 협력을 발견할 수 있을 것입니다. 열여덟 살 위인 언니는 그녀에게는 어머니 같은 존재로 그녀를 가장 귀여워해 주었을 게 틀림없습니다. 그러나 언니는 어린아이였던 동생의 관심을 매우 지적인 방법으로 키워줬으리라 생각됩니다.

"내가 태어나기 전까지 언니는 아들 넷 가운데 한 명뿐인 딸이었기 때문에, 당연히 나를 자랑하고 싶어 했죠."

이것은 우리가 생각하는 만큼 그리 좋은 말로 들리지는 않습니다. 어린이는 '자랑거리가 될' 때, 그가 사회에 공헌하는 일 대신 사회에서 칭찬받는 일에만 관심을 갖게 될 수 있습니다.

"그래서 언니는 나를 아주 어릴 때부터 여기저기 데리고 다녔죠. 그런 연회에서 유일하게 기억나는 것은 늘 무슨 말을 하도록 끊임없이 요구받은 일이에요. '저 부인에게 네 이름을 말해 봐' 이런 식이지요."

이것은 잘못된 교육 방법입니다. 이 소녀가 말더듬이가 되거나 말할 때 다른 어려움이 있더라도 그리 놀라운 일이 아닙니다. 어린이가 말을 더듬을 때는 보통 말하기를 너무 강조했기 때문입니다. 스트레스 없이 자연스럽게 사람들과 대화하는 대신 자신을 의식하며 다른 사람의 칭찬을 이끌어내도록 교육받은 것입니다.

"또 생각나는 건, 아무 말도 하지 않고 집으로 돌아왔을 때 꾸중을 들은 일이에요. 그래서 나는 외출해서 사람을 만나는 게 싫어졌죠."

우리는 해석을 완전히 바꾸지 않으면 안 됩니다. 첫 번째 기억의 뒷배경에 있는 의미는 '다른 사람과 교류하도록 강요당했지만 난 그것이 불쾌했다. 이 경험 때문에 협력하는 것을 싫어하게 되었다'는 것임을 알 수 있습니다. 그러므로 그녀가 요즘도 사람 만나는 것을 싫어한다고 예상할 수 있습니다. 그녀는 다른 사람과 함께 있을 때 돋보이지 않으면 안 된다고 느꼈기 때문에, 그러한 기대가 그녀를 무겁게 짓눌렀고 곤혹스럽게 했습니다. 그리하여 자의식이 강하게 형성되었고, 사람들 사이에 있을 때에는 안도감이나 대등감과 멀어지게 된 것입니다.

5. "어렸을 때의 큰 사건을 지금도 기억하고 있어요. 네 살 무렵 증조할머니가 우리 집에 오셨죠."

우리는 할머니들이 보통 손주를 애지중지하는 것을 보아왔습니다. 그러나 아직은 그 할머니가 손주들을 어떻게 다루었는지 알 수 없습니다.

"우리 집에 와 계시는 동안, 우리는 4대가 함께 사진을 찍었지요."

이 소녀는 가계에 대해 큰 관심을 가지고 있습니다. 할머니의 방문과 그때 찍은 사진을 매우 또렷하게 기억하는 것을 보면 아마 그녀는 가정과 깊이 연관되어 있었던 듯합니다. 우리가 옳다면, 그녀의 협력 능력이 가족 범위를 넘어서지 못하는 것을 발견하게 될 것입니다.

"시내에 도착한 뒤, 사진관에서 하얀 자수가 놓인 옷으로 갈아입은 것을 똑똑히 기억해요."

아마 이 소녀도 시각 유형인 모양입니다.

"4대가 모여 사진을 찍기 전에 동생과 내가 먼저 사진을 찍었죠."

여기서도 가족에 대한 관심을 볼 수 있습니다. 동생은 가족의 일원이고, 아마 아버지와의 관계에 대해 더 많은 이야기를 듣게 될 것입니다.

"내 옆에서 팔걸이의자에 앉아 있던 동생에게는 빨간 왕관이 주어졌어요."

이제 이 소녀의 가장 큰 투쟁이 드러납니다. 그녀는 동생이 자기보다 사랑받고 있다고 스스로 말하는 것입니다. 그녀는 동생이 태어나 막내로서 귀여움을 독차지하고 자신의 지위를 빼앗은 일이 마음에 들지 않았던 것입니다.

"우리에게 웃으라고 했어요."

이것은 그녀에게 다음과 같은 것을 뜻합니다.

'나보고 웃으라고 하는데, 내가 왜 웃어야 해? 동생은 왕좌에 앉히고 빨간 왕관도 주었다. 그런데 나한테는 도대체 무엇을 주었다는 거야?'

"그리고 4대가 함께 사진을 찍었어요. 나 말고 모두들 예쁘게 잘 찍으려고 했죠. 난 웃지 않았어요."

이 소녀는 가족에게 공격적입니다. 가족이 그녀에게 그다지 친절하지 않았기 때문입니다. 이 최초의 기억에서 그녀는 가족이 자신을 어떤 식으로 다뤘는지 알려주는 일을 잊지 않았습니다.

"가족들이 웃으라고 하자 동생은 아주 귀엽게 웃었어요. 무척 사랑스러웠죠. 그날부터 난 사진 찍는 것을 아주 싫어하게 됐어요."

이런 기억은 우리 대부분이 인생과 마주하는 방법에 대한 뛰어난 통찰을 우리에게 던집니다. 우리는 하나의 인상을 들어, 그것을 우리의 모든 행동을 정당화하는 데 이용합니다. 거기서 결론을 이끌어내고, 그 결론이 깨뜨릴 수 없는 사실인 것처럼 행동하는 것입니다.

소녀가 이 사진을 찍었을 때 불쾌감을 느꼈던 것은 뚜렷합니다. 지금도 사진 찍기를 싫어합니다. 무언가를 이토록 싫어하는 사람은 누구나 그 싫어하는 것을 정당화하고 설명 전체의 무게를 견딜 수 있는 것을 경험 속에서 찾아냅니다.

이 최초의 기억은 그것을 가진 사람의 성격을 이해하는 두 가지 주요한 단서를 주었습니다. 하나는 그녀가 시각 유형이라는 것, 또 하나는—이것이 더욱 중요한 점이지만—그녀가 가족에 대한 애착을 갖고 있다는 사실입니다. 그녀의 첫 번째 기억에 나타난 유일한 행동은 가족이라는 테두리 속에 갇혀 있습니다. 그녀는 아마 사회생활에 적응하지 못하고 있을 것입니다.

6. "내 초기 기억 가운데 하나는, 맨 처음 기억은 아니지만 세 살 반 때 있었던 일이에요. 우리 집에서 일하던 소녀가 내 사촌과 나를 지하실에 데리고 가서 사과주를 먹였어요. 우리는 그 일을 무척 즐거워했어요."

지하실이 있고, 그 안에 사과주가 있는 것을 발견하는 일은 흥미로운 경험입니다. 그것은 탐험 여행이죠. 이 단계에서 결론을 이끌어내야 한다면 다음 둘 가운데 하나일 수 있습니다. 아마 이 소녀는 새로운 경험을 즐기는 편이고 인생에 맞서 용감합니다. 한편 어쩌면 우리를 속이고 헷갈리게 하는 더욱 강한 사람이 있을 가능성도 뜻합니다. 나머지 기억이 그 어느 쪽인지를 결정하는 단서가 됩니다.

"잠시 뒤에 나와 사촌은 그게 또 마시고 싶어져서 우리끼리만 지하실로 내려갔죠."

용감한 소녀입니다. 그녀는 자립하고 싶어 합니다.

"이윽고 다리가 풀려 걸을 수가 없는 거예요. 그리고 사과주를 몽땅 쏟아서 지하실 바닥이 축축해졌죠."

여기서 우리는 주류 제조 및 판매 금지주의자의 탄생을 봅니다.

"이 사건이 내가 사과주나 다른 술을 싫어하는 것과 관계가 있는지는 알 수 없어요."

또 하나의 작은 사건이 인생에 대한 태도 전체를 좌우하는 이유가 되고 있습니다. 상식적으로 생각하면 이 사건은 그러한 결론을 이끌어내기에 적절하다고 보이지는 않습니다. 그러나 이 소녀는 남몰래 그 일을, 술 자체를 싫어하는 것의 충분한 이유로 삼은 셈입니다. 그녀는 스스로를, 실수에서 무언가 배우는 방법을 아는 사람이라고 여기는 듯합니다. 아마도 그녀는 매우 독립적이며, 잘못된 것을 바로잡길 좋아할 것입니다.

이러한 경향은 그녀의 인생 전체를 특징지을 수도 있습니다. 마치 다음처럼 말하는 것과 같습니다.

"난 잘못을 저지를지도 몰라요. 하지만 잘못한 걸 알면 바로 고치죠."

그렇다면 그녀는 매우 좋은 성격을 가진 셈입니다. 활동적이고 노력하며 용기 있고 늘 자신과 상황을 더 낫게 만들어 보람차고 훌륭한 인생을 보내고 싶어 합니다.

이러한 모든 예에서, 우리는 추측의 기술을 훈련하고 있는 데 지나지 않습니다. 우리는 결론을 확신하기 전에, 사람의 다른 성격적 경향을 살펴볼 필요가 있습니다. 몇 가지 사례를 더 들어봅시다. 거기서는 모든 표현에서 인격의 일관성을 볼 수 있습니다.

불안신경증이 있는 서른다섯 살 환자가 나를 찾아왔습니다. 그는 집 밖으로 나오기만 하면 불안했습니다. 이따금 취업할 것을 강요당했지만, 일터에 가면 온종일 괴로워하며 울상을 지었습니다. 밤이 되어 집에 돌아가 어머니와 함께 있을 때만 그런 행동을 그만두었습니다. 그에게 첫 번째 기억을 묻자 다음처럼 말했습니다.

"네 살 때, 방 안 창가에 앉아 있었습니다. 거리를 내다보면서 사람들이 일하는 광경을 흥미롭게 보고 있었지요."

그는 다른 사람이 일하는 모습을 보고 싶어 합니다. 그저 창가에 앉아서 사람들을 바라보는 것입니다. 그의 상황을 바꿀 수 있는 방법은 다른 사람들이 하는 일에 협력할 수 없다는 생각에서 벗어나게 하는 것뿐입니다.

이제까지 그가 살아온 유일한 방법은 다른 사람의 도움을 받는 것이었습니다. 우리는 그의 견해를 모조리 바꾸지 않으면 안 됩니다. 그를 비난해 봤자 아무 소용이 없습니다. 약이나 호르몬 제제를 사용해도 이해시킬 수 없습니다.

그의 처음 기억은 그가 흥미를 가질 만한 일을 쉽게 제안할 수 있게 합니다. 그의 주된 관심은 보는 것에 있습니다. 그는 근시였지만 이런 불리한 조건에도 무언가를 바라보는 것에 더욱 관심을 기울였습니다. 직업을 가질 수 있는 나이가 되어도 일은 하지 않고 계속 보고만 싶어 했습니다. 하지만 그 두가지 일을 반드시 나란히 할 수 없는 것은 아닙니다. 치료를 받으면서 그는 이 주된 관심에 알맞은 일을 찾아냈습니다. 아트숍을 열고 자신만의 방식으로 사회와 분업에 이바지할 수 있었던 것입니다.

　서른두 살 환자가 치료하러 찾아왔습니다. 실어증이었습니다. 속삭이는 듯한 목소리로밖에 이야기할 수 없었습니다. 이 상태는 2년 동안이나 이어져왔는데, 어느 날 바나나 껍질에 미끄러져 택시 창문에 부딪친 뒤로 시작됐다고 합니다. 그는 이틀 동안 구토를 하고 그 뒤에는 편두통에 시달렸습니다. 뇌진탕임은 의심할 여지가 없었지만 목에는 기질적인 변화가 없어서 최초의 뇌진탕은 그가 말을 하지 못하게 된 이유로 충분하지 않았습니다. 그는 8주 동안 전혀 말을 하지 못했습니다.

　그 사고는 법정까지 갔습니다. 그는 사고 원인을 모두 택시기사 탓으로 돌리고 회사에 보상을 요구했습니다. 어떤 장애를 보여줄 수 있다면, 소송에서 한결 유리한 위치에 선다는 것을 우리는 이해할 수 있습니다. 그가 정직하지 않다고 말할 것까지는 없습니다. 어쨌든 사고의 충격으로 실제로 말하는 것이 어려웠지만 그것을 굳이 고칠 이유가 없는 것입니다. 큰 목소리로 말해야 할 동기도 없었습니다.

　환자는 음성 기관 전문가에게 진찰을 받았지만 어떤 이상도 찾지 못했습니다. 그에게 초기 기억을 묻자, 다음처럼 말했습니다.

　"나는 요람 안에 누워서 흔들리고 있었습니다. 잠금장치가 풀리는 것을 본 기억이 납니다. 마침내 요람은 떨어지고 말았고 나는 크게 다쳤습니다."

　떨어지고 싶은 사람은 아무도 없겠지만 이 남성은 떨어진 일을 지나치게 강조하면서 그 위험에 집중했습니다. 그것이 그의 주된 관심입니다.

　"내가 떨어지자 문이 열리고 어머니가 달려왔는데 크게 놀라셨지요."

　떨어짐으로써 최초로 어머니의 관심을 받은 것입니다. 그러나 그 기억에는 비난도 들어 있었습니다.

　"어머니는 나를 충분히 보살펴주지 않았습니다."

　마찬가지로 택시기사도 잘못했고 택시를 소유한 회사에도 잘못이 있었습니다. 누구도 그를 충분히 보살펴주지 않았다는 것입니다. 이것은 응석받이의 생활 방식입니다. 다른 사람에게 책임을 떠넘기는 것입니다.

그의 다음 기억도 같은 이야기를 하고 있습니다.

"다섯 살 때 6미터 높이에서 떨어졌는데, 무거운 널빤지가 내 몸을 덮쳤습니다. 5분이 넘도록 말을 하지 못했지요."

이 남성은 말을 하지 못하게 되는 데 익숙해져 있습니다. 말을 하지 못하게 되는 훈련을 받은 셈이며, 그것을 떨어지거나 넘어진 앞뒤 사정을 설명하지 않아도 되는 이유로 삼습니다. 나는 그것을 타당한 논리라고 생각하지 않지만 그는 그렇게 여기고 있습니다.

그는 이 방법에 경험이 있었고, 이제는 넘어지면 자동적으로 말을 하지 못하게 되는 것입니다. 이것이 잘못된 일이라는 사실, 즉 넘어지는 것과 말을 하지 못하는 것에는 아무런 연관이 없음을 그가 깨달아야만, 특히 사고 뒤 2년이나 계속 속삭이는 목소리로 말할 필요가 없다는 사실을 이해해야만 치료할 수 있습니다.

그러나 다음 기억에서 그가 왜 이해하지 못하는지를 우리에게 보여줍니다.

"어머니가 나타났습니다. 어머니는 매우 흥분한 것처럼 보였습니다."

그가 넘어진 것은 어머니를 놀라게 하고, 그에게 관심을 기울이도록 만들었습니다. 그는 큰 소동을 일으켜 관심의 중심에 있고 싶어 하는 아이였습니다. 우리는 그가 어떤 식으로 자기 불운을 보상받고 싶어 하는지 이해할 수 있습니다.

같은 상황에서 다른 응석받이들도 똑같은 일을 할지 모릅니다. 하지만 그들 또한 모두 말을 못하게 되는 것은 아닙니다. 이것은 이 환자의 상표입니다. 즉 경험에서 쌓아올린 생활 방식의 일부인 것입니다.

만족할 만한 일을 찾을 수 없어서 불평하는 스물여섯 살 환자가 나를 찾아왔습니다. 8년 전에 아버지 소개로 중개회사에 취업했지만 그 일이 마음에 들지 않아서 얼마 전에 그만두었습니다. 다른 일을 찾았지만 잘되지 않았습니다. 불면증과 이따금 일어나는 자살 충동도 호소했습니다. 회사를 그만두었을 때 집을 나와 다른 곳에서 일을 찾았으나, 어머니가 병에 걸렸다는 소식을 듣고 가족과 함께 살기 위해 돌아갔습니다.

이 이야기에서 어머니는 그를 무척 사랑하고 아버지는 그에게 권력을 행사하려고 한 것이 아닐까 추측할 수 있습니다. 아마도 그의 인생은 엄격한 아버지에 대한 반발임을 발견하게 될지도 모릅니다.

가족 안에서의 위치를 묻자, 막내이자 하나뿐인 아들이라고 대답했습니다. 누나가 둘 있었습니다. 큰누나는 언제나 그를 부려먹었고, 작은누나도 크게 다르지 않았습니다. 아버지는 끊임없이 그에게 잔소리를 해댔습니다. 그는 매우 심할 정도로 가족 모두에게 지배당하고 있다고 느꼈습니다. 그에게는 어머니만이 유일한 친구였습니다.

열네 살까지 학교에 다녔습니다. 그 뒤 아버지는 그를 농업학교에 보냈습니다. 농장을 살 계획이었는데 그곳에서 그가 일을 돕도록 하기 위해서였습니다. 그는 성적이 좋았지만 농사일은 하고 싶지 않았습니다. 그를 중개회사에 취직시킨 것은 아버지였습니다. 그가 회사를 8년 동안 다닌 것은 매우 놀라운 일이었는데, 어머니를 위해서 자신이 할 수 있는 일을 하고 싶었기 때문입니다.

어렸을 때 그는 야무지지 못하고 겁이 많아서 어두운 것과 홀로 있는 것을 무서워했습니다. 야무지지 못한 아이에 대해 물어보면 언제나 뒤치다꺼리를 해주는 사람을 찾을 수 있습니다. 또 어두운 것과 홀로 있는 것을 무서워하는 아이에게서는 언제나 주목을 끌 수 있고 위로받을 수 있는 사람을 찾아야 합니다. 이 청년의 경우 그 대상은 어머니였습니다.

그는 친구를 쉽게 사귀지 못했습니다. 연애를 한 적이 없습니다. 연애에는 관심이 없고 결혼하고 싶어 하지도 않았습니다. 그는 부모의 결혼이 불행하다고 생각했습니다. 이 사실에서 그가 결혼을 거부하는 이유를 알 수 있습니다.

아버지는 아들에게 중개업 일을 계속하도록 더욱 압력을 가했습니다. 그 자신은 광고업계에서 일하고 싶었지만, 가족이 그 직업에 필요한 교육을 받을 돈을 주지 않으리라 굳게 믿고 있었습니다. 모든 점에서 볼 때 그의 행동 목적은 아버지와 맞서는 것임을 알 수 있습니다. 중개회사에서 일했을 때도 자기 힘으로 살아가고 있었지만, 광고 공부를 위해 돈을 쓰는 것은 생각조차 하지 못했습니다. 이제 와서 그는 그것을 아버지에 대한 새로운 요구로 여겼습니다.

그의 초기 기억은 응석받이로 자란 어린이가 엄격한 아버지에 대해 저항하고 있음을 보여줍니다. 아버지의 식당에서 어떻게 일했는지도 기억하고 있었습니다. 접시를 닦고 그것을 탁자에서 탁자로 옮기는 것을 좋아했습니다. 그러나 그가 접시를 멋대로 만지는 것에 화가 난 아버지가 손님 앞에서 뺨을 때렸습니다.

그는 초기 기억을, 아버지는 적(敵)이고 그의 인생 전체는 아버지에 대한 투쟁이라는 증명으로 사용하고 있습니다. 여전히 일하고 싶은 생각은 없습니다. 아버지에게 상처를 줄 수만 있으면 매우 만족할 것입니다.

그의 자살 충동은 간단하게 설명할 수 있습니다. 모든 자살은 비난입니다. 그는 자살을 생각함으로써 '이 모든 것은 아버지 탓'이라고 말하는 셈입니다. 직업에 만족하지 못하는 것도 아버지 탓으로 돌립니다. 아들은 아버지가 제안하는 모든 계획을 거절합니다. 하지만 그는 응석받이로 자라서 자립할 수가 없습니다. 사실은 일하고 싶지 않지만 어머니와는 어느 정도까지는 협력하려 합니다.

그런데 아버지와의 투쟁은 그의 불면증을 어떻게 설명할 수 있을까요? 밤에 잠을 자지 못하면 다음 날 일할 때 지장이 있습니다. 아버지는 그가 일할 것을 기대하지만, 소년은 피곤해서 일을 할 수 없다고 생각합니다. 물론 "일하고 싶지 않습니다. 강요당하고 있는 것이 싫습니다"라고 말할 수는 있습니다. 그러나 그는 어머니와 가족의 경제 상태가 걱정입니다.

만일 그가 일하기를 거부하면 아버지는 그에게 장래성이 없다고 보고 지원을 끊을지도 모릅니다. 그러므로 뭔가 핑계를 찾지 않으면 안 됩니다. 그것은 뚜렷하게 원하지 않는 불행, 즉 불면에 의해 주어진 것입니다.

처음에 그는 꿈을 꾸지 않는다고 말했습니다. 하지만 이윽고, 때때로 되풀이되는 꿈을 떠올렸습니다. 누군가가 벽으로 공을 던지면 공이 언제나 다른 데로 튕겨나가는 꿈입니다. 이것은 별것 아닌 꿈처럼 생각됩니다. 꿈과 그의 생활 방식 사이에 관계를 찾아낼 수 있을까요?

우리는 그에게 "그런 뒤에 무슨 일이 있었죠?" 묻습니다. 그는 이렇게 말합니다.

"공이 튕겨나가면 나는 언제나 깨어납니다."

이제 그의 불면이 전체 구조를 드러냈습니다. 그는 잠에서 자신을 깨우는 자명종 시계로 꿈을 사용하는 것입니다. 모두가 그를 등 떠밀고 내몰면서 하고 싶지 않은 일을 하도록 강요한다고 상상합니다. 누군가가 벽에 공을 던지는 꿈을 꿉니다. 이 시점에서 그는 늘 잠에서 깨어납니다. 그 결과 다음 날은 피곤해지고, 그래서 도무지 일을 할 수가 없습니다. 아버지는 그에게 일을 시키고 싶어 합니다. 그래서 모든 것이 이런 흐름을 따라 돌아가게 하는 방법으로 아버지가 패배하도록 만듭니다.

아버지와의 투쟁만을 보면, 그는 이러한 무기를 발견한 매우 지적인 사람이라고 생각될 수 있습니다. 그러나 그의 생활 방식은 자신에게도 다른 사람에게도 그다지 만족할 만한 것이 아닙니다. 우리는 그가 삶의 태도를 바꾸도록 도와야만 합니다.

내가 그에게 꿈을 설명하자, 그는 꿈을 꾸지 않게 되었지만 그래도 가끔씩은 밤중에 깨어난다고 말했습니다. 그는 자기 꿈의 목적을 알았기 때문에 더는 꿈을 꿀 용기가 없지만 여전히 이튿날은 피곤했습니다.

그를 돕기 위해 우리는 무엇을 할 수 있을까요? 유일한 방법은 그를 아버지와 화해시키는 것입니다. 그의 모든 노력이 아버지를 화나게 하고 패배하게 만드는 것을 향해 있는 한, 아무것도 해결되지 않을 것입니다. 나는 늘 그렇듯이 환자의 태도에는 정당성이 있음을 인정하는 데서 시작합니다.

"당신의 아버지는 완전히 잘못하고 있는 것 같습니다. 언제나 권위를 휘두르는 것은 지혜로운 일이 아니죠. 그것은 어떤 병적인 증상으로 치료받아야 할지도 모릅니다. 지금 당신이 할 수 있는 일이 뭘까요? 아버지가 바뀌기를 기대할 수는 없습니다. 비가 내리고 있다고 가정해 봅시다. 우리는 어떻게 해야 할까요? 우산을 쓰거나 택시를 탈 수 있겠죠. 하지만 비와 싸워서 이기려고 하는 건 아무 소용도 없는 짓입니다. 지금 당신은 비와 싸우면서 시간을 허비하고 있습니다. 그것이 당신의 힘을 보여주는 방법이고, 비를 이기는 거라고 생각하고 있죠. 그러나 실제로는 다른 누구보다도 당신 자신을 해치고 있는 것입니다."

나는 그에게 그의 문제, 즉 직업에 대한 방황, 자살 충동, 가출, 불면증의 밑바탕에 있는 일관성을 설명합니다. 그리고 그 모든 것에서 그가 아버지에게 벌을 주기 위해 자기 자신을 어떻게 벌하고 있는지를 보여줍니다. 또한 다음처럼 충고합니다.

"오늘 밤 잠을 잘 때, 가끔 깨어나고 싶다고 상상하세요. 내일 피곤해질 수 있도록 말이죠. 내일 너무 지쳐서 일을 하러 가지 못해 아버지가 화를 낼 거라고 상상하는 겁니다."

나는 그가 진실과 마주하기를 바랍니다. 그의 주된 관심은 아버지를 곤경에 빠뜨리고 상처 입히는 일입니다. 이 투쟁을 그만두게 하지 않는 한, 어떠한 치료도 효과가 없을 것입니다. 그는 응석받이로 자랐습니다. 우리 모두는 그 사실을 알고 있습니다. 그리고 이제 그 자신도 그것을 압니다.

이러한 상황은 오이디푸스 콤플렉스와 비슷합니다. 이 젊은이는 아버지에게 해를 끼치는 데 마음을 빼앗겼고 어머니에게 지나치게 애착하고 있습니다. 그러나 성적인 문제는 아닙니다. 어머니는 그를 애지중지 키웠으며 아버지는 공감해 주지 않았을 뿐입니다.

그의 문제는 부모에 의한 잘못된 양육과 자기 위치에 대한 그릇된 해석에 있었습니다. 유전은 그의 문제에 아무런 역할도 하지 않았습니다. 그는 이 문제를 부족(部族)의 우두머리를 죽이고 그 인육을 먹었던 야만인과 같은 본능에서 얻은 것이 아니라, 자신의 경험에서 만들어낸 것입니다.

이러한 태도는 어떠한 어린이에게서든 새롭게 나타날 수 있습니다. 그 아이에게 과보호하는 어머니와 엄격한 아버지만 있으면 됩니다. 만약 아이가 아버지에게 반항하며, 자기 자신의 문제를 해결하기 위해 자립해 나아가지 않으면 쉽사리 이러한 생활 방식을 선택하게 되는 것입니다.

5 꿈을 이해하고 사용하는 방법

우리는 누구나 꿈을 꾸지만 그 꿈을 이해하는 사람은 거의 없습니다. 이는 놀라운 일입니다. 꿈을 꾸는 것은 결국 인간 마음의 보편적인 활동입니다. 사람은 늘 꿈에 관심을 가져왔습니다. 그리고 그것이 무엇을 뜻하는지 알고 싶어했습니다. 이 관심은 인류 초창기까지 거슬러 올라갈 수 있습니다. 그러나 주로 꿈을 꿀 때 무엇을 하고 있는지, 또는 도대체 꿈을 왜 꾸는지는 알지 못합니다.

내가 아는 한, 포괄적이며 과학적으로 시도하는 꿈의 해석에는 두 가지 이론밖에 없습니다. 정신분석의 프로이트학파와 개인심리학파입니다. 나는 이 둘 가운데 아마도 개인심리학자만이 상식적으로 접근했다고 주장할 것입니다.

과거의 꿈 해석

꿈을 해석하기 이전의 시도는, 물론 과학적이지는 않지만 한번 살펴볼 만합니다. 그것은 적어도 사람이 꿈을 어떻게 꾸고, 꿈을 꾸는 것에 대해 어떤 태도를 보였는지 밝혀줄 것입니다.

꿈은 마음의 창조적 활동의 산물입니다. 과거에 사람이 꿈의 역할을 어떤 방법으로 받아들여 왔는지를 살펴보면 꿈의 목적을 이해하는 데 매우 가까이 다가가게 될 것입니다. 처음부터 꿈은 미래와 관계있다는 생각이 당연하게 여겨졌습니다. 사람들은 때때로 무언가의 수호령, 신 또는 조상이 꿈속에서 마음을 지배한다고 느꼈습니다. 한편 어려움에 부딪혔을 때도 뭔가 해결책을 얻기 위해서 꿈을 이용했습니다.

꿈에 대한 고대의 책은 꿈이 미래를 어떻게 예언했는지를 보여줍니다. 원시인은 꿈속에서 전조와 예언을 찾았습니다. 그리스인과 이집트인은 앞으로의 삶에 영향을 주는 신령스러운 꿈을 꾸기 바라며 신전에 갔습니다. 이러한 꿈은 치유력이 있어 몸과 마음의 고통을 없애준다고 여겨졌습니다. 아메리칸 인디언은 정화, 단식, 입욕을 통해 꿈을 이끌어내려고 노력했습니다. 그리고 그 꿈의 해석에 따라 행동했습니다. 구약성경에서 꿈은 언제나 미래 일을 알려준다고 풀이되었습니다.

오늘날에도 꿈에서 일어났던 일이 그대로 현실에서도 일어났다고 주장하는 사람이 있습니다. 그런 사람은 꿈속에서 자신이 천리안이며, 꿈은 무언가의 형태로 미래를 보여준다고 생각합니다.

과학적 관점에서 볼 때 이런 견해는 매우 우스꽝스럽게 여겨질지 모릅니다. 나는 처음으로 꿈의 해석을 시도했을 때부터 꿈을 꾸는 사람이 앞날을 예언하는 데 있어서, 깨어 있는 상태에서 모든 능력을 완전히 파악하고 있는 사람보다 훨씬 나쁜 상황에 놓여 있다고 확신했습니다. 꿈이 일상적 사고보다 지적이고 예언적일 수는 없다고 생각했습니다. 오히려 꿈은 혼란스럽고 무질서해 보입니다. 그러나 꿈을 미래와 연결하는 이런 전통은 뭔가 이유가 있어서 존재하는 것이 분명합니다. 어쩌면 그 속에서 진리를 발견할 수도 있습니다. 만일 우리가 어떤 적절한 문맥에서 그 전통을 살펴보면 바로 그 단서를 찾을지도 모릅니다.

우리는 이미 사람들이 꿈을, 문제에 대한 해결책을 제시하는 현상으로 여긴다는 사실을 알았습니다. 사람이 꿈을 꾸는 목적은 앞으로 다가올 일에 대해 안내를 받아서 문제를 해결하는 데 있다고 결론 내려도 될 것입니다. 이것은 꿈이 미래를 예언한다는 견해와는 전혀 다릅니다. 우리는 여전히 사람이 어떠한 해결을 구하고 있는지, 어디서 그것을 발견하려고 하는지에 대해 살펴보아야만 합니다.

꿈에 의해 주어지는 어떠한 해결도, 상황 전체를 상식적으로 고심해 얻은 해답만큼 적절하지 않은 것은 분명합니다. 실제로 사람은 꿈을 꿀 때 잠 속에서 문제가 해결되기를 바라고 있다 해도 지나친 말이 아닙니다.

프로이트파의 견해

프로이트파는 꿈을 과학적으로 이해할 수 있는 의미를 지닌 것으로서 다루려고 합니다. 그러나 프로이트파의 해석은 꿈을 몇 가지 면에서 과학의 영역으로부터 몰아내고 말았습니다. 이를테면 그들은 마음의 움직임은 낮과 밤이 다르다는 것을 전제로 합니다.

'의식'과 '무의식'은 서로 대립하는 것이고, 꿈은 일상적인 사고의 법칙과는 모순되는 특별한 법칙을 가지고 있습니다. 이렇게 모순이 있는 곳에서는 어디서나 비과학적인 태도를 볼 수 있습니다. 원시인과 고대 철학자들은 개념을 강한 대립으로 다루고 그것을 반대물로 여기고 싶어 합니다.

대립하는 사고는 신경증 환자들에게서 매우 뚜렷하게 나타납니다. 사람들은 이따금 왼쪽과 오른쪽, 남자와 여자, 따뜻함과 차가움, 가벼움과 무거움, 강함과 약함은 서로 모순되는 것이라 믿고 있습니다.

하지만 과학적인 관점에서 그것은 모순이 아니라 차이일 뿐입니다. 그것은 어떤 이상적인 허구에 얼마나 근접해 있는가에 따라 배열되는 저울 위의 점입니다. 마찬가지로 선과 악, 정상과 비정상은 실제로 서로 모순되는 것이 아닙니다. 자고 있을 때와 깨어 있을 때, 또 꿈속에서의 사고와 낮의 사고를 모순이라고 보는 어떠한 이론도 과학적이지 못합니다.

프로이트파 견해가 지닌 또 하나의 문제는 꿈이 성적인 배경을 가지고 있다는 점입니다. 이것도 사람들의 평범한 노력과 활동으로부터 꿈을 떼어놓았습니다. 만약 그게 사실이라면 꿈은 어떤 사람의 성격 전체가 아니라 그 일부에 지나지 않는 것입니다.

프로이트파는 스스로 꿈을 순수하게 성적으로 해석하는 것은 부적절하다고 보았으며, 프로이트 또한 꿈속에서 무의식적인 죽음의 욕구가 표현되는 것을 볼 수 있다고 주장했습니다. 이것이 어떤 의미에서는 옳을지도 모릅니다. 우리가 깨달은 바로는 꿈이란 문제를 손쉽게 해결하려는 시도이며 꿈을 꾼 사람이 용기가 없음을 드러냅니다. 그러나 프로이트파의 말은 대단히 비유적이어서 사람의 성격 전체가 어떤 식으로 꿈속에 드러나는지 찾아낼 수가 없습니다. 또한 꿈의 생활은 깨어난 뒤의 생활과 엄격하게 분리되어 있는 것으로 여겨졌습니다.

그럼에도 프로이트파 이론에서는 흥미롭고 중요한 암시를 많이 볼 수 있습니다. 특히 유용한 암시는, 중요한 것은 꿈 자체가 아니라 꿈의 밑바탕에 깔린 사고라는 것입니다.

개인심리학에서도 어느 정도 비슷한 결론에 이릅니다. 다만 프로이트파의 정신분석에서 모자란 점은 심리학이라는 과학을 위한 첫 번째 필요조건입니다. 즉 인격의 일관성과 개인의 모든 표현에서 나타나는 통일성에 대한 인식입니다.

이 결점은 꿈 해석의 결정적인 물음—"꿈의 목적은 무엇인가? 우리는 왜 꿈을 꾸는가?"—에 대한 프로이트파의 대답에서 볼 수 있습니다. 정신분석가는 이렇게 대답합니다.

"사람의 채워지지 않는 욕구를 채우기 위해서이다."

그러나 이 견해는 결코 모든 것을 설명해 주지 않습니다. 이를테면 꿈이 사라지거나 잊히거나 이해될 수 없다면 도대체 어디에 만족이 있을까요? 다시 한번 말하는데, 모든 사람이 꿈을 꾸지만 자신의 꿈을 이해하는 사람은 거의 없습니다.

우리는 꿈을 통해서 어떤 기쁨을 얻을 수 있을까요? 만일 꿈속에서의 생활이 낮의 생활과 다르다면, 그리고 꿈속에서 느꼈던 만족감이 실제 삶에서 일어난다면 아마 우리는 꿈꾸는 목적을 이해할 수 있을 것입니다.

하지만 우리는 성격의 일관성을 잃어버리고 말았습니다. 꿈은 더 이상 깨어 있는 사람에게는 아무런 목적도 갖고 있지 않습니다. 과학적인 관점에서, 꿈을 꾸는 사람과 깨어 있는 사람은 모두 같은 사람입니다. 그리고 꿈의 목적은 이 한 사람의 일관된 성격에 적용되어야 합니다.

인간의 어떤 유형에서는 꿈속에서 이루어진 소망을 실현하기 위해 노력하는 것을 성격 전체와 관련지을 수 있습니다. 이는 응석받이 유형으로, 언제나 "어떻게 하면 원하는 것을 손에 넣을 수 있을까? 인생은 내게 무엇을 줄까?"

묻는 사람입니다. 이러한 사람은 꿈속에서 자신을 만족시켜 줄 것을 찾을지도 모릅니다. 그리고 실제로 자세히 살펴보면, 프로이트파 이론은 응석받이들의 일관된 심리학임을 알 수 있습니다. 그러한 아이들의 본능은 결코 부정되어서는 안 된다 느끼고, 자신만의 영역에 다른 사람이 존재하는 것을 부당하다고 여기며, 늘 "왜 나는 이웃을 사랑하지 않으면 안 되는가? 내 이웃은 왜 나를 사랑해 주는가?" 묻습니다.

정신분석은 응석받이라는 전제에서 출발합니다. 그리고 이 전제를 가장 완전하고 상세한 형태로 만들어냅니다. 그러나 욕구 충족을 향한 노력은 우월성 추구의 수많은 표현 가운데 하나에 지나지 않으며, 그것을 모든 개성의 실현에 있어서 가장 큰 자극으로 받아들일 수는 없습니다. 그리고 우리가 정말로 꿈의 목적을 발견한다면, 꿈을 잊거나 이해하지 못하는 일들이 어떤 목적에 유용한지를 이해하는 데 도움이 될 것입니다.

개인심리학의 접근

이것은 내가 25년 전, 꿈의 의미를 찾고자 시작했을 때 맞닥뜨렸던 가장 힘든 문제였습니다.

나는 꿈이 깨어 있을 때의 생활과 모순되지 않는다는 사실을 알았습니다. 그것은 언제나 인생에 있어서 또 하나의 움직임이나 표현과 다르지 않습니다. 낮에 우월성의 목표를 지향하고 노력하면 밤에도 같은 문제와 씨름하는 것입니다.

모든 사람이 깨어 있는 동안 지닌 문제를 꿈속에서도 그 밑바탕에 가지고 있습니다. 그렇기 때문에 꿈은 생활 방식의 산물이고, 생활 방식과 일관되어야만 합니다.

꿈이 남기는 감정들

다음과 같은 고찰이 꿈의 목적을 뚜렷하게 하는 데 도움이 될 것입니다. 우리는 꿈을 꿉니다. 그리고 아침이 되면 보통 꿈을 잊습니다. 아무것도 남아 있지 않은 것처럼 생각됩니다. 하지만 이것은 사실일까요? 정말 아무것도 남아 있지 않을까요?

사실은 무언가가 남아 있습니다. 그것은 꿈이 불러일으킨 감정입니다. 영상이 순간을 스쳐 지나가듯이 꿈 또한 확실하게 남아 있지 않다 해도 감정의 여운만은 남아 있습니다.

꿈의 목적은 그것이 가져오는 감정 속에 있음이 분명합니다. 꿈은 감정을 불러일으키는 수단이고 도구일 뿐입니다. 꿈의 목적은 그 감정을 남기는 것입니다.

사람이 만들어내는 감정은 늘 생활 방식과 일관됩니다. 꿈속 생각과 낮의 생각의 차이는 절대적이지 않습니다. 그 둘 사이에 큰 차이는 없습니다. 그 차이를 간단하게 말하면, 꿈을 꿀 때는 깨어 있을 때보다 현실과 만나는 일이 적다는 점입니다. 그렇다고 실제로 현실과 단절되어 있다는 뜻은 아닙니다.

우리는 낮 동안 어떤 문제에 시달리면 잠을 자면서도 같은 문제에 시달립니다. 잠을 자는 동안 침대에서 떨어지지 않도록 몸을 조절한다는 사실은 현실과의 접촉이 아직 남아 있음을 보여줍니다. 부모는 바깥에서 아무리 큰 소리가 나도 잠을 잘 수 있지만 아이가 조금만 움직이는 소리가 들리면 곧 눈을 뜹니다. 잠 속에서조차 우리는 바깥 세계와 계속 맞닿아 있는 것입니다.

그러나 잠자는 동안에는 감각은 약화되고 현실과의 접촉도 그만큼 적어집니다. 꿈을 꿀 때 우리는 혼자입니다. 사회의 요구는 우리를 그다지 압박하지 않습니다. 꿈속에서는 주변 상황을 사실 그대로 받아들일 필요가 없습니다. 긴장에서 벗어나 문제를 해결할 수 있음을 확신하면 잠을 방해받지 않습니다.

조용하고 평온한 잠을 방해하는 것은 꿈입니다. 꿈을 꾸는 것은 문제 해결에 대한 확신이 없고, 잠들었을 때조차 현실이 우리를 압박하여 어려운 상황에 부딪히게 할 때뿐입니다.

이제 우리의 마음이, 잠 속에서 문제를 어떻게 바라보는지 깊이 생각해 볼 수 있습니다. 꿈은 상황 전체를 다루지 않기 때문에 우리가 가진 문제는 더 쉽게 드러날 것입니다. 그리고 꿈속에서 주어지는 해결책은 우리에게 최소한의 노력을 요구할 것입니다.

꿈의 목적은 꿈을 꾸는 사람의 생활 방식을 지지하며, 그것에 적절한 감정을 불러옵니다. 그러나 어째서 생활 방식은 뒷받침되어야 할까요? 도대체 무엇이 그것을 위태롭게 할까요?

그것은 현실과 상식으로부터만 공격을 받습니다. 그러므로 꿈의 목적은 상식의 요구로부터 생활 방식을 지키는 일입니다. 이 해석은 우리에게 흥미로운 통찰을 안겨줍니다. 어떤 사람이 상식에 따라 해결하고 싶지 않은 문제에 맞닥뜨려 있으면, 그 태도는 꿈속에서 되살아나는 감정에 의해 더욱 강하게 만들 수 있습니다. 처음에 그것은 깨어 있을 때의 생활과 모순되는 듯이 생각되지만 실제로는 그렇지 않습니다. 우리는 깨어 있을 때와 똑같은 방법으로 감정을 다시 느낍니다.

만약 누군가가 곤란한 일에 부딪혔을 때 그것에 상식적으로 대처하기보다 오히려 자신의 오랜 방식대로 해결하고 싶다면, 그 생활 방식을 정당화하고 그것을 만족스러운 것으로 보이도록 모든 일을 해야 합니다.

이를테면 어떤 사람은 노력하거나 일하지 않고 다른 사람에게 도움 주는 일 없이 돈을 손에 넣는 게 목표일 수도 있습니다. 예를 들어 도박 같은 것입니다. 그들은 도박에서 돈을 잃고 곤경에 처할 수 있음을 알고 있습니다. 그러나 빨리 부자가 되어 안락하게 살고 싶습니다. 그것을 위해 무엇을 할 수 있을까요? 도박으로 돈을 벌어 좋은 차를 구입해서 호화롭게 살며 부자로 유명해지는 자신의 모습을 떠올립니다. 그러한 영상이 자신을 행동하도록 부추기는 감정을 불러일으킵니다. 결국은 상식에서 멀어져 도박을 하게 됩니다.

같은 일이 더욱 일상적인 상황에서 일어납니다. 우리가 일을 하고 있을 때 누군가 와서 자기가 본 재미있는 연극 이야기를 꺼내면, 우리는 하던 일을 멈추고 극장에 가고 싶어집니다. 어떤 사람이 연애를 할 때는, 실제로는 어려움을 면치 못하고 있더라도 자신의 앞날을 멋진 모습으로 그릴 것입니다. 때로 비관적이 되어 있을 때는 미래에 대한 음울한 감정을 가지지만, 어쨌든 이것을 바꾸려 합니다. 그리고 우리는 언제나 자신 속에 떠오르는 감정의 종류를 깨달음으로써 스스로 자기가 어떤 사람인지 말할 수 있습니다.

그러나 꿈 뒤에 감정 말고 아무것도 남지 않는다면 과연 상식에는 무슨 일이 일어날까요? 꿈을 꾸는 것은 상식에 맞서는 일입니다. 과장된 감정에 속고 싶지 않고 과학적인 방법으로 나아가고 싶은 사람은 꿈을 거의 꾸지 않거나 전혀 꾸지 않는 것을 볼 수 있습니다.

이와 반대로 어떤 사람은 자신의 문제를 정상적이고 유용한 수단이나 상식으로 해결하고 싶어 하지 않습니다. 상식은 협력의 한 면이며, 협력 훈련을 그다지 받지 않은 사람은 상식을 좋아하지 않습니다. 이런 사람이 때때로 꿈을 꿉니다. 자신의 생활 방식이 승리하고 정당화되기를 바라며, 현실의 도전을 피하고 싶어 하기 때문입니다.

꿈은 생활 방식과 현재의 문제들 사이에서 어떠한 요구 없이 단지 중개하기 위한 시도라고 우리는 결론짓습니다. 생활 방식은 꿈의 작가이자 연출이며 감독입니다. 그것은 언제나 사람이 필요로 하는 감정을 불러일으킵니다. 사람의 모든 특색과 행동 속에서 볼 수 없는 것은 꿈속에서도 찾아볼 수 없습니다. 우리는 꿈을 꾸든 꾸지 않든 간에 똑같은 방식으로 문제에 접근하지만 꿈은 우리의 생활 방식을 지지하고 정당화해 줍니다.

만일 이것이 사실이라면 우리는 꿈을 이해하는 새롭고도 매우 중요한 단계에 다다릅니다. 꿈속에서 우리는 자신을 속이고 있습니다. 모든 꿈이 자기도취이며 자기최면입니다. 꿈의 목적은 특정 상황에 가장 잘 대처할 수 있는 마음의 자세를 만들어내는 데 있습니다. 우리는 꿈속에서도 일상생활에서 볼 수 있는 것과 똑같은 성격을 볼 수 있지만, 이른바 마음의 일터에서 낮에 쓰일 감정을 준비하는 것도 볼 것입니다. 우리가 옳다면 꿈의 구조, 그것이 쓰이는 수단에서도 자기기만을 볼 수 있습니다.

우리는 꿈속에서 무엇을 발견해 낼 수 있을까요? 가장 먼저 어떤 영상과 사건, 사건의 선택을 볼 수 있습니다. 이 선택에 대해서는 앞에서 이야기한 적이 있습니다. 과거를 돌아볼 때 우리는 영상과 사건의 모음집을 만듭니다.

이 선택은 보통 어느 한쪽으로 치우치는 경향이 있습니다. 기억 수집에서 자신의 우월성 목표를 지지하는 사건만을 고르는 것입니다. 그것이 기억을 지배하는 목표입니다. 마찬가지로 꿈을 구성할 때 우리가 저마다의 생활 방식을 강화하고 특정 문제에 부딪히면 우리는 생활 방식이 우리에게 요구하는 사건만을 골라내게 됩니다. 이 사건의 선택은 이와 같이 현재의 문제와 관련된 생활 방식의 의미를 나타내고 있습니다.

꿈에서 생활 방식은 그 자신의 방법을 요구합니다. 이 곤란에 현실적으로 맞서는 데는 상식이 요구되겠지만 그 생활 방식은 그것에 굴복하기를 거부합니다.

상징과 은유

꿈은 또 어떤 힘을 이끌어낼까요? 꿈은 오로지 은유와 상징으로 이루어진다는 것이 가장 처음부터 관찰되었고, 우리 시대에는 프로이트가 그것을 특히 강조했습니다. 어느 심리학자가 말했습니다.

"우리는 꿈속에서만큼은 모두 시인이다."

꿈은 왜 시와 은유의 언어로 이야기될까요? 그 대답은 단순합니다. 은유와 상징을 쓰지 않고 이야기한다면 상식에서 벗어날 수 없기 때문입니다. 하지만 은유와 상징은 함부로 쓰일 수 있습니다. 그것은 다른 의미를 연결하여 두 가지를 동시에 말할 수 있습니다. 때때로 그 가운데 하나는 완전히 잘못되어 있습니다. 그리하여 은유와 상징에서 불합리한 결론이 나오고, 그것은 감정을 불러일으키기도 합니다. 우리는 일상생활에서도 그것을 쓸 수 있습니다. 우리는 누군가의 태도를 바로잡고 싶을 때 이렇게 말할지도 모릅니다.

"그렇게 어린아이처럼 굴어서는 안 됩니다!"

"왜 우는 겁니까? 당신이 여자예요?"

은유를 쓸 때는 언제나 무언가 과녁을 빗나간 것, 오직 감정에만 호소하는 것이 숨어듭니다. 아마 큰 사람은 작은 사람에게 벌컥 화를 내며 말할 것입니다.

"벌레 같은 녀석! 밟아줄 테다."

그는 자신의 분노를 비유로써 정당화하고 있습니다. 비유는 훌륭한 표현 도구이지만, 우리는 자신을 속이기 위해 그것을 사용합니다.

호메로스가 들판을 짓밟는 그리스 군대를 사자 같다고 썼을 때, 그는 우리에게 멋진 영상을 떠올리게 만듭니다. 그가 초라하고 지쳐버린 병사들이 평원을 누비는 모습을 정확하게 쓰고 싶어 할까요? 아닙니다. 호메로스는 우리가 병사들을 사자로 보아주기를 바랐습니다. 우리는 그것이 진짜 사자가 아님을 알고 있습니다. 하지만 만약 시인이 병사들이 얼마나 허덕이며 땀을 흘렸는지, 어떻게 용기를 떨쳤고 어떻게 위험을 피했으며 또 얼마나 갑옷이 낡았는지 등 많은 것들을 사실대로 썼다면 감명받지 않았을 것입니다.

비유는 아름다움과 상상, 공상을 위해 쓰입니다. 그러나 비유와 은유를 쓰는 것은 잘못된 생활 방식을 가진 사람에게는 늘 위험하다는 사실을 강조해야만 합니다.

어느 학생이 간단한 시험을 앞두고 있습니다. 용기와 상식을 가지고 그것에 접근해야 합니다. 하지만 이럴 때 피하고만 싶은 것이 그의 생활 방식이라면 전쟁에서 싸우는 꿈을 꿀지도 모릅니다. 그는 이 간단한 문제를 비유적으로 그립니다. 그럼으로써 두려움이 훨씬 정당하다고 느낍니다. 또는 깊은 어두움 끝에 서서 떨어지지 않기 위해 기를 쓰고 뒷걸음질 치는 꿈을 꿉니다. 그는 하나의 현실도피로 그러한 감정을 만들어내야 했습니다. 그리고 시험을 고통의 구렁텅이로 생각함으로써 자신을 속이려 듭니다.

마찬가지로 꿈에서 때때로 쓰이는 다른 책략을 밝힐 수 있습니다. 문제를 받아들여 그 핵심만 남을 때까지 그것을 단순화하고 재구성하는 것입니다. 그렇게 해서 남은 것은 비유 속에서 표현되어 마치 그것이 원래 문제처럼 다뤄집니다.

이를테면 더욱 용기 있고 더 큰 전망을 가진 학생은 자신이 할 일을 끝내고 시험을 잘 치러내길 바랍니다. 그러면서도 자신에게는 지지와 격려가 필요하다고 느낍니다. 생활 방식이 그것을 요구하는 것입니다.

시험 전날 밤, 그는 산꼭대기에 서 있는 꿈을 꿉니다. 그가 놓인 상황은 매우 단순화되어 있습니다. 그가 지금껏 살아오며 겪은 모든 상황 가운데 가장 작은 부분만이 나타나 있습니다. 그에게 시험은 큰 문제이지만 그 많은 면을 빼놓고 성공에만 집중함으로써 자신에게 도움이 되는 감정을 불러옵니다.

이튿날 아침, 그는 전보다 행복하고 상쾌하게 용기로 가득 차서 눈을 뜹니다. 그러나 자신을 격려하고 싶어 하면서도 실제로는 자신을 속이고 있습니다. 상식적인 방법으로 문제 전체에 부딪히지 않고, 단순히 자신감이라는 기분을 부추겼을 뿐입니다.

이렇게 의도적으로 감정을 불러오는 것은 드문 일이 아닙니다. 도랑을 건너뛰고 싶은 사람은 아마 뛰어넘기 전에 셋까지 셀 것입니다. 셋을 세는 일이 정말로 그렇게 중요할까요? 물론 조금도 상관없습니다. 하지만 기분을 북돋워서 모든 힘을 끌어모으기 위해 숫자를 세는 것입니다.

우리는 생활 방식을 세심하게 완성하고 고정하며 덧대는 데 필요한 모든 정신적인 자원을 가지고 있습니다. 그중 가장 중요한 자원은 우리 자신의 감정을 불러오는 것입니다. 우리는 그 일에 밤낮없이 매달려 있고, 그것은 꿈속에서 더욱 확실하게 일어납니다.

자기 자신을 속이는 방법의 예를 증명하기 위해 나의 꿈을 이용해 보겠습니다. 전쟁 동안 나는 전쟁신경증 병사를 위한 병원의 원장이었습니다. 전쟁에서 싸울 수 없는 병사를 진찰하면 나는 그들에게 쉬운 일거리를 줌으로써 가능한 한 그들을 도우려고 했습니다. 그것이 그들의 긴장을 크게 가라앉혔고 이따금 성공을 거뒀습니다. 그러던 어느 날 한 병사가 나를 찾아왔습니다. 내가 그때까지 본 가운데 가장 체격이 좋은 사람이었습니다. 그는 몹시 우울한 상태였습니다. 나는 그를 진찰하고 무엇을 해줄 수 있을지 생각했습니다. 물론 이러한 문제를 지닌 병사를 모두 집으로 돌려보내고 싶었지만 나의 추천은 상관의 심사를 받아야만 했고, 내 선의에도 한계가 있었습니다. 이 병사는 매우 어려운 경우였습니다. 그러나 나는 이렇게 말했습니다.

"자네는 전쟁신경증이지만 아주 강하고 건강하네. 전선에 가지 않아도 되도록 쉬운 일거리를 주지."

병사는 집으로 돌려보내 주지 않을 것임을 알고는 낙담한 채 대답했습니다.

"저는 가난한 학생이고, 아이들을 가르치는 일로 나이 든 부모님을 모셔야 합니다. 학교에서 가르칠 수 없으면 부모님은 굶게 됩니다. 제가 돕지 않으면 두 분 다 죽는 수밖에 없습니다."

나는 그가 사무직으로 일할 수 있도록 집으로 돌려보내고 싶었지만, 내가 추천하면 상관은 화를 내고 그를 오히려 전선으로 보내버릴 것 같았습니다. 마침내 내가 할 수 있는 최선의 일을 하겠노라 마음먹고, 그가 보초 일밖에 할 수 없다는 것을 증명하려고 했습니다.

그날 밤 집에 돌아온 나는 무서운 꿈을 꾸었습니다. 내가 살인자가 된 꿈이었습니다. 나는 어둡고 좁은 길을 뛰어다니면서 내가 누굴 죽였는지 기억해 내려고 했습니다. 희생자가 누구인지는 알 수 없었지만 나는 느꼈습니다.

'나는 살인을 저질렀으니 이젠 끝이다. 내 인생은 끝났어. 모든 것이 끝장이야.'

눈을 떴을 때 가장 먼저 생각한 것은 '꿈속에서 내가 누구를 죽였을까' 하는 질문이었습니다. 그러자 다음 같은 생각이 떠올랐습니다.

'만약 내가 그 젊은 병사에게 사무직을 주지 않으면, 아마 그는 전선으로 보내져 죽을지도 모른다. 그러면 나는 살인자가 되는 거지.'

나를 속이기 위해 감정을 불러왔음을 알 수 있습니다. 나는 누구도 죽이지 않았습니다. 그리고 만일 내가 짐작한 불행이 실제로 일어난다 해도 나는 범죄자가 아닙니다. 그러나 나의 생활 방식은 내가 위험을 무릅쓰도록 허락하지 않을 것입니다. 나는 의사입니다. 내가 존재하는 까닭은 생명을 구하기 위해서이지 생명을 해치기 위해서가 아닙니다. 내가 그에게 보초를 서는 것보다 더욱 쉬운 일을 준다면 상관은 그를 전선에 내보낼지도 모르며 상황은 더욱 나빠질 것이라고 다시 생각했습니다. 결국 그를 돕기 위해 내가 할 수 있는 유일한 일은, 나 자신의 생활 방식에 미련을 두지 않고 상식적인 원칙에 따르는 것이라 생각했습니다. 그래서 나는 그에게는 보초 임무가 알맞다는 증명서를 발급했습니다.

그 뒤에 일어난 일은, 상식을 따르는 것이 언제나 더 낫다는 사실을 확인시켜 주었습니다. 상사는 나의 추천장을 읽고 없애버렸습니다. 처음에 나는 '이제 상사는 그를 전선으로 보낼 것이다. 난 그에게 사무직을 주었어야 했다'라고 생각했습니다. 그런데 내 상사는 '6개월 사무직'이라고 기록했습니다. 시간이 지난 뒤에 이 장교는 그 병사를 면제해 주도록 뇌물을 받았다는 사실이 밝혀졌습니다. 젊은 병사는 그때까지 남을 가르친 적이 한 번도 없었습니다. 그가 내게 이야기한 것은 단 한 마디도 진실이 아니었습니다. 그 모든 것은 내가 그에게 편한 일거리를 주어, 그가 매수한 상사가 내 추천장에 서명을 하게 만들기 위해 꾸며낸 말이었습니다. 그날부터 나는 꿈을 꾸지 않는 게 오히려 더 낫겠다고 생각했습니다.

꿈이 우리를 속이고 있다는 사실은 그것이 좀처럼 이해되지 않는 이유를 설명해 줍니다. 우리가 꿈을 이해한다면 꿈은 감정과 정서를 불러오는 힘을 가지지 못하고, 우리를 속일 수도 없을 것입니다. 우리는 상식의 길을 나아가게 할 방법을 고르고 꿈의 부추김에 따르기를 거부할 것입니다. 꿈을 이해할 수 있게 된다면 그 결과 꿈은 그 목적을 잃어버리게 됩니다. 꿈은 현실 문제와 우리 생활 방식 사이의 다리 역할을 하지만, 우리의 생활 방식은 어떠한 지지도 필요로 하지 않을 테고, 현실과 직접 맞물리게 될 것입니다.

꿈에는 많은 종류가 있습니다. 그리고 모든 꿈은 사람이 맞닥뜨리는 특별한 상황과의 관계에서 생활 방식을 더욱 강하게 할 필요가 있다고 뚜렷이 느끼게 합니다. 그러므로 꿈의 해석은 언제나 저마다에게 독자적입니다.

상징과 은유를 공식적으로 풀이하는 것은 불가능합니다. 왜냐하면 꿈은 사람이 자기 자신의 특별한 상황을 풀이함으로써 나오는 생활 방식의 창조물이기 때문입니다. 내가 꿈의 전형적인 몇 가지 형태를 짤막하게 서술하려는 까닭은, 꿈을 글자 그대로 안내하기 위해서가 아니라 꿈과 그 의미를 일반적으로 이해할 수 있도록 돕기 위해서입니다.

흔한 꿈

많은 사람들이 하늘을 나는 꿈을 꿉니다. 이 꿈에 대한 열쇠는 다른 모든 꿈과 마찬가지로 그것이 불러오는 감정에 있습니다. 날아다니는 꿈을 꾼 뒤에는 신나는 기분과 용기가 남습니다. 그것은 꿈꾼 이의 감정을 밑에서 위로 이끕니다. 곤란을 극복하고 우월성의 목표를 향해 노력하는 일이 쉽다는 걸 보여줍니다.

날아다니는 꿈은 우리가 스스로 용기가 있다고 상상하게 합니다. 진취적이고 야심 있는 사람으로 자신을 그려내 잠을 잘 때조차 그 야심에서 벗어나지 않게 합니다. 이러한 꿈에는 '나는 가야 할 것인가 가지 말아야 할 것인가' 하는 문제가 따르며, 암시되는 대답은 '내 앞길을 방해하는 것은 없다'입니다.

높은 곳에서 떨어지는 꿈을 꾸지 않는 사람 또한 거의 없습니다. 이는 매우 주목할 만한 일입니다. 떨어지는 꿈은 인간의 마음이 곤란을 극복하려는 용기보다는 자기방어나 실패에 대한 두려움으로 가득 차 있음을 나타냅니다. 이것은 우리가 강압적인 목소리로 아이들에게 경고를 하는 방식을 떠올려보면 이해할 수 있습니다. 아이들은 늘 주의를 듣습니다.

"의자 위에 올라가지 마라! 가위를 내려놓아라! 불에서 떨어져라!"

아이들은 언제나 눈에 보이지도 않는 위험에 에워싸여 있습니다. 그러나 겁을 주는 행동은 실제 위험에 대처하는 데 아무런 도움도 되지 않습니다.

몸이 마비되거나 기차를 놓치는 꿈을 되풀이해 꿀 때, 그 의미는 보통 다음과 같습니다.

'이 문제가 나를 번거롭게 하지 않고 그냥 지나가면 좋겠어. 이 문제에 부딪히지 않으려면 길을 돌아서 가든지 늦게 도착해야 해. 열차를 떠나보내야 해.'

시험을 치는 꿈을 꾸는 사람도 많습니다. 때로 사람들은 나이를 꽤 먹은 뒤에도 시험을 치지 않으면 안 된다는 것을 알고 놀랍니다. 어떤 사람에게는 다음과 같은 의미입니다.

'당신은 눈앞의 문제에 맞닥뜨릴 준비가 되어 있지 않다.'

또 다른 사람에게는 이런 뜻입니다.

'당신은 이 시험에 통과한 적이 있다. 그러니 현재 눈앞에 있는 시험에도 무사히 통과할 것이다.'

한 사람의 상징은 결코 다른 사람의 상징과 같을 수 없습니다. 우리가 꿈에 대해 주로 살펴봐야 하는 것은 그것이 뒤에 남기는 감정이고, 그것이 생활 방식 전체와 일관성이 있다는 점입니다.

사례 연구

어느 날, 서른두 살의 신경증 환자가 치료를 받으러 왔습니다. 그녀는 형제 가운데 둘째로, 대부분의 둘째가 그렇듯이 매우 야심적이었습니다. 언제나 일등이 되고 싶었으며 나무랄 데 없는 방법으로 자신의 모든 문제를 해결하길 바랐습니다. 그러나 그녀가 내게 왔을 때는 신경쇠약 상태였습니다. 자기보다 나이가 많은 기혼자와 연애 중이었는데, 그 사람이 사업에 실패했습니다. 그와 결혼하고 싶었지만 그는 이혼할 수가 없었습니다.

어느 날 이런 꿈을 꾸었습니다. 그녀가 시골에 있는 동안 그녀의 아파트를 빌려주기로 한 남자와 결혼했는데 그는 빈털터리였습니다. 그는 정직하지도 부지런하지도 않았고, 임대료도 내지 못했기 때문에 쫓아내는 수밖에 없었습니다.

우리는 곧 이 꿈이 그녀의 현재 문제와 얼마쯤 관계가 있음을 알 수 있습니다. 실제로 그녀의 연인은 가난했기 때문에 그녀를 돌볼 수 없었습니다. 돈도 없으면서 그녀를 저녁 식사에 데리고 나간 일도 있습니다.

이 꿈의 목적은 결혼에 반대하는 감정을 부르는 것입니다. 그녀는 야심이 있는 여성이고, 가난한 사람과는 결혼하고 싶지 않았습니다. 그녀는 은유를 사용해 자신에게 물었습니다.

'만약 누가 내 아파트를 빌렸는데 임대료를 낼 수 없다면, 그런 임차인에게 어떻게 할 것인가?'

대답은 이렇습니다.

'쫓아내야 한다.'

그러나 이 기혼 남성은 그녀의 임차인이 아니며 그와 같은 사람일 수 없습니다. 가족을 부양하지 않는 남편이 임대료를 내지 않는 임차인과 같지는 않습니다. 하지만 그녀는 자신의 문제를 해결하고 더욱 확신을 갖고 생활 방식에 따르기 위해, '나는 그와 결혼해서는 안 된다'는 감정을 불러옵니다. 그리하여 그녀는 문제 전체에 상식적인 방법으로 다가가는 일을 피하고, 문제의 작은 부분만을 선택하는 것입니다. 동시에 그녀는 사랑과 결혼 문제 모두를 마치 그것이 은유로써 충분히 표현되는 것처럼 최소화합니다.

'한 남자가 내 아파트를 빌린다. 만약 임대료를 내지 못하면 쫓아내는 수밖에 없다.'

개인심리학의 치료기법은 언제나 사람이 인생의 과제에 부딪힐 때 용기를 불어넣는 쪽을 향하고 있기에 치료 과정에서 꿈이 변화해 더욱 자신감 있는 태도를 보여주리라는 것은 쉽게 짐작할 수 있습니다. 치료가 끝났을 때 우울증 환자의 마지막 꿈은 다음과 같았습니다.

"벤치에 혼자 앉아 있었어요. 갑자기 심한 눈보라가 몰아쳤죠. 다행히 난 그걸 피할 수 있었어요. 얼른 집 안에 있는 남편에게 갔으니까요. 그리고 남편이 신문 광고란에서 적당한 일자리를 찾는 것을 도와주었죠."

환자는 스스로 꿈을 풀이할 수 있었습니다. 자신이 남편과 화해할 마음을 확실하게 드러냈다고 말입니다. 처음에 그녀는 남편을 싫어했고 그의 약점과 아울러 경제력도 의욕도 없는 것을 몹시 불만스러워했습니다. 꿈의 의미는 '혼자서 위험에 맞서는 것보다 남편과 함께 있는 편이 낫다'는 것입니다.

우리는 환자의 결론에 찬성할지도 모르지만, 남편과의 결혼에 만족하는 방법은 그녀를 걱정하는 친척이 습관적으로 하는 조언을 떠올리게 합니다. 이 꿈에는 혼자 있는 것의 위험이 지나치게 강조되고 있습니다. 또한 그녀에게는 용기와 자립심을 갖고 협력할 준비가 아직 부족합니다.

열 살 소년이 진료소에 왔습니다. 학교 교사는 그가 품행이 나쁘다고 말했습니다. 소년은 학교에서 남의 물건을 훔쳐 다른 아이 책상 안에 넣고 그 아이에게 뒤집어씌웠습니다. 이러한 행동은 다른 사람에게 창피를 주어 자신보다 타인이 나쁘다는 것을 증명해야 한다고 느낄 때만 일어납니다. 이것이 문제 해결에 다가가는 그의 방식이라면 그는 아마도 이러한 행동을 가족에게 배웠으며, 가족 가운데 소년이 죄의식을 안겨주고 싶어 하는 사람이 있으리라 추측할 수 있습니다.

이 열 살 소년은 길거리에서 임신부에게 돌을 던져 문제를 일으키기도 했습니다. 열 살이면 임신이 무엇인지 알고 있었을 것입니다. 이를 통해 우리는 소년이 곧 태어날 아기를 가진 여성을 좋아하지 않는다고 생각할 수 있습니다. 그리고 그에게 탄생이 반갑지 않았던 동생이 있었는지 알아보아야 합니다.

교사의 보고서에 그는 마을의 말썽쟁이로 기록되어 있었습니다. 다른 아이들을 괴롭히고 별명을 지어 부르며 그들에 대해 험담을 일삼았습니다. 여자아이를 쫓아가서 때리기도 했습니다. 이 사실에서 그가 경쟁하는 사람은 여동생임을 알 수 있습니다.

실제로 그는 남매 가운데 오빠로, 네 살 아래인 여동생이 있었습니다. 아이 어머니는, 아들은 동생을 사랑하고 그 아이에게만큼은 늘 잘해 준다고 말했습니다. 도저히 믿기 어려운 말입니다. 그런 소년이 여동생을 사랑할 리가 없기 때문입니다. 그러나 이야기를 더 들어보게 되면 우리의 의심은 정당하게 밝혀지리라고 예상했습니다.

어머니는 또 자신과 남편은 더할 나위 없이 사이가 좋다고 말했습니다. 이 사실은 아이에게 하나의 불행입니다. 부모는 그의 어떠한 비행에도 전혀 책임이 없습니다. 그것은 그 자신의 나쁜 본성, 운명, 또는 어쩌면 다른 조상에게 물려받은 것이 틀림없다는 이야기가 됩니다.

우리는 이상적인 결혼 사례의 연구에서, 이렇게 자상한 부모와 이렇게 끔찍한 아이에 대한 이야기를 이따금 듣습니다. 교사, 심리학자, 법률가, 재판관들에게서 이런 불행한 경우가 많이 나타납니다. 실제로 '이상적인' 결혼은 이런 소년에게 커다란 문제를 불러일으키기도 합니다. 때때로 아버지에 대한 어머니의 헌신적인 모습은 아이를 화나게 할 수 있습니다. 그 관심을 독차지하고 싶어서 어머니가 다른 누구에게든 애정을 보이면 분노할지 모릅니다.

만약 행복한 결혼이 아이에게 해가 되고 불행한 결혼은 더욱 나쁘다면, 우리는 어떻게 해야 할까요? 우리는 아이를 협력적인 사람이 되도록 가르쳐야 합니다. 이 소년은 응석받이로 자랐습니다. 어머니의 관심을 혼자서 모두 차지하길 원하며, 충분한 관심을 받지 못한다고 느낄 때는 언제라도 문제를 일으킵니다.

여기서도 우리의 예상을 곧 확신할 수 있습니다. 소년의 어머니는 결코 혼자서 아이에게 벌을 주지 않습니다. 아버지가 돌아와서 아이와 마주하기를 기다립니다. 아마도 어머니는 자신이 너무 약하다고 믿고 있을 겁니다. 그리고 남자만이 명령하고 지배할 수 있으며 벌을 줄 만큼 충분히 강하다고 느끼고 있는지도 모릅니다. 어쩌면 아이가 계속 자신에게 애착하기를 바라며 그 사랑을 잃는 것을 두려워할 수도 있습니다. 어느 쪽이든 어머니는 아이를 아버지에 대한 관심과 협력에서 멀어지게 만들고 있습니다. 그러므로 아버지와 아들 둘 사이에는 마찰이 일어날 수밖에 없는 것입니다.

아버지는 아내와 가족을 사랑하지만, 아이 때문에 일을 마치고 집에 돌아가기가 두렵다고 했습니다. 아버지는 아이를 매우 엄격하게 벌하며 이따금 때리기도 합니다.

그런데 소년은 아버지를 싫어하지는 않는다고 말했습니다. 하지만 이것은 불가능한 일입니다. 그는 다만 감정을 숨기는 일에 뛰어날 뿐입니다.

소년은 동생을 사랑한다고 말하지만 잘 놀아주지 않고 때때로 동생의 뺨을 때리거나 발로 차기도 합니다. 그는 거실 간이침대에서 잠을 자는데 동생은 부모 침실에 있는 어린이용 침대에서 잡니다. 만약 우리가 이 아이의 상황에 서서 그에게 공감할 수 있다면 부모 방에 있는 어린이용 침대가 마음에 걸릴 것입니다. 우리는 아이 마음으로 생각하고 느끼고 보려고 합니다. 그는 어머니의 관심을 독차지하고 싶어 합니다. 그러나 밤에는 동생이 어머니에게 너무 가까이 있습니다. 그는 어머니를 자기 옆에 두기 위해 싸워야만 합니다.

소년은 매우 건강합니다. 그는 자연분만으로 태어났고, 7개월 동안 모유를 먹었습니다. 그러나 어머니가 처음 분유를 먹였을 때 아이는 토하고 말았습니다. 이 구토의 주술은 세 살까지 이어졌습니다. 아마 위가 약했을 것입니다. 이제는 잘 먹고 영양 상태도 좋지만 아이는 계속 위(장)에 신경을 썼습니다. 그는 위가 자기 약점이라고 생각합니다.

아이는 음식에 대해 몹시 까다로웠습니다. 어머니는 아이가 음식을 마음에 들어 하지 않으면 그에게 돈을 주어 밖에 나가 좋아하는 것을 사오게 했습니다. 그러면 그는 동네를 돌아다니면서 부모가 먹을 것을 넉넉히 주지 않는다고 떠들곤 했습니다.

이것은 그가 갈고닦은 꾀입니다. 언제나 똑같습니다. 그가 우월감을 회복하는 방법은 누군가 다른 사람을 모함하는 일입니다. 우리는 이제 소년이 진료소에 왔을 때 말한 꿈을 이해할 수 있습니다.

"나는 서부의 카우보이였어요. 멕시코까지 가서 싸우고 돌아와야 했지요. 한 멕시코 사람이 내게 덤벼들었을 때, 나는 그의 위장을 차버렸어요."

꿈속의 기분은 '나는 적에게 에워싸여 있다. 나는 싸우지 않으면 안 된다'입니다. 미국에서는 흔히 카우보이를 영웅으로 여깁니다. 그는 소녀를 쫓고 사람의 위를 걷어차는 것을 영웅적인 일로 생각합니다. 우리는 이미 위가 그의 인생에서 큰 역할을 하고 있음을 보았습니다. 그는 그것을 가장 상처받기 쉬운 장소라고 봅니다. 그 자신이 위가 약하고, 아버지는 신경증적인 위통이 있어서 늘 그것에 대해 불편을 호소해 왔습니다. 위는 이 가족 안에서 아주 중요한 위치를 차지하고 있습니다. 그리고 소년의 목적은 사람의 가장 약한 부분을 공격하는 것입니다.

그의 꿈과 행동은 그야말로 서로 똑같은 생활 방식을 나타내고 있습니다. 말하자면 그는 꿈속에서 살고 있는 것이며, 만약 우리가 그를 꿈에서 깨우지 못하면 계속 지금과 같이 살아갈 것입니다. 그는 아버지, 동생, 어린아이들, 특히 여자아이와 싸울 뿐만 아니라 그의 싸움을 멈추게 하려는 의사와도 싸우고 싶어 합니다. 꿈의 충동은 같은 행동을 계속해 영웅이 되어서 다른 사람을 정복하도록 자극합니다. 그가 스스로를 속이고 있다는 사실을 알지 못하면 어떤 치료로도 그를 도울 수 없습니다.

진료소에서 그의 꿈이 설명되었습니다. 그는 적으로 둘러싸인 곳에서 살고 있다고 느끼며, 그에게 벌을 주고 멕시코에 붙잡아두려는 사람은 모두 낯선 멕시코인들입니다. 그들은 모두 적입니다.

다음에 진료소에 왔을 때 우리는 그에게 물었습니다.

"지난번에 만난 이후로 무슨 일이 있었니?"

그가 대답했습니다.

"줄곧 나쁜 아이로 지냈어요."

"무엇을 했지?"

"여자아이를 쫓아가서 혼내줬어요."

이는 순수한 고백이 아닙니다. 그것은 자랑이고 공격입니다. 이곳은 그를 좋은 아이로 만들려는 진료소입니다. 그런데도 당당하게 자신은 나쁜 아이였다고 말합니다. 그는 이러한 표현으로 다음과 같은 이야기를 하는 것입니다.

"좋아질 거라고 기대하지 마. 당신 위도 차버릴 테니까."

이 소년에게 무엇을 해줄 수 있을까요? 그는 아직도 꿈을 꾸면서 영웅을 연기하고 있습니다. 우리는 그가 영웅 역할에서 얻을 수 있는 만족을 줄이지 않으면 안 됩니다.

소년에게 물었습니다.

"네가 말하는 영웅은 정말로 여자아이를 혼내줄까? 그건 따지고 보면 보잘것없는 행동이잖아. 만약 네가 진짜 영웅이 되려 한다면, 크고 힘센 여자아이를 혼내줘야 해. 아니, 어쩌면 여자아이를 쫓아다니며 괴롭히는 일은 잘못된 건지도 몰라."

이것은 치료의 한 부분입니다. 소년의 눈을 뜨게 하고, 지금까지의 생활 방식을 계속 따르고 싶지 않게 해야 합니다. 오래된 독일 속담에 있듯이 '그의 수프에 침을 뱉지' 않으면 안 됩니다. 그러면 그는 더 이상 그 수프를 좋아하지 않게 될 것입니다.

여기에 더해진 치료 과정은, 공동체에 협력하고 사회적으로 이로운 방법을 통해 삶의 중요성을 추구하는 용기를 그에게 주는 것입니다. 인생의 우호적인 면에 머물며 실패하는 것을 두려워하지 않는다면 반사회적인 행동을 하는 사람은 아무도 없을 것입니다.

비서로 일하는 스물네 살 미혼 여성이, 상사가 괴롭혀서 견딜 수 없다고 호소해 왔습니다. 그녀는 자신이 친구를 사귀지 못하며 사람들과 잘 어울리지 못한다고 느꼈습니다.

나의 경험으로 미루어, 누군가가 쉽게 친구를 사귀지 못하는 것은 대부분 그들이 다른 사람을 지배하고 싶어 하기 때문입니다. 그런 사람은 사실 자기 자신 말고는 관심이 없으며, 그의 목표는 개인적인 우월성을 보여주는 데 있습니다. 아마 상사는 그녀와 같은 부류의 사람일 것입니다. 그런 두 사람이 만나면 틀림없이 마찰이 일어납니다.

이 여성은 일곱 형제 가운데 막내로 가족의 귀염둥이였습니다. 어릴 때부터 '톰'이라는 별명으로 불렸습니다. 늘 소년이 되고 싶어 했기 때문인데, 이것이 그녀가 자신의 우월성 목표를 다른 사람을 지배하는 일에 두게 된 이유가 아닐까 의심스러웠습니다. 그녀는 남성적이라는 의미를 주인이 되는 것, 다른 사람을 다스리되 자신은 지배당하지 않는 것이라고 생각했습니다.

그녀는 사람들이 자신을 좋아하는 이유는 자기가 예쁘기 때문이라 믿으며, 그러므로 자기 얼굴이 추해지거나 상처 입을까 봐 두려워하고 있습니다. 우리 사회에서 미인은 다른 사람을 지배하기가 쉽다고 생각하고 그녀도 자신이 아름답다는 사실을 잘 알고 있습니다. 그러나 그녀는 소년이 되고 싶고 남성의 방법으로 사람들을 지배하길 바랍니다. 그 결과 자신이 아름다운 것에는 그다지 만족할 수가 없습니다.

그녀의 처음 기억은 남성에게 위협받은 일이었습니다. 요즘도 강도나 미치광이에게 폭행당하지 않을까 두려워하고 있습니다. 남성적이고 싶어 하는 소녀가 강도와 미치광이를 두려워하는 것은 이상하게 보일지도 모릅니다. 하지만 실제로는 그리 이상한 일이 아닙니다. 그녀의 목표를 정하는 것은 약하다는 감정입니다. 그녀는 자신이 다른 사람을 지배하고 복종시킬 수 있는 상황

속에 있길 바라고, 그 밖의 다른 상황은 모두 없애버리고 싶은 것입니다. 강도와 미치광이는 그녀에게 지배당하지 않기 때문에 그런 사람은 모두 사라지길 원합니다. 그녀는 간단한 수단으로 남성적이고자 하며, 실패했을 때에는 그것을 원만하게 헤아려질 만한 사정에 호소하고 싶어 합니다. 이렇게 흔히 볼 수 있는 여성 역할에 대한 불만, 내가 '남성적 항의'라고 부르는 것에는 언제나 긴장감이 뒤따릅니다.

'나는 여성이라는 위치의 불리함과 싸우고 있다.'

이 같은 감정을 꿈속에서도 찾을 수 있는지 살펴봅니다. 그녀는 때때로 혼자 남겨지는 꿈을 꿉니다. 그녀는 응석받이였습니다. 그 꿈은 다음과 같은 뜻입니다.

'나는 보호받지 않으면 안 된다. 혼자 있는 것은 안전하지 않다. 다른 사람이 나를 공격하고 정복할지도 모른다.'

그녀는 이따금 지갑을 잃어버리는 꿈도 꾸었습니다. 그 꿈은 그녀에게 "조심해. 무언가 잃어버릴 위험이 있어"라고 말합니다. 그녀는 아무것도 잃어버리고 싶지 않습니다. 특히 다른 사람을 지배하는 힘을 잃고 싶지 않습니다. 꿈은 이것을 보여주기 위해 인생 속 하나의 사건, 지갑을 잃어버리는 일을 고른 것입니다.

꿈이 감정을 만들어냄으로써 어떻게 생활 방식을 강화하는가에 대한 또하나의 예입니다. 그녀는 가까운 현실에서 지갑을 잃어버리지는 않았지만 잃어버린 꿈을 꿉니다. 그리고 감정은 나중까지 남습니다.

또 한 가지, 한결 긴 꿈이 그녀의 태도를 더욱 확실하게 보는 데 도움을 줍니다.

"사람이 많은 수영장에 갔어요. 그곳에서 내가 다른 사람 머리 위에 서 있는 것을 알아챈 사람이 있어요. 내가 어떤 사람의 머리 위에 서 있는 것을 보고 누군가가 소리친 것 같았어요. 그래서 난 하마터면 떨어질 뻔했죠."

만일 내가 조각가라면 바로 이런 모습으로 그녀를 새겼을 것입니다. 다른 사람을 발판 삼아 그 머리 위에 서 있는 모습입니다. 이것이 그녀의 생활 방식이고, 그녀가 불러오고 싶은 감정입니다. 그러나 그녀는 자신의 상황이 위험하다고 느낍니다. 그리고 다른 사람도 그녀의 위험을 깨달아야 한다고 생각합니다. 사람 머리 위에 계속 서 있을 수는 없기 때문입니다. 물속에서 헤엄치는 것은 안전하다고 느끼지 못합니다. 이것이 그녀가 살아온 인생의 모든 이야기입니다.

'소녀이면서 남자인 것'이 그녀의 심리적인 목표가 되었습니다. 그녀는 대부분의 막내들처럼 야심만만하지만 자신의 상황에 알맞게 대응하기보다 그저 뛰어나기만을 바랍니다. 그리고 끊임없이 실패하는 공포에 시달립니다.

만약 우리가 그녀를 돕고자 한다면 그녀가 여성의 역할과 화해해서 사람들에 대한 두려움과 남성에 대한 과대평가를 없애도록 해야 합니다. 그리고 자신이 동료들 속에서 우호적이고 대등하다고 느끼도록 해야 할 것입니다.

열세 살 때 남동생을 사고로 잃은 소녀는 다음과 같은 초기 기억을 이야기했습니다.

"동생이 막 걸음마를 시작하는 아기였을 때, 자리에서 일어나려고 의자를 붙잡았는데 의자가 동생 위로 쓰러졌어요."

여기에 또 다른 사고가 있습니다. 이 이야기로 인해 소녀가 세상의 위험에 강렬한 인상을 받았음을 알 수 있습니다. 그녀는 말을 이었습니다.

"내가 가장 자주 꾸는 꿈은 정말 이상해요. 언제나 거리를 걷는데, 그곳에는 내게 보이지 않는 구덩이가 있어요. 걷다 보면 그 구덩이 속에 빠져요. 안에는 물이 있고 거기에 닿으면 깜짝 놀라 깨어나는데, 그때는 심장이 빨리 뛰고 있죠."

우리는 소녀가 생각하는 것만큼 그 꿈을 이상하게 여기지 않습니다. 하지만 그녀가 그것으로 자기 자신을 계속 놀라게 한다면 이상하다고 생각할 것입니다. 우리는 그런 소녀를 이해하지 못합니다. 꿈은 그녀에게 "조심해. 네가 모르는 위험이 있어" 하고 알려줍니다.

그러나 꿈은 그 이상의 것을 이야기하기도 합니다. 만약 이미 떨어져 바닥에 있다면 더는 떨어질 수가 없습니다. 떨어질 위험이 있기 위해선 자신이 다른 사람보다 위에 있다고 상상해야 합니다. 앞에 나온 여성 비서가 보인 경우처럼 소녀는 이렇게 말하는 것입니다.

"나는 뛰어나지만 떨어지지 않도록 늘 조심해야 한다."

다른 상황에서 같은 생활 방식이 초기 기억과 꿈속에 작용하고 있는지 살펴봅시다. 소녀는 우리에게 말합니다.

"아파트가 지어지는 것을 흥미롭게 구경한 일이 기억나요."

그녀는 협력적이라고 추측할 수 있습니다. 어린 소녀가 집 짓는 일에 참여하는 것은 기대할 수 없지만, 관심이 있다는 점에서 다른 사람과 함께 일하기를 즐기고 있음을 알 수 있습니다.

"내 몸집은 좀 작았고 아주 높은 창가에 서 있었어요. 유리창이 투명했던 것을 어제 일처럼 뚜렷하게 기억해요."

창가가 높다는 사실을 소녀가 알았다면 마음속에서 높은 것과 작은 것의 대비를 생각했음이 틀림없습니다. 그녀는 이른바 "창은 커다랗고 나는 작았다"고 말하는 것입니다. 그녀의 몸집이 실제로 보통 사람보다 작은 것을 알아도 나는 놀라지 않을 것입니다. 그리고 이 사실이 눈에 보이는 대상들의 크기를 견주는 일에 커다란 관심을 갖게 하는 것입니다. 소녀가 꿈을 매우 확실히 기억한다고 언급하는 것은 하나의 자만입니다.

그녀의 꿈으로 돌아갑니다.

"다른 몇 사람과 함께 차를 타고 있었어요."

우리가 생각했던 대로 소녀는 협력적입니다. 다른 사람들과 함께 있기를 좋아합니다.

"우리는 드라이브를 하다가 숲 근처에서 멈췄어요. 모두 차에서 내려 숲까지 달려갔죠. 거의 다 나보다 컸어요."

여기서도 그녀는 키의 차이를 의식하고 있습니다.

"겨우 엘리베이터를 놓치지 않고 탈 수 있었어요. 지하 3미터에 있는 바닥까지 내려갔어요. 우리는 그곳에서 지하 밖으로 나가면 탁해진 공기가 우리를 더럽힐 기라고 생각했어요."

이제 소녀는 위험을 그리고 있습니다. 많은 사람이 어떤 위험을 두려워합니다. 인간은 그다지 용기 있는 존재가 아닙니다.

그러나 그녀는 계속해서 행동합니다.

"우리는 위험을 무릅쓰고 밖에 나갔지만 모두 안전했어요."

여기서 소녀의 낙관주의를 볼 수 있습니다. 협력적인 사람은 늘 용감하고 낙천적입니다.

"그곳에 1분쯤 있었어요. 그리고 다시 올라가 서둘러 차까지 달려서 돌아갔어요."

나는 이 소녀가 언제나 다른 사람에게 도움을 주려 노력하리라 확신하지만, 키가 더 크기를 바라고 있음을 압니다. 이 부분에서는 마치 발끝으로 서 있는 것 같은 긴장을 느낄 수 있습니다. 하지만 그것은 곧 그녀가 다른 사람들을 좋아하는 마음과, 힘을 합쳐 뭔가를 이루는 일에 대한 관심으로 사라지게 될 것입니다.

6 우리는 가족에게 어떤 영향을 받는가

어머니가 하는 역할

세상에 태어나는 순간부터 아기는 어머니와 긴밀한 관계를 맺고 싶어 합니다. 이것이 바로 아기가 하는 모든 행동의 목적입니다. 어머니는 몇 달 동안 아기 인생에서 가장 중요한 역할을 합니다. 이런 상황에서 힘을 모으고 서로를 돕는 협력 능력이 최초로 발달하게 됩니다.

어머니는 아기에게 다른 사람과의 첫 번째 접촉, 자기 자신이 아닌 누군가에 대한 관심을 처음으로 가지게 합니다. 어머니는 아기를 공동체로 이어주는 최초의 다리가 됩니다. 어머니 또는 어머니를 대신하는 존재와 가까운 관계를 맺지 못한 아기는 더 살아갈 수 없기 때문입니다.

이 관계가 매우 친밀하고 삶에 오래도록 영향을 미친다는 사실은, 아이가 어느 정도 성장한 뒤에 그의 성격이 반드시 유전이라고만 볼 수 없는 이유입니다. 물려받았을 수도 있는 모든 경향은 어머니에 의해 적응되고 훈련되며, 교육되고 개조됩니다. 어머니에게 기량이나 능력이 있느냐 없느냐가 아이의 모든 가능성에 영향을 미칩니다.

여기서 어머니의 역량이란, 오직 아이와 협력하고 아이에게 어머니와 협력할 것을 설득하는 능력입니다. 하지만 이 능력을 하나의 규칙으로써 가르칠 수는 없습니다. 날마다 새로운 상황이 일어나기 때문이지요. 어머니의 통찰과 이해를 아이가 필요로 할 때마다 적용해야만 하는 수많은 상황들이 있습니다. 어머니는 아이에게 사랑받고, 아이의 행복을 위한 일에 관심을 기울일 때에만 이 능력을 얻을 수 있습니다.

우리는 어머니의 모든 활동 속에서 그 어머니의 태노를 볼 수 있습니다. 아기를 안아 올리거나 품에 안을 때, 아이에게 말을 걸거나 밥을 먹일 때 등은 언제나 아기와 긴밀하게 이어져 있습니다. 만일 어머니가 그런 일에 서툴거나 관심이 없다면, 어머니의 손길은 어색해지고 아기는 저항하게 됩니다. 예컨대 아이를 목욕시키는 방법을 배운 적이 없으면, 아이는 목욕 시간을 좋지 않은 경험으로 기억합니다. 어머니와 가까워지는 대신 어머니에게서 달아나려 할 것입니다.

어머니는 아기를 침대에 눕히는 방법, 아기의 모든 움직임과 소리에 익숙해져야 합니다. 아이를 지켜보며 혼자 두는 것에도 익숙해져야 합니다. 아기의 모든 환경—깨끗한 공기, 방의 온도, 영양, 수면 시간, 신체 습관과 청결—을 배려해야 합니다. 어머니는 모든 경우에 아이가 어머니를 좋아하게 될지 싫어하게 될지, 어머니에게 협력할지 협력을 거부하게 될지에 대한 기회를 주고 있습니다.

어머니의 능력에 특별한 비밀은 없습니다. 모든 역량은 오랜 관심과 훈련의 결과입니다. 어머니가 되기 위한 준비는 아주 어린 시절부터 시작됩니다. 가장 첫 단계는 여자아이가 자신보다 어린 아이를 대하는 태도, 자기 미래에 대한 관심에서 볼 수 있습니다.

소년과 소녀에게 똑같은 미래가 기다리는 것처럼 가르치는 일은 바람직하지 않습니다. 훌륭한 어머니가 되기 위해서 소녀는, 어머니가 되는 일을 창조적인 활동으로 여기고 어른이 되어서 자기 역할에 실망하지 않도록 교육받아야 합니다.

불행히도 서양 문화는 모성을 높이 평가하지 않습니다. 아들이 딸보다 선호되고 사회에서도 남자의 역할이 더 중요하게 생각된다면, 소녀가 앞으로 자신이 해야 할 일을 싫어하게 되는 것은 당연합니다. 종속적인 위치에 만족할 사람은 아무도 없습니다.

이러한 소녀들이 결혼해서 자신의 아이를 가지는 미래는, 어떤 식으로든 저항을 드러내는 모습으로 그려집니다. 그녀들은 아이를 낳고 싶어 하지 않거나 그 준비가 되어 있지 않습니다. 어머니가 되기를 기대하지도 않을뿐더러 창조적이고 흥미로운 활동으로 여기지도 않습니다. 이는 아마 우리 사회의 가장 큰 문제겠지만, 그것에 맞서려는 노력은 거의 이루어지고 있지 않습니다.

인간 사회 전체는, 모성에 대한 여성의 태도에 따라 규정됩니다. 그러나 대부분 인생에서 여성이 하는 역할은 과소평가되고 늘 두 번째로 다뤄집니다. 어린 시절에도 아들은, 집안일이란 하인이 할 일이고 그것을 조금이라도 돕는 것은 부끄러운 일이라 여기는 모습을 볼 수 있습니다. 집을 관리하는 일, 곧 살림살이는 이제껏 여성에게 자발적으로 열려 있는 일이 아니라 여성에게 맡겨진(강요된) 불쾌한 의무가 되어버렸습니다.

만약 여성이 집안 살림에 진심으로 흥미를 느끼고, 그것을 다른 사람의 생활을 쾌적하고 풍요롭게 만드는 예술이라고 생각한다면, 여성은 그것을 세상 다른 어떤 일과도 견줄 수 없는 훌륭한 일로 만들 수 있습니다. 한편 남성들이 그것을 너무나 보잘것없는 일로 여기면, 여성이 자신의 일에 저항하거나 반항하면서 남성과 대등하게 존중받을 수 있고 능력을 최대한 키울 수 있는 기회를 가질 자격이 있음을 증명하기 시작하는 것은 그리 놀라운 일도 아닙니다.

여성의 이러한 능력들은 공동체 감각에 의해서만 충분히 발달될 수 있으며, 그 공동체 감각은 여성의 발달에 외부의 한계와 제한이 미치지 않으면 여성을 올바른 방향으로 나아가게 할 것입니다.

여성 역할이 낮게 평가되는 곳에서는 결혼생활의 균형이 쉽게 깨져버립니다. 아이 키우는 일을 열등하게 보는 여성은, 아이들이 인생에서 바람직한 출발을 하는 데 매우 중요한 기술과 돌봄, 이해와 공감을 발달시키는 데 온전히 마음을 쏟을 수가 없습니다.

여성 역할에 만족하지 않는 여성은 아이들과 바람직한 관계를 맺는 데 걸림돌이 되는 목표를 가지고 있습니다. 그 목표는 다른 여성들 것과는 다릅니다. 그런 여성은 흔히 자신의 개인적인 우월성을 증명하는 데에만 몰두합니다. 그리고 그 목적을 이루려 할 때 아이들은 걸림돌이며 귀찮은 존재일 뿐입니다.

인생에서 실패하는 원인을 과거로 거슬러 올라가 살펴보면 늘 어머니가 역할을 제대로 하지 못했던 것을 알 수 있습니다. 어머니가 아이를 바람직한 방법으로 출발시키지 못한 것입니다. 어머니가 실패를 겪고 자신의 일에 만족하지 못하며 아이들에게 충분한 관심을 기울이지 않으면 인류 전체가 위기에 놓입니다.

그러나 실패한 어머니에게 죄가 있다고 볼 수는 없습니다. 그것은 죄가 아닙니다. 어쩌면 어머니 자신도 협력 훈련을 받지 못했을 테고, 결혼생활에서 억압받고 불행할 것입니다. 환경 때문에 혼란에 빠져 괴로워하고 있을지도 모릅니다. 무력감과 절망감에 사로잡혔을 수도 있습니다.

가정생활을 훌륭하게 이끌어 나아가는 데 걸림돌이 되는 요소는 너무나 많습니다. 어머니가 몸이 아프면 아이들을 돌보고 싶어도 돌볼 수가 없습니다. 경제 사정이 나쁘면 아이들에게 마음껏 먹일 수도 입힐 수도 없습니다. 게다가 아이의 행동을 규정하는 것은 그 아이의 경험이 아닙니다. 그것은 아이가 자신의 경험에서 이끌어내는 결론입니다.

문제행동을 보이는 아이의 배경을 조사하면 이따금 아이와 어머니의 관계에 어려움이 있음을 알 수 있습니다. 하지만 그 어려움은 아이들에게서 더욱 자주 나타납니다. 여기서 우리는 개인심리학의 근본적인 견해로 돌아가게 됩니다.

성격 발달에는 고정된 원인이 없으며, 아이가 목표를 이루기 위해 경험을 사용하고 그것을 인생에 대한 견해의 근거로 삼을 수 있습니다. 이를테면 아이의 영양 상태가 나쁘다고 해서 그런 아이가 범죄자가 된다고 할 수는 없습니다. 어린이가 자신의 경험에서 어떠한 결론을 이끌어냈는지 살펴보아야 합니다.

만일 어머니가 어머니로서의 자기 역할에 만족하지 못할 경우, 그 어머니나 아이는 함께 어려움에 맞부딪혀 틀림없이 스트레스를 받게 됩니다. 하지만 우리는 모성이 얼마나 강한지 알고 있습니다. 여러 연구를 통해 어머니가 아이를 보호하고자 하는 본능, 즉 모성애가 다른 어떤 힘보다 강하다는 사실이 밝혀졌습니다. 쥐나 원숭이 같은 동물에서도 모성이 성욕이나 식욕보다 강합니다. 그래서 충동을 하나만 선택해야 한다면 모성이 무엇보다 앞선다는 사실이 드러났습니다.

이 추구의 바탕은 결코 성적인 것이 아니며, 그것은 협력의 추구에서 비롯합니다. 어머니는 아이를 자신의 일부로 여깁니다. 어머니는 아이를 통해 인생 전체와 이어져 있습니다. 어머니는 자신이 삶과 죽음을 지배한다고 느낍니다. 실제로 우리는 모든 어머니에게서 아이를 통해 무언가를 창조해 냈다는 감정을 발견할 수 있습니다.

무(無)에서 생명을 만들어낸 어머니는 신이 창조하는 방식으로 탄생을 이루어냈다고도 할 수 있습니다. 모성의 욕구는 인간의 우월성 추구, 신과 닮고자 하는 인간 목표의 한 측면입니다. 그것은 이 목표가 공동체 감각과 일치되는, 타인에 대한 관심을 위해 어떻게 쓰이는지 그 가장 확실한 예를 우리에게 보여줍니다.

물론 어떤 어머니는 아이가 자신의 일부라는 감정을 과장해, 아이를 자신의 개인적인 우월성 추구에 이용하려 들지도 모릅니다. 어머니는 아이를 자신에게만 오롯이 의존하게 하고, 아이 인생을 지배하려고 할 수도 있습니다. 아이는 언제나 어머니와 긴밀하게 이어져 있기 때문입니다.

농사를 짓는 일흔 살 여성의 예를 들어봅니다. 그녀는 쉰 살인 아들과 함께 살고 있었습니다. 그런데 어느 날 둘은 동시에 결핵에 걸렸습니다. 어머니는 겨우 목숨을 건졌지만 아들은 병원에서 죽었습니다. 어머니는 그 소식을 들었을 때 이렇게 말했습니다.

"난 아들을 무사히 키워내지 못하리란 사실을 알고 있었어요."

어머니는 자신에게 아들의 인생에 대한 모든 책임이 있다고 느꼈으며, 결코 아들을 사회의 한 구성원으로 인정하지 않았습니다. 우리는 어머니가 아들과 맺은 관계를 넓히려 노력하지 않고 그를 주위 사람들과 협력하도록 이끄는 일에 실패할 때, 어떤 결과가 일어나게 될지 충분히 짐작할 수 있습니다.

어머니가 맺는 여러 관계는 단순하지 않습니다. 어머니와 아이들과의 관계도 지나치게 강조되어서는 안 됩니다. 이것은 아이들뿐만 아니라 어머니를 위해서도 필요합니다. 하나의 문제를 지나치게 강조해서 다른 문제는 모두 무시해 버릴 만큼 중시하면, 우리가 집중하는 하나의 문제조차 효과적으로 처리할 수 없습니다.

어머니는 자신의 아이들, 남편, 주위의 사회 전체와 관계를 맺고 있습니다. 이 세 가지 관계에는 똑같은 관심이 주어져야 합니다. 셋 다 상식을 가지고 이성적으로 맞서야 합니다. 만약 어머니가 아이들과의 관계만 생각한다면, 아이를 과보호함으로써 응석받이로 만들게 되는 일을 피하기 어렵습니다. 그런 어머니는 아이들이 자립심을 키우거나 다른 사람과 협력하는 능력을 발달시키는 데 걸림돌이 될 것입니다.

먼저 어머니가 아이들과 관계 맺는 데 성공한 뒤에는, 아이의 관심을 아버지에게로 넓혀야 합니다. 이 과제는 어머니가 남편에게 관심을 가지고 있지 않으면 거의 불가능합니다. 어머니는 아이의 관심을 사회 환경, 즉 가족 안의 다른 사람들, 친구, 친척, 동료 등 인간 전체로 돌려야만 합니다. 어머니는 아이가 다른 사람을 신뢰할 첫 번째 경험을 하도록 이끌어야 하며, 그 신뢰와 우정을 인간 사회 모두를 포함하는 데까지 넓힐 준비가 되어 있어야 합니다.

만일 어머니가 아이로 하여금 어머니 자신에게만 관심을 갖게 하면, 나중에 아이의 관심을 다른 사람에게 돌리려고 할 때 아이는 심하게 반발할 수 있습니다. 아이는 언제나 어머니의 보호를 기대하며, 누군가와 관심을 다투고 있다고 여기면 무작정 그에게 적대감을 느낄 것입니다.

어머니가 남편이나 다른 형제들에게 보여주는 관심은 그게 어떠한 것이든 아이에게 상실감을 안겨줄 것입니다. 그리고 아이는 '내 어머니는 오직 나에게 속하며 다른 누구에게도 속하지 않는다'는 생각을 더욱 굳히게 됩니다.

오늘날 심리학자들은 상황을 오해해 왔습니다. 오이디푸스 콤플렉스라는 프로이트 이론에서 아들은 어머니를 이성으로서 사랑하게 되어 결혼하고 싶어 하며, 아버지를 미워하고 그가 사라지길 바라는 경향을 지닌 것으로 가정되었습니다. 이러한 오류는 우리가 아이들의 발달을 올바르게 이해하면 결코 일어날 수 없습니다.

오이디푸스 콤플렉스는 어머니의 관심을 독점하고 다른 모든 사람을 물리치고 싶어 하는 아이에게서 뚜렷하게 나타날 것입니다. 이러한 욕구는 성적인 것이 아니라, 어머니를 자기에게 종속시키고 완전히 지배하면서 자신의 봉사자로 만들고 싶은 욕구입니다. 그것은 어머니의 과보호 속에서 공동체 감각을 지녀본 적 없는 아이에게만 일어날 수 있습니다.

드문 예이기는 하지만 언제나 어머니하고만 이어져 있었던 소년은 사랑과 결혼이라는 과제 앞에서 어머니를 중심에 두고 결정하려는 경향을 보이는데, 이러한 태도는 그가 어머니 말고는 누구와도 협력하는 일을 생각할 수 없음을 의미합니다. 다른 어떠한 여성도 어머니만큼 제 맘대로 할 수 없기 때문입니다.

오이디푸스 콤플렉스는 이렇듯 언제나 잘못된 육아의 인위적인 산물입니다. 우리는 유전적 근친상간의 본능이 존재함을 가정하거나, 실제로 이러한 일탈이 그 기원을 성(性)에 두고 있다고 상상할 만한 근거를 가지고 있지 않습니다.

어머니가 아이를 자신에게만 애착시키려고 하면, 아이는 더 이상 어머니가까이 있을 수 없는 상황에 놓이게 되었을 때 언제나 문제를 일으킵니다. 그러한 아이가 학교에 가거나 공원에서 친구들과 놀 때, 아이의 목표는 늘 어머니와 함께 있는 일일 것입니다. 어떤 식으로든 어머니한테서 떨어지는 상황에 화를 내게 됩니다. 어디든 어머니가 곁에 있어야 하고 어머니의 생각을 독차지해 자신만 주목하게 합니다. 아이 뜻대로 휘두르는 것입니다.

또 언제나 어머니에게 연약하고 가엾게 보여서, 동정심을 갈망하는 어머니가 마음에 들어 하는 아이가 될지도 모릅니다. 그러나 하는 일이 뜻대로 풀리지 않으면 자신이 얼마나 보살핌이 필요한지를 보여주기 위해 훌쩍거리거나 일부러 병에 걸리기도 합니다. 그런가 하면 분노를 터뜨릴 수도 있고, 반항하거나 주목받기 위해 어머니와 논쟁을 벌일지도 모릅니다. 문제 있는 아이들 중에는 많은 부류의 응석받이가 있습니다. 그러한 아이는 어머니의 관심을 끌기 위해 어머니를 제외한 모든 사람들의 요구에 저항합니다.

아이들은 금세 주목받는 방법을 찾아내는 재주를 가집니다. 이를테면 과보호를 받으며 자란 아이들은 흔히 어둠 속에 혼자 있는 것을 무서워합니다. 그들이 두려워하는 것은 어둠 그 자체가 아닙니다. 어머니를 자기 옆에 오게 하려고 그 무서움을 이용하는 것입니다. 어떤 응석받이는 어둠 속에서는 늘 울기만 했습니다. 어느 날 밤, 어머니가 우는 소리를 듣고 방에 들어와서 아이에게 물었습니다.

"왜 무서워하는 거니?"

아이가 대답했습니다.

"너무 깜깜해서요."

어머니는 아이가 그런 행동을 한 목적을 알 수 있었습니다.

"엄마가 왔으니 이제 조금도 어둡지 않다는 거구나?"

어둠 자체는 아이에게 중요하지 않습니다. 아이가 어둠을 무서워하는 까닭은, 어머니한테서 떨어지기 싫다는 사실을 의미할 뿐입니다. 그의 모든 감정, 힘, 정신력은 어머니가 와서 한 번 더 아이 곁에 있지 않으면 안 되는 상황을 만들어내는 것과 연결되어 있습니다. 아이는 울거나 엄마를 부르고 잠을 이루지 못하는 등 어떤 방법으로든지 어머니가 자신을 걱정하게 만들어, 어머니를 자기 옆에 있게 하려고 노력할 것입니다.

교육자와 심리학자가 늘 주의 깊게 살피고 있던 한 가지 감정은 두려움입니다. 개인심리학에서는 두려움의 원인을 찾아내기보다 오히려 그 목적을 밝히려고 노력합니다.

응석받이들은 모두 두려움에 시달리고 있습니다. 그들이 주목을 끌 수 있는 것은 그들의 두려움에 의해서입니다. 그리고 그 감정을 생활 방식 속에 넣는 것입니다. 응석받이는 그것을, 어머니 곁에 계속 있으려는 목표를 이루기 위해 사용합니다. 겁 많은 아이는 응석받이로 자라왔고, 다시 한번 응석을 부리고 싶은 아이입니다.

때로 응석받이들은 악몽을 꾸고 자면서 소리를 지르기도 합니다. 이는 잘 알려진 증상입니다. 그러나 잠을 각성의 반대 개념으로 여겼던 때에는 그것을 이해하지 못했습니다. 하지만 그것은 잘못된 생각이었습니다. 잠과 각성은 반대가 아니라 같은 것이며, 그 형태에 차이가 있을 뿐입니다.

아이는 자는 동안에도 낮과 거의 같은 방법으로 행동합니다. 상황을 자신에게 유리한 쪽으로 바꾸고자 하는 아이의 목표는 몸과 마음 전체에 영향을 미칩니다. 그리고 조금의 훈련과 경험을 쌓은 끝에 마침내 그 목표를 이룰 수 있는 가장 효과적인 수단을 찾아내게 됩니다. 심지어 자고 있을 때도 목적에 일치하는 생각과 영상과 기억이 마음에 떠오릅니다.

응석받이는 몇 가지 경험으로 악몽을 꾸어 어머니를 제 곁으로 부르는 방법을 찾아냅니다. 이런 아이는 다 자란 뒤에도 때때로 불안한 꿈을 꿉니다. 악몽이란, 관심받기 위해 수없이 시도되고 검토된 끝에 습관으로 굳어진 방법입니다.

불안을 이처럼 사용하는 것은 의심할 바 없는 사실이므로 밤사이에 아무런 문제도 일어나지 않는 응석받이가 있다면 놀랄 수밖에 없습니다. 주목을 끌기 위한 거짓말의 종류는 수두룩합니다. 이를테면 잠옷이 불편하다고 하거나 물을 마시고 싶다는 아이가 있습니다. 또 도둑이나 괴물을 무서워하는 아이도 있습니다. 부모가 머리맡에 없으면 잠들지 못하는 아이도 있습니다.

내가 치료한 어떤 아이는 밤중에 전혀 문제를 일으키지 않는 것으로 보였습니다. 아이 어머니는 딸이 꿈을 꾸거나 중간에 깨는 일 없이 깊은 잠을 자며 아무 문제도 일으키지 않는다고 말했습니다. 문제를 일으키는 것은 낮뿐이었습니다. 나는 이 사실에 놀라, 아이 어머니에게 어머니의 관심을 끌고 제 곁에 머물게 하려는 아이들의 온갖 잔꾀를 제시하며 해당되는 게 있는지 물었습니다. 그런데 그 소녀는 그 어느 것도 쓰지 않았습니다. 마침내 그것에 대한 설명이 떠올랐습니다.

"아이는 어디서 잡니까?"

어머니의 답은 이랬습니다.

"제 침대에서요."

병은 때때로 응석받이의 피난처가 됩니다. 병을 앓으면 전보다 더욱 어리광을 받아주기 때문입니다. 이런 아이들은 흔히 병이 나은 뒤에 곧 문제행동을 일으키기도 합니다.

처음에는 병 때문에 문제행동이 생긴 것처럼 보이지만 아이는 다만 자신이 아팠을 때 일어났던 큰 소동을 잘 기억하고 있는 것뿐입니다. 하지만 어머니는 더 이상 아이가 아팠을 때처럼 응석을 받아줄 수가 없습니다. 그래서 아이는 문제행동을 일으킴으로써 부모에게 더욱 강하게 요구하는 것입니다. 때로는 다른 아이가 병에 걸려 관심을 차지하는 것을 본 아이가 자기도 병에 걸리고 싶어서 일부러 아픈 아이에게 입을 맞추는 일도 있습니다.

한 소녀는 4년 동안 입원해 있으면서 의사와 간호사들의 큰 관심과 보살핌을 받았습니다. 집에 돌아온 뒤 얼마 동안은 부모에게서 그런 관심과 보살핌을 받았으나 몇 주일이 지나자 그러한 돌봄은 차츰 줄어들었습니다. 그러자 소녀는 뭔가 요구했다가 거절당하면 손가락을 입에 물고 이렇게 말했습니다.

"난 병원에 입원해 있었잖아요!"

그녀는 자신이 아프다는 사실을 끊임없이 다른 사람에게 기억시키며 그때의 상황을 다시 만들어내려고 애썼습니다. 그동안 앓았던 병과 자신이 받은 수술에 대해 자주 이야기하고 싶어 하는 어른에게서도 이 소녀와 같은 행동을 볼 수 있습니다.

한편 부모에게 문제아였던 아이가 병을 앓은 뒤에 씻은 듯이 변해 더 이상 부모를 괴롭히지 않는 경우도 있습니다. 우리는 이미 불완전한 신체 조건이 아이에게는 남아 있는 짐인 것을 살펴보았고, 또한 그것만으로는 성격의 잘못된 경향을 설명하는 데 충분하지 않다는 것도 알고 있습니다. 그러므로 우리는 신체의 문제를 치료하는 것 자체가 변화와 어떤 관계가 있는지 생각해 봐야 합니다.

둘째인 어느 소년이 거짓말, 도둑질, 무단결석, 잔인함, 가르침을 무시하는 태도 등으로 큰 문제를 일으켰습니다. 교사는 그를 어떻게 다뤄야 할지 몰라, 교정학교에 보내야 한다고 말했습니다. 바로 그때 소년은 병에 걸렸습니다. 그는 고관절 결핵으로 석고붕대를 하고 6개월 동안 누워 있었습니다. 그런데 병이 다 나았을 때 그는 가족 가운데 가장 행동이 바른 아이가 되어 있었습니다.

우리는 그의 병이 이런 효과를 불러왔다고는 생각하지 않습니다. 다시 말해 이 변화는 소년이 이전의 잘못을 깨달은 데서 온 것임이 매우 확실했습니다. 그는 언제나 부모가 다른 형제를 더 사랑해서 자신은 소외되고 있다고 여겼습니다. 그런데 병을 앓는 동안 소년은 자신이 관심의 중심에서 모두에게 보살핌과 도움을 받고 있다는 사실을 깨달았습니다. 아울러 그는 자신이 늘 무시되고 있다는 생각을 버릴 수 있을 만큼 충분히 지혜로웠던 것입니다.

어머니가 저지르는 잘못을 바로잡는 가장 좋은 방법이라며, 모든 경우의 아이들을 어머니의 보살핌으로부터 떼어놓고 보육사나 어린이 위탁 시설에 데리고 가는 것은 매우 어리석은 생각입니다. 우리가 아이를 맡기려 할 때는 반드시 어머니 역할을 잘해 낼 사람을 찾습니다. 그런데 마치 어머니가 하듯이 아이들에게 관심을 가져주는 사람을 찾을 바에야, 오히려 아이들이 자기 어머니가 다른 사람에게도 관심을 가질 수 있도록 배려하게 만드는 편이 훨씬 쉬울 겁니다.

때때로 발육이 좋지 않은 아이들에 대해 어린이 시설에서 실험이 이루어져 왔습니다. 보육사와 수녀가 아이들을 개별적으로 보살피거나, 다른 어머니가 자신의 아이와 똑같이 보살펴줄 수 있는 가정에서 키워졌습니다. 결과는, 양어머니가 잘 선택된다면 맡겨진 아이들의 정서가 언제나 크게 나아지는 모습을 보였습니다.

그러한 아이들을 키우는 가장 좋은 방법은 어머니나 아버지, 또는 가정을 되찾는 것입니다. 그리고 만일 우리가 이들을 부모로부터 맡게 된다면, 부모의 조건을 채워줄 수 있는 사람을 찾아야 합니다. 어머니의 사랑과 관심이 중요하다는 것은 너무 많은 아이들이 고아나 사생아, 또는 원치 않은 아이와 이혼 가정의 아이라는 사실에서도 볼 수 있습니다.

의붓어머니 역할이 힘들다는 것은 누구나 알고 있습니다. 첫 번째 결혼에서 태어난 아이는 때때로 새어머니와 싸우게 됩니다. 물론 문제를 해결할 수 없는 것은 아닙니다. 나는 매우 능력 있는 새어머니를 많이 만나보았습니다. 그러나 대부분의 새어머니는 상황을 충분히 이해하지 못할 때가 자주 있습니다.

어머니를 잃은 아이들은 아버지에게 모든 걸 기대게 되고 아버지 또한 아이들을 과보호하게 됩니다. 그런 아이들은 아버지의 관심을 빼앗겼다는 생각에 새어머니를 공격합니다. 이에 새어머니는 아이에게 맞서야 한다 여기며, 그리하여 아이들은 실제로 반항해야 할 이유를 갖게 됩니다. 새어머니는 아이에게 도전한 셈이 되고, 아이는 더욱 새어머니한테 덤벼들게 됩니다.

하지만 아이와의 싸움은 늘 이길 가망성이 없습니다. 아이는 지는 법이 없고, 싸움으로는 협력하도록 설득되지 않기 때문입니다. 이러한 싸움에서는 약한 자가 승리합니다. 아이가 거부하는 것이 바로 아이가 요구하는 것입니다. 그것은 이러한 방법으로는 결코 얻을 수 없는 그 무엇입니다. 만약 우리가 힘으로는 협력과 사랑을 결코 얻지 못한다는 사실을 알게 된다면, 헤아릴 수 없이 많은 스트레스와 쓸모없는 노력이 이 세상에서 사라질 것입니다.

아버지가 하는 역할

가정에서 아버지의 역할은 어머니의 역할과 마찬가지로 중요합니다. 아버지와 아이의 관계는 처음부터 어머니와의 관계만큼 가깝지 않습니다. 우리는 이미 어머니가 아이의 관심을 아버지에게까지 넓힐 수 없을 경우에 일어나는 몇 가지 위험을 이야기했습니다.

불행한 결혼일 경우, 아이의 상황은 위험으로 가득합니다. 아이 어머니는 가정생활에 아버지를 참여시킬 수 없다고 느낄지도 모릅니다. 아이를 오로지 혼자 차지하고 싶어 할 수도 있습니다. 부모가 아이를 볼모처럼 여기고 개인적 투쟁에 이용할지 모릅니다. 둘 다 아이를 자기편으로 만들어 상대보다 사랑받고 싶어 하는 것입니다.

아이들은 부모 사이가 좋지 않다는 사실을 알게 되면, 매우 능숙하게 부모를 끝까지 싸우도록 만듭니다. 그렇게 하여 누가 아이를 더욱 잘 다스릴 수 있는지, 또는 더욱 응석받이로 키울 수 있는지 보기 위한 경쟁이 일어날 수도 있습니다. 이런 환경에서는 아이가 협력하도록 훈련받는 것은 불가능합니다. 아이는 부모 사이에서 이루어지는 협력을 통해서, 태어나 처음으로 협력이란 것을 경험합니다. 따라서 부모 사이의 협력이 충분하지 않으면 아이에게 협력을 가르칠 수 있으리라 기대하기도 어렵습니다.

그리고 아이가 결혼과 남녀 양성의 협력 관계에 대한 첫인상을 얻는 것도 부모의 결혼생활을 통해서입니다. 불행한 결혼에서 태어난 아이들은 처음 인상이 올바르지 않고, 결혼에 비관적인 견해를 가진 채 자라게 됩니다. 이성을 피하거나, 아니면 반드시 이성과의 관계에 실패하리라고 확신하게 되는 것입니다. 이처럼 어린이는 부모의 결혼이 사회생활의 협력적인 부분, 사회생활의 산물, 그에 대한 준비가 되어주지 못하면 커다란 단점을 갖게 됩니다.

결혼은 부부의 행복, 아이들의 행복, 사회의 행복을 위한 두 사람의 협력 관계여야 합니다. 만약 어떤 점에서든 실패하면 결혼은 인생의 요구를 채워줄 수 없습니다.

결혼은 협력 관계이므로 어느 한쪽이 우월해서는 안 됩니다. 이 점은 우리에게 더욱 신중한 고찰을 요구합니다. 가정생활을 꾸려나가는 데 있어서 권위적일 필요는 없습니다. 한 사람이 특별히 뛰어나거나 다른 사람보다 중시되는 것은 불행한 일입니다. 만일 아버지가 성격이 급하고 다른 가족을 지배하려 든다면, 아들은 남성의 역할에 잘못된 견해를 가지게 될 것입니다. 딸은 더욱 괴로워하게 됩니다. 그리고 결혼을 어떤 종속이나 예속으로 생각하게 될 것입니다. 때로는 다른 여성에게 성적인 관심을 기울임으로써 남성에게서 자신을 보호하려고 할 수도 있습니다.

만일 어머니가 지배적이고 가족의 다른 구성원을 심하게 들볶는다면 상황은 뒤바뀝니다. 딸은 아마도 어머니를 닮아서 날카롭고 비판적인 사람이 될 것입니다. 아들은 언제나 방어적이 되어 비판을 두려워하며 자신을 종속시킬까 봐 겁먹을 것입니다. 지배하려는 사람은 어머니뿐만이 아닐 때도 있습니다. 누나, 여동생, 그리고 고모와 이모까지 남자아이를 그런 상황에 몰아넣기 위해 단결합니다. 마침내 그는 소극적이 되어 스스로 나서서 사회생활에 참여하려고 들지 않습니다. 여성들은 하나같이 잔소리를 늘어놓고 시끄럽게 굴거라 두려워하며, 여성을 모두 피하려고 할 것입니다.

비판받고 싶은 사람은 아무도 없습니다. 그러나 비판으로부터 달아나는 것이 인생의 주요 관심사가 되면, 사회와 관련된 모든 행동이 영향을 받습니다. 모든 것을 '나는 정복자인가 아니면 피정복자인가' 하는 시선에서 판단합니다. 타인과의 모든 관계를 잠재적인 패배 또는 승리로 보는 사람에게는 동료로서의 어떤 관계도 불가능합니다.

아버지의 과제는 몇 마디로 정리할 수 있습니다. 아버지는 먼저 자신이 아내와 아이, 그리고 사회에 대해 좋은 동료임을 증명해야 합니다. 아버지는 인생의 세 가지 과제—일, 교우, 그리고 사랑—에 적절히 대처해야 합니다. 그리고 가족 부양과 보호에서 아내와 똑같은 자격으로 아내와 협력해야 합니다. 아버지는 가정생활에서 여성의 역할을 가볍게 여기면 안 된다는 사실을 잊지 말아야 합니다. 어머니를 물러나게 하는 것이 아니라 어머니와 함께 노력하는 것이 아버지의 과제입니다.

비록 가족의 생계가 모두 아버지에게 달려 있다 해도, 이는 가족들이 함께 나누어야 할 일임을 강조하는 것은 매우 중요합니다. 아버지는 자신이 모든 것을 주고 다른 가족은 받기만 한다고 으스대면 안 됩니다. 바람직한 결혼생활에서 아버지가 돈을 버는 것은, 가정 안의 모든 일을 다른 가족들과 적절히 나누어 함으로써 얻게 된 결과에 지나지 않습니다. 대부분의 아버지는 자신의 경제적 지위를 가정을 다스리는 수단으로 쓰고 있습니다. 그러나 가정에는 지배자가 있어서는 안 됩니다. 그리고 불평등한 상황을 만들어내는 모든 기회를 피해야 합니다.

모든 아버지는 우리 문화가 남성의 특권적인 지위를 지나치게 강조해 왔으며, 그 결과 아내가 어느 정도 지배당하고 뒤떨어진 지위에 놓이는 것을 두려워한다는 사실을 알아야 합니다. 아내가 가정경제에 도움을 주고 있는가 아닝가에 상관없이 가정생활이 진정으로 협력의 장이 될 수 있다면 누가 돈을 버는지는 크게 문제되지 않을 것입니다.

아버지가 아이들에게 미치는 영향은 매우 중요하기 때문에 아이들은 대부분 평생 아버지를 자신의 우상(偶像)으로 보거나 최고의 적으로 여깁니다.

벌, 특히 체벌은 아이들에게 언제나 나쁩니다. 친구와 같은 같은 마음으로 이뤄지지 않은 가르침은 어떠한 것이든 잘못된 가르침입니다. 불행하게도 가정에서 아이들에게 벌을 주는 사람은 거의 아버지입니다. 이것이 불행한 이유는 많습니다.

가장 먼저 그것은 어머니에게, 여성은 사실 아이를 키울 수가 없고 자신을 도와줄 강한 힘을 필요로 하는 약한 존재라는 확신을 줍니다.

"아빠가 돌아오실 때까지 기다려!"

만약 어머니가 이렇게 말한다면 그것은 아이들에게 남성은 인생의 최고 권위, 진정한 힘이라고 생각할 기회를 주는 것입니다.

다음으로 그것은 아이들과 아버지의 관계를 가로막고 아버지를 좋은 친구로 여기는 대신 두려워하게 만듭니다. 어쩌면 자기 손으로 아이에게 벌을 줌으로써 아이들에 대한 애정의 지배력을 잃을까 봐 두려워하는 어머니도 있을지 모릅니다. 그러나 무턱대고 아버지에게 처벌을 맡겨서는 문제를 해결할 수 없습니다. 그런다고 아이들이 어머니를 원망하지 않는 것은 아닙니다. 많은 어머니들은 아이들에게 복종을 강요하기 위한 수단으로 여전히 "아빠한테 이를 거야"라는 위협을 씁니다. 이럴 때 아이들은 인생에 있어서 남성의 역할에 대해 어떤 결론을 이끌어낼까요?

만일 아버지가 인생의 세 가지 과제에 이로운 방법으로 대처하고 있다면, 그는 가정에 없어서는 안 되는 존재이며 좋은 남편이자 좋은 아버지입니다. 아버지는 다른 사람들과 편안하고 원만하게 지내야 하고 친구를 만들 수 있어야 합니다. 아버지가 친구를 만드는 것은 자기 가정을 더욱 넓은 사회의 일부로 만드는 일입니다. 그런 아버지는 고립되지 않고 전통적인 생각에 얽매이지도 않습니다. 가정 밖에서의 영향이 가정 안으로 들어가서 아버지가 아이들에게 공동체 감각과 협력에 대한 길을 보여주게 되는 것입니다.

그러나 만약 부부가 저마다 다른 친구를 가지고 있다면 매우 위험합니다. 두 사람은 저마다의 사교 모임을 위해서, 또는 우정에 의해서 떨어져 있어서는 안 됩니다. 물론 부부는 서로 꼭 붙어 있어야 하며 혼자 외출해서는 안 된다는 이야기가 아니라, 둘이 함께인 삶에 장애가 있어서는 안 된다는 뜻입니다.

이러한 문제는, 이를테면 남편이 아내를 친구 모임에 소개하고 싶어 하지 않을 때 일어납니다. 그때는 사회생활의 중심이 가정 밖에 있게 됩니다. 아이가 성장하는 데 있어서도, 가정은 사회의 작은 한 단위이고 가정 밖에도 믿을 만한 사람이 있다는 사실을 깨닫는 것은 매우 소중한 일입니다.

따라서 아버지가 아버지 자신의 부모, 형제와 사이좋게 지내는 모습은 바람직한 협력 관계를 보여주는 훌륭한 사례가 됩니다. 물론 자식은 언젠가 집을 떠나 스스로 서야 하지만, 그 일이 가까운 친족을 싫어하고 인연을 끊어야 한다는 뜻은 아닙니다.

아직 부모에게 의존하고 있을 때 결혼하는 사람들도 더러 있습니다. 이럴 때에는 부부가 저마다 자신과 가정을 이어주는 유대를 부풀릴 것입니다. 그들이 말하는 '집'은 부모의 집입니다. 그런데 만약 결혼한 뒤에도 여전히 자기 부모를 가정의 중심으로 여기면, 자기 자신의 참된 가정을 세울 수 없게 됩니다. 여기에서는 관계되는 모든 사람의 협력이 중요합니다.

때로는 남성의 부모가 질투를 합니다. 아들의 생활에 대해 모든 것을 알고 싶어 하며 때때로 새로운 가정에 문제를 일으킵니다. 그러면 아내는 자신의 가치를 충분히 인정받지 못한다 느끼고 시부모의 간섭에 화를 냅니다.

이런 일은 특히 남성이 부모 뜻을 어기고 결혼할 때 일어나기 쉽습니다. 부모가 잘못한 것일 수도 있고 그렇지 않을 수도 있습니다. 아들이 결혼하기 전이라면 부모가 반대할 수는 있습니다. 그러나 이미 결혼한 뒤라면 부모로서 할 수 있는 일은 한 가지밖에 없습니다. 아들의 결혼생활이 성공할 수 있도록 최선을 다해 돕는 것입니다.

부부는 가족들 사이의 견해 차이를 인정하고 그러한 어려움을 이해해야 하며 지나치게 걱정하는 모습을 보여서는 안 됩니다. 남편은 부모의 반대가 오해에서 비롯된 것임을, 즉 아들인 자신의 생각이 옳았음을 부모에게 인정받도록 노력해야 합니다. 부부가 서로 협력하고, 특히 아내가 시부모는 아들 부부의 행복을 더 바라고 있다는 사실을 받아들인다면 틀림없이 잘 극복될 것입니다.

　모든 사람이 아버지에게 기대하는 역할 가운데 하나는 일에 대한 과제의 해결입니다. 아버지는 직업을 위한 훈련을 받아야 하고 자신과 가족을 부양해야 합니다. 아내가 그 일을 돕고 나중에는 아마 아이들도 도울지 모르지만 서양 문화에서는 경제적인 책임은 주로 남성에게 있습니다.

　이 문제를 푸는 것은 다름 아니라 아버지는 일을 하고 용감해야 한다는 것, 일을 이해하고 그 이로운 점과 불리한 점을 알아야 한다는 것, 일에서 다른 사람에게 협력하고 존경을 받아야 한다는 것을 뜻합니다.

　여기에는 또 그 이상의 의미가 있습니다. 아버지는 아이들이 직업 문제에 맞닥뜨렸을 때 해결해 나가는 방법을 배울 수 있도록 본보기를 보여야 합니다. 그러므로 이 문제에 순조롭게 대처하는 데 필요한 것을 찾아봐야 합니다. 그것은 곧 인류 전체에 이로우며 그 행복에 이바지하는 일을 찾는 것입니다. 그 자신이 자기 일에 자부심을 가지고 있는지 아닌지는 그리 큰 문제가 아닙니다. 중요한 것은 그것이 실제로 유용해야 한다는 점입니다.

　우리는 그가 자신의 직업에 대해 어떤 말을 하고 있는지 신경 쓸 필요가 없습니다. 물론 그가 자신의 직업이 이기적인 일이라 생각하고 있다면 정말 안타까운 일입니다. 그러나 그렇게 생각한다고 해도 그가 하고 있는 일이 공동선(共同善)에 도움을 주고 있다면 큰 해가 되지 않습니다.

　이제 사랑의 과제—결혼과 행복으로 유용한 가족생활을 만드는 문제—를 어떻게 해결해야 할지 살펴봅니다. 남편에게는 무엇보다 배우자에 대한 관심이 요구됩니다. 사람이 다른 사람에게 관심이 있는지 알아보는 것은 매우 쉬운 일입니다. 만약 관심이 있으면 상대와 같은 일에 흥미를 가지고 배우자의 행복을 자기 자신의 목표로 삼습니다.

관심을 표시하는 것은 애정에 제한된 문제가 아닙니다. 모든 일이 잘 흘러가고 있다는 충분한 증거가 될 많은 종류의 애정이 있습니다. 남편은 아내에게 동료가 되어주어야 합니다. 그리고 아내를 기쁘게 하는 것을 자신의 기쁨으로 삼아야 합니다. 두 배우자가 자신들의 공동 행복을 자신만의 행복보다 높은 위치에 둘 때에만 참된 협력이 이루어집니다. 부부는 자신보다 배우자에게 더욱 관심을 가져야 합니다.

그렇다고 남편이 아내에 대한 애정을 아이들 앞에서 지나치게 드러내서는 안 됩니다. 부부의 사랑은 아이들에 대한 사랑과 견줄 수 없습니다. 그 둘은 완전히 다른 것으로, 어느 한쪽이 다른 한쪽에 의해 줄어드는 것이 아닙니다. 그러나 때로 부모가 서로에 대한 애정을 너무 많이 보여주면 아이들은 자신의 자리가 위협받고 있다고 느낍니다. 아이들은 질투를 하고 부모 사이에 갈등을 불러일으키고 싶어 합니다.

성적인 협력 관계도 대수롭지 않게 생각해서는 안 됩니다. 아버지가 아들에게, 어머니가 딸에게 성(性)에 대한 정보를 앞질러 주는 것이 아니라 아이가 현재 성장 단계에서 알고 싶어 하고 이해할 수 있는 내용만 설명하는 게 중요합니다. 오늘날에는 아이들이 충분히 이해할 수 있는 것보다 훨씬 많은 것을 설명하는 경향이 있는 듯합니다. 그것은 아이들에게 준비되어 있지 않은 감정과 감각을 불러일으키게 됩니다. 이와 같이 성적인 문제가 가볍게 다루어지고 있는 것입니다.

이런 방법은 아이들에게 모든 성적인 정보를 숨겨온 이제까지의 방법과 그리 다르지 않습니다. 아이가 무엇을 알고 싶어 하는지를 이해하고 아이 자신이 생각하는 문제에 대답하는 것이 최선이며, 아이에게 어른의 생각으로 누구나 알아두어야 하는 것을 강요해서는 안 됩니다. 우리는, 부모가 아이에게 협력하고 있으며 아이의 과제 해결을 돕는 데 관심을 가지고 있다고 믿는, 아이의 신뢰감을 유지해야만 합니다. 이것이 가능하다면 큰 잘못을 저지르는 일은 없을 것입니다. 말한 김에 덧붙이자면, 일부 부모들이 자신의 아이가 또래 친구들로부터 유해한 성 지식을 듣게 될까 봐 불안해하는 것은 옳지 않습니다. 협력과 독립에 대한 교육이 잘된 아이는 친구들의 말에 절대 고통받지 않을 것입니다. 어린이는 종종 이러한 문제에 대해 어른들보다 더 섬세합니다. 잘못된 견해를 가지고 있지 않은 어린이에게 '길거리 설명'은 결코 해를 끼치지 않습니다.

현대 사회에서 남성들은 사회생활에서 경험할 수 있는 더 많은 기회를 제공받습니다. 사회 시스템에 대한 지식과 그 장단점, 그리고 자신의 나라와 전 세계에서의 도덕적 관계에 대한 지식을 얻을 수 있습니다. 불행히도 남성의 활동 영역은 여성의 활동 영역보다 여전히 넓습니다. 따라서 남성은 이러한 문제에 대해 아내와 자녀의 조언자 역할을 맡게 됩니다. 그는 자신의 더 큰 경험을 자랑하거나 그것으로 이익을 취해서는 안 됩니다. 아버지는 가정교사가 아닙니다. 오히려 친구가 친구에게 조언하듯이 그들에게 조언해야 하고, 저항을 피하고 다른 사람들이 그에게 동의한다면 기뻐해야 합니다. 아내가 협력에 익숙하지 않을 수 있는데, 이런 경우 그는 자신의 관점을 고집하거나 권위를 행사하려고 해서는 안 되며, 저항을 줄일 수 있는 방법을 찾아야 합니다. 그는 싸움으로는 성공하지 못할 것입니다.

경제 사정은 지나치게 강조되거나 싸움의 주제가 되어서는 안 됩니다. 스스로 경제활동을 하지 않는 여성은 남편들이 흔히 인식하는 것보다 이 부분에 훨씬 민감해, 소비 방식을 지적받으면 깊은 상처를 받습니다. 가정경제 문제는 서로에 대한 이해를 바탕으로 해결해야 합니다. 아내와 아이가, 아버지가 부담할 수 있는 능력을 넘어서서 지출하는 것은 좋을 리가 없습니다. 처음부터 모두가 자신에게 의존하고 있거나 스스로 혹사당한다고 느끼지 않도록 아버지와 가족 사이에 지출에 대한 충분한 대화가 이루어져야 합니다.

아버지는 경제력으로 아이의 앞날을 보장할 수 있다고 생각해서는 안 됩니다. 나는 전에 한 미국인이 쓴 흥미로운 글을 읽은 적이 있습니다. 거기에는 매우 가난한 가정에서 태어나 부자가 된 사람이 자신의 자손들을 빈곤으로부터 보호하려 했던 이야기가 적혀 있었습니다. 그는 변호사를 찾아가서 어떻게 하면 그의 소망을 이룰 수 있을지 물었습니다. 변호사는 몇 대까지 보호하면 만족하겠느냐고 되물었습니다. 부자가 10대까지 도움을 주고 싶다고 대답하자 변호사는 이렇게 말했습니다.

"알겠습니다. 가능합니다. 하지만 그 마지막 10대는 모두 500명이 넘는 조상을 두고, 또 저마다 당신과 같은 수의 자손을 가지게 된다는 사실을 알고 계십니까? 그리고 그 500명 가족의 다른 친척도 두게 되지요. 그렇다면 그들을 모두 당신의 자손이라고 말할 수 있을까요?"

우리는 여기서 우리가 자신의 자손을 위해 하는 일은 무엇이나 공동체 모두를 위한 일이 된다는 또 하나의 예를 볼 수 있습니다. 우리는 동료들과의 관계에서 달아날 수 없습니다.

가족 안에 특별한 권위를 가진 사람이 없다면 참된 협력이 존재하고 있음이 분명합니다. 아버지와 어머니는 서로 도와야 하며, 아이들의 교육에 관한 모든 것에 의견을 합쳐야 합니다. 아버지도 어머니도 아이들에게 한쪽으로만 치우친 사랑을 보여주어서는 안 됩니다. 편애의 위험은 아무리 강조해도 지나치지 않습니다.

어린 시절의 좌절은 대부분 나 아닌 다른 누군가가 특별히 사랑받고 있다는 감정에서 생겨납니다. 때로 이 감정이 완전히 부당한 경우도 있지만 참된 평등이 있는 곳에서는 그러한 감정이 커질 리가 없습니다. 아들이 딸보다 더 존중되는 곳에서 소녀들의 열등감은 피할 수 없습니다. 아이들은 매우 민감하며, 뛰어난 아이라도 다른 아이가 자신보다 더 사랑받고 있다는 의심 때문에 인생에서 잘못된 길로 빠지기도 합니다.

때로는 다른 아이들보다 눈에 띄게 빨리, 또는 더욱 바람직한 방법으로 성장하는 아이가 있습니다. 그런 경우 그 아이에게 더욱 마음이 쏠리는 것은 어쩔 수 없는 일입니다. 하지만 대부분의 부모는 그러한 편애가 겉으로 드러나지 않게 할 충분한 경험을 가지고 있으며, 많은 노력을 기울여 지혜롭게 행동해야 합니다. 그렇지 않으면 잘 성장하는 아이가 다른 아이들에게 그림자를 드리우고 용기를 꺾게 될 것입니다. 다른 아이는 더욱 잘 자라는 아이를 질투하며 자기 자신의 능력을 의심하게 되고, 협력하는 능력이 방해받을 것입니다.

또한 부모가 아이들 누구도 편애하지 않는 것만으로는 충분하지 않습니다. 아이들 마음속에 있는, 부모님의 기울어진 사랑에 대한 어떤 의심에도 마음 놓지 말고 늘 경계해야 합니다.

대등한 형제 관계

이제 우리는 가족의 협력 가운데 똑같이 중요한 부분, 아이들 사이의 협력을 이야기하기에 이르렀습니다. 아이들이 서로 대등하다고 느끼지 않으면 공동체 감각은 확고해지지 못합니다. 소녀와 소년이 서로 대등하다고 느끼지 않으면, 두 성 사이의 관계에 매우 큰 문제가 일어나게 됩니다.

많은 사람이 묻습니다.

"같은 형제인데 왜 이렇게 다른가?"

어떤 과학자들은 그것을 유전자의 차이로 설명합니다. 그러나 우리는 그것이 미신에 지나지 않음을 내보이는 사례들을 보아왔습니다. 아이의 성장을 어린나무의 성장과 비교해 보겠습니다. 많은 나무가 함께 자라도 그 한 그루 한 그루는 사실 아주 다른 상황 속에 있습니다. 만약 한 그루의 나무가 햇빛과 흙의 혜택으로 특별히 빨리 자라면, 그 나무의 발달은 다른 모든 나무의 성장에 큰 영향을 미칩니다. 더 크게 자란 나무의 가지는 다른 나무에 그림자를 드리웁니다. 뿌리는 뻗어가서 다른 나무의 영양을 빼앗습니다. 다른 나무는 성장에 방해를 받아 잘 자라지 못하게 됩니다. 이는 형제 가운데 한 사람만 뛰어난 경우도 마찬가지입니다.

우리는 아버지나 어머니가 가족 안에서 지배적인 위치를 차지해서는 안 된다는 것을 보았습니다. 아버지가 매우 성공하거나 재능이 뛰어나면 아이들은 흔히 아버지의 업적을 따라갈 수 없다고 느낍니다. 아이들은 용기가 꺾이고 인생에 대한 관심이 줄어듭니다. 이것은 유명인의 자녀들이 때때로 부모와 사회에 실망을 주는 이유가 됩니다. 그러므로 부모가 자기 직업에서 성공하더라도 가족 안에서는 그 성공을 자랑삼아 내세워서는 안 됩니다. 그렇지 않으면 아이들의 성장을 가로막을지도 모릅니다.

이는 아이들도 마찬가지입니다. 만일 한 아이가 특별히 뛰어나면 크게 주목받고 특별한 관심을 받을 수 있습니다. 그것은 그 아이에게는 기쁜 일이겠지만 다른 아이들은 이 때문에 차별을 느끼고 반발하게 됩니다. 다른 누군가보다 낮은 평가를 받고도 아무렇지도 않게 견딜 수 있는 사람은 드물 것입니다.

뛰어난 아이는 다른 모든 아이에게 피해를 줄 수 있습니다. 그리고 다른 아이들은 모두 정신적인 북돋음이 부족함에 괴로워하며 자라나게 됩니다. 그들은 우월성의 추구를 멈추지 않을 것입니다. 그 추구에는 끝이 없기 때문입니다. 그러나 그것은 비현실적이거나 사회적으로 이롭지 않은 쪽으로 방향을 바꾸기도 합니다.

가족 안에서의 위치

개인심리학은 아이들이 출생 순서에서 상대적으로 느끼는 이로운 점과 불리한 점을 물음으로써 그 조사 연구의 영역을 넓혔습니다. 이 문제를 가장 간단한 형태로 살펴볼 수 있도록 부모가 아이를 키울 때 긴밀한 협조 속에서 최선을 다하고 있다고 가정해 봅니다.

가족 안에서의 아이 위치는 큰 영향을 미치며, 아이마다 다른 아이와는 전혀 다른 상황 속에서 자랄 것입니다. 우리는, 가족 안의 두 아이에게 서로가 처한 상황이 결코 같지 않다는 점을 거듭 강조해야만 합니다. 그리고 아이들은 자신만의 특별한 상황에 스스로를 적응시키려 노력하는 가운데 저마다의 생활 방식을 갖게 될 것입니다.

첫째 아이

첫째 아이는 모두 어느 기간 혼자였다가 갑자기 동생이 태어나면서 어쩔 수 없이 새로운 상황에 자신을 적응시켰던 경험이 있습니다. 첫째는 보통 큰 관심을 받고 귀여움을 독차지합니다. 그러므로 가족의 중심에 있는 것에 익숙해져 있습니다.

그러다가 너무나 느닷없이, 아무 준비도 되어 있지 않은 채 자신의 자리에서 쫓겨난 사실을 깨닫습니다. 다른 아이가 태어나 더는 혼자가 아닌 것입니다. 이제부터 그는 부모의 관심을 경쟁자와 나누지 않으면 안 됩니다.

이러한 변화는 늘 충격을 주기 마련입니다. 대부분의 문제아, 신경증 환자, 범죄자, 알코올의존자, 성도착자는 그러한 상황에서 자신들의 문제가 시작되었음을 인정합니다. 맏이였던 그들은 동생이 태어난 일에 깊은 상처를 받았고, 왕위를 빼앗겼다는 감정이 그들의 생활 방식 전체를 형성해 버렸습니다.

첫째 다음으로 태어나는 동생도 마찬가지로 자신의 지위를 잃을지 모르지만 아마도 첫째만큼 강하게 느끼지는 않을 것입니다. 그들은 이미 다른 아이와 협력하는 과정을 겪었으며, 보살핌과 관심의 유일한 대상이 되어본 적이 없기 때문입니다.

그러나 첫째에게 이것은 완전한 변화입니다. 형제가 태어났을 때 실제로 무시당한다면, 첫째가 그 상황을 쉽게 받아들이기를 기대할 수는 없습니다. 만일 동생에게 원망을 품는다고 해도 첫째에게 책임이 있다고 할 수 없습니다.

물론 그가 부모에게 사랑받고 있음을 느끼고, 자신의 위치에 확신이 있으며, 특히 동생의 탄생에 대해 충분한 준비가 되어 있고 동생을 돌보는 데 협력할 훈련이 되어 있다면 위기는 특별히 나쁜 영향 없이 지나갈 것입니다.

하지만 보통은 준비되어 있지 않습니다. 새로 태어난 아이는 분명 그에게서 관심과 애정을 빼앗아갈 것입니다. 그래서 첫째 아이는 어머니를 자신에게 되돌리려 하고 관심을 얻을 방법을 고민하기 시작합니다. 때로는 어머니가, 서로 어머니를 차지하려는 두 아이에게 이리저리 끌려다니는 모습을 볼 수 있습니다.

첫째는 새로운 꾀를 잘 생각해 냅니다. 이러한 상황에서 아이가 무엇을 할지는 마땅히 상상할 수 있습니다. 첫째는 만약 우리가 그와 같은 목적을 가진다면 쉽게 선택하게 될 행동을 보일 것입니다. 어머니를 걱정시키며 싸우고,

어머니가 그냥 보아 넘길 수 없을 행동을 할 것입니다.

첫째는 결국 어머니의 인내심을 바닥내버리고 맙니다. 그는 절망적인 싸움 가운데 자신이 할 수 있는 모든 일을 할 것입니다. 그리하여 마침내 어머니는 그가 불러일으키는 문제에 지쳐 나가떨어집니다. 그리고 아이는 이제 더 이상 사랑받지 못함이 어떤 것인지를 실제로 겪기 시작합니다. 어머니의 사랑을 구하며 싸우고 있었는데 결과적으로는 사랑을 잃어버리게 된 것입니다. 상상 속에서 뒤로 밀려났다고 느꼈지만 행동에 의해 실제로 밀려나는 것입니다. 그런 까닭에 아이는 자신이 옳았다고 믿습니다.

"나는 다 알고 있었어요."

그는 이렇게 말합니다. 잘못하고 있는 건 다른 아이들이고 자신만이 옳습니다. 이는 함정에 걸려든 것과 같습니다. 싸우면 싸울수록 아이의 상황은 나빠집니다. 줄곧 가지고 있던 자신의 상황에 대한 생각은 하나씩 확인됩니다. 모든 것이 자신은 옳다고 말하고 있는데 어떻게 그 싸움을 포기할 수 있겠습니까?

이러한 모든 싸움에서 우리는 저마다의 상황을 살펴보아야 합니다. 만약 어머니가 함께 싸우면 아이는 성격이 급해지고 스스로 견딜 수 없게 되어 비판적이고 반항적이 될 것입니다. 아이가 어머니에게 반항하면 때때로 아버지가 아이 편을 드는 경우가 있습니다. 그러면 아이는 아버지에게 더욱 관심을 가지고 애정을 얻으려고 합니다.

첫째는 이따금 아버지를 더욱 좋아합니다. 아이가 아버지를 좋아할 때는 언제나 그것이 두 번째 선택임을 확신할 수 있습니다. 처음에는 어머니와 매우 가깝게 이어져 있었지만 이제 어머니는 첫째의 관심을 잃게 됩니다. 아이는 어머니에 대한 불만의 표현으로 자신의 애정을 아버지에게로 돌립니다. 만약 아이가 아버지를 좋아한다면 우리는 그 전에 아이가 좌절을 겪었음을 알 수 있습니다. 자신이 거부당하고 밀려났다고 느꼈던 것입니다. 그는 이것을 절대 잊지 못하며 이 거절이라는 감각이 생활 방식 전체를 이룹니다.

이러한 싸움은 오래 이어지며 때로는 평생 이어지기도 합니다. 아이는 모든 상황에서 싸우고 저항하는 훈련을 계속합니다. 그의 관심을 끌 수 있는 사람은 아무도 없습니다. 그는 절망해 누구의 애정도 얻을 수 없다고 생각합니다. 신경질적이고 소극적이 되어 다른 사람과 어울리지 못합니다. 아이는 고립된 듯이 행동합니다. 이러한 아이의 행동과 표현은 모두 과거, 즉 자신이 관심의 중심이었던 지나간 시절로 향하게 됩니다.

그 때문에 첫째는 보통 무언가의 방법으로 과거에 대한 관심을 나타냅니다. 과거를 돌아보고 과거에 대해 이야기하는 것을 좋아합니다. 과거의 숭배자로서 미래에 대해서는 비관적입니다. 때로는 자신의 힘, 자신이 다스리던 작은 왕국을 잃어버린 아이는 다른 사람보다 힘과 권위의 중요성을 이해합니다. 당연히 자라서는 권력 행사에 참여하는 것을 좋아하게 되고 지배와 법률의 중요성을 과장합니다. 그에게 있어 모든 것은 지배에 따라 이루어져야 하며 어떠한 법도 바뀌어서는 안 됩니다. 힘은 언제나 그것을 가질 자격이 있는 자의 손안에 있어야 합니다.

여기서 우리는 사람이 어린 시절의 영향으로 보수주의자가 되는 과정을 이해할 수 있습니다. 이러한 사람이 자신에게 유리한 지위에 오르면, 다른 사람이 자신의 지위를 빼앗고 왕좌에서 끌어내리려고 다가오는 게 아닐까 하여 주위를 늘 의심하게 됩니다.

첫째의 위치는 아이에게 특별한 문제를 가져오지만 그것을 유리한 쪽으로 바꿀 수 있습니다. 만일 첫째가 동생이 태어났을 때 이미 협력을 위한 훈련이 되어 있으면 어떤 해도 입지 않습니다. 이러한 첫째들 가운데에는 다른 사람을 보호하고 도와주고 싶어 하는 아이도 있습니다. 그런 아이는 아버지나 어머니를 닮는 훈련을 합니다. 때때로 동생에게 아버지나 어머니 역할을 대신하기도 합니다. 형제를 보살피거나 가르치고 형제의 행복에 책임을 느낍니다. 하지만 이때 다른 사람을 보살피려는 정도가 지나쳐 상대를 의존적인 사람으로 만들기도 합니다. 남을 도우려는 마음이 지배하고자 하는 욕구로 바뀌기도 하는데 이것은 바람직하지 않습니다.

유럽과 미국에서 내가 경험한 바로, 문제행동을 보이는 아이는 대부분 첫째이고 다음으로 막내인 경우가 많았습니다. 이러한 양극의 순위가 가장 큰 문제를 일으키는 것은 흥미로운 일입니다. 우리 교육 방법은 첫째의 문제를 아직 풀지 못하고 있습니다.

둘째 아이

둘째는 다른 순위, 다른 아이들과 비교할 수 없는 상황 속에 있습니다. 태어날 때부터 둘째는 다른 아이와 부모의 관심을 함께 나눕니다. 그러므로 첫째보다 협력적입니다. 주위에 사람이 많고 첫째가 둘째를 밀어내지 않는다면 매우 좋은 위치에 있는 셈입니다.

그러나 둘째에게 가장 중요한 사실은 어린 시절 내내 선두 주자를 두고 있다는 것입니다. 나이와 성장 면에서 늘 자기 앞에 누가 있기 때문에 그를 좇아가기 위해 끊임없이 노력해야 하는 자극을 받습니다.

전형적인 둘째는 금방 알아볼 수 있습니다. 둘째는 누군가가 늘 자신보다 한두 걸음 앞에 있고, 그래서 그를 따라잡기 위해 서둘러야 하는 것처럼 경쟁적으로 행동합니다. 그런 까닭에 언제나 온 힘을 다합니다. 끊임없이 첫째를 앞서고 정복하려고 힘들게 싸웁니다.

성경에는 훌륭한 심리학적 통찰이 들어 있습니다. 야곱의 이야기에 전형적인 둘째의 모습이 아름답게 그려져 있습니다. 야곱은 쌍둥이 형 에서를 이기고 그를 넘어서서 뛰어난 사람이 되려고 노력합니다.

둘째는 뒤에서 느릿느릿 걸어가야 한다는 사실에 화를 내며 다른 사람을 좇아가려고 애를 씁니다. 그리고 이따금 성공합니다. 둘째가 첫째보다 재능 있고 성공하는 경우가 흔히 있습니다. 여기서 우리는 유전이 이러한 성장과 관계있음을 보여줄 수는 없습니다. 만약 더욱 빨리 앞으로 나아간다고 하면, 그렇게 되도록 열심히 노력했기 때문일 뿐입니다. 둘째는 성장해 독립한 뒤에도 선두 주자를 때때로 이용합니다. 자기보다 앞선 위치에 있는 누군가와 자신을 비교하는 것입니다.

이러한 특성은 깨어 있을 때만 볼 수 있는 것이 아닙니다. 그 특성은 성격의 모든 표현에 흔적을 남기며 꿈속에서도 쉽게 볼 수 있습니다. 첫째는 곧잘 떨어지는 꿈을 꿉니다. 정상에 있지만 자신의 위치를 유지할 수 있을지 확신이 서지 않는 것입니다. 한편 둘째는 가끔 경쟁하는 꿈을 꿉니다. 기차를 쫓아가거나 자전거 경주를 하는 꿈입니다. 이렇게 바쁘고 서두르는 꿈은 큰 특징이 있기 때문에 꿈을 꾸는 사람이 둘째임을 쉽게 짐작할 수 있습니다.

그러나 여기에 반드시 규칙 같은 것은 없습니다. 첫째처럼 행동하는 아이가 꼭 첫째란 법은 없습니다. 상황이 중요하지 태어난 순서가 중요한 것은 아닙니다. 대가족에서는 나중에 태어난 아이도 때때로 첫째와 같은 상황에 있기도 합니다. 두 아이가 터울이 많지 않게 잇따라 태어난 뒤, 또 긴 간격을 두고 셋째 아이가 태어나고 거기에 또 다른 두 아이가 태어나는 것입니다. 그럴 경우 셋째가 첫째의 모든 특징을 보여주기도 합니다.

둘째도 마찬가지입니다. 전형적인 '둘째'는 넷 또는 다섯 아이가 태어난 뒤에 나타날지도 모릅니다. 두 아이가 터울이 적고 다른 형제와는 터울이 멀 경우, 둘은 언제나 첫째와 둘째의 특징을 보여줄 것입니다.

때로는 첫째가 이 경쟁에 지는 일도 있습니다. 그때는 첫째가 문제행동을 시작하게 됩니다. 때로는 자신의 지위를 지키고 동생을 밀어낼 수도 있습니다. 그렇게 되면 둘째가 문제를 일으킵니다. 오빠가 첫째이고 여동생이 둘째인 것은 첫째에게 무척 곤란한 지위입니다. 그는 동생에게 진다는 위험을 무릅쓰게 됩니다. 그것은 아마 오늘의 우리 사회에서는 매우 부끄러운 일로 여겨질 것입니다. 아들과 딸 사이의 경쟁 관계는 형제 사이, 또는 자매 사이의 경쟁보다 치열합니다.

이 투쟁에서는 원래 딸이 유리합니다. 열여섯 살까지는 소녀가 소년보다 신체적으로나 정신적으로 빠르게 성장하기 때문입니다. 그러한 경우 오빠가 싸움을 포기하고 무기력해지기도 합니다. 그래서 그는 속임수를 쓰거나 거짓말을 해서 이기려고 합니다. 이럴 때에는 여동생이 늘 이긴다고 해도 거의 틀림없습니다.

우리는 이때 대부분의 소년은 온갖 종류의 잘못된 길을 가는 반면, 소녀는 문제를 손쉽게 해결하고 놀랄 만한 성장을 이루는 모습을 볼 것입니다. 이러한 문제는 피할 수 있지만 위험은 미리 인식되어 있어야 하고, 어떤 것이든 손해를 입기 전에 그것을 피할 수단을 마련하지 않으면 안 됩니다.

안 좋은 결말은 대등하고 협력적인 구성원으로 이루어진 가족에서만 피할 수 있습니다. 그런 가정에서는 경쟁할 필요가 없으며, 아이에게는 자신이 위협받고 있다 느끼고 자신의 시간을 싸움으로 보내야만 할 이유가 없는 것입니다.

막내

막내를 제외하고 모든 아이는 뒤에 태어나는 아이 때문에 왕위에서 떨어질 수 있습니다. 그러나 막내는 왕좌에서 내려올 일이 없습니다. 뒤에 태어나는 동생이 없고 앞선 주자가 많이 있기 때문입니다.

막내는 언제나 온 가족의 아기로서 가장 응석을 부리며 자랍니다. 따라서 막내는 응석받이라면 누구나 안고 있는 문제에 부딪히지만, 여러모로 자극받고 치열하게 경쟁하기 때문에 때때로 두드러지게 잘 성장하고 다른 아이들보다 빨리 자라나 마침내 그들 모두를 뛰어넘기도 합니다.

인간의 역사 속에서 막내의 위치는 바뀌지 않습니다. 우리의 가장 오래된 전설에서 막내가 형과 누나보다 얼마나 뛰어난가 하는 이야기를 많이 찾아볼 수 있습니다.

성경에서도 정복자는 언제나 막내입니다. 요셉은 막내로 자랐습니다. 17년 뒤에 베냐민이 태어났지만 그는 요셉의 성장에 아무런 영향을 주지 않았습니다. 요셉의 생활 방식은 전형적인 막내의 생활 방식입니다. 그는 꿈속에서조차 늘 우월성을 주장했습니다. 다른 사람은 그 앞에 무릎을 꿇지 않으면 안 됩니다. 그는 다른 모든 사람을 자신의 그림자 속에 가둡니다. 형제들은 그의 꿈을 아주 잘 이해했는데 그들에게는 어려운 일이 아니었습니다. 왜냐하면 언제나 요셉과 함께 있었기 때문이고 그의 태도가 매우 분명했기 때문입니다. 그들도 요셉이 자기 자신 속에서 불러온 감정을 경험했습니다. 그들은 요셉을 두려워하며 없애고 싶었습니다. 그러나 요셉은 막내로 자람으로써 첫째가 되었습니다. 나중에 요셉은 가족 전체의 기둥이 되었던 것입니다.

이렇듯 막내는 때때로 가족의 중심이 됩니다. 그것은 우연이 아닙니다. 막내의 힘에 대한 이야기는 이미 널리 알려진 사실입니다. 막내는 실제로 대단히 이로운 위치에 있습니다. 부모 형제에게 도움을 받고 야심과 노력에 대해 큰 자극을 받되, 뒤에서 공격하거나 관심을 빼앗아가는 사람은 아무도 없기 때문입니다.

하지만 이미 본 것처럼 막내는 문제행동을 보이는 아이 가운데 두 번째로 큰 집단을 이룹니다. 그 이유는 막내가 가족 전체에서 지나친 보호를 받는데 있습니다. 과보호를 받은 아이는 결코 홀로 설 수 없습니다. 막내는 언제나 야심적이지만 모든 아이들 가운데 가장 야심찬 아이는 게으른 아이입니다. 게으름은 좌절과 이어진 야심의 표시입니다. 이 야심은 아주 강하기 때문에 그것을 이룰 가능성은 거의 없습니다.

막내는 때로 아무 야심도 없는 것처럼 보이는데 그것은 모든 것에서 뛰어나고 싶기 때문입니다. 막내가 얼마나 열등감을 가지고 있는가 하는 것도 뚜렷합니다. 막내 주위에 있는 사람은 모두 그보다 나이가 많고 힘도 세며 경험도 풍부하기 때문입니다.

외둥이

외둥이는 독특한 문제를 가지고 있습니다. 경쟁 상대는 있지만 형제가 경쟁자는 아닙니다. 그의 경쟁심은 아버지를 향합니다. 외둥이는 어머니의 과보호를 받습니다. 어머니는 아이를 잃는 것이 두려워 자신의 치마폭에 감싸고 싶어 합니다. 따라서 외둥이는 이른바 '어머니 콤플렉스'를 가지게 됩니다. 어머니의 치마 끝에 매달려, 아버지를 가족에서 빼놓고 싶어 합니다. 이러한 것도 만약 아버지와 어머니가 협력해, 아이가 아버지와 어머니 모두에게 관심을 갖게 하면 충분히 막을 수가 있습니다. 그러나 대부분의 경우 아버지는 어머니보다 아이와 접촉하는 일이 적습니다.

때로는 첫째가 외둥이와 매우 비슷한 면을 보입니다. 첫째는 아버지보다 뛰어나고 싶어 하며 자기보다 나이 많은 사람과 함께 있기를 즐깁니다.

외둥이는 때때로 동생이 태어나는 것을 몹시 두려워합니다. 가족의 친구들은 흔히 말합니다.

"둘째를 가져야지."

외둥이는 그런 일이 일어나는 것을 몹시 싫어합니다. 자신이 늘 관심의 중심에 있고 싶기 때문입니다. 이것이야말로 자신의 권리라 느끼고, 만약 그 지위가 도전받는다면 곤경에 빠졌다고 여깁니다.

외둥이의 성장을 위태롭게 하는 다른 상황은 부정적인 환경에 태어난 경우입니다. 만약 부모가 건강상의 이유로 더는 아이를 가질 수 없을 때는 외둥이의 문제를 풀기 위해 할 수 있는 일이 아무것도 없습니다. 그러나 이와 같은 외둥이는 더 많은 아이를 기대할 수 있음에도 아이를 하나밖에 두지 않는 가족에서 곧잘 볼 수 있습니다. 이런 가정의 부모는 두려움이 많고 비관적입니다. 그들은 경제적으로 아이 둘은 키울 수 없다고 생각합니다. 집안 분위기는 불안으로 가득하고 아이는 크게 힘들어합니다.

만약 가족 가운데 아이들의 터울이 길면, 아이들은 저마다 외둥이의 특징을 가지게 됩니다. 그런 상황은 그리 바람직하지 않습니다. 나는 때때로 이런 질문들을 받곤 합니다.

"아이들 터울은 어느 정도가 가장 바람직할까요?"

"아이들을 연년생으로 낳는 것이 좋을까요, 아니면 터울이 긴 편이 좋을까요?"

나의 경험상 가장 좋은 터울은 3년쯤인 것 같습니다. 세 살이 되면, 동생이 태어나도 협력할 수가 있습니다. 세 살이면 가족 가운데 아이가 둘 이상 있을 수 있다는 사실을 충분히 이해합니다. 그러나 한 살 반이나 두 살이면, 아이와 그 일에 대해 이야기할 수가 없습니다. 부모의 말을 아직 이해하지 못하기 때문입니다. 그러므로 동생이 태어나는 일에 대해 아이를 적절하게 준비시킬 수가 없습니다.

여자 형제만 있는 가족 속에서 자란 외아들은 앞날에 어려움이 기다리고 있습니다. 아버지가 하루의 대부분 집에 없으면 완전히 여성적인 환경에 머물게 됩니다. 주위에는 어머니, 누나, 여동생, 아니면 가정부밖에 없습니다. 아이는 그들과 자신이 다르다고 느끼며 외톨이로 자라납니다.

이것은 특히 여성들이 다 함께 그를 괴롭히는 경우에 적용됩니다. 그녀들은 힘을 모아 그를 가르쳐야 한다고 생각하거나, 그가 우쭐해할 만한 이유가 없다는 것을 증명하고 싶어 합니다. 이때 많은 대립과 경쟁이 일어나며 외아들이 중간에 있으면 아마도 가장 바람직하지 못한 상황에 놓이게 됩니다. 위와 아래 양쪽에서 공격받기 때문입니다. 첫째면 뒤에서 매우 거센 경쟁자인 여동생에게 쫓길 우려가 있습니다. 막내라면 쉽사리 응석받이가 됩니다.

딸만 있는 가운데 외아들인 상황은 그리 바람직하지는 않지만, 다른 아이들을 만날 수 있는 적극적인 사회생활을 하면 문제는 쉽게 풀립니다.

그렇지 않으면 아이는 여자에게 에워싸여 소녀처럼 행동할지도 모릅니다. 여성적인 환경은 남녀가 섞여 있는 환경과는 굉장히 다릅니다. 만약 가정이 표준화되지 않고 그 속에 있는 사람의 취향에 따라 꾸려지면 여성이 사는 가정은 깔끔하고 산뜻하며 색깔도 주의 깊게 선택되어 집 안 구석구석까지 조화를 이룰 것입니다. 그러나 만일 남자들만이 있으면 그다지 깨끗하게 관리되지 않습니다. 어지럽고 지저분하며 가구는 부서져 있습니다.

여자 형제 속 외아들은 여성적인 취미를 가지며 인생에 여성적인 견해를 보이는 경향이 있습니다.

그와 반대로 이러한 분위기에 강하게 맞서 자신의 남성성을 강조할지도 모릅니다. 그때는 언제나 여성에게 지배당하지 않기 위해 경계하게 됩니다. 자신의 개성과 우월성을 주장해야만 한다고 느끼며 늘 긴장 상태에 있을 것입니다.

그의 성장은 극단으로 나아가게 됩니다. 자신을 매우 강해지도록 훈련하거나, 아니면 몹시 약해지도록 훈련하거나 둘 가운데 하나입니다.

아들들 틈에 낀 외동딸도 거의 같은 상황으로 인해 매우 여성적인 성격 또는 남성적인 성격이 발달하기 쉽습니다. 그 결과 안전하지 않고 무력하다는 감각이 평생 따라다닙니다. 이것은 연구 및 조사할 만한 가치가 있는 상황입니다. 우리는 그런 경우를 날마다 만나지는 않습니다. 그것에 대해 쉽게 결론을 내리기 전에 더 많은 경우를 살펴보아야 합니다.

어른들을 치료하면서 나는 언제나 아주 어린 시절에 주어져서 그 뒤에도 줄곧 남아 있는 여러 인상을 보아왔습니다. 가족 안의 위치는 사람들의 생활 방식에 지울 수 없는 특징을 남깁니다. 발달의 모든 문제는 가족 안에서의 지나친 경쟁과 협력의 모자람에서 생겨납니다.

우리의 사회생활을 들여다보거나 실제로 우리의 세계 전체를 보고 왜 경쟁이 그것의 가장 두드러진 면인지를 헤아리면, 우리는 모든 점에서 정복자가 되는 것, 다른 사람을 제치고 뛰어나고자 하는 목표를 좇고 있음을 인정할 수밖에 없습니다.

이 목표는 어린 시절 경쟁 훈련의 결과이며, 자신을 가족 전체의 평등한 구성원으로 느끼지 못했던 아이들의 경쟁심에 따른 결과입니다. 이러한 불리함은 우리가 아이들을 협력하도록 더욱 잘 훈련함으로써만 없앨 수 있습니다.

7 우리는 학교에서 어떤 영향을 받는가

학교 발전의 역사

학교는 가족의 연장선 위에 있습니다. 만일 부모가 자녀들을 충분히 가르치고 적응시켜 인생 과제를 해결하게 할 수만 있다면, 학교 교육은 필요없을 것입니다.

예전 아이들은 거의 가정 안에서만 교육을 받았습니다. 장인(匠人)이라면 아들들이 자신의 기술을 배워 익히도록, 자기 아버지와 자신이 모든 경험으로부터 얻은 지식을 가르칠 것입니다. 그러나 오늘날 우리 문화는 우리에게 보다 복잡한 요구를 하고 있어서, 부모가 시작한 일을 이어가기 위해서는 학교가 필요합니다. 사회생활은 우리가 가정에서 해줄 수 있는 것보다 훨씬 높은 수준의 교육을 사회 구성원에게 바랍니다.

미국의 학교는 유럽에서 일어났던 모든 단계를 거치지는 않았지만, 그래도 권위주의적인 전통의 낡은 문화를 찾아볼 수 있습니다. 유럽의 교육 역사를 살펴보면 처음에는 왕자와 귀족만이 학교 교육을 받았습니다. 가치가 주어졌던 사회의 구성원은 오로지 그들뿐이었고, 다른 사람들은 자신에게 맡겨진 의무 말고는 다른 일을 바랄 수조차 없었습니다. 나중에 가서야 사회에 가치가 있다고 여겨지는 사람의 범위가 넓어졌습니다. 하지만 이때에도 선택된 몇몇 사람만이 종교, 예술, 학문, 전문 기술 분야에서 교육받을 수 있었습니다.

공업 기술이 발달하기 시작하자, 이 낡은 형태의 교육만으로는 따라갈 수 없었습니다. 보다 폭넓은 교육을 요구하는 싸움이 잇따랐습니다. 마을과 도시의 교사는 구두장이이기도 하고 재봉사이기도 했습니다. 그들은 회초리를 들고 가르쳤는데, 그 결과는 보잘것없었습니다. 종교학교와 대학만이 예술과 과학을 가르쳤으며, 때로는 황제조차도 글을 읽고 쓸 줄 몰랐습니다.

시간이 지나 노동자 또한 읽고 쓰고 계산하고 지도를 그릴 필요가 생겼습니다. 그리하여 우리가 알고 있는 공립학교가 세워지게 되었습니다. 그러나 이런 학교들은 늘 정부가 바라는 바에 맞춰 지어졌습니다. 그리고 그 무렵 정부는 상류계급의 이익을 위해 훈련받고 병사가 될 순종적인 신민(臣民)을 갖기를 원했습니다. 학교의 교육 과정은 이런 목적에 따른 것이었습니다.

나는 오스트리아에 이런 조건들이 일부 남아 있던 시대를 기억합니다. 가장 낮은 계급 사람들이 그들 지위에 알맞은 일을 고분고분 하도록 강요받았던 시대입니다.

하지만 이런 교육이 충분하지 않다는 사실이 차츰 뚜렷해졌습니다. 누릴 수 있는 자유가 크게 늘어났습니다. 노동자계급이 드디어 강력해져 보다 높은 요구를 하게 되었습니다. 공립학교는 이것을 받아들일 수밖에 없었습니다. 그리고 마침내 아이들이 스스로 생각하고, 문학·예술·과학과 친해질 기회를 얻으며, 우리 인간 문화 전체를 공유하고, 그에 이바지하도록 길러져야 한다는 보편적인 교육 이념이 싹텄습니다.

우리는 이제 아이들을 생활 전선에 뛰어들게 하거나 공장에서 일을 시킨다는 목적으로만 가르치길 원하지 않습니다. 우리는 친구가 필요합니다. 문화라는 공통점 안에서 대등하고 독립적인, 그리고 책임 있는 협력자를 바라는 것입니다.

교사가 하는 역할

학교 개혁을 제안하는 사람들은 모두 알고 있든 그렇지 않든, 사회생활에서 협력의 정도를 높이는 방법을 찾고 있습니다. 이것이 이를테면 인성 교육 요구의 바탕에 있는 목적입니다. 그리고 이런 관점에서 이해한다면, 이는 아주 정당한 요구일 것입니다.

하지만 우리는 교육의 목적과 기술을 아직 완전히 이해하고 있지 않습니다. 우리는 아이들을 사회에 꼭 필요한 경제활동의 일원이 되게 할 뿐만 아니라,

인류에 도움이 되도록 교육할 교사를 찾아야 합니다. 그들은 이런 일의 중요성을 느끼고 그런 목적을 이루기 위한 훈련을 받아야 합니다.

인성 교육의 중요성

인성 교육은 아직 시험 단계에 있으며, 조직적이고 제도적인 인성 교육이 이루어지고 있지 않습니다. 학교에서도 결과는 그다지 만족스럽지 못합니다. 이미 가정생활에 실패한 아이들이 학교에 오는데, 아무리 수업을 듣고 훈계를 들어도 아이들의 잘못은 좀처럼 줄어들지 않습니다. 그러므로 학교는 학생들의 성장을 이해하고 그들을 도울 수 있도록 교사를 훈련하는 수밖에 없습니다.

그렇습니다. 나는 이런 일들을 주로 해왔습니다. 나는 빈(Wien)에 있는 많은 학교가 세계를 이끌어가리라고 믿습니다. 다른 곳에도 아이들을 진찰하고 아이들을 어떻게 돌보면 좋을지 조언해 주는 정신과의사는 있습니다. 그러나 교사가 의사의 조언을 어떻게 실행해야 하는가에 대해 정신과의사와 함께 생각하고 이해하지 않는다면, 그런 것이 무슨 소용이 있겠습니까?

정신과의사는 아이들을 일주일에 한두 번쯤 봅니다. 어쩌면 하루에 한 번일 수도 있습니다. 하지만 정신과의사는 환경, 가족, 친구와 주변 사람들, 학교 자체로부터 어떤 영향을 받는지 잘 알지 못합니다. 그러므로 정신과의사는 아이들의 영양 상태에 더 신경 써야 한다든지, 갑상선 치료를 받아야 한다는 등의 짧은 기록만 합니다. 아마도 아이들을 개인적으로 어떻게 도와야 하는가를 교사에게 암시하는 거겠죠.

그러나 문제는 교사들이 대부분 정신과의 처방 목적을 알지 못하며 실수를 피할 충분한 경험이 없다는 점입니다. 교사 자신이 아이들의 성격을 이해하지 않으면 아무것도 할 수 없습니다. 정신과의사와 교사 사이에는 아주 가까운 협력이 필요합니다.

교사는 정신과의사가 알고 있는 모든 것을 알아야 합니다. 아이들 문제를 의사와 논의한 뒤에 어떤 도움도 받지 않고 혼자 힘으로 해나가기 위해서입니다. 뜻밖의 사태가 벌어지더라도 교사는 정신과의사가 있었다면 어떻게 했을지를 이해하고 있어야 합니다.

가장 실제적인 방법은 우리가 빈에 만든 아동상담소와 같은 것이라고 생각합니다. 이 방법에 대해서는 이 장의 마지막에서 다시 이야기하겠습니다.

아이들이 처음 학교에 가면 사회생활의 새로운 과제와 맞닥뜨리게 됩니다. 그리고 이 시련은 아이들의 잘못된 발달 사항을 숨김없이 드러낼 것입니다. 이제는 전보다 더 넓은 영역에서 협력해야 합니다.

가정에서 응석받이로 자랐다면, 그렇게 보호받던 생활을 떠나서 다른 아이들과 함께 지내고 싶지는 않을 것입니다. 응석받이들의 공동체 감각에 한계가 있음은 학교 첫날부터 볼 수 있습니다. 아이들은 울음을 터뜨릴지도 모르고 집에 가고 싶어 할지도 모릅니다. 그리고 학교 과제와 교사에게 좀처럼 흥미를 갖지 않을 것입니다. 이야기를 들으려고 하지도 않을 것입니다. 늘 자기가 중심이었기 때문입니다. 아이들이 자기 자신에게만 관심을 갖는다면 학교에서 뒤처질 것은 뻔합니다. 문제아의 부모들은 이따금 자신의 아이는 집에서는 아무 문제도 없는데 학교에만 가면 말썽쟁이가 된다고 우리에게 말합니다. 그럴 때 우리는 그 아이가 가정에서는 더없이 바람직한 상황에 놓여 있다고 짐작할 수 있습니다. 집에서는 어떤 시험도 없으므로 발달상의 잘못이 좀처럼 드러나지 않습니다. 하지만 학교에서는 응석이 통하지 않으므로 그런 상황을 패배라고 느끼게 되는 것입니다.

한 아이는 학교 첫날부터 선생님이 무슨 말을 하든지 그저 웃기만 했습니다. 학교에서 내는 과제에는 도무지 관심을 보이지 않아, 주위 사람들은 그 아이가 지적장애임에 틀림없다고 생각했습니다. 그 아이를 진찰했을 때 나는 아이에게 말했습니다.

"모두들 네가 왜 학교에서 늘 웃고만 있는지 궁금해한단다."

그러자 아이가 대답했습니다.

"학교는 엄마 아빠들이 심술을 부리려고 만들어놓은 곳이에요. 엄마 아빠들은 아이들을 놀리려고 학교에 보내는 거예요."

집에서 놀림당하던 그 아이는 모든 새로운 환경이 자신에 대한 새로운 심술을 부리는 것이라고 굳게 믿었습니다. 나는 그 아이에게 자존심을 지킬 필요성을 지나치게 강조하고 있다는 것, 모든 사람이 그를 놀리려고 하는 게 아니라는 사실을 일러주었습니다. 그 결과, 아이는 학교 과제에 관심을 갖게 되었으며 빠르게 좋아졌습니다.

교사와 아이들 관계

아이들이 겪는 어려움을 깨닫고 부모의 잘못을 바로잡아 주는 것이 바로 교사가 해야 할 일입니다. 교사들은 이따금 학교라고 하는, 보다 넓은 사회생활을 할 준비가 되어 있는 아이들을 발견하곤 합니다. 이런 아이들은 이미 가정에서 다른 사람에게 관심 갖는 훈련을 받았습니다. 그러나 준비가 되어 있지 않은 아이들도 있습니다.

누구든 어떤 문제에 준비가 되어 있지 않으면 늘 망설이거나 뒷걸음질 치는 법입니다. 무언가 뒤처진 아이들은 지적장애가 아니라 사회생활에 적응하는 데에 망설이고 있을 뿐입니다. 그리고 교사는 그런 아이들이 새로운 환경에 맞서도록 도움을 줄 수 있는 가장 좋은 위치에 있습니다.

그런데 어떻게 아이들을 도울 수 있을까요? 교사는 어머니 역할을 해야 합니다. 즉 교사는 아이가 선생님에게 다가올 수 있도록, 또 친구들에게 관심을 갖도록 이끌어야 합니다. 아이가 앞으로 모든 일에 적응할 수 있는지 여부는 그 아이의 관심을 아이 자신에게서 밖으로, 곧 다른 사람에게로 돌렸느냐 아니냐에 달려 있습니다. 아이는 결코 교사가 엄격한 태도를 보인다고 해서, 또 체벌을 한다고 해서 자기 아닌 다른 사람에게 관심을 갖지 않습니다.

아이가 학교에 와서 선생님이나 친구들과 잘 어울리지 못할 때, 절대로 하면 안 되는 가장 나쁜 행동은 그 아이를 비판하고 혼내는 것입니다. 이 방법은 자신이 학교를 싫어하는 게 정당한 일이라는 확신을 갖게 할 뿐입니다. 만일 내가 늘 학교에서 혼나고 비난받는 아이라면, 나는 내 관심을 가능한 한 선생님으로부터 멀리 돌릴 것 같습니다. 나는 지금 상황에서 빠져나와 학교를 아예 그만둘 수 있는 방법을 찾을 것입니다.

학교에 나오지 않는 아이, 어리석고 다루기 어려워 보이는 아이는 열이면 열, 학교가 이렇게 자연스럽지 못하고 즐겁지 않은 곳이라고 생각합니다. 그런데 사실 그들은 바보가 아닙니다. 학교에 안 갈 핑계를 생각해 내거나 부모님이 보낸 것처럼 편지를 꾸며내는 등 때때로 못된 꾀를 부립니다. 그리고 학교 밖에서 자기보다 먼저 학교를 그만둔 아이들을 발견합니다. 그들로부터는 학교에서와 달리 인정을 받습니다. 그리하여 그들은 자기들이 있는 곳이야말로 자신의 가치를 알아준다고 느끼는데, 그 모임은 문제아들 집단입니다. 우리는 전체의 일부로서 교실 안에 자연스레 녹아들지 못하는 아이들이 어떻게 범죄자의 길을 걷게 되는가를 이런 상황에서 곧잘 볼 수 있습니다.

학습에 관심을 갖도록 아이들 이끌기

아이의 관심을 끌고 싶다면 교사는 현재 그 아이가 무엇에 관심이 있는지를 이해하고, 그 아이에게 이미 갖고 있는 관심사뿐만 아니라 다른 일들에서도 성공할 수 있다는 믿음을 주어야 합니다. 만약 아이가 한 가지 일에 자신감을 갖는다면 다른 일에도 관심을 갖도록 이끄는 일은 훨씬 쉬워집니다. 그러므로 우리는 처음부터 아이들이 세상을 어떻게 바라보고, 어떤 감각기관을 가장 많이 쓰며 가장 활발히 훈련받아 왔는가를 발견해야 합니다.

어떤 아이들은 보는 일에, 어떤 아이들은 듣는 것 또는 움직이는 것에 가장 큰 흥미를 가집니다. 시각 유형 아이들은 눈을 써야 하는 교과, 즉 지리나 미술에 쉽게 관심을 가질 것입니다. 그러한 아이들은 교사가 아무리 열심히 강의를 해도 듣지 않을 것입니다. 말에 주의를 기울이는 데 익숙하지 않기 때문입니다. 이런 아이들은 눈으로 배울 기회가 주어지지 않으면 학습에 뒤처지게 될 것입니다. 능력이나 재능이 없다는 판정을 받고 유전자를 탓하게 될지도 모릅니다.

교육의 실패에 대해 비난받아야 할 사람이 있다면, 그것은 아이들의 관심을 불러일으킬 올바른 방법을 찾지 못한 교사와 부모입니다. 나는 아이들 교육이 전문화되어야 한다고 주장하는 것이 아닙니다. 어떤 아이가 한 가지 일에만 관심을 가지고 있다면 다른 일에도 흥미를 느끼도록 용기를 북돋고 이끌어줘야 한다는 말입니다.

오늘날 몇몇 학교에서는 교과들을 가르칠 때 아이들로 하여금 모든 감각을 써서 익히도록 하고 있습니다. 예를 들면 모형을 만들거나 그림을 그리는 것이 수업 시간마다 함께 이루어집니다. 이런 학습법은 더욱 권장되고 발전해야 합니다.

교과를 가르치는 가장 좋은 방법은 아이들이 수업의 목적과 자신들이 배우고 있는 것의 실제적 가치를 이해하도록 일상생활과 관련시키는 것입니다.

아이들에게 모든 교과를 일일이 가르치는 것이 좋은가, 아니면 아이들 스스로 생각하도록 교과를 곁들여 가르치는 것이 좋은가 하는 질문을 이따금 받습니다. 나는 이것이냐 저것이냐의 문제가 아니라 두 가지를 조화롭게 이어야 한다고 생각합니다. 이를테면 아이들에게 수학을 가르칠 때 집 짓는 일과 연관해서 얼마나 많은 나무가 필요한가, 얼마나 많은 사람이 살 수 있는가를 스스로 생각하게 해주면 매우 유익할 것입니다.

'동시에 가르치는 것'이 쉬운 교과가 있습니다. 그리고 많은 교사는 때때로 인생의 한 측면을 다른 측면과 잇는 전문가이기도 합니다. 예를 들면 교사는 아이들과 산책을 하면서 그들이 무엇에 가장 관심을 갖는지를 알아낼 수 있습니다. 그럴 때 교사는 아이들에게 식물의 구조 및 성장과 그 활용법, 기후의 영향, 땅의 물리적 특징, 인류의 역사 등, 그야말로 인생의 거의 모든 측면을 동시에 가르칠 수 있습니다.

물론 이런 교사가 자신이 가르치는 아이들에게 정말로 관심이 있는가가 무엇보다도 먼저입니다. 그렇지 않다면 아이들 교육에는 아무런 희망이 없습니다.

교실 안 협력과 경쟁

오늘날 제노 아래에서는 아이들이 처음 학교에 올 때 보통 협력보다는 경쟁을 위해 준비되어 있음을 볼 수 있습니다. 그리고 이 경쟁 훈련은 학교 시절 내내 이어집니다. 이는 아이들에게 하나의 시련입니다. 만약 어떤 아이가 앞에 서서 다른 아이들을 물리치게 되었다면 바람직한 일이라 할 수는 없어도, 뒤처져서 아예 싸움을 포기하는 것보다는 덜 해로울지 모릅니다.

하지만 어떤 경우든지 아이들은 오직 자신에게만 관심을 갖게 될 것입니다. 다른 사람을 돕고 사회에 공헌하는 일은 그런 아이들 관심 밖이며, 자신을 위해 할 수 있는 것을 확보하는 일만이 그의 목적이 됩니다.

가족 구성원이 전체의 대등한 부분이자 단위여야 하듯이, 학급 또한 그러해야 합니다. 아이들이 이렇게 훈련받을 때, 그들은 서로에게 진심으로 관심을 갖고 협력하는 것을 즐거워합니다. 나는 많은 '문제아'들이 친구들에게 관심을 갖고 서로 도우면서 완전히 달라지는 것을 보아왔습니다. 특히 기억에 남는 한 아이에 대해 말하고 싶습니다.

가족 모두가 자신에게 적대적이라고 느끼면서 자란 그 아이는 학교에서도 다들 자신에게 적대적일 거라고 예상했습니다. 학교 성적은 매우 나빴습니다. 이 사실을 알게 된 부모는 아이를 혼냈습니다.

이런 상황은 너무나도 자주 발생합니다. 아이들은 학교에서 나쁜 성적표를 받고, 그 때문에 학교에서 혼납니다. 집에 돌아가면 똑같은 이유로 다시 야단맞습니다. 이런 경험이 한 번이라도 있으면 용기가 꺾이기 마련입니다. 벌을 두 번이나 받는 것은 매우 비참한 일입니다. 이런 아이가 계속 뒤처져 학급에 좋지 않은 영향을 주는 것은 전혀 이상하지 않습니다.

다행히 그 아이는 상황을 이해해 주는 교사를 만났습니다. 교사는 다른 아이들에게 이 소년이 왜 모든 사람을 자신의 적이라고 생각하게 되었는지를 설명해 주었습니다. 그리고 아이들이 적이 아닌 친구라는 믿음을 소년에게 줄 수 있도록 도와달라고 부탁했습니다. 그러자 얼마 뒤 이 소년의 행동과 발달은 믿을 수 없을 정도로 좋아졌습니다.

사람들은 때때로 아이들이 정말로 서로를 이해하고 돕도록 훈련을 받는 것이 가능하냐고 의심스러워합니다. 내 경험으로 보아 아이들이 어른들보다 더 잘 이해하는 경우가 많았습니다.

한번은 한 어머니가 아이 둘을 진찰실로 데리고 왔습니다. 두 살짜리 여자아이와 세 살짜리 남자아이였습니다. 여자아이가 탁자로 기어올랐습니다. 어머니는 무섭게 야단을 쳤습니다. 어머니는 너무 놀라서 움직이지 못한 채로 소리를 질렀습니다.

"당장 내려와! 내려오라니까!"

여자아이는 어머니 말에 신경도 쓰지 않았습니다. 그때 세 살짜리 남자아이가 말했습니다.

"거기 계속 있어라."

그러자 여자아이는 곧바로 탁자에서 내려왔습니다. 오빠는 동생을 어머니보다 더 잘 이해하고, 무엇을 해야 하는지 알고 있었던 것입니다.

학급의 통일과 협력을 늘리기 위해 때때로 제안되는 것은 아이들에게 스스로 학급을 돌보게 하는 것입니다. 하지만 이런 시도는 교사의 지도 아래 신중하게 이루어져야 합니다. 그리고 아이들이 알맞게 준비되어 있는가를 반드시 확인해야 합니다.

그렇지 않으면 아이들이 학급 운영에 그다지 흥미가 없다는 사실을 곧 알게 될 것입니다. 아이들은 학급 운영을 하나의 놀이라고 생각합니다. 그 결과 아이들은 교사보다 엄격해지거나, 개인적인 이익을 얻거나 싸움을 하거나 다른 아이들을 짓누르거나 우위를 차지하기 위한 수단으로 모임을 이용하게 됩니다. 그러므로 처음에는 교사가 잘 지켜보고 조언해 주는 일이 중요합니다.

아이들 성장에 대한 평가

아이들의 지적인 발달, 성격, 사회행동에 대한 최근 상태를 알고자 한다면, 어떤 종류의 시험을 피할 수 없습니다. 실제로 지능검사와 같은 시험은 아이들에게 구원이 되어주기도 합니다. 예를 들면 어떤 소년은 학교 성적이 나빴습니다. 교사는 이 아이를 하급반으로 내려보내야 한다고 생각했습니다. 그래서 지능검사를 했는데, 상급반에서도 충분히 적응할 수 있다는 결과가 나왔습니다.

우리는 아이가 앞으로 어디까지 자랄 것인지 그 한계를 결코 예언할 수 없다는 점을 알고 있어야 합니다. 지능지수는 아이들이 겪는 어려움을 이해하고 그것을 극복할 방법을 찾는 데에만 쓰여야 합니다.

내 경험에 비추어볼 때 지능검사 결과는, 그것이 실제 지적장애를 증명하지 않을 경우에는, 올바른 방법만 찾으면 언제나 바뀔 수 있습니다. 아이들이 지능검사 문항이 무엇을 의미하는지를 깨닫게 되고, 그것을 겪는 횟수가 늘어나게 되면 지능지수가 좋아지는 것을 나는 보아왔습니다. 특히 모든 지능검사는 운명이나 유전에 따라서 결정되며 아이들의 미래 업적에 고정적인 제한을 준다는 식으로 이해되어서는 안 됩니다.

아이들 자신은 물론 부모도 지능검사 결과를 알아서는 안 됩니다. 아이들도 부모도 검사 목적을 모른 채, 최종적인 판정을 의미한다고 생각할 수도 있기 때문입니다.

교육에서 가장 커다란 문제는 아이들이 어떤 한계에 부딪힐 때가 아니라, 그 아이들이 자신에게 한계가 있다고 생각할 때 일어납니다. 만약 아이가 자신의 지능지수가 낮다는 사실을 알게 된다면, 그 아이는 절망감에 휩싸여 자신은 절대 성공할 수 없다고 생각할지도 모릅니다. 우리는 아이들의 자신감과 관심을 키워 아이들이 인생에 의미를 부여함으로써 자신의 능력에 정해 놓은 제한을 없앨 수 있도록 도와주어야 합니다.

학교 성적도 마찬가지입니다. 대부분의 교사들은 아이들에게 나쁜 성적을 주면 더 열심히 하는 자극제가 되리라고 생각합니다. 그러나 엄격한 부모를 둔 아이들은 성적표를 집으로 가지고 가기를 두려워할 것입니다. 집으로 돌아가지 않을지도 모르고, 성적표를 위조할지도 모릅니다. 이런 상황에서 자살을 시도한 아이들마저 있습니다.

그러므로 교사는 언제나 모든 일에 앞서 그것이 아이들에게 어떤 영향을 줄 것인가를 헤아려야 합니다. 교사에게 아이의 가정생활과 그로 인한 영향에 대해 책임이 없다고 해도, 그것을 고려해야만 합니다.

부모가 대단한 야심가라면, 자녀가 나쁜 성적표를 들고 돌아왔을 때 한바탕 아이를 혼낼 것입니다. 이때 교사가 조금 다정하고 너그럽다면, 아이는 더 노력해서 성공하라고 격려받을지도 모릅니다. 아이가 늘 나쁜 성적을 받고 있는데 모두가 그 아이를 반에서 꼴찌라고 생각한다면, 그 아이 자신조차 그것을 바꿀 수 없는 사실이라고 믿게 됩니다. 그러나 가장 성적이 나쁜 학생이라도 좋아질 수 있으며, 학교에서 뒤처졌던 아이가 자신감과 흥미를 되찾아 커다란 업적을 남긴 예가 얼마든지 있습니다.

학교에서 아이들은 학생 수가 많든 적든 최저 학년에서 최고 학년을 거치는 내내 똑같은 처지에 놓여 있습니다. 그들은 반드시 1등에 가깝거나, 중간 정도이거나, 밑바닥 어느 한 부분에 위치하게 됩니다. 이 사실을 보며 그들이 원래 그쯤의 능력을 가지고 태어났다고 생각해서는 안 됩니다. 이는 스스로 설정해 버린 한계, 낙관주의의 정도, 그들의 활동 영역을 보여주고 있을 뿐입니다.

반에서 꼴찌인 아이가 갑자기 바뀌어 놀라운 발전을 보이는 일은 드물지 않습니다. 아이들은 자기 한정에 담긴 착오를 이해해야 하며, 교사 또한 보통의 지능을 가진 아이의 발달 정도가 유전적 성향에 따라 달라진다는 편견에서 벗어나야 합니다.

자연과 환경

교육에서 일어나는 모든 잘못 가운데, 유전이 성장에 한계를 준다는 생각이 가장 나쁩니다. 이는 교사와 부모에게 자신들의 잘못을 교묘한 말로 빠져나가게 하며, 노력을 게을리하게 만들고, 아이에 대한 책임을 적당히 피하게 합니다.

책임지지 않으려 하는 모든 시도에 반대해야 합니다. 만일 교육자가 정말로 성격과 지성의 발달을 유전으로 돌린다면, 교육자로서 도대체 무슨 일을 해낼 수 있겠습니까? 한편 교육자가 자기 자신의 태도와 가르침이 아이들에게 영향을 준다는 사실을 이해하고 있다면, 혹 유전이라는 부분을 고려한다

해도 그에 대한 책임에서 자유로울 수 없습니다.

나는 여기서 신체의 유전에 대해 말하는 것이 아닙니다. 신체적 결함이 유전된다는 사실에는 의심할 여지가 없습니다. 이러한 유전의 문제가 정신 발달에 중요한 영향을 미친다는 사실은 개인심리학에서만 이해받을 수 있다고 나는 생각합니다.

아이들은 자신의 특정 기관에 대한 열등감을 지니고 있으며, 자신의 무능함을 스스로 판단하고 자기 발달(성적)에 일정한 한계를 정합니다.

심리에 영향을 주는 것은 결함 그 자체가 아니라, 자신의 결함에 대한 아이의 태도와 그 뒤의 성장입니다. 그러므로 만일 아이가 어떤 신체적 결함으로 괴로워하고 있다면 그로 인해 지성이나 성격에 결함이 생기는 것은 아님을 이해하는 일이 무엇보다 중요합니다.

우리는 앞에서 그와 똑같은 신체적 결함이 더 큰 노력과 성공에 대한 자극으로서도, 또는 성장을 가로막는 장해물로서도 작용할 수 있음을 보았습니다.

내가 처음 이 생각을 제안했을 때, 많은 사람이 비과학적이고 사실과 다른 개인적 의견을 말하고 있을 뿐이라며 나를 비난했습니다. 그러나 내가 나의 결론을 공식화한 것은 내 개인적 경험에서가 아니며, 그것을 뒷받침할 증거는 충분히 쌓여 있습니다.

이제는 다른 많은 정신과의사들과 심리학자들도 나와 같은 견해를 가지게 되었습니다. 그리고 성격이 유전된 경향이라는 생각은 미신이라고까지 여기게 되었습니다. 사람이 자신의 책임을 회피하려 하고 인간의 행동에 대해 운명적인 견해를 가진 곳이라면 어디서든지, 성격 특성은 유전한다는 이론이 거의 반드시라고 해도 좋을 만큼 나타납니다.

그 가장 단순한 형태는 사람은 태어나면서부터 이미 좋고 나쁨이 결정되어 있다는 생각입니다. 물론 말도 안 되는 일임은 쉽게 알 수 있지만 책임을 피하려는 아주 강한 욕구만은 이런 생각의 존속을 가능하게 할 것입니다.

'선'과 '악'은 다른 성격의 표현과 마찬가지로 대인 관계의 문맥에서만 그 의미를 지닙니다. 선과 악은 사회적인 환경과 주변인들 사이에서 쌓은 훈련의 결과이며, 인간의 행동이 '타인의 행복에 도움을 주는가 아닌가' 하는 판단을 포함합니다.

물론 아이들은 태어나기 전에는 이런 의미에서의 사회관계를 갖지 않습니다. 그리고 태어나면 어떤 방향으로도 발달할 수 있는 무한한 가능성을 갖게 됩니다. 아이들이 어떤 길을 선택할지는 그 아이가 자신의 환경과 자기 몸으로부터 받는 인상과 감각, 그리고 아이가 이런 인상과 감각들을 해석하는 방법에 달려 있습니다.

지적 능력의 유전에 대해서도 마찬가지 결론을 내릴 수 있습니다. 지적 능력을 키우는 가장 강력한 요소는 유전이 아니라 관심입니다. 그리고 우리는 이미 관심이, 용기가 꺾이는 것과 실패를 두려워하는 마음에 따라서 어떻게 방해받는가를 보아왔습니다.

뇌의 구조가 어느 정도 유전된다는 것은 의심할 여지 없는 사실이지만, 뇌는 정신의 도구이지 근원은 아닙니다. 그리고 뇌의 결함이 우리의 현재 지식으로 치료할 수 없을 만큼 심각하지 않다면 뇌는 그 결함을 보상하도록 훈련될 수 있습니다. 우리는 뛰어난 능력의 바탕에서 특별한 유전적 형질이 아니라 꾸준한 관심과 훈련을 발견할 수 있을 것입니다.

한 세대를 넘어 재능 있는 사회 구성원을 낳아온 가문이라도 유전의 영향이 작용했다고 가정할 필요는 없습니다. 오히려 우리는 한 사람의 성공이 다른 가족들에게 자극이 되고, 그 전통과 기대가 아이들에게 흥미를 불러일으켜 연습과 실천에 따라 스스로를 훈련하도록 만들었다고 가정할 수 있습니다.

우리는 위대한 화학자 유스투스 폰 리비히가 약사의 아들이었음을 알지만, 그렇다고 그의 화학적 능력이 유전된 것이라고 생각할 필요는 없습니다. 자세히 살펴보면 그의 환경이 그가 관심을 좇도록 허락해 많은 아이들이 화학에 대해서 아무것도 이해하지 못할 나이에 그는 이미 화학과 무척 친했다는 사실을 알 수 있습니다.

모차르트의 부모는 음악에 관심이 있었지만 모차르트의 재능은 유전된 것이 아닙니다. 그의 부모는 아들이 음악에 흥미를 느낄 수 있도록 온갖 방법으로 그를 격려해 주었습니다. 모든 환경이 모차르트가 어렸을 때부터 음악적이었습니다.

우리는 곧잘 이 '빠른 시작'을 뛰어난 인물들에게서 볼 수 있습니다. 그들은 네 살 때 피아노를 치거나, 아주 어릴 때 다른 가족을 위해 이야기를 썼습니다. 그들의 관심은 오래도록 이어졌으며 훈련은 자발적이고 폭넓게 이루어졌습니다. 그들은 용기를 잃지 않았고, 망설이지도 물러서지도 않았습니다.

교사가 만약 아이들의 발달에 한계가 있다고 믿는다면, 아이들이 스스로 정한 한계를 없애고 더 성장하도록 도울 수 없습니다. 교사가 아이들에게 "너는 수학에 재능이 없다"고 말한다면, 그 교사는 자신의 상황을 변호할 수 있을지도 모릅니다. 하지만 그런 말은 결국 아이들의 용기를 꺾을 뿐입니다.

나도 이와 같은 일을 겪은 적이 있습니다. 나는 몇 년 동안 수학을 못하는 학생이었습니다. 그래서 내게 수학적 재능은 처음부터 없다고 확신했습니다. 그러던 어느 날 놀랍게도, 나는 선생님을 골치 아프게 한 문제를 풀게 되었습니다. 예기치 않았던 이 성공이 수학에 대한 나의 태도를 완전히 바꾸었습니다. 전에는 수학에 도무지 관심이 없었던 나는 그 뒤로 그것을 즐기며 내 능력을 키우기 위해 모든 기회를 이용하기 시작했습니다. 그 결과 나는 학교에서 가장 수학을 잘하게 되었습니다. 이 경험 덕분에 나는 특별한 재능이나 타고난 능력에 대한 이론이 잘못된 것임을 깨달았습니다.

교육에 대한 생각

우리는 인원수가 많은 학급에서도 아이들의 차이를 관찰할 수 있습니다. 그리고 아이들을 한 집단으로 뭉뚱그려 보지 않고 저마다의 성격을 이해하면 더 잘 다룰 수 있습니다. 이런 점에서 보면 인원수가 많은 학급은 확실히 불리합니다. 몇몇 아이들의 문제는 감춰져 아이들을 적절히 다루기가 어렵기 때문입니다.

교사는 학생 모두를 속속들이 알고 있어야만 합니다. 그렇지 않으면 아이들의 관심과 협력을 이끌어낼 수 없을 것입니다. 아이들을 여러 해 동안 같은 담임선생이 가르치는 것은 아주 유용하다고 나는 생각합니다. 한 학기 만에 교사가 바뀌는 학교도 있는데, 그러면 교사는 아이들과 어울려 문제를 이해하고 발달을 도울 충분한 기회를 얻을 수 없게 됩니다. 교사가 같은 아이들과 서너 해를 함께 보내면 아이들의 잘못된 생활 방식을 찾아내 고치기에 더 유리한 위치에 있게 될 테고, 학급이 협력적인 단위가 되도록 돕는 일 또한 더 쉬워질 것입니다.

한 학년을 뛰어넘는 것이 꼭 좋은 일은 아닙니다. 보통 지나친 기대는 아이에게 짐이 됩니다. 월반은 그 아이가 동급생들보다 나이가 많거나 학급의 다른 아이들보다 빨리 성장한다면 고려할 수 있습니다.

그러나 그 학급이 (우리가 제안한 바와 같이) 정돈되어 있는 상태라면, 한 아이의 성공은 다른 아이들에게도 이롭습니다. 같은 반에 뛰어난 아이들이 있으면, 학급 전체의 발전 속도가 빨라집니다. 그리고 다른 아이들에게서 이러한 자극을 빼앗는 것은 공정하지 않습니다. 오히려 나는 빼어나게 똑똑한 학생에게는 학급의 평범한 일, 예를 들면 그림 그리기 같은 다른 활동과 관심의 기회를 주라고 권하고 싶습니다. 그 아이가 이런 활동에서 성공하는 것 또한 다른 아이들의 관심 폭을 넓혀 앞으로 나아가게 해줄 것입니다.

유급은 더욱 불행한 일입니다. 꼭 그런 것은 아닐지라도 보통 유급한 아이들이 학교와 가정에서 문제가 있다는 사실에 모든 교사가 동의할 것입니다. 아주 적은 수이지만, 유급해도 아무런 문제를 일으키지 않는 아이도 있습니다. 그러나 대부분의 유급생은 뒤처진 채이며, 문제는 좀처럼 나아지지 않습니다. 그들은 반 친구들에게 그리 달가운 존재가 아닙니다. 그리고 자신의 능력을 매우 비관적으로 생각합니다. 안타깝게도 현대 학교 구조에서는 유급생이 생기는 것을 막을 수 없습니다.

방학 등을 이용해서 뒤처진 아이들이 잘못된 생활 방식을 깨닫도록 가르쳐 어떻게든 유급하지 않도록 해온 교사도 있습니다. 아이들은 잘못을 깨달으면 다음 학년을 반드시 성공적으로 마칠 수 있습니다. 실제로 이렇게 하는 것이야말로 우리가 뒤처진 아이들을 도와줄 수 있는 유일한 방법입니다. 우리는 아이들이 자신의 능력을 잘못 평가한 점을 인식시켜 주어서, 그들 스스로의 노력으로 나아가도록 놓아주어야 합니다.

아이들을 성장이 빠른 학생과 더딘 학생으로 나누어 저마다 다른 반에 집어넣는 것을 볼 때마다 나는 하나의 두드러진 사실을 발견해 왔습니다. 물론 나의 경험은 유럽에 국한되어 있으므로 미국에서도 같은 모습을 볼 수 있을지는 모르겠습니다. 그 두드러진 사실이란, 성적이 뒤떨어지는 학급에는 지적 장애 아이들이나 가난한 아이들이 반드시 들어 있다는 것입니다. 반면 성적이 뛰어난 학급에서는 부유한 부모를 둔 아이들이 많았습니다.

이런 사실은 충분히 이해할 수 있습니다. 가난한 집에서는 자녀들에게 학교생활을 충분히 준비시키지 못합니다. 생계가 어렵기 때문에 부모는 아이들 교육에 많은 시간을 쏟을 수도 없거니와, 아마 부모 자신 또한 아이들을 돕기에 충분할 만큼의 교육을 받지 못했을 것입니다.

그러나 나는 학교생활을 제대로 준비하지 못한 아이들을 성적이 떨어지는 학급에 넣어야 한다고 생각하지 않습니다. 잘 훈련된 교사는 준비가 되어 있지 않은 부분을 바로잡아 줄 방법을 알고 있으며, 준비되어 있지 않은 아이들은 더 잘 준비된 아이들과 어울림으로써 발전할 것이기 때문입니다. 성적이 떨어지는 학급 아이들도 자신들이 그러한 반에 있다는 사실을 잘 알고 있고, 뛰어난 학급 아이들도 그것을 잘 알고 있어서, 성적이 떨어지는 학급 아이들을 깔봅니다. 이것이 아이들의 용기를 꺾고 잘못된 방향으로 개인적인 우월성을 추구하도록 만드는 원인이 됩니다.

남녀가 같은 교실에서 공부하는 공학(共學)은, 원칙적으로 아주 지지할 만합니다. 공학은 소년 소녀들이 서로를 더 잘 알아 이성과 협력하는 좋은 수단이 됩니다. 그러나 공학이 모든 문제를 해결해 준다고 믿는 사람은 잘못 생각하는 것입니다. 공학은 자체적으로 특별한 문제를 불러오는데, 이 특별한 문제가 인식되고 처리되지 않는다면 남성과 여성 사이의 거리는 남학교 또는 여학교보다 오히려 공학이 더 멀어집니다.

예를 들어 소녀들이 열여섯 살까지는 소년들보다 성장 속도가 빠르다는 것이 하나의 문제가 됩니다. 소년들이 이 사실을 이해하지 못하면 자존심에 크게 상처를 입습니다. 소년들은 소녀들에게 뒤처졌다고 생각해 기가 죽습니다. 그러므로 어른이 된 뒤에도 그들은 이성과 겨루기를 두려워합니다. 패배감을 기억하기 때문이죠. 공학에 찬성하며 그로 인해 일어나는 문제를 이해하는 교사라면 이 제도를 통해 많은 일을 이룰 수 있지만, 교사가 그것을 완전히 인식하지 못하고 거기에 관심을 갖지 못한다면 틀림없이 실패할 것입니다.

또 다른 문제는 아이들이 적절히 훈련받고 감독받지 않는다면 성 문제가 반드시 일어난다는 것입니다. 학교 성교육 문제는 아주 복잡합니다. 교실은 성교육에 알맞은 장소가 아닙니다. 교사가 학급 전체를 대상으로 이야기하면 학생 하나하나가 제대로 이해하고 있는지 알 길이 없습니다. 이러한 방법으로는 그저 성에 대한 호기심만 불러일으킬 뿐이며, 아이들이 그것에 대한 준비가 되어 있는지 또는 그것을 자기 생활 방식에 적용시킬지 아닐지는 알 수 없습니다.

물론 아이들이 더 알고 싶어서 개인적으로 질문한다면, 교사는 대충 둘러대지 말고 성실하게 답해 주어야 합니다. 이때 교사가 아이들이 정말로 알고 싶어 하는 것이 무언가를 파악해서 올바른 대답을 해주어야 아이들은 바른 길로 나아가게 될 기회를 얻을 수 있습니다. 그러나 학급에서 몇 번씩이나 성에 대한 논의가 잇따른다면 불리합니다. 꼭 오해하는 아이가 생기기 마련인데, 성을 하찮은 것으로 생각하게 되는 것은 좋지 않습니다.

아이들의 다양성 이해하기

아이들을 이해하는 훈련을 받은 사람이라면 누구든지 서로 다른 성격과 생활 방식을 쉽게 구별할 수 있습니다. 아이들이 어느 정도의 협력 능력을 갖고 있는지는 그 자세를 보면 알게 됩니다. 어떻게 보고 듣는가, 다른 아이들과 얼마나 거리를 두고 있는가, 친구를 쉽게 사귀는가, 주의력과 집중력이 얼마나 있는가 하는 데서 볼 수 있습니다.

숙제를 잊어버리거나 교과서를 잃어버리는 아이라면 공부에 관심이 없다고 생각할 수 있습니다. 이럴 때는 아이가 왜 학교를 싫어하는지 그 이유를 찾아야 합니다. 다른 아이들과 어울려서 놀지 않는다면 그 아이가 소외감을 느끼고 있거나 자기 자신에게만 관심이 쏠려 있음을 알 수 있습니다. 아이가 공부할 때 늘 남이 도와주기를 바란다면 자립심이 없고 의존적인 성격임을 알게 됩니다.

칭찬받거나 평가받을 때만 공부하는 아이도 있습니다. 응석받이들의 대부분은 선생님의 주목을 받는 동안에는 꼬박꼬박 숙제를 합니다. 하지만 특별한 배려가 사라지면 문제가 시작됩니다. 관중이 없으면 움직이지 않는 것입니다. 봐주는 사람이 없으면 흥미 또한 잃어버립니다. 그런 아이들에게 수학은 매우 어려운 도전입니다. 몇 가지 법칙이나 문장을 외우는 일은 훌륭히 해내지만, 혼자 힘으로 문제를 풀어야 하는 상황이 되면 곧 어찌할 바를 모르고 헤맵니다.

이것은 우리 눈에는 조그만 실패로 보일지도 모르지만 타인의 행복을 가장 위협하는 것은 늘 다른 사람의 도움과 관심을 요구하는 아이들입니다. 이런 태도가 변하지 않는다면 그 아이는 어른이 되어서도 평생 남의 도움을 필요로 하고 강요하게 될 것입니다. 자신에게 문제가 생길 때마다 다른 사람이 그 문제를 해결해 줄 수밖에 없도록 유도할 것입니다. 다른 사람의 행복에는 아무 도움도 주지 않으면서 주위 사람들에게 영원히 귀찮은 존재가 될 것입니다.

관심의 중심에 있고 싶어 하는 아이의 또 다른 유형은, 자기가 생각한 위치에 있지 못하면 심술을 부리거나 학급 전체를 방해하거나 다른 아이들을 잘못된 길로 이끌어서 주목을 받으려고 합니다. 아무리 혼을 내고 벌을 주어도 그런 아이에게는 아무 소용도 없을 것입니다. 그 아이는 무시될 바에야 차라리 벌받는 쪽을 택할 것입니다. 나쁜 행동의 결과로 불쾌한 경험을 해도 그 아이로서는 그 일로 주목을 받았으니 마땅한 대가라고 여길 것입니다.

많은 아이들이 벌을 개인적인 도전으로밖에 보지 않습니다. 누가 벌을 가장 오래 견디는지를 겨루는 경기 또는 놀이라고 여깁니다. 그리고 언제나 아이가 이깁니다. 결과는 아이들이 거머쥐고 있기 때문입니다. 부모나 교사와 싸우는 아이들은 때로는 벌을 받을 때 우는 대신에 웃도록 자신을 훈련하기도 합니다.

게으른 아이는, 그 게으름이 부모나 교사에 대한 직접적인 공격이 아니면, 거의 늘 패배를 두려워하는 야심이 있는 아이들입니다. 그 아이는 성공이라는 단어를 잘못 이해하고 있습니다. 그러므로 아이가 무엇을 패배라고 생각하는지를 알게 되면 참으로 놀랍습니다.

많은 아이들이 다른 사람들을 모두 이기지 못하면 졌다고 여깁니다. 성공하더라도 다른 누군가가 더 잘했다면 졌다고 생각합니다. 게으른 아이들은 진짜 시험에 부딪힌 적이 없어서 진정한 패배감도 느끼지 못합니다. 그러므로 문제를 회피하거나, 다른 사람과의 경쟁을 미룹니다.

다른 사람들은 대부분 그 아이가 게으르지만 않다면 문제를 해결하고 이겨낼 수 있을 거라고 확신합니다. 그 아이는 "나는 하려고만 들면 못할 것이 없다"는 저 행복한 백일몽으로 도망칩니다. 실패했을 때는 언제든지 다음처럼 말함으로써 실패의 중요성을 줄이고 자존심을 지킬 수 있습니다.

"나는 능력이 없는 게 아니라 게으를 뿐입니다."

때로 교사는 게으른 학생에게 "더 공부하면 반에서 가장 똑똑한 학생이 될 텐데"라고 말할 것입니다. 아무것도 안 하는데 이런 평가를 받을 수 있다면 굳이 공부해서 위험을 감수할 필요가 어디 있겠습니까? 그 아이가 게으름을 끊어낸다면 감춰진 우수성의 평가도 끝날 것입니다. 해냈을지도 모를 일이 아니라 실제로 행한 것을 바탕으로 평가받게 됩니다.

게으른 아이에게 또 한 가지 이익은, 조금이라도 뭔가를 하면 칭찬받는다는 사실입니다. 모두가 마침내 그 아이의 행동에서 변화의 조짐을 발견하고 기대합니다. 그리고 부지런한 아이가 했다면 그런 줄도 모르고 넘어갈 일을 게으른 아이가 하면 더욱 열심히 격려해 줍니다. 이렇게 게으른 아이들은 다른 사람의 기대를 양식으로 삼아 살아갑니다. 게으른 아이들은 아주 어렸을 때부터 모든 것이 다른 사람의 노력에 의해 자기 것이 되기를 기대하도록 스스로를 훈련해 온 응석받이입니다.

우리가 어디에서나 쉽게 찾아볼 수 있는 또 다른 유형은 친구들 사이에서 주도권을 쥔 아이들입니다. 인류에게 정말 필요한 지도자는 다른 사람들의 행복과 이익을 위해 이끌어줄 수 있는 인물입니다. 친구들 앞에 서는 아이들은 대부분 자기가 다른 사람을 다스릴 수 있는 상황에만 관심이 있으며, 이런 조건에서만 무리에 낍니다. 그래서 이런 아이들의 앞날은 밝지 않습니다.

시간이 흐르면 그들에게는 반드시 여러 가지 곤란한 일들이 일어납니다. 때때로 이런 두 사람이 결혼, 일, 또는 다른 사회관계 속에서 만납니다. 그 결과는 비극적이든가 희극적입니다. 서로가 서로를 지배하여 자신의 우월성을 확실히 다질 기회를 노립니다.

때로는 가족 중 가장 나이 든 사람이 응석받이 아이가 자신들을 지배하고 전제군주로서 군림하는 것을 보며 즐거워합니다. 그들은 아이를 더욱 부추깁니다. 그러나 교사는 이것이 사회생활에 결코 이로운 성격 발달이 아님을 금세 알아볼 수 있습니다.

당연히 아이들은 언제나 가지각색입니다. 그리고 아이들을 모두 같은 모형으로 재단하거나 같은 틀에 끼워 맞추는 것은 분명 우리의 목적이 아닙니다. 하지만 우리는 아이들에게서 패배와 곤란으로 이끄는 습관이 자라지 못하도록 반드시 막아내고 싶습니다. 그리고 이런 발달을 바로잡거나 막기에는 어린 시절이 가장 알맞으며 비교적 쉽게 이루어집니다. 이런 습관을 고치지 못한 채로 어른이 되었을 때 일어나는 사회적 결말은 심각할 뿐만 아니라 많은 장애를 가져옵니다. 어린 시절의 잘못은 성인이 된 뒤의 실패로 바로 이어집니다.

협력을 배우지 못한 아이는 뒷날 신경증 환자, 알코올의존자, 범죄자, 또는 자살자가 됩니다. 불안신경증 환자는 어린 시절에 어둠, 낯선 사람, 또는 새로운 환경을 두려워했습니다. 우울증 환자는 울보였습니다.

현대 사회에서는 모든 부모를 한 사람씩 만나 그들이 자녀들에게 잘못을 저지르지 않도록 도움을 주는 일이 불가능합니다. 또 누구보다 조언이 필요한 부모는 이따금 그것을 절대 인정하지 않아 도움조차 받으러 오지 않습니다.

그러나 우리는 모든 교사를 만날 수는 있습니다. 교사를 통해 우리는 아이들의 이미 진행된 잘못을 바로잡아 주고, 아이들을 자립심 있고 용감하며 협력적인 인생을 살도록 훈련할 수 있습니다. 바로 여기에 인류 미래의 행복을 위한 가장 큰 약속이 있습니다.

아동상담소가 하는 일

내가 15년쯤 전에 개인심리 아동상담소를 연 것은 교사를 움직여 학교상담 사업을 확립해야겠다는 목적 때문이었습니다. 아동상담소는 빈과 유럽의 다른 도시에서 그 유용함을 인정받았습니다.

높은 이상과 큰 희망을 갖는 것은 아주 좋은 일이지만, 그것들을 이룰 방법을 찾지 못한다면 이상(理想)은 무가치한 것이 됩니다. 이 15년의 경험을 바탕으로 나는 이 아동상담소가 완전한 성공을 거두었으며, 유년 시절의 문제를 다루어 아이들을 책임 있는 시민으로 키우기 위한 가장 좋은 수단을 제공한다고 말할 수 있습니다.

마땅히 나는 아동상담소가 개인심리학에 바탕을 두면 더 성공하리라고 확신합니다. 하지만 다른 심리학파들과의 협력도 필요합니다. 실제로 나는 아동상담소가 여러 학파들과 연결되어야 하며, 각 학파에 의해 얻어진 결과를 비교함으로써 확립되어야 한다고 늘 주장해 왔습니다.

교사, 부모, 아이가 맞닥뜨리는 문제에 대해 경험 많고 잘 훈련된 심리학자는 아동상담소의 절차에 따라 교사와 함께 학교에서 일어난 문제를 논의합니다. 학교를 방문하면 한 명 또는 몇몇 교사들이 그 아이가 가진 문제를 설명합니다. 아이는 게으르거나, 싸움을 하거나, 무단결석을 하거나, 도둑질을 하거나, 공부를 못합니다. 심리학자는 교사(들)에게 자신의 경험을 전달하며 논의를 이어나갑니다. 처음에 문제가 나타난 상황이 어떠했는지, 아이의 가정생활과 성격 발달은 어떤지가 설명됩니다. 교사와 심리학자는 문제가 일어난 이유와 그 대처 방법을 의논합니다. 그들은 경험이 있어서 금세 해결책을 마련합니다.

심리학자가 찾아오는 날에는 아이의 부모도 출석합니다. 심리학자와 교사는 부모에게 어떤 식으로 이야기해야 좋을지, 어떤 식으로 영향을 주고 아이의 실패 이유를 제시해야 좋을지를 정한 뒤 아이와 부모를 부릅니다.

부모는 자녀에 대해 많은 정보를 가지고 있습니다. 그리고 논의는 심리학자와 부모 사이에서 시작되는데, 이때 심리학자는 아이를 돕기 위한 방법들을 제안합니다. 보통 부모는 상담받는 것을 기뻐하며 적극적으로 협력하지만, 만일 부모가 저항한다면 심리학자 또는 교사는 비슷한 사례에 대해 논의, 거기서 문제아에게 적용할 수 있는 결론을 이끌어낼 수 있습니다.

그리고 아이가 방(토론 장소)으로 들어오면 심리학자는 아이의 잘못에 대해서가 아니라 아이가 맞닥뜨린 문제에 대해서 이야기합니다. 심리학자는 아이의 성장을 가로막았던 여러 원인들을 찾아냅니다. 이를테면 다른 아이들은 모두 사랑받는데 자기만 무시당했다 느끼고 있지 않은지 등을 찾아냅니다. 아이를 혼내는 게 아니라, 아이의 생각을 이해하기 위해 편안한 분위기 속에서 대화를 나눕니다. 아이의 특정한 잘못에 대해 언급해야 할 때라도, 그것을 아직 일어나지 않은 만약의 일로서 제시해 아이의 생각을 물어야 합니다. 이런 일에 경험이 없는 사람이라면 아이가 문제를 얼마나 잘 이해하고 있으며, 아이의 태도가 얼마나 빨리 바뀌는가를 보고 놀랄 것입니다.

이런 식으로 나에게 훈련받은 교사들은 모두 그 일을 해나감에 있어 무척 만족스러워하며, 무슨 일이 있어도 절대 포기하려 들지 않습니다. 그것은 교사로 하여금 자기 직업에 더 애착을 갖게 해주고, 그 모든 노력을 더욱 성공으로 이끌어주기 때문입니다. 그들 가운데 어느 누구도 이 일을 부담스럽게 여기지 않습니다. 그들이 오랫동안 안고 있던 문제를 30분쯤이면 해결할 수 있기 때문입니다.

학교 전체에 협력 정신이 북돋워져 이제 커다란 문제는 곧 사라지고, 대신 치료를 위한 작은 문제만이 남습니다. 교사 자신도 심리학자가 됩니다. 그들은 고유한 성격의 통일성과 그 모든 표현의 일관성에 대해 이해하는 법을 배우고, 하루 동안 어떤 문제가 나타나더라도 스스로 해결할 수 있게 됩니다. 실제로 모든 교사가 심리학 훈련을 받아서 심리학자가 필요없게 되는 것이 우리의 희망입니다.

예를 들어 어떤 학급에 게으른 아이가 있다면 아이들에게 게으름에 대해 토론하게 할 것을 제안할 수 있습니다. 교사가 "게으름은 어디에서 올까?" "왜 게으른 사람이 있을까?" "게으른 아이는 왜 바뀌지 않을까?" "무엇이 바뀌어야 하는가?" 등의 질문을 던짐으로써 토론을 시작합니다. 아이들은 문제에 대해 서로 이야기하며 결론에 다다를 것입니다.

게으른 아이는 자기가 토론 주제라는 사실을 모르지만, 자기 자신의 문제이므로 그 토론에 관심을 갖고 많은 것을 배웁니다. 비난을 받았다면 아이는 아무것도 배우지 못하겠지만, 냉정한 토론을 듣는다면 스스로 그 물음에 답해보고 아마 자신의 잘못된 생각을 바꿀 기회를 갖게 될 겁니다.

아이들과 함께 공부하고 노는 교사만큼 아이들의 마음을 이해할 수 있는 사람은 없습니다. 교사는 아이들의 다양한 유형을 만나고 있으므로, 연습을 많이 해 능숙해진다면 아이들 하나하나와 좋은 관계를 맺을 수 있게 됩니다. 그러므로 가정에서의 잘못이 이어지는가 고쳐지는가는 교사에게 달려 있습니다. 교사는 어머니와 마찬가지로 인류 미래의 수호자입니다. 교사에게 가능한 일은 헤아릴 수 없이 많고도 중요합니다.

8 사춘기란 무엇인가

사춘기의 시련과 도전

사춘기에 대한 책은 산더미처럼 많으며, 거의 대부분이 사춘기를 한 사람의 성격을 송두리째 바꿀 만한 위기인 것처럼 다루고 있습니다. 사춘기에는 많은 위험이 있지만, 그 위험이 성격까지 바꾼다고 하는 것은 사실이 아닙니다.

사춘기는 자라나는 아이에게 다만 새로운 환경과 새로운 시련을 줄 뿐입니다. 아이는 자기가 인생의 최전선에 다가가고 있음을 느낍니다. 문제가 감추어져 있다가 사춘기 때 갑자기 눈앞에 나타나기도 합니다. 만일 어린 시절에 훈련을 잘 받았다면 자신의 문제를 일찍 찾아냈을지도 모릅니다. 그렇지 못하면 사춘기에 이르러 그 (숨어 있던) 문제들이 두드러지게 되고, 아이는 자기 앞을 딱 가로막고 선 그 문제들을 더 이상 못 본 척 무시할 수가 없습니다.

심리적 차원

사춘기는 거의 모든 젊은이에게 무엇보다도 중요한 하나의 의미를 지닙니다. 더는 아이가 아님을 증명해야 한다는 것입니다. 우리는 아이들에게 그 점을 당연하게 생각하고 받아들이도록 설득할지도 모릅니다. 그리고 그게 가능하다면 많은 스트레스가 사라질 것입니다. 그러나 아이들이 자기가 성숙했음을 증명해야 한다고 느낀다면 반드시 자신의 주장을 지나치게 강조하게 될 것입니다.

사춘기의 행동은 대부분 자립, 어른들과의 대등함, 남성 또는 여성이 되었음을 드러내고 싶다는 소망의 결과입니다. 이런 행동이 어떤 쪽으로 나아가는지는, 그 아이가 '어른이 되었다'는 것에 내리는 의미에 달려 있습니다.

'어른이 되었다는 것'이 어떤 제약이 사라졌음을 뜻한다면, 그 아이는 모든 제한과 맞서 싸울 것입니다. 실제로 많은 청소년들이 담배를 피우고, 거친 말투를 쓰며, 밤늦게까지 돌아다니기 시작합니다. 어떤 아이들은 부모에게 갑자기 반항을 합니다. 그러면 부모는 그토록 순했던 아이가 돌변한 이유도 모른 채 당황스러워합니다.

그러나 이는 단지 태도가 변한 게 아닙니다. 그 순해 보였던 아이도 사실여태껏 부모에게 반항해 왔지만 그러한 적대감을 드러낼 용기가 없었던 것뿐입니다. 그런데 더 많은 자유와 힘을 얻게 되자 이제 거리낌 없이 적대감을 표현할 수 있다고 느낀 것입니다.

언제나 아버지를 두려워해 어느 모로 보나 조용하고 순종적인 한 소년이 있었습니다. 그 아이는 사춘기가 되어 자신이 충분히 강하다고 느낀 순간 아버지에게 도전해 아버지를 때리고 집을 나가버렸습니다. 이 아이는 복수할 기회를 끈기 있게 기다려왔던 겁니다.

아이들은 사춘기 동안 때때로 더 많은 자유와 자립할 기회를 얻습니다. 또한 부모가 이제 자신을 감시하고 보호할 권리가 없다고 느낍니다. 그래서 만약 부모가 감시를 계속하려 들면, 아이는 부모의 통제에서 벗어나기 위해 더욱 노력합니다. 부모가 아직 자녀가 어리다는 사실을 증명하려고 하면 할수록, 아이는 그렇지 않음을 밝히기 위해 더욱더 싸울 것입니다. 이 싸움으로부터 적대하는 태도가 나타납니다. 그리고 이때 우리는 전형적인 '사춘기의 반항'을 만나게 됩니다.

신체적 차원

엄격한 범위에서 사춘기가 어디서부터 어디까지냐를 잴 수는 없습니다. 보통 열네 살쯤부터 시작되어 스무 살쯤까지 이어지는데, 때로는 열 살이나 열한 살에 사춘기에 들어가는 아이도 있습니다.

이 시기에는 신체 기관들이 성장하고 발달하며, 아이들은 이따금 그것을 조절하는 데 애를 먹습니다. 키가 자라고 손발이 커지며, 활동성이 줄어들고 모든 일에 서툴러지기도 합니다. 아이가 이 시기를 잘 헤쳐나가려면 노력이 필요합니다. 하지만 그 과정에서 놀림당하거나 비판받으면 원래 자신이 남보다 열등하다고 믿게 됩니다. 그러면 아이는 무슨 일에서나 자신감을 잃고 말 것입니다.

내분비샘도 아이의 성장 발달에 기여합니다. 사춘기에는 내분비샘의 활동이 활발해집니다. 물론 이것은 완전한 변화는 아니지만(어릴 때부터 활동하고 있었으므로), 이제 분비가 늘어나 2차 성징이 더욱 뚜렷해집니다. 소년들은 수염이 나기 시작하고 변성기가 찾아옵니다. 소녀들은 몸에 굴곡이 지고 눈에 띄게 여성스러워집니다. 이런 것들도 사춘기 소년 소녀들이 오해할 수 있는 부분입니다.

어른들의 도전

이따금 어른의 삶으로 나아갈 충분한 준비가 되어 있지 않은 아이들은 직업, 사회생활, 우정과 사랑 또는 결혼이 자기 앞에 다가오면 심한 공포감을 느낍니다. 그러면 아이들은 그런 문제들을 해결할 수 있는 능력이 자신에게 없다는 생각에 절망합니다. 또한 친구를 사귀는 일에 소극적이 되어 홀로 집에 틀어박혀 있으려 합니다. 직업에 대해서도, 자신에게 어울리는 일을 찾지 못하고 분명 무엇을 하더라도 실패할 거라고 확신합니다. 사랑과 결혼에 대해서는, 이성과 함께 있으면 당황하여 만나기를 두려워합니다. 이성이 말을 걸면 얼굴이 붉어집니다. 대꾸할 말도 찾지 못합니다.

그렇게 날마다 점점 깊은 절망에 빠집니다. 이런 사람은 극단적인 경우에는 인생의 어떤 문제도 처리할 수 없습니다. 그리고 누구로부터도 이해받지 못합니다. 그는 다른 사람을 쳐다보지 않으며, 말도 걸지 않고, 다른 사람의 말도 듣지 않습니다. 일도 공부도 하지 않습니다. 상상 속 세계로 달아나버려 시시한 성적(性的) 활동의 여운만 남습니다.

이것을 통합실조증(조현병)과 같은 상태로 보기도 하지만 그런 현상을 단순한 광기로 여기는 것은 분명 잘못된 생각입니다. 이런 아이에게 용기를 주고, 자신이 잘못된 길을 가고 있음을 일깨워주며, 보다 나은 길을 보여줄 수 있다면 아이는 머잖아 치유됩니다.

그러나 이는 결코 쉬운 일이 아닙니다. 기존 교육이 전체적으로 수정되어야 하기 때문입니다. 아이의 과거, 현재, 그리고 미래의 의미가 개인적인 논리가 아닌, 객관적이고 과학적인 논리로 조명되어야 하기 때문입니다.

사춘기의 모든 위험은 인생의 세 가지 과제를 앞두고 충분한 훈련을 받지 못해서 일어납니다. 아이들이 미래를 두려워하거나 자신의 앞날에 비관적이라면 인생 과제를 준비하는 데도 최소한의 노력만 기울일 것이 마땅합니다. 하지만 이런 쉬운 방법은 아무런 도움도 되지 못합니다. 이런 아이들은 명령이나 권고, 또는 비판을 받으면 받을수록 자신이 절망적인 상황에 빠져 있다는 인상을 굳힙니다. 우리가 아이에게 강요하면 할수록 아이는 뒷걸음질 칩니다. 우리가 아이에게 용기를 주지 못한다면, 아이를 돕기 위한 모든 노력은 실패해 아이에게 더욱 큰 상처만 남게 될 것입니다. 아이가 비관적이고 두려움에 떨고 있는 동안에는 아이가 스스로 노력하게 되리라 기대할 수는 없습니다.

사춘기에 일어나는 문제들

어린 시절에 대한 집착

이 시기에 어린아이인 채로 있고 싶다는 소망을 드러내는 아이들이 있습니다. 아기처럼 말하고, 자기보다 어린 아이들과 놀며 영원히 어린아이로 머물 수 있는 것처럼 행동하기도 합니다.

그러나 대부분의 아이는 어른처럼 행동하려고 애씁니다. 그다지 용기가 없으면 어른을 흉내 냅니다. 소년들은 자유롭게 돈을 쓰고, 성적인 농담을 하기 시작하며 그런 관계를 즐기는 어른처럼 행동합니다.

경범죄

더 곤란한 경우는 소년들이 인생의 과제를 어떻게 해결해야 좋을지도 모르면서 계속 외향적이고 적극적인 자세를 보이며 범죄자로서의 인생을 걷기 시작하는 것입니다. 이런 일은 이미 가벼운 범죄를 저질렀는데도 들키지 않았다거나, 발각되지 않았다는 것을 스스로 대견스럽게 여길 때 특히 잘 일어납니다.

범죄는 인생의 과제로부터, 무엇보다 직업을 갖고 경제활동을 해야 한다는 과제로부터 가장 쉽게 달아날 수 있는 방법입니다. 그래서 열네 살부터 스무 살 사이에 비행 발생 수가 늘어납니다. 여기서도 우리는 새로운 발달에 맞닥뜨린 게 아닙니다. 더 큰 압력이 이미 아이의 생활 방식에 있었던 결점을 드러낸 것뿐입니다.

신경증적인 행동

그다지 활동적이거나 외향적이지 않은 아이들에게 쉬운 도피 방법은 신경증입니다. 그리고 많은 아이가 기능적 질환과 신경 질환에 걸리기 시작하는 때가 바로 사춘기입니다. 여러 신경증적 징후에는 인생의 과제 해결에 대한 거부를 정당화하려는 의도가 깔려 있습니다.

신경증은 사회적인 방법으로 해결할 만한 준비가 되어 있지 않은 채로 사회 문제에 부딪칠 때 나타납니다. 이 신경증은 곤란하고도 커다란 긴장을 만들어냅니다. 사춘기에는 신체 조직이 특히 이런 긴장에 예민하게 반응합니다. 모든 기관이 자극을 받아 신경계 전체에 영향이 미칩니다.

이는 망설임이나 실패의 또 다른 핑계를 제공합니다. 이런 상황에 빠진 사람은 자기 자신의 일에서는 물론, 다른 사람과의 관계에서도 자신은 병에 걸렸으니 책임이 없다고 변명하기 시작합니다. 이렇게 하여 마침내 신경증의 구조가 완성됩니다.

신경증 환자는 모두 자신이 최선의 의도를 갖고 있다고 자부합니다. 그들은 공동체 감각과 인생 과제 해결이 필요하다는 점을 너무도 잘 알고 있습니다.

하지만 자신들 경우만은 이 보편적인 요구에서 예외라고 주장합니다. 그들을 용서하는 것은 신경증 그 자체입니다. 그들의 태도 전체가 그 사실을 말해 주고 있습니다.

"나는 내 문제를 모두 해결하고 싶다. 하지만 불행히도 나는 방해받고 있다."

이런 점에서 신경증 환자는 범죄자와 다릅니다. 범죄자는 이따금 자신이 나쁜 의도를 갖고 있음을 공언합니다. 신경증 환자는 좋은 의도를 갖고 있지만 그 행동은 자기 의도와는 반대로 나타납니다. 원한을 품고 이기적이며 주위 사람들의 협력을 걸림돌이라고 말하는 신경증 환자와, 공동체 감각의 잔재를 억압하려 애쓰는 범죄자 가운데 어느 쪽이 사회에 더 나쁜가를 결정하기란 어려운 일입니다.

응석받이들

인생의 수없이 많은 실패가 응석받이로 자란 데 그 원인이 있습니다. 무엇이든지 원하기만 하면 부모가 다 들어주었던 아이는 성인으로서 스스로를 책임져야 할 때가 되면 특히 긴장합니다.

그들은 여전히 응석을 부리고 싶어 하지만, 나이가 들수록 자신이 주목의 대상이 아님을 깨닫습니다. 그리고 인생은 그들을 속이고 실망시킵니다. 더없이 따뜻한 분위기 속에서 자란 그들에게 바깥공기는 지독하게 차갑습니다.

모순되는 기대

사춘기에는 그동안 확립되었던 경향이 뚜렷하게 뒤바뀝니다. 많은 기대를 받았던 아이들이 공부나 일에서 갈수록 뒤떨어지기 시작하고, 이와 달리 전에는 그다지 재능이 없다고 여겨졌던 아이들이 치고 올라와 예상치 못했던 능력을 보이기 시작합니다.

이는 지금까지의 교육에 모순이 있었기 때문이 아닙니다. 성장 가능성이 높다고 평가받아 온 아이는 아마도 기대를 저버리게 되지나 않을까 두려움을 느꼈을 것입니다. 그 아이는 지지받고 칭찬받는 동안에는 무리 없이 나아 갈 수 있었습니다. 그러나 스스로 노력해야 할 때가 오면 용기는 꺾이고 후퇴하게 됩니다.

한편 다른 아이들은 새로운 자유 덕분에 용기를 얻을지도 모릅니다. 그들은 자신의 야심을 이루기 위한 길을 눈앞에서 분명히 봅니다. 새로운 생각과 계획으로 한껏 부풀어 오릅니다. 그들의 창조성은 높아지고, 삶의 모든 면에 대해 더욱 또렷하고 열렬한 관심을 기울입니다. 이런 아이들은 자신의 용기를 간직하며, 이들에게 자립은 곤란과 실패의 위험을 뜻하는 게 아니라 오히려 이루고 공헌하기 위한 기회가 더 많이 열렸음을 의미합니다.

칭찬과 허락에 대한 간절함

자신이 업신여김을 당하고 무시당했다고 느꼈던 아이들은 주위 사람들과 보다 좋은 관계를 이루게 되면, 드디어 자신의 가치를 인정받으리라는 기대를 하기 시작합니다. 그들은 거의 이런 칭찬에 대한 갈망에 사로잡혀 있습니다.

소년들이 단지 칭찬받는 것에만 너무 집중하는 것은 위험한 일입니다. 이따금 소녀들은 자신감이 없어서 다른 사람에게 인정받고 칭찬받는 것만이 자신의 가치를 증명할 유일한 길이라고 생각합니다. 이런 소녀들은 쉽게, 그녀들을 치켜세우는 방법을 알고 있는 남자들에게 좋은 먹잇감이 되고 맙니다.

나는 집에서는 칭찬받지 못한다고 생각해서 육체적 관계를 갖기 시작하는 많은 소녀들을 만나보았습니다. 이는 자기가 성인임을 증명하기 위해서라기보다 마침내 자기가 인정받고 주목의 대상이 되는 지위를 얻을 수 있다는 헛된 희망에서 비롯합니다.

집이 아주 가난한 열다섯 살 소녀의 예를 들어봅니다. 그녀에게는 어릴 때부터 병약했던 오빠가 있었습니다. 어머니는 아들을 돌보느라 바빠서 딸에게 신경을 쓰지 못했습니다. 그런 데다 어렸을 때 아버지까지 아파서 어머니가 딸에게 쏟을 수 있었던 시간은 매우 적었습니다.

이 소녀는 보살핌받는다는 것이 어떤 의미인지 생각했고 또 이해할 수 있었으며 그런 보살핌을 늘 꿈꾸었지만 집에서는 찾을 수가 없었습니다. 그즈음 여동생이 태어났습니다. 이때는 아버지의 병이 다 나아서 어머니가 자유롭게 갓난아이에게만 마음을 쓸 수 있었습니다. 그 결과 소녀는 가정에서 자신만 사랑과 호의를 받지 못했다고 느꼈습니다.

하지만 그녀는 참았습니다. 집에서는 예의가 발랐고, 학교에서는 1등을 했습니다. 공부를 계속하지 않겠느냐는 권유를 받고 고등학교에 들어갔는데, 그녀는 고등학교의 교육 방법을 이해하지 못했습니다. 당연히 성적이 떨어지기 시작했습니다. 그녀의 사정을 몰랐던 교사는 그녀를 나무랐으며 그럴수록 그녀는 더욱더 자신감을 잃었습니다.

그녀는 하루빨리 칭찬받게 되기를 간절히 바랐지만 학교에서도 집에서도 인정받을 수 없음을 깨달았습니다. 그때 그녀에게 대체 무엇이 남았겠습니까? 그녀는 자신을 칭찬해 줄 남자를 찾기 시작했습니다. 몇 번의 경험 뒤, 그녀는 집을 나와 2주 동안 한 남성과 함께 지냈습니다. 가족들은 그녀를 몹시 걱정하며 찾으려고 애썼습니다.

머지않아 그녀는 자신이 남자에게 인정받았던 것이 아님을 깨닫고 그런 상황에 처하게 된 것을 뉘우치기 시작했습니다. 다음으로 생각한 것은 자살이었습니다. 소녀는 다음과 같은 짧은 편지를 집으로 보냈습니다.

'걱정하지 마세요. 독약을 마셨어요. 나는 아주 행복합니다.'

하지만 실제로는 독약을 마시지 않았습니다. 그녀가 왜 그랬는지 우리는 이해할 수 있습니다. 그녀는 부모가 자신을 걱정한다는 사실을 알고 있었지만, 부모의 동정을 더 사고 싶었습니다. 그래서 어머니가 찾아와 그녀를 집으로 데리고 가주기를 기다렸던 것입니다.

만일 소녀가 우리가 알고 있는 것, 즉 그녀의 노력은 모두 칭찬받고 싶은 마음 때문이었음을 알고 있었다면 이런 일은 일어나지 않았을 겁니다. 또한 고등학교 교사가 그녀의 상황을 이해해 주었다면 이런 일은 일어나지 않았을 것입니다. 게다가 교사가 그녀의 학교 성적이 늘 뛰어났었고 그녀가 이런 점에 민감하며 그래서 그녀를 더 주의 깊게 대할 필요가 있었음을 알았다면, 그녀는 용기가 꺾이지 않았을 것입니다.

이번에는 조금 다른 경우를 예로 들겠습니다. 정신적으로 나약한 부모 밑에서 여자아이가 태어났습니다. 늘 아들을 바랐던 어머니는 딸이 태어나자 실망했습니다. 그녀는 여성의 역할을 낮게 평가했고, 그녀의 딸도 그 사실을 느낄 수밖에 없었습니다. 그 소녀는 어머니가 아버지에게 이렇게 말하는 것을 여러 번 들었습니다.

"저 아이는 매력이라곤 찾아볼 수가 없어. 크면 아무도 쟤를 좋아하지 않을 거야."

"더 나이가 들면 쟤를 어떻게 하지?"

이 냉소적인 환경에서 자라나 10년 뒤 그녀는 어머니의 한 친구가 보낸 편지를 발견했습니다. 거기에는 어머니가 딸만 낳은 것을 위로하면서, 아직 젊으니 아들을 하나 낳으라고 적혀 있었습니다.

소녀가 어떻게 느꼈을지를 상상하기란 그리 어렵지 않습니다. 몇 달 뒤, 그녀는 시골에 있는 작은아버지 집으로 내려갔습니다. 그곳에 있는 동안 그녀는 한 소년을 만나 연인이 되었습니다. 얼마 뒤 그는 그녀를 떠났는데, 소녀는 그 뒤로도 똑같은 행동을 되풀이했습니다. 내가 그녀를 만났을 때는 이미 애인이 몇 명이나 있었지만, 그녀는 누구와의 관계에서도 진심으로 인정받고 있다고는 느끼지 못했습니다. 그녀가 나를 찾아온 것은 불안신경증에 걸려 혼자서는 집 밖으로 나갈 수조차 없었기 때문입니다.

그녀는 칭찬받기 위해서라면 한 가지 방법에 만족하지 못하고 다른 여러 방법을 시도했습니다. 그리고 자신의 고통과 괴로움으로 인해 가족을 전제군주처럼 다스리기 시작했습니다. 누구도 그녀의 허락 없이는 아무것도 할 수 없었습니다. 그녀가 울부짖으며 자살하겠다고 협박했기 때문입니다. 소녀는 사춘기에 자신이 거절당하고 있다는 감정을 느껴 거기에서 벗어나고 싶었던 것이지만 그에 대한 집착이 지나치게 강했습니다. 그녀에게 이 사실을 이해시키고, 자신의 위치를 올바로 깨닫게 하는 일은 무척 어려웠습니다.

사춘기의 성

소녀든 소년이든 어른이 되었음을 증명하고자 하는 욕구에서 사춘기 무렵 성적 관계를 과대평가하고 부풀리는 경향이 있습니다.

예를 들어 어머니에게 반항하는 소녀가 늘 억압받고 있다고 믿는다면, 소녀는 항의를 하기 위해 만나는 모든 남성과 성적 관계를 맺을 것입니다. 어머니가 알아채든 알아채지 않든 상관하지 않습니다. 실제로 어머니를 걱정시킬 수만 있다면 소녀는 누구보다도 행복한 것입니다. 그런 이유에서 소녀가 어머니와 싸운 뒤에, 어쩌면 아버지와도 싸운 뒤에 뛰쳐나가서 맨 처음 만난 아무하고나 관계하는 일은 드물지 않습니다.

이런 소녀일수록 주위 사람들이 착하다 여기고, 가정 교육을 잘 받았다고 생각하며, 그런 행동을 하리라고는 아무도 생각지 못합니다. 그러나 소녀들은 그다지 죄의식을 느끼지 않습니다. 인생에 적절한 준비가 되어 있지 않으며, 늘 무시당하고 열등하다고 느껴왔기 때문입니다. 그리고 그런 행동은 그녀들에게 무엇보다 강한 지위를 확보하기 위한 유일한 방법입니다.

남성적 항의

응석받이로 자란 소녀들은 여성 역할에 적응하는 데 어려움을 느낍니다. 우리 문화는 남성이 여성보다 우월하다고 보며, 그 결과 소녀들은 여성이라는 사실에 불만을 품게 됩니다. 그리하여 그녀들은 내가 '남성적 항의'라고 불러온 행동을 보입니다.

남성적 항의는 온갖 행동에 나타납니다. 때로는 남성을 혐오하고 피하는 정도로만 표현됩니다. 때로 이런 여성은 남성을 좋아하지만 남성과 함께 있게 되면 당황해 말을 걸지 못하고, 남성이 참석한 모임에는 나가지 않습니다. 그리고 흔히 성적인 문제에 맞닥뜨리면 불안해합니다. 때때로 그녀들은 어른이 되면 결혼을 바라지만, 어떤 남성에게도 다가가지 못하고 친구 관계를 맺으려

하지도 않습니다. 때로는 사춘기에 여성적 역할에 대한 혐오감이 더 적극적으로 표현되기도 합니다. 소녀들은 이전보다 더 남자아이처럼 행동합니다. 그녀들은 남자아이들을 모방하고 싶어 하며 흡연, 음주, 욕설, 갱단 가입, 성적 자유 표출 등 그들의 비행을 더 쉽게 흉내 낼 수 있습니다.

종종 그녀들은 다른 방식으로 행동한다면 소년들이 자신들에게 관심을 가지지 않을 것이라고 설명합니다. 여성의 역할을 싫어하는 것에서 발전하면 동성애, 성도착, 매춘이 나타납니다. 매춘부들은 모두 아주 어렸을 때부터 누구도 자기를 좋아하지 않는다는 굳은 확신을 가지고 있습니다. 그녀들은 열등한 역할을 하도록 태어나 어떤 남성의 참된 사랑도 관심도 받을 수 없다고 믿습니다.

우리는 이제 이런 상황에서 그녀들이 어떻게 자신을 버리고 자신의 성 역할을 가볍게 여기며 그것을 돈 버는 수단으로만 보게 되었는지 이해할 수 있습니다.

여성 역할에 대한 이 혐오는 사춘기에 갑자기 시작된 것이 아닙니다. 우리는 이런 소녀들이 아주 어릴 때부터 자신이 여자임을 싫어했다는 사실을 알게 되는데, 다만 어린 시절에는 혐오감을 드러낼 필요나 기회가 없었을 뿐입니다.

'남성적 항의'로 고통받는 것은 소녀들만이 아닙니다. 남성의 중요성을 지나치게 크게 평가하는 아이들도 남성성을 이상적(理想的)으로 보고, 그것을 이루는 데 자신이 충분히 강하냐 아니냐를 의심합니다. 이렇듯 우리 문화에서 남성성에 놓인 강조는 소녀들과 마찬가지로 소년들에게도 어려움이 될 수 있습니다.

특히 그들이 자신의 성적 정체성을 확신하지 못하면 더욱 그러합니다. 많은 아이가 언젠가 자신의 성(性)은 바뀔 수 있다는 막연한 생각을 갖고서 자라납니다. 그래서 두 살 때부터는 모든 아이가 자기가 남자인지 여자인지를 아주 뚜렷이 아는 것이 중요합니다.

얼마쯤 소녀처럼 보이는 소년은 특히 어려운 시기를 보냅니다. 모르는 사람은 때로 그를 소녀로 착각하고, 가족의 친구조차 "여자아이로 태어났어야 했어"라고 말합니다. 이런 아이들은 자신은 외모가 떨어져서 사랑과 결혼이라는 문제가 자신에게는 아주 가혹한 시련이라고 여깁니다.

한편 성적으로 어떻게 행동해야 할지 확신이 없는 소년들은 사춘기 때 소녀를 흉내 내는 경향이 있습니다. 그들은 여성처럼 행동하며, 응석받이로 자라 자존심이 세고 애교를 떠는 변덕스러운 소녀의 행동을 배워 익힙니다.

인격 형성기

이성에 대한 준비는 인생의 처음 4년 또는 5년에 그 뿌리가 형성됩니다. 성충동은 갓난아기 시절의 최초 몇 주 사이에 뚜렷해지는데, 이것을 적절하게 표현해도 괜찮을 나이가 되기 전에는 아무것도 해서는 안 됩니다. 너무 일찍 자극받지만 않으면 성충동의 표현은 자연스럽게 일어나는 것이므로 아무 걱정할 필요가 없습니다. 이를테면 갓난아기가 태어나고 몇 년 동안은 자기 몸을 살피거나 만져도 걱정할 것이 없습니다. 부모는 아이가 자기 몸에 관심을 갖기보다는, 다른 아이들과 서로 어울릴 수 있도록 주변 세계에 더 흥미를 갖도록 이끌어주면 됩니다.

부모가 노력했음에도 아이로 하여금 이런 자위 시도를 그만두게 하지 못하면 이야기는 달라집니다. 이때 우리는 아이가 스스로 어떤 의도를 갖고 있음을 확신할 수 있습니다. 아이들은 성충동의 희생자가 아니라, 오히려 그것을 자신의 목적을 위해 쓰고 있는 것입니다.

일반적으로 어린아이들의 모든 행동은 주목을 끄는 데 그 목적이 있습니다. 아이들은 부모가 걱정하고 충격받는 것을 느끼며, 이 감정을 어떻게 가지고 놀지를 잘 알고 있습니다. 그들의 행동이 주목을 끌고자 하는 목적에 도움이 되지 않는다는 걸 깨달으면 아이들은 그런 행동을 당장 그만둘 것입니다.

아이들과 접촉할 때는 늘 주의해야 합니다. 부모와 자식 사이의 사랑 가득한 포옹과 입맞춤은 아이들에게 부적절한 자극만 주지 않는다면 전혀 나쁘지 않습니다. 아이들은 때때로—어른들도 이따금 어린 시절을 돌아보며 띠올리곤 하듯이—아버지 서재에서 선정적인 책을 발견하거나 노골적인 영화를 봤을 때 흥분된 감정을 느꼈다고 내게 이야기해 주었습니다. 아이들을 이런 책이나 영화에 노출시키지 않는 편이 바람직합니다. 아이들의 성욕을 자극하지만 않는다면 곤란한 문제는 일어나지 않습니다.

우리가 앞서 이야기한 내용이지만 또 다른 종류의 자극은 아이들에게 성에 대한 불필요하고 부적절한 정보를 주는 것입니다. 많은 어른들이 성교육을 하는 데 너무나 열광적인 것처럼 보입니다. 그리고 아이가 성에 대해 아무 것도 모르는 채로 성장할까 봐 지나치게 불안해하는 듯합니다. 우리 자신이나 다른 사람의 경험을 살펴보면, 그런 걱정이 쓸데없는 일이었음을 알 수 있습니다.

아이가 스스로 호기심을 갖고 뭔가를 알고 싶어 할 때까지 기다리는 편이 좋습니다. 부모가 주의를 기울인다면 아이가 굳이 입 밖으로 표현하지 않아도 그 아이의 호기심을 이해할 수 있을 것입니다. 아이가 부모를 친구처럼 편안하게 느끼고 있다면 아이는 먼저 질문할 것입니다. 그에 대해 부모는 아이가 이해할 수 있고 그 정보를 자기 것으로 만들 수 있는 대답을 해주어야 합니다.

또한 부모는 아이들 앞에서 지나친 애정 표현을 삼가야 합니다. 가능하다면 아이들은 부모와 한방에서 잠을 자서는 안 됩니다. 그리고 여자아이와 남자아이가 같은 방에서 자는 것도 좋지 않습니다.

부모는 언제나 아이들의 발달에 주의를 기울여야 하고 자녀들을 속여서는 안 됩니다. 만일 부모가 아이들의 성격과 성장 발달에 대해 모른다면 아이들이 어떤 영향을 받고 무엇에 노출되는가를 결코 알 수 없을 것입니다.

사춘기에 대한 기대

흔히 인간의 발달 단계가 마치 결정적인 전환점인 듯이 각 단계마다 과장된 의미가 주어지며, 사람들은 거의 보편적인 미신처럼 그것을 받아들입니다. 예를 들면 사춘기는 아주 특별하고 독자적인 시기라는 인식입니다. 갱년기도 이와 비슷하게 여겨집니다.

하지만 이런 단계는 결코 급진적인 변화를 가져오지 않습니다. 그것들은 단지 인생의 연속일 뿐이며, 그 현상은 결정적인 중요성을 지니지 않습니다. 중요한 것은 인간이 이런 단계에서 무엇을 발견하기를 기대하는가, 즉 거기에 인간이 어떤 의미를 부여하는가와 그에 맞서기 위해 어떻게 자신을 훈련했느냐입니다.

아이들은 때때로 사춘기가 시작되면 생리적인 변화 현상에 놀라움을 갖기 마련입니다. 그리고 유령이라도 본 듯이 행동합니다. 우리가 이런 반응을 올바르게 이해한다면, 아이들은 사회적인 조건이 그들의 생활 방식에 새로운 적응을 요구하고 있다는 것만 제외하면 사춘기의 신체적인 사실에서 아무런 영향도 받지 않는다는 점을 알 수 있습니다.

그러나 문제는 그들이 사춘기가 모든 것의 끝이라고 믿는 데 있습니다. 사춘기에 접어든 아이들은 이제 자신들에게는 도움을 받거나 보살핌을 받을 권리가 없으며, 어느 누구도 자신들에게 아무것도 바라지 않는다고 생각해 버리는 것입니다. 사춘기의 모든 문제는 이런 종류의 감정과 관심에서 일어납니다.

아이가 자기 자신을 사회의 평등한 구성원이라 생각하며, 공동체에 이바지한다는 과제를 이해하도록 훈련받고, 특히 이성을 친구이자 동등한 인간이라고 생각하도록 배웠다면, 사춘기는 아이에게 성인의 삶에서 일어나는 문제에 대해 자신의 창조적이고 독자적인 해결책을 찾는 기회를 줄 뿐입니다.

하지만 아이가 다른 사람들보다 열등하다고 느끼거나 자신의 상황에 대해 잘못된 생각을 갖고 있다면, 틀림없이 사춘기의 자유에 대해 준비가 되어 있지 않을 것입니다. 누군가가 아이에게 필요한 일을 하도록 옆에서 계속 강요한다면, 아이는 그것을 해낼 수 있습니다. 그러나 혼자가 되면 망설이다가 틀림없이 실패할 것입니다. 이런 아이는 다른 사람한테 지배받는 데에는 익숙하고 충분히 준비되어 있지만, 자유가 주어지면 어찌해야 좋을지 모르는 것입니다.

9 범죄의 발생 원인과 그 예방법

범죄자의 심리 이해하기

개인심리학은 우리가 인간의 다양한 유형들을 인식하는 데, 또한 그럼에도 사람들이 서로 크게 다르지 않다는 사실을 이해하는 데 도움이 될 수 있습니다. 예를 들어 우리는 범죄자의 행동에서 문제아, 신경증 환자, 정신장애인, 자살자, 알코올의존자, 성도착자의 행동에서 보이는 것과 비슷한 실패를 발견합니다.

그들은 인생의 과제에 다가가는 데 실패한 사람들입니다. 그리고 하나의 아주 결정적이고 두드러진 영역에서 그들은 똑같이 실패합니다. 그들은 모두 함께 살아가는 의식을 얻는 데 실패합니다. 주위 사람들에게 관심을 갖지 않습니다.

그러나 여기서도 우리는 그들이 다른 사람들과 완전히 다르기 때문에 실패했다고 할 수는 없습니다. 그들의 실패는 단지, 모든 사람들이 할 수 있는 실패가 심각하게 나타난다는 점에서 다릅니다.

우월성의 추구

한 가지 문제가 범죄자를 이해하는 데 특히 중요합니다. 그런데 이 점에서 우리는, 놀랍게도 범죄자도 우리와 비슷하다는 사실을 발견할 것입니다. 우리는 누구나 어려움을 이겨내고 싶어 합니다. 그리고 앞으로의 목표를 이루려고 노력합니다. 그 목표를 이루는 것은 우리가 강하고 뛰어나며 완전하다고 느끼는 데 큰 도움이 될 것입니다. 이런 경향이 안전의 추구로서 다루어진 것은 아주 알맞았습니다.

이것을 자기보존 욕구라고 부르는 사람도 있지만, 어떤 이름을 붙이든 우리는 모든 사람에게서 삶의 시작부터 마지막까지 흐르는 이 주요한 주제—열등한 위치에서 우월한 위치로, 패배에서 승리로, 아래에서 위로 올라가는 싸움—를 늘 발견할 것입니다. 그것은 우리가 아주 어렸을 때부터 시작되어 삶의 마지막 순간까지 이어집니다.

인생은 온갖 장해물을 뛰어넘고 어려움을 이겨내면서 이 우주에서 계속 존재하는 것을 의미합니다. 그러므로 이런 철학을 범죄자들에게서 발견하더라도 그리 놀랄 일은 아닙니다.

범죄자들 또한 자신이 남보다 뛰어나며 어떤 문제를 해결하고 어려움을 극복하려는 노력을 하고 있음을 행동과 태도로 드러냅니다. 범죄자를 구별하는 것은 이런 노력을 하고 있다는 사실이 아니라, 그 노력이 향하는 방향(목표)입니다. 범죄자들이 이런 목표를 갖게 된 까닭은 사회생활의 요구를 잘 이해하지 못했고 주위 사람들에게 관심이 없기 때문입니다. 이 점을 깨달으면 우리는 그들의 행동을 충분히 이해할 수 있게 됩니다.

환경과 유전, 그리고 변화

범죄자는 예외적인 사람이며, 보통 사람과는 전혀 다르다고 생각하는 사람들이 있습니다. 예를 들어 어떤 과학자들은 모든 범죄자는 정신 발달이 뒤떨어진다고 주장합니다. 유전에 무게를 두는 사람도 있습니다. 범죄자는 악인으로 태어나기 때문에 범죄를 저지를 수밖에 없다고 생각하는 것입니다. 또 어떤 사람은 이렇게 말하기도 합니다.

"한번 범죄자가 되면 그다음부터는 계속 범죄자이다!"

나는 이런 생각에 반대하며, 많은 증거들을 제시할 수 있습니다. 만일 이런 생각을 받아들인다면 범죄 문제를 해결할 희망을 빼앗기고 만다는 사실을 알아야 합니다. 역사에서 범죄는 언제나 재앙이었지만 이제 우리는 이러한 인간의 재앙을 되도록 빠르게 끝내고 싶습니다. 우리는 "이 모든 것이 유전이기 때문에 아무것도 할 수 없다"고 말하며 문제를 뒤로 미루는 데는 결코 찬성할 수 없습니다.

환경이나 유전 탓으로만 돌릴 수는 없습니다. 같은 가족이나 같은 환경에서도 아이들은 전혀 다르게 자랍니다. 때로는 훌륭한 집안에서 범죄자가 나오기도 합니다. 때로는 가족 구성원이 교도소에 가거나 소년원에 간 경험이 있는 평판 나쁜 집안에 성격도 행동도 나무랄 데 없는 아이들이 있기도 합니다. 또 나중에 잘못을 뉘우치는 범죄자도 있습니다.

범죄심리학자들은 이따금, 범죄자가 정신적으로 성숙한 나이(서른 살쯤)가 되면 잘못을 깨닫고 모범 시민이 되는 이유를 설명하기가 어렵다고 말했습니다. 범죄적인 경향이 타고난 결함이거나 어린 시절 환경 때문에 무슨 수를 써도 사라지지 않는 거라면 이런 사실은 도무지 이해할 수 없는 일입니다.

그러나 우리가 생각하기에 이런 변화를 이해하는 것은 어려운 일이 아닙니다. 교도소에서 지내는 동안 범죄자가 이전보다 더 나은 상황에 있었는지도 모릅니다. 예전만큼 무언가를 요구받지도 않고 잘못된 생활 방식을 드러낼 필요도 없었을지 모릅니다. 또는 범죄를 저질러 이미 바라는 것을 모두 손에 넣었기 때문에, 이제는 범죄가 인생의 목적에 도움이 되지 않을 수도 있습니다. 끝으로, 나이 들고 몸이 불편해져서 범죄자로 살아가기에는 더는 쉽지 않고 관절이 굳어서 이전만큼 민첩하지 않을 수도 있습니다. 범죄를 저지르기에는 버거운 몸이 된 것입니다.

이야기를 시작하기 전에, 나는 모든 범죄자는 정신장애인이라는 생각을 물리치고 싶습니다. 물론 범죄를 저지르는 정신장애인도 있지만 그들의 죄는 전혀 다른 성질의 것입니다. 우리는 그들에게 범죄의 책임이 있다고 보지 않습니다. 그들의 범죄는 그들을 이해하는 데 완전히 실패하고, 그들을 매우 잘못된 방법으로 다룬 결과입니다.

마찬가지로 우리는 지적 능력이 부족해, 범죄를 계획하는 진짜 범죄자의 도구에 지나지 않은 사람을 빼놓아야 합니다. 이런 희생자들은 자신들 뒤에 숨어 어떤 공상이나 욕심을 부추기는 범죄자들에게 이용당합니다. 물론 젊은이가, 나이 많고 경험 있는 범죄자에게 이용당하는 경우도 이에 해당됩니다. 범죄를 계획하는 것은 경험 있는 범죄자입니다. 아이들은 곧잘 속아서 그것을 실행하는 것입니다.

서로 돕는 일의 중요성

내가 앞서 말한 주제로 돌아갑니다. 모든 범죄자, 그리고 다른 모든 사람은 승리를 얻어 우월한 지위에 이르도록 노력한다는 사실입니다. 그러나 이런 목표는 참으로 다양합니다. 우리는 범죄자의 목표는 늘 개인적인 의미에서 우수한 것이라는 사실을 발견합니다. 범죄자는 협력적이지 않습니다. 사회는 모든 구성원으로부터—그리고 우리는 모두 서로로부터—공동선에 대한 공헌과 협력의 능력을 필요로 합니다.

범죄자의 목표에는 '이 사회에 이로운 것'이 없습니다. 그리고 이것이 모든 범죄자의 매우 중요한 특징입니다. 우리는 나중에 이것이 어떻게 되는가를 볼 것입니다. 지금 시점에서 범죄자를 이해하고 싶다면, 협력의 실패 정도와 그 협력이 원래는 어떤 것이어야 하는지를 찾아야 합니다.

범죄자는 협력 능력이라는 점에서 다릅니다. 다른 범죄자들보다 실패에 둔감한 사람도 있습니다. 예를 들면 어떤 범죄자는 하찮은 범죄만 저지르며 그 한계를 넘지 않습니다. 이와 달리 큰 범죄를 좋아하는 사람도 있습니다. 그는 지도자가 되거나 추종자가 됩니다. 범죄자 삶의 다양성을 이해하려면 개인의 생활 방식을 잘 살펴야 합니다.

성격·생활 방식·세 가지 과제

우리는 대여섯 살이면 한 사람에게서 고유한 생활 방식의 주요한 특징을 발견할 수 있습니다. 그래서 생활 태도를 바꾸기란 쉽지 않음을 알게 됩니다. 이는 그 사람만의 성격이며, 생활 방식을 이루는 과정에서 일어나는 잘못을 인식해야만 바꿀 수 있습니다. 따라서 우리는 많은 범죄자가 몇 번이나 벌을 받아도, 때때로 모욕당하고 경멸받고 우리 사회가 줄 수 있는 모든 좋은 것을 빼앗겨도 자신의 방식을 바꾸지 않고 같은 죄를 몇 번이나 되풀이해서 저지른다는 사실을 이해하기 시작합니다.

범죄로 내모는 것은 경제적인 어려움이 아닙니다. 분명 세상이 어지러워서 사람들이 경제적으로 살기 힘들어지면 범죄는 늘어납니다. 통계는 때로 범죄 발생 수가 밀의 가격 상승과 나란히 증가함을 보여줍니다. 그러나 범죄를 일으키는 것이 경제적 상황이라는 보장은 없습니다. 그것은 오히려 많은 사람이 행동에 제약을 받고 있다는 징후입니다. 범죄자의 협력 능력에는 한계가 있습니다. 그리고 한계에 다다르면 그들은 남들에게 전혀 도움을 주지 못하게 됩니다. 남아 있는 마지막 협력의 마음마저 잃어버린 채 범죄에 이끌리고 마는 것입니다.

다른 사실들로부터도 우리는 좋은 상황에서는 범죄자가 아니지만 준비가 덜 된 문제가 생기면 언제든지 범죄자가 될 수 있는 사람들을 봅니다. 중요한 것은 생활 방식, 범죄자가 과제에 맞닥뜨리는 방법입니다.

개인심리학에서 많은 사례들을 연구한 뒤, 우리는 마침내 아주 단순한 사실을 밝힐 수 있었습니다. 범죄자는 다른 사람에게 도무지 관심이 없다는 점입니다. 어느 정도밖에 협력하지 못합니다. 이를 다하면 범죄의 길로 나아갑니다.

마지막 방아쇠가 되는 사건은 과제가 그에게 너무 어려울 때 찾아옵니다. 평범한 사람이라면 누구나 맞닥뜨리게 되는 인생의 여러 문제들이 있는데, 범죄자들은 그 가운데 몇몇 문제를 쉽사리 풀지 못합니다.

앞에서 짧게 말했듯이, 개인심리학은 인생 과제를 크게 셋으로 나눕니다. 먼저 다른 사람과의 관계 문제, 교우의 과제를 들어봅니다.

범죄자에게도 때로 친구가 있지만 거의 자신과 같은 인간들뿐입니다. 범죄자는 무리를 이루며 서로 충성심마저 보이지만, 분명히 활동 영역은 좁습니다. 그들은 사회 전반, 보통 사람들과 교우 관계를 맺지 못합니다. 이방인처럼 굴며, 다른 사람들과 잘 어울리는 방법을 모릅니다.

인생의 두 번째 과제는 일에 대한 어려움과 관계됩니다. 많은 범죄자는 직업에 대해 질문을 받으면 다음처럼 대답합니다.

"당신은 부당한 노동 조건을 모르는군요."

그들은 일이 적성에 맞지 않는다고 생각합니다. 그리고 다른 사람들처럼 어려움에 맞서 싸우겠다는 생각은 하지 않습니다. 유익한 일이란 다른 사람에 대해 관심을 갖고 모두의 행복에 이바지하는 것인데, 이런 점들은 범죄자의 성격에서 찾아볼 수 없는 것입니다. 이 협력 정신의 결여는 이른 시기에 나타납니다. 그 결과 대부분의 범죄자는 일의 요구에 맞닥뜨릴 준비가 되어 있지 않습니다. 범죄자는 거의 훈련받지 않은, 숙련되지 않은 노동자입니다.

그들의 인생을 더듬어보면 학교에서, 그리고 더 나아가서는 학교에 들어가기 전에도 관심의 차단, 정지, 서로 돕고 싶지 않은 마음이 있었음을 알 수 있을 것입니다. 협력은 꼭 배워야 하는 것이지만 범죄자는 협력 훈련을 전혀 받지 못한 것입니다. 그러므로 그들이 일적으로 문제를 푸는 데 실패하더라도 우리는 그들에게 책임을 물을 수가 없습니다. 그들에게 이러한 요구를 하는 것은 지리를 전혀 배우지 않은 사람에게 지리 시험을 보게 하는 것과 같습니다. 이런 상황에서는 잘못된 대답이 돌아오든가 아예 답을 들을 수 없습니다.

세 번째 과제는 사랑에 대한 모든 어려움입니다. 훌륭한 애정 관계는 다른 사람에 대한 관심과 협력을 요구합니다. 교도소나 구치소로 보내지는 범죄자 가운데 절반 정도가 성병에 걸려 있다는 사실은 참으로 흥미롭습니다. 이는 그들이 사랑의 문제에서 값싼 해결법을 바랐음을 보여주는 것입니다. 그들은 사랑하는 사람을 하나의 소유물로밖에 여기지 않습니다. 그리고 때때로 사랑은 돈으로 살 수 있다고 생각합니다. 이런 사람들에게 성관계는 정복과 획득의 문제일 뿐입니다. 그들에게 사랑은 살아가면서 맺게 되는 하나의 관계가 아니라 다른 사람을 소유하는 수단에 지나지 않습니다. 많은 범죄자들은 이렇게 말합니다.

"내가 바라는 것을 모두 가질 수 없다면 살아가는 게 무슨 의미가 있단 말인가?"

이제 범죄자 치료를 어디서부터 시작해야 할지 알 수 있습니다. 협력적이 되도록 훈련해야 하는 것입니다. 범죄자를 교도소에 가두는 것만으로는 아무것도 이루어지지 않지만, 풀어주는 것은 사회에 위험하므로 현 상태에서는 생각조차 할 수 없습니다. 사회는 범죄자로부터 보호해야 합니다. 그러나 이것이 결코 전부는 아닙니다. 우리는 또한 생각해야 합니다.

'범죄자는 사회생활을 할 준비가 되어 있지 않다. 그들을 돕기 위해 우리가 할 수 있는 일은 뭘까?'

인생의 모든 과제에서 이 협력의 부족이 주요 결점입니다. 우리는 하루의 모든 순간에 협력을 필요로 합니다. 따라서 어떤 사람의 협력 능력이 어느 정도인가는 그 사람이 보고 말하고 듣는 방법에서 드러납니다.

내 관찰이 옳다면, 범죄자가 보고 말하고 듣는 방법은 보통 사람들과 다를 수 있습니다. 우리는 무언가를 말할 때 듣는 이가 우리를 이해해 주기를 바랍니다. 이해는 그 자체가 사회적인 기능입니다. 우리는 이런 말에 공통된 해석을 합니다. 그리고 다른 모두가 이해할 수 있는 똑같은 방식으로 그 말들을 이해합니다. 하지만 범죄자들은 그렇지 않습니다. 그들은 개인적 논리와 개인적 지성을 갖고 있습니다. 우리는 그들이 자신의 범죄를 설명하는 방법에서 이런 점을 엿볼 수 있습니다. 그들은 머리가 나쁜 것이 아닙니다. 우리가 그들에게 있는 가상의 개인적 우월성을 인정한다면 그들은 거의 그 목적에 맞는 결론을 이끌어낸 것입니다.

범죄자는 이렇게 말할지도 모릅니다.

"멋진 바지를 입은 사람을 봤다. 나는 그런 바지가 없었다. 그래서 그를 죽여야만 했다."

만일 우리가 이로운 방식으로 생계를 꾸려나갈 필요는 없으며 욕구가 가장 중요하다고 그들처럼 믿을 수 있다면, 그의 결론은 충분히 이해할 수 있습니다. 그러나 이는 상식에 어긋납니다.

헝가리에서 다음과 같은 재판 사례가 있었습니다. 많은 여성들이 독약으로 여러 사람을 죽인 혐의로 고소당한 것입니다. 그 가운데 한 여성이 감옥에 갇혔을 때 이렇게 말했습니다.

"내 아들이 병 때문에 게으름뱅이가 돼서 독살해야만 했습니다."

서로 돕는 능력을 갖추지 못한 그녀가 달리 어떤 일을 할 수 있었을까요? 그녀는 지적이지만 사물을 보는 방법, 인생을 보는 방법이 여느 사람들과 다른 것입니다. 우리는 매력적인 것을 보고 그것을 손쉽게 자신의 것으로 만들고 싶어 하는 범죄자들이, 그들이 관심을 갖지 않는 적대적인 세계로부터 어떻게 그것들을 가져와야겠다는 결론을 내리는가를 이제 이해할 수 있습니다. 그들이 삶을 보는 법, 자신의 중요성과 다른 사람의 중요성에 대한 평가는 올바르지 않습니다.

그렇지만 이것은 그들의 협력 부족을 고려할 때 가장 주목할 점은 아닙니다. 모든 범죄자는 겁쟁이이기도 합니다. 그들은 해결할 힘이 없다고 느끼는 문제를 피합니다. 범죄뿐만이 아니라 인생에서 맞닥뜨리는 방법에도 두려움을 보입니다. 그들은 어둠 속이나 사람 없는 장소를 살금살금 걷다가 그들의 희생자를 놀라게 하고 그들이 방어하기 전에 무기를 빼앗습니다.

범죄자는 스스로를 용감하다고 생각합니다. 그러나 우리는 그들에게 속아서 동의해서는 안 됩니다. 범죄는 겁쟁이가 영웅을 흉내 내는 것입니다. 그들은 거짓된 개인적 우월성을 추구하고, 자기가 영웅이라고 믿기를 좋아하지만, 이 또한 인생에 대한 그릇된 생각이며 상식이 부족한 것입니다. 우리는 그들이 겁쟁이라는 사실을 알고 있습니다. 그들은 우리가 이런 사실을 알고 있음을 깨닫는다면 커다란 충격을 받을 것입니다. 자기가 경찰보다 한 수 위라는 생각은 곧잘 그들의 허영심을 부풀립니다. 그들은 이따금 이렇게 생각합니다.

'경찰은 나를 절대 잡지 못할 것이다.'

불행히도 모든 범죄자의 경력을 자세히 조사하면, 실제로 들키지 않고 죄를 저질러왔음을 알게 될 것입니다. 참으로 슬프고 놀라운 사실입니다. 들키고 나서도 그들은 이렇게 생각합니다.

'이번에는 제대로 머리를 굴리지 못했지만 다음에는 그들을 따돌리고 말 테다.'

그리고 범죄가 성공하면 자신의 목표를 이루었다고 생각합니다. 그들은 우월감을 느끼며 다른 범죄자들에게 칭찬받고 높이 평가받습니다.

범죄자는 용기 있고 머리가 좋다는 잘못된 생각을 지우는 것이 중요한데, 이 과정을 어디에서 시작해야 할까요? 우리는 그것을 가정, 학교, 구치소에서 할 수 있습니다.

협력에 대한 초기의 영향

여기서 나는 협력의 실패가 일어날지도 모르는 상황을 살펴보고자 합니다.

가정 환경

때로 우리는 부모에게 책임을 물어야 합니다. 아마도 어머니는 아이가 자신을 돕도록 충분히 가르치지 않았을 것입니다. 또는 어머니 자신은 완벽하므로 아무도 자신을 도울 필요가 없다는 듯이 행동했을 것입니다. 아니면 어머니 자신이 협력하지 못했던 것입니다.

불행하거나 이미 깨져버린 결혼생활에서는 협력적인 정신이 적절히 발달하지 못합니다. 아이는 어머니와 가장 처음으로 관계를 맺습니다. 그런데 이런 상황의 어머니는 아마 아이의 공동체 감각을 아버지나 다른 아이들 또는 어른들을 포함하는 수준까지 넓혀주고 싶지는 않았을 것입니다.

어쩌면 아이가 자신이 가정의 중심이라고 느꼈을지도 모릅니다. 그런데 서너 살쯤에 동생이 태어났습니다. 그때 첫째는 자기가 뒷전으로 밀려났다고 느꼈던 것입니다. 그때까지 머물던 지위에서 쫓겨났으므로 어머니나 동생에게 협력하기를 거부합니다. 이 모든 점을 헤아려보아야 합니다. 그리고 범죄자들의 생활사를 더듬어보면 문제는 거의 늘 어린 시절 경험에서 시작되었음을 알게 될 것입니다.

문제는 환경 그 자체가 아닙니다. 아이가 가정에서 자신의 상황을 오해했으며, 그에 대해 아이에게 설명해 줄 사람이 아무도 없었던 것입니다.

한 아이가 남달리 뛰어나거나 재능이 있다면, 이 사실은 다른 아이들에게 늘 어려운 문제가 됩니다. 뛰어난 아이는 많은 사람의 관심을 끌지만, 반면에 다른 아이들은 용기를 잃거나 방해받았다고 느낍니다. 그러므로 그들은 협력하지 않습니다. 경쟁하고 싶지만 그럴 만한 자신이 없습니다.

우리는 이따금 이렇게 그늘에 놓여 자기 능력을 어떻게 펼칠 수 있는지 배우지 못한 아이들이 불행하게 자라나는 것을 볼 수 있습니다. 우리는 이러한 사람들 가운데 범죄자, 신경증 환자, 또는 자살자를 볼지도 모릅니다.

서로 도울 줄 모르는 아이가 학교에 가면, 첫날부터 아이의 행동에서 바로 이 결점을 볼 수 있습니다. 그 아이는 다른 아이들과 좀처럼 친구가 되지 못합니다. 선생님을 좋아하지 않고, 주의가 산만하며, 수업을 잘 듣지 않습니다. 그런 데다가 감수성과 이해력이 없으면 새로운 좌절을 겪을지도 모릅니다. 격려받고 협력하는 법을 배우는 대신 곧잘 비난받고 혼납니다. 당연히 수업을 더 싫어하게 됩니다. 용기와 자신감이 계속 공격을 받는다면 학교생활에 관심을 가질 리가 없습니다.

어떤 범죄자의 이력에서, 그가 열세 살 때 4학년에 들어가 바보라고 놀림받았다는 사실이 발견되었습니다. 그 뒤 인생은 자주 이런 식으로 위기에 노출되곤 했습니다. 그는 차츰 다른 사람에 대한 관심을 잃어갔고, 노력은 더욱더 인생의 이롭지 않은 면, 즉 반사회적 또는 바람직하지 않은 면으로 나아가게 되었습니다.

가난

가난도 인생을 잘못 받아들이게 하는 계기가 됩니다. 가난한 집에서 자란 아이는 가정 밖에서 사회적 편견과 부딪힐지도 모릅니다. 부모를 돕기 위해 어릴 때부터 일하러 나가야 할지도 모릅니다. 그러다가 우연히 편안하게 살면서 원하는 것은 무엇이든 살 수 있는 부자를 보게 됩니다. 그리고 부자들이라고 해서 자신보다 안락하게 생활할 권리가 없다고 느낍니다.

범죄자가 왜 대도시에 더 많은지 이해하기란 어렵지 않습니다. 대도시에서는 빈곤과 사치 사이에 아주 두드러지고 극단적인 차이가 더 잘 보이기 때문입니다.

그 어떤 유용한 활동도 질투에서 비롯된 것은 없지만, 아이는 이런 환경

속에서 쉽게 상황을 오해하게 됩니다. 그는 우월해지는 방법은 일하지 않고 돈을 얻는 것이라고 생각할 수 있습니다.

불완전한 신체 기관

열등감은 신체적 단점에도 집중됩니다. 이는 내가 발견한 것들 가운데 하나였습니다. 이 점에 대해서 나는 신경학과 정신의학 양쪽에서 유전 이론을 개척하게 된 것에 조금이나마 죄의식을 갖고 있습니다. 그러나 내가 처음으로 신체 기관의 열등성에 대해서 썼던 무렵에도 나는 이미 이것의 위험성을 깨닫고 있었습니다.

비난받아야 할 것은 장애가 아니라 우리의 교육 방법입니다. 옳은 방법을 따른다면 신체장애가 있는 아이들은 자신에게만큼이나 남에게도 관심을 가질 것입니다. 신체적 단점을 짊어진 아이가 자기중심적이 되는 것은 곁에서 아무도 다른 사람에 대한 관심을 키워주지 않은 경우뿐입니다.

내분비샘에 문제가 있는 사람은 많지만, 내분비샘의 정상적 기능이 어때야 하는가를 결정적으로 말하기란 절대 불가능하다는 점을 분명히 해두고 싶습니다. 우리의 내분비샘 기능은 매우 복잡하지만 그렇다고 해서 성격에 지장을 주지는 않습니다. 그러므로 이 요소는 제외되어야 합니다. 특히 아이들을 다른 사람들에 대한 협력적인 관심을 가진, 공동체의 훌륭한 성원으로 만드는 올바른 방법을 찾고 싶다면 말입니다.

사회적 불리함

범죄자들 가운데에는 고아의 비율이 높습니다. 협력 정신을 이런 고아들에게 심어주지 못한 것은 우리 문화의 커다란 수치라고 생각합니다. 또한 정상적인 결혼 관계에서 태어나지 않은 사람도 많습니다. 원치 않게 태어난 아이들은 이따금 범죄자가 됩니다. 특히 누구도 그들을 바라지 않았을 때는 더욱 그렇습니다.

범죄자들 가운데에는 때때로 외모가 추한 사람이 보입니다. 그리고 이런 사실은 유전적 중요성의 증거로서 쓰여왔습니다. 그런데 우리는 못생긴 아이라는 사실이 어떤 느낌일지 생각해 볼 필요가 있습니다. 못생긴 아이는 매우 불리합니다. 매력적인 모습을 보이지 못한다는 점은 그 아이의 삶 전체를 황폐하게 만듭니다. 그는 우리 모두가 아주 가치 있다고 여기는 것―어린 시절의 매력과 풋풋함―이 없습니다. 사회적 편견을 받는 혼혈아도 마찬가지입니다. 하지만 이런 아이들은 올바른 대우만 받는다면 공동체 감각을 키울 것입니다.

때로는 남달리 외모가 뛰어난 범죄자도 보인다는 점은 흥미롭습니다. 신체적으로 매력이 없는 범죄자는 실제의 신체적 결함―예를 들면 뒤틀린 손, 구개파열과 같은 나쁜 유전 경향―의 희생자로 여겨질지도 모르지만, 용모 단정한 범죄자가 있다는 사실은 어떻게 설명할 수 있을까요? 사실 그들도 공동체 감각을 키우기 어려운 환경에서 자랐습니다. 집에서는 응석받이였던 것입니다.

범죄 유형

범죄자는 두 가지 유형으로 나누어집니다. 하나는 이 세상에 동료가 있음을 알고 있지만 그들을 제대로 만나본 적이 없는 사람입니다. 이런 범죄자는 다른 사람에게 적대적인 태도를 취합니다. 자기가 사회 바깥으로 밀려나 있으며 인정받지 못한다고 생각합니다.

또 다른 유형은 응석받이입니다. 나는 때때로 죄수가 다음처럼 불평한다는 사실을 깨달았습니다.

"내가 범죄의 길로 들어선 것은 어머니가 나를 너무 응석받이로 키웠기 때문이다."

이에 대해서는 나중에 자세히 다루기로 하고, 여기서는 다만 범죄자들은 다양한 방식으로 협력하는 일을 배우지도 훈련받지도 못했음을 강조해 두겠습니다.

부모는 아이들을 사회의 훌륭한 일원으로 만들고 싶어 했을지도 모릅니다.

그러나 어떻게 해야 좋을지 알지 못했던 것입니다. 부모가 강압적이고 엄격하다면 성공할 기회는 없었을 것입니다. 아이의 응석을 받아주고 무대 중심에 세워주었다면, 다른 사람들로부터 좋게 평가받기 위한 노력도 하지 않고 그저 존재하는 것만으로도 자기는 중요한 사람이라는 인식을 아이에게 심어주었을 것입니다. 그래서 이런 아이들은 노력을 계속해 나갈 능력을 잃어버리고 맙니다. 그들은 언제나 주목받고 싶어 하며, 늘 무언가를 기대합니다. 만족을 쉽게 얻지 못하면 환경이나 다른 사람을 탓합니다.

몇 가지 사례

몇 가지의 경우를 살펴보고 위에서 이야기한 것을 실제 사례로 설명해 보겠습니다. 단, 아래의 서술은 이런 목적으로 쓰인 것이 아닙니다. 처음 사례는 셸던과 엘리너 T. 글룩의 《500인의 범죄자》 가운데 〈하드보일드 존〉입니다.

"나는 뭐든지 내 맘대로 하고 싶다고 생각한 적이 없었다. 열다섯 살인가 열여섯 살까지 나는 많든 적든 다른 아이들과 똑같았다. 운동을 좋아해서 여러 가지를 즐겼다. 또 도서관에 가서 책을 읽고, 집에는 제시간에 돌아왔다. 그뿐이었다. 그 뒤 우리 부모님은 내가 학교에 가는 대신 일을 하게 하고, 매주 50센트 말고는 내가 받은 임금을 모두 빼앗아갔다."

여기서 그는 부모를 비난하고 있습니다. 만일 우리가 그와 부모와의 관계에 대해 질문하고 그의 가족들을 공평하게 볼 수 있다면, 그가 '실제로' 무엇을 경험했는지 알 수 있을 것입니다. 하지만 지금으로서는 그의 말을 통해 부모가 협력적이지 않았다는 사실만 확인할 수 있습니다.

"나는 1년 일했다. 그리고 놀기 좋아하는 여자와 사귀었다."

우리는 이런 상황을 이따금 범죄자의 경력에서 봅니다. 사치스러운 취미를 가진 여자와 사귀는 것입니다. 우리가 전에 이야기한 것을 떠올리기 바랍니다. 이는 하나의 문제이고 협력의 정도를 시험해 보는 기준이 됩니다. 그는 놀기 좋아하는 여자와 사귀었지만, 일주일에 고작 50센트밖에 없었습니다.

물론 이것이 애정 문제에 대한 진짜 해결책이라고는 절대 말할 수 없을 것입니다. 첫째, 여자는 그녀 말고도 얼마든지 있습니다. 그는 올바른 길 위에 서 있지 않습니다. 같은 상황에서 나라면 "그녀가 언제나 즐거운 시간을 보내고 싶어 한다면 그녀는 내게 어울리는 여자가 아니다"라고 말했을 겁니다.

이것들은 삶에서 무엇이 중요한가에 대한 다른 평가입니다. 이어지는 문장을 봅니다.

"이 후미진 동네에서조차도 일주일에 50센트로는 여자 친구를 즐겁게 해주지 못한다. 부모님은 내게 이 이상은 돈을 주지 않을 것이다. 결국 나는 화가 나서, 어떻게 하면 돈을 더 손에 넣을 수 있을지 계속 고민했다."

상식은 그에게 "일을 하면 더 벌 수 있을 거야"라고 말할 것입니다. 그러나 그는 더 쉬운 해결책을 바랐습니다. 그리고 여자 친구를 사귀고 싶은 것도 자신의 기쁨을 위해서이지 다른 것을 위해서가 아닙니다.

"어느 날 한 남자를 알게 되었고, 나는 그와 친구가 되었다."

낯선 사람을 알게 되는 것, 이는 그에게 다른 시험입니다. 올바른 협력 능력을 가진 소년이라면 길을 잘못 들지 않았을 테지만, 이 소년은 잘못되기 쉬운 길 위에 있었습니다.

"그는 솜씨 좋고 똑똑하고 유능한 친구로, 내 '몫'을 나누어주었으며 지저분한 일은 시키지 않았다. 우리는 이 동네에서 많은 일을 했다. 그리고 얻은 것을 나누어 가졌고, 쭉 그렇게 했다."

우리는 그의 부모가 집을 소유하고 있다고 들었습니다. 아버지는 공장의 현장감독이고, 가족들은 가까스로 생계를 꾸려가고 있었습니다. 이 소년은 삼 형제 가운데 첫째로, 그가 비행을 저지르기 전까지는 가족 누구도 범죄를 저지른 적이 없었습니다. 나는 유전을 믿는 과학자들이 어떻게 이 사례를 설명할지 궁금합니다.

소년은 열다섯 살 때 이성과 관계를 가졌다고 말했습니다. 어떤 사람들은 그가 성욕이 남달리 강했을 거라 이야기할 것입니다. 그러나 이 소년은 다른 사람에게 관심은 없고, 쾌락만을 좇을 뿐입니다. 그는 실제로 이런 방법으로 인정받기를 바라고 있습니다. 그는 성적인 영웅이 되고 싶은 것입니다.

열여섯 살 때 그는 강도죄와 절도죄로 친구와 함께 붙잡혔습니다. 그 밖에도 여러 비행들이 이어지면서, 우리가 말해 온 바를 확증하고 있습니다. 그는 남들에게 성공한 듯이 보이기를 바라고, 여자들의 주목을 끌고 싶어 하며, 돈으로 그녀들의 환심을 사고자 합니다. 챙 넓은 모자를 쓰고, 목에 빨간 스카프나 네커치프를 두르고, 리볼버를 벨트에 차고 다닙니다. '서부의 무법자'라는 이름을 씁니다. 허영심으로 가득찬 소년입니다. 영웅처럼 보이고 싶지만, 그러기 위한 다른 방법은 알지 못합니다. 그는 비난받을 만한 온갖 죄를 저질렀으나 자신이 "더 많은 것을 했다"고 주장합니다. 다른 사람의 소유권에 대해 양심의 가책 따위는 느끼지 않습니다.

"인생은 살아갈 가치가 없다고 생각한다. 사람들 모두에게 나는 가장 큰 경멸, 그 밖에는 아무것도 없다."

얼핏 의식적으로 보이는 이런 생각은 사실 무의식입니다. 그것들이 실제로 무엇을 뜻하는지 깨닫고 있지 않습니다. 인생은 짐이라고 여기지만, 왜 그렇게 용기가 꺾여버렸는지는 이해하지 못합니다.

"나는 사람을 믿지 못하게 되었다. 도둑은 서로 속이지 않는다고 하지만, 절대 그렇지 않다. 나는 동료라고 여긴 친구에게 잘해 주었지만 그에게 배신당했다. 만일 내가 원하는 만큼 돈을 가지고 있었다면 나는 다른 사람들처럼 정직해졌을 것이다. 일하지 않고 맘대로 살 수 있을 만큼 많은 돈을 갖고 있다면 말이다. 나는 일하기를 좋아하지 않았다. 일이 싫었다. 앞으로도 일하지 않을 것이다."

우리는 이 마지막 말을 다음처럼 풀이할 수 있습니다.

'내가 범죄자가 된 책임은 억압에 있다. 나는 욕구를 억눌러야 한다. 그래서 나는 범죄자이다.'

많은 연구가 필요한 점입니다.

"나는 한 번도 오직 범죄를 위해 죄를 저지른 적이 없다. 물론 차로 현장까지 가서 일을 하고 달아날 때는 어떤 흥분을 느꼈지만"

그는 자신이 영웅이라 믿고 있으며, 자기 행동을 비겁하다고 생각하지 않습니다.

"전에 한번 붙잡혔을 때 나는 1만 4천 달러 상당의 다이아몬드를 갖고 있었는데, 멍청하게도 애인을 만나러 가면서 필요한 만큼 현금으로 바꾸다가 붙잡혔다."

이런 사람은 애인에게 돈을 쓰며 값싼 승리감을 얻습니다. 그러나 그것을 진짜 승리라고 착각합니다.

"이 교도소에는 학교가 있다. 받을 수 있는 모든 교육을 받을 생각이다. 하지만 내 잘못을 고치기 위해서가 아니라 사회에 더 위험한 존재가 되기 위해서이다."

이런 사람은 인류에 대해서 아주 과격한 태도를 보입니다. 그렇지만 그는 인류의 일에는 절대로 관여하고 싶지 않다며, 아래와 같이 말하고 있습니다.

"내게 아들이 있다면 목을 조를 것이다. 인간을 이 세상으로 보낸 게 죄 아닌가?"

이런 사람은 어떤 방법으로 도와야 할까요? 협력 능력을 키우고 삶을 평가할 때 어디에서 잘못되었는지 알려주는 것 말고는 방법이 없습니다. 우리는 유년 시절의 잘못을 바로잡을 때만 설득할 수 있습니다. 이 사례에서는 그 뒤 어떤 일이 일어났는지 알 수 없습니다. 이 사례의 서술은 내가 중요하다고 생각하는 점을 크게 다루지는 않습니다. 아마도 그를 인류의 적으로 만든 뭔가가 어린 시절에 일어났을 겁니다. 짐작하자면 그는 첫째로 태어났고, 처음에는 보통 그렇듯이 첫 번째 아이로 갖은 응석을 부리며 자라다가, 나중에 동생이 태어나 왕좌에서 밀려났다고 생각했을 겁니다. 내가 옳다면, 이런 작은 사건들도 협력의 발달을 가로막을 수 있음을 알게 될 것입니다.

존은 교도소 내의 학교를 다닐 때도 심한 대우를 받았다고 말합니다. 그는 그 뒤 이 학교를 그만두었는데, 이때 사회에 아주 나쁜 감정을 갖고 있었습니다. 이 일에 대해 나는 분명히 해야 할 말이 있습니다. 심리학적 관점에서는 교도소에서 범죄자를 엄하게 다루는 것이 모든 도전, 억누름의 시도로서 해석된다는 것입니다.

마찬가지로 사람들이 끊임없이 이렇게 말하는 것을 들을 때 범죄자는 그것을 도전으로 여깁니다.

"우리는 이 범죄의 파도를 끝내야 한다."

그들은 영웅이 되고 싶습니다. 그리고 도전받으면 아주 기뻐합니다. 그들은 사회가 오히려 범죄를 부추긴다고 생각합니다. 그리고 더욱 굳은 결심으로 그것을 실행에 옮깁니다. 온 세계와 싸우고 있다고 생각한다면, 도전받는 것보다 더 큰 흥분을 줄 수 있는 일이 어디 있겠습니까?

문제아들을 가르칠 때 아이들에게 도전하는 것은 가장 나쁜 실수 가운데 하나입니다.

"누가 더 강한지 알겠지? 누가 가장 끝까지 버틸 수 있는지 알겠지?"

이런 아이들은 범죄자와 마찬가지로, 자기가 강하다는 착각에 빠져 있습니다. 그리고 머리만 잘 쓰면 벌을 피할 수 있다고 생각합니다. 교도소나 구치소 직원들은 가끔 범죄자에게 도전하지만 이는 매우 안 좋은 방법입니다.

교수형을 받은 살인자의 사례를 살펴봅니다. 그는 잔인하게 두 사람을 죽이고, 그러기 전에 자기 계획을 짧은 기록으로 남겼습니다. 이로써 나는 범죄자의 마음에서 생기는 계획이 어떤 종류의 것인가를 이야기할 기회를 얻었습니다. 계획도 없이 범죄를 실행하는 자는 없습니다. 그리고 계획은 늘 행위의 정당화를 담습니다. 이러한 고백을 하는 모든 문헌 가운데 범죄 그 자체가 단순 명료하게 서술되어 있는 예를 나는 한 번도 보지 못했습니다. 그리고 나는 범죄자가 자신을 정당화하려고 하지 않는 사례 또한 본 적이 없습니다.

여기서 우리는 공동체 감각이 중요함을 알 수 있습니다. 범죄자들도 공동체 감각과 타협해야 하는 것입니다. 동시에 그들은 범죄 전에 공동체 감각의 벽을 부수기 위해 공동체 감각을 없앨 각오를 해야 합니다.

마찬가지로 도스토옙스키의 《죄와 벌》에서 라스콜리코프는 두 달 동안 침대에 누워서 살인을 저지를지 말지를 생각합니다. 그는 "나는 나폴레옹인가 벼룩인가" 하는 물음 앞으로 자신을 몰아세웁니다. 범죄자들은 그러한 생각으로 자신을 속이고, 자기가 상상했던 것으로 스스로를 내몹니다.

현실에서는 모든 범죄자가 자신은 값진 인생을 보내고 있지 않다는 사실을 알고 있으며, 값진 인생이 무엇을 뜻하는가도 알고 있습니다. 하지만 그들은 이러한 생각들이 두렵기 때문에 밀어냅니다. 두려운 까닭은 그들에게 이를 이루는 데 쓸모 있는 능력이 없기 때문입니다. 인생의 과제는 협력을 요구하지만 그들은 협력하는 훈련을 받지 않았습니다. 범죄자들은 앞으로의 삶에서 짐을 덜어내고 싶어 합니다. 곧잘 보아왔듯이 그들은 자신을 정당화하고 싶어서 정상참작의 상황을 주장합니다. "그는 몸이 아프고 빈둥대는 멍청이였다" 등등.

여기, 앞서 말한 두 사람을 죽인 사람의 일기에서 간추린 내용이 있습니다. "가족들은 나와 인연을 끊었다. 나는 혐오와 경멸의 대상이 되었다(그는 코에 기형이 있었습니다). 나의 불행에 억눌렸다. 나를 제어할 수 있는 것은 아무것도 없다. 나는 더 견딜 수 없음을 느낀다. 버림받은 상태로 틀어박힐까? 하지만 위가, 텅 빈 위가 자꾸만 괴롭힌다."

그는 정상참작의 이유를 만들어냅니다.

"나는 교수대에서 죽을 거라는 예언을 들었다. 그런데 문득 이런 생각이 들었다. 굶어 죽는 것과 교수대에서 죽는 것에 어떤 차이가 있을까?"

다른 사례에서는 한 아이의 어머니가 앞날에 대해 말했습니다.

"나는 틀림없이 언젠가 너에게 목 졸려 죽을 것이다."

아이가 열일곱 살이 되었을 때 그는 어머니 대신에 아주머니를 목 졸라 죽였습니다. 이처럼 예언과 도전은 같은 방법으로 작용합니다. 일기는 이어집니다.

"나는 결과에는 관심이 없다. 어쨌든 죽이지 않으면 안 된다. 내가 누구든 간에 아무도 내게는 관심이 없다. 내가 좋아하는 소녀는 나를 만나기 싫어한다."

그는 소녀의 마음을 끌고 싶었습니다. 그러나 그는 세련된 옷도 돈도 없었습니다. 그는 소녀를 하나의 소유물로 여겼습니다. 이것이 사랑과 결혼이라는 문제에 대한 그의 해결책이었습니다.

"무엇이든 마찬가지다. 나는 구원이나 파멸 가운데 어느 하나를 찾아낼 것이다."

설명을 위한 공간이 더 있으면 좋겠지만, 여기서는 이런 사람들은 모두 극단과 정반대를 좋아한다는 사실을 지적하겠습니다. 그들은 어린아이와 같습니다. 그들에게는 모든 것이 무(無)입니다. "굶주림이냐 교수대냐, 구원이냐 파멸이냐"처럼 극단적인 선택을 합니다.

"모든 것은 목요일을 위해 계획되어 있다. 희생자도 골랐다. 나는 기회를 기다리고 있다. 그때 나는 아무나 할 수 없는 일을 할 것이다."

그는 오직 자신에게만 영웅입니다.

"이건 너무나 대단한 일이어서 아무나 할 수 없다."

그는 희생자를 칼로 끔찍하게 공격했습니다. 분명 아무나 할 수 있는 일은 아니었습니다.

"양치기가 양을 몰듯이, 굶주림의 고통이 사람을 가장 흉악한 범죄로 내몬다. 아마 내일은 오지 않을 것이다. 하지만 상관없다. 일어날 수 있는 가장 나쁜 일은 배고픔에 의한 고통이다. 나는 불치병에 시달린다. 나의 마지막 시련은 그것이 나를 재판할 때 찾아올 것이다. 사람은 범죄의 대가를 치러야 하지만 굶어 죽는 것보다는 차라리 그편이 낫다. 내가 굶어 죽은들 누가 알아채랴? 이제 내 사형집행을 보러 사람들이 모여들 것이다! 그리고 모두가 나를 가엾게 여길 것이다. 나는 이미 시작한 일을 끝내 해낼 것이다. 아무도 내가 오늘 밤 느끼고 있는 공포를 느낀 적이 없을 것이다."

그는 자기가 믿는 것처럼 영웅이 아닙니다. 반대신문에서 그는 말했습니다.

"나는 심장까지 찌르지 않았는데도 살인을 하게 되었습니다. 물론 나는 사형에 처해질 운명임을 압니다. (……) 그런데 그는 아주 멋진 옷을 입고 있었죠. 나는 절대 그런 옷을 입지 못하리란 걸 알고 있습니다."

그는 굶주림이 동기라고는 말하지 않았습니다. 이제 고정관념이 된 것은 옷입니다. "나도 내가 무슨 짓을 하고 있는지 알 수 없었다"고 그는 항변했습니다. 어떻게 하면 이런 변명을 찾아낼 수 있을까요?

가끔 범죄자들은 범행 전에 술을 잔뜩 마시고 감각을 잃습니다. 이런 것들은 모두 얼마나 범죄자가 공동체 감각의 벽을 무너뜨리려 열심히 노력하고 있는가를 증명합니다. 나는 범죄자들의 삶에 대한 기록에서 내가 여기서 밝힌 모든 점을 찾을 수 있다고 믿습니다.

범죄 문제의 해결

이제 우리가 할 수 있는 일은 무엇일까요? 그것이 문제입니다. 내가 이야기한 대로 범죄자의 경력에서 공동체 감각이 결여되고 협력 훈련을 받지 않은 사람이 허구의 우월성을 좇는 경향을 늘 발견한다면, 우리는 무엇을 할 수 있을까요?

범죄자는 신경증 환자와 같아서 협력을 얻지 못하면 답은 없습니다. 이 점은 아무리 강조해도 지나치지 않습니다. 범죄자에게 인간의 행복에 관심을 갖게 하고 협력 훈련을 시키고 협력적인 방법으로 인생 과제를 해결하도록 할 수 있다면 성공은 확실해집니다. 여기에 실패하면 우리는 아무것도 할 수 없습니다.

이 일은 일반적으로 생각하는 것만큼 단순하지 않습니다. 엄격하게 대한다고 해서 범죄자를 설득할 수 없듯이, 너무 편하게 해도 불가능합니다. 잘못을 지적해도, 또는 논의를 해도 마음을 사로잡을 수는 없습니다. 그는 결심한 것입니다. 오랫동안 이렇게 세상을 보아왔던 것입니다. 이런 그를 바꾸고자 한다면, 그렇게 생각하게 된 근본 원인을 찾아야 합니다. 실패가 어디서부터 시작되었으며 어떤 상황이 그 실패를 일으켰는지를 찾아야 합니다.

그의 성격의 주된 특징은 서너 살쯤에 이미 결정된 것입니다. 범죄자들의 경력에서 보이는 바와 같이, 그때 이미 자기 자신과 세상에 대한 그릇된 평가를 내린 것입니다. 그리고 우리가 이해하고 바로잡아 주어야 할 것은 초기의 잘못입니다. 그의 인생에 대한 태도의 최초 발달을 찾아야 합니다.

나중에 가면 그는 경험한 모든 것을 이 태도를 정당화하는 데 씁니다. 그리고 경험이 자신의 계획에 완전히 알맞지 않으면 마음에 들 때까지 여러 번 생각해 경험을 바꿉니다. 누군가의 인생에 대한 태도가 "다른 사람들은 나를 모욕한다. 그리고 나를 괴롭힌다"는 것이라면, 이 견해를 확증할 많은 증거를 찾을 것입니다. 그는 자기가 옳다는 사실을 증명할 사건을 찾을 것입니다.

범죄자는 자신과 자기 견해에만 관심이 있습니다. 그는 자신만의 방법으로 사물을 보고 들으며, 때때로 자신의 인생 해석에 맞아떨어지지 않는 것에는 주의를 기울이지 않습니다. 그러므로 우리는 그가 왜 처음부터 그런 해석을 하게 되었는지, 그가 왜 사물을 그런 눈으로 보게 되었는지를 찾아내지 못하면 그를 확신시킬 수 없습니다.

효과 없는 체벌

체벌은 아무런 효과가 없습니다. 사회는 적대적이며 서로 돕는 일은 불가능하다는 것을 범죄자에게 확신시킬 뿐이기 때문입니다.

무언가 비슷한 일들이 이미 범죄자에게, 어쩌면 학교에서 일어났던 것입니다. 그는 협력 훈련을 받지 않은 탓에 공부도 못하고 교실에서는 문제를 일으켰습니다. 그는 자주 비난받고 벌을 받았습니다. 이런 그에게 지금 체벌이 협력할 수 있다는 용기를 줄 수 있을까요? 그는 상황이 이전보다 절망적이라고 느낄 뿐입니다. 사람들은 여전히 자신에게 적대적이라고 느낍니다. 물론 학교를 싫어합니다. 비난받고 벌받을 게 뻔한 곳을 좋아할 사람이 어디 있겠습니까?

아이는 그나마 갖고 있던 자신감마저 잃습니다. 학교 공부, 교실, 친구에게 도무지 관심을 갖지 못합니다. 무단결석을 하고, 아무도 찾지 못할 곳에 숨기 시작합니다. 이런 곳에서 똑같은 경험을 하고 똑같은 길을 걸어온 아이들을 만나게 됩니다. 그들은 그를 비난하지 않고 이해해 줍니다. 게다가 반대로 그를 치켜세워 그의 야심에 불을 붙이며 반사회적인 방법으로 성공할 수 있다는 희망을 줍니다. 물론 그는 인생의 사회적 요구에 관심이 없으므로 그들을 친구라고 생각하고, 사회 전체를 적이라고 여깁니다. 그들은 그를 좋아하며 그도 그들과 함께 있으면 기분이 좋습니다. 수천 명의 아이들이 이런 식으로 범죄 집단에 들어가게 됩니다. 우리가 그들을 같은 식(비난이나 체벌 등)으로 대한다면 우리는 그들의 적이 되고, 범죄자만이 그의 친구로서 그를 지지하게 될 것입니다.

이런 아이가 인생 과제에 실패할 이유는 전혀 없습니다. 우리는 그들이 희망을 잃게 내버려두면 안 됩니다. 우리가 학교를 이런 아이들이 자신감과 용기를 얻을 수 있는 곳으로 만든다면 아이들이 잘못된 길로 빠지는 일을 쉽게 막을 수 있을 것입니다. 이 제안에 대해서는 나중에 더 충분히 다루겠습니다. 지금은 다만 범죄자가 어떤 경우에 체벌을, '늘 생각했듯이' 사회가 자신에게 적대적이라는 증거로서만 해석하는가를 살펴보고자 합니다.

체벌이 효과 없는 또 다른 이유가 있습니다. 많은 범죄자는 자신의 목숨에 그리 높은 가치를 두지 않습니다. 인생의 어떤 시기에 자살을 시도했던 사람도 있습니다. 신체적 처벌 또는 극형조차도 좀처럼 두려워하지 않습니다. 범죄자는 경찰 머리 꼭대기에 서고 싶다는 희망에 크게 집착하기 때문에 어떤 고통도 느끼지 않습니다. 이는 그들이 도전으로 여기는 것에 대한 하나의 반응입니다. 경찰이 범죄자를 무섭게 대하면, 또는 엄하게 다루면 범죄자는 기를 쓰고 맞섭니다. 이런 행동이 자신은 경찰보다 똑똑하다는 감각을 더욱 키웁니다.

앞서 보았듯이 그는 모든 것을 이런 식으로 해석합니다. 그는 사회와의 접촉을 어떤 우월성을 얻기 위한 끊임없는 싸움으로 여깁니다. 그리고 우리 자신이 그것을 같은 방식으로 다룬다면, 우리의 행동은 그들에게 이익이 될 뿐입니다.

전기의자도 이런 의미에서는 도전으로 받아들여집니다. 범죄자는 자기 자신이 강한 공포에 맞서 싸운다고 여깁니다. 벌이 무거울수록 뛰어난 교활함을 보이고 싶다는 욕구는 더욱 커집니다. 많은 범죄자가 자신들의 범죄를 이렇게 생각하고 있다는 사실을 쉽게 볼 수 있습니다. 전기의자에서 사형에 처해질 범죄자는 이따금 얼마 남지 않은 시간에서조차 '어떻게 했으면 잡히지 않았을까 '안경만 잃어버리지 않았다면 좋았을걸!' 생각하면서 보냅니다.

어린 시절 영향과 범죄자의 생활 방식

범죄자가 새로운 삶을 얻을 수 있는 유일한 방법은, 어린 시절에 협력을 배우는 데 방해가 된 일이 일어났는가를 찾아내는 것입니다. 이런 면에서 개인 심리학은 어두운 영역에 환한 빛줄기를 던져주었습니다.

다섯 살 때까지 아이의 마음은 통일되어 있습니다. 아이가 가진 성격의 실타래는 아주 잘 정리되어 있습니다. 유전과 환경은 아이의 발달에 얼마쯤 영향을 주지만 우리가 관심을 갖는 것은 '아이가 이 세상에 무엇을 가지고 태어났느냐' 또는 '아이가 그것들을 어떻게 쓰느냐'입니다. 우리는 실제로 아이에게 유전된 장점과 단점에 대해서는 아무것도 모르기 때문에, 이 면을 살펴보는 일은 특히 중요합니다. 우리에게 필요한 모든 것은 아이의 상황적 가능성과 아이가 그 가능성을 완벽하게 이용해 온 방법입니다.

모든 범죄자를 살펴보아야 할 이유는 그들이 다른 사람들과 도움을 주고받는 데에는 어떤 능력을 갖고 있지만 사회가 바라는 수준에는 미치지 못한다는 사실 때문입니다. 이 점에서 커다란 책임은 부모, 특히 어머니에게 있습니다. 어머니는 아이의 관심 범위를 넓혀줄 방법, 그리고 그것을 넓혀 마침내는 다른 사람에게 관심을 갖도록 하는 방법을 이해해야 합니다. 아이가 인류와 자신의 앞날에 관심을 가질 수 있도록 해주어야 합니다.

그러나 어머니가 자신의 아이가 다른 사람에게 관심 갖는 것을 바라지 않는 경우도 있습니다. 아마도 결혼생활이 행복하지 않기 때문일 겁니다. 부부 사이가 좋지 않거나 혹은 이혼을 생각하거나 서로에게 불만을 품고 있을지도 모릅니다. 그래서 어머니는 아이를 자기 곁에 붙들어두고 싶어 합니다. 어머니는 아이의 응석을 받아주고, 좀처럼 자립을 허락하지 않습니다. 이런 상황에서 협력 능력의 발달이 얼마나 한정될지는 불 보듯 뻔합니다.

모든 자녀들에게 두루 관심을 갖는 것도 아이의 공동체 감각을 키우는 데 아주 중요합니다. 한 아이가 어머니의 사랑을 독차지한다면, 다른 아이들은 그 아이에게 그다지 우호적이지 않고 자신들 무리에 끼워주지 않습니다. 이런 상황이 오래 이어질 때, 자칫 범죄자로서의 인생이 시작될 수 있습니다. 또는 가족 가운데 뛰어난 능력을 가진 아이가 있으면, 그다음 아이는 때때로 문제 행동을 합니다.

둘째가 더 우호적이고 매력적인 경우도 곧잘 있습니다. 그러면 첫째는 사랑을 빼앗겼다고 느낍니다. 이런 아이는 자기가 무시당하고 있다고 쉽게 오해합니다. 아이는 자신의 정당성을 밝힐 증거를 찾고 행동은 갈수록 나빠집니다. 그래서 더 엄하게 다뤄집니다. 이렇게 해서 그는 자기가 방해받고 있으며 뒤로 밀려났다는 생각을 굳히게 됩니다. 권리를 빼앗겼다고 느끼기 때문에 도둑질을 시작합니다. 그러다가 들켜서 벌을 받으면, 아무도 자기를 사랑하지 않고 모두가 자신을 나쁘게 대하고 있다는 증거를 다시 손에 넣게 됩니다.

부모가 아이들 앞에서 신세 한탄을 하거나 어려운 상황을 불평하는 행동은 아이들의 공동체 감각이 자라지 못하도록 가로막습니다. 이런 일은 부모가 친척들이나 이웃을 늘 욕하고, 언제나 다른 사람을 비판하며 나쁜 감정과 편견을 자주 보일 때도 일어납니다. 아이들이 주변 사람들을 비뚤어진 눈으로 보며 자라는 것도 그리 놀라운 일이 아닙니다. 그러다가 부모에게 같은 모습으로 반항한다고 해도 전혀 이상할 것이 없습니다.

공동체 감각이 형성되지 못한 마음에는 언제나 자기중심적인 태도만이 남습니다. 아이들은 곧잘 이렇게 생각합니다.

'왜 남을 위해서 뭔가를 해야 하지?'

이런 마음의 틀 안에서는 인생의 과제를 해결할 수 없어서 쉬운 길로 달아나게 됩니다. 아이들은 고생해서 앞으로 나아가기를 꺼리고, 다른 사람에게 상처를 주고도 아무것도 느끼지 못합니다. 이것은 싸움이며 그런 싸움에서는 어떤 일이든 일어날 수 있습니다.

범죄 양식의 발달을 추적할 수 있는 몇 가지 예를 들어봅니다. 어떤 가정의 둘째 아들에게 문제가 있었습니다. 우리가 지켜본 바로는, 그는 매우 건강했으며 유전적 장애는 없었습니다. 첫째 아들은 부모의 사랑을 독차지했는데,

동생은 앞 주자를 따라잡으려는 달리기선수처럼 늘 형이 한 일을 따라 하려고 했습니다. 그의 공동체 감각은 제대로 발달하지 못했습니다. 어머니에게 지나치게 기대며, 자기가 할 수 있는 일도 모두 어머니가 해주기를 바랐습니다. 그는 형과 경쟁하기가 버거웠습니다. 형은 학급에서 1등이었지만 그는 늘 꼴찌였던 것입니다.

그는 남을 누르고 지배하고자 하는 욕구가 매우 강했습니다. 그는 집에서 늙은 가정부에게 방 안을 빙빙 돌아다니라 명령하고 마치 병사처럼 훈련시켰습니다. 가정부는 그를 좋아해서 그가 스무 살이 될 때까지 그가 하라는 대로 따라주었습니다. 그는 제멋대로 행동하면서도 이따금 불안해하며 자신이 해야 할 일을 걱정했지만, 실제로는 아무것도 하지 못했습니다. 형편이 어려워졌을 때는 꾸지람을 듣고 비난받기는 했지만 늘 어머니로부터 돈을 받을 수 있었습니다.

그러다 그는 갑자기 결혼했고 어려움은 더욱 커져갔습니다. 하지만 그에게 중요했던 것은 그가 형보다 먼저 결혼했다는 사실이었습니다. 그는 이것을 커다란 승리로 여겼습니다. 그러나 이 일은 그의 자기 가치에 대한 평가가 실제로는 매우 낮았음을 보여줍니다. 이렇게 어이없는 방법으로 형을 이기고 싶었던 것입니다. 그는 결혼할 준비가 충분히 되어 있지 않았습니다. 게다가 그는 아내와 매우 자주 다퉜습니다. 어머니가 예전만큼 그를 도울 여유가 없게 되었을 때, 그는 피아노를 주문하고는 그 값도 치르지 않은 채 다시 팔아치웠습니다. 이 일로 그는 체포되었습니다.

이 경우에서 우리는 그의 어린 시절에 이미 그의 범죄 경력 근원이 존재함을 찾아볼 수 있습니다. 그는 큰 나무 그늘에 있는 작은 나무처럼 형의 그늘 밑에서 자랐습니다. 그는 뛰어난 형과 비교되면서 자기가 무시당하고 있다는 느낌을 받아왔습니다.

또 다른 예는 열두 살 소녀의 경우입니다. 소녀는 아주 야심찬 응석받이로 여동생을 매우 질투했습니다. 경쟁심은 집과 학교 모두에서 드러났습니다. 그녀는 언제나 여동생이 자기보다 과자나 용돈을 더 많이 받을까 봐 신경을 곤두세웠습니다. 어느 날 소녀는 학교 친구 주머니에서 돈을 훔쳤습니다. 그리고 들켜서 벌을 받았습니다.

다행히 나는 그녀에게 모든 상황을 잘 설명할 수 있었고, 동생을 이길 수 없다는 생각에서 그녀를 벗어나게 해주었습니다. 동시에 나는 그런 상황을 소녀의 가족에게 이야기했으며, 가족은 어떻게 해서든 소녀가 경쟁을 멈추고 동생이 더 사랑받고 있다는 인상을 느끼지 않게 하려고 애썼습니다. 이는 20년 전에 일어난 일입니다. 소녀는 현재 아주 정직한 여성으로 자라나 결혼해 아이도 하나 두었습니다. 그 뒤로 그녀는 살아가면서 큰 잘못을 저지르지는 않았습니다.

범죄자의 성격 구조

제1장에서 나는 아이들의 발달이 특히 위험에 드러나는 상황을 보았는데, 이 점을 짧게 정리하고자 합니다. 그런 상황을 강조하는 것은 중요합니다. 개인심리학의 발견이 옳다면, 우리가 실제로 협력적인 행동으로 이끌 수 있는 것은 이런 상황이 범죄자의 생각에 어떤 영향을 주는지 깨닫는 데 달려 있기 때문입니다. 특별한 문제를 가진 아이들의 세 가지 주요 유형은 먼저 불완전한 신체를 지닌 아이들, 다음으로 응석받이들, 세 번째로 무시당한 아이들입니다. 불완전한 신체 기관을 가진 아이들은 태어나면서부터 자신의 권리를 박탈당했다고 느끼며, 다른 사람에게 관심을 갖도록 특별히 훈련받지 못하면 자기 자신에게 지나치게 집착하는 경향을 보일 것입니다. 그런 아이들은 다른 사람을 지배할 기회를 노립니다. 그리고 나는 한 소녀가 자신의 구애를 거절했다는 이유로 굴욕감을 느낀 어느 소년이, 더 어리고 어리석은 소년을 꼬드겨서 그 소녀를 죽이는 경우를 본 적이 있습니다.

응석받이들은 자신을 버릇없게 만드는 부모에게 매여 있으며, 자신의 관심을 다른 세상으로 넓힐 수 없습니다. 전적으로 방치되거나 생후 첫 달을 살지 못하는 아이는 없지만 고아, 사생아, 원치 않은 아이, 못생기고 기형적인 아이 가운데에서 우리가 방치(방임)라고 부를 수 있는 아이들을 발견할 수 있습니다. 범죄자 중에는 못생긴—방임 아동과 잘생긴—응석받이라는 두 가지 주요 유형이 있다는 것을 우리는 쉽게 이해할 수 있습니다.

내가 직접 만난 범죄자들의 사례 및 책과 신문에서 읽은 범죄 사례를 연구함으로써 나는 그들의 성격 구조를 밝히고자 노력해 왔습니다. 그리고 나는 늘 개인심리학은 보다 깊은 이해를 위한 열쇠라는 사실을 발견했습니다. 안톤 폰 포이어바흐가 쓴 독일어 책에서 몇 가지 예를 들어보겠습니다. 범죄심리학과 관련한 최고의 사례들은 오래된 책에서 주로 발견되기 때문입니다.

1. 콘라트 K의 사례. 그는 아버지를 다른 사람의 도움을 받아 살해했습니다. 아버지는 늘 소년을 무시하고 그를 가혹하게 대했으며, 가족 모두를 학대했습니다. 어느 날 소년이 아버지에게 맞서서 그를 때렸습니다. 그러자 아버지는 아들을 고소했습니다. 재판관은 이렇게 말했습니다.

"너는 못되고 싸움을 좋아하는 아버지를 두었다. 어쩔 수 없다."

재판관이 소년에게 어떤 명분을 주고 있음을 알 수 있을 것입니다. 가족들은 문제의 해결책을 찾으려고 했지만 실패했습니다. 그 뒤 아버지는 도덕적으로 문란한 여성을 데리고 와 함께 살며 아내와 아들을 집에서 쫓아냈습니다. 때마침 소년은 그릇된 생각을 가진 임시 일용직 노동자를 알게 되었습니다. 노동자는 그에게 아버지를 죽이라고 꼬드겼습니다. 그는 어머니 때문에 망설였지만 상황은 차츰 나빠지기만 했습니다. 오래 생각한 끝에 아들은 결심하고 그 노동자의 도움을 받아 아버지를 죽였습니다.

여기서 우리는 아들이 아버지에게조차 공동체 감각을 갖지 못했음을 엿볼 수 있습니다. 하지만 그는 여전히 어머니에게는 깊은 유대감을 지녔고 자신의 어머니를 높이 평가했습니다. 그에게는 아직 남아 있던 공동체 감각마저 잃어버리기 전에, 정상참작할 상황이 제안될 필요가 있었습니다. 잔혹함을 신경쓰지 않는 좋지 못한 가치관을 가진 노동자의 도움을 얻고서야 그는 죄를 저지를 수 있었기 때문입니다.

2. 마거릿 츠반치거, 그녀는 '독살자'라는 별명으로 유명합니다.

그녀는 버려진 아이로, 작고 신체장애가 있었습니다. 이 때문에—개인심리학자들은 이렇게 말할 것입니다─허영심이 강했고 사람들의 주목을 끄는 데 몰두했습니다. 그녀는 비굴할 만큼 예의 바르게 행동했습니다.

그녀는 자신을 거의 절망으로 이끌어간 이런저런 사건을 겪으며 여러 여성들을 독살하려고 시도했습니다. 그녀들의 남편을 차지하기 위해서였습니다. 그녀는 자신의 것을 빼앗겼다고 여겼으며, 그것을 되찾기 위한 다른 방법은 좀처럼 생각할 수 없었습니다. 그녀는 임신했다고 거짓말을 하고 남성들을 곁에 붙들어두기 위해 자살을 시도했습니다. 자서전에서(이상하게도 많은 범죄자들이 자서전 쓰기를 좋아합니다) 그녀는 개인심리학의 견해를 무의식적으로 증언했는데, 스스로 자신의 발언을 이해하고 있는 것은 아닙니다.

"나는 나쁜 짓을 할 때마다 '아무도 나를 불쌍하게 생각하지 않는다. 그런데 내가 왜 다른 사람을 불쌍하게 생각해야 하는가?'라고 생각했다."

이런 말에서 우리는 그녀가 어떻게 죄를 저지르고, 자기를 자극하며, 정상 참작할 이유를 찾기에 이르렀는가를 볼 수 있습니다. 내가 협력이나 다른 사람에 대한 관심을 강조할 때 대부분의 사람들은 이렇게 말합니다.

"하지만 다른 사람들은 내게 아무런 관심도 없잖아요."

내 대답은 언제나 다음과 같습니다.

"누군가는 먼저 시작해야 합니다. 다른 사람이 협력적이지 않다고 해도, 그건 당신의 문제가 아닙니다. 다른 사람이 협력적인지 아닌지에 마음 쓰지 말고 당신이 먼저 시작해야 합니다."

3. 첫째로 태어나 학대받고 자란 NL은 한쪽 다리에 장애가 있었지만 남동생에게는 아버지 같은 존재였습니다. 우리는 이 관계도 남보다 뛰어나기를 바라는 우월성이 목표임을 알 수 있습니다. 아마도 처음에는 이로운 목표였을 것입니다. 그러나 언제나 자존심과 과시욕의 문제였습니다. 나중에 그는 이렇게 말하며 어머니를 집에서 쫓아냈습니다.

"이 집에서 나가, 이 늙은이야!"

우리는 이 소년을 가엾게 여겨야 합니다. 그는 어머니에게조차 관심이 없습니다. 우리가 만일 그를 어린 시절에 알았다면, 그가 어떻게 범죄자의 길을 가게 되었는지 볼 수 있었을 것입니다. 그는 오랫동안 일을 하지 않았으므로 물론 돈도 없었고 성병마저 걸렸습니다. 어느 날 그는 일자리를 찾으러 밖으로 나갔지만 허탕을 치고 집으로 돌아오다가, 몇 푼 안 되는 돈을 차지하려고 동생을 죽여버렸습니다.

여기서 우리는 그의 협력 의지의 한계를 볼 수 있습니다. 그는 직업도 돈도 없었고 병에 걸려 있었습니다. 언제나 한계가 있어서, 그것을 넘어 나아갈 수 없다고 생각한 것입니다.

4. 어릴 때 고아였던 아이가 양부모를 만났는데, 이 양부모는 믿을 수 없을 만큼 그의 응석을 받아주었습니다. 그 결과 아이는 응석받이로 제멋대로 자랐습니다.

그는 모든 사람에게 자기 자신을 확실히 인식시켰고, 늘 돋보이기를 바랐으며, 일은 빠르게 잘했습니다. 양부모는 무조건 그가 하는 일을 밀어주었고 늘 격려하며 부추겼습니다. 그는 거짓말을 일삼는 사기꾼이 되었습니다. 가능한 곳에서는 어디서든지 돈을 손에 넣었습니다. 양부모는 중류층이었는데 그는 귀족 흉내를 내며 사치를 부리다가 마침내 재산을 모두 잃었습니다. 그러고는 부모를 집에서 쫓아냈습니다.

그를 응석받이로 키운 잘못된 교육 방법이 그가 정직한 직업을 가질 수 없게 만들었습니다. 그는 거짓말로 모든 사람을 속이는 것을 인생의 과제라고 여겼습니다. 양어머니는 친자식들과 남편보다 입양한 아이를 더 사랑했습니다. 이런 대우는 그에게 모든 것을 차지할 권리가 있다고 착각하게 만들었습니다. 그럼에도 그가 스스로의 가치를 낮게 평가했다는 것은, 자신이 평범한 방법으로는 성공할 수 없다고 느꼈다는 사실에서 잘 드러납니다.

협력 훈련

우리는 이미 어떤 아이든지 자신이 열등해서 협력해도 소용없다는 강한 확신을 가질 이유가 없다는 사실을 지적했습니다. 누구도 인생 과제 때문에 용기가 꺾일 필요는 없습니다. 범죄자는 그에 대처하는 잘못된 방법을 스스로 고른 것입니다. 우리는 그에게 어디서 잘못된 선택을 했으며 왜 그랬는가를 알려주어야 합니다. 그리고 다른 사람에게 관심을 갖고 협력할 용기를 그 안에 키워주어야 합니다.

모든 곳에서 이런 노력을 기울인다면 범죄자는 자기 자신을 정당화하지 않을 테고, 아이들은 누구나 앞으로 저지를 범죄를 위해 자신을 훈련하는 그릇된 길을 택하지 않을 것입니다. 올바로 쓰여 있든지 아니든지 간에, 모든 범죄 사례에서 잘못된 어린 시절의 생활 방식과 협력 능력의 결여를 보여주는 철학의 영향을 볼 수 있습니다.

나는 이 협력 능력은 꼭 배워야 한다고 강조하고 싶습니다. 그것이 유전적인 것이냐 아니냐는 문제되지 않습니다. 협력의 가능성은 누구에게나 있으며 이 가능성은 타고난 것입니다. 이는 모든 인간에게 공통적으로 주어졌지만 그것이 발달하려면 훈련받고 연습해야 합니다.

범죄에 대한 다른 모든 견해는, 협력 훈련을 받았음에도 범죄자가 된 사람의 증거를 들지 못한다면 잘못된 것입니다. 나는 그런 사람을 한 번도 본 적이 없고 그런 사람과 만난 적이 있다는 사람 또한 보지 못했습니다. 범죄에 대한 올바른 예방은 적절한 공동체 감각입니다. 이것을 인정하지 않는 한, 범죄의 비극은 피할 수 없습니다.

협력의 가치는 진리를 가르치듯이 가르칠 수 있습니다. 협력은 진리이며, 진리라면 가르칠 수 있기 때문입니다. 아이이든 어른이든 지리 시험을 치를 때 준비가 되어 있지 않다면 시험에 떨어질 것입니다. 마찬가지로 아이든 어른이든 협력의 지식이 필요한 상황에 대해서 시험을 치는 데 준비가 되어 있지 않다면, 이때도 떨어질 것입니다. 우리 인생의 모든 문제는 협력에 대한 지식을 필요로 합니다.

우리는 범죄 문제에 대한 과학적 탐구의 마지막 단계에 이르렀습니다. 이제 용기를 갖고 진리에 맞서야 합니다. 수천 년이 지나도록 인류는 이 문제에 대처하는 올바른 방법을 찾지 못했습니다. 시도된 모든 방법은 그다지 소용이 없었습니다. 그리고 이 재앙은 여전히 우리와 함께합니다.

우리의 탐구는 왜인가를 밝히는 데에만 쏠려 있었습니다. 범죄자의 생활 방식을 바꾸어 인생에 대한 잘못된 태도의 발달을 막을 올바른 방법은 찾지 않은 것입니다. 이것이 없으면 어떤 수단도 실제로는 효과를 거둘 수 없습니다.

우리가 논의한 결과를 다시 한번 살펴봅시다. 우리는 범죄자가 인류에게 예외적 존재가 아니라 다른 사람들과 꽤 비슷하고 그의 행동도 이해할 만한 정도의, 인간 행동 가운데 하나라는 점을 발견했습니다. 이는 매우 중요한 결론입니다. 만약 범죄가 그 자체로 고립된 현상이 아니라 삶에 대한 태도의 한 증상임을 이해하고 이런 태도가 어떻게 생겨나는지 알 수 있다면, 우리는 해결 불가능한 문제를 앞에 두고 있는 게 아니라 변화시킬 수 있다는 자신감을 가지고 일을 시작할 수 있습니다.

범죄자는 오랫동안 비협력적인 생각과 행동으로 스스로를 단련해 왔습니다. 그리고 이러한 비협력적인 태도의 뿌리는 어린 시절, 즉 생후 4~5년으로 거슬러 올라갑니다. 그 시기에 다른 사람에 대한 관심이 발달하는데, 여기에 장애가 발생한 것이지요. 우리는 이 장해물이 그의 어머니, 아버지, 또래 아이들과의 관계, 주변의 사회적 편견, 환경적 어려움 및 여러 요인과 어떻게 연결되어 있는지를 설명했습니다. 우리는 모든 범죄자 유형과 모든 실패자 유형 사이에서 가장 큰 공통분모가 바로 이러한 협력 부족, 다른 사람들과 인류의 행복에 대한 관심 부족임을 발견했습니다. 따라서 우리가 어떤 결과를 이루기 위해 무엇인가를 하려고 한다면, 모든 것은 이 단 한 가지 요소, 즉 협력 능력에 달려 있습니다.

이 한 가지 점에서 범죄자는 다른 실패자와 구별됩니다. 오랫동안 지속적으로 협력하지 않는 훈련을 해온 탓에, 그는 삶의 정상적인 과제에서 성공할 수 있다는 희망을 잃었습니다. 그러나 그는 여전히 특정한 활동을 유지하고 있으며, 이 활동의 나머지는 삶의 쓸모없는 측면에 집중합니다. 쓸모없는 쪽에서 그는 적극적으로 행동하고, 어느 정도 자신과 비슷하다고 생각하는 사람들, 즉 자신과 같은 유형, 다른 범죄자들과 얼마쯤 협력합니다.

이 점에서 그는 신경증 환자, 자살자, 알코올의존자와 다릅니다. 하지만 그는 활동 영역이 매우 제한되어 있기 때문에 범죄의 가능성만 남아서, 한 종류의 범죄만 반복해서 저지르는 경우가 있습니다. 이것이 그가 활동하는 세계의 크기입니다. 그는 이 좁은 마구간에 갇혀 있습니다. 이 상황에서 우리는 그가 얼마나 용기가 부족한지 알 수 있습니다. 용기는 협력 능력의 일부일 뿐이기 때문에 그는 용기가 부족할 수밖에 없습니다.

범죄자는 항상 자신의 범죄 경력을 위해 자신의 생각과 감정을 준비합니다. 그는 낮에는 계획을 세우고 밤에는 꿈을 꾸며 마지막 남은 사회적 관심을 무너뜨리려고 합니다. 그는 언제나 변명과 정당화, 정상참작할 수 있는 상황과 범죄자가 되도록 '강요'하는 이유를 찾습니다. 사회적 감정의 벽을 뚫는 것은 쉽지 않고 저항이 크지만, 그가 범죄를 저지르려면 자신의 잘못에 대해 고민하거나 술에 취해 이러한 장해물을 제거할 방법을 찾아야 합니다.

이를 통해 우리는 그가 자신의 태도를 견고하게 유지하기 위해 노력하고 있음을 알게 되고, 또한 그와 논쟁을 벌여서는 아무것도 얻을 수 없는 이유를 이해하게 됩니다. 그는 자신의 눈으로 세상을 바라보고 평생 논쟁할 준비가 되어 있습니다. 그의 태도가 어떻게 발전했는지 알 수 없다면 우리는 그것을 바꾸기를 바랄 수도 없습니다. 그러나 우리가 가진 한 가지 장점인 다른 사람에 대한 관심으로, 그를 도울 수 있는 방법을 찾을 수 있습니다.

범죄자는 곤경에 처했을 때, 협력적인 방식으로 그 어려움을 해결할 용기가 없어서 범죄를 계획하고 준비하기 시작합니다. 예를 들어 그가 돈을 벌어야 할 상황에 직면했을 때 특히 그렇습니다. 모든 사람들과 마찬가지로 그는 안정감과 우월성의 목표를 추구합니다. 그는 어려움을 해결하고 장해물을 극복하기를 원합니다.

하지만 그의 노력은 사회의 틀 밖에 있습니다. 그의 목표는 상상 속의 개인적 우월성을 추구하며, 그는 자신이 경찰, 법률, 사회 조직의 정복자라고 느끼면서 그것을 달성하려고 노력할 것입니다. 이는 그가 자신과 벌이는 일종의 게임입니다. 예컨대 그는 독약을 사용하는 것이 개인적인 큰 승리라고 믿고,

항상 자신을 속이고 도취될 것입니다. 그는 처음으로 유죄 판결을 받기 전에 몇 번의 성공을 거두었습니다. 그리고 발각되었을 때는 그의 유일한 생각은 '내가 좀 더 똑똑했다면 빠져나갈 수 있었을 텐데'입니다.

이 모든 것에서 우리는 그의 열등 콤플렉스를 볼 수 있습니다. 그는 노동 조건과 연관된 삶의 과제에서 도망치고 있습니다. 그는 자신이 정상적인 성공을 거둘 수 없다고 느낍니다. 범죄자 대부분이 미숙련 노동자인 만큼 협동심에서 멀어진 그의 훈련은 그가 처한 어려움을 더욱 가중시켰습니다. 그는 값싼 우월 콤플렉스를 발달시킴으로써 자신의 부적응을 숨깁니다. 그는 자신이 매우 용감하며 특별한 존재라고 생각합니다. 하지만 인생의 최전선에서 이탈한 사람을 영웅이라고 부를 수 있을까요?

범죄자는 실제로 꿈속에서 자신의 삶을 살아가고 있습니다. 현실을 알지 못하기 때문입니다. 그는 현실을 알지 못하도록 싸워야 하거나, 또는 그의 (범죄자의) 경력을 포기해야 할 것입니다. 따라서 우리는 그가 '나는 모든 사람을 쏠 수 있기 때문에 세상에서 가장 강한 사람이다' 또는 '나는 발각되지 않고 범죄를 저지를 수 있기 때문에 그 누구보다 똑똑하다'라고 생각한다는 것을 알게 됩니다.

우리는 또한 범죄 패턴의 뿌리를 확인했습니다. 범죄자는 태어나고 처음 몇 해 동안 과도한 부담을 받거나, 버릇없이 굴도록 애지중지 키워진 아이들 중에서 나옵니다. 신체장애가 있는 아이들은 다른 사람에게 관심을 갖도록 특별한 주의가 필요합니다. 그렇지 않으면 자신에게만 관심을 갖게 되고 올바른 방식으로 발전할 수 없습니다. 방치된 아이들, 원치 않은 아이들, 인정받지 못하는 아이들, 미움받는 아이들도 비슷한 상황에 처해 있습니다. 그들은 다른 사람들의 협력을 경험한 적이 없으며, 좋아하고, 애정을 얻고, 협력하여 문제를 해결할 수 있다는 것을 배우지 못했습니다. 애지중지하는 아이들은 자신의 노력으로 무언가를 얻는 법을 배우지 못했고, 자신이 무언가를 원하기만 하면 세상이 자신의 요구를 충족시켜 줘야 한다고 생각합니다. 그리고 원하는 모든 것을 얻지 못하면 부당한 대우를 받고 있다고 느끼고 협조를 거부합니다.

모든 범죄자 뒤에서 이런 종류의 역사를 추적할 수 있습니다. 그들은 협력에 대해 훈련받지 않았고, 아직 협력할 능력이 없으며, 문제를 만나면 어떻게 접근해야 할지 모릅니다. 그러므로 우리는 이제 무엇을 해야 하는가를 잘 알고 있습니다. 범죄자를 협력하도록 훈련해야 하는 것입니다.

우리에게는 지식이 있습니다. 그리고 이제는 경험도 있습니다. 나는 개인심리학이 범죄자 한 사람 한 사람의 모든 것을 어떻게 바로잡을 수 있는지를 보여준다고 믿습니다. 그렇지만 범죄자를 하나하나 붙들고 그 사람이 생활 방식을 고치도록 다루는 일이 과연 가능할까요?

불행하게도 우리 사회의 전체적인 협력 능력은 사람들이 겪는 어려움이 어떤 한계를 넘어서면 그 인내와 노력도 바닥나고 맙니다. 그래서 어려운 시대일수록 범죄자의 수가 늘어납니다.

그러므로 만일 이런 방법으로 범죄를 모두 없앨 수 있다고 확신한다면, 인류의 대부분을 다루어야 합니다. 더구나 모든 범죄자 또는 잠재적인 범죄자를 쓸모 있는 사회 구성원으로 만들겠다는 직접적인 목적을 갖는 것이 현실적으로 가능한 일인지도 확신할 수 없습니다.

실제적인 몇몇 수단

우리가 할 수 있는 일은 많습니다. 모든 범죄자를 교정할 수는 없지만, 무거운 짐을 견딜 수 있을 만큼 강하지 않은 사람의 부담을 덜어주기 위해 무언가를 할 수는 있습니다.

예를 들어 사회는 일하고 싶어 하는 사람에게는 일자리를 얻을 수 있도록 해주어야 합니다. 이것이 인류의 대부분으로 하여금 남아 있는 협력 능력마저 잃지 않도록 우리가 사회생활의 요구를 낮추는 유일한 방법일 것입니다. 이렇게 된다면 범죄자의 수는 반드시 줄어들 것입니다. 우리 경제 상황에서 이러한 정책이 가능할지는 모르겠지만, 분명 우리는 이 변화를 위해 움직여야 합니다.

우리는 또한 아이들의 미래 직업을 위해 보다 훌륭한 교육을 제공해야 합니다. 이는 아이들이 더 많이 준비해 더 넓은 직업적 선택지를 갖추고 인생에 맞서게 하기 위해서입니다.

이러한 훈련은 교도소 안에서도 가능합니다. 어느 정도는 이런 대책들이 이미 실행되어 왔으므로, 더 노력한다면 훨씬 바람직한 성과를 거둘 수 있을 것입니다.

모든 범죄자를 개별적으로 치료할 수는 없겠지만, 한꺼번에 치료한다면 좋은 결과가 나올 것입니다. 예를 들면 우리가 여기서 살펴본 사회 문제에 대해 많은 범죄자들과 논의해야 한다고 생각합니다. 우리는 그들에게 묻고 그들로 하여금 대답하도록 해야 합니다. 우리는 그들을 일깨워, 평생 이어질 잠에서 눈을 뜨게 해야 합니다. 우리는 그들을 세상에 대한 개인적 해석에 따른 나쁜 영향과 자기 자신의 능력에 대한 낮은 평가로부터 벗어나게 해주어야 합니다. 그들에게 스스로 한계를 만들지 말라고 가르쳐야 합니다. 부딪혀야 하는 여러 상황과 대인 관계에 대한 그들의 두려움을 없애주어야 합니다. 이러한 치료로부터 커다란 성과를 이룰 수 있음을 나는 믿습니다.

그뿐만 아니라 우리는 사회에서 범죄자 또는 가난한 사람들을 유혹할 만한 일들을 없애도록 해야 합니다. 가난과 사치의 극단이 너무나도 뚜렷하다면, 이는 아주 가난한 사람들을 분노하고 질투하도록 자극합니다. 그러므로 우리는 과시를 그만두게 해야 합니다. 부(富)를 뽐낼 필요는 없습니다.

우리는 발달지체와 비행청소년을 치료할 때 그들의 힘을 시험하는 일이 전혀 쓸데없음을 배웠습니다. 그들이 부정적인 태도를 고집하는 것은 환경과 싸우고 있다고 생각하기 때문입니다. 범죄자들 또한 마찬가지입니다. 우리는 경찰, 재판관, 그리고 우리가 만드는 법률까지도 세상에서 범죄자들에게 어떻게 도전하고 분노케 하는지를 볼 수 있었습니다.

범죄자들은 결코 위협받아서는 안 됩니다. 그리고 우리가 더 신중하게 범죄자의 이름을 말하지 않거나 널리 알리지 않는다면 훨씬 좋습니다. 우리는 범죄를 잘못 대하고 있습니다. 엄격한 태도도 너그러운 태도도, 모두 범죄자들을 바꿀 수는 없습니다. 그를 바꿀 수 있는 것은 자신의 상황을 더 잘 이해하는 것뿐입니다. 물론 우리는 인간적이어야 하며, 범죄자들이 사형을 두려워하리라고 생각해서는 안 됩니다. 앞서 보았듯이 사형은 그들에게 놀이의 흥분을 더욱 키우기도 합니다. 그리고 사형에 처해지게 되었을 때조차도 그 범죄자는 자신이 붙잡히게 된 치명적인 잘못에 대해서만 떠올릴 것입니다.

우리가 범죄자들을 찾아내기 위해 더욱 노력한다면 범죄 예방에 도움이 되리라 생각합니다. 내가 보기에는 적어도 범죄자의 40퍼센트쯤, 어쩌면 그보다 훨씬 많은 범죄자가 범죄를 들키지 않고 있습니다. 그리고 이런 사실이 늘 모든 범죄자의 마음에 자리잡고 있습니다. 거의 모든 범죄자가 죄를 저지르고도 들키지 않은 경험이 있습니다.

범죄자가 교도소 안에서, 그리고 교도소에서 나와서도 모욕당하지 않거나 외면당하지 않는 것은 중요합니다. 적절한 사람이 선택된다면, 보호관찰관의 수가 늘어나는 것은 도움이 됩니다. 그리고 보호관찰관 자신이 사회 문제와 협력의 중요성에 대해 알고 있어야 합니다.

예방을 위한 접근

이런 제안이 실행된다면 우리는 무척 많은 것을 이룰 수 있습니다. 그러나 우리가 바라는 만큼 범죄의 수를 줄이기란 여전히 불가능할 것입니다. 다행히 우리는 다른 수단도 갖고 있습니다. 그것은 아주 실용적이고 성공적인 방법입니다. 우리 아이들이 올바른 정도의 협력을 하도록 훈련한다면, 그리고 그들의 공동체 감각을 키울 수 있다면 범죄자 수는 눈에 띄게 줄고 머잖아 그 효과가 나타날 것입니다.

그렇게 되면 아이들이 범죄를 저지르도록 자극받거나 유혹받는 일은 없을 것입니다. 어떤 문제나 어려움을 만나도 다른 사람에 대한 그들의 관심이 모두 훼손되는 일은 없을 것입니다. 서로 돕고 만족스러운 방식으로 인생 과제를 처리하는 그들의 능력은 우리 세대보다도 한결 충분히 발달될 것입니다.

많은 범죄자는 아주 일찍부터 잘못된 행동을 시작합니다. 일반적으로 사춘기부터이며, 범죄는 열다섯 살과 스물여덟 살 사이에 가장 많이 저지릅니다. 그러므로 우리의 노력 결과도 매우 일찍 나타날 것입니다. 게다가 나는 아이들이 올바른 가르침을 받는다면 그들의 가정생활 전체에 영향을 주리라고 확신합니다.

자립적이고 긍정적이며 낙관적이고 잘 발달된 아이들은 그들의 부모에게는 구원이자 위로가 됩니다. 협력 정신은 온 세상에 퍼질 것입니다. 그리고 인류의 사회적인 발전은 훨씬 높은 수준으로 올라갈 것입니다. 아울러 우리는 아이들에게 영향을 미칠 때 부모와 교사에게도 영향을 미치도록 집중해야 합니다.

이제 유일하게 남은 문제는, 어떻게 가장 좋은 해결점을 찾아 아이들에게 앞으로 인생의 과제와 문제에 대한 대처법을 가르치는가 하는 것입니다. 모든 부모를 교육할 수 있을까요? 아니, 불가능합니다. 이런 가정은 그다지 희망적이지 않습니다. 부모를 움직이는 것은 어려운 일이며, 누구보다 훈련이 필요한 부모는 우리가 쉽사리 만나지 못할 사람들입니다. 그래서 다른 방법을 찾아야 합니다. 우리가 모든 아이를 붙잡아 가두고 감시하며 줄곧 주의 깊게 보호할 수 있을까요? 이는 그리 좋은 제안이라고 할 수 없습니다.

그러나 실천 가능하고 현실적인 해결을 약속하는 방법이 있습니다. 바로 교사를 우리 사회 발전의 도구로 삼는 것입니다. 우리는 교사에게, 가정에서 일어난 잘못을 바로잡고 다른 사람에 대한 아이들의 공동체 감각을 넓히는 훈련을 시킬 수 있습니다. 이는 학교 역할의 아주 자연스러운 발전입니다. 가정에서 아이들에게 다가올 인생의 모든 과제를 가르칠 수 없기에 인류는 이미 가족이 사회에 내민 손을 잡아 학교를 세운 것입니다. 그러니 어떻게 학교를 인류가 보다 사회적이고 협력적이며 인간 행복에 관심을 갖게 하는 데 쓰지 않을 수 있겠습니까?

우리의 활동은 다음과 같은 생각에 바탕을 두고 있어야 합니다. 우리가 오늘날 문화에서 누리는 모든 혜택은 인류를 위해 공헌해 온 사람들의 노력으로 이루어졌습니다. 인간이 협력적이지 않았다면, 다른 사람에게 관심을 갖지 않았다면, 전체에 이바지하지 않았다면 사람들의 삶은 아무런 발전도 이루지 못한 채 형체도 없이 지구상에서 사라져버렸을 것입니다.

공헌자들의 업적은 여전히 남아 있습니다. 그들의 정신은 영원히 살아 있습니다. 우리가 그것을 교육의 바탕으로 삼는다면 아이들은 자연스럽게 서로 도움을 주고받는 일을 좋아하는 사람으로 자랄 것입니다. 어떤 어려움에 부딪혀도 힘을 잃지 않고, 가장 어려운 문제에 맞서서 그것을 모든 사람에게 이롭도록 해결할 수 있을 만큼 강해질 것입니다.

10 직업이란 무엇인가

사람들은 살아가면서 모두 세 가지 유대 관계에 묶여 있습니다. 그 유대 관계는 인생의 세 가지 과제를 우리에게 던지는데, 이 과제들 가운데 하나만 따로 떼어 해결할 수는 없습니다. 저마다 다른 두 가지와 연결되어 있어 하나의 성공이 나머지 것들의 성공을 불러옵니다.

첫 번째 유대는 직업이라는 문제를 불러옵니다. 우리는 이 우주에서 모든 자원, 기름진 땅, 광물 자원, 기후, 풍토와 함께 살아갑니다. 이런 조건들이 우리에게 주는 문제에 대한 올바른 답을 발견했다고 가정하기란 불가능합니다. 인류는 모든 시대를 살아오며 이런 문제들을 얼마쯤은 해결하는 데 성공했지만, 조금 더 나아지고자 하는 노력은 이어지고 있습니다.

첫 번째 문제, 즉 직업 문제를 해결할 가장 좋은 방법은 두 번째 문제(교우의 문제)입니다. 우리를 묶는 두 번째 유대는 우리가 인류에 소속되어 있다는 사실과 다른 사람과 더불어 살아야 한다는 사실입니다.

우리가 만일 이 지구에서 홀로 살아가고 있다면 우리의 태도와 행동은 아주 달라졌을 것입니다. 그러나 우리는 늘 다른 사람을 생각하고, 다른 사람과 어울릴 수 있도록 노력하며, 다른 사람에게 관심을 갖습니다. 이 문제는 우정, 공동체 감각, 그리고 협력으로 가장 잘 해결됩니다. 이 두 번째 문제가 풀리면 자연스럽게 우리는 첫 번째 문제의 해결로 크게 나아갈 수 있습니다.

우리가 분업이라는 위대한 발견을 할 수 있었던 것, 즉 인류 행복의 주된 원인을 찾아낼 수 있었던 것은 바로 인간이 서로 돕는 법을 배웠기 때문입니다. 저마다 협력하지 않고 과거의 협력 결과와 거기서 비롯된 이익을 이용하지 않은 채, 오로지 스스로의 힘으로 지구에서 살아가려고 한다면 인간은 살아남기조차 힘들 것입니다.

우리는 일을 나누어 함으로써 저마다 다른 훈련 결과들을 이용해서 저마다 다른 능력들이 모두 인류 공통의 행복에 이바지하고, 모든 사회 구성원에게 더 많은 기회를 줄 뿐만 아니라, 불안과 위험으로부터 안전을 보장해 주도록 조직할 수 있습니다.

아직 우리가 할 수 있는 모든 일을 했다고 주장할 수 없는 것이 사실입니다. 그것이 가능했다고 해도, 여전히 우리는 분업이 충분히 발달되었다고 이야기할 수는 없습니다. 그럼에도 직업 문제를 해결하려는 모든 시도는 분업과, 일을 통해 우리의 공동선에 기여하는 공유된 노력이라는 틀 안에서 일어나야 합니다.

직업 문제에서 처음부터 회피하거나, 사람들의 보통 관심사를 벗어난 것으로만 달아나려는 사람이 있습니다. 그러나 이 문제를 등지면 마침내 그들이 주위 사람들에게 도움을 바라게 되는 것을 언제나 볼 수 있습니다. 그러면 그들은 어떤 식으로든 자기는 공헌하지 않은 채 다른 사람의 노동에 기대어 살아갈 것입니다.

이는 전형적인 응석받이의 생활 방식입니다. 응석받이는 어떤 문제에 부딪힐 때면 다른 사람의 노력으로 자신의 문제가 풀리기를 바랍니다. 인류의 협력을 가로막고, 인류의 문제를 해결하는 데 적극적으로 기여하는 사람에게 부당한 짐을 지우는 것은 주로 응석받이들입니다.

세 번째 유대는 인간은 남자나 여자 둘 가운데 하나일 수밖에 없다는 사실입니다. 인류가 이어지는 데 기여하느냐 아니냐는 우리가 이성에게 다가가 성 역할을 성취하느냐 아니냐에 달려 있습니다. 남녀 관계는 곧잘 문제를 일으킵니다. 그리고 인생의 다른 문제와 마찬가지로 그것만으로 독립적으로 해결될 수는 없습니다.

사랑과 결혼 문제를 해결하는 데 성공하려면 공동선에 이바지하는 노력과 다른 사람과의 좋은 관계가 필요합니다. 앞에서 보았듯이 우리 시대에 이 문제에 대한 가장 바람직한 해결책, 교우와 분업의 필요를 해결하는 가장 좋은 방법은 일부일처제입니다. 개인의 협력 정도는 이 문제를 어떻게 다루느냐로 판가름 납니다.

이 세 가지 문제는 결코 다른 문제와 따로 떨어져서 해결할 수 없습니다. 그것들은 모두 서로를 넘어 그림자를 드리우며, 한 문제를 잘 해결하면 다른 문제의 해결에 크게 도움이 됩니다. 실제로 그것들은 모두 같은 상황이나 문제, 즉 인간이 자기가 속한 환경에서 삶을 유지하고 생명을 이어나갈 필요성에 속한다고 볼 수 있습니다.

여기서 우리는 여성이 모성으로 인류의 삶에 이바지하는 것을 아무리 높이 평가해도 지나치지 않음을 거듭 말하고 싶습니다. 어머니가 아이의 인생에 관심을 갖고 아이들이 사회에 이롭고 쓸모 있는 사람이 되도록 길을 열어준다면, 여성의 일은 아주 가치 있는 것이며 아무리 보상받아도 충분하지 않을 것입니다.

우리 문화에서는 어머니의 일이 지나치게 낮게 평가되어 곧잘 매력이 없다든가 가치가 없다고 폄하됩니다. 이런 일에는 간접적으로밖에 임금이 주어지지 않으며, 그것을 주요 업무로 하는 여성은 보통 경제적으로 의존하는 상황에 놓여 있습니다. 그러나 가정의 성공은 어머니의 일과 아버지의 일에 똑같이 의존합니다. 어머니가 가정을 지키든 밖에서 일하든, 어머니의 일은 남편의 일과 똑같이 중요합니다.

초기 훈련

가정과 학교의 영향

어머니는 아이가 직업에 관심을 갖도록 가장 먼저 영향을 줍니다. 태어나서 처음 4~5년 동안 삶에서 경험하는 노력과 훈련은 아이가 어른이 되어서 활동하는 주된 영역에 결정적인 영향을 미칩니다.

나는 직업지도를 해달라는 요청이 들어오면, 이 첫 시기에 아이가 어떤 것에 관심이 있었는지를 물어봅니다. 이 무렵의 기억은 아이가 어떤 것에 아주 일관적으로 자신을 훈련해 왔는가를 보여줍니다. 최초 기억의 중요성에 대해서는 나중에 다시 설명하겠습니다.

우리 훈련의 다음 단계는 학교에서 이루어집니다. 그래서 학교는 학생들의 미래 직업, 손·귀·눈 등의 능력 및 기능을 훈련하는 데 더 주목합니다. 이러한 훈련은 학과를 가르치는 것만큼이나 중요합니다. 직업과 직접적인 관련이 없어 보일지라도 여러 학과를 가르치는 것은 직업을 위한 아이의 발달에서 매우 중요하다는 사실을 잊지 말아야 합니다. 살아가면서 우리는 이따금 학교에서 배운 라틴어나 프랑스어를 잊어버렸다는 사람의 이야기를 듣습니다. 그럼에도 이런 교과는 넓은 의미에서 인류 발전에 기여하고 있습니다. 이런 과목들을 배울 때 우리는 과거에 쌓아온 경험을 통해서 마음의 모든 기능을 훈련하는 좋은 방법을 찾아냈기 때문입니다.

현대의 몇몇 학교도 장인의 기능과 수작업에 크게 주목합니다. 이렇게 해서 우리는 아이의 경험을 넓혀주고 자신감을 높여줄 수 있습니다.

어린 시절의 선언

아이의 성장은 그 아이가 앞으로 커서 어떤 일을 하고 싶은가를 어린 시절부터 안다면 훨씬 쉬워질 것입니다. 아이들에게 무엇이 되고 싶은지 묻는다면 대부분의 아이는 어려움 없이 대답할 것입니다. 그러나 아이들은 신중하게 생각해서 대답하는 게 아니라, 비행기 조종사가 되고 싶다든가 자동차 운전사가 되고 싶다고 말하면서도 왜 그 일을 골랐는지는 정확히 알지 못합니다.

그러므로 아이들 마음의 바탕을 이루는 동기를 깨닫고, 그들의 노력이 향하는 방향을 보며 무엇이 그들을 이끌고 있는지, 어떤 종류의 목표를 지녔는지, 어떤 방법으로 그 목표를 이룰 수 있는지를 찾아내는 것이 우리가 할 일입니다.

아이들이 미래 직업에 대해 우리에게 내놓는 대답은, 그들에게는 우월성을 뜻한다고 생각되는 오직 한 종류의 직업만을 보여줍니다. 하지만 이런 직업들로부터 우리는 그들이 목표에 이르도록 돕기 위한 다른 기회도 찾을 수 있습니다.

열두서너 살 아이는 자기가 하고 싶은 일에 대해 더 분명한 생각을 가져야 합니다. 그리고 나는 언제나 이 나이의 아이들이 앞으로 무엇이 되고 싶은지 잘 모르겠다는 말을 들으면 실망하게 됩니다. 야심이 전혀 없다는 것은 아무것도 관심이 없음을 뜻하지 않습니다. 아이들은 꽤 큰 야심이 있지만, 그 야심을 드러낼 만큼의 용기가 없는 것입니다.

이런 경우에는 아이의 주된 관심과 흥미를 찾아내기 위해 노력해야 합니다. 어떤 아이들은 고등학교를 마치는 나이가 되어도 여전히 앞으로 무엇이 될지 정하지 못합니다. 그들 가운데는 성적이 우수함에도 자신의 인생이 앞으로 어떻게 될 것인지에 대해 아무 생각도 하지 못하는 아이들도 있습니다. 이런 아이들은 아주 야심적인 반면 그다지 협력적이지는 않음을 알 수 있습니다. 그들은 분업에서 자신의 위치를 제대로 찾지 못하고 있으며, 야심을 이룰 실제적인 방법을 아직 발견하지 못하고 있는 것입니다.

이렇듯 아이들에게 일찌감치 어떤 일을 하고 싶은지 묻는 것은 바람직합니다. 나는 때때로 아이들이 이 문제를 잊어버리거나 대답을 피하지 않고 생각할 수 있도록 교실에서 질문을 던졌습니다.

또한 나는 아이들에게 왜 그 일을 선택했는지를 묻는데, 그 대답은 이따금 아주 흥미롭습니다. 아이의 생활 방식은 아이가 어떤 일을 골랐느냐로 그 전체를 알 수 있습니다. 아이는 우리에게 모든 노력의 주된 방향, 인생에서 무엇을 가장 중요하게 생각하는지를 보여줍니다.

우리는 아이가 선택하는 것을 아이에게 평가하도록 해야 합니다. 우리 스스로 어떤 일이 더 높고 더 낮은가를 판단할 수는 없기 때문입니다. 아이가 진심으로 일에 매달려 다른 사람의 행복에 기여하기 위해 시간을 쓴다면, 그는 어떤 사람과도 동등하며 그가 하는 일은 쓸모 있고 중요합니다. 아이의 유일한 과제는 분업의 틀 안에서 자신을 훈련하고 북돋우며 자신의 관심을 따르는 것입니다.

어떤 직업이든지 고를 수 있으면서도 절대 만족하지 못하는 사람이 있습니다. 그런 사람이 바라는 것은 직업이 아니라 남보다 뛰어나다는 우월감을 지키고자 함입니다. 그들은 인생 과제에 맞닥뜨리고 싶어 하지 않습니다. 왜냐하면 인생이 어떻든지 과제를 준다는 것은 부당하다고 느끼기 때문입니다. 그런 사람들은 다른 사람에게 도움받기를 좋아하는 응석받이들입니다.

대부분의 사람들은 인생의 처음 4~5년 동안 자신이 몸에 익혀온 것들에 관심을 가지고 있습니다. 그리고 그것을 잊을 수는 없지만 나중에 경제적인 이유라든가 부모의 압력에 의해 흥미도 없는 직업을 갖도록 강요받았다고 느껴왔을 것입니다. 이 또한 어린 시절 훈련의 영향력과 중요성을 보여줍니다.

초기 기억

초기 기억은 직업지도에서 아주 주의 깊게 살펴봐야 합니다. 아이의 초기 기억에서 시각적인 것에 관심이 있음이 드러나면, 그 아이는 눈을 쓰는 일이 적성에 맞는다고 결론지을 수 있습니다.

아이가 자신에게 말을 건 누군가에 대한 인상이나, 바람이나 벨소리의 인상을 이야기할지도 모릅니다. 이런 아이는 청각 유형임을 알 수 있으며, 음악과 관계한 일에 어울린다고 짐작할 수 있습니다.

또 다른 기억에서는 운동에 대한 인상을 볼 수 있습니다. 활동성을 좀 더 필요로 하는 사람이 있습니다. 그런 사람은 손을 쓰는 일이나 여행 등을 해야 하는 일에 관심이 있을 것입니다.

가장 흔한 노력 가운데 하나는 가족의 다른 구성원을 넘어서려는 것, 특히 아버지나 어머니보다 앞서려는 것입니다. 이는 아주 중요할 수 있습니다. 우리는 새로운 세대가 낡은 세대와 거리를 두는 것을 보면 기쁜 마음이 듭니다. 그리고 아이가 자신의 일로 아버지의 업적을 뛰어넘고 싶어 한다면 아버지의 경험은 어느 정도는 아이에게 훌륭한 출발점이 됩니다.

아버지가 경관이었던 집에서 태어난 아이는 때때로 변호사나 재판관이 되고 싶다는 야심을 갖습니다. 아버지가 병원에서 일했다면 아이는 의사나 외과의사가 되고 싶어 합니다. 또 아버지가 교사라면 아이는 대학교수가 되고

자 합니다.

놀이

아이들이 노는 모습을 지켜보면, 이따금 어른이 되어서 하게 될 일을 위해 준비하고 있음을 알 수 있습니다. 예를 들어 선생님이 되고 싶어 하는 아이는, 때때로 자기보다 어린 아이들을 모아놓고 학교놀이를 합니다. 아이들의 놀이는 그들의 관심을 들여다보게 해줍니다.

엄마가 되고 싶은 소녀는 인형놀이를 하면서 갓난아기에게 큰 관심을 갖도록 자신을 훈련합니다. 엄마 역할에 대한 관심은 더욱 커져도 좋으며, 소녀에게 인형 주는 것을 걱정할 필요는 없습니다. 소녀에게 인형을 주면 현실감각이 없어질 거라고 생각하는 사람이 있지만, 사실은 어머니의 일에 자신을 동일시하고 성취하기 위한 훈련을 하는 것입니다. 아이들이 어렸을 때부터 이런 훈련을 시작하는 것은 중요합니다. 너무 늦게 시작하면 그들의 관심은 고정되어 바뀌기가 어렵기 때문입니다.

많은 아이들이 기계와 기술에 큰 관심을 보입니다. 아이들이 꿈꾸는 바를 이룰 수만 있다면 이런 관심은 앞으로 삶에서 알찬 생애를 약속합니다.

직업 선택에 미치는 영향

다른 사람을 이끄는 상황에 놓이는 것을 결코 좋아하지 않는 아이들도 있습니다. 그들의 가장 큰 관심사는 존경하는 지도자, 따를 수 있는 다른 아이나 어른을 찾아내는 것입니다. 이는 그다지 바람직한 성장은 아니므로 이러한 종속적인 경향을 이른 시기에 막아야 합니다. 어린 시절에 이런 경향을 멈추지 못한다면, 이러한 아이들은 자라서 지도적인 역할을 할 수 없을 것입니다. 그리고 그들은 뻔한 직업을 갖게 될 테고, 그것은 해야 할 모든 일이 규칙으로써 통제받는 중요하지 않은 관리직이 되기 쉽습니다.

아무런 준비 없이 질병이나 죽음의 문제에 맞닥뜨린 아이들은 언제나 이런 문제에 관심을 갖습니다. 그들은 의사, 간호사, 약사가 되고 싶어 합니다.

나는 그들의 노력은 응원받아야 한다고 생각합니다. 이런 관심을 갖고 의사가 된 아이들은 훈련을 아주 빨리 시작하며 그 일을 무척 좋아하게 되는 것을 곧잘 보아왔기 때문입니다. 때로 죽음과의 접촉은 다른 식으로 보상받습니다. 아이들은 예술이나 문학을 창조하면서 죽음을 이겨내고 살겠다는 마음을 가질 것입니다. 또는 아주 경건해질지도 모릅니다.

일을 회피하거나 아무 생각이 없거나 게으른 성향도 인생의 이른 시기에 시작됩니다. 이런 아이가 어려움에 부딪히는 것을 볼 때, 우리는 과학적 방법으로 잘못의 이유를 찾아 바로잡아 주어야 합니다.

우리가 일하지 않더라도 필요한 것 모두를 우리에게 주는 행성에 살고 있다면, 아마도 게으름은 덕이고 부지런함은 악덕일 것입니다. 그러나 우리가 우리의 행성인 지구와의 관계에서 생각할 수 있는 한 논리적이고 상식에 맞는 대답은, 우리는 일하고 협력하며 공헌해야 한다는 것입니다. 인간은 이 사실을 늘 직감적으로 느껴왔습니다. 우리는 이제 과학적인 관점에서 그 필요성을 이해할 수 있습니다.

천재의 초기 노력

어린 시절의 훈련은 천재들에게 늘 뚜렷했습니다. 그리고 나는 천재의 문제는 주제 전체를 비춘다고 믿습니다. 공동선에 크게 이바지한 사람만이 천재라고 불립니다. 인류에 어떤 이로움도 남기지 않은 천재를 상상할 수는 없습니다. 예술은 모든 개인 중에서 가장 협력적인 사람이 낳은 것입니다. 그리고 인류의 위대한 천재들은 우리 문화 전체 수준을 끌어올렸습니다.

호메로스는 그의 시에서 세 가지 색깔밖에 이야기하지 않았습니다. 그리고 이 세 가지 색이 모든 것의 차이를 구별하는 데 도움이 될 거라고 말했습니다. 과연 누가 우리 주위를 둘러싼 모든 색깔에 이름을 붙였을까요? 우리는 그것이 예술가와 화가의 일임을 인정해야 합니다.

작곡가는 우리의 청각을 빼어난 수준까지 세련되게 만들어주었습니다. 우리가 오늘날 귀에 거슬리는 음조 대신에 조화로운 음색으로 노래하고 있다면, 우리에게 그것을 가르친 것은 음악가입니다.

누가 우리의 감정을 더욱 깊고 풍부하게 하고, 우리에게 귀와 목소리를 훈련하는 법을 가르쳤던가요? 그것은 시인이었습니다. 시인은 우리의 말을 풍요롭게 만들고 그것을 보다 부드럽게 하여 인생의 모든 목적에 적응시켰습니다.

천재들이 모든 사람들 가운데에서 가장 협력적이었음은 의심할 수 없습니다. 그들의 몇 가지 개인적인 행동과 태도에서 아마 우리는 그들의 협력적인 능력을 쉽게 보지는 못할 것입니다. 그러나 그들 인생의 전체 모습에서는 그런 모습을 뚜렷하게 볼 수 있습니다.

그들이 다른 사람들처럼 협력하기란 쉽지 않았습니다. 그들은 어려운 길을 선택한 것이며, 싸워야 할 수많은 장애를 갖고 있었기 때문입니다. 그들은 때때로 가혹한 신체장애를 갖고서 인생을 시작해야 했습니다. 거의 모든 뛰어난 인물에게서 무언가 신체적인 결함이 보입니다. 하지만 그들은 인생 초기에 쓰디쓴 고통을 맛보았음에도 싸워서 그 어려움을 이겨냈습니다.

그들의 관심이 어떻게 인생 초기에 시작되었고 어떻게 어린 시절에 열심히 훈련했는가가 분명하게 보입니다. 그들은 세상의 문제에 다가가고 그것을 이해하기 위해 감각을 단련했습니다. 이 초기 훈련으로부터 우리는 그들의 예술과 천재성은 그들 자신이 창조한 것이지, 자연이나 유전의 부당한 선물이 아니라고 결론지을 수 있습니다. 그들은 노력했으며, 우리는 그 결과를 누리는 것입니다.

재능 키우기

이 초기 노력은 미래의 성공을 위한 가장 훌륭한 밑거름입니다. 서너 살쯤 된 여자아이가 혼자 있다고 가정해 봅니다. 아이는 인형에 씌우려고 모자를 만들기 시작합니다. 아이가 바느질하는 모습을 보고 우리는 그것을 아주 멋진 모자라고 말하면서, 어떻게 하면 더 멋지게 만들 수 있을지 의견을 내놓습니다. 소녀는 용기가 생기고 더 노력하여 기능을 향상시킵니다.

그러나 소녀에게 다음처럼 말한다면 어떻게 될까요?

"다치니까 바늘을 내려놓으렴. 네가 모자를 만들 필요는 없단다. 지금 나가서 더 좋은 걸 사주마."

이러면 소녀는 곧바로 포기해 버릴 것입니다.

이런 두 경우 소녀의 미래에 비교한다면, 처음과 같은 상황에서 소녀는 예술적인 취미를 키워 그러한 일에 관심을 갖게 될 것입니다. 이와 달리 두 번째 상황에 있던 소녀는 무엇을 해야 할지 몰라, 스스로 만들기보다는 그저 좋은 것을 사려고만 할 것입니다.

돈의 가치가 가정에서 과대평가된다면, 아이들은 직업 문제를 오로지 돈을 버는 수단으로만 보게 될 것입니다. 이는 커다란 잘못입니다. 이런 아이는 인류에 대한 공헌에는 관심이 없기 때문입니다. 분명 모든 사람은 먹고살아야 합니다. 그리고 이 점을 무시하는 사람들은 다른 사람에게 짐이 됩니다. 그러나 아이가 오로지 돈을 버는 데만 관심이 있다면, 쉽게 협력의 길을 벗어나 자신의 이익밖에 찾지 않게 될 것입니다.

'돈을 버는 것'이 유일한 목표이고 다른 사람에 대한 관심이 전혀 없다면, 아이는 강도를 저지르거나 사기를 쳐서 돈을 모으는 게 왜 해서는 안 되는 일인지 모르게 됩니다. 이만큼 극단적이지 않더라도 목표와 연결된 공동체 감각이 조금밖에 없다면, 그런 사람은 돈은 많이 벌지 몰라도 그의 활동은 주위 사람들에게 그다지 이익이 되지 않습니다. 우리 시대에서는 이런 길을 걸음으로써 부유해질 수 있습니다. 잘못된 길도 때로는 몇 가지 점에서 성공하는 듯이 보입니다.

우리는 올바른 태도로 인생을 살아가는 사람이 쉽게 성공한다고는 약속할 수 없습니다. 하지만 그런 사람이 계속 용기를 가지고 자존심을 잃지 않는다면 성공하리라 약속할 수 있습니다.

해결법 찾기

일이 때로는 교우와 사랑의 문제를 회피하는 핑계로 쓰이기도 합니다. 우리 삶에서는 지나친 노동이 사랑과 결혼의 문제를 외면하는 방법으로서 매우 자주 선택됩니다. 때로는 결혼 실패의 핑계로 쓰이기도 합니다. 정신없이 일에 전념하며 이렇게 생각합니다.

'결혼할 시간은 없다. 그러니까 나의 불행에는 책임이 없다.'

신경증 환자가 교우와 사랑이라는 이 두 가지 문제를 회피하려는 모습은 특히 자주 보입니다. 그들은 이성에게 다가가려고 하지 않습니다. 다른 사람에게는 좀처럼 관심을 갖지 않고 밤낮으로 일 생각만 합니다. 심지어 밤에는 침대 안에서도 일하는 꿈을 꿉니다. 쉴 틈 없이 일하고 긴장 상태가 이어지기 때문에 위염 등의 신경증적인 병증까지 나타납니다. 그러면 위가 좋지 않아서 교우와 사랑의 과제를 해결할 수 없다고 생각합니다.

끊임없이 직업을 바꾸는 사람도 있습니다. 그런 사람은 늘 자신에게 더 맞는 일이 있으리라고 생각하지만, 사실은 한 가지 일을 꾸준히 하지 못해서 계속 직업을 바꾸는 것입니다.

문제행동이 있는 아이들에게 다가가는 첫 번째 방법은 그런 아이들의 주요 관심사를 찾아내는 것입니다. 이렇게 함으로써 모든 아이를 돕고 응원하는 것이 한결 쉬워집니다. 직업을 정하지 못하는 젊은이나 일에서 실패한 중년의 경우, 그들의 진짜 관심을 찾아내 그것에 공감해 주고 직업지도의 바탕으로 삼아 그들이 일자리를 찾도록 도와야 합니다. 이런 일은 늘 어렵습니다.

오늘날은 실업률이 높습니다. 그리고 이것은 사람의 협력 능력을 늘리려고 할 때는 바람직한 상황이 아닙니다. 그래서 나는 협력의 중요성을 깨달은 모든 사람은 반드시 고용되도록, 그리고 일하고 싶어 하는 모든 사람에게 꼭 일이 주어지도록 최선을 다해야 한다고 생각합니다.

우리는 훈련학교, 기술학교, 성인교육을 더 발달시킴으로써 상황을 더 좋게 만들 수 있을지 모릅니다. 고용되지 않은 많은 사람은 훈련받지 않았으며 기술도 없습니다. 아마 그들 가운데 몇몇은 친구를 사귀는 일에 크게 관심이 없었을 것입니다.

사회적 훈련을 받지 않은 성원, 공동선에 관심이 없는 사람은 인류 발전에 큰 장애물입니다. 이런 사람은 곧잘 자신이 가치 없다거나 운이 없다고 느낍니다. 그리고 훈련받지 않고 기술이 없는 사람이 범죄자, 신경증 환자, 자살자의 대부분을 차지한다는 점에 유의해야 합니다. 그들은 훈련을 받지 않았기 때문에 다른 사람들보다 뒤처져 있는 것입니다.

모든 부모나 교사, 미래 발전에 관심이 있는 사람이라면 모든 아이가 보다 좋은 훈련을 받을 수 있도록 노력하고, 아이들에게 분업을 위한 보다 좋은 장소를 마련해 주어야 합니다.

11 개인과 사회는 어떤 관계인가

하나 됨을 위한 인류의 노력

무엇보다 오래 이어져온 인간의 노력은 주변 사람들과 유대 관계를 맺는
것입니다. 인류가 성장하고 진보한 것은 주위 사람들에 대한 관심 때문입니
다. 가족 안에는 다른 사람에 대한 관심이 가장 본질적인 형태로 들어 있습
니다. 그리고 역사의 시작부터 인간은 가족으로서 집단을 이루어왔습니다. 원
시부족은 서로 단결하고 일체감을 갖기 위해 공통의 상징을 썼습니다. 그리
고 상징의 목적은 협력을 통해 인간을 하나로 만드는 것이었습니다.

종교의 역할

가장 단순한 원시종교는 토테미즘이었습니다. 어떤 무리는 도마뱀을 숭배
했고, 다른 무리는 소나 뱀을 섬겼습니다. 같은 토템을 섬긴 사람들은 함께
살면서 도움을 주고받았습니다. 그리고 그 무리의 성원들은 서로를 형제자매
라고 여겼습니다. 이런 원시 관습은 고정적이고 안정적으로 협력을 얻어 체
제를 유지하기 위한 인류 최대 수단 가운데 하나였습니다. 이러한 원시종교
와 연관된 축제에서는, 예를 들면 도마뱀을 숭배한 사람들은 다 함께 어울려
곡식의 수확이라든가, 야생동물이나 자연으로부터 자신들을 지키는 방법에
대해 의견을 나누었습니다. 이것이 바로 축제의 의미였습니다.

결혼은 무리 전체의 이해관계가 얽힌 행위로 여겨졌습니다. 모든 사람이
배우자를 사회 제약에 따라 자신의 무리나 토템 밖에서 찾아야 했습니다.

오늘날에도 사랑과 결혼이 그저 개인적인 일이 아니라 인류 전체가 심리적
이고 정신적으로 참가해야 할 공통의 일이라고 인식하는 것은 중요합니다. 인

류는 결혼과 관련된 어떤 책임이 있습니다. 결혼은 사회 전체가 권장하는 단계이며, 인류는 건강한 아이가 태어나 협력 정신을 지닌 사람으로 자라는 데 관심이 있기 때문입니다. 그러므로 모든 인류는 결혼에 적극적으로 힘을 보태야 합니다.

원시사회의 제도, 토템, 결혼을 통제하는 깐깐한 인습은 오늘날 우리에게 이상하게 보일지 모르지만, 그 시대에서 중요성이 지나치게 높이 평가되었다고는 볼 수 없습니다. 그리고 그 참된 목적은 인간의 협력을 크게 늘리는 일이었습니다.

종교가 내려준 가장 중요한 의무는 늘 "네 이웃을 사랑하라"였습니다. 여기서도 우리는 다시 잘못된 형태로 주위 사람에 대한 관심을 늘리는 똑같은 노력을 볼 수 있습니다. 이러한 노력의 가치를 이제 과학적 관점에서 확인할 수 있다는 점도 흥미롭습니다. 응석받이 우리에게 "왜 내가 이웃을 사랑해야 하는가? 내 이웃은 나를 사랑하는가?"라고 묻는데, 이런 질문은 협력 훈련이 되어 있지 않거나 자기 자신 말고는 도무지 관심이 없음을 드러냅니다.

살아가면서 가장 큰 어려움에 부딪히고 다른 사람에게 나쁜 해를 입히는 것은 주위 사람에게 관심이 없는 사람입니다. 인간의 모든 실패는 이런 사람들에게서 생깁니다. 그래서 많은 종교나 종파들이 저마다 독자적인 방법으로 공동체 감각을 늘리려고 노력하는 것입니다.

나는 협력을 최종 목표로 삼는 모든 인간의 노력에 찬성합니다. 서로 싸우고 비난하며 깎아내릴 필요는 없습니다. 우리는 절대 진리를 갖고 있지 않으며, 협력이라는 최종 목표로 가는 길은 많습니다.

정치적, 사회직 운동

정치에서는 가장 좋은 방법조차도 잘못 쓰인다는 것을 우리는 알고 있지만, 아무도 협력하지 않는다면 정치로 이룰 수 있는 것은 하나도 없습니다. 모든 정치가는 인류의 발전을 최종 목표로 삼아야 합니다. 그리고 이는 언제나 더 높은 정도의 협력을 뜻합니다.

우리는 실제로 어떤 정치가나 정당이 정말로 진보를 가져올 수 있을지 판단할 능력이 충분하지 못합니다. 인간은 저마다 자신의 생활 방식에 따라 판단합니다. 그러나 정당이 그 집단 안의 행복에 협력하는 사람들을 갖고 있다면, 그 활동에 분노할 이유는 없습니다.

사회운동도 마찬가지입니다. 아이를 키우는 것이 이러한 운동에 관련한 사람의 목적이라면, 이 운동은 자신들 전통에 따라 문화를 나아가게 하고 영향을 주어 그들이 최선이라고 생각하는 법률로 바꾸려고 시도할지도 모릅니다. 우리는 그들의 노력을 비난해서는 안 됩니다. 계급운동 또한 조직운동이며, 협력입니다. 그리고 그 목표가 인류의 더 나은 삶이라면 우리는 편견을 버려야 합니다.

따라서 모든 정치와 사회운동은 우리 인간의 관심을 촉진하는 능력에 바탕을 두고 판단되어야 합니다. 그리고 우리는 협력을 늘이는 데 도움되는 많은 방법이 있음을 발견할 것입니다. 물론 보다 좋은 방법도 효과적이지 못한 방법도 있겠지만, 협력의 목표가 있다면 어떤 방법을 오직 최선이 아닐지도 모른다는 이유로 공격하는 것은 무익합니다.

공동체 감각 결여와 관련성의 실패

자기에 대한 관심

우리가 버려야 할 것은 자신에 대한 관심으로만 움직이는 태도입니다. 이런 태도는 개인과 집단의 성장에 가장 커다란 장애입니다. 인간의 능력은 주위 사람들에게 관심을 가질 때만 발달합니다. 말하기, 읽기, 쓰기는 모두 다른 사람과의 관계를 바탕으로 합니다. 온 인류는 모두 언어를 갖고 있습니다. 말은 공동체 감각의 산물입니다. 이해는 다른 사람과 공유되는 기능입니다. 이해한다는 것은 다른 모든 사람이 공유하는 생각을 우리가 기대하는 식으로 파악하는 것입니다. 이는 공유된 매개를 통해 우리 자신을 다른 사람과 연결해 모든 인류 공통의 경험에 따르는 것입니다.

자신의 이해만 좇고 개인적인 우월성만을 추구하는 사람이 있습니다. 그들은 오로지 인생에 사적인 의미만을 부여합니다. 그들이 보기에 인생은 단지 자신의 이익만을 위해 존재해야 합니다. 그러나 그것은 공유된 이해가 아니라 온 세계에서 어느 누구도 나누려 하지 않는 생각입니다. 그래서 우리는 이런 사람이 다른 사람들과 잘 어울리지 못하는 것을 봅니다. 이따금 우리는 자기중심적으로 자라온 아이가 쓸쓸하거나 우울한 표정인 것을 봅니다.

이와 닮은 표정을 우리는 범죄자나 정신이상자의 얼굴에서도 볼 수 있습니다. 그들은 다른 사람들과 어울리기 위해 눈을 쓰지 않으며, 다른 사람들과 같은 방법으로 세상을 바라보지 않습니다. 때로 이런 아이들이나 어른들은 주위 사람들을 쳐다보려 하지 않고 눈길을 돌려 다른 곳을 바라봅니다.

정신장애

다른 사람과 어울리지 못하는 것은 많은 신경증에서도 보입니다. 예를 들면 그것은 강박적면증(赤面症), 말더듬이, 발기불능, 또는 조루에 특히 두드러집니다. 이런 증상들은 다른 사람에 대한 관심이 없기 때문에 일어나는 것입니다.

가장 심한 고립은 정신병에서 나타납니다. 정신병도 다른 사람에 대한 관심이 생기면 치료될 수 있습니다. 하지만 그것은 자살을 제외한 다른 어떤 표현보다도 가장 확실하게 타인과 거리를 둔다는 것을 의미합니다. 이러한 증상을 고치는 데는 엄청난 시간과 기술이 필요합니다. 다시 사람들과 협력할 수 있도록 그를 설득해야 합니다. 그리고 그것은 인내와 친절, 우호적인 행동으로써만 가능합니다.

언젠가 조현병에 걸린 소녀를 치료해 달라는 부탁을 받은 적이 있었습니다. 그녀는 8년 동안 그런 상태에 있었으며, 마지막 2년은 입원해 있었습니다. 개처럼 울부짖고, 침을 뱉고, 옷을 찢고, 손수건을 먹으려고 했습니다. 이런 증상은 그녀가 다른 사람에 대한 관심으로부터 얼마나 멀리 떨어져 있는가를 똑똑히 보여주었습니다. 소녀는 개처럼 굴고 싶어 했고 그 이유는 쉽게 이해할 수 있었습니다. 어머니가 자신을 개처럼 대했다고 느꼈던 그녀는 아마 이렇게 말하고 싶었을 것입니다.

"나는 사람을 보면 볼수록 개가 되고 싶다."

나는 그녀와 8일 동안 계속 만났지만, 한마디도 이야기를 나누지 못했습니다. 나는 그녀에게 끈질기게 말을 걸었고, 30일이 지나자 그녀는 혼란스럽고 이해할 수 없는 말을 하기 시작했습니다. 그녀가 나를 친구로 받아들였으며, 용기를 얻었기 때문입니다.

이런 유형의 환자가 용기를 얻으면 대부분 그 용기를 어떻게 해야 할지 모릅니다. 주위 사람들에 대한 저항은 매우 강합니다. 우리는 용기가 돌아왔을 때 그 환자가 어떻게 행동할지 어느 정도는 예측할 수 있지만, 곧바로 협력적인 태도를 갖출 것이라고는 여전히 생각하지 않습니다. 문제행동을 하는 아이들과 비슷합니다. 주위를 괴롭히는 일이라면 뭐든지 합니다. 손에 잡히는 것은 아무거나 다 부숩니다. 또는 간호사를 때리기도 합니다.

다음에 내가 그녀를 만났을 때, 그녀는 나를 때렸습니다. 나는 어떻게 해야 할지 생각해야 했습니다. 그녀를 놀라게 할 만한 유일한 반응은 절대로 저항하지 않는 것이었습니다. 그 어린 소녀는 그다지 힘이 세지 않았습니다. 나는 그녀가 나를 때리도록 그냥 내버려두었습니다. 그리고 나는 그녀를 너그러운 표정으로 바라보았습니다. 물론 그녀는 이런 반응을 전혀 예상하지 못했습니다. 마침내 그렇게 함으로써 나는 그녀로부터 모든 도전을 멈추게 했습니다.

그래도 그녀는 다시 일깨워진 용기를 어떻게 해야 할지 몰랐습니다. 그녀는 창문을 깨더니, 유리로 자신의 손가락을 베었습니다. 나는 그녀를 비난하지 않고 붕대만 감아주었습니다. 이런 폭력에 대응하는 일반적인 방법, 즉 그녀를 방에 가두는 것은 매우 잘못된 치료법입니다. 이 소녀와 같은 사람을 설득하려면 다른 방법을 써야 합니다.

정신적으로 혼란스러운 사람에게 정상적인 사람과 똑같은 행동을 기대하는 것은 가장 큰 잘못입니다. 거의 모든 사람들이 당황하고 그들에게 화를 냅니다. 보통 사람들처럼 반응하지 않기 때문입니다. 그들은 먹지 않고, 옷을 갈기갈기 찢습니다. 하지만 그렇더라도 내버려두세요. 그들을 도울 수 있는 다른 방법은 없습니다.

이런 일이 있은 뒤, 소녀는 회복되었습니다. 1년이 지나자 완전히 건강을 되찾았습니다. 어느 날, 그녀가 입원했던 병원을 방문하는 길에 나는 우연히 그녀를 만났습니다.

"여기서 뭘 하세요?"

그녀가 물었습니다.

"나를 따라와요. 당신이 2년간 생활했던 병원에 가는 길입니다."

내가 말했습니다.

우리는 함께 병원으로 가서, 전에 치료했던 의사에게 면담을 요청했습니다. 나는 그 의사에게 내가 다른 환자들을 보는 동안 그녀와 이야기를 나누라고 제안했습니다. 내가 돌아왔을 때, 의사는 아주 만족스러워하고 있었습니다.

"그녀는 이제 완전히 건강합니다."

그가 말했습니다.

"하지만 탐탁지 않은 점이 하나 있어요. 그녀가 내 이야기에 좀처럼 흥미를 갖지 않습니다."

나는 요즘도 가끔 그녀를 진료하는데, 그녀는 10년 동안 건강을 유지하고 있습니다. 또한 스스로 돈을 벌고 있으며 인간관계도 좋습니다. 그녀를 본 사람이라면 그녀가 예전에 정신병을 앓았다는 말을 좀처럼 믿지 못할 것입니다.

다른 사람들로부터 환자가 가장 뚜렷하게 소외되어 있음을 보여주는 두 가지 상태는 망상증과 우울증입니다. 망상증 환자는 모든 인류를 비난합니다. 세상 모든 사람이 자신에 대한 음모를 꾸미고 있다고 생각합니다. 한편 우울증 환자는 자기 자신을 비난합니다. 예를 들면 이렇게 말합니다.

"나는 가족들을 모두 못살게 굴었어.""내가 돈을 다 써버려서 아이들은 굶어 죽을 거야."

그러나 자신을 비난한다 하더라도, 그것은 다만 겉으로 드러난 허위에 지나지 않습니다. 그는 사실 다른 사람을 비난하는 것입니다.

꽤 유명하고 영향력 있는 여성이 사고를 당해 사회생활이 거의 불가능하게 되었습니다. 결혼한 딸들이 셋 있었는데도 너무 외로웠습니다. 같은 시기에 남편도 죽었습니다. 이제껏 응석을 부리며 살아온 그녀는 잃어버린 것을 다른 것으로 대신하려고 했습니다. 외국으로 여행을 다니기 시작했습니다. 하지만 이전만큼 자신이 중요하게 느껴지지 않았습니다. 그러더니 곧 해외에 있을 때 우울증에 걸렸습니다. 그녀와 가까웠던 친구들은 그녀를 떠나버렸습니다.

우울증은 그 병에 걸린 본인에게도 커다란 시련이자 고통입니다. 그녀는 딸들에게 한번 오라고 전보를 쳤습니다. 그러나 세 딸은 모두 핑계를 대며 누구도 그녀를 만나러 오지 않았습니다. 집으로 돌아온 그녀가 입버릇처럼 하는 말은 "딸들이 나를 정말 다정하게 챙겨줬어요"였습니다. 사실 딸들은 어머니를 집에 홀로 두고 간호사에게 시중을 들게 했습니다. 그리고 이제는 집에 오더라도 어머니는 가끔 찾았습니다. 앞서의 어머니 말은 비난이며, 상황을 아는 사람이라면 모두 그 사실을 알고 있었습니다.

우울증 환자는 자신의 잘못에 낙담하지만 사실 그것은 다른 사람에 대한 끊임없는 분노와 비난이며, 돌봄이나 공감과 응원을 바라는 것이 가장 큰 목적입니다. 우울증 환자의 초기 기억은 보통 다음과 같습니다.

"나는 소파에 눕고 싶었지만, 이미 형이 거기에 누워 있었다. 내가 시끄럽게 울자 형은 거기서 일어나야 했다."

우울증 환자는 때때로 자살로써 다른 사람에게 복수하는 경향이 있습니다. 그래서 의사의 첫 관심사는 환자에게 핑계를 주지 않는 것입니다. 나는 치료의 첫 번째 규칙으로서 "하고 싶지 않은 일은 하지 말라"고 그들에게 제안함으로써 긴장을 풀어주려 합니다. 이는 하찮은 일처럼 보일지도 모르지만, 문제의 핵심을 찌른다고 생각합니다.

만일 우울증 환자가 무엇이든지 하고 싶은 것을 할 수 있다면 누구를 비난할 수 있겠습니까? 무엇으로 복수할 수 있겠습니까? 나는 그녀에게 말했습니다.

"극장에 가고 싶다면, 아니면 쉬고 싶다면 그렇게 하세요. 도중에 싫어져도 고민하지 마세요."

이는 누구에게도 가장 좋은 상황이며 그녀가 우월감을 느끼고자 하는 마음을 만족시킵니다. 그녀는 신처럼 하고 싶은 일을 뭐든지 할 수 있습니다. 한편 이것은 그녀의 생활 방식에는 그다지 쉽게 맞아떨어지지 않습니다. 그녀는 다른 사람을 지배하고 비난하고 싶은데, 다른 사람이 그녀에게 동조해 주면 다스릴 수 없기 때문입니다. 이런 접근은 언제나 매우 효과적입니다.

내 환자 가운데 자살한 사람은 없습니다. 물론 이런 환자를 지켜보는 사람이 있는 것이 가장 좋지만, 내 환자는 내가 바랐던 것만큼 긴밀한 감시는 받지 않았습니다. 감시자가 있으면 위험은 사라집니다.

이따금 환자는 내 제안에 이렇게 말합니다.

"하지만 나는 하고 싶은 게 없어요."

나는 그 말에 대답할 준비가 되어 있습니다. 이런 이야기는 수도 없이 들었기 때문입니다. 나는 말합니다.

"그렇다면 싫은 일을 하지 않도록 하세요."

그러나 때로는 다음처럼 말할 것입니다.

"종일 침대에 있고 싶어요."

내가 그러라고 하면 이젠 하기 싫어지리란 것을 알고 있습니다. 또 나는 내가 그러지 말라고 하면 환자는 새로운 싸움을 시작하리란 것도 압니다.

나는 언제나 환자의 말에 동의합니다. 그것은 하나의 전략입니다. 더 직접적으로 생활 방식을 공격하는 것입니다. 나는 이렇게도 말합니다.

"내 처방에 따른다면 2주 안에 나을 겁니다. 어떻게 하면 누군가를 기쁘게 할 수 있을지를 날마다 생각해 보세요."

이것이 우울증 환자에게 무엇을 뜻하는지 상상해 봅시다. 그들은 언제나 '어떻게 하면 누군가를 괴롭힐 수 있을까' 하는 생각으로 머릿속이 가득 차 있습니다.

그들의 대답은 아주 흥미롭습니다. 이런 말을 하는 사람이 있습니다.

"그거야 쉽죠. 늘 해오던 일이니까요."

물론 그들은 한 번도 그런 적이 없습니다. 나는 그들에게 그에 대해 곰곰이 생각해 보라고 부탁합니다. 그러나 그들은 생각 따윈 하지 않습니다.

나는 말합니다.

"잠이 오지 않을 때는 어떻게 하면 누군가를 기쁘게 할 수 있을까를 생각하고, 당신이 쓸 수 있는 모든 시간을 이용하세요. 그러면 당신의 건강은 몰라보게 좋아질 것입니다."

다음 날 그들을 진찰하면서 나는 묻습니다.

"내가 제안한 것을 생각해 보았나요?"

그들은 대답합니다.

"어젯밤은 침대에 눕자마자 잠이 들어버렸어요."

물론 이런 대화는 겸손하고 우호적으로 이루어져야지, 조금이라도 우월성을 내비쳐서는 안 됩니다.

이렇게 말하는 사람도 있습니다.

"한 번도 할 수 없었어요. 정말 어려워요."

나는 이야기합니다.

"어려우면 그만두세요. 하지만 때때로 다른 사람에 대해 생각할 수 있습니다."

나는 그들의 관심을 다른 사람에게 돌리고 싶습니다.

많은 사람들이 말합니다.

"왜 내가 다른 사람들을 기쁘게 해야 하나요? 다른 사람들은 나를 기쁘게 해주지 않는데."

나는 대답합니다.

"당신의 건강을 생각해야 합니다. 다른 사람들은 나중에 가서 괴로워할 겁니다."

환자가 이렇게 답하는 일은 좀처럼 없습니다.

"나는 당신이 제안한 것을 생각했습니다."

내 모든 노력은 환자의 공동체 감각을 키우는 일에 집중되어 있습니다. 나는 병의 진짜 이유가 협력 정신이 없기 때문임을 압니다. 그리고 나는 환자들도 그 사실을 깨닫게 되기를 바랍니다. 주위 사람들과 평등하고 협력적인 상황에서 어울릴 수 있다면 그들의 병은 곧 치유됩니다.

범죄적 과실

공동체 감각이 부족한 다른 뚜렷한 예는 이른바 '범죄적 과실'입니다. 어떤 사람이 불붙은 성냥을 떨어뜨려 산불이 났습니다. 또는 최근 사례에서는 한 노동자가 일을 마치고 집으로 돌아가면서 길에 케이블을 깔았습니다. 자동차가 거기에 부딪쳐, 차에 탔던 사람이 죽고 말았습니다. 어떤 경우에도 누군가에게 해를 입힐 의도는 없었습니다. 도덕적인 의미에서는 실제 일어난 대참사에 죄가 없는 듯이 보입니다.

그러나 이런 경우는 모두 다른 사람을 생각하도록 훈련받지 못했던 것이며, 다른 사람의 안전을 위해 스스로 주의하지 않은 것입니다. 방을 어지럽히는 아이나 다른 사람의 발을 밟는 사람, 접시를 깨거나 벽난로 선반 위 장식품을 부수는 사람에게 보이는 것과 마찬가지로 서로 돕고자 하는 마음이 부족한 것입니다.

공동체 감각과 사회적 대등

우리는 주위 사람들에 대한 관심을 가정과 학교에서 배웁니다. 그리고 우리는 이미 아이의 성장 길목에 어떤 장해물이 놓여 있는가를 보아왔습니다. 아마도 공동체 감각 자체는 유전되는 게 아니지만 그 가능성은 유전된다고 볼 수 있습니다. 이 가능성은 부모의 기술과 아이에 대한 부모의 관심, 그리고 자기 환경에 대한 아이 자신의 판단에 따라서 발달합니다.

만일 아이가 다른 사람을 적이라고 느낀다면, 적에게 둘러싸여 막다른 골목에 몰려 있다고 느낀다면 우리는 아이가 친구를 사귀고 다른 사람에게 좋은 벗이 되기를 기대할 수 없습니다. 또한 아이가 다른 사람들은 자신의 노예여야 한다고 생각한다면, 사람들을 돕지 않고 다스리고 싶어 할 것입니다. 한편 자신의 감정이나 신체적인 자극에만 관심이 있다면, 사회와 벽을 쌓을 것입니다.

우리는 아이에게서 자신이 가족의 평등한 한 구성원이라고 생각하는 일과, 다른 식구들에게 관심을 갖는 것이 얼마나 중요한지를 살펴보았습니다. 또 우리는 부모가 서로 사이가 좋아야 하며, 가족 밖의 사람들과 친밀한 우정을 맺어야 함을 보았습니다. 이렇게 해서 아이들은 믿을 만한 사람이 가족 안에만 있는 것이 아니라 밖에도 있다고 느끼게 됩니다.

아울러 우리는 아이가 학급의 한 사람이며 다른 아이들의 친구라고 느껴야 한다는 것, 또 우정에 의지해야 한다는 것을 보았습니다. 가정과 학교의 목적은 아이가 사회적인 인간, 인류의 대등한 한 사람이 되도록 가르치는 것입니다.

이런 조건 아래에서만 아이는 용기를 잃지 않고 인생 과제를 헤쳐나갈 수 있습니다. 그리고 다른 사람들의 행복을 위한 일에도 공헌할 수 있습니다.

아이가 모든 사람에게 좋은 친구가 되고, 자라서 유익한 일과 행복한 결혼으로 사회에 이바지할 수 있다면, 다른 사람보다 열등하다고 느낀다든가 쉽게 절망하지도 않을 것입니다. 또한 자신이 좋아하는 사람을 만나고 문제에 대처하는 일에 참고 기다릴 줄 알며, 이 우호적인 세상이 편하다고 느낄 것입니다.

또한 '이 세상은 내 세상이다. 그러므로 다른 사람에게만 기대하지 말고, 내가 행동해서 스스로 만들어가야 한다'고 생각할 것입니다. 그리고 현재는 인류 역사에 오직 한 번밖에 없는 시간이며 인류의 역사, 즉 과거, 현재, 그리고 미래의 전체에 속해 있다는 확신을 갖게 될 것입니다. 바로 오늘이 자신이 창조적인 과제를 이루어 인간 발전에 스스로 공헌할 수 있는 때라고도 느낄 것입니다.

분명 이 세상에는 악, 곤란, 편견이 있습니다. 그러나 그것이 우리가 사는 세계이며, 그 이로운 점도 불리한 점도 모두 우리 것입니다. 우리 모두가 저마다 자신의 과제에 적절한 방식으로 두려움 없이 맞선다면 세상을 더 좋은 곳으로 만들 수 있다는 희망을 가져도 좋습니다.

자신의 과제에 부딪힌다는 것은, 인생의 세 가지 과제를 협력적인 방법으로 해결하고 책임지는 것을 뜻합니다. 우리가 인간에게 바라는 모든 것, 우리가 인간에게 줄 수 있는 최고의 칭찬은 인간이 훌륭한 동료, 훌륭한 친구, 사랑과 결혼의 참된 동반자여야 한다는 것입니다. 요컨대 인간은 모두 자기가 누군가의 친구임을 증명해야 합니다.

12 사랑과 결혼에 대한 모든 것

사랑, 협력, 공동체 감각의 중요성

독일 어느 지방에는 약혼한 한 쌍이 결혼생활에 적합한가를 알아보는 오랜 관습이 있습니다. 결혼식 전에 신랑 신부는 나무 한 그루가 쓰러져 있는 공터로 갑니다. 여기서 두 사람은 톱을 들고 그 나무줄기를 자르기 시작합니다.

이 간단한 시험으로 둘이 얼마나 서로 협력하는가를 알아볼 수 있습니다. 이는 두 사람에게 주어진 과제입니다. 둘 사이에 믿음이 없다면, 서로 톱을 반대쪽으로 움직여 어떤 성과도 내지 못할 것입니다. 둘 가운데 한 사람이 이끌어 모든 것을 혼자 하고 싶어 한다면, 다른 한 사람이 그에 따라준다고 해도 일을 마치는 데 곱절의 시간이 걸릴 것입니다.

둘이 함께 주도권을 나누어 갖고 노력을 조정해야만 합니다. 이 마을 사람들은 협력이 결혼생활에 중요한 필요조건임을 알고 있었습니다.

사랑과 결혼의 의미를 묻는다면, 나는 불완전할지도 모르지만 다음과 같은 정의를 내릴 것입니다.

"결혼으로 성취되는 사랑은 신체적 이끌림, 교제, 아이를 낳겠다는 결심에 나타나는 배우자에 대한 가장 친밀한 헌신이다. 사랑과 결혼은 본질적인 인간의 협력이다. 이는 두 사람의 행복을 위한 협력일 뿐만 아니라, 인류의 행복을 위한 협력이기도 하다."

'사랑과 결혼은 인류의 행복을 위한 협력'이라는 견해는 이 주제의 모든 면을 보여줍니다. 인간의 가장 중요한 충동인 신체적 이끌림도 인류에게 매우 필요한 발달입니다. 때때로 설명해 왔듯이, 인류는 약점을 지녔음에도 이 지구상에서 살아가기 위해 충분한 준비가 되어 있습니다. 인간의 생명을 유지하는 유일한 방법은 번식입니다. 그래서 생식 능력과 신체적 이끌림의 끊임없는 자극이 있는 것입니다.

　오늘날 모든 애정에 관련해서 문제와 의견 충돌이 보입니다. 부부는 이런 문제에 부딪히고, 부모는 두 사람을 걱정하며, 사회 전체는 그것에 휘말립니다. 그러므로 우리가 올바른 결론에 이르고자 한다면, 우리의 접근은 객관적이고 편견이 없어야 합니다. 우리가 배운 것을 잊지 말고, 또 주제를 충분히 연구하며 자유로운 논의를 가로막는 일 없이 최대한 그것을 살펴봐야 합니다.

　나는 사랑과 결혼을 완전히 독립된 문제처럼 판단할 수 있다고 말하려는 게 아닙니다. 인간은 온전히 자유로울 수 없기 때문입니다. 순수하게 개인적인 생각에만 바탕을 두어서는 해결할 수 없습니다. 실제로 모든 인간은 일정한 유대 관계로 맺어져 있습니다. 그 성장은 어느 틀 안에서 일어나며, 모든 결정은 그 틀에 맞추어져야 합니다.

　이 세 가지 유대는 앞서 봤듯이 우리가 우주 안의 한 곳에서 살아가고 있으며 우리 환경의 한계와 가능성 범위 안에서 성장해야 한다는 사실, 우리는 같은 종족인 타인들과 더불어 살아가고 있으며 다른 사람에게 자기 자신을 적응하는 법을 배워야 한다는 사실, 우리 인류의 미래가 그 좋은 관계에 의존하고 있는 두 개의 성(性)이 있다는 사실에서 비롯됩니다.

　한 개인이 주위 사람들과 인류의 행복에 관심이 있다면, 그가 하는 모든 일은 다른 사람에 대한 관심으로 이끌어질 것입니다. 그리고 그는 사랑과 결혼 문제가 마치 다른 사람의 행복과 관련되어 있는 것처럼 해결하려 할 것입니다.

　그는 자신이 이런 방식으로 문제를 해결하려 한다는 것을 알 필요는 없습니다. 그에게 물어본다 해도 아마 자기 목표에 대한 객관적인 설명은 하지 못할 것입니다. 그러나 적극적으로 인류의 행복과 더 나은 삶을 바라는 이런 관심은 그 사람의 모든 활동에서 보일 것입니다.

인류의 행복에 관심이 없는 사람이 있습니다. 그런 사람은 "나는 주위 사람들에게 어떤 공헌을 할 수 있을까?" 그리고 "나는 어떻게 전체의 일부가 될 수 있을까?"를 인생의 근본 문제로 보는 대신에, "내 인생에 도움이 되는 게 있을까? 나는 제대로 칭찬받고 있는가?" 이런 질문을 던집니다. 이러한 인생관을 갖고 있는 사람은 사랑과 결혼 문제도 똑같은 방식으로 해결하려 들 것입니다. 그는 늘 이렇게 묻습니다.

"나는 거기서 무엇을 얻을 수 있는가?"

사랑은 몇몇 심리학자들이 생각하듯이 순수하게 자연적인 기능이 아닙니다. 성은 충동 또는 본능이지만 사랑과 결혼 문제는 어떻게 이 충동을 채우는가 하는 것 이상입니다.

우리가 볼 때 언제나 우리의 충동과 본능이 발달하고 교화되고 다듬어지는 것을 알 수 있습니다. 우리는 욕구와 경향을 억눌러왔습니다. 우리는 좋은 동료가 되도록, 이를테면 서로를 화나게 하지 않는 방법을 배웠습니다. 깨끗하고 꼴사납지 않은 방법을 배웠습니다. 배고픔 또한 순수하고 자연스러운 배출구가 아닙니다. 우리는 먹는 것에 관련된 풍습과 예절을 만들어왔습니다.

우리의 모든 충동은 공통 문화에 적응되어 왔습니다. 그것들은 모두 우리가 인류의 행복과 우리의 사회적 삶에 도움이 되도록 배워온 노력을 나타내고 있습니다.

우리가 이런 이해를 사랑과 결혼 문제에 적용한다면, 우리는 다시금 모두의 이익과 인류에 대한 관심이 언제나 포함되어야 한다는 사실을 알게 될 것입니다. 이런 관심은 가장 첫째가 되어야 합니다.

사랑과 결혼의 어떤 측면을 논의하더라도, 또 양보와 변화와 새로운 규정 또는 제도를 제안하더라도 문제가 보다 넓은 눈으로 인간의 행복 전체를 살펴봄으로써 해결될 수 있음을 이해하지 않으면 아무런 소용이 없습니다.

우리는 진보할 것입니다. 우리는 문제에 더 만족스러운 대답을 찾아낼 것입니다. 그렇더라도 결국 그것은 이 우주에서 인류는 두 가지 성으로 이루어져 있다는 사실, 그리고 협력이 생존을 위해 꼭 필요하다는 사실을 전제로 합니다. 우리의 대답이 이미 이런 조건을 헤아리고 있는 한, 그것들에 담긴 진리는 영원히 바뀌지 않을 것입니다.

대등한 협력 관계

우리가 이렇게 접근할 때, 애정 문제에 대해 우리가 가장 먼저 발견하게 된 것은 '두 사람이 함께하는 일'입니다. 많은 사람들에게 이는 새로운 과제가 틀림없습니다. 우리의 초기 훈련 가운데 몇 가지는 우리에게 혼자 일하라고, 또는 다른 훈련은 팀으로 또는 집단으로 일하라고 가르쳤습니다. 우리는 둘이서 일하는 경험을 거의 하지 않았습니다. 따라서 이런 새로운 조건은 곧잘 문제를 일으킵니다. 하지만 이 문제는 둘이 이미 주변 사람들에게 관심을 갖고 있다면 풀기가 더 쉽습니다. 이때 두 사람은 서로 관심 갖는 법을 더 쉽게 배울 수 있기 때문입니다.

둘 사이의 이런 협력을 충분히 이해하려면 두 배우자가 자신보다는 상대에게 더 관심을 가져야 합니다. 이것이 사랑과 결혼이 성공하는 유일한 방법입니다. 결혼에 대한 많은 생각과 그 개선을 위한 많은 제안이 얼마나 잘못되었는가는 금방 드러날 것입니다.

결혼한 두 사람이 자기보다 상대에게 관심이 있다면 둘은 대등할 것입니다. 이 친밀함과 서로에 대한 헌신이 이루어진다면, 둘 가운데 어느 쪽도 정복당했다거나 무시당했다고 느끼지 않을 것입니다. 두 사람이 이런 태도를 지닐 때에만 비로소 평등한 관계가 가능해집니다. 저마다 상대의 인생을 안락하고 풍요롭게 하는 모든 노력을 기울여야 합니다. 이렇게 해서 둘은 서로를 필요로 하고 서로를 가치 있는 존재라고 느끼게 됩니다.

여기서 우리는 결혼의 완전한 보장과, 이 관계를 통한 행복의 완전한 의미를 봅니다. 이는 당신은 가치가 있고, 당신은 다른 누구와도 바꿀 수 없으며, 당신의 배우자는 당신을 필요로 하고, 당신은 잘하고 있으며, 당신은 좋은 동료이자 진짜 친구라는 감정입니다.

두 배우자의 협력이라는 과제에서, 어느 한쪽이 종속적인 지위를 받아들이기란 불가능합니다. 한 사람이 다른 한 사람을 지배하고 싶어서 종속을 강요한다면, 두 사람은 함께 풍요롭게 살아갈 수 없습니다.

우리의 현재 조건에서는 많은 남성과 여성이 지배하고 명령하는 주체, 지도하는 역할을 하는 주체, 주인은 남성의 역할이라고 믿고 있습니다. 이런 잘못된 믿음이 그토록 많은 불행한 결혼이 존재하는 이유입니다. 화내거나 분개하지 않고 열등한 지위를 견딜 수 있는 사람은 아무도 없습니다. 배우자는 서로 대등해야 합니다. 그리고 대등하다면 문제를 해결할 방법을 언제나 발견할 것입니다.

예를 들면 두 사람은 아이를 낳는 문제에 대해 동의할 것입니다. 아이를 갖지 않겠다는 결심이 인류의 미래에 이롭지 않다는 사실을 둘은 알고 있는 것입니다. 교육 문제에 대해서도 두 사람은 서로 합의할 것입니다. 그리고 문제가 생길 때마다 둘은 그것을 해결하려고 더욱 노력할 것입니다. 불행한 결혼 생활에서 태어난 아이들은 나쁜 상황에 놓여 좋은 성장을 할 수 없음을 알기 때문입니다.

결혼 준비

현대사회에서는 협력을 위한 준비가 충분히 되어 있는 경우가 드뭅니다. 우리 훈련은 인생에 무엇을 이바지할 수 있는가보다는 개인의 성공과 인생에서 무엇을 얻을 수 있느냐를 생각하는 데 지나치게 초점을 맞춰왔습니다.

결혼이 요구하는 친밀함에서 우리는 두 사람이 함께 살 때 협력에 실패하는 것, 그 실패가 어떤 것이든지 심각한 결과를 가져온다는 것은 쉽게 이해할 수 있습니다. 대부분의 사람들은 이 가까운 관계를 처음으로 겪습니다. 그들은 다른 사람의 관심, 목적, 욕구, 희망, 야심을 헤아리는 데 익숙하지 않습니다. 그들은 공통 과제에 준비가 잘 되어 있지 않습니다.

이것이 우리가 주위에서 보는 많은 실수를 설명하지만, 이제는 사실을 제대로 알아보고 앞날의 잘못을 피하는 방법을 배울 때입니다.

생활 방식, 부모, 결혼에 대한 태도

삶의 모든 위기는 우리가 이전에 받은 훈련에 따라 달라집니다. 우리의 반응은 늘 우리의 생활 방식과 맞아떨어집니다. 결혼에 대한 준비는 하룻밤 사이에 되는 것이 아닙니다. 아이의 특징적인 생각과 행동에서 어떻게 아이가 어른들의 상황에 자신을 훈련시키고 있는가를 볼 수 있습니다. 아이가 사랑에 대해 접근하는 주요 특징은 이미 대여섯 살에 만들어집니다.

우리는 아이가 아주 어릴 때 사랑과 결혼에 대한 생각을 형성하고 있음을 알 수 있습니다. 아이가 어른의 관점에서 성적인 자극을 느낀다고 상상해서는 안 됩니다. 아이는 자신이 마주하게 될 사회생활의 한 부분에 대해 자신을 훈련해 나갈 뿐입니다.

사랑과 결혼은 아이를 둘러싼 환경적 특징입니다. 그것들은 아이의 미래 안으로 자연스럽게 들어옵니다. 아이는 그에 대해 얼마쯤 이해하고 이 문제들에 대한 태도를 결정해야 합니다.

아이들이 이성에 대한 관심을 보이고 스스로 짝을 고를 때, 우리는 그것을 어떤 잘못이나 곤란, 또는 조숙한 성적 충동으로 받아들여서는 안 됩니다. 또한 그것에 대해 비웃거나 농담을 해서는 더더욱 안 됩니다. 우리는 그것을 사랑과 결혼에 대한 준비의 첫걸음이라고 봐야 합니다.

그것을 깔보는 대신에 아이와 함께 사랑은 훌륭한 도전, 준비해야 할 도전, 인류 모두를 대신해서 받아들여야 할 도전이라는 데 동의해야 합니다. 이렇게 해서 우리는 아이들의 마음에 이상을 심어줄 수 있으며, 아이들은 앞으로의 인생에서 주위 사람이나 친구들과 친밀한 관계를 맺게 될 것입니다.

부모의 결혼이 늘 조화롭고 행복한 것이 아니었더라도, 아이들이 스스로 그리고 진심을 담아 일부일처제를 지지하는 것은 정말 흥미롭습니다.

성교육

성관계의 신체적인 면을 아이들이 알고 싶어 하는 것보다 너무 앞서서 설명해 주는 것을 나는 결코 부모에게 권하지 않습니다. 분명 아이가 결혼 문제를 어떻게 보는가는 아주 중요합니다. 이 주제를 잘 다루지 못하면 이런 문제를 위험하거나 또는 자신을 넘어선 일이라고 여길 것입니다.

내 경험으로 볼 때 이른 시기에, 대여섯 살에 성인의 관계에 대해 배운 아이들이나 조숙한 경험을 한 아이들은 정작 어른이 되어서는 사랑을 두려워합니다. 신체적 이끌림도 아이들에게 위험하다는 생각을 심어주게 됩니다. 반면 아이가 더 자라서 처음으로 설명을 듣고 겪는다면 그만큼 두려워하지 않게 됩니다. 관계에서 실수를 저지를 확률이 훨씬 줄어들게 됩니다.

성에 대한 열쇠는 아이에게 절대 거짓을 말하지 말 것, 질문을 피하지 말 것, 질문 뒤에 있는 것을 이해할 것, 아이가 알고 싶어 하는 것만을, 그리고 아이가 이해할 수 있다고 우리가 확신하는 것만을 설명하는 것입니다.

쓸데없고 지나친 정보는 큰 해를 불러옵니다. 인생의 다른 모든 과제처럼 성에 대한 문제도 아이가 자립한 상태에서 질문을 통해 알고 싶은 내용을 배우는 것이 더 좋습니다. 아이와 부모 사이에 믿음이 있다면, 아이가 해를 입는 경우는 없습니다.

흔히 우리는 아이들이 또래 친구들의 설명으로 성에 대해 잘못된 생각을 갖게 된다고 생각합니다. 하지만 협력과 자립을 제대로 배운 아이는 놀이의 장에서 달콤한 유혹에 절대 넘어가지 않을 것입니다. 그리고 나는 다른 부분에서도 건강한 아이가 이런 식으로 해를 입은 예를 본 적이 없습니다. 아이들은 학교 친구가 한 말을 고스란히 믿지 않습니다. 대부분은 아주 비판적이어서, 자기가 들은 말이 진짜라는 확신이 없으면 부모나 형제에게 다시 물어볼 것입니다. 나는 이런 문제에서 아이가 어른보다 섬세하고 재치 있게 행동하는 것을 때때로 보아왔습니다.

배우자 선택에 대한 영향

신체적 이끌림도 어린 시절에 배우기 시작합니다. 아이들이 공감과 이끌림과 관련해서 얻는 인상, 주위에 있는 이성으로부터 얻는 인상, 이것들은 신체적 이끌림의 시작입니다.

소년은 이런 인상을 어머니, 여자 형제, 또는 그의 주위 소녀들에게서 얻습니다. 그리고 그가 미래에 어떤 사람에게 신체적으로 이끌리는가는, 아주 어릴 때 느꼈던 주변 이성들로부터 영향을 받습니다.

때로 그는 예술작품에서도 영향을 받습니다. 모든 사람이 이런 식으로 개인적인 아름다움의 이상에 이끌립니다. 그리하여 나중 인생에서는 가장 넓은 의미에서 자유롭게 선택하는 게 아니라, 그 선택은 어떻게 자랐느냐에 영향을 받게 됩니다.

아름다움에 대한 탐구는 무의미한 일이 아닙니다. 우리의 미적 감각은 늘 건강과 인류의 삶을 더 낫게 하고자 하는 욕구에 바탕을 둡니다. 우리의 모든 활동과 능력이 우리를 이 방향으로 이끕니다. 우리는 거기에서 벗어날 수 없습니다. 우리는 영원을 향하는 것, 인류의 이익과 미래에 이바지하는 것, 아이의 성장 방식을 상징하는 것을 아름답다고 생각합니다. 우리는 이러한 아름다움에 끊임없이 매료됩니다.

때로 어머니와 사이가 좋지 않은 소년이나 아버지와 사이가 좋지 않은 소녀는(이런 일은 결혼생활에 협력이 만족스럽게 이루어지지 않으면 가끔 일어납니다) 미래에 대조적인 유형의 사람을 찾게 됩니다.

예를 들어 소년의 어머니가 시끄럽게 잔소리하고 협박하며 소년은 약하고 지배당하기를 두려워한다면, 그는 지배적일 것 같지 않은 여성만을 성적 매력이 있다고 여길 것입니다. 그로 인해 그는 쉽게 잘못을 저지를 수 있습니다. 그는 강해 보이는 상대를 찾기도 하는데, 그것은 힘을 좋아하든가 그런 여성을 대상으로 자신의 힘을 증명하고 싶기 때문입니다.

그와 어머니 사이에 골이 아주 깊으면 그의 사랑과 결혼에 대한 준비는 방해를 받을 것이고, 이성에 대한 신체적인 이끌림 또한 방해받을지도 모릅니다. 그 정도가 지나치면, 그는 이성을 완전히 배제할 것입니다.

자녀들은 부모의 결혼생활이 순탄하다면 언제나 잘 준비되어 있습니다. 아이들은 결혼에 대한 첫인상을 부모의 생활을 보고 알게 됩니다. 그리고 인생에서 많은 실패가 부모의 깨어진 결혼으로 인해 불행한 가정에서 자란 아이들에게 볼 수 있다는 것은 그리 놀랄 일이 아닙니다.

부모 스스로 협력하지 못하면서 아이들에게 협력을 가르치기란 불가능합니다. 어떤 사람이 결혼에 적합한가를 알아보는 가장 좋은 방법은 그가 올바른 가정 분위기 속에서 자랐는가, 그리고 그가 부모 형제를 어떻게 생각하는가를 알아보는 것입니다.

가장 중요한 점은 그가 사랑과 결혼을 준비해 왔느냐는 것입니다. 우리는 이 점에 주의해야 합니다. 우리는 이미 사람은 환경으로 결정되는 게 아니라 환경에 대한 해석에 따라서 결정된다는 것을 배웠습니다. 부모 밑에서 불행한 가정생활을 경험했더라도, 이것이 자신의 가정생활에서는 더 좋은 자극제가 되어 결혼을 보다 더 철저히 준비하려 노력할지도 모릅니다. 우리는 누가 가정생활을 불행하게 보냈다고 해서 그 사람을 함부로 판단하거나 배제해서는 안 됩니다.

결혼에 대한 관여와 책임

늘 자신의 이익을 추구하라고 배워온 사람은 최악의 준비를 하기 마련입니다. 이렇게 자란 사람은 모든 시간을 인생으로부터 어떤 쾌락이나 흥분을 얻을 수 있는가에 쏟을 것입니다. 그는 언제나 자유와 양보를 요구하며, 이때 어떻게 하면 배우자의 인생을 편하게 해줄까, 풍요롭게 해줄까는 전혀 생각하지 않습니다. 이는 매우 비참한 접근입니다. 나라면 그런 사람을 말의 재갈을 궁둥이에 물리려는 사람에 비유할 것입니다. 이는 무언가를 하기에는 잘못된 방법입니다.

그러므로 사랑에 대한 태도를 준비할 때 우리는 끊임없이 책임을 회피하는 핑계와 방법을 찾아서는 안 됩니다. 사랑의 나눔은 망설임과 의심 앞에서 잘 자랄 수 없습니다. 협력은 삶에 관여하도록 요구합니다. 절대 변하지 않는 참여가 없다면 결혼이라 할 수 없습니다. 이 관여에 우리는 아이를 낳을 결심, 아이를 가르치고 협력 훈련을 시키고, 할 수 있는 한 사회의 진정 쓸모 있는 성원, 인류의 진정 대등하고 책임감 있는 성원으로 만들 결심을 포함합니다.

좋은 결혼은 미래 세대를 키우기 위해 우리가 갖고 있는 최선의 수단입니다. 그리고 결혼은 늘 이런 목적을 가져야 합니다. 결혼은 엄청난 일이며, 자체적인 규칙과 법을 갖고 있습니다. 우리는 협력이라는 영원한 법을 침해하지 않고 한 면에 초점을 두면서 다른 면을 무시하는 쪽을 선택하지 않습니다.

사랑에 대한 우리의 책임을 5년으로 한정하거나 결혼을 하나의 시도로 여긴다면, 참된 친밀함과 헌신은 가질 수 없습니다. 남성이나 여성이 이러한 도피를 선택할 수 있다면, 모든 것을 (결혼의) 과제에 바치지는 않습니다. 우리는 어떤 것이든지 이러한 '탈출 조항'을 결코 인생의 다른 진지하고 중요한 과제에 마련하지 않습니다.

사랑은 제한할 수 없습니다. 선의를 가진 사람이든 선한 사람이든, 결혼을 대신할 것을 찾으려는 사람은 모두 잘못되었습니다. 그들이 제안하는 양자택일은 결혼한 부부의 노력을 가로막을 것입니다. 그것들은 부부가 시작한 과제로부터 벗어나, 마땅히 해야 할 노력을 더 쉽게 회피하게 만듭니다.

나는 우리 사회에는 많은 문제가 있으며, 그것은 인간이 사랑과 결혼 문제를 적절하게 해결하지 못하도록, 그런 것을 바란다고 해도 훼방 놓는다는 것을 알고 있습니다. 그러나 나는 사라져야 할 것은 사랑과 결혼이 아니라고 생각합니다. 나는 우리 사회의 문제들을 없애고 싶습니다.

우리는 사랑스러운 동반자 관계를 위해 어떤 특징이 필요한지 알고 있습니다. 그것은 소극적이지 않을 것, 이기적이지 않을 것, 정절을 지킬 것, 정직할 것, 믿음을 줄 것 등입니다.

흔한 회피

불성실한 사람은 틀림없이 결혼에 알맞은 준비가 되어 있지 않습니다. 두 사람이 '자유'를 누리는 데 동의했다면, 참된 동료 관계를 이뤄내기란 가당치도 않습니다. 이는 진정한 동반자 관계가 아닙니다. 동반자 관계 아래서는 우리가 선택하는 방향으로 자유롭게 움직이기 어렵습니다.

결혼의 성공과 인류의 행복에 알맞지 않은 이러한 개인적인 계약이 어떻게 두 사람을 해치는지 예를 들어보겠습니다. 이혼한 남성과 마찬가지로 이혼한 여성이 결혼했습니다. 두 사람은 지적인 교양인들로 둘 모두 새로운 결혼이라는 모험이 이전의 결혼생활보다 더 좋기를 간절하게 바랐습니다. 그러나 왜 첫 번째 결혼이 실패했는가는 둘 다 알지 못했습니다. 두 사람은 자신들에게 공동체 감각이 결여되어 있다는 사실도 모른 채, 더 나은 관계만을 찾았던 것입니다.

그들은 스스로가 자유사상을 가졌다는 것을 공언하며, 상대를 절대 싫증 나게 만들지 않는 결혼생활을 하겠노라 자신했습니다. 그래서 그들은 두 사람이 모든 점에서 완전히 자유롭다는 것, 즉 하고 싶은 일은 뭐든지 하지만 서로를 믿기 때문에 무슨 일이 있었는지 숨김없이 이야기하자는 제안을 했습니다.

이 점에서 남편은 아내보다 대담했습니다. 남편은 집에 돌아오면 언제나 생생한 경험들을 아내에게 말해 주었고, 그 이야기를 즐겁게 듣는 아내는 남편의 성공을 자랑스럽게 여기는 듯이 보였습니다. 그녀도 바람을 피울 작정이었지만 첫 단계를 밟기도 전에 광장공포증에 걸렸습니다. 혼자서는 절대 밖에 나가지 못했습니다. 그녀의 신경증이 그녀를 방에 가두었습니다. 문밖으로 한 발짝만 나가도 두려움이 밀려들어 다시 돌아와야만 했습니다.

이 광장공포증은 그녀가 내린 결단에 대한 방어였지만, 여기에는 그 이상의 것이 있었습니다. 결국 혼자서는 외출이 불가능해서 남편이 늘 그녀에게 붙어 있어야만 했습니다. 그것만으로도 두 사람의 잘못된 결단으로 결혼의 논리가 얼마나 깨어졌는지를 알 수 있을 것입니다.

아내와 함께 집 안에 갇혀 있게 된 남편은 이제 자유사상가처럼 행동할 수 없었습니다. 그녀도 혼자 나가기가 무서워서 자유로울 수 없었습니다. 이 여성이 치유된다면 결혼에 대해 더 나은 이해에 다다르게 될 것입니다. 그리고 남편도 그것을 협력적인 동반자 관계라고 생각해야 할 것입니다.

결혼 초기 단계에는 다른 잘못도 저질러집니다. 응석받이로 자란 아이는 결혼하면 때때로 무시받았다는 느낌을 받습니다. 이런 사람은 사회생활의 요구에 적응하는 훈련이 되어 있지 않습니다. 응석받이는 결혼생활에서 대단한 전제군주가 될지도 모릅니다. 그의 배우자는 속아서 함정에 빠졌다고 느낍니다. 그래서 반항하기 시작합니다.

두 응석받이가 결혼했을 때 무슨 일이 일어나는지 보는 것은 흥미롭습니다. 둘은 자신에게만 관심을 가지며 자신을 주목해 주기를 바라지만, 둘 다 만족스럽지 않습니다. 다음 단계는 도피로를 찾는 것입니다. 부부 가운데 한 사람은 다른 누군가와 바람을 피기 시작하는데, 이는 더욱 주목받기를 기대하기 때문입니다.

한 사람만 사랑하는 데 만족하지 못하는 사람도 있습니다. 그들은 동시에 두 사람과 사랑에 빠져야 합니다. 그것을 자유라고 여깁니다. 그리고 결코 사랑에 대한 책임을 지지 않습니다. 두 사람을 사랑하는 것은 사실상 둘 다 사랑하지 않는다는 뜻입니다.

낭만적이고 이상적인, 또는 도저히 손에 넣을 수 없는 사랑을 만들어내는 사람도 있습니다. 이렇게 함으로써 그들은 실제로 상대에게 접근하지 않고도 감정적으로 즐길 수 있습니다. 낭만적인 이상은 효과적으로 모든 후보자를 물리칩니다. 현실의 살아 있는 연인은 어떻게 하더라도 이상에 미치지 못하기 때문입니다.

많은 남성과 여성은 성장 과정의 잘못으로 성적인 역할을 혐오하고, 그것을 물리치도록 자신을 훈련해 왔습니다. 그들은 자연적 기능을 억압해 왔기 때문에, 치료를 받지 않으면 신체적으로 성공적인 결혼생활을 할 수 없습니다. 앞서 이야기했듯이, 이는 내가 '남성적 항의'라고 이름 붙인 것입니다. 이런 일은 우리 현대 문화에서 남성이 과대평가받고 있기 때문에 일어납니다.

성적인 역할을 의심하는 아이들은 자신감을 잃어버리기 쉽습니다. 우리 사회에서 남성이 주된 역할을 한다고 인식되는 한, 소년이든 소녀든 아이들이 남성의 역할을 부러워하는 것은 마땅합니다. 그들은 이 역할을 성취하는 자신의 능력을 의심하며, 남자다움의 중요성을 지나치게 강조하고 시험받는 것을 피하려고 할 것입니다.

우리 문화에서 우리는 이따금 자신의 성적인 역할에 불안해하는 사람들을 만납니다. 이는 여성의 불감증, 남성의 심신적 발기불능의 모든 사례의 근본적인 원인일지도 모릅니다. 이런 사례에서는 신체의 저항으로 매우 또렷하게 드러나는 사랑과 결혼에 대한 저항이 보입니다.

우리가 정말로 남성과 여성이 평등하다고 믿지 않는 한, 이런 문제를 회피하기란 불가능합니다. 그리고 인류의 절반이 그런 상황에 만족하지 못하는 이유를 갖고 있는 한, 이 불만은 결혼의 성공에 커다란 장애가 될 것입니다. 이에 대한 치료는 오로지 평등을 위한 훈련뿐입니다. 우리는 아이들을 자신의 미래에 의심을 품은 채로 내버려두어서는 안 됩니다.

나는 사랑과 결혼에 바람직한 헌신은 혼전 성경험이 없다면 더 쉽게 이루어질 수 있으리라고 생각합니다. 나는 많은 남성이 자신들의 연인이 결혼할 때 이미 처녀가 아니라는 사실을 탐탁해하지 않는 것을 보아왔습니다. 때로 그들은 그것을 성적인 문란함의 표시로 보고, 그 사실에 충격을 받습니다. 더구나 우리 문화에서는 결혼 전 성경험은 여성에게 훨씬 더 무거운 짐이 됩니다.

결혼이 용기가 아니라 공포심에서 계약되는 거라면 그것도 커다란 잘못입니다. 우리는 용기가 협력의 한 부분임을 이해할 수 있습니다. 그리고 남성과 여성이 두려움을 갖고 배우자를 선택한다면, 그것은 그들이 참다운 협력을 바라지 않는다는 증거입니다. 이는 그들이 술을 많이 마시는 사람이나 사회적 지위가 낮거나 배움이 부족한 상대를 선택할 때도 해당됩니다. 그들은 사랑과 결혼을 두려워하기에 배우자가 자신을 존경하는 상황을 만들고 싶어 합니다.

우정과 일의 중요성

사회적 관심을 훈련할 수 있는 방법 가운데 하나는 우정입니다. 우리는 우정에 의해 다른 사람의 눈으로 보고, 다른 사람의 귀로 듣고, 다른 사람의 마음으로 느끼는 법을 배웁니다.

곧잘 실패하고, 늘 감시받고 보호받으며, 친구나 동료 없이 홀로 자란 아이는 다른 사람에게 공감하는 능력을 제대로 키우지 못합니다. 이런 아이는 늘 자기가 세상에서 가장 중요한 사람이라고 생각하여 자신의 행복을 확보하고 싶어 합니다.

우정의 훈련을 받는 것은 결혼 준비이기도 합니다. 놀이가 협력 훈련을 포함한다면 유용할지도 모르지만, 아이들 놀이에서는 대부분 경쟁하는 것과 남을 앞서고자 하는 욕구밖에 보이지 않습니다. 아이들이 협력하고 함께 공부하고 배울 수 있는 환경을 만들어주는 것은 아주 중요합니다.

우리는 춤을 과소평가해야 한다고 생각하지 않습니다. 춤은 두 사람이 공동의 일에 참가하는 놀이입니다. 나는 아이가 춤을 배우는 것은 좋은 일이라고 생각합니다. 공동의 일이라는 것은 그저 보여주기에 지나지 않는 오늘날의 춤을 말하는 게 아닙니다. 그러나 아이들을 위한 단순하고 쉬운 춤이 있다면, 그런 춤은 아이들의 성장에 큰 도움이 될 것입니다.

결혼을 준비하는 데 도움되는 다른 과제는 일의 과제입니다. 오늘날 이 과제는 흔히 사랑과 결혼의 과제에 우선합니다. 배우자 가운데 한 사람, 또는 둘 다 돈을 벌고 가족을 먹여 살리기 위해 직업을 가져야 합니다. 결혼 준비가 일의 준비를 포함하는 것은 틀림없습니다.

구애

인간의 용기와 협력 능력의 정도는 이성에게 다가갈 때 드러납니다. 모든 사람에게는 특징적인 접근, 구애의 특별한 태도와 기질이 있습니다. 그리고 이것은 늘 생활 방식과 일치합니다.

사람이 연애할 때 어떻게 행동하는가는 그가 인류의 미래에 도움을 줄 수 있는지 없는지, 자신감이 있고 협력적인지, 또는 자신에게밖에 관심이 없는지, 또는 공황장애인지, "나는 어떤 인상을 주고 있는가? 사람들은 나를 어떻게 생각할까?" 하는 질문으로 자신을 괴롭히는지 여부로 밝혀질 것입니다.

남성은 여성에게 다가갈 때 신중할지도 모릅니다. 반대로 성급하고 경솔할지도 모릅니다. 모든 사례에서 그의 구애 행동은 그의 목표와 생활 방식에 따라 이루어지며, 그것들의 다른 표현입니다. 우리는 어떤 사람이 결혼에 알 맞은가 아닌가를 연애 방식에 따라서 모두 판단할 수는 없습니다. 여기서 그는 이미 직접적인 목표를 앞에 두고 있지만, 다른 면에서는 우유부단할지도 모르기 때문입니다. 그럼에도 이는 그의 성격에 대한 건전한 단서를 줍니다.

우리 문화에서는(그리고 오직 이러한 조건에서만) 남성이 먼저 관심을 드러내고 다가가야 한다는 것이 일반적인 생각입니다. 그러므로 이런 인습이 있는 한, 소년을 남성적인 태도로 훈련해야 합니다. 즉 망설이거나 달아날 길을 찾지 말고 주도권을 잡도록 하는 것입니다. 이때 그들이 자신을 사회 전체의 일부라 느끼고, 이로운 점이든 불리한 점이든 모두 자신의 것으로서 받아들인다면 훈련됩니다.

물론 소녀와 여성도 먼저 구애할 수 있습니다. 그녀들도 주도권을 잡지만, 우리에게 널리 퍼진 문화 풍토에서 여성은 더욱 소극적이어야 한다고 느끼기 때문에 그녀들의 접근은 겉모습, 옷차림, 동작, 보고 듣고 말하는 방식으로 드러납니다. 그러므로 남성의 접근은 보다 단순하고 가벼운 반면, 여성의 접근은 보다 심오하고 복잡하다고 말할 수 있습니다.

결혼

결혼의 신체적 측면

남성에게 성적인 이끌림은 꼭 필요한데, 이는 행복 추구의 연장선 위에서 늘 형성되어야 합니다. 배우자가 정말로 서로에게 관심이 있다면, 성적으로 이끌리지 않는 경우는 없습니다. 이 문제는 언제나 관심이 있느냐 없느냐를 뜻합니다.

관심이 끝났다는 것은 그 사람이 배우자와 대등하고 우호적이며 협력적이 아니라 배우자의 인생을 풍요롭게 해주고 싶어 하지 않는다는 것을 우리에게 가르쳐줍니다.

때로는 관심은 이어지지만 신체적인 이끌림이 없어졌다고 생각하는 사람이 있습니다. 그러나 이는 사실이 아닙니다. 때로 정신은 거짓을 말할 수 있지만 신체 기능은 언제나 진실을 말합니다. 신체적 기능에 결함이 있다면 둘 사이에 진정한 합의가 이루어질 수 없게 됩니다. 서로에 대한 관심을 잃어버렸거나 아니면 적어도 어느 한 사람이 이미 사랑과 결혼이라는 과제에 부딪히기를 단념하고 그것으로부터 벗어날 길을 찾고 있는 것입니다.

인간의 성충동이 다른 생물의 성충동과 유일하게 다른 점은 그것이 지속된다는 것입니다. 이는 인간의 행복과 생존이 보장되는 방법, 즉 인간이 개체수를 늘리고 행복과 생존을 확보하는 방법입니다. 다른 생물들은 생존을 확실하게 만들기 위해 인간과는 다른 수단을 썼습니다. 예를 들면 많은 생물에서 암컷이 완전히 성숙되지 않은 알을 대량으로 낳습니다. 그 대부분은 없어지거나 파괴되지만, 워낙 수가 많아서 얼마쯤은 생존이 보장됩니다.

인간의 생존을 보장해 주는 하나의 방법은 아이를 낳는 것입니다. 그래서 우리는 사랑과 결혼이라는 문제에서 인류의 행복에 누구보다 자발적으로 관심을 갖고 있는 사람이 가장 아이를 낳을 가능성이 높은 사람이고, 한편 의식적이든 무의식적이든 주변 사람들에게 관심이 없는 사람은 출산이라는 짐을 거부하는 것을 봅니다.

그런 사람들은 그 어떤 것도 주지 않은 채 요구하고 기대하기만 하며, 아이를 끝내 좋아할 수 없을 것입니다. 그들은 자기 자신에게만 관심이 있으며 아이는 짐, 시끄러운 존재, 자신을 위해 쓰고 싶은 시간과 온 관심을 차지해 버리는 존재로만 여깁니다. 그러므로 우리가 사랑과 결혼 문제를 완전히 해결하려면 아이를 낳겠다는 결단이 필요하다고 말할 수 있습니다. 결혼은 우리가 인류의 다음 세대를 기르기 위해 알고 있는 가장 좋은 방법이며, 아이를 낳고 키우는 일은 늘 결혼의 일부여야 합니다.

일부일처제, 근면함, 현실주의
우리의 실제적인 사회생활에서 사랑과 결혼 문제는 일부일처제로 해결됩니다. 이런 친밀한 헌신과 상대에 대한 관심을 요구하는 관계를 시작한 사람이라면 누구든지 이 관계의 근본적인 기초를 뒤흔들지 못하며 회피하지도 않습니다.

불행하게도 우리는 사랑과 결혼의 실패를 피할 수 없습니다. 하지만 결혼과 사랑을 우리 앞에 마주하게 하고 우리가 해결해야 할 사회적 과제로 여긴다면, 그러한 실패를 쉽게 피할 수도 있습니다. 우리는 문제를 해결하기 위해 모든 수단을 동원할 것입니다.

파탄은 보통 두 사람이 함께 열심히 일하지 않는 데서 비롯됩니다. 그들은 결혼을 성공적으로 만들기 위해 일하지 않으며, 다만 접시 위에 담긴 성공을 받기만 기다릴 뿐입니다. 그들이 이런 식으로 문제에 부딪힌다면 당연히 실패할 것입니다.

사랑과 결혼을 가장 이상적인 상태, 또는 이야기의 행복한 결말로 보는 것은 잘못입니다. 사실 결혼은 그들 관계의 가능성이 비로소 시작되는 순간입니다. 그들이 사회를 위해 만들어내는 인생의 참된 과제와 참된 기능에 맞닥뜨리는 것은 바로 이때입니다.

다른 생각, 즉 결혼을 목적이나 최종적 목표로 보는 생각은 우리 문화에서는 너무나도 뚜렷합니다. 우리는 이런 사실을, 예를 들면 두 사람의 결혼으로 끝나는 수천 편의 소설에서도 볼 수 있습니다. 실제로는 그들이 함께 보낼 인생의 시작에 지나지 않는데도 말입니다. 그러나 상황은 때때로 결혼 자체가 모든 것을 만족스럽게 해결했다는 듯이, 두 사람이 드디어 결말에 이르러 앞으로는 늘 행복하게 살아갈 듯이 다뤄집니다.

우리가 깨달아야 할 다른 중요한 점은, 사랑은 그 자체로는 모든 것을 해결하지 못한다는 것입니다. 사랑에도 여러 종류가 있습니다. 그리고 결혼이라는 문제를 해결하려면 일, 관심, 협력에 의지하는 게 좋습니다.

결혼 관계 속에 기적적인 요소는 하나도 없습니다. 앞에서 보았듯이, 모든 사람의 결혼에 대한 태도는 그 사람의 생활 방식의 표현입니다. 그래서 우리는 한 사람을 전체적으로 이해하지 않으면 그 사람의 결혼에 대한 태도를 이해할 수 없습니다. 그것은 그 사람의 모든 노력 및 목적과 일치합니다. 그런 까닭에 우리는 어째서 많은 사람이 늘 빠져나갈 구멍을 찾는지 이해할 수 있습니다. 나는 어떤 사람이 현실도피자의 태도를 보이는지 알아맞힐 수 있습니다. 여전히 응석받이로 사는 사람들입니다.

이런 유형의 사람은 사회에 위험한 존재입니다. 생활 방식이 네댓 살 때 다음과 같이 굳어진 채로 어른이 되어버린 응석받이들입니다.

"내가 원하는 모든 것을 가질 수 있을까?"

그들은 모든 상황에서 이렇게 묻습니다. 바라는 것을 모두 손에 넣지 못한다면 인생에는 아무 의미가 없다고 생각합니다. 또 이렇게 묻습니다.

"바라는 것도 갖지 못하는데 살아서 뭐한담?"

그들은 쉽게 비관적이 되고 '죽음의 욕구'를 품습니다. 병에 걸리고 신경증 환자가 됩니다. 그리고 잘못된 생활 방식에서 그들은 자기만의 철학을 만들어 나갑니다. 그들은 자신의 그릇된 생각이 독자적이고 아주 중요하다고 믿습니다. 충동이나 감정을 억눌러야 할 때는 온 세상이 자신을 적대시한다고 생각합니다. 그들은 이런 식으로 훈련되어 온 것입니다.

한때 그들은 원하는 것은 무엇이든지 주어지는 황금시대에 살았습니다. 그들 가운데 어떤 사람은 여전히 줄기차게 울고 끈질기게 항의하면, 즉 협력을 거부하면 다시 바라는 것을 손에 넣을 수 있으리라 생각합니다. 그들은 인생과 사회를 전체로서 바라보지 않으며, 자신의 개인적 이익에만 초점을 둡니다.

그 결과, 그들은 다른 사람에게 도움을 주려 하지 않으며 늘 모든 것을 접시에 올려진 채로 받고 싶어 합니다. 결혼 또한 그들에게는 팔리거나 반품되는 어떤 것입니다. 그들은 동거나 계약결혼, 간단한 이혼을 원합니다. 신혼 때 그들은 자유롭게 마음 내키는 대로 바람 피울 권리를 요구합니다.

만일 한 사람이 다른 한 사람에게 정말로 관심을 가지면, 그 관심에 어울리는 모든 특징을 보일 것입니다. 믿을 수 있고 성실하며 책임감 있는 진짜 친구여야 합니다. 결혼과 사랑이 이런 조건을 채워주지 못하면 사랑이라는 과제에 실패하게 됩니다.

아이들의 행복에 관심을 갖는 것도 필요합니다. 만일 어떤 결혼이 내가 말한 것과는 다른 생각에 바탕을 두고 있다면, 아이를 기를 때 커다란 문제가 생길 것입니다. 부모가 자주 다투고 결혼을 가볍게 여긴다면, 또 부모가 결혼 생활에서 일어나는 문제를 해결하지 않고 계속 부정적으로만 본다면 아이들이 긍정적으로 자라나는 데는 그다지 바람직하지 않습니다.

결혼 문제 해결하기

인간이 함께 살지 않는 데는 많은 이유가 있을지도 모릅니다. 떨어져서 사는 편이 더 나은 경우도 있습니다. 그런데 이런 경우를 누가 결정해야 할까요? 우리는 과연 이 문제를 결혼이 하나의 과제임을 이해하지 못하고, 자기 인생 말고는 아무 관심이 없는 사람에게 맡길 수 있을까요? 그들은 이혼을 결혼과 똑같은 방식으로 볼 것입니다.

"결혼으로부터 무엇을 얻을 수 있는가?"

분명 이런 사람에게는 결정을 맡기면 안 됩니다. 이혼했다가 다시 결혼하고, 또다시 이혼하는 사람을 우리는 주변에서 흔히 볼 수 있습니다.

그렇다면 누가 결정해야 할까요? 결혼생활에서 무언가가 잘못됐다면 정신과의사가 헤어질지 말지를 결정해야 한다고 생각하기 쉽습니다. 그러나 여기에 문제가 있습니다.

나는 이것이 미국에도 적용되는지는 모르겠지만, 유럽에서는 많은 정신과의사가 개인의 행복이 가장 중요하다고 생각하는 것을 보아왔습니다. 그러므로 일반적으로 그들이 이런 사례로 상담을 하면, 환자가 애인을 만들면 문제가 해결될지도 모른다고 생각합니다. 나는 결국 그들이 생각을 바꾸어 이런 조언을 그만둘 것인지 아닌지 확신할 수 없습니다. 그들이 이런 해결을 제안해도 되는 경우는 사랑과 결혼이라는 문제를 전체적으로, 즉 지구상에서 우리 삶에 일어나는 다른 문제들과 연관시키는 방법으로는 이해할 수 없는 부분일 때뿐입니다. 그리고 내가 독자 여러분의 고찰을 위해 제안해 온 것은 이 전체적인 견해입니다.

인간이 결혼을 개인 문제의 해결책으로 볼 때도 이런 잘못이 일어납니다. 여기서도 나는 미국에 대해서 말할 수는 없지만, 유럽에서는 만일 소년이나 소녀가 신경증에 걸리면 정신과의사는 때때로 그들에게 연인을 만들어 성관계를 가져보라고 조언한다는 사실을 알고 있습니다. 그들은 성인에게도 비슷한 조언을 합니다. 이것은 사랑과 결혼을 단순히 특허의약품으로 격하하는 일이며, 그런 약을 받아 든 사람은 반드시 많은 것을 잃을 수밖에 없습니다.

사랑과 결혼 문제에 대한 알맞은 해결책은 한 사람 인격 전체의 최고 성취에 속해 있습니다. 인생에서 이 문제보다 더 행복과 진실에 밀접히 관계된 문제는 없습니다. 우리는 그것을 하찮게 다룰 수 없습니다. 우리는 사랑과 결혼을 범죄, 알코올의존증, 또는 신경증의 치료로 볼 수 없습니다. 신경증 환자는 사랑과 결혼에 적응하기 전에 올바른 치료를 받아야 합니다. 그리고 신경증 환자가 그것들에 올바르게 다가가기 전에 사랑과 결혼을 시작했다면, 반드시 새로운 위험과 불행을 만나게 됩니다.

결혼은 너무나도 높은 이상입니다. 그리고 이 과제의 해결은 많은 노력과 창조적인 활동성을 요구합니다. 준비되지 않은 상태에서 섣불리 그와 같이 무거운 짐을 짊어져서는 안 됩니다.

다른 부적절한 목적으로 결혼하는 사람도 있습니다. 경제적 안정을 위해서이거나, 누군가를 동정해서입니다. 또는 심지어 하인이 필요해서 결혼하는 사람도 있습니다. 이렇게 방향을 잘못 잡는 결혼도 있습니다.

나는 문제를 늘리기 위해 결혼한 사례도 알고 있습니다. 젊은이들은 학업이나 미래 직업 때문에 고민합니다. 그들은 실패할 것 같다고 느끼며, 실패했을 때의 핑계가 필요한 것입니다. 그 결과 핑계를 찾기 위해 결혼이라는 또 다른 과제를 받은 것입니다.

결혼과 남녀평등

나는 사랑의 문제를 과소평가하거나 얕보지 말아야 한다고 확신합니다. 그

대신, 우리는 그것을 보다 높은 수준에 두어야 합니다. 이제까지 이루어져 온 모든 치료에서 정말로 불이익을 당하는 것은 여성입니다. 우리 문화에서 남성이 여성보다 편하다는 사실은 의심할 여지가 없습니다. 이는 사회가 결혼에 접근하는 잘못된 방법의 결과입니다.

이것은 개인적인 반항으로는 극복되지 않습니다. 특히 결혼 자체에서 개인적인 반항은 배우자와의 관계와 행복을 모두 가로막을 것입니다. 이 문제는 우리 문화의 전반적인 태도를 인식하고 그것을 바꾸도록 노력할 때만 극복될 수 있습니다.

내 제자인 디트로이트의 레이시 교수가 한 조사에 따르면, 설문에 답한 소녀들의 42퍼센트가 소년이었으면 좋겠다고 생각하고 있음이 밝혀졌습니다. 자신의 성에 만족하지 못한다는 의미입니다. 인류의 절반이 자기 성에 실망하고, 용기가 꺾이고, 그 사회적 지위와 남성이 더 큰 자유를 누리고 있는 데 분개하고 있을 때, 어떻게 하면 우리가 사랑과 결혼의 과제를 해결할 수 있을까요? 여성들이 늘 자신이 과소평가되리라 예측하거나 스스로를 단순히 남성들의 대상이라고 믿는다면, 또는 남성들이 변덕스러운 바람둥이인 것이 마땅하다고 여긴다면 이런 문제를 해결하기가 더 쉬워질까요?

우리가 말해 온 모든 것으로부터 우리는 단순하고 분명하며 유용한 결론을 이끌어낼 수 있습니다. 인간은 본성적으로 일부다처제도 일부일처제도 아닙니다. 우리는 서로 평등한 관계 속에서 두 개의 성으로 나뉘어 함께 살고 있습니다. 그리고 인생이 우리에게 제시하는 세 가지 과제를 최선을 다해 해결해 나가야 합니다.

이 세 가지 과제는 한 개인의 사랑과 결혼에서 완전하고 무척 큰 발전은 일부일처제에 의해 가장 잘 보장된다는 사실을 우리에게 보여줄 것입니다.

How Can Courage Be Restored?

삶의 용기는 어떻게 일어나는가

한성자 풀어 옮김

1 잃어버린 용기

어떻게 살 것인가

사람들은 살아가면서 모두 세 가지 유대 관계에 묶여 있습니다. 그 유대 관계는 인생의 세 가지 과제를 우리에게 던지는데, 이 과제들 가운데 하나만 따로 떼어 해결할 수는 없습니다. 저마다 다른 두 가지와 연결되어 있어 하나의 성공이 나머지 것들의 성공을 불러옵니다.

첫 번째 유대는 직업이라는 문제를 불러옵니다. 우리는 이 우주에서 모든 자원, 기름진 땅, 광물 자원, 기후, 풍토와 함께 살아갑니다. 이런 조건들이 우리에게 주는 문제에 대한 올바른 답을 발견했다고 가정하기란 불가능합니다. 인류는 모든 시대를 살아오며 이런 문제들을 얼마쯤은 해결하는 데 성공했지만, 조금 더 나아지고자 하는 노력은 이어지고 있습니다.

첫 번째 문제, 즉 직업 문제를 해결할 가장 좋은 방법은 두 번째 문제(교우의 문제)입니다. 우리를 묶는 두 번째 유대는 우리가 인류에 소속되어 있다는 사실과 다른 사람과 더불어 살아야 한다는 사실입니다.

우리가 만일 이 지구에서 홀로 살아가고 있다면 우리의 태도와 행동은 아주 달라졌을 것입니다. 그러나 우리는 늘 다른 사람을 생각하고, 다른 사람과 어울릴 수 있도록 노력하며, 다른 사람에게 관심을 갖습니다. 이 문제는 우정, 공동체 감각, 그리고 협력으로 가장 잘 해결됩니다. 이 두 번째 문제가 풀리면 자연스럽게 우리는 첫 번째 문제의 해결로 크게 나아갈 수 있습니다.

우리가 분업이라는 위대한 발견을 할 수 있었던 것, 즉 인류 행복의 주된 원인을 찾아낼 수 있었던 것은 바로 인간이 서로 돕는 법을 배웠기 때문입니다. 저마다 협력하지 않고 과거의 협력 결과와 거기서 비롯된 이익을 이용하지 않은 채, 오로지 스스로의 힘으로 지구에서 살아가려고 한다면 인간은 살아남기조차 힘들 것입니다.

우리는 일을 나누어 함으로써 저마다 다른 훈련 결과들을 이용해서 저마다 다른 능력들이 모두 인류 공통의 행복에 이바지하고, 모든 사회 구성원에게 더 많은 기회를 줄 뿐만 아니라, 불안과 위험으로부터 안전을 보장해 주도록 조직할 수 있습니다.

아직 우리가 할 수 있는 모든 일을 했다고 주장할 수 없는 것이 사실입니다. 그것이 가능했다고 해도, 여전히 우리는 분업이 충분히 발달되었다고 이야기할 수는 없습니다. 그럼에도 직업 문제를 해결하려는 모든 시도는 분업과, 일을 통해 우리의 공동선에 기여하는 공유된 노력이라는 틀 안에서 일어나야 합니다.

직업 문제에서 처음부터 회피하거나, 사람들의 보통 관심사를 벗어난 것으로만 달아나려는 사람이 있습니다. 그러나 이 문제를 등지면 마침내 그들이 주위 사람들에게 도움을 바라게 되는 것을 언제나 볼 수 있습니다. 그러면 그들은 어떤 식으로든 자기는 공헌하지 않은 채 다른 사람의 노동에 기대어 살아갈 것입니다.

세 번째 유대는 인간은 남자나 여자 둘 가운데 하나일 수밖에 없다는 사실입니다. 인류가 이어지는 데 기여하느냐 아니냐는 우리가 이성에게 다가가 성 역할을 성취하느냐 아니냐에 달려 있습니다. 남녀 관계는 곧잘 문제를 일으킵니다. 그리고 인생의 다른 문제와 마찬가지로 그것만으로 독립적으로 해결될 수는 없습니다.

사랑과 결혼 문제를 해결하는 데 성공하려면 공동선에 이바지하는 노력과 다른 사람과의 좋은 관계가 필요합니다. 앞에서 보았듯이 우리 시대에 이 문제에 대한 가장 바람직한 해결책, 교우와 분업의 필요를 해결하는 가장 좋은 방법은 일부일처제입니다. 개인의 협력 정도는 이 문제를 어떻게 다루느냐로 판가름 납니다.

이 세 가지 문제는 결코 다른 문제와 따로 떨어져서 해결할 수 없습니다.

그것들은 모두 서로를 넘어 그림자를 드리우며, 한 문제를 잘 해결하면 다른 문제의 해결에 크게 도움이 됩니다. 실제로 그것들은 모두 같은 상황이나 문제, 즉 인간이 자기가 속한 환경에서 삶을 유지하고 생명을 이어나갈 필요성에 속한다고 볼 수 있습니다.(《인생방법 심리학 *What Life Should Mean To You*》 224~226쪽)

일이 때로는 교우와 사랑의 문제를 회피하는 핑계로 쓰이기도 합니다. 우리 삶에서는 지나친 노동이 사랑과 결혼의 문제를 외면하는 방법으로서 매우 자주 선택됩니다. 때로는 결혼 실패의 핑계로 쓰이기도 합니다. 정신없이 일에 전념하며 이렇게 생각합니다.

'결혼할 시간은 없다. 그러니까 나의 불행에는 책임이 없다.'

신경증 환자가 교우와 사랑이라는 이 두 가지 문제를 회피하려는 모습은 특히 자주 보입니다. 그들은 이성에게 다가가려고 하지 않습니다. 다른 사람에게는 좀처럼 관심을 갖지 않고 밤낮으로 일 생각만 합니다. 심지어 밤에는 침대 안에서도 일하는 꿈을 꿉니다. 쉴 틈 없이 일하고 긴장 상태가 이어지기 때문에 위염 등의 신경증적인 병증까지 나타납니다. 그러면 위가 좋지 않아서 교우와 사랑의 과제를 해결할 수 없다고 생각합니다.

끊임없이 직업을 바꾸는 사람도 있습니다. 그런 사람은 늘 자신에게 더 맞는 일이 있으리라고 생각하지만, 사실은 한 가지 일을 꾸준히 하지 못해서 계속 직업을 바꾸는 것입니다.(《인생방법 심리학》 233~234쪽)

삶에는 해결해야 할 과제들이 있습니다. '인류의 세 가지 굴레'가 내어놓는 과제들은 일, 친구, 사랑과 관련되며 모두 대인 관계의 문제라고 할 수 있습니다. 이것은 모두가 결코 피할 수 없는 일임에도 불구하고 이로부터 무작정 벗어나려는 사람들이 있습니다.

사람은 일을 하지 않으면 살아갈 수가 없습니다. 일을 하지 않는 사람도 끝내 다른 사람의 도움, 다시 말해 그가 얻은 일의 대가를 나누어 받기라도 해야 살아갈 수 있습니다. 일의 과제는 분업을 통해 해결할 수 있습니다. 이 분업이 원만하게 이루어지기 위해서는, 사람이 다른 사람들과 어울려 살아가는 데 필요한 관심(공동체 감각)과 협력을 요구하는 두 번째 굴레, 즉 교우 과제가 해결되어야 합니다. 일터 밖에서 만난 친구들과의 교제는 마땅히 교우 과제에 해당합니다.

나아가 남녀 교제, 결혼, 그리고 가족과의 관계까지 아우르는 사랑의 과제도 있습니다. 이 과제 또한 '공동의 선에 기여하는 일(일 과제)'과 '다른 사람들과의 우호적인 관계(교우 과제)'가 필요합니다.

이 세 과제는 관계의 거리와 깊이에서 볼 때, 그 순서대로 해결에 더 큰 어려움을 겪게 됩니다. 또한 사람은 혼자서는 살아갈 수 없다는 것, 아들러의 표현대로라면 우리는 인류에 속해 있고 다른 사람들과 관계를 맺으며 살아가야 한다는 것이 모든 과제의 가장 큰 바탕입니다.

삶의 과제들에 언제나 어려움을 느끼는 것은 아니겠지만, 우리 누구나 지금껏 삶을 살아오며 어떤 과제와 맞닥뜨렸을 때, 할 수만 있다면 사람들과의 관계를 피하려 했던 경험이 있을 겁니다.

그러나 "이 모든 과제들은 독립적으로 해결될 수 없다"고 말하듯이, 어느 하나의 과제만을 적절하게 해결할 수는 없습니다. 따라서 이 과제들을 다른 과제들에서 분리시킬 수는 없지만, 일중독인 사람은 일이 바빠서 다른 과제들을 풀 수 없는 게 아니라, 다른 과제를 풀지 않는 핑계로 삼고 있을 뿐입니다. 잠들어 있을 때나 깨어 있을 때나 사랑하는 사람만이 떠오른다는 사람 또한 자신이 연애 과제에 전념하고 있기 때문에, 다른 과제 해결에 나설 수가 없다며 핑계를 대고 있는 것입니다.

아들러는 사람과 사람이 관계 맺는 것을 '공동체 감각'이라고 표현합니다. 그는 타인이란 틈만 나면 우리를 함정에 빠뜨리려 하는 '적'이 아니라, 필요하면 우리를 도우려 하는 '동료'라고 생각합니다. 타인을 동료로 볼 수 있게 되면 다른 사람에게 협력할 수 있게 됩니다.

용기가 있고, 자신감이 있으며, 마음을 편안히 먹는 사람만이, 알고 보면 모든 게 대인 관계 문제인 인생의 과제들을 해결할 준비가 되어 있는 사람입

니다.(《삶의 과학 *The Science of Living*》)

혼자뿐인 세상이라면 마음대로 살아가면 되겠지만, 누군가와 함께 살아가야 한다면 그럴 수는 없습니다. 따라서 대인 관계는 언제나 어렵기만 합니다.

사람이 마주하는 과제들 가운데는 공부나 성적 문제처럼 얼핏 대인 관계와는 아무런 관련이 없어 보이는 것도 있지만, 만일 다른 학생들과 성적으로 경쟁하고 있거나, 명문대학에 들어가 칭찬받으려 한다면, 공부도 대인 관계 과제가 될 수 있습니다.

어린 시절에 대한 집착

이 시기에 어린아이인 채로 있고 싶다는 소망을 드러내는 아이들이 있습니다. 아기처럼 말하고, 자기보다 어린 아이들과 놀며 영원히 어린아이로 머물 수 있는 것처럼 행동하기도 합니다.

그러나 대부분의 아이는 어른처럼 행동하려고 애씁니다. 그다지 용기가 없으면 어른을 흉내 냅니다. 소년들은 자유롭게 돈을 쓰고, 성적인 농담을 하기 시작하며 그런 관계를 즐기는 어른처럼 행동합니다.(《인생방법 심리학》 175쪽)

어린아이에게 어머니는 자신을 지켜주는 든든한 존재입니다. 그러나 만일 어머니가 아이의 홀로서기를 돕지 않고 자기 품안에 두려 하다 끝내 그 아이가 어머니만을 의존하게 되어버린다면, 아이는 언제까지나 어머니 치마폭에 싸여 옷자락만 잡아당기는 응석받이가 되고 말 겁니다. 그리고 자신이 부모 뒤에 숨어 있는 한, 이 세상은 안전하다고 여기게 될 것입니다.

이는 전형적인 응석받이의 생활 방식입니다. 응석받이는 어떤 문제에 부딪힐 때면 다른 사람의 노력으로 자신의 문제가 풀리기를 바랍니다. 인류의 협력을 가로막고, 인류의 문제를 해결하는 데 적극적으로 기여하는 사람에게 부당한 짐을 지우는 것은 주로 응석받이들입니다.(《인생방법 심리학》 225쪽)

부모에게서 홀로 서는 아이들 가운데 '어른들 삶을 흉내 내려고 하는' 아이들은, 인생의 과제들로부터 달아나려 한다고 볼 수는 없지만, 적절한 방법으로 과제들을 마주하고 해결하는 태도 또한 아니라고 할 수 있습니다.

경범죄

더 곤란한 경우는 소년들이 인생의 과제를 어떻게 해결해야 좋을지도 모르면서 계속 외향적이고 적극적인 자세를 보이며 범죄자로서의 인생을 걷기 시작하는 것입니다. 이런 일은 이미 가벼운 범죄를 저질렀는데도 들키지 않았다거나, 발각되지 않았다는 것을 스스로 대견스럽게 여길 때 특히 잘 일어납니다.

범죄는 인생의 과제로부터, 무엇보다 직업을 갖고 경제활동을 해야 한다는 과제로부터 가장 쉽게 달아날 수 있는 방법입니다. 그래서 열네 살부터 스무 살 사이에 비행 발생 수가 늘어납니다. 여기서도 우리는 새로운 발달에 맞닥뜨린 게 아닙니다. 더 큰 압력이 이미 아이의 생활 방식에 있었던 결점을 드러낸 것뿐입니다.《인생방법 심리학》176쪽)

이런 아이들은 인생에 도움이 되지 않는 부분에서 자신의 우월성을 추구하려 든다고 아들러는 말합니다.

신경증적인 행동

그다지 활동적이거나 외향적이지 않은 아이들에게 쉬운 도피 방법은 신경증입니다. 그리고 많은 아이가 기능적 질환과 신경 질환에 걸리기 시작하는 때가 바로 사춘기입니다. 여러 신경증적 징후에는 인생의 과제 해결에 대한 거부를 정당화하려는 의도가 깔려 있습니다.

신경증은 사회적인 방법으로 해결할 만한 준비가 되어 있지 않은 채로 사회 문제에 부딪힐 때 나타납니다. 이 신경증은 곤란하고도 커다란 긴장을 만들어냅니다. 사춘기에는 신체 조직이 특히 이런 긴장에 예민하게 반응합니다. 모든 기관이 자극을 받아 신경계 전체에 영향이 미칩니다.

이는 망설임이나 실패의 또 다른 핑계를 제공합니다. 이런 상황에 빠진 사람은 자기 자신의 일에서는 물론, 다른 사람과의 관계에서도 자신은 병에 걸렸으니 책임이 없다고 변명하기 시작합니다. 이렇게 하여 마침내 신경증의 구조가 완성됩니다.

신경증 환자는 모두 자신이 최선의 의도를 갖고 있다고 자부합니다. 그들은 공동체 감각과 인생 과제 해결이 필요하다는 점을 너무도 잘 알고 있습니다. 하지만 자신들 경우만은 이 보편적인 요구에서 예외라고 주장합니다. 그들을 용서하는 것은 신경증 그 자체입니다. 그들의 태도 전체가 그 사실을 말해 주고 있습니다.

"나는 내 문제를 모두 해결하고 싶다. 하지만 불행히도 나는 방해받고 있다."

이런 점에서 신경증 환자는 범죄자와 다릅니다. 범죄자는 이따금 자신이 나쁜 의도를 갖고 있음을 공언합니다. 신경증 환자는 좋은 의도를 갖고 있지만 그 행동은 자기 의도와는 반대로 나타납니다. 원한을 품고 이기적이며 주위 사람들의 협력을 걸림돌이라고 말하는 신경증 환자와, 공동체 감각의 잔재를 억압하려 애쓰는 범죄자 가운데 어느 쪽이 사회에 더 나쁜가를 결정하기란 어려운 일입니다.《인생방법 심리학》176~177쪽)

범죄의 길로 빠지는 적극적인 아이들과 달리, 소극적인 아이들은 인생의 과제에 당당히 마주하려 하지 않고 그저 거기에서 벗어나려고만 합니다. 그러나 이유 없이 대인 관계를 피해서는 안 된다고 생각한 아이는 신경증을 핑곗거리로 내세우게 됩니다. 신경증이라서 다른 사람과 어울릴 수 없다고 하면 상대도 자신도 상황을 이해할 것이라 생각합니다. 대인 관계를 피하려는 목적을 위해서 신경증이 그 이유로 선택되었을 뿐입니다. 겉으로는 "신경증이기 때문에 다른 사람과 어울릴 수 없다"고 말하지만, 사실은 "다른 사람과 어울리기 싫어서 신경증이 되었다"고 볼 수 있습니다. 그러나 신경증은 사람들과 어울리지 않기 위한 원인이 되어서는 안 됩니다.

왜 과제에서 달아나는가?

앞으로가 짐작되지 않는 일을 두려워하는 사람들이 많습니다. 아이를 키우는 게 익숙지 않다고 생각하는 부모, 또는 아이 자체를 좋아하지 않는 사람은 아이가 다음에 어떤 행동을 할지 알 수 없기 때문에 아이나 자녀 양육을 어려워한다고 말합니다. 물론 아이 자체를 좋아하지 않는 사람의 경우는 그저 핑계를 대고 있는 것처럼 보입니다.

삶 또한 앞날을 알 수 없고, 같은 하루가 되풀이되지는 않습니다. 내일은 반드시 어떠할 거라고 예상될 때조차도, 생각했던 대로 하루를 보내게 되는 일은 없습니다. 이렇듯 오늘은 내일과 분명 다를 터인데도, 하루하루가 같은 날들의 되풀이라고 여기는 사람이 있습니다. 이러한 사람이 어제와 오늘, 오늘과 내일이 같다고 생각하려는 데에는 그만한 이유가 있습니다. 아들러의 표현대로면, 거기에는 목적이 있습니다. 그러한 사람은 같은 일이 되풀이된다는 생각을 통해서 스스로 안심하려는 것입니다. 따라서 이들은 짐작할 수 없는 변화에 심한 두려움을 느끼게 됩니다. 물론 같은 일이 되풀이된다고 한다면 상황을 조정할 수 있겠지만, 예상을 뛰어넘는 일들이 갑자기 생겨나는 게 우리 인생입니다.

특히 우리는 다른 사람의 행동과 생각만큼은 더욱 미루어 짐작할 수가 없습니다. 자신의 일이라면 통제할 수 있다는 생각이 들더라도(실제로 병에 걸린 경험이 있는 사람이 병에 걸리기 전에 어떻게 자신의 몸을 스스로 제어할 수 있다는 생각을 했는지 신기하게 여겨집니다), 다른 사람들과의 관계는 내 마음대로 할 수가 없습니다. 상대가 이런 생각을 하고 있을 거라고 짐작한 상황에서도 실제로는 상대가 전혀 다른 생각을 하는 경우가 오랫동안 함께 살아온 부부 사이에서도 흔히 나타납니다. 부모의 생각과 너무나 동떨어져 있는 아이가 마치 우주인 같아서 이해하는 데 쩔쩔매는 부모도 많이 있을 것입니다. 이해하기 어렵고 다루기 까다로운 타인과는 관계를 맺지 말고 피하자는 사람들이 생겨나는 것도 이런 관점에서 본다면 충분히 이해가 됩니다.

아들러는 결혼에 대해 다음과 같이 말합니다.

결혼생활은 구르는 돌이 어디로 떨어질지를 계산할 때처럼 예측할 수 없습니다. 돌은 물질적이고 확고한 세계에 속해 있지만, 우리는 사람이 저지르는 실수투성이의 세상에 살고 있기 때문입니다.(《신경증 문제 *Problems of Neurosis*》)

아무리 상대가 훌륭한 결혼 조건을 갖추고 있다 하더라도 반드시 행복해 지리라는 보장은 없습니다. 그럼에도 불구하고 결혼해서 일어나게 될 일들을 마치 '돌이 어디로 떨어질지 계산할 수 있는' 것처럼 여기는 사람들이 많은 것 같습니다. 더구나 결혼으로 자신이 불행해질 수 있다는 생각은 아무도 하지 않습니다. 그러한 사람에게 결혼은 행복한 결말(Happy Ending)이겠지만, 결혼한 날부터 두 사람 인생이 새롭게 시작된다고 할 때, 이것은 어쩌면 불행의 시작(Unhappy Beginning)이라고도 볼 수 있습니다.

"오늘은 비가 온다"고는 말하지만, "오늘은 비가 오리라 믿는다"고는 말하지 않습니다. 전자는 '지식'이지만, 후자는 '신념'입니다. "결혼하면 행복해질 거야" 도 지식이 아니라 신념입니다. 희망과 미래의 현실을 혼동하고 있을 뿐입니다. 결혼생활이 시작되고 나서도 두 사람 마음이 결혼하기 전과 같은 상태일 수만은 없습니다. 두 사람의 관계가 나빠질 거란 의미는 아니라 해도, 시간이 흘러 두 사람을 둘러싼 환경이 바뀌면서 얼마든지 감정의 변화가 생길 수 있기 때문입니다.

그럼에도 불구하고 결혼뿐 아니라 모든 일들이 지금 이대로 이어지기를 바라는 것은 우리 모두 자신이 짐작하지 못하는 일에 두려움을 느끼기 때문일 것입니다. 그렇다면 만약 우리가 앞으로의 일을 모조리 알 수 있다면 어떻게 될까요?

마지막 목표에 이를 수 없다는 사실 때문에 고민하는 사람은 아무도 없을 것입니다. 한 사람 또는 인류 전체가 더는 어떠한 곤란도 없는 위치에 다다랐다고 상상해 봅시다. 그러한 상황에서 인생은 틀림없이 따분해지고 말 것입니다. 그렇게 되면 모든 것을 예견할 수 있고 미리 헤아릴 수 있으며, 내일이 되어도 예상치 못한 일이 일어나는 법이 없고, 미래에 기대할 수 있는 것은 아무것도 없습니다. 그러니 인생에 대한 우리의 관심은 오로지 불확실성에서 오는 것입니다.

만일 우리가 모든 것을 확신한다면, 알아야 할 것을 모조리 알고 있다면 더 이상의 논의나 발견은 없을 것입니다. 과학은 끝나고 우주는 여러 번 되풀이된 이야기에 지나지 않게 됩니다. 우리가 지향해야 할 이상을 보여주는 예술과 종교는 더는 어떤 의미도 갖지 않게 됩니다.

인생의 도전에 끝이 없는 것은 우리에게 행운입니다. 인간의 추구와 노력은 결코 끝나지 않고 늘 새로운 문제를 찾아내거나 창조해 낼 수 있으며, 협력과 공헌을 위한 새로운 기회를 만들어낼 수 있습니다.(《인생방법 심리학》 58쪽)

우월성의 최종 목표에 이르러, 환경의 완전한 지배자라는 위치에 선 자신을 발견하는 사람은 아무도 없습니다. 인생은 너무나 짧고 우리 몸은 몹시 허약하며 인생의 세 가지 과제는 늘 더욱 풍요롭고 충분한 해결을 요구합니다.(《인생방법 심리학》 57쪽) 그 때문에 임시적인 해결 방법을 찾아낼 수는 있더라도 완전히 만족할 만한 해답을 찾아내기란 어렵습니다. 이상을 추구하려는 노력은 끝이 없을 것입니다. 이상이란 언제나 더 나은 현실을 바라는 마음이기 때문입니다.

예술과 종교는 우리에게 무엇이 이상인지 알게 해주지만, 그것이 현실과 차이가 없다면 이상을 보여주려 하는 예술과 종교는 아무 의미가 없어집니다.

예측할 수 없는 미래 가운데에는 재난처럼 나쁜 일들도 많기 때문에, 이것들을 피하기 위해서 과학은 꾸준히 발달해 왔습니다.

어떠한 경우에도 보다 나은 해결점을 찾으려는 노력은 계속될 것입니다. 그리고 협력하는 사람에게 그 노력은, 공통된 상황에서의 현실적 진보를 향한 희망적이고도 쓸모 있는 것입니다.(《인생방법 심리학》 58쪽)

여기에는 인생이란 끊임없이 문제를 던지는 무엇이라면, 그 해결을 위한 노력을 처음부터 단념해 버릴 수도 있다는 의미가 담겨 있습니다.

그러나 목표를 향해 나아가는 노력이 아무리 힘들고 끝이 없는 것이라 해도, 반대로 아무런 어려움이 없는 이상의 세계에 다다라버린다면 오히려 그 삶은 따분해지고 말 것입니다. 모든 것의 계산이 끝나버리고 예상을 벗어나는 일은 아무것도 일어나지 않기 때문입니다.

"우리를 둘러싸고 있는 우주는 이미 전해 들어서 알고 있는 이야기가 되고 말 것입니다." 책을 다시 읽을 때는 이미 줄거리를 알고 있습니다. 그럼에도 불구하고 다시 읽으려 하는 것은, 그때의 자신과 지금의 자신이 다르므로 같은 소설을 읽더라도 예전과는 다른 의미를 새롭게 발견할 수 있기 때문입니다.

서로 사랑하는 남녀는 결혼이 무언가의 종착역이 되기를 소망합니다. 그러나 앞날을 알 수가 없기 때문에 두 사람은 서로를 더욱 사랑하려고 노력하게 되는 것이지, 만일 모든 게 결정되어 있다면 그런 삶은 살 만한 가치가 없을 것입니다.

이상을 향해 나아가는 한, 인생의 도전은 언제까지나 이어집니다. 늘 새로운 문제가 터져 나오기 때문입니다. 그러나 도전할 기회가 많으면 많을수록 협력하고 기여할 수 있는 기회도 더 많이 얻게 됩니다.

아들러가 좋아한 우화가 있습니다. 죽음을 앞둔 아버지의 침상을 자식들이 둘러싸고 있었습니다. 이윽고 한 아들이 한 걸음 나서서 아버지에게 미래에 대해 알고 있는 것을 말해 달라고 부탁했습니다. 아버지는 아이들에게 대답해 주었습니다.

"한 가지 확실한 것은, 확실한 게 아무것도 없고 모든 게 변화한다는 사실이란다."《초보자를 위한 아들러 *Adler for Beginners*》앤 후퍼, 제러미 홀퍼드 外)

미래에 대한 두려움
"당신은 미래에 대해 무언가를 두려워하며 충분한 자신감을 갖지 못한 것처럼 보입니다. 또 당신은 어떤 결정도 스스로 하려고 하지 않습니다. 자신은 아무런 노력을 하지 않으면서 그저 사랑받기만을 원하는 겁니다."《인생 유형 *The Pattern of Life*》》

공개적으로 이뤄진 심리 치료에서 기절과 발작을 호소하는 스물다섯 살 여성에게 아들러가 한 말입니다. 우리는 다른 사람의 행동을 예측할 수 없고 그 사람이 무슨 생각을 하는지 알 수 없듯이, 앞으로 일어날 일을 예측할 수 없기 때문에 두려움을 느끼게 됩니다.

아들러는 이 여성에게 "당신은 어떤 결정도 스스로 하려고 하지 않는다"고 말했습니다. 앞날을 예측할 수 없어서 자신감이 없으니 스스로 결정을 할 수 없다는 게 이 여성의 논리지만, 실제로는 자신이 무언가 결정하기를 피하고 있고, 그 이유로서 미래에 대한 두려움을 내세웠을 뿐입니다.

어떤 결정을 스스로 내리지 않는 것은, 자신이 선택한 일에 책임을 지고 싶지 않기 때문입니다. 자신의 선택에는 스스로 책임을 져야 합니다. 자신이 무언가를 결정하지 않아 불리한 일이 생길 수도 있겠지만, 그보다는 자신이 무언가를 결정함으로써 지게 되는 책임이 더 두려워 피하려는 것입니다.

사랑도 자기 혼자서는 결정하지 못합니다. 자신이 상대를 사랑해도 상대 또한 자신을 사랑해 주리라는 보장은 없기 때문입니다. 그래서 상대가 자신을 사랑한다는 확신이 들 때, 비로소 그를 사랑하겠다는 사람이 있습니다. 이것은 사업상의 거래와 같습니다.

더구나 이런 사람은 보통 스스로 사랑받을 노력은 하지 않습니다. 사랑받고 싶다면 그러기 위한 노력을 해야 하는데, 그러지는 않은 채 단지 사랑받기만을 바랄 뿐입니다.

사랑의 향방은 두 사람이 결정해야 합니다. 그러나 아무리 서로 사랑한다 해도 그 사랑이 영원히 이어지리라는 확신은 없습니다. 내일 일조차 알 수 없습니다. 그런 사람에게 예측할 수 없는 미래는 두려울 수밖에 없습니다. 내일 일은 모르지만 오늘 만큼은 이 사람을 사랑하겠다고 결심할 수는 있습니다. 우리가 할 수 있는 일은 그것뿐입니다. 따라서 한 발짝 내딛는 결심을 해야만 합니다.

죽음에 대한 두려움

앞으로 일어날 일 가운데 가장 큰 두려움은 죽음일 것입니다. 많은 사람들이 죽음을 두려워하지만, 정작 그것이 무엇인지도 모르는 채 두려워하고 있습니다. 죽음이 두렵다고 생각하는 이유는 여러 가지지만, 특히 언제 어떤 방식으로 죽을지를 스스로 결정할 수 없다는 게 가장 큰 이유겠습니다.

죽음을 처음 접하게 되면, 특히 그것이 갑작스러운 죽음일 경우에 아이는 큰 충격을 받게 되고, 이는 그 아이의 인생에서 커다란 영향을 끼치게 됩니다. 죽음에 대해 준비되어 있지 않은 채 갑자기 이를 맞닥뜨리게 된 아이는 인생에 인간의 힘이 절대적으로 무력해지는 끝이 있다는 사실을 처음으로 깨닫게 됩니다. 이는 아이의 용기를 완전히 꺾어버리는 일이 될 수도 있습니다.(《자녀 교육 *The Education of Children*》)

아이가 누군가의 죽음과 마주할 때, 그것은 아마도 갑작스러운 죽음일 것이고, 아이는 죽음에 대한 준비가 되어 있지 않을 것입니다. 하지만 때로 그 가운데에는 할아버지나 할머니의 죽음을 보고도 이 확고한 이별에 대해 아무 생각이 없는 아이도 있습니다. 인생에는 끝이 있다는 사실을 알게 되는 게 때때로 아이의 용기를 꺾어버린다고 말하지만, 실제로는 인생의 과제에 부딪힌 아이가 그것에서 달아나려 죽음의 두려움을 이유로 삼는 것입니다. 그렇다고 해도 전혀 준비되어 있지 않은 아이가 죽음을 마주치게 되면 큰 충격을 받을 수 있다는 것만은 사실입니다.

죽음을 두려워하는 사람은 죽음에 대해 생각하기를 그만두든가, 죽음을 통제하려 듭니다. 죽음을 통제할 수 있는지를 묻는다면 그럴 수 없다는 게 옳은 답이겠지만, 그렇게 할 수 있다고 생각하려는 사람도 있습니다.

예를 들어 '총을 들고 있는 것은 나니까, 총을 쏠 순간 또한 나 스스로 조절할 수 있다'고 생각할 수 있습니다. 그러나 스스로 조절할 수 있다고 착각하고 있을 뿐일지도 모릅니다. 또 다른 예로, 자신이 운전하는 자동차가 비행기보다 안전하다고 생각하는 경우가 많습니다. 하지만 자동차 사고는 매우 자주 일어나는 반면, 비행기로 인한 사망사고는 그만큼 많지가 않습니다.

"그럼에도 불구하고 인간은 비행기보다도 자신이 운전하는 자동차가 안전하다고 느낀다. 왜 그럴까?"

"스스로 통제할 수 있기 때문이다."

그러나 실제로는 통제할 수 없을 가능성이 더 많다고 합니다. 가까이에 총이 있으면 충동적으로 죽고 싶다는 생각이 들었을 때 총을 쏠 가능성이 훨씬 높아집니다. 마찬가지로 담배나 마약도 스스로 사용 횟수를 조절할 수 있다고 과신하다가 더는 멈출 수 없는 상태까지 이르고 맙니다.

아들러는 누나의 죽음에 큰 영향을 받은 아이가 장래 희망이 무엇이냐는 질문에 "나는 자기 자신이 묻히는 게 아니라, 다른 사람을 묻어주는 사람이 되고 싶다"며 무덤 파는 사람이 되겠다고 대답한 사례를 들고 있습니다. "삶과 죽음을 주관하는 주인이 되고 싶다"고 희망한 다른 아이는 "사형집행인이 되고 싶다"고 대답했습니다.

아들러는 무덤 파는 사람이 되겠다는 목표에 대해서, "이 목표가 인생에 도움이 되지 않는 방향으로 세워졌다는 사실을 알 수 있다. 이 소년은 자신의 일밖에 관심이 없기 때문이다"라고 말했습니다.《삶의 과학》

자신의 일밖에 관심이 없는 사람은 다른 사람 일에 관심이 없습니다. 다른 사람을 향한 관심, 즉 사회 공동체를 향한 관심(Social Interest)은 아들러가 미국으로 옮겨가 활동을 시작하며 Gemeinschaftsgefühl(공동체 감각)을 영어로 번역할 때 쓴 표현입니다. 자신의 일밖에 관심이 없고 다른 사람을 향한 관심(Social Interest)이 없는 게 공동체 감각을 지니지 않았다는 뜻입니다.

사형집행인이 되고 싶다는 소년의 목표에 대해서는, "이 목표는 공동체 감각을 완전히 잃어버린 상태임을 잘 보여준다"고 말합니다. 그 소년은 '삶과 죽음의 주인'이 되고 싶어 했지만, 이것은 '오직 신만이 가능한 영역'입니다. 사회보다 강해지고 싶다고 생각한 소년은 인생에 도움이 되지 않는 쪽으로 향하게 되었다고 아들러는 설명합니다.《삶의 과학》 이러한 아이는 자신의 일밖에 관심이 없습니다.

한편 의사가 되겠다는 아이도 있습니다. 그 의사의 전기를 보면 그 직업을 선택한 이유가 죽음을 갑자기 접하게 되면서라고 합니다.《자녀 교육》

다음은 아들러 자신의 체험입니다. 뒷날 아들러 심리학의 지도자가 되는 알프레트 팔라우는 그가 스물세 살 때, 쉰일곱 살이었던 아들러와 이런 대화를 주고받았습니다.

"아들러 선생님, 사람은 누구든지 반드시 죽어야만 한다고 생각하십니까?"

"그렇게 생각했다면 나는 의사가 되지 못했을 걸세. 나는 죽음과 싸우려고 했고, 죽음을 죽이든지 지배하고 싶었네."

그런데 의학에 의해 사람의 목숨을 어느 정도 연장할 수 있게 되었지만, 어떤 사람도 죽음을 피할 수는 없습니다.

시간이 지나 1935년 팔라우는 아들러와 다시 만납니다. 아들러가 죽기 2년 전의 일입니다.

"언젠가 내가 왜 의사가 되었는지, 자네에게 말한 적이 있었지? 나는 '죽음'을 죽이고 싶었다네." 아들러는 잠시 말을 멈추었다가 이렇게 덧붙였습니다. "성공하고 싶었네. 그러나 도중에 나는 어떤 것을 발견했지. 바로 개인심리학을. 그것은 가치 있는 일이었다고 생각하네."《알프레트 아들러 : 우리가 그를 기억할 때 *Alfred Adler : As We Remember Him*》가이 J. 매너스터 外)

의사가 되려는 것은, 무덤 파는 사람이나 사형집행인이 되려는 것과 무엇이 다를까요?

의사가 되고 싶다는 목표도 삶과 죽음을 주관하는 주인, 즉 신이 되고자 하는 욕구에 의해 형성됩니다. 하지만 여기서는 그 목표가 사회에 기여함으로써 올바르게 실현됩니다.《삶의 과학》

고아나 양자가 된 아이는 친부모를 잃었다는 사실에서 자신이 불행한 원인을 찾으려 합니다.《자녀 교육》

어린 시절에 부모를 잃는 경험은 분명 불행한 일이지만, 그렇다고 해서 그 일을 핑계로 인생 과제를 회피하거나, 자신이 불행한 원인으로 삼는 것은 바람직하지 않습니다. 그러한 일들을 계기로 의사가 되려고 하는 사람은, '그 목표를 사회에 이바지함으로써 실현'하려고 합니다. 그러한 의미에서 그들은 사회, 타인을 향한 관심(Social Interest)이 있는 것이며, 이는 곧 공동체 감각을 지니고 있는 것이라고 아들러는 말합니다.

자신이 지배할 수 있는 상황에 머무르려 한다

모든 신경증 환자는 많든 적든 행동의 영역을 통제하고 세계와의 접촉을 가둡니다. 현실적으로 눈앞에 놓인 인생의 세 가지 과제로부터 거리를 두고, 스스로 온전히 지배할 수 있다고 느끼는 상황 속에 자신을 제한합니다. 이렇게 해서 신경증 환자는 좁은 방을 만들고 문을 굳게 닫은 채, 바람과 햇빛과 신선한 공기로부터 자신을 보호하며 지내는 것입니다.(《인생방법 심리학》 55쪽)

그곳에서는 모든 게 자신의 통제 아래에 있습니다. 인생의 과제들에서 도망쳐야 하므로, 대인 관계 또한 가족들로만 제한됩니다. 가정 안에서는 무슨 일이 일어날지 짐작하기가 쉽습니다. 그러한 이유로 자신이 움직이게 상황을 지배할 수 있다고 생각하는 것인데, 부모를 자기 뜻대로 움직이게 하려는 것도 여기서 말하는 지배에 포함됩니다.

신경증 환자는 좁은 방 안에서 바람, 햇빛, 신선한 공기를 접하지 않은 채 살아가려 합니다. 때때로 부는 강한 바람이야 맞고 싶지 않을 수도 있지만, 그렇게 되면 햇빛과 신선한 공기조차 누릴 수 없게 됩니다.

익숙한 상황에 머무르려 한다

아들러는 광장공포증이 있는 신경증 환자의 예를 자주 들고 있습니다.

'나는 너무 멀리 가서는 안 돼. 익숙한 상황에 머물러 있어야 해. 인생은 위험으로 가득 차 있어서 반드시 그것을 피해야만 해'라는 확신의 표현입니다. 이 태도가 계속 유지되면 그 사람은 방 안에 틀어박히거나 침대에 들어가서

좀처럼 나오지 않게 됩니다.《인생방법 심리학》 54쪽)

　집 안에서는 가족들하고만 지내게 되므로, 앞서 말했듯 무슨 일이 일어날지 어느 정도 짐작할 수 있지만, 일단 밖으로 나가면 무슨 일이 일어날지 알 수가 없습니다. 그러니 바깥세상과 그곳에서 만나는 사람들은 모두 위험할 수밖에 없습니다. 나아가 자신의 인생도 결국 위험에 처할 거라고 생각합니다.

　그러나 이것은 그들의 생각일 뿐, 현실 세계가 실제로 위험한 건 아닙니다. 그들은 이러한 시선으로 세상을 바라봄으로써, 익숙한 세계에 머물러 있으려는 자신들을 정당화하고 있을 뿐입니다.

　앞에서 이야기한 예측하기 어렵다는 시점에서 살펴보면, 이러한 행동은 다른 사람을 적으로 보고 이 세상을 위험하다고 생각하는 사람에게, 대인 관계는 예측하기 어렵고 자신이 지배할 수 없는 상황이기 때문에 피하고 싶은 것으로 헤아릴 수 있습니다. 그러나 타인을 동료로 볼 수 있는 사람에게 대인 관계는 예측할 수 없는 게 아닙니다.

열등 콤플렉스

　열등감은 눈앞의 문제에 대해 사람이 알맞게 적응하지 못했거나 준비되어 있지 못했을 때 나타납니다. 그리고 마음 한쪽은 그것을 해결할 수 없다는 확신을 강조합니다.《인생방법 심리학》 54쪽)

　아들러는 열등 콤플렉스를 강한 열등감이라는 뜻으로 사용하기도 하는데, 원래 그 뜻은 'A니까(A가 아니니까) B를 할 수 없다'는 논리를 생활 속에서 자주 사용하는 경우를 말합니다.

　그리고 B를 할 수 없는 이유로서, 자신도 상대도 충분히 이해할 만한 원인을 내세웁니다. 신경증이 이런 경우에 자주 등장합니다. 다만 체면을 깎이고 싶지는 않아서 자신이 할 수 없다는 사실을 인정하기는 싫어합니다. 그러나 과제에 맞서려고 하지도 않습니다. 그래서 A를 B라는 과제에 당당히 마주하고 싶지 않은 이유로 들게 되는 것입니다.

열등감은 언제나 스트레스를 만들어내므로 늘 우월감으로 향하는 보상을 얻기 위한 움직임이 나타날 것입니다. 그러나 그것은 문제를 푸는 쪽으로 가지는 않습니다. 우월감만을 바라는 움직임은 이렇게 인생을 유용하지 못한 면으로 나아가게 합니다. 진짜 문제는 나중으로 미루어두거나 빼놓습니다. 사람은 자신의 행위가 미치는 영역을 제한하려 들고, 성공을 위해 노력하기보다는 실패를 회피하는 쪽에 더욱 기울어져, 어려움 앞에서 망설이며 서 있거나 심지어는 물러서는 모습마저 보입니다.《인생방법 심리학》 54쪽)

이 열등 콤플렉스의 사례가 앞에서 이야기한 광장공포증입니다. 밖으로 나가지 않은 채, 집 안에서 부모를 자신의 통제 아래 두려고 하는 게 공포증 환자들이 추구하는 우월성인데, 이는 인생에 도움이 되는 방향으로 우월성을 추구한다고 볼 수가 없습니다.

과제를 적극적으로 해결하다 보면 실패할 수도 있으므로, 실패를 피하려는 사람은 망설이거나 소극적이 됩니다.

이 광장공포증 환자들은 바깥세상이 위험하기 때문에 나가지 않으려는 게 아닙니다. 밖에 나가면 더 이상 아무도 자신을 주목해 주지 않는다는 사실을 맞닥뜨리게 될까 두려워서 이를 피하고 있는 것입니다.

그가 뛰어넘어야 하는 마지막 장애는 그에 대해 신경 쓰지 않는 사람들, 예를 들어 길을 가는 사람들과 마주치게 될 두려움을 극복하는 일이었습니다. 이 두려움은 자신이 주목받지 못하는 상황을 모두 치워버리려는 광장공포증 환자의 마음이 만들어낸 것입니다.《신경증 문제》)

이 증상의 또 다른 목적은 자신을 지켜주는 사람들을 지배하려는 마음입니다. 응석받이로 자라난 여성은 언제나 자신이 주목받기를 원하기 때문에 아이를 낳고도 기뻐하지 않는 경우가 있습니다. 아이에게 사람들의 관심을 빼앗기기 때문입니다. 아들러는 이런 여성과 결혼한 남성을 다음과 같이 소개하고 있습니다.

응석받이로 자란 한 여성의 경우를 예로 들어보겠습니다. 그녀와 결혼한 남성은 언제나 형 때문에 자신의 권리를 제한받으며 자랐다고 생각했습니다. 그는 처음으로 자신에게만 쏟아지는 따뜻한 관심과 사랑에 기뻤을 것이고 이는 충분히 이해되는 일입니다. 그러나 그녀 또한 늘 남편에게 사랑받고 싶어 했고 응석 부리고 싶어 했습니다.

아이가 태어나기 전까지 그들은 행복한 나날을 보냈습니다. 하지만 아이가 태어난 뒤 그들의 결혼생활에는 누구나가 예상할 수 있는 변화가 일어났습니다. 아내는 주목받고 싶어 했지만, 아이가 그 자리를 차지하는 게 아닐까 두려웠습니다. 그 때문에 그녀는 아이를 낳은 것을 그다지 기뻐하지 않았습니다.

한편 남편도 아내에게 변함없이 사랑받고 싶었기 때문에, 아이가 자신의 자리를 빼앗는 게 아닐까 하고 두려워했습니다. 마침내 남편도 아내도 의심이 많아졌습니다. 아마도 아이에게는 무관심한 일 없이 매우 좋은 부모였을 것입니다. 그러나 두 사람은 서로에 대한 사랑이 줄어드는 게 아닐까 늘 마음을 쓰게 되었습니다. 이러한 의심은 위험한 것입니다. 상대의 말, 행동, 동작, 표현 등 모든 것을 부정적인 눈으로 관찰하기 시작하면, 상대의 일상적인 모습조차도 애정이 식어버렸다고 부풀려 생각할 수 있기 때문입니다. 이 부부에게도 그러한 일이 일어났습니다.

때마침 남편은 휴가를 얻어 파리로 여행을 가서 즐거운 시간을 보내게 되었습니다. 그때 아내는 산후조리를 막 끝낸 뒤 아기를 돌보고 있었습니다. 남편은 파리에서 자신이 얼마나 멋진 시간을 보내고 있는지, 어떤 사람들을 만났는지를 편지에 써 보냈습니다. 그 편지를 읽은 아내는 남편이 자신과의 평범한 일상을 잊었다고 생각하게 되었습니다. 그러자 예전처럼 행복하지 않았고 크게 상심하게 되어 끝내 광장공포증이 생기고 말았습니다.

아내는 더 이상 혼자서는 외출할 수 없게 되었습니다. 여행에서 돌아온 남편은 언제나 아내 곁을 지키며 따라다녀야만 했습니다. 겉으로 보기에 그녀는 목적을 이루었고 이제 자신이 주목받을 수 있게 되었다고 생각할 것입다. 그러나 그럼에도 불구하고 그녀는 만족스럽지가 않았습니다. 만일 광장 공포증이 사라지게 되면 지금 남편의 보살핌도 사라지게 될 거라고 걱정했기 때문입니다. 이러한 이유로 그녀는 광장공포증을 계속 앓을 수밖에 없었습니다.《삶의 과학》

거들먹거리며 지배할 것인가, 아니면 우는소리를 하면서 지배할 것인가는 그가 받은 교육에 달려 있습니다. 그는 자신의 목적을 위해 가장 효과적이라고 생각하는 방법을 고를 것입니다. 때로 한 가지 방법에 만족하지 못하면 다른 방법을 시도합니다. 어느 경우에도 목표는 같습니다. 즉 상황을 나아지게 할 실질적인 노력은 아무것도 하지 않고 우월감만을 얻는 일입니다.《인생방법 심리학》 55쪽)

큰소리를 치는 사람은 주변 사람들이 자신을 두려워하게 만듦으로써 상황을 지배하려 합니다. 우는소리를 하는 사람은 주변 사람들이 자신에게 도움을 주어야겠다는 생각을 갖도록 만듭니다. 어느 쪽이든지 스스로는 아무것도 하지 않는다는 공통점이 있습니다.

물의 힘

이를테면 우는 것으로 자신이 바라는 것을 손에 넣을 수 있다고 생각하는 용기 없는 어린이는 울보가 됩니다. 이 울보가 그대로 어른이 되면 우울증 환자가 됩니다.

눈물과 불평―나는 그것을 '물의 힘'이라고 불러왔습니다―은 협력을 가로막고, 다른 이를 종속시키는 매우 효과적인 무기입니다. 부끄러워하거나 곤혹스러워하며 죄의식으로 괴로워하는 사람과 마찬가지로, 우는 사람에게도 열등감이 있음을 얼핏 엿볼 수 있습니다.《인생방법 심리학》 55쪽)

갓난아기는 살기 위해서 부모에게 자신의 배고픔이나 다른 필요를 알려야 합니다. 아직 말을 할 수 없기 때문에 우는 것으로 주변 어른들이 자신을 돌보도록 만듭니다. 물론 이제 막 태어났을 무렵에는 그렇게 해야만 살아갈 수 있습니다.

그런데 아이가 말을 할 줄 알게 되고 나서도 여전히 울거나 떼를 쓰거나 소리를 지르면서 주변 사람들을 계속 지배하려 드는 경우가 있습니다. 이렇게 대화하지 않는 방법을 쓰는 것은, 아이가 용기를 잃었기 때문입니다. 이런 아이에게는 대화하지 않으면 자신의 뜻을 전할 수 없다는 사실을 주변 어른들이 가르쳐야만 합니다.

나는 아이와 어린이집에서 돌아올 때 자주 슈퍼마켓에 들렀습니다. 어느 날부턴가 아이가 장난감 코너나 과자 판매대에서 울며 꼼짝 안 하게 되었을 때 나는 아이에게 이렇게 말했습니다. "울지 않아도 되니까, 말로 부탁해 줄래?" 그러면 아이는 울음을 그치고, "저 과자 사주세요"라고 대답했습니다. 부모는 보통 아이의 요구 자체보다는 아이가 요구하는 방법이 마음에 들지 않는 것입니다. 어떤 말을 써서 어떻게 부탁을 하면 되는지 어른들이 처음부터 아이에게 가르쳐야만 합니다.

혼자 하는 섀도복싱

열등감이 그들에게 "협력해서 성공하는 것은 너에게 보탬이 되지 않는다"고 말합니다. 그들은 인생의 참된 문제로부터 벗어나 자신의 힘을 재확인하기 위한 섀도복싱을 하는 것입니다.《인생방법 심리학》70쪽)

우리는 상대를 지배하지 않고 협력함으로써, 인생의 과제들을 해결해 나아갈 필요가 있습니다. 인생의 과제들이란 앞에서 말했듯이 대인 관계의 과제들이기 때문입니다. 홀로 서서 자신의 그림자 쪽으로 주먹을 뻗는 연습은 무의미합니다.

대인 관계는 섀도복싱과는 다릅니다. 혼자서는 대인 관계가 이루어질 수 없고, 대인 관계의 상대는 '적'이 아니기 때문입니다. 여기서 혼자 하는 섀도복싱은 '자신의 힘을 재확인하기 위해서'라지만, 존재하지도 않는 적을 상대로 한 연습에서는 자기 본연의 힘을 확인할 수 없을 뿐 아니라, 진짜 사람들과의 관계에서 생겨나는 인생의 과제들에 대해 자기 혼자 연습을 하는 것은 아무런 도움이 되지 않습니다. 가상의 적인 상대는 자신이 만들어낸 사람이지만, 현실의 상대는 자신의 상상처럼 지배하거나 예측할 수가 없습니다.

용기와 자신감을 잃는다

사람은 우월성이란 목적을 이루기 위해 행동한다고 아들러는 생각합니다. 무력한 자신에게서 완전히 벗어나길 바라는 게 우월해지고 싶은 마음이라면, 이는 누구에게서나 볼 수 있는 바람입니다.

모든 사람에게 동기를 부여하고 우리가 우리 문화에 하는 모든 공헌의 원천은 우월성 추구입니다. 인간 생활 전체는 이 활동의 굵은 선을 따라, 즉 아래에서 위로, 음수에서 양수로, 패배에서 승리로 진행합니다.《인생방법 심리학》69쪽)

우월성의 추구나 열등감은 둘 모두 건강하고 정상적인 노력과 성장을 위한 자극입니다.《삶의 과학》)

모든 사람의 목표는 우월해지는 것입니다. 그러나 용기와 자신감을 잃은 사람은 인생에 도움이 되는 쪽에서 도움이 되지 않는 쪽으로 그 목표의 방향이 바뀌게 됩니다.《신경증 문제》)

강한 열등감과 지나친 우월성의 추구는 저마다 열등 콤플렉스, 우월 콤플렉스로 불리며 두 가지 모두 인생에 도움이 되지 않는 쪽으로 나아갑니다. 열등 콤플렉스가 더 커지면 신경증이 됩니다. 우월 콤플렉스는 우월성을 지나치게 추구하는 상태를 가리키며, 개인적인 우월성 추구, 또는 신경증적 우월성 추구라고 바꾸어 말하기도 합니다.

사람들의 주목을 받지 못한다

광장공포증인 사람이 밖에 나가려 하지 않는 데에는, 바깥세상을 위험하다고 여기는 것 말고 또 다른 이유가 있습니다.

신경증적 생활 양식(라이프스타일)을 헤아릴 때에는 늘 신경증의 대상이 있다고 생각해야 합니다. 환자가 보이는 행동과 상태에 따라 곤란함을 느끼고 있는 사람이 누구인지를 주의 깊게 살펴보아야 합니다. 물론 사회 전체가 공격 대상일 때도 있지만, 그 상대가 가족 가운데 있거나 이성일 경우도 있습니다. 신경증에는 언제나 이처럼 감추어진 비난이 있습니다. 다시 말해 환자는 자신의 권리, 즉 사람들의 주목을 받을 권리를 잃었다고 느끼고, 그 책임을 누군가에게 덮어씌워서 비난하고 싶어 합니다.《신경증 문제》

광장공포증뿐 아니라 일반적으로 신경증 환자를 살필 때에는 언제나 '상대역'을 발견할 수가 있습니다. 신경증 환자의 말과 행동에 의해 곤란함을 보이는 사람이 있다면, 그가 바로 그 상대라 할 수 있습니다.

신경증 환자는 이 상대로부터 주목받기를 원합니다. 상대가 환자에게 충분한 관심을 보일 때에는 아무 문제가 없거나 비교적 안정적인 모습을 보입니다. 그러나 가족이라 해도 늘 환자에게 주목하고 있을 수만은 없습니다. 그럴 때면 환자는 주목받을 권리를 빼앗겼다고 느껴 자신에게서 잠시 관심을 돌린 상대를 다시 비난하기 시작합니다. 상대를 공격할 때도 있지만, 일반적으로 신경증에는 '감추어진 비난'이 있습니다.

이처럼 '익숙한 상황' 안에 있는 상대로부터 주목을 끄는 것은 인생의 과제를 해결하는 마땅한 방법이라 할 수 없습니다. 왜냐하면 앞에서 본 응석받이와 마찬가지로, 마땅치 않은 행동을 함으로써 상대를 곤란하게 만들고, 스스로는 아무것도 하지 않으면서 주목만 받으려 하기 때문입니다.

가족을 아우르는 큰 공동체에서 소속감을 느끼는 것, 공동체 안에 자신의 자리가 있다고 느끼는 것은 사람들이 다른 어떤 것보다 이루길 바라는 기본적인 목표임에 틀림없지만, 공동체에 속해 있다는 것이 그 중심에 서 있다는 뜻은 아닙니다.

누군가의 기대를 채워주기 위해서 다른 사람이 존재하는 게 아니기 때문입니다. 자신의 일거수일투족이 주목받지 못한다고 해서 불평해서는 안 된다는 뜻입니다.

더구나 공동체에 아무런 도움도 주지 않으면서 수동적으로 소속되어 있기만 해서는 안 됩니다. 자신도 공동체나 그곳에서 함께하는 사람들에게 무언가 힘을 보탬으로써 능동적으로 소속되어 있을 필요가 있습니다. 주목받거나 인정받기를 지나치게 기대하는 것은 올바르지 못하지만, 스스로 노력하지 않으면 어떤 주목도 인정도 받을 수 없다는 사실 또한 알아야 합니다.

모순되는 기대

사춘기에는 그동안 확립되었던 경향이 뚜렷하게 뒤바뀝니다. 많은 기대를 받았던 아이들이 공부나 일에서 갈수록 뒤떨어지기 시작하고, 이와 달리 전에는 그다지 재능이 없다고 여겨졌던 아이들이 치고 올라와 예상치 못했던 능력을 보이기 시작합니다.

이는 지금까지의 교육에 모순이 있었기 때문이 아닙니다. 성장 가능성이 높다고 평가받아 온 아이는 아마도 기대를 저버리게 되지나 않을까 두려움을 느꼈을 것입니다. 그 아이는 지지받고 칭찬받는 동안에는 무리 없이 나아갈 수 있었습니다. 그러나 스스로 노력해야 할 때가 오면 용기는 꺾이고 후퇴하게 됩니다.

한편 다른 아이들은 새로운 자유 덕분에 용기를 얻을지도 모릅니다. 그들은 자신의 야심을 이루기 위한 길을 눈앞에서 분명히 봅니다. 새로운 생각과 계획으로 한껏 부풀어 오릅니다. 그들의 창조성은 높아지고, 삶의 모든 면에 대해 더욱 또렷하고 열렬한 관심을 기울입니다. 이런 아이들은 자신의 용기를 간직하며, 이들에게 자립은 곤란과 실패의 위험을 뜻하는 게 아니라 오히려 이루고 공헌하기 위한 기회가 더 많이 열렸음을 의미합니다.《인생방법 심리학》177~178쪽)

'많은 기대를 받았던 아이들이 공부나 과제에서 뒤처지기 시작'하는 것은 아이들에게 주어진 일이 어려워졌기 때문이 아닙니다. '지금까지 받아온 기대를 저버리게 되는 건 아닌가' 하는 불안감에 사로잡혔기 때문입니다. 여기서도 과제에 뒤처지기 시작한 이유로 다른 사람들의 기대를 들고는 있지만, 이러한 아이들 또는 비슷한 상황에 처한 사람들은 먼저 '타인은 나의 기대를 채워주기 위해서 존재하는 사람들이 아니다'와 더불어 '나는 타인의 기대를 채워주기 위해서 존재하는 사람이 아니다'라는 사실을 깨달아야 합니다. 온 힘을 다해서 과제 해결에 나서면 될 뿐이지, 그 일로 다른 사람을 만족시켜야 한다는 생각은 할 필요가 없습니다. 공부를 잘하는 아이가, 사람들의 기대를 무리하게 따르려다가 오히려 능력을 발휘하지 못하게 되는 경우는 많습니다.

아들러는 '칭찬하다'는 말을 불쑥 쓰곤 하는데, 여기서는 칭찬이 가져오는 문제와 장애들을 분명하게 말하고 있습니다. 아이들은 '지지를 받고 칭찬받을 때' 앞으로 나아가지만, '스스로 노력해야만 하는 때가 닥치는 순간'(더 이상 지지를 받거나 칭찬받지 않는다는 뜻을 포함하고 있습니다) '용기를 잃고 뒷걸음질하기 시작하는' 일이 생겨나게 됩니다. 사람들은 누군가에게 인정받고 칭찬받으려는 강한 욕구를 가지고 있지만, 그것을 당연시하지 않는 게 아들러 심리학에서 가장 중요한 부분입니다.

협력을 배우는 것의 중요성

협력은 신경증적인 경향을 키우는 것에 맞서는 단 하나의 안전장치입니다. 그러므로 어린이들이 협력하도록 훈련을 받고 용기를 얻어 또래들 사이에서 공통 과제와 공통 놀이로써 자신의 길을 찾아낼 수 있도록 해야 합니다. 협력을 가로막는 것은 무엇이든 심각한 결과를 불러옵니다.

예를 들어 응석받이는 자신에게만 관심을 가지는 것을 배웠기 때문에, 학교에서 함께 공부하는 다른 어린이들에게 전혀 관심을 갖지 않습니다. 공부에는 흥미를 느끼지만 교사로부터 칭찬받을 수 있다고 생각할 때뿐입니다. 그리고 자신에게 이롭다고 생각하는 것만 듣습니다. 어른이 될수록 공동체 감각이 부족한 사실은 더욱 뚜렷해집니다. 인생의 의미를 최초로 오해했을 때, 책임과 자립을 배우는 훈련을 그만두고 만 것입니다. 이제는 곤란하게도 어떠한 인생의 시련에도 맞설 준비가 되어 있지 않습니다.(《인생방법 심리학》 29쪽)

여기서도 칭찬이 가져오는 문제와 장애가 응석받이에게 어떻게 나타나는

지를 설명하고 있습니다. 그런 아이는 공부에 관심을 보이기는 하지만, 배움이 재미있어서가 아니라 교사에게 칭찬을 받으려고 공부하는 것입니다. 교사가 칭찬하지 않게 되거나, 교사가 마음에 들지 않게 되면, 이 아이는 곧바로 공부에 대한 관심을 잃어버립니다.

결국 자신에게 주어진 과제를 푸는 것만이 해결책이지, 그것을 풀었는지 못 풀었는지, 이에 대해 사람들이 어떻게 생각하는지는 중요하지 않습니다. 사람들의 생각만을 신경 쓰는 사람은 자신의 일밖에 관심이 없는 사람입니다.

응석받이로 자라난 아이는 자신의 일에만 신경을 쓸 뿐, 다른 친구들에게는 관심이 없습니다. 타인에게 관심을 갖는 일이 공동체 감각의 의미라는 것은 앞에서도 다루었습니다.

타인에 대한 관심을 갖지 못하게 되는 데는 어머니의 영향이 큽니다. 어머니는 아이가 이 세상에서 처음으로 만나는 '친구'입니다. 그런데 어머니만이 아이의 친구가 될 수 있는 것은 아닐 텐데도, 어머니 말고도 친구를 사귈 수 있다는 사실을 아이에게 가르치지 않고, 아이가 다른 사람에게 관심을 갖지 못하도록 하는 경우가 있습니다. 그렇게 함으로써 아이와 어머니가 강하게 묶여서 함께 세상과 대립하게 됩니다.

그렇게 자란 아이의 입장에서 볼 때, 어머니가 지켜주는 세상은 안전하지만, 거기서 한 발짝만 밖으로 나아가면 틈이 날 때마다 자신을 함정에 빠뜨리려 하는 '적'들만이 가득한, 위험한 세상이 기다리고 있습니다. 아이가 이러한 생각을 하게 되면 타인에게 관심을 갖지 않게 됩니다. 응석받이로 자란 아이가 '인생의 어떤 시련이나 어려움에 대처할 준비가 되어 있지 않다'는 것은 이런 뜻입니다. 어머니가 아이를 응석받이로 키우면서 원래 아이가 자신의 힘으로 해결해야만 하는 과제까지도 대신 처리해 버리기 때문에, 아이는 자립심을 갖지 못하고 자신의 과제조차 스스로 해결하려 들지 않는 무책임한 사람으로 자라나게 됩니다.

그 결과, 얻는(get, take) 일은 알고 있어도, 주는(give) 일은 배우지 못해서 서로 협력하는 일도 그 중요성도 알지 못하게 됩니다. 자신은 아무것도 하지 않으면서 남들이 자신에게 베푸는 도움은 당연히 여기는 게 '인생의 의미를 오해한다'는 뜻입니다. 진실은 응석받이의 시선과 정반대쪽에 있습니다.

협력을 모른다

부모는 아이들을 사회의 훌륭한 일원으로 만들고 싶어 했을지도 모릅니다. 그러나 어떻게 해야 좋을지 알지 못했던 것입니다. 부모가 강압적이고 엄격하다면 성공할 기회는 없었을 것입니다. 아이의 응석을 받아주고 무대 중심에 세워주었다면, 다른 사람들로부터 좋게 평가받기 위한 노력도 하지 않고 그저 존재하는 것만으로도 자기는 중요한 사람이라는 인식을 아이에게 심어주었을 것입니다. 그래서 이런 아이들은 노력을 계속해 나갈 능력을 잃어버리고 맙니다. 그들은 언제나 주목받고 싶어 하며, 늘 무언가를 기대합니다. 만족을 쉽게 얻지 못하면 환경이나 다른 사람을 탓합니다.(《인생방법 심리학》 197~198쪽)

부모가 아이를 온실 속에서 키우면, 아이 또한 언제까지나 그런 환경에 머물러 있으려 합니다. 어머니의 보호 아래 있으면 아주 편안한 데다가, 가만히만 있어도 원하는 것을 손에 넣을 수 있고, 끊임없이 주목받을 수 있기 때문입니다.

스스로 아무런 노력을 하지 않고도 관심받을 수 있음을 배우고 자란 아이가 다른 사람과 협력하도록 요구받거나, 안락한 환경에서 자란 아이가 갑작스레 바깥세상으로 나아가게 되면 틈이 날 때마다 반항을 하고 싸우게 됩니다. 바깥세상이 너무나 차갑게 느껴지기 때문입니다. "이런 아이들은······ 만족을 쉽게 얻지 못하면 환경이나 다른 사람을 탓합니다"라는 아들러의 말은 이러한 의미로 해석할 수 있습니다.

그렇다면 아이가 이렇게 된 책임은 아이를 응석받이로 키운 부모에게만 있을까요? 그렇지 않습니다. 물론 어리광을 모두 받아주며 키우는 부모가 없다면 아이는 그렇게 자라지 않을 것입니다. 그러나 한편으로 부모가 아무리 응석받이로 키우려 했다고 하더라도, 아이가 스스로 거부할 수도 있었을 것입니다. 어린아이라고 해서 그렇게 자란 책임을 전혀 지울 수 없다고는 할 수 없습니다.

아들러는 부모가 아이를 응석받이로 키울 때, '아이 자신이 아무런 노력을 하지 않아도 이미 아주 중요한 사람이라고 가르친 것'이라고 했습니다. 이런 아이에게 "지금 네 모습 그대로면 된다. 존재만으로 귀하다"고 말한다면 실제 그렇게 될 위험성이 있습니다. 아이의 입장에서는 '그저 존재만으로 좋다'고 여겨서는 안 되고, 서로 협력하고 다른 사람에게 보탬이 되는 법을 배워야만 합니다.

물론 부모 입장에서 바라보면 '그저 존재만으로 좋다'고 생각할 수 있습니다. 부모는, 아이에게 어떠한 문제가 있던지, 아이가 부모의 이상에서 얼마나 동떨어져 있던지 간에 그저 아이의 존재만으로 감사하게 됩니다. 그러나 이것은 어디까지나 부모의 관점에서, 그리고 행동이 아닌 존재만을 바라보는 시선에서의 이야기입니다.

2 용기란 무엇인가

도움을 주는 용기

우리는 먼저 용기란 무엇인지를 정의할 필요가 있습니다. 참된 용기는 언제나 도움을 주는 용기입니다. 그리고 용기가 있다는 것은 인생의 많은 과제들에 대처해 나아간다는 뜻입니다.(《아들러의 말 : 알프레트 아들러의 강의 *Adler Speaks : The Lectures of Alfred Adler*》 캐런 드레셔, 이하에서는 《아들러의 말》)

인생의 많은 과제들에 대처해 나아가는 것이 용기가 있다는 의미라면, 반대로 '인생의 많은 과제들에 대처하지 않는 것'은 '용기가 없다'는 뜻이 됩니다.

과제들을 피해 달아나는 것은 아니더라도, 도움이 되지 않는 용기 또한 있습니다.

영웅주의와는 다르다

용기는 영웅주의와는 다릅니다. 원래 영웅주의 자체는 평범한 용기를 평범하지 않은 어려운 상황에서 발휘하는 것일 뿐입니다.(《아들러의 말》)

아주 겁이 많은 아이가 어떤 상황에서는 영웅처럼 보일 때가 있습니다. 이것은 아이가 1등을 하려고 애를 쓸 때 일어나게 됩니다. 이러한 경우는 헤엄치는 법을 몰랐던 어느 소년의 예를 통해 분명하게 드러납니다.

어느 날, 소년은 친구가 불러내어 함께 헤엄치러 가게 되었습니다. 그리고 깊은 강물에서 소년은 물에 빠지고 말았습니다. 처음부터 헤엄치는 법을 몰랐기 때문입니다. 이것은 참된 용기가 아니라 인생에 도움이 되지 않는 행동일 뿐입니다. 그 소년은 헤엄을 치지 못하면서 그저 칭찬받고 싶은 마음에 강물로 뛰어들었습니다. 아이는 자신이 처할 위험을 무시했고, 혹시나 어떤 문

제가 생긴다면 다른 사람이 살려줄 거라고 기대했던 것입니다.《삶의 과학》

과제를 피하지 않고 맞서려 하지만, 위험을 돌아보지 않고 자신의 능력 밖에 있는 일을 하려는 사람들이 있습니다. 이것은 용기가 아니라 영웅주의입니다. 그런 무모한 행동을 하는 목적은, 자신이 맞닥뜨린 과제를 해결하려 들기보다는, 다른 사람들로부터 칭찬을 받거나 '영웅'이 되려 하는 데 있습니다.

더구나 이 소년은 누군가가 자신을 살려줄 거라고 기대했습니다. 즉 자신이 주인공인 이야기를 쓰면서, 다른 사람들에 대해서도 그들이 어떻게 행동할지를 미리 생각한 것입니다. 이 아이는 다행히 살아날 수 있었지만, 어쩌면 아무도 살려주지 못했을지도 모릅니다. 그러한 가능성을 생각했다면, 처음부터 물에 뛰어들지는 않았을 것입니다. 이러한 아이가 '도움을 주는 용기'를 가지고 있다고는 볼 수 없습니다.

물에 빠진 사람을 구하려고 강이나 바다에 뛰어들었다가 자신도 물에 빠져버렸다는 사람들이 있습니다. 그러한 사람들은 누군가를 살려야겠다는 마음 하나로 뛰어들었을 뿐, 칭찬받겠다는 생각 따위는 하지도 않습니다. 이러한 사람들의 행동은 영웅주의라고 볼 수 없습니다. 이런 행동으로 누군가가 목숨을 잃었다는 이야기를 들으면 마음이 무척 아픕니다. 이 사람들에게 물에 뛰어드는 행동은, 어려운 사람이 있으면 도와주려 하는 '평범한 행동'일 뿐이고, 그 '평범한 행동'을 누군가가 물에 빠지는 '평범하지 않은 어려운 상황'에 발휘한 것입니다.

그러나 이러한 생각에 바탕을 두고 그들의 행동에서 문제점을 짚어내자면, 그것은 누군가가 사람이 물에 빠졌을 때는 자신의 위험을 돌아보지 말고 적극적으로 뛰어들어 구조해야 한다고 주변에 권하는 일입니다. 또는 그러한 행동을 자기희생적인 영웅의 행동으로 보고 사람들에게 권유할 때에 일어나게 됩니다.

그러한 행동이 도덕적이라고 생각하며, 그것을 할 수 있느냐 없느냐에 따라 사람의 가치를 평가하는 사회라면, 숨이 막혀서 살 수가 없을 것입니다.

전철 승강장에서 사람이 선로로 떨어졌을 때도 마찬가지입니다. 사람을 살리려는 행동은 물론 훌륭한 일입니다. 그러나 그렇다고 해서 당신도 무조건 그렇게 하라고 말할 수는 없고 말해서도 안 됩니다. 이러한 상황에서는 누구나 그 사람을 구하고 싶을 겁니다. 그러나 어떻게 애를 써서 떨어진 사람이 있는 데까지 갈 수 있다 하더라도 곧바로 전철이 들어와서 그 자신도 깔려 죽을지 모른다고 생각하면 겁이 나 옴짝달싹할 수 없는 경우도 있습니다. 그렇다고 그 사람을 비난할 수는 없습니다. 이러한 행동을 너무 쉽게 칭찬하는 사람은 그 일로 만일 누군가가 목숨을 잃게 된다면 그에 대해 아무런 책임도 질 수 없을 것입니다.

용기에 증명 따윈 필요 없다

언제나 자신의 용기를 시험하고, 그때마다 자신이 얼마나 견뎌내는지를 보려는 사람에게 용기가 있다고 말하지는 않습니다. 자신이 영웅이라는 것을 증명하려는 행동은, 사실 자신이 겁쟁이임이 드러날까 두려워하기 때문에 나타나게 됩니다. 우리는 그러한 사람들에게 자신감이 부족하다는 것을 보게 됩니다. 그리고 그들이 자기가 처한 상황에서 생기는 진짜 문제와 어려움을 피하려는 건 아닌지 살펴보게 됩니다. 많은 사람들은 다음과 같은 상상 속의 실험을 통해서 자신의 능력을 가늠해 보려고 합니다. '나는 얼마나 고통을 견뎌낼 수 있을까, 이런 상황을 두려워해야 할까. 만일 더 큰 위험에 처하게 된다면 나의 인내는 새로운 기록을 세워야 하는 것일까.' 이 실험들은 모두 자기 자신이 겁쟁이라는 사실을 숨기려 하는 것입니다.《아들러의 말》

무언가를 증명해야만 한다고 느낄 때는 언제나 지나친 행동을 보이기가 쉽습니다.《자녀 교육》

자신의 용기를 시험함으로써 자기 자신이 겁쟁이임을 숨기려 한다는 주장을 뒷받침하기 위해서, 아들러는 사자 우리 앞에 데리고 간 남자아이 세 명의 반응들을 예로 들고 있습니다.

삶에서 겪게 되는 여러 상황들에 사람들이 보이는 반응은 동물의 종류만큼이나 다양합니다. 똑같은 상황이라도 토끼와 늑대, 호랑이의 반응은 다릅니다. 사람도 저마다 다른 반응을 보이게 됩니다. 서로 다른 성격의 남자아이 세 명을 사자 우리 앞에 데리고 가서 아이들이 무서운 사자를 처음으로 보았을 때의 반응을 관찰하는 실험이 이루어졌습니다.

첫 번째 소년은 뒤돌아보며 "집에 가요"라고 말했습니다. 두 번째 소년은 "진짜 멋지다!"고 말했습니다. 그 소년은 자신이 용기 있는 아이로 보이길 바라고 이렇게 말했지만, 한편으로는 몹시 떨고 있었습니다. 겁이 많은 소년이었던 것입니다. 세 번째 소년은 "사자한테 침 뱉어도 돼?"라고 말했습니다.

여기서 우리는 똑같은 상황에서 세 가지 다른 반응을 보게 됩니다. 그리고 세 아이 모두가 사자를 똑같이 두려워하고 있음을 알 수 있습니다.《삶의 과학》

나는 첫 번째 소년의 태도가 올바른 편이라고 생각합니다. 물론 이 경우도 사자가 우리 바깥에 있는 게 아니므로, 소년이 지나친 반응을 보인다고 생각할 수도 있습니다. 개를 무서워하는 아이가 있습니다. 드물지만 개가 아이를 무는 경우도 있기 때문에 달아나고 싶은 마음도 이해가 됩니다. 그러나 아이가 지나치게 두려워한다면, 어쩌면 두려움을 핑계로 부모의 보호라는 특권을 누리고 있는지도 모릅니다.

나머지 두 아이는 무서운데도 그것을 숨기려 할 뿐 아니라, 허세까지 부리고 있습니다. 아들러는 이러한 아이들에게 '허영심'이 있다고 말합니다.

실패와 어려움

실패와 어려움은 더 많은 노력과 더 나은 기술을 이끌어내는 자극이 됩니다. 이런 사람은 자신을 불쌍하게 여기지 않고 다른 사람에게 특별한 배려도 기대하지 않습니다. 또한 자신만의 문제가 아닌 인생의 과제에 전념할 것입니다. 사람이 자신의 일밖에 생각하지 않게 되는 이유는 실패를 두려워하기 때문입니다. 내성적인 사람은 성공을 확신하게 되면 곧바로 달라질 것입니다.《아들러의 말》

우리가 맞닥뜨리는 과제는 많건 적건 어려울 수밖에 없고, 과제에 도전해 실패하는 경우 또한 생겨납니다. 그러나 실패했을 때조차도 자신의 일에 대해서, 즉 다른 사람이 자신을 어떻게 생각할지에 대해서 염려하지 않는 사람은 어떻게 하면 다음에는 실패하지 않을까를 생각하며 다시 도전할 수 있게 됩니다.

'내성적인 사람'은 실패가 두려워서 적극적으로 과제에 도전하려 들지 않습니다. 하지만 그러한 사람도 '성공을 확신하면' 과제에 도전하게 될 것입니다. 그 사람이 성공을 확신하는 이유가 만일 과제가 쉽기 때문이라면, 그는 자신이 과제에 도전해서 성공했을 때 다른 사람들이 보일 반응만 의식하는 사람입니다.

성공을 확신해도 실제로 성공할지는 알 수 없지만, 실패를 두려워하거나, 다른 사람의 평가가 두려워서 과제를 피하거나, 반드시 성공할 확신이 있는 과제에만 도전한다면 그런 사람의 삶에는 아무 변화도 일어나지 않습니다. 처음부터 실패를 두려워하거나, 불가능하다는 생각으로 도전하지만 않는다면 그 일이 내성적인 사람을 바꿀 수 있는 계기가 될 것입니다.

자유

앞에서는 아들러가 실패와 어려움은 '더 많은 노력과 더 나은 기술을 이끌어내는 자극'이 된다고 말했던 부분에 초점을 맞추어 살펴보았습니다. 여기서는 사춘기에 새롭게 누리게 된 자유와 홀로서기가 어려움과 실패를 불러올 위험이 아닌, '목표를 이루고 공동체에 이바지할 수 있는 기회가 더 열리는 의미'라는 사실에 주목하려고 합니다.

'공헌'은 용기에 대해서 깊이 생각할 때의 핵심어입니다. 중요한 부분만 간추려 말하자면, 공헌 의식을 지니게 되면 자신을 받아들이고 자신의 가치를 발견해 낼 수 있으며 과제에도 도전할 수 있게 됩니다. 용기가 있는 사람은 망설이지 않고 과제에 도전하는데, 이러한 용기는 어려움과 실패를 통해서 얻게 됩니다. 따라서 어려움과 실패를 두려워하지 않고 이겨낸다면 더 큰 용기를 얻을 수 있게 될 것입니다.

자유가 있으면 공헌할 수 있는 기회를 더 많이 얻게 됨을 믿지 않는 아이에 대해서 아들러는 다음과 같이 말하고 있습니다.

누군가가 아이에게 필요한 일을 하도록 옆에서 계속 강요한다면, 아이는 그것을 해낼 수 있습니다. 그러나 혼자가 되면 망설이다가 틀림없이 실패할 것입니다. 이런 아이는 다른 사람한테 지배받는 데에는 익숙하고 충분히 준비되어 있지만, 자유가 주어지면 어찌해야 좋을지 모르는 것입니다.《인생방법 심리학》 185쪽)

우리는 누군가의 통제 아래에서 지시받는 일만 하려는 사람은, 창의적으로 생각하고 행동해서 실패했을 때에 져야 하는 책임을 회피하고 있음을 알 수 있습니다. 어떤 지시로 하게 된 행동에는 책임질 필요가 없다고 생각하기 때문입니다. 그러나 누군가가 지시를 했다 하더라도 그것을 거절하지 않고 따랐다면 그에 대한 책임은 져야만 합니다.

아이는 부모가 준비물을 잊지 말라고 신신당부할 때에는 제대로 준비물을 챙겨 갑니다. 그러다가 어느 날 부모가 확인하는 것을 깜빡하면 "오늘은 엄마가 준비물 가져가란 말을 해주지 않아서 잊어버렸어요"라고, 자신의 책임을 부모에게 돌리는 말을 합니다. 그러나 아이가 그러한 말을 하게 된 것은 부모의 지나친 보호가 원인인 만큼, 부모는 아이의 무책임한 말에 큰 불만을 표시할 수는 없습니다.

보통 때와 같은 용기

용기가 있는 사람은 인생의 모든 영역에 어떠한 형태로든 영향을 주며 살아갑니다. 그들은 "이것은 내가 감당할 수 있는 영역의 문제가 아닙니다"라고 말하며 위협을 느끼는 일이 없습니다. 그들은 모든 문제들을 대할 때, 될 수 있는 한 전체적인 상황을 아울러 생각할 것입니다.《아들러의 말》

어떤 일이든지 밖에서 바라보는 것처럼 쉽지만은 않으며, 과제에 도전하다

보면 반드시 어려움이 뒤따릅니다. 그러나 너무 어려워서 절대로 해결할 수 없을 것처럼 보이는 과제는 그다지 많지 않습니다.

처음에 부모가 너한테는 아직 무리한 일이라고 해서 자신도 그렇게 생각했던 아이가, 이제는 스스로 할 수 있는 일조차도 '이것은 내가 해낼 수 있는 영역이 아니다'라고 생각하며 과제를 회피하는 경우가 있습니다. 특별한 용기를 내지 않아도 할 수 있는 일은 많이 있습니다.

프랑스어에는 영어에 없는, 셀 수 없는 명사에 붙는 부분관사라는 게 있습니다. 용기는 Du courage라고 말합니다. 학생 시절, 선생님이 이것을 '약간의 용기'라고 설명했던 기억이 납니다.

무언가를 하려면 '약간의 용기'가 필요합니다. 그리고 그 약간의 용기가 인생을 반드시 바꾸어놓게 될 것입니다.

일상생활에서 용기를 잃지 않고 꾸준히 지킬 수 있는 사람은 없습니다. 우리는 많건 적건 스스로 자신의 능력을 한정해 왔고, 자신이 충분한 노력을 할 수 없었던 데에 변명을 해왔습니다. 그러나 우리가 얼마나 용기를 내고, 그 결과 얼마나 협력할 수 있을지는 우리의 정신이 얼마나 건강한 상태에 있는지 확인하는 기준이 됩니다. 어떠한 문제이든지 그것을 해결할 참된 방법은 보통 때보다 더 많은 용기와 협력을 이끌어내는 일입니다. 용기를 내는 데 실패하면 상황만 더 어려워질 뿐입니다.

우리가 이루어낸 모든 일들 가운데 가장 중요한 것은, 개인심리학을 이용해 인생의 어려운 과제를 앞에 두고 두려움에 떨고 있는 사람들에게 용기를 북돋워주는 방법을 찾아냈다는 것입니다. 또한 아이들이 삶의 시작에서 겪게 되는 어려움에 용기가 꺾여버리지 않고, 오히려 이를 북돋워줄 수 있는 훈련 방법을 발견했다는 것입니다.《아들러의 말》

우리는 스스로 자신의 능력을 한정하고 있습니다. 또한 노력했는데도 할 수 없는 것이 아니라, 노력할 수 없는 이유가 있었기 때문에 처음부터 자신은 안 된다고 판단해 버립니다. 어떤 일이 실제로 어렵기 때문에 해낼 수 없다는 게 아니라, 그 일을 하지 않기 위해서 어렵다는 변명을 내세우는 것입니다. 스스로 할 수 있다고 생각하려면 용기가 필요합니다.

언젠가 프랑스 신문에 여행을 즐기며 살아가는 어느 백 살 넘는 할머니의 글이 소개되었습니다.

"나는 히말라야를 등반할 때도 우리 집 뜰을 걸을 때처럼 걸을 수밖에 없습니다. 어떠한 조건에서도 나의 걸음걸이는 같습니다."

이 할머니의 말을 통해 용기에 대한 중요한 이치를 배웁니다. 히말라야를 등반하는 일은 만만치 않고, 높은 산에 오를 때에는 반드시 어려움에 부딪히기 마련이지만, 어떠한 상황에서도 자신의 집 뜰을 걸을 때처럼 걸으면 된다는 것입니다.

내 주변의 다른 사람들

우리 주위에는 나 아닌 다른 사람들이 있습니다. 또한 그들과 관계를 맺고 살아갑니다. 개인으로서의 인간은 약하고 한계가 있으므로 자신의 목표를 이룰 수가 없기 때문입니다. 만일 그러한 상태로 살아가며 홀로 문제에 대처한다면 자멸할 수밖에 없습니다. 그는 자신의 삶을 이어갈 수 없고, 그렇다면 인류의 삶도 오래 이어질 수 없습니다. 따라서 사람은 허약함과 결점, 한계로 인해 언제나 다른 사람과 관계를 맺고 살아가는 것입니다.(《인생방법 심리학》 14쪽)

사람은 혼자서는 살아갈 수 없습니다. 사람이 연약하기 때문에도 그렇지만, 원래 사람은 다른 사람과의 관계를 바탕으로 살아갈 수 있으며, 다른 사람과 함께 있음으로써 비로소 '인간(人間)'이 될 수 있기 때문입니다.

사람은 혼자서는 인간이 될 수 없습니다. 이 말은 사람이 혼자서도 살아갈 수는 있지만 다른 사람과 더불어 살아가는 게 낫다는 뜻이 아닙니다. 사람은 원래 사회적인 존재이므로 사회 공동체로부터 떨어져서 살아갈 수 없다는 뜻입니다.

세 가지 용기

만일 사람이 드넓은 용기를 지니고 삶을 살아간다면, 일·우정·사랑의 과제를 결코 피하지는 않을 것입니다. 물론 실수할 수는 있습니다. '그렇다고 해서 문제를 피하지는 않을 것입니다.' 왜냐하면 우리는 실수를 통해서 많은 것을 배우기 때문입니다. 그러나 이러한 실수는 작은 과정일 뿐이며 똑같은 실수를 두 번 되풀이하지는 않을 것입니다. 가장 위대한 용기는, 불완전할 수 있는 용기, 실수할 수 있는 용기, 틀렸다는 것을 드러낼 수 있는 용기입니다.《아들러의 말》

실수할 수 있는 용기

생명에 관련되는 일이라면 한 번의 실수도 용납될 수 없지만, 살아가면서 한 번도 실수한 적이 없는 사람은 어디에도 없을 것입니다. 실수는 될 수 있는 한 하지 않는 게 낫지만, 사람은 어릴 때부터 여러 실수들을 거듭하는 가운데 많은 것들을 배우며 성장하게 됩니다. 실수를 전혀 하지 않는 일이란 있을 수 없는 만큼, 치명적인 실수가 아니라면 조금은 느긋하게 봐줄 필요도 있습니다.

그러나 같은 실수를 두 번, 세 번 되풀이해서는 안 됩니다. 중요한 것은 실수한 다음에 어떻게 대처하느냐입니다. 실수를 통해 무언가를 배우려면 아무 것도 하지 않고 가만히 있어서는 안 됩니다.

구체적으로는 실수를 통해 잃거나 망가진 것이 있다면 가능한 한 그것들을 책임져 원상태로 되돌려놓고, 같은 실수를 되풀이하지 않으려면 앞으로 어떻게 해야 하는지 생각해 보아야 합니다. 만일 자신도 모르게 누군가를 상처 입혔다면, 그 사람에게 사과하는 게 실수를 책임지는 일입니다.

실수했을 때 아무것도 하지 않는다면, 똑같은 일이 반드시 되풀이될 것입니다.

불완전할 수 있는 용기

자신이 실수할 수 있다고 인정하는 일은 '불완전할 수 있는 용기'를 지닌다는 뜻입니다. 실수해서는 안 되고, 결단코 그럴 리가 없다는 생각을 하게 되면, 조금이라도 실수할 것 같은 상황에서는 절대로 과제에 도전하지 않게 됩니다.

때로는 실수를 인정하려 들지 않는 탓에, 그 사실을 아예 감춰버리는 경우도 있습니다. 그러나 영원히 숨겨둘 수 있는 잘못이나 실수란 있을 수 없습니다.

우리는 기업 간부들이 기자회견을 통해서 머리 숙여 사죄하는 장면을 텔레비전에서 자주 보아왔습니다. 아들러라면 이렇게 실수를 숨기거나, 들통이 나고서야 머리를 숙이는 사람은 자신의 일밖에 생각하지 않는 사람이라고 말할 것입니다. 중요한 것은, 실수를 했을 때 다른 이의 시선을 걱정하는 게 아니라, 실수를 바로잡고 다시 도전하는 일입니다.

실수를 드러낼 수 있는 용기

자신의 실수를 스스로 인정하는 것도 때로는 무척 어려운 일인데, 하물며 다른 사람에게 자신의 실수를 지적당하는 일을 좋아하는 사람은 거의 없을 것입니다. 아들러는 이것을 '실수를 드러낼 수 있는 용기'라고 표현합니다. 다음은 어떤 물리학자가 겪은 이야기입니다.

어느 날, 어떤 물리학자가 강의를 하다가 칠판에 쓴 수식을 바라보며 몇 번이나 고개를 갸우뚱거렸습니다. 그러다가 잠깐만 기다려달라고 말하며 교실 밖으로 나갔습니다. 얼마 뒤, 수학자를 모셔온 그 학자는 학생들이 보는 앞에서 이렇게 물었습니다. "선생님, 이 수식이 좀 이상한 것 같은데, 잘못된 거 아닌가요?" 그 수학자는 "아, 이거요, 여기가 잘못됐네요"라고 말하며 수식을 조금 고쳐주었고, 그리고 나서야 그 물리학자는 강의를 이어갈 수 있었습니다.

학생들이 보는 앞이라면 이 물리학자처럼 행동할 수 없는 교사들이 많이 있을 것입니다. 그러나 이 학자에게는 수식을 푸는 게 중요했기 때문에, 학생들이 보고 있다는 사실도, 그로 인해 다른 교사에게 실수를 지적당하는 뒤떨어진 교사라는 비난을 받게 되더라도, 그런 것은 아무런 문제가 되지 않았습니다. 만일 '자신의 일밖에 관심이 없는 사람'이었다면 자기 체면을 차리기에만 급급했을 것입니다.

일 과제에서의 용기

이러한 용기를 지닌 사람은 일도 잘하는 사람이 될 것입니다. 왜냐하면 자기 자신의 힘으로 일을 하도록 훈련받아 왔기 때문입니다. 이러한 사람은 실천을 통해서 바른 일을 마땅한 때에 할 수 있는 기술을 익히게 될 것입니다. 그리고 제대로 된 일의 성과를 꾸준히 쌓아나갈 것입니다. 또한 목표를 가지고 시작한 일은 마지막까지 최선을 다해서 해내고 말 것입니다.《아들러의 말》

앞에서도 보았지만, 인생에는 크게 세 가지 과제가 있습니다. 저마다의 과제에 대해서 용기를 지닌 사람은 어떻게 대처해 나가는지 보도록 합니다.

교우 과제에서의 용기

이러한 사람은 모두에게 좋은 친구로, 자신이 사람들을 화나게 만들 수도 있음을 알고 있으며 이를 지나치게 두려워하지 않습니다. 그보다는 사람들의 행복에 늘 관심이 있습니다. 그는 쓸모 있고 적절한 방법으로 다른 사람의 인생에 자발적인 도움을 줄 것입니다. 이 사람은 다른 이의 칭찬을 기대하거나 기다리지 않습니다. 소극적으로 망설이거나, 내성적인 행동을 하는 일도 없을 것입니다. 이러한 태도들은 그저 두려움의 표현일 뿐입니다.《아들러의 말》

타인의 행복에 대한 관심

다른 사람을 화나게 하는 것은 좋은 일이 아니므로 될 수 있는 한 피하는 게 좋겠습니다. 그러나 다른 사람이 나의 말과 행동을 어떻게 판단할지는 그 사람의 과제이니, 내가 그 사람을 대신해서 판단해 주거나 그 사람이 취할 태도를 정해 줄 수는 없습니다.

하지만 다른 사람을 화나게 하면 자신이 미움받을까 봐 두려워서, 언제나 상대의 안색만 살핀다든지, 친구가 잘못을 했는데도 지적하지 않고 마땅히 해야 할 조언도 하지 않는다면, 그 사람과의 관계는 결코 대등하다고 볼 수가 없습니다. 상대의 마음에 들려고 자신의 가치관을 꺾으면서까지 맞춰주기보다는, 혹시 상대가 기분이 언짢더라도 자신의 생각을 제대로 표현하는 것이, 결과적으로는 그 친구와의 관계를 오래 이어갈 수 있게 만듭니다.

다른 사람에게 상처를 주지 않는 것은 중요합니다. 어떠한 경우에도 남에게 상처를 주어서는 안 됩니다. 그러나 너무 상대 기분만 살피다가 마땅히 해야 할 말도 제대로 하지 못한다면, 그런 친구와의 관계는 지속될 수가 없습니다.

자기 생각을 주장하는 것은 상대를 이기려 드는 게 아닙니다. 아들러가 말하듯이 자신의 행복보다 '상대의 행복'에 관심을 갖고 있기 때문입니다.

부모는 자신의 아이에게 "너를 위해서 이러는 거야"라고 말하지만, 자세히 살펴보면 아이의 행복에는 관심이 없고, 그저 세상에 비칠 자신의 모습만 생각하는 것처럼 보일 때가 많습니다. 차라리 부모들이 그것을 솔직하게 인정하는 편이 낫겠다는 생각이 들 정도입니다.

"이런 사람은 다른 사람의 인생에 자발적으로 도움을 줄 것이다." 이 말은 그렇게 강요를 받거나, 누군가의 지시를 기다리는 게 아니라, 스스로 나서서 다른 사람에게 공헌한다는 뜻입니다. 상대가 나의 공헌을 인정해 주거나 감사하리라는 보장은 없습니다. 하지만 자발적으로 공헌하는 사람은 어떤 대가를 바라지도 않을뿐더러, 상대가 자신의 공헌을 인정해 주지 않더라도 전혀 신경 쓰지 않습니다.

공헌이 도움을 베푸는 일이란 부분에 주목하면, "고맙다"나 "네 덕분이야"와 같은 말을 건네볼 수 있습니다. 그러나 이러한 부분에 주목하지 않고, 부모가 자식을 그저 칭찬만 한다면 그 아이는 부모로부터 같은 반응을 이끌어내려 기를 쓰게 될 것이고, 칭찬받을 수 없는 상황에서는 마땅히 해야 할 행동조차 하지 않는 일이 생길 것입니다.

이것이 칭찬이 불러오는 문제점이라고 볼 수 있습니다. 만일 "고맙다"는 말이 공헌이라는 부분에 주목해 건넬 수 있는 말이라는 사실을 잊어버리고, 아이가 다음에도 바람직한 행동을 해주길 바라면서 부모가 그 말을 쓴다면, 아이는 "고맙다"는 말조차도 다른 칭찬의 말들과 똑같이 해석하게 됩니다. 즉 부모가 "고맙다"는 말을 잊으면, "고맙다"는 말을 하도록 요구하는 상황이 생겨나는 것입니다.

물론 "고맙다"는 말을 들으면 누구나 기뻐하므로, 다른 사람의 공헌에 주목해서 "고맙다"나 "네 덕분이야"라는 말을 하게 되지만, 상대가 그렇게 말하지 않는다고 해서 그 사람을 비난할 수는 없습니다.

앞에서 이야기했듯이, 타인은 자신의 기대를 만족시키기 위해서 존재하는 사람이 아니므로, "고맙다"는 말을 크게 기대하지 않는 게 좋습니다. 상대에게 그런 말을 듣지 못하더라도, 다른 사람에게 도움을 주는 일 그 자체로 만족감을 얻을 수 있습니다. 만일 그렇지 않다면 그것은 다른 사람에게 인정받으려고 기대하고 있기 때문입니다.

다른 사람의 행복을 향한 관심에 대해서 아들러는 다음과 같이 말하고 있습니다.

인류의 행복에 관심이 없는 사람이 있습니다. 그런 사람은 "나는 주위 사람들에게 어떤 공헌을 할 수 있을까?" 그리고 "나는 어떻게 전체의 일부가 될 수 있을까?"를 인생의 근본 문제로 보는 대신에, "내 인생에 도움이 되는 게 있을까? 나는 제대로 칭찬받고 있는가?" 이런 질문을 던집니다. 이러한 인생관을 갖고 있는 사람은 사랑과 결혼 문제도 똑같은 방식으로 해결하려 들 것입니다. 그는 늘 이렇게 묻습니다.

"나는 거기서 무엇을 얻을 수 있는가?"《인생방법 심리학》 250쪽)

여기서는 사랑과 결혼의 과제에 대해 말하고 있는데, 교우 과제의 경우도 마찬가지입니다. 응석받이로 자란 사람은 자신이 사람들에게 무엇을 공헌할 수 있을지는 생각하지 않고, 자신이 사람들로부터 무엇을 얻을 수 있을지만 생각합니다. 그러한 사람과는 사랑의 과제뿐 아니라, 교우 과제에 있어서도 친구로서 교제해 나가기가 어렵다는 사실을 알 수 있습니다.

다른 사람의 인정은 중요하지 않다

앞서 다룬 교우 과제에서, 아들러는 다른 사람의 인생에 자발적인 도움을 주는 사람은 다른 이의 칭찬을 기대하거나 기다리지 않는다고 했습니다. 무슨 일을 하든지 그에 대해 반드시 인정받으려고 하는 사람은 다른 이들이 자신이 해낸 일을 왜 알지 못하냐고 화를 냅니다. 이것은 바람직하지 않습니다. 교우 관계에서 용기가 있는 사람은 칭찬이나 인정을 기대하지 않는 사람입니다. 이러한 사람을 아들러는 다음과 같이 말하고 있습니다.

자신이 업신여김을 당하고 무시당했다고 느꼈던 아이들은 주위 사람들과 보다 좋은 관계를 이루게 되면, 드디어 자신의 가치를 인정받으리라는 기대를 하기 시작합니다. 그들은 거의 이런 칭찬에 대한 갈망에 사로잡혀 있습니다.

소년들이 단지 칭찬받는 것에만 너무 집중하는 것은 위험한 일입니다. 이따금 소녀들은 자신감이 없어서 다른 사람에게 인정받고 칭찬받는 것만이 자신의 가치를 증명할 유일한 길이라고 생각합니다. 이런 소녀들은 쉽게, 그녀들을 치켜세우는 방법을 알고 있는 남자들에게 좋은 먹잇감이 되고 맙니다.(《인생방법 심리학》 178쪽)

앞에서도 보았지만, 어릴 때부터 아이들을 칭찬하며 키우면 칭찬받고 인정받기를 기대하게 되고, 그렇게 해서 자신의 가치를 증명하는 데 실패한 아이들은 문제를 일으키게 됩니다.

칭찬받거나 인정받는 것과는 다른 방법으로 자신의 가치를 확인하려면 어떻게 해야 하는지, 또한 그것을 도와주려면 어떻게 해야 하는지는 뒤에서 살펴보겠습니다.

소극적인 태도

아들러는 교우 관계에 있어서 용기가 있는 사람은 "소극적으로 망설이거나, 내성적인 행동을 하는 일도 없을 것입니다. 이러한 태도들은 그저 두려움의 표현일 뿐"이라고 말합니다.

소극적인 사람은 다른 사람에게 그다지 폐를 끼치지 않아서, 그런 모습을 오히려 좋게 평가받을 수도 있습니다. 그러나 소극적인 사람은 자신의 삶이나 타인에게 어느 정도 거리를 두면서 관계 맺기를 꺼립니다. 이에 대해 아들러는 다음과 같이 말하고 있습니다.

소극적인 태도는 여러 모습으로 나타납니다. 소극적인 사람은 말이 별로 없든지, 아예 말을 하지 않습니다. 사람을 바라보지 않고 다른 이의 이야기에 귀를 기울이지도 않으며, 말을 걸어도 관심을 보이지 않습니다. 모든 관계에 있어서, 아주 단순한 관계에서조차도, 사람을 대하는 게 차가워서 사람들 사이에서 멀어집니다.(《인간 본성에 대한 이해 *Menschenkenntnis*》)

이러한 태도를 보이는 사람은 스스로 소극적인 사람이 되려는 것입니다. 소극적이므로 다른 사람과 적극적인 관계를 맺지 못하는 게 아니라, 다른 사람과의 관계를 피하고 협력하고 싶지 않기 때문에 소극적인 태도를 보이는 것입니다.

부끄러움을 타는 성격

아이가 부끄러움을 많이 타는 것도 바람직하지 못한 일입니다. 이런 아이는 조심스럽게 다루어야 합니다. 부끄러움을 많이 타는 성격을 바로잡아 주지 않으면 그 아이는 크게 어긋날 수 있습니다. 왜냐하면 우리 사회의 문화는 용기 있는 사람만이 좋은 결과와 이익을 얻을 수 있도록 이루어져 있기 때문입니다.

용기가 있는 사람이라면 비록 실패하더라도 크게 상처를 받지 않습니다. 그러나 부끄러움이 많은 사람은 어려움에 부딪히는 순간, 자신의 삶에 도움이 되지 않는 길로 달아나고 맙니다. 이러한 아이들은 뒷날 신경증이 생기거나 정신 질환을 앓게 될 수도 있습니다.(《개인심리학의 기술 *Die Technik der Individualpsychologie*》)

부끄러움을 타는 성격도 소극적인 성격과 같은 맥락에서 생각해 볼 수 있습니다. 부끄러움이 많기 때문에 어려움이 닥쳤을 때 달아나는 것이 아니라, 부끄러움을 많이 타는 성격을 달아나기 위한 구실로 삼고 있는 것입니다.

사랑 과제에서의 용기

이런 사람은 사랑에 있어서 참된 동반자가 될 것입니다. 또한 다른 누군가를 희생시켜서 자신의 가치를 과시하려 들지도 않을 것입니다. 이런 사람에게는 사랑을 잃게 될지도 모른다는 두려움이 없습니다. 사랑을 이루는 유일한 방법은 다른 사람의 삶을 풍요롭게 하고 안락하게 하는 것이라고 배웠기 때문입니다.(《아들러의 말》)

참된 동반자

사랑의 관계에서 참된 동반자가 될 수 있는 사람들은 어떠한 경우에도 이익과 손실을 따지지 않습니다. 아들러가 가는 곳마다 말했던 것처럼(《삶의 과학》), 두 사람의 관계는 완전히 대등하며 한쪽이 다른 한쪽을 희생시키지 않습니다. 여기서 "다른 누군가를 희생시켜서 자신의 가치를 과시하려 한다"는 말은 예를 들어 결혼 상대가 유명한 사람일 경우에 자신의 가치도 덩달아 높아졌다고 생각하는 사람을 일컫는 것입니다.

희생이란 말이 적당할지는 모르겠습니다. 자신의 가치를 높이려 이용한 상대로서는 그의 처지를 아우르는 데 듣기 좋은 말은 아닐 테니까요.

"이런 사람에게는 사랑을 잃게 될지도 모른다는 두려움이 없습니다." 이 말은 앞에서 본 교우 과제에서 "자신이 사람들을 화나게 만들 수도 있음을 알고 있으며 이를 지나치게 두려워하지 않습니다"와 같은 맥락으로 이해할 수 있습니다. 사랑의 관계에서도 할 말이 있을 때는 당당할 수 있어야 합니다.

사랑을 잃게 될까 두려워하다 보면 아무 말도 못 하게 되고 상대에게만 맞추게 됩니다. 이것은 참된 사랑이라고 할 수 없습니다.

'사랑하는 사람을 잃게 될까 두려워하지 않는' 이유는 뒤에 이어지는 문장을 통해 확인할 수 있습니다.

"사랑을 이루는 유일한 방법은 다른 사람의 삶을 풍요롭게 하고 안락하게 하는 것이라고 배웠기 때문입니다." 여기서 아들러가 '자신의 삶'을 풍요롭고 안락하게 하는 것이라고 말하지 않는 점에 주목해야 합니다.

이 사람이 나의 삶을 풍요롭게 해줄까, 이렇게 늘 상대로부터 무언가를 얻을 생각만 하는 것은 참된 사랑이 아닙니다. 상대에게 내가 무엇을 해줄 수 있을지가 중요합니다. 상대의 삶이 풍요로워진다면, 사랑을 잃게 되는 일이 생겨도 평온한 마음을 가질 수 있습니다. 사랑하는 상대가 행복하기를 바라지 않는 경우는 없기 때문입니다.

자기중심적인 사고

우리는 여기서 잘못된 '인생의 의미' 모두와, 진실한 '인생의 의미' 모두가 가진 공통 척도를 볼 수 있습니다. 모든 잘못—신경증 환자, 정신장애인, 범죄자, 알코올의존자, 문제아, 자살자, 성도착자(性倒錯者), 매춘부—의 까닭은 함께 살아가기, 즉 공동체 감각이 없기 때문입니다. 그들은 일, 우정, 성(性), 이런 문제를 힘을 모아 서로 도움으로써 해결할 수 있다고 믿지 않습니다. 그들이 인생에 두는 의미는 개인적인 것들뿐입니다. 즉 자신이 한 일에서 이득을 얻는 것은 자기뿐이라 여기고, 모든 관심을 자신에게만 쏟는 것입니다. 그들의 성공 목표는 단순한 허구의 개인적 우월성이며, 승리는 오로지 그 자신에게만 의미를 둘 뿐입니다.(《인생방법 심리학》 15쪽)

이런 사람은 다른 사람에게 협력하면 손해를 보게 된다고 생각하는 것 같습니다. 다른 사람에게 협력하고 공헌하면 자신에게도 그 이익이 돌아온다는 사실을 알지 못합니다. 될 수 있는 한 혼자서 모든 것을 해내려고 합니다. 그러나 사람은 혼자서 모든 일을 해낼 수는 없으므로, '내가 어떤 일을 해서 얻게 되는 이익은 나만이 누릴 수 있다'고 생각하며 사람들에게 협력하지 않고 또 사람들의 협력을 받지 않으려고 하던 사람도 끝내 다른 사람의 도움이 필요할 때가 오지만, 그때가 되면 아무도 그를 도와주려 하지 않게 됩니다.

공동체 감각이 형성되지 못한 마음에는 언제나 자기중심적인 태도만이 남습니다. 아이들은 곧잘 이렇게 생각합니다.

'왜 남을 위해서 뭔가를 해야 하지?'

이런 마음의 틀 안에서는 인생의 과제를 해결할 수 없어서 쉬운 길로 달아나게 됩니다. 아이들은 고생해서 앞으로 나아가기를 꺼리고, 다른 사람에게 상처를 주고도 아무것도 느끼지 못합니다. 이것은 싸움이며 그런 싸움에서는 어떤 일이든 일어날 수 있습니다.《인생방법 심리학》 209쪽)

"왜 다른 사람을 위해서 무언가를 해야만 하는 거지?" 이것은 자기중심적인 사람, 언에에 있어서는 사랑받기만을 원하고 사랑할 줄 모르는 사람이 하게 되는 질문입니다.

어떤 과제라도 그것을 해결하려면 노력이 필요합니다. 그러나 스스로 아무런 노력을 하지 않는 사람은 '쉽게 달아날 길'을 찾으려고 합니다. 열심히 일해서 경제력을 갖추는 대신에 도둑질을 하는 것과 비슷합니다.

주위 사람들을, 자신의 목적을 이루기 위한 수단으로만 여기는 사람도 있습니다. 그런 사람은 남에게 상처를 입혀도 아무렇지도 않습니다. 목적을 이루는 일은 중요하지만, 그것을 위해서 사람들을 이용하거나 상처를 입혀서는 안 됩니다. 그럴 가능성이 있을 때에는 목적 자체를 내려놓아야 할 필요도 있습니다. 기운이 빠진 친구를 혼자 두고, 자신만 산꼭대기에 올라간다 한들 아무런 의미가 없습니다.

종교가 내려준 가장 중요한 의무는 늘 "네 이웃을 사랑하라"였습니다. 여기서도 우리는 다시 잘못된 형태로 주위 사람에 대한 관심을 늘리는 똑같은 노력을 볼 수 있습니다. 이러한 노력의 가치를 이제 과학적 관점에서 확인할 수 있다는 점도 흥미롭습니다. 응석받이는 우리에게 "왜 내가 이웃을 사랑해야 하는가? 내 이웃은 나를 사랑하는가?"라고 묻는데, 이런 질문은 협력 훈련이 되어 있지 않거나 자기 자신 말고는 도무지 관심이 없음을 드러냅니다.

살아가면서 가장 큰 어려움에 부딪히고 다른 사람에게 나쁜 해를 입히는 것은 주위 사람에게 관심이 없는 사람입니다. 인간의 모든 실패는 이런 사람들에게서 생깁니다. 그래서 많은 종교나 종파들이 저마다 독자적인 방법으로 공동체 감각을 늘리려고 노력하는 것입니다.

나는 협력을 최종 목표로 삼는 모든 인간의 노력에 찬성합니다. 서로 싸우고 비난하며 깎아내릴 필요는 없습니다. 우리는 절대 진리를 갖고 있지 않으며, 협력이라는 최종 목표로 가는 길은 많습니다.(《인생방법 심리학》 237쪽)

아들러가 살아 있을 때에도 아들러 심리학을 종교로 보는 사람이 있었지만, 동료를 향한 관심이라는 의미에서 공동체 감각이 기독교가 말하는 이웃 사랑에 가깝다는 사실은 앞의 이야기를 통해서도 알 수 있습니다.

아들러 심리학이 종교와 닮았다는 말을 들은 것은, 과학은 원래 가치를 포함하고 있지 않아야 하는데, 공동체 감각이란 생각은 객관성을 지녀야 하는 과학에 어울리지 않았기 때문입니다. 아들러는 그가 내세운 심리학을 '과학'이라고 불렀습니다. 과학이 가치와 떨어진 게 아니라는 아들러의 생각은 오히려 시대를 훨씬 앞서가는 것이었습니다. 이것에 할 수 있는 이야기는 많지만, 이만 용기에 대한 이야기를 계속하고자 합니다.

협력과 공동체 감각을 이끌어내는 용기

아들러는 앞에서 "참된 용기는 언제나 도움을 주는 용기"라고 말했는데, 그렇다면 '도움을 주는 용기'란 무엇일까요?

용기는 협력하게 하고 공동체 감각을 보여주는 능력입니다. 자신이 전체의 일부라고 느끼고, 이 지구에서 편안한 삶을 누리고 있다고 생각하며, 인생에는 자신에게 유리한 점도 불리한 점도 찾아올 수 있음을 이해하는 사람, 그리고 다른 사람과 함께 있을 때 소속감을 느낄 수 있는 사람만이 용기 있는 사람입니다. 용기는 일·교우·사랑의 과제들을 해결하려 할 때 삶에 도움을 주는 면에서만 볼 수 있습니다. 삶에 도움이 되지 않는 면에서는 용기가 필요하지 않습니다.《아들러의 말》

자신을 '전체의 일부'라고 느낄 때의 '전체'가 무엇을 가리키는지가 중요합니다. 이 '전체'는 '공동체'를 의미하는데, 그것은 결코 국가처럼 좁은 범위를 이르는 말이 아닙니다.

삶에 도움을 주는 면에 있어서는 다른 사람에게 협력하고 공헌할 필요가 생겨나고, 과제를 해결하려면 노력도 인내도 결단할 용기도 필요합니다. 다른 사람에게 상처를 입히더라도 손쉽게 개인의 목적을 이루는 일. 예를 들어 앞에서 이야기했듯이 우리는 힘써 일해 얻어야 할 금전을 범죄를 통해서 손에 넣는 것보다, 어떠한 형태로든 다른 사람에게 상처를 입혀서는 안 된다는 가치를 우선시해야 합니다.

용기·자신감·평온한 마음

가장 먼저 공동체 감각을 이해할 필요가 있습니다. 왜냐하면 공동체 감각은 우리 교육과 치료에서 가장 중요한 부분이기 때문입니다. 용기가 있고, 자신감이 있으며, 평온할 수 있는 사람만이 인생에 도움이 되는 면만이 아니라 어려움을 겪는 가운데서도 이로운 것을 찾아낼 수가 있습니다. 그런 사람은 결코 두려움을 느끼지 않습니다. 어려움이 있다는 사실을 알지만 그것을 극복할 수 있다는 사실도 알고 있습니다. 하나같이 사람과 사람 사이의 문제라고 할 수 있는 인생의 모든 과제들을 해결할 준비가 되어 있는 사람이기 때문입니다. 인간적인 관점에서 말하면 대인 관계를 맺어가는 데 필요한 행동들이 무엇인지 잘 알고 있어야 합니다.《삶의 과학》

공동체 감각을 지니게 되면, 즉 타인을 향한 관심을 가지고 타인을 동료로 인정하며, 자신이 어떤 공동체에 분명히 소속되어 있다고 느끼면서, 그곳에서 무언가를 얻기만 하는 게 아니라 자신도 어떤 형태로든 공헌할 수 있게 되면,

어려움이나 시련을 통해서도 무언가를 얻을 수 있게 될 것입니다. 다른 사람과 의미 없는 경쟁을 하지 않고, 마음을 평온하게 먹으며, 타인을 동료라고 생각할 수 있게 되면, 그들(공동체)에게 공헌함으로써 자신이 도움이 되는 존재라고 느끼게 되어 자신감을 얻을 수 있습니다.

공동체라는 울타리

공동체에 도움이 되는 울타리 밖에서 일어나는 모든 행위는, 가치를 중요하게 생각하는 마음을 약화시켜, 자신감과 용기를 잃게 합니다. 공동체에 도움이 되지 않는 행동들은 사람들에게 열등감을 안기고 다른 사람들과 맞서게 합니다. 사람은 타인과 관계를 맺으면서 살아간다는 삶의 이치를 잊으면 언제나 새로운 어려움에 맞닥뜨리게 됩니다. 사람들이 자신에게 도움되지 않는다고 여겨지면, 그들을 모두 적대시하는 것입니다. 이런 사람은 다른 사람들이 자신을 중요하게 느끼도록 하기 위해서 온갖 거짓말, 핑계, 전략, 그리고 자기 정당화를 되풀이합니다. 그러나 이것들은 그의 삶을 더욱더 어렵게 만들 뿐입니다. 아이들이 자신의 인생에 도움되는 것에 중요한 가치를 두고 자기 자신을 믿으며 나아가는 한, 그들은 계속 용기를 얻어 더욱 발전하게 될 것입니다.《아들러의 말》

공동체에 도움이 되는 행동을 통해서 사람은 자신감과 용기를 얻게 되지만, 이 공동체의 범위가 어디까지를 의미하는지는 잘 생각해 보아야 합니다.

공동체의 범위

국가는, '세계 공동체'를 향한 관심을 가지고 있을 때에만 앞으로 나아갈 수가 있습니다. 자기 나라를 향한 관심만 앞세우게 되면, 다른 나라들로부터 거센 항의를 받게 될 것입니다.《개인심리학의 기술》

아들러가 말하는 공동체가 국가라고 생각하는 사람들도 있으나, 여기서 국가가 공동체에 관심을 가져야 한다는 표현을 한 것으로 보아, 공동체는 국가보다 더 넓은 개념이라는 사실을 알 수 있습니다.

공동체는 가족을 넘어서 친척, 국가, 인류에까지 확대됩니다. 나아가 이 한계를 넘어서 동물, 식물, 무생물에 이르기까지, 끝내는 우주에까지 확대됩니다.(《인간 본성에 대한 이해》)

공동체를 국가로 한정해 버리면 아들러가 말하는 공동체 감각은 국가주의로 전락하고 맙니다. 공동체들 사이에 이해관계가 대립하면, 보다 큰 공동체의 이익을 생각해야 합니다. 한 나라에 도움이 되더라도 더 큰 공동체에 해를 끼친다면, 한 나라만을 위한 목표를 따르는 일은 그만두어야 할 것입니다.

공동체 감각을 완전히 잃어버린 사람은 없다

신경증 환자와 범죄자도 이 공공연한 비밀을 알고 있습니다. 그들이 이 사실을 안다는 것은, 자신의 생활 방식을 정당화하거나 다른 사람에게 죄를 뒤집어씌우려 애쓰는 데서 알 수 있습니다. 그러나 그들은 유용한 방법으로 행동할 용기를 잃어버렸습니다.(《인생방법 심리학》 70쪽)

삶에 도움이 되는 행동을 하려면 용기가 필요합니다. 범죄자들을 교도소에 가두고 처벌을 하더라도 효과는 없습니다. 공동체 감각을 익힐 수 있도록 도와나가지 않는 한, 아무리 처벌을 하더라도 또다시 범죄를 되풀이하게 될 것입니다.

공동체 감각을 억누르는 범죄자

신경증 환자는 자신들이 좋은 의도를 갖고 있다고 말합니다. 그들은 공동체 감각과 인생의 과제들을 당당히 마주해야 할 필요성을 분명하게 느끼고 있습니다. 그러나 이러한 보편적인 필요성에 그들 자신만 예외로 삼고 있습니다. 그리고 신경증을 그 이유로 듭니다. "나는 나의 문제들을 모두 해결하기를 원합니다. 하지만 불행하게도 지금의 나는 그럴 수 없는 처지에 있습니다." 그들은 이런 태도로써 자신의 주장을 정당화하려 듭니다.

신경증 환자와 범죄자는 성격이 다릅니다. 범죄자들은 자신들의 악한 의도를 여기저기 떠들어대는 경우가 많은데, 그들의 공동체 감각은 숨겨져 있고 억눌려 있습니다. 둘 가운데 어느 쪽이 사람의 행복을 더 가로막고 있는지 판단하기는 어렵습니다. 신경증 환자들의 경우, 아주 그럴듯한 동기를 가지고 있지만, 행동에는 좋지 않은 의도가 담겨 있고 이기적이며 다른 동료들과는 협력하지 않으려는 의도가 엿보입니다. 한편 범죄자들의 경우, 그들의 적의는 적나라하게 드러나며 자신들에게 남아 있는 공동체 감각의 잔재들을 억제하려고 노력합니다.

아들러는 신경증 환자가 좋은 의도는 가지고 있지만 그것만으로는 부족하다고 지적합니다. 신경증 환자가 '공동체 감각과 인생의 과제들을 당당히 마주해야 할 필요성'을 분명하게 느끼면서도, 자신만은 예외로 삼고 있다는 것은 너무도 편의적인 사고방식이 아닐 수 없습니다. 더구나 그들은 그 이유가 신경증 때문이라고 말합니다.

"나는 나의 문제들을 모두 해결하기를 원합니다. 하지만 불행하게도 지금의 나는 그럴 수 없는 처지에 있습니다." 이런 신경증 환자들만의 사고방식에서 그들이 '하지만'이란 말을 쓸 때는, '해결하고 싶다'고 말하면서도 실은 '해결하고 싶지 않다'는 뜻을 전하는 것이나 다름없습니다.

범죄자들의 경우도 공동체 감각을 완전히 잃어버린 것은 아니라고 합니다. 이러한 점을 받아들이지 않는다면 적의를 적나라하게 드러내고 있는 범죄자들이 그 삶을 제대로 살 수 있게 돕는 일은 불가능할 것입니다.

범죄자의 유형

범죄자는 두 가지 유형으로 나누어집니다. 하나는 이 세상에 동료가 있음을 알고 있지만 그들을 제대로 만나본 적이 없는 사람입니다. 이런 범죄자는 다른 사람에게 적대적인 태도를 취합니다. 자기가 사회 바깥으로 밀려나 있으며 인정받지 못한다고 생각합니다.

또 다른 유형은 응석받이입니다. 나는 때때로 죄수가 다음처럼 불평한다는 사실을 깨달았습니다.

"내가 범죄의 길로 들어선 것은 어머니가 나를 너무 응석받이로 키웠기 때문이다."

이에 대해서는 나중에 자세히 다루기로 하고, 여기서는 다만 범죄자들은 다양한 방식으로 협력하는 일을 배우지도 훈련받지도 못했음을 강조해 두겠습니다.《인생방법 심리학》197쪽)

범죄자의 유형 가운데 하나는 미움을 받은 아이이고, 그다음은 어리광 부리며 자란 아이입니다. 그리고 그들이 어른이 되어 범죄의 길로 빠지게 되는 것입니다.

앞선 경우의 사람들은 이 세상에 자신과 동료가 될 수 있는 이들이 있다는 사실을 알고 있습니다. 어린 시절 자신의 부모가 자신과 함께 살아가야 할 동료라고 생각하지 못하고 자라나게 되면, 뒷날 그가 만나게 된 다른 범죄자들을 동료로 여기게 되고, 그들을 도우려는 생각을 지니게 됩니다.

나중 경우의 사람들은 끊임없이 자신에게 관심을 기울이고 돌보아주는 부모가 자신의 동료임에는 틀림이 없지만, 세상에는 부모 말고도 함께할 동료들이 있다는 사실을 배우지 못했기 때문에, 세상을 적으로 돌려버리고 맙니다. 따라서 그가 자신의 적에게 협력하려 들지 않는 것은 당연한 일입니다.

어머니가 아이를 대신해서 이것저것 해주다 보면, 아이는 홀로 설 수 없게 되고 혼자서는 아무것도 할 수 없다고 여기게 됩니다. 또한 다른 사람에게 협력하지 않기 때문에 공헌 의식을 지닐 수 없고 자신의 삶에 도움이 되지 않는 쪽에서 손쉽게 자신의 우월성을 추구하려 합니다. 그것이 바로 범죄입니다.

우리는 이미 어떤 아이든지 자신이 열등해서 협력해도 소용없다는 강한 확신을 가질 이유가 없다는 사실을 지적했습니다. 누구도 인생 과제 때문에 용기가 꺾일 필요는 없습니다. 범죄자는 그에 대처하는 잘못된 방법을 스스로 고른 것입니다. 우리는 그에게 어디서 잘못된 선택을 했으며 왜 그랬는가를 알려주어야 합니다. 그리고 다른 사람에게 관심을 갖고 협력할 용기를 그 안에 키워주어야 합니다.《인생방법 심리학》214~215쪽)

인생의 참된 의미는 다른 사람을 위한 공헌에 있다

인생의 과제에 부딪혀 성공하는 사람은 마치 인생의 근본적인 의미란 다른 사람에 대한 관심과 협력이라는 것을 스스로 충분히 인정하는 듯이 행동합니다. 그런 사람이 하는 일은 모두 동료에 대한 관심에 의해 이끌려지고 있는 것처럼 보입니다. 그리고 어려움에 부딪히면 그것을 다른 이의 행복과도 이어지는 방법으로 극복하려 합니다.《인생방법 심리학》17쪽)

이 세상은 사람들과 함께 살아가는 곳이기 때문에, 그들을 자신의 세계에서 쫓아낼 수는 없습니다. 다른 사람에게 관심을 갖고, 다른 사람에게 협력하고 공헌하며, 어려움에 부딪혔을 때도 자신의 상황만을 가장 먼저 생각하는 게 아니라 타인의 행복을 가장 먼저 위함으로써, 그 어려움을 해결해 나아가야 합니다.

아들러에게 타인을 향한 관심보다는 사람들의 개성을 키워야 되지 않겠냐며 다음과 같이 질문을 던지는 사람들도 있습니다.

"그렇다면 개인은 어떻게 되는 것인가? 만일 언제나 다른 사람을 생각하고 다른 이의 이익을 위해 자신을 바친다면, 그건 한 사람의 개성을 잃어버리는 것이 아닌가? 무엇보다 자신의 이익을 보호하고, 개성을 강화하는 법을 배워야 하는 사람도 있지 않을까?"

나는 이러한 견해는 잘못된 것이고, 그것이 보여주는 문제는 허위라고 생각합니다. 사람이 만약 인생이 주는 의미에 대해 뭔가 이바지하고 싶다면, 그리고 모든 감정이 이 목표로 향해진다면 공헌을 가장 좋은 방법으로 여기는 것은 마땅한 일입니다.《인생방법 심리학》17쪽)

사람은 공동체 안에 자신의 자리를 찾게 됩니다. 그러나 공동체가 그 사람에게 소속감을 베풀어주듯이, 그 또한 공동체의 일원으로서 어떠한 형태로든 공동체에 공헌하지 않는다면, 그 공동체 안에서 자신이 있을 곳은 더 찾을 수는 없게 될 것입니다. 이를 위해서는 때로 노력과 인내가 필요합니다.

공동체에 속하기 위한 공헌의 노력을 하지 않는 사람이나, 그럴 능력이 없다고 생각하는 사람은 손쉬운 방법으로 소속감을 얻으려고 합니다.

공동의 선에 대한 공헌

구성원으로부터—그리고 우리는 모두 서로로부터—공동선에 대한 공헌과 협력의 능력을 필요로 합니다.《인생방법 심리학》189쪽)

여기에 쓰인 '선'이란 단어의 뜻은 무엇일까요?

'선'과 '악'은 다른 성격의 표현과 마찬가지로 대인 관계의 문맥에서만 그 의미를 지닙니다. 선과 악은 사회적인 환경과 주변인들 사이에서 쌓은 훈련의 결과이며, 인간의 행동이 '타인의 행복에 도움을 주는가 아닌가' 하는 판단을 포함합니다.

물론 아이들은 태어나기 전에는 이런 의미에서의 사회관계를 갖지 않습니다. 그리고 태어나면 어떤 방향으로도 발달할 수 있는 무한한 가능성을 갖게 됩니다. 아이들이 어떤 길을 선택할지는 그 아이가 자신의 환경과 자기 몸으로부터 받는 인상과 감각, 그리고 아이가 이런 인상과 감각들을 해석하는 방법에 달려 있습니다.《인생방법 심리학》160~161쪽)

어느 쪽으로 발달하게 될지는 아이가 스스로 결정하게 되지만, 아이가 다른 사람의 행복에 공헌할 수 있는 쪽으로 발달할 수 있도록 부모가 도와줄 필요가 있습니다.

우리의 활동은 다음과 같은 생각에 바탕을 두고 있어야 합니다. 우리가 오늘날 문화에서 누리는 모든 혜택은 인류를 위해 공헌해 온 사람들의 노력으로 이루어졌습니다. 인간이 협력적이지 않았다면, 다른 사람에게 관심을 갖지 않았다면, 전체에 이바지하지 않았다면 사람들의 삶은 아무런 발전도 이루지 못한 채 형체도 없이 지구상에서 사라져버렸을 것입니다.

공헌자들의 업적은 여전히 남아 있습니다. 그들의 정신은 영원히 살아 있습니다. 우리가 그것을 교육의 바탕으로 삼는다면 아이들은 자연스럽게 서로 도움을 주고받는 일을 좋아하는 사람으로 자랄 것입니다. 어떤 어려움에 부딪혀도 힘을 잃지 않고, 가장 어려운 문제에 맞서서 그것을 모든 사람에게 이롭도록 해결할 수 있을 만큼 강해질 것입니다.《인생방법 심리학》222~223쪽)

어린 시절의 훈련은 천재들에게 늘 뚜렷했습니다. 그리고 나는 천재의 문제는 주제 전체를 비춘다고 믿습니다. 공동선에 크게 이바지한 사람만이 천재라고 불립니다. 인류에 어떤 이로움도 남기지 않은 천재를 상상할 수는 없습니다. 예술은 모든 개인 중에서 가장 협력적인 사람이 낳은 것입니다. 그리고 인류의 위대한 천재들은 우리 문화 전체 수준을 끌어올렸습니다.《인생방법 심리학》231쪽)

우리가 보기에 천재는 무엇보다도 인류에 커다란 도움이 되는 사람입니다. 예술가는 문화에 도움이 되는 사람이며, 자신의 모든 시간들을 빛나고 가치 있게 만듭니다. 그리고 그 가치가 오로지 개인만을 위한 공헌에 있지 않다면 제대로 빛이 나게 될 것이며, 이것은 큰 용기와 공동체 감각을 통해 얻을 수 있을 것입니다.《신경증 문제》)

진짜 천재는 성공이나 명성을 목표로 삼거나, 노력도 하지 않고 손쉽게 그것들을 얻어내려는 사람과는 달라서, 언제나 공동체와 이에 속한 사람들의 삶을 생각합니다.

천재들은 누구보다도 가장 협력을 잘하는 사람들이었을 것입니다. 그들의 개인적인 행동이나 태도를 살펴보면 몇몇 경우에는 협력적이지 않은 모습도 발견하게 됩니다. 그러나 그들의 삶을 전체적으로 들여다보면 그들의 협력적인 태도를 확인할 수가 있습니다. 그들은 다른 사람들처럼 협력하기가 쉽지는 않았습니다. 그들에게는 많은 난관들이 있었고, 싸워 이겨내야만 할 여러 장애가 있었습니다. 그 가운데는 가혹한 신체적 장애를 가지고 태어나는 사람들도 있었습니다. 모든 뛰어난 사람들을 살펴보면 모두에게서 조금씩 기관 열등성을 확인할 수가 있습니다.

그들은 인생 초기에 그러한 아픔 때문에 고통스러워했지만, 이에 맞서 싸워 이겨냈습니다. 그들이 얼마나 일찍부터 세상일에 관심을 갖고 열심히 훈련해 왔는지는 너무도 잘 알 수가 있습니다. 그들은 세상의 문제들을 접하고 이해하기 위해서 자신들의 감각을 연마해 왔습니다. 이러한 인생 초기의 훈련을 통해서, 우리는 그들의 예술적인 천재성은 그들 스스로가 창조해 온 것이지, 자연이나 유전에 의해 저절로 얻어진 선물이 아니라는 결론을 얻을 수 있습니다. 그들은 노력을 했고, 우리는 그 노력의 산물을 영위하고 있습니다.《삶의 과학》

생활에 지장을 초래하는 신체장애를 기관열등성이라고 말합니다. 기관열등성이 있는 아이의 경우에는 혼자서 할 수 있는 일조차도 부모나 다른 사람에게 의존하려 들기도 하지만, 반대로 협력 훈련을 받고 어려움을 극복해서 인류에 도움이 되는 업적을 이룬 천재가 되기도 합니다. 아들러는 천재의 가치란 타고난 재능이 있고 없고보다는, 어려움을 이겨내고 공동의 선에 공헌하려 끊임없이 노력했다는 점에 있다고 말합니다.

인류 전체의 행복을 추구한다

생활 양식은 인생의 초기 단계에 발달하게 되는데, 이때는 사람이 성장하며 자신이 저지른 실수들을 이해하고 인류 전체의 행복을 위해서 다른 사람들과 관계를 맺으며 살아가기 시작하는 시기이기 때문에, 좀처럼 바꾸기 어려운 생활 양식도 바꿀 수가 있습니다.《삶의 의미 *Der Sinn des Lebens*》

인류 전체의 선, 또는 천재들이 가지고 있다고 말했던 공동의 선은, 천재뿐 아니라 모든 사람들에게 삶의 목적이 되어야 합니다. 자신의 행복을 추구해서는 안 된다는 말은 아니지만, '타인의 행복에 공헌'한다는 목표가 없다면 개인의 행복도 기대할 수 없습니다.

전체의 일부라고 느끼게 하는 리듬

우리가 '좋다'고 말할 때는 모든 사람에게 유용하다는 관점에서 좋다는 의미이고, '아름답다'고 말할 때도 같은 관점에서 그렇게 말합니다. 이렇듯 우리의 말과 생각은 공동체 이념에 바탕을 두고 있습니다. 따라서 우리는 개인과 집단의 모든 표현 양식이 공동체와 관련되어 있음을 얼마든지 확인할 수 있습니다. 어느 누구도 이 울타리에서 벗어날 수는 없습니다.

따라서 우리가 어떻게 행동하든지 답은 이미 나와 있습니다. 그 답이 바른지 그른지는 공동체의 관점에서 정해지므로, 사람들 사이에서 누군가가 옳지 않은 답을 한다면 그에 대한 반발심이 생겨날 수 있습니다. 그런 대답을 하는 사람은 자신을 전체의 일부라고 여기지 않고, 인류 안에서 편안한 삶을 살지 못하며, 공동체 안에서 친숙하고 가까운 관계를 맺어오지 못한 사람입니다. 그렇지 않은 사람이라면 문화를 통해 자신이 얻게 될 이익만을 바라지 않고 손실 또한 각오할 줄 알며, 양쪽 모두 자신에게 속해 있음을 생각해 받아들여야만 합니다. 따라서 우리가 공동체 감각이라고 부르는 것은 다른 사람들과 친밀한 관계를 맺고 있음을 보여주고, 우리가 용기라고 부르는 것은 사람들이 자신 안에 지니고 있으며 자신을 전체의 일부라고 느끼게 하는 리듬이라 할 수 있습니다.

우리가 사회 발전의 평균을 따져 그에 닿지 못하는 모자란 부분을 살펴볼 때에 잘못 이해해서는 안 되는 게 있습니다. 그 모자란 부분은 우리가 앞으로 맞이할 미래에서 볼 때는 새로운 과제를 전달받은 것이며, 우리의 존재를 그저 '있는' 상태, 즉 멈춰진 상태로 바라보아서는 안 된다는 것입니다.

또한 발전하려는 노력을 기울이며 맞서 싸우려는 태도를 보여서는 안 됩니다. 우리 눈앞에 닥친 어려움을, 우리가 보다 적극적으로 인생의 과제 해결에 나서도록 용기를 북돋는 과정으로 바라볼 낙관적인 태도를 지녀야 합니다. 적극적인 낙관주의로 무장한 사람만이 인간의 역사에서 자신의 의견을 펼쳐왔습니다. 그들은 지금까지 그랬듯이 앞으로도 사회 발전을 이루어갈 중요한 사람들입니다. 그 밖에 모든 사람들은 많은 것을 잘못 생각하고 있으며 발전이 더뎌지게 하고 있습니다. 그들은 자신들이 진보의 수레바퀴를 돌리고 있다고 믿는 사람들에 비하면 행복을 느끼지 못합니다. 이 결론은 개인심리학 연구를 통해서 얻을 수 있었습니다.

인간(人間)이란 단순히 흔하게만 쓰이는 단어가 아니라, 자신이 전체의 부분이라는 사실을 느끼게 해주는 말입니다. 오늘도 많은 사람들이 이 길을 발견하지 못하고 헤매는 것은 자신들 잘못 때문입니다. 전체와 자신과의 연관성을 깨닫게 된 사람이라면 전체의 행복을 바라보며 나아가는 흐름에 망설이지 않고 함께할 것입니다.《개인심리학의 기술》

앞에서 '선'과 '악'은 사람들의 관계에서만 의미를 갖고, 사람의 행동이 '다른 사람의 행복에 공헌'하고 있는지, '다른 사람의 행복을 방해'하고 있는지를 판단할 수 있게 한다고 이야기했습니다. 여기서 '좋다(선)'는 모든 사람에게, 또는 공동체에 유용하다는 뜻이라고 말합니다. 공동체에 어떤 이익이 있는지를 보지 않으면 어떤 행동이 선인지 악인지를 판단할 수 없습니다. 공동체나 전체를 헤아리지 않고 자신의 일만을 생각하며 내리는 답은 이기적인 답으로서 거부를 당하게 마련입니다.

문제는 앞에서 말했듯이 공동체의 범위입니다. 나라들 사이의 이해관계가 부딪칠 때, 우리는 더 큰 공동체에 도움이 되는지 아닌지를 판단해야 합니다. 공동체의 관점에서 벗어난 선과 악을 묻고 말하는 것은 아무런 의미가 없습니다.

사람이 공동체, 전체의 일부라는 사람들에 이어서 아들러는, 그렇게 느끼는 사람은 공동체와 긴밀하게 이어져 있고 사람들 안에 머물러 있으며 문화를 통해 얻는 이익뿐 아니라 손실 또한 미리 각오하고 받아들일 준비가 되어 있다고 말했습니다.

이익만이 아니라 손실도 받아들일 수 있다는 점이 중요합니다. 이는 어떠한 상황에서도 현실에서 눈을 돌려서는 안 된다는 의미이기도 합니다.

아들러는 우리의 존재가 '있다'가 아닌 '되다', 즉 멈춰 있는 게 아닌 움직이는 것이라고 말합니다. 비록 현대 사회의 발전에는 모자란 부분이 있지만, 그것에 당장 손을 못 쓰는 어려움이 아니라, 우리가 맞을 앞날을 생각하면, 새로운 과제를 전달받은 것뿐이라고 아들러는 말합니다.

그는 공동체를 이처럼 움직여 나아가는 것으로 파악함으로써, 공동체 감각이란 '다른 사람들과 친밀한 관계를 맺고 있음을 나타내는 것이며, 용기란 사람이 자신 안에 지니고 있고 자신을 전체의 일부라고 느끼게 하는 리듬'이라며 마찬가지의 정의를 내렸습니다.

불리하거나 모자란 점은 풀어내야 할 새로운 과제입니다. 이를 해결하는 데에 노력을 쏟음으로써 '적극적인 낙관주의'를 가질 수 있게 됩니다.

이 낙관주의의 반대말은 비관주의입니다.

비관주의자

많은 사람들은 자신이 할 수 있는 일 따윈 아무것도 없고 눈앞에는 언제나 사람의 능력을 뛰어넘는 일들뿐이라는 생각에 빠져 있습니다. 이러한 생각은 우리가 우리에게 닥친 어려움을 인생의 과제로 받아들이고 이를 해결해 나아가지 못하게 하는 비관주의적 생각입니다. 나는 학생들에게 자주 이런 이야기를 합니다.

우리 인간의 멀고 먼 조상이 어느 날 나무 위에 앉아 있었다고 상상해 봅시다. 그 조상에게는 아직 꼬리가 있고, 그는 자신의 인생이 너무나 비참해서 자신이 무엇을 할 수 있을지를 고민하고 있습니다.

그때 옆에 있던 유인원이 이렇게 말한다고 해봅시다.

"그런 걸 생각해서 무엇에 쓰려 하나? 그것은 우리의 능력 밖의 일이네. 우리는 아무것도 할 수가 없어. 나무 위에 이렇게 있는 게 제일 좋아."

만일 이렇게 설득한 유인원의 생각이 받아들여졌다면 지금쯤 인간은 어떻게 되어 있을까요? 우리는 여전히 꼬리가 있는 상태로 나무 위에 앉아 있을 것입니다. 그러나 현실은 어떠합니까. 나무 위에 앉아 있던 유인원은 멸종되고 말았습니다. 이런 멸종의 과정은 지금도 끊임없이 이루어지고 있습니다. 그것은 매우 잔혹한 일입니다. 현실의 이치는 언제나 잔혹합니다. 나무에서 내려오지 않았기 때문에 그때의 많은 유인원들은 희생되었던 것입니다. 그들의 가족은 뿔뿔이 흩어졌고 그들은 멸종되었습니다. 삶의 요구에 대한 답이 잘못되었기 때문입니다.《개인심리학의 기술》

자신들의 능력 밖이라며 아무것도 하지 않는 것이 비관주의자입니다. 그러한 존재들은 지금 모두 멸종되었다고 아들러는 말합니다.

낙관주의자

자기 앞에 놓인 어려움에 대처하는 태도를 통해서 그가 어떤 부류에 속하는 사람인지를 알 수가 있습니다. 낙관주의자들은 아주 올곧은 성격을 가지고 있습니다. 그들은 모든 어려움에 용감하게 맞서며 이를 너무 심각히 받아들이지 않습니다. 그들은 자신의 삶에 무엇이 이로운지를 자신감 있게 간단히 찾아내어 왔습니다. 자기 자신을 지나치게 몰아세우는 일도 없습니다. 자존감이 높아서 자신을 만족스럽게 생각하기 때문입니다. 따라서 그들은 스스로 연약하고 불완전하다 생각하는 사람들보다 삶의 어려움을 좀 더 쉽게 견뎌낼 수 있고, 어려운 상황에 처하더라도 실수는 반드시 바로잡을 수 있다고 확신하며 이성적인 태도를 유지합니다.《인간 본성에 대한 이해》

낙관주의자들은 비관주의자들과 달라서 어렵고 위험한 상황을 앞두고도 '실수는 바로잡을 수 있다'고 확신합니다. 그리고 이를 심각하게 받아들이지 않고 오히려 용감하게 대처해 나아갑니다.

실수란 결코 용기를 꺾어버리는 일이 아닌, 성장을 위한 새로운 과제로 받아들여져야 합니다. 우리는 아이들이 용기와 인내와 자신감을 가지고 실수에 대처해 갈 수 있도록 교육해야만 할 것입니다.《자녀 교육》

실수하지 않는 사람은 없습니다. 그리고 실수했을 때는 그 책임을 져야만 합니다. 자신이 '연약하고 불완전하다'고 생각하는 사람은 자책하고 반성하는 모습을 보이지만, 그것만으로 상황이 바뀌지는 않습니다.

비관주의자들은 어려움에 부딪혔을 때 아무것도 하지 않습니다.

낙관주의자들은 어려움에 부딪히더라도 심각해지지 않고, "자신의 삶에 무엇이 이로운지를 자신감 있게 간단히 찾아내어 왔으며, 자신을 지나치게 몰아세우지도 않습니다." 지나치게 몰아세우지 않는다는 것은 과제를 맞닥뜨렸을 때 자신의 힘이 닿지 않는 영역도 있음을 인정하는 것입니다. 그러한 한계를 인정하면서도 자신이 할 수 있는 일들을 최선을 다해 해나가는 것이 낙관주의자입니다.

자신에게 불가능한 일 따윈 없다고 생각해서는 안 됩니다. 그런 사람을 낙관주의자라고 볼 수도 있겠지만, 그는 사실 사람의 힘으로는 해결할 수 없는 일을 앞에 놓고도 '어떻게든 되겠지' 하며 정작 아무것도 하지 않는 사람입니다. 정치가 가운데 그런 사람이 많은 나라는 불행하다고 할 수 있습니다. 눈앞에 닥친 어려움을 해결하는 게 중요한 상황에서도 자신의 일밖에 생각하지 않는 사람은 자신이 해낼 수 없는 일조차도 할 수 있다고 말합니다.

이 세상에서 누리는 편안한 삶

아이가 모든 사람에게 좋은 친구가 되고, 자라서 유익한 일과 행복한 결혼으로 사회에 이바지할 수 있다면, 다른 사람보다 열등하다고 느낀다든가 쉽게 절망하지도 않을 것입니다. 또한 자신이 좋아하는 사람을 만나고 문제에 대처하는 일에 참고 기다릴 줄 알며, 이 우호적인 세상이 편하다고 느낄 것입니다.

또한 '이 세상은 내 세상이다. 그러므로 다른 사람에게만 기대하지 말고, 내가 행동해서 스스로 만들어가야 한다'고 생각할 것입니다. 그리고 현재는 인류 역사에 오직 한 번밖에 없는 시간이며 인류의 역사, 즉 과거, 현재, 그리고 미래의 전체에 속해 있다는 확신을 갖게 될 것입니다. 바로 오늘이 자신이 창조적인 과제를 이루어 인간 발전에 스스로 공헌할 수 있는 때라고도 느낄 것입니다.

분명 이 세상에는 악, 곤란, 편견이 있습니다. 그러나 그것이 우리가 사는 세계이며, 그 이로운 점도 불리한 점도 모두 우리 것입니다. 우리 모두가 저마다 자신의 과제에 적절한 방식으로 두려움 없이 맞선다면 세상을 더 좋은 곳으로 만들 수 있다는 희망을 가져도 좋습니다.(《인생방법 심리학》 246~247쪽)

다른 사람에게 공헌하고 열등감을 이겨내며 경쟁하지 않는 사람은 이 세상에서 편안한 삶을 누릴 수 있습니다. 경쟁은 마음의 건강을 크게 해치는 일입니다. 이 세상은 결코 위험한 곳이 아닌 '우호적'인 곳입니다. 아들러는 바로 그러한 세상이 '나의 세상'이며, 그런 세상은 내가 행동해서 내 손으로 직접 일구어야 한다고 말합니다. 다른 사람이 행동해 주기를 기다리거나, 누군가가 어떻게 해줄 것을 기대하지 말고 자기 스스로 행동하고 나서는 것입니다.

'현재란 인류 역사에서 그때그때 한 번뿐인 시간의 개념'이라고 했는데, 이는 우리 각자의 삶에서도 마찬가지입니다. 과거는 이미 지나갔고, 미래는 아직 오지 않았으므로, 우리는 지금 이 시간을 살아갈 수밖에 없습니다. 과거에 사로잡혀서 이미 일어나버린 일들이 지금의 자신을 옮아매도록 내버려둔다든지, 무슨 일이 벌어질지 알 수 없는 미래를 두려워하며 망설인다든지, 그런 것들 때문에 지금 해야 할 일들, 지금밖에 할 수 없는 일들을 하지 않고 미뤄버리면 안 됩니다.

아들러는 이 세상에 악의와 어려움이 있다는 사실을 인정하면서도, 이로움도 해로움도 있는 이 세상에서 누구든지 자신의 과제에 겁먹지 않고 올바른 방법으로 대처해 나아간다면, 세상을 더 나은 곳으로 만드는 데 이바지할 수 있다고 말합니다.

아무것도 하지 않고 손 놓은 채 있는 게 아니라, 자신의 역할을 해냄으로써 다른 사람들에게 공헌할 수 있게 되면, 제아무리 세상에 악의와 부조리가 존재하더라도 그 안에 자신이 머물 곳을 찾아낼 수 있게 됩니다.

살아갈 용기

어느 날 강박증을 보이던 남성 환자가 나에게 폭발했습니다.

조현병을 앓고 있던 환자는 나에게 치료를 받기 3년 전에 이미 치료 불가능 진단을 받은 상태였지만, 나는 그를 결국 완치시켰습니다. 그 환자는 나한테도 치료를 거절당하고 쫓겨나리라 예상했던 것 같았습니다. 그는 어릴 때부터 자신의 병을 숙명으로 받아들여 왔습니다. 환자는 치료를 받는 3개월 내내 침묵했는데, 나는 오히려 이 상황을 기회로 삼아 내가 그의 인생에 대해 잘 알고 있다는 사실을 조심스럽게 설명해 갔습니다. 나는 그의 침묵도, 그와 비슷한 행동들도 모두 반항심에서 나온다는 사실을 알게 되었습니다. 그리고 그가 나를 치려고 손을 치켜들었을 때, 그 행동이 정점에 이르렀음을 느낄 수 있었습니다. 그 순간 나는 저항하지 않기로 마음먹었습니다. 환자는 더 공격을 해왔고, 마침내 창문이 박살나고 말았습니다. 나는 피가 흐르는 그의 상처를 말없이 붕대로 감아주었습니다. 이럴 경우 어떻게 하면 좋을지를 환자 자신에게 맡겨볼 수도 있는데, 물론 모든 경우에 적용하기는 어려운 방법입니다. 그러나 이 환자의 경우는 성공을 확신했기 때문에, 나는 그에게 이렇게 물었습니다.

"당신을 도우려면 우리가 무엇을 하면 좋을지 말해 주겠습니까?"

내가 얻은 답은 동료 의사들에게는 너무도 강한 인상을 주게 되리라는 사실, 또한 그다지 건전하지 않은 심리학자들과 정신과의사들의 모든 공격을 진지하게 상대하지 않아도 된다는 사실을 깨닫게 해주었습니다. 그는 나의 질문에 대답했습니다.

"그건 정말 쉬운 일이에요. 나는 살아갈 용기를 완전히 잃고 있었어요. 하지만 선생님과 이야기를 나누면서 그 용기를 되찾게 되었어요."

용기는 공동체 감각의 한 부분이라는 개인심리학의 진리를 알고 있는 사람이라면 이 남성 환자의 변화를 이해할 수 있을 것입니다.《삶의 의미》

소속감은 인간의 가장 기본적인 욕구입니다. 어떤 공동체이든지 그곳에 자신이 머물 곳을 찾아낼 수 있기를 누구나가 바랍니다.

앞에서 이야기한 남성의 경우, 어릴 때부터 사람들에게 끊임없이 거절당하는 삶을 살아왔습니다. 공동체의 범위는 우주 전체에 아우를 만큼 넓다는 것을 앞에서 살펴보았는데, 가장 작은 단위는 '나'와 '당신'에서 시작합니다. 그러한 작은 공동체에서조차 이 남성은 자신이 상대에게 받아들여지지 않을 거라고 생각해 왔습니다.

그는 자신을 치료해 주는 아들러도 지금까지 만나왔던 사람들처럼 자신을 거절하고 같은 취급을 할 거라고 생각했을 것입니다. 아들러에게 치료를 받는 3개월 동안 그는 계속해서 침묵을 지켰습니다. 그것은 그의 반항심에서 비롯된 행동이었지만, 아들러는 여기에 조금도 용기를 잃지 않았습니다. 그 기간 동안 아들러가 그 남성에게 어떠한 태도를 보여왔는지 알 수 없지만, 아마도 그는 아무것도 묻지 않고 자신의 이야기를 이어갔으리라 여겨집니다.

그러던 어느 날, 드디어 그 남성이 아들러를 치려고 손을 뻗게 됩니다. 그러나 아들러는 저항하지 않았습니다. 창문 유리 파편에 상처를 입어 피가 나는 그를 말없이 치료해 주는 아들러를 보면서, 그 환자는 이 의사가 자신이 지금까지 만나왔던 사람들과는 다르다고 느꼈을 것입니다.

상대를 동료로 보고 공동체 안에서 소속감을 느끼려면 용기가 필요합니다. 이 환자가 지금까지 살아온 삶을 볼 때 상대가 아무리 우호적이라 하더라도 쉽게 상대를 믿을 수는 없었을 것입니다. 그러한 불신을 믿음으로 바꾸어내기란 만만치 않은 일이었습니다. 그럼에도 그 남성 환자는 아들러를 동료로 인정하고 믿으려는 용기를 지니게 됨으로써 변화할 수 있었습니다.

아들러는 묻습니다.

"당신을 도우려면 우리가 무엇을 하면 좋을지 말해 주겠습니까?" 아들러는 '우리가' 무엇을 하면 좋을지를 묻고 있습니다. 의사가 일방적으로 환자를 치료하는 관계가 아니라, 두 사람이 협력해서 살아갈 용기를 찾아내려고 하는 것입니다. 그는 아들러를 믿기 위해 높은 장벽을 뛰어넘어야만 했습니다.

아들러에게도 거절당하리라 생각했던 환자는 지금까지의 대인 관계와는 전혀 다른 경험을 하게 되었습니다. 그 경험이 그에게 큰 영향을 미친 것은 사실이지만, 그가 스스로 한 걸음 나아가려 내린 결심이 끝내 그를 변화시킨 것입니다. 그리고 이러한 결심을 이끌어내기 위한 그의 노력은 상상을 뛰어넘는 것이었습니다.

3 용기를 꺾어버리는 방법

아들러가 '용기를 꺾어버리는 방법'이라는 제목을 썼을 때는 그것을 좋다고 생각하는 게 아니라, 우리가 어떻게 했을 때 상대의 용기를 꺾게 되는지를 보여줌으로써 용기를 북돋워주는 방법을 밝히려고 한 것입니다. 사람들에게, 특히 아이들에게 용기를 북돋워주기란 쉽지 않으므로 용기를 꺾어버리는 방법을 알게 되면 평상시에 자신이 얼마나 아이들을 잘못 대하고 있는지를 알 수 있게 됩니다.

아이에게 벌을 준다

아이에게 벌을 줘보십시오. 그러면 어른은 강하고 아이는 약하다는 사실을 배우게 될 것입니다. '그럼에도 불구하고 아이는 자신이' 중요한 존재임을 포기하지 않고 보여주려 애쓰겠지만, 끝내는 실패를 깨닫게 될 것입니다.《아들러의 말》

벌이란, 내가 아는 한 공동체 감각을 쌓지 못하도록 가로막는 최고의 방법입니다. 체벌을 하는 부모와는 어떤 유대감도 쌓을 수가 없게 됩니다.《인생 유형》

체벌은 아무런 효과가 없습니다. 사회는 적대적이며 서로 돕는 일은 불가능하다는 것을 범죄자에게 확신시킬 뿐이기 때문입니다.

무언가 비슷한 일들이 이미 범죄자에게, 어쩌면 학교에서 일어났던 것입니다. 그는 협력 훈련을 받지 않은 탓에 공부도 못하고 교실에서는 문제를 일으켰습니다. 그는 자주 비난받고 벌을 받았습니다. 이런 그에게 지금 체벌이 협력할 수 있다는 용기를 줄 수 있을까요? 그는 상황이 이전보다 절망적이라고 느낄 뿐입니다. 사람들은 여전히 자신에게 적대적이라고 느낍니다. 물론 학교

를 싫어합니다. 비난받고 벌받을 게 뻔한 곳을 좋아할 사람이 어디 있겠습니까?《인생방법 심리학》 206쪽)

자신의 적이라고 생각되는 사람에게 협력할 사람은 아무도 없습니다. 모두들 동료라고 여겨지는 사람에게만 협력하고 공헌하길 바랍니다. 체벌을 하면 체벌한 사람은 물론, 사회 전체가 자신을 적대시한다고 확신하게 되므로, 그런 상대나 사회에 협력하려는 생각을 하지 않게 됩니다.

체벌이 효과 없는 또 다른 이유가 있습니다. 많은 범죄자는 자신의 목숨에 그리 높은 가치를 두지 않습니다. 인생의 어떤 시기에 자살을 시도했던 사람도 있습니다. 신체적 처벌 또는 극형조차도 좀처럼 두려워하지 않습니다. 범죄자는 경찰 머리 꼭대기에 서고 싶다는 희망에 크게 집착하기 때문에 어떤 고통도 느끼지 않습니다. 이는 그들이 도전으로 여기는 것에 대한 하나의 반응입니다. 경찰이 범죄자를 무섭게 대하면, 또는 엄하게 다루면 범죄자는 기를 쓰고 맞섭니다. 이런 행동이 자신은 경찰보다 똑똑하다는 감각을 더욱 키웁니다.

앞서 보았듯이 그는 모든 것을 이런 식으로 해석합니다. 그는 사회와의 접촉을 어떤 우월성을 얻기 위한 끊임없는 싸움으로 여깁니다. 그리고 우리 자신이 그것을 같은 방식으로 다룬다면, 우리의 행동은 그들에게 이익이 될 뿐입니다.

전기의자도 이런 의미에서는 도전으로 받아들여집니다. 범죄자는 자기 자신이 강한 공포에 맞서 싸운다고 여깁니다. 벌이 무거울수록 뛰어난 교활함을 보이고 싶다는 욕구는 더욱 커집니다. 많은 범죄자가 자신들의 범죄를 이렇게 생각하고 있다는 사실을 쉽게 볼 수 있습니다. 전기의자에서 사형에 처해질 범죄자는 이따금 얼마 남지 않은 시간에서조차 '어떻게 했으면 잡히지 않았을까' '안경만 잃어버리지 않았다면 좋았을걸!' 생각하면서 보냅니다.《인생방법 심리학》 207~208쪽)

범죄에 대한 처벌은 옳고 그름을 가려내는 것일 뿐이므로, 범죄자들은 죄를 뉘우치기보다는 같을 일을 다시 저지르게 될 가능성이 큽니다.

체벌을 문제 삼을 때, 어디까지가 체벌이고 어디까지는 받아들일 만한지와 같은 의문이 생길 수 있습니다. 간단히 말하면 야단을 치는 것과 체벌은 다르지 않습니다. 손을 대든지 안 대든지 둘 다 체벌이 될 수 있습니다. 가능하면 혼을 내지 말아야지 하면서도, 아이에게 예의범절이나 선과 악을 가르치려면 혼을 낼 필요도 있다고 생각하는 사람들이, 체벌을 찬성하게 됩니다.

이처럼 혼내는 일을 어중간한 훈육의 수단으로 받아들여서는 안 됩니다.

야단을 치거나 벌을 주게 되면, 아이는 자신이 가치 있는 존재라는 생각을 하지 못하게 됩니다. 아들러는 이렇게 말합니다.

나는 자신이 가치 있는 존재라는 생각을 할 수 있을 때에만 용기가 생깁니다.《아들러의 말》

여기서 말하는 용기란 과제 해결에 나설 용기입니다. 혼나기만 하는 아이는 자신이 가치가 있는 사람이라는 생각을 하지 못할 것입니다. 이것이 아이를 혼낼 때 생기는 첫 번째 문제입니다.

다른 문제는, 아이는 혼내는 사람을 동료로 여기지 않게 된다는 점입니다. 야단을 칠 때는 언제나 화내는 감정이 섞이게 되는데, 아들러는 이렇게 화내는 감정은 사람과 사람을 멀어지게 한다고 말합니다.《인간 본성에 대한 이해》

자녀 양육의 목표는 아이의 홀로서기인데, 이를 위해서는 아이가 어릴 때는 물론 어른이 되어서도 도와주어야 합니다.

아이를 도와주려면 아이와의 거리가 멀어져서는 안 됩니다. 아이를 혼내게 되면 관계는 안 좋아지고, 아이와의 거리는 멀어지게 되는데, 그런 상태에서 아이를 도와주는 건 불가능합니다. 아이는 자신을 혼내는 어른을 동료로 보지는 않습니다.

어른이 되면 알 수 있다

아이들이 질문을 하면 "어른이 되면 알 수 있어"라고 대답합니다. 이것은 당신이 아이들을 대등한 사람으로 바라보고 있지 않음을 인정하는 셈입니다. 아이들은 질문을 하지 않게 되고 수동적인 사람이 되고 말 것입니다.《아들러의 말》

어른과 아이는 대등하다고 보는 게 아들러의 기본적인 가치관입니다. 물론 어른과 아이는 같지 않습니다. 책임지는 범위도 다릅니다. 그러나 그렇다고 해서 어른이 아이보다 뛰어나다는 의미는 아닙니다.

지식과 경험이 다르더라도, 그것은 '배운 시간이 길었다'《아들러의 말》는 것뿐입니다. 어른과 아이는 분명 차이가 있지만, 대등한 관계입니다.

"함께 사이좋게 지내려면 서로를 대등한 사람으로 대해야 합니다."《신경증 문제》

아들러는 모든 대인 관계는 대등해야 한다고 말하는데, 어른과 아이 관계에 있어서는 어른이 위이고 아이가 아래라는 생각이 여전히 많을 것입니다. 아이를 어른과 대등한 관계에서 바라보지 않기 때문에, 혼내거나 벌을 주거나 하는 일이 일어나게 됩니다.

위험을 부풀려 말한다

언제나 아이들의 건강을 걱정하고 있는 것처럼 느끼게 하십시오. 그리고 혼자서 바깥세상에 나아가는 데 따르는 위험성과, 어떤 일이든지 자기 힘으로 하려는 행동을 될 수 있는 한 자주 경고하십시오. 그렇게 하면 아이들은 삶이 참으로 힘들고 어려운 일이라고 믿게 될 것입니다. 망설이게 되고 겁을 먹게 되고, 언제나 손쉽게 달아날 길만 찾게 됩니다. 그러나 싸움을 멈추지는 않습니다. 인간은 살아 있는 한 자신을 옭아매는 것이기 때문입니다. 다만, 효과적이지 않은 방법으로 싸우고, 용기를 잃은 채 싸우게 될 것입니다.

어른들이 아이들을 너무 걱정하다 보면, 아이들에게 세상은 아주 위험하고 삶은 만만치 않다고 여기도록 가르치는 셈이 되고 맙니다.《아들러의 말》

어려움에 맞서야 한다고 배우지 못한 아이들은 모든 어려움을 피하려 들 것입니다.(《자녀 교육》)

어른의 걱정과 불안은 아이에게로 쉽게 옮겨집니다. 침착하고 이성적이지 않으면 위험과 어려움에 대처할 수가 없습니다. 따라서 부모가 위험을 부풀려 말하게 되면 아이는 불안해집니다. 더 정확히 말하면 불안감을 핑계 삼아, 자신의 힘으로 맞서야 할 과제에서 달아나려 들게 됩니다.

아이를 외톨이로 만든다

아이를 다른 아이들로부터 떼어놓으십시오. 그렇게 하면 다른 사람들과 잘 어울려 지내는 방법을 결코 배우지 못하고, 우정과 협력을 모르는 채 삶을 보내게 될 것입니다. 또한 결코 사회에 자리 잡지 못하고 어른이 되어서 인생의 모든 과제를 맞닥뜨리게 되었을 때도 아무것도 할 수 없게 될 것입니다. 인생의 과제들은 자신뿐 아니라, 다른 사람들과 함께 풀어야 하는 대인 관계 문제이기 때문입니다.(《아들러의 말》)

사람은 결코 외톨이가 되어 살아갈 수 없습니다. 응석받이로 자란 아이는 어머니와 함께 위험한 세상과 대립하며 살아가게 되는데, 이것도 바람직한 방법이 아닙니다.

우정은 혼자서는 쌓을 수 없고, 다른 사람과의 협력 또한 혼자서는 불가능합니다. 자신을 보호해 주는 세계에서 한 발짝만 밖으로 나아가도 세상은 위험하기 짝이 없다고 생각하는 아이들에게는 상상도 못 할 일이겠지만, 사람들과 우정을 쌓고, 그들에게 협력하는 일은 결코 두려운 일이 아닌, '사회에 자리 잡을 수 있도록' 해주는 일입니다. 어릴 때부터 다른 사람과 관계를 맺고 사는 일을 피해 온 아이는 대인 관계 안에서 훈련을 받아오지 못했으므로, 사람들과 더불어 살아가야 하는 이 세상에서 홀로 외로운 삶을 살아갈 수밖에 없게 됩니다.

아이의 일로 절망한다

부모가 아이의 일로 용기를 잃으면 아이에게도 아주 안 좋은 영향을 주게 된다는 사실을 우리는 알고 있습니다. 그러한 상황에서 아이들은 모든 희망을 잃을 수밖에 없는 처지가 됩니다. 그리고 아이가 절망하게 되면 아이가 가진 공동체 감각의 마지막 흔적마저도 사라져버립니다.

아이는 어머니가 자신과 연관된 일에 절망하고 있다고 느끼게 되면, 크게 용기를 잃게 됩니다.《인생 유형》

아이에게 있어서 부모는 최고의 피난처이자, 자신을 지켜주는 수호천사 같은 존재입니다. 그런 부모가 자신과 연관된 일에 절망하고 있음을 알게 되면, 이는 부모의 힘으로는 더 이상 어찌할 도리가 없어서 아이를 포기하는 모습을 본 것이나 다름없습니다. 그래서 아이는 부모와의 유대가 끊어졌다는 생각을 하게 되고 공동체 감각을 잃어버립니다. 부모와 유대감을 느끼는 것 자체가 공동체 감각의 시작점이기 때문입니다.

한 아이만을 편애한다

모든 자녀들에게 두루 관심을 갖는 것도 아이의 공동체 감각을 키우는 데 아주 중요합니다. 한 아이가 어머니의 사랑을 독차지한다면, 다른 아이들은 그 아이에게 그다지 우호적이지 않고 자신들 무리에 끼워주지 않습니다. 이런 상황이 오래 이어질 때, 자칫 범죄자로서의 인생이 시작될 수 있습니다. 또는 가족 가운데 뛰어난 능력을 가진 아이가 있으면, 그다음 아이는 때때로 문제 행동을 합니다.

둘째가 더 우호적이고 매력적인 경우도 곧잘 있습니다. 그러면 첫째는 사랑을 빼앗겼다고 느낍니다. 이런 아이는 자기가 무시당하고 있다고 쉽게 오해합니다. 아이는 자신의 정당성을 밝힐 증거를 찾고 행동은 갈수록 나빠집니다. 그래서 더 엄하게 다뤄집니다. 이렇게 해서 그는 자기가 방해받고 있으며 뒤로 밀려났다는 생각을 굳히게 됩니다. 권리를 빼앗겼다고 느끼기 때문에 도둑질을 시작합니다. 그러다가 들켜서 벌을 받으면, 아무도 자기를 사랑하지 않고 모두가 자신을 나쁘게 대하고 있다는 증거를 다시 손에 넣게 됩니다.《인생방법 심리학》208~209쪽)

형제 관계는 아이가 자신의 생활 양식을 만들어갈 때 가장 큰 영향을 끼치게 됩니다. 앞서 이야기한 것처럼 형제들 가운데 편애를 받는 아이가 있으면, 주목받고 싶어 하는 아이는 부모의 관심을 끌려고 문제행동을 일으키거나 신경증을 보이게 됩니다.

부모는 자녀들을 모두 사랑한다고 생각하더라도, 아이가 그렇지 않다고 착각할 수도 있고, 실제 공부를 잘하는 자녀에게만 더 애정을 기울이는 부모들도 있습니다. 그러면 아이는 자신이 사랑받지 못하고 있으며 무시당하고 있다는 증거를 찾아내려 일부러 문제행동을 일으키게 됩니다. 이런 아이에게 벌을 줘버리면, 아이는 자신이 사랑받지 못하고 있음을 확신하게 되고, 그 문제행동은 더욱 심각해질 수 있습니다.

4 용기를 북돋워주는 방법

한 스푼의 약처럼

한 스푼의 약처럼 용기를 줄 수 없습니다.《인생 유형》

만일 약이라면 먹기 싫다고 밀어내더라도 어떻게든 억지로 먹이면 건강해질 수도 있지만, 과제를 맞닥뜨렸을 때 그 자신이 스스로 해결을 결심하지 않으면 주변 사람들이 아무리 도와주어도 과제를 해결할 수 없습니다.

그렇다고 주변 사람은 팔짱을 끼고 가만히 있으라는 뜻이 아닙니다. 이번 장에서는 용기를 잃은 사람에게 어떤 도움을 줄 수 있는지 살펴보도록 합시다.

그저 용기를 북돋워준다

지금은 용기를 북돋워줄 수밖에 없습니다. 그가 가진 문제를 이야기한다고 용기를 줄 수는 없습니다.《개인심리학의 기술》

이 말은 아들러가 자다가 소변을 보는 버릇이 있는 열두 살 소년과 부모의 공개 상담에서 한 이야기입니다. 일반적으로, 아이 문제로 상담하러 오는 부모는 아이의 문제에만 신경을 쓰느라 생활이나 성격에 대해 가르쳐달라, 아이의 단점이나 결점이 아닌 장점을 알려달라고 해도 바로 대답하지 못하는 경우가 자주 있습니다.

우리는 아이의 올바른 행동이나 좋은 성격에 주목할 때 비로소 잃어버린 용기를 되찾아줄 수 있습니다.

한 발짝 내딛기

모든 문제는 당신에게 충분한 용기가 없기 때문입니다. 당신이 자신의 행동에 모든 책임을 지겠다고 결심하길 권하고 싶습니다. 나는 당신이 이렇게 한 발짝 앞으로 나아가면 그 한 걸음이 당신에게 큰 도움을 주리라 확신합니다.《인생 유형》

기절 발작이 주된 증상인 환자 플로라의 공개 상담에서 아들러가 한 말입니다. 자신의 행동에 책임을 지고 한 발짝 앞으로 내딛지 않으면 아무 일도 일어나지 않습니다. 책임은 영어로 responsibility이지만 이는 원래 응답하는 능력(response+ability)이라는 뜻입니다.

예를 들어 교단에 놓인 꽃병이 깨진 걸 교사가 발견했다고 해봅시다. "누가 이 꽃병을 깼니?" 교사의 질문에 "제가 그랬습니다"라고 대답하는 사람이야말로 자신의 행동에 책임질 줄 아는 사람입니다.

반대로 자신이 꽃병을 깼는데도 교사의 말에 대답하지 않는 사람은 응답하지 못하는 사람이며 무책임합니다. 물론 자신의 행동에 모든 책임을 지기란 어렵습니다. 하지만 가능한 한 그렇게 하기로 결심하면 변화가 일어납니다.

아들러 말에 환자인 플로라가 묻습니다.

플로라 : 제가 용기를 가지면 발작을 하지 않을 것이란 뜻입니까?
아들러 : 그렇습니다.
플로라 : 용기를 내기 위해 뭐든지 해보겠습니다.

과제를 피하려는 결심을 취소해라

나는 자신이 가치 있다고 생각할 때만 용기를 지닙니다.《아들러의 말》

인생의 과제로부터 달아나는 것은 과제 그 자체가 어려워서라기보다 자신이 가치가 있다고는 생각하지 못하기 때문입니다. 사랑의 과제를 예로 들어보면 이런 나를 좋아해 주는 사람이 있을 리 없다고 생각하는 사람은 과제를 눈앞에 두고 한없이 망설입니다. 또한 그렇게 생각함으로써 사랑의 과제에서 달아나는 자신을 정당화합니다.

여기서 문제를 만나 망설였던 사람이 곧 자신은 가치가 있다고 생각하게 되면 과제에 당당히 맞서게 됩니다. 이런 과정을 아들러 심리학에서는 '용기를 북돋워준다'고 정의합니다.

물론 이때 용기는 과제를 해결하는 능력 자체를 주지는 않습니다. 아들러는 그저, "누구나 무엇이든 해낼 수 있다"고 말했습니다.

어느 누구라도 무엇이든 해낼 수 있다

과제를 해결하는 능력이 없는 게 아닙니다. 그럼에도 자신에게는 그럴 능력이 없다고 여기는 사람에게 해낼 수 있다고 생각하도록 도움을 주고 싶다면, 먼저 자신을 가치로운 사람이라고 여기게 만들어야 합니다.

그러나 진짜 문제는 자신이 가치가 있다고 생각하지 않아서 과제를 피하는 게 아니라는 점입니다. 사실은 과제를 피하겠다는 결심을 먼저 하고 난 뒤에 자신은 가치가 없다며 과제를 피하는 이유를 만듭니다.

또 대인 관계에서도 다른 사람이 적이기에 그들과의 관계를 피하는 게 아니라 사실은 대인 관계를 피하려고 다른 사람을 적으로 봅니다. 실제로 다른 사람이 적이라기보다는 다른 사람을 적으로 볼 필요가 있어서 그러는 것입니다. 다른 사람을 적으로 보려는 결심을 물리는 일은 쉽지 않습니다.

그런데 다른 사람을 적이라 생각하며, 그들과의 그들과의 관계 속에서 자신이 다른 사람에게 공헌한다고 느끼지 않는다면, 자신에게 가치가 있다고 생각하기는 어렵습니다. 자신이 쓸모없는 인간이 아닌, 다른 사람에게 도움이 되는 사람임을 느낄 때 비로소 자신을 가치로운 사람으로 받아들일 수 있습니다.

여기에서 공헌이라는 행동에 주목할 필요가 있습니다. 자신이 쓸모없는 사람이 아니라 누군가에게 도움이 되는 존재임을 깨달을 때 우리는 그런 자신을 좋아할 수 있습니다. 나는 당신이 용기를 잃은 사람에게 '고마워'라는 말을 건네보길 권합니다.

이렇게 자기를 좋아하게 되고 자신의 가치를 발견하게 되면 자신의 과제, 자기밖에 해결할 수 없는 과제를 해결하길 바라게 됩니다.

아들러는 앞에서 이야기한, "나는 자신이 가치 있다고 생각할 때만 용기를 지닌다"는 말에 이어 이렇게 말했습니다.

그리고 자신의 행동이 공동체에 도움이 될 때에만 자신의 가치를 느낄 수 있다는 진리를 인정하는 일은 용기를 북돋는 첫걸음입니다.《아들러의 말》

공동체 감각을 키우다

공동체 감각을 키우는 일의 가치는 아무리 강조해도 모자랍니다. 마음이 성장할 수도 있는 건 지성이 공동체에 관계되어 있기 때문입니다. 자신이 가치가 있다는 감각은 용기 있고 낙관적인 자세를 가지게 하며, 거기에는 인류 공통의 숙명적인 이점과 결점을 조용히 받아들이게 하는 감각도 있습니다. 사람이 인생에서 편안함과 자기 존재의 가치를 느낄 수 있는 건 그가 다른 사람에게 도움을 주고, 사적이지 않은 공동의 열등감을 극복해 냈을 때만입니다. 논리적인 가치뿐만 아니라 시각적으로 바른 태도, 아름다움과 추함에 대한 이해도 늘 가장 진실한 공동체 감각에서 나옵니다.《신경증 문제》

앞에서도 "나는 자신이 가치 있다고 생각할 때만 용기를 가진다"는 말을 인용했지만 여기서 아들러는 용기에 더해 낙관적인 자세를 가져온다고 이야기합니다. 이 세계에 아무런 문제가 없는 건 아니기에 사적이지 않은 공동의 (세계에 공통된) 열등감이 생겨나지만 이 세계에 있는 문제를 결코 극복할 수 없다고 생각하지는 않기에 낙관적인 자세를 가질 수 있습니다.

자존감을 키우다

만일 우리가 아이의 자존감을 키워준다면 용기는 자연히 솟아납니다. 자신이 뒤떨어진다고 느끼는 한 아이들은 책임을 받아들이지 않습니다. 책임지는 훈련과 용기를 지니는 훈련은 같은 전체를 이루는 부분들입니다.《인생 유형》

이것은 도둑 일당의 한 구성원으로 체포된 열두 살 아이를 상담하며 아들러가 한 말입니다. 자존감은 자신을 가치가 있다고 여기는 마음입니다. 이런 자존감을 가지면 용기는 자연스럽게 솟아나지만 앞에서 이야기했듯이 자존감을 가지지 않기로 결심한 사람에게 용기를 북돋워주는 건 어렵습니다. 자존감이 높으면 과제에 도전하는 용기를 낼 수 있습니다.

또 자존감을 키우면 책임을 받아들일 수 있지만 무책임을 배워온 사람은 무엇이든 책임지지 않기 위해서 자신이 가치가 있다는 사실을 인정하려 들지 않습니다.

증상을 주목하지 않는다

어떠한 논의나 치료도, 처음의 잘못을 찾지 못하면 성공할 수 없습니다. 그리고 개선의 유일한 가능성은 인생에 대해 더욱 협력적이고 용기 있는 접근을 선택하도록 훈련하는 데 있습니다.《인생방법 심리학》29쪽)

어떤 문제라 하더라도 그 원인은 올바르지 않은 생활 양식입니다. 다른 사람을 동료가 아닌 적으로 여기는 사람은 그들에게 협력하지 않지만 다른 사람을 동료라고 여기는 사람은 협력합니다. 그것이 치료를 성공하게 만듭니다.

어떤 신경증 환자에게는 놀랍도록 빠르게 증상이 사라지고 한순간의 망설임도 없이 새로운 증상이 나타납니다. 그들은 신경증의 명인이 되어 끊임없이 병명을 늘려갑니다. 심리요법에 관한 책은 그들에게 그때까지 시도할 기회가 없었던 신경증적인 문제를 제안합니다.《인생방법 심리학》64쪽)

아들러는 편두통에 시달리는 사람을 예로 들며 설명합니다. 그들의 두통은 반드시 필요할 때 찾아옵니다. 모르는 사람과 만나야 하거나 중요한 결정을 내려야 할 때 말입니다.

증상은 이처럼 인생의 과제로부터 달아나기 위해서, 증상으로 가족들이 걱정하게 만들기 위해서 일어나기에, 본질적인 원인을 먼저 해결하지 않으면 처음의 증상이 사라져도 반드시 다른 증상이 나타납니다. 게다가 순간적으로 들어낼 수 있는 증상은 대부분 이제까지보다 치료가 까다로운 경우가 많습니다.

　신경증 환자를 이해하는 가장 좋은 방법은 신경증 증상에 전혀 관심을 두지 않고 그 환자의 생활 양식과 개인적인 우월성 목표를 살펴보는 것입니다.《신경증 문제》

　치료의 결과로 신경증 증상이 사라지는 경우는 있지만 증상을 없애는 것만을 치료(상담) 목표로 삼으면 치료는 환자의 손바닥 위에서 이루어지게 되는 것이나 다름이 없습니다. 게다가 환자는 주목을 받을 수만 있다면 어떤 증상 자체를 필요로 하기에 치료는 언제까지나 끝나지 않습니다.

　증상에만 주목하지 않고, 생활 양식 자체를 치료해야 할 문제로 삼아야 합니다. 다른 사람을 동료라고 생각하며 그들에게 공헌하고 과제에 도전하게 됐을 때 증상은 더 이상 필요하지 않게 됩니다.

어려움에 대한 대처 방법

　어린이의 첫 번째 잘못에 대해 이제 와서 어른을 비난할 수는 없습니다. 우리가 할 수 있는 일은 어린이가 그 결과를 경험하기 시작했을 때, 잘못을 고치도록 도와주는 것뿐입니다. 우리는 지리를 배우지 않은 어린이가 지리 시험에서 높은 점수를 받기를 기대하지 않습니다. 마찬가지로 협력하는 훈련을 받은 적이 없는 어린이가 협력을 필요로 하는 과제가 앞에 놓였을 때 그것에 곧장 알맞게 대응하기를 기대할 수 없습니다.

　그러나 인생의 과제를 해결하기 위해서는 협력하는 능력이 필요합니다. 모든 과제는 사회 테두리 안에서 인간의 행복을 촉진하는 방법으로 극복되어야 합니다. 인생의 의미는 공헌이라는 것을 이해하는 사람만이 용기와 성공의 기회를 가지고 어려움에 맞설 수 있습니다.《인생방법 심리학》 29~30쪽）

　아이가 무언가 잘못을 저질렀을 때 필요한 행동은 아이를 혼내는 게 아니라 아이가 한 일이 어떤 것인지를 가르쳐주는 일입니다. 실수를 했다면 그 책임을 지면 됩니다. 책임지는 방법을 가르치지 않고 그저 혼내기만 한다면 아무런 의미가 없습니다. 실수했을 때에는 가능한 상황을 원래 상태로 되돌리게 하고 앞으로 같은 실수를 하지 않기 위한 대화를 나누면 됩니다. 만일 아이가 실수를 해서 감정적으로 상처 입은 사람이 있다면(형제간 싸움으로 한쪽이 다쳤을 때 등) 사과를 하는 일도 실수를 책임지는 방법입니다.

협력하는 훈련을 받은 적 없는 아이가 협력이 필요한 과제를 만났을 때 적절히 대응하리라 기대할 수 없다는 말은, 아이가 가지고 논 장난감을 거실에 어질러놓은 경우를 생각하면 알기 쉽습니다. 가족이 거실에서 시간을 보낼 때 공간은 가능한 말끔해야 좋을 것입니다. 때때로 가정에서는 아이가 장난감을 정리하지 않으면 간식을 주지 않는 경우도 있지만 이것은 좋은 방법이 아닙니다.

그럴 때는 아이에게 장난감을 정리하도록 부탁하면 됩니다. 정리는 모두가 같은 장소에서 쾌적하게 지낼 수 있게 협력하는 일인데 그럼으로써 가족에게, 나아가서는 자기 자신에게도 도움이 되는 행동임을 알지 못한다면 싫다고 말하며 거절할지도 모릅니다. 이때 부모가 아무 말 없이 장난감을 대신 정리하면 아이에게 무책임을 가르치게 됩니다. 그보다는 아이에게 스스로 정리하도록 부탁하거나 함께 정리하자고 제의하는 편이 올바릅니다. 이것은 아이가 협력하는 방법을 배우게 하기 위함입니다. 그리고 그 일이 강요에 의한 싫은 일이 아니라 가족을 돕는 즐거운 일이라는 걸 아이가 알게 하는 것에 가장 큰 목적이 있습니다. 그러니 장난감을 정리하지 않았다고 혼내며 아이를 탓하는 일은 아무런 의미가 없습니다.

어른의 경우에도 식사를 마친 뒤 다른 가족들은 편히 쉬는데 자기 혼자서만 왜 정리를 해야 하는가 불만을 가지는 경우가 있습니다. 비록 다른 가족이 집안일에 협력하지 않아도 자신이 뒷정리를 하면 가족에게 공헌을 한다고 아는 사람은 이것을 불만스럽게 여기지 않습니다. 원래 집안일은 모두가 나눠서 협력해야 하지만 다른 가족이 도와주지 않아도 즐겁게 뒷정리를 한다면 뒤이어 다른 가족들도 힘을 보태게 될지 모릅니다. 하지만 짜증을 내며 일을 한다면 다른 가족은 협력이나 공헌을 하려 들지 않습니다.

공동체에 공헌함으로써 자신이 다른 사람에게 도움이 된다는 걸 아는 사람은 그런 자신을 기꺼이 받아들일 수 있게 됩니다. 그렇게 생각하는 사람은 어려운 일이 있어도 달아나지 않고 용기를 내서 대처할 수 있습니다.

좋은 관계 쌓기

아이를 도우려 한다면 먼저 좋은 관계를 쌓아야 합니다. 앞에서 이야기했듯이 아이를 혼내면 그 아이와의 거리는 반드시 멀어집니다. 거리가 멀면 아이를 도울 수 없습니다.

대등한 관계를 만든다

부모나 교사는 아이보다 신체적으로 강인하고 더 많은 경험을 지녔다고 해서 아이들에게 명령을 해도 괜찮다고 생각해서는 결코 안 됩니다. 아이들에게 명령대로 따르라 하면 그들의 용기는 줄어들게 됩니다. 부모와 교사는 아이들을 자신과 대등하게 여기며 자신의 지식을 개인의 우월성을 증명하는 데에 써서는 안 됩니다. 그것은 어른들이 아이들보다 더 긴 시간을 들였으므로 지니게 된 것일 뿐입니다. 이런 진실된 평등 의식을 많이 보여줄수록 그리고 부모와 교사가 절대로 잘못 따위 하지 않는 권력자로 행동하는 일이 적을수록 아이들은 스스로 자라게 되고 용기를 가진 자립한 어른이 됩니다.《아들러의 말》

혼내거나 위협해서 아이가 두려움에 바른 행동을 했더라도 그것은 강요받아 이루어진 행동일 뿐입니다. 만일 혼내는 어른이 없다면 차츰 올바른 행동을 그만두게 됩니다. 혼나면서 자란 아이는 어떤 행동이 올바른지 배울 수 없습니다.

또한 늘 어른의 눈치만 살피는 아이가 됩니다. 설령 실수를 하더라도 스스로 창의적인 생각으로 행동할 수 있는 아이가 되기를 바라야 합니다. 혼나는 아이는 분명 어른들의 말에 잘 따르지만 소심한 아이가 되어버립니다. 스스로 판단하지 못하기에 언제까지고 홀로 설 수 없습니다.

어른과 아이가 대등하다는 걸 인정하기 싫어하는 사람은 많습니다. 어른은 우연히 아이보다 먼저 태어난 만큼 훨씬 많은 지식을 가졌지만 그뿐입니다. 지식의 깊이는 곧 아이가 따라잡게 됩니다. 어른이나 교사가 해야 할 중요한 일은 아이에게 자신이 가진 지식을 전하는 일이지, 자신에게 지식이 있으므로 아이보다 뛰어나다는 것을 과시하는 일이 아닙니다.

훌륭한 교사라면 학생이 자신을 따라잡고, 나아가 뛰어넘는 일을 싫어하지 않습니다. 오히려 그것을 기쁨으로 여깁니다. 교사가 훌륭히 가르쳤기에 학생이 성장해 교사를 넘어선 것이며, 반대로 시간이 흘러도 학생이 교사를 뛰어넘지 못한다면 가르침이 잘못된 것입니다.

또 개인적인 우월감에 매달리는 교사라면 자신의 위치를 지키려 학생에게 지식을 가르치길 망설일지도 모릅니다.

침착한 부모가 되어라

불안은 어떠한 경우에도 도움이 되지 않습니다. 만일 우리가 늘 이성적인 모습을 보여준다면 아이는 이를 따라 진정한 위험과 어려움에 보다 잘 맞설 것입니다.《아들러의 말》

어린 시절 욕조에 들어갔다가 갑자기 코피가 났습니다. 코피가 난 건 처음이 아니었지만 혼자 있을 때 많은 피가 나서 불안한 마음에 무서워졌습니다. 큰 소리로 부모님을 불렀습니다. 그러자 아버지가 와서 "괜찮아?" 하고 말을 걸었습니다. 신기하게도 그것만으로 불안은 사라졌습니다.

아이가 어떤 과제에 맞닥뜨렸을 때, 만약 부모가 지나치게 걱정하면 아이는 그 걱정을, 용기를 내서 과제에 도전하는 일을 회피할 이유로 삼을지 모릅니다. 부모마저 자신이 해낼 수 있을 거라 믿지 않는다고 여겨 자신감을 잃었다고 말합니다. 이럴 때 부모는 그저 아이를 바라볼 수밖에 없습니다.

아이가 위험이나 어려움을 만나 이성적인 자세를 잃어도 부모가 침착하다면 아이는 반드시 위험이나 어려움에 맞설 수 있습니다. 아이가 강에 빠진 걸

보고 부모가 크게 놀라 강에 뛰어들면 아이는 부모를 붙잡아 모두 함께 강물 속으로 잠겨버릴지도 모릅니다. 부모가 침착하게 이성을 차리고 잠깐 지켜보면 아이는 몸에 힘을 빼고 잠시 뒤에 떠오를 것입니다. 부모는 바로 그 순간 손을 내밀어야 합니다.

혼내지 않는다

나라면 아이가 잘못을 저질러도 아이의 부모가 지금까지 그래 왔듯 벌을 주지는 않을 것입니다. 이제는 이미 아이를 때리거나 간식을 주지 않는다고 해도 아무런 도움이 되지 않는다는 사실을 깨달았으리라 생각합니다. 만일 아이가 다시 거짓말을 하거나 물건을 훔치면 "또 공평하지 못한 일을 당했다고 느꼈니? 우리가 무얼 해주었으면 좋겠니?"라고 말해야 합니다.《인생 유형》

이것은 자꾸만 물건을 훔치는 여덟 살 소년의 상담에서 아들러가 한 말입니다.

나는 어린아이 둘을 데려온 부모가, 이제 막 가게에서 산 도넛이 든 상자를 아이들 앞에서 땅바닥에 던져버리는 모습을 본 적이 있습니다. 아이들은 부모가 혼내는 것을 무서워하기보다 지금 무슨 일이 일어났는지 모르겠다는 표정으로 멍하니 서 있었습니다.

아이를 혼내면 아이는 부모에게 혼날 행동을 했다는 사실은 알아도, 그래서 이제 어떻게 하면 좋을지는 모르는 경우가 많습니다.

아이를 체벌하는 부모는 그리 많지 않을 수도 있지만 혼내는 것도 위협하는 것도 또 창피를 주는 말을 하는 것도 아이와의 관계를 좋지 않게 만듭니다. 어떠한 경우에도 침착하게 아이를 혼낼 수는 없습니다. 여기에는 반드시 분노의 감정이 따릅니다. 분노의 감정은 사람과 사람을 멀어지게 하는 감정이라고 아들러는 말합니다. 관계가 멀어지면 필요한 도움을 줄 수 없습니다.

아이와 다투지 않는다

나는 부모들에게 아이와 다투지 말길 조언하고 싶습니다. 다퉈서 얻을 수 있는 것은 없습니다. 아이는 언제나 어른보다 강하기 때문입니다. 아이와 대립할 때는 늘 온화하게 이야기를 하는 것이 좋습니다.《개인심리학의 기술》

아이와 다투는 일이 생기면 때는 이미 늦습니다. 때때로 아이는 부모에게 다툼을 겁니다. 다툼을 해결하는 방법은 하나밖에 없습니다. 거기서 벗어나는 것입니다. 결코 아이를 궁지에 몰아 다툼에서 이겨선 안 됩니다. 아이와 다퉈서 부모가 이기면 아이는 그것을 부모에게 되갚아주려 하기 때문입니다.

"예방이 치료보다 중요하다"고 아들러는 말했습니다. 아이와 좋은 관계를 쌓아야 합니다. 좋은 관계를 쌓으면 아이를 도울 수 있지만 그렇지 않으면 부모가 무슨 말을 해도 아이는 받아들이려 하지 않습니다.

벌이나 설교로는 바꿀 수 없다

벌을 주거나 타이르는 일, 그리고 설교로는 아무것도 얻을 수 없다는 것은 대단히 중요한 사실입니다. 아이도 어른도 어떤 부분에서 변화가 일어나야 하는지 모르면 아무것도 해낼 수 없습니다. 상황을 이해할 수 없을 때 아이는 더욱 영악해지거나 겁쟁이가 됩니다. 아이의 성격은 벌이나 설교로 바꿀 수 없지만 그렇다고 단순히 삶을 경험한 것만으로 바뀌지도 않습니다. 삶의 경험은 이미 개인의 통각(統覺)의 틀(=생활 양식)에 맞춰진 것이기 때문입니다. 어떤 변화가 일어나는 건 근본적인 성격을 이해할 때뿐입니다.《삶의 과학》

여기서는 성격이라고 표현했지만 아들러의 다른 논문에서는 생활 양식이라 합니다. 생활 양식을 벌이나 설교로 바꿀 수는 없습니다.

삶을 경험하는 것으로도 생활 양식을 바꿀 수는 없습니다. 개인 통각의 틀에 맞춰진 일만을 경험하면 거기서 벗어난 일을 경험해도 그것을 예외로 보기 때문에 겪어보지 못한 일과 마찬가지가 됩니다. 새로운 경험을 했을 때 이를 자신의 생활 양식과 맞지 않는다는 이유로 예외라 치부하지 않으면 사람은 바뀔 수 있습니다.

이 변화는 이어지지 않고 뛰어넘어야 가능합니다. 그 성장은 이전까지의 모습에서 새로운 모습으로 한 발짝 나아가는 것이며 끊이지 않는 연속적 상승이 아니라 그것을 뛰어넘는 움직임입니다. 그저 경험만으로는 이런 성장을 할수 없습니다.

아이를 이해한다고 전한다

자신이 부모에게 사랑받지 못한다고 생각하는 아이가 있습니다. 거짓말을하거나 다른 나쁜 행동을 저지르는 이유는 아이가 행복하지 못한 상황 속에있기 때문입니다. 아이가 나쁜 행동을 해도 용서받을 수 있음을, 그리고 아이가 어째서 주변을 질투하며 자신이 뒤떨어진다고 느끼는지를 당신이 이해하고 있다고 온전히 느끼게 하십시오.《인생 유형》

다음은 아들러가 열두 살 소년의 부모와 상담을 하며 전한 이야기입니다.

부모님이 그 아이를 다른 아이들과 마찬가지로 사랑한다는 점을, 아이와이야기를 나누면서 이해시키겠습니다. 그러나 아이가 집이 안락한 장소라고느끼게 하는 일은 부모님의 과제입니다. 그리고 가족 모두가 아이와 화해해야 합니다. 이 소년은 너무나 심각하고 어려운 상황에 처했지만 그것을 아이가 알게 해서는 안 됩니다. 결코 불행한 일을 당할 거라고 말해서는 안 됩니다. 알겠습니까? 아이는 지금 용기를 잃었으며 그럼에도 안락한 삶을 보내고싶어 합니다. 더 용기를 내서 삶에 맞설 수 있도록 도와주는 것은 부모님의의무입니다.《인생 유형》

부모는 모든 형제들을 똑같이 사랑한다고 생각해도 아이가 상황을 어떻게받아들이고 있을지는 모릅니다. 형제들 가운데 특별히 똑똑한 아이가 있어자신은 다른 형제들보다 뒤떨어진다고 생각하는 아이가 이제까지 자신을 향하던 부모의 주목·관심·애정이 멀어졌다고 느끼는 경우가 있습니다.

첫째는 동생이 태어나면 이제까지 자신이 독점하던 부모의 관심을 잃고마치 왕좌에서 밀려난 듯한 경험을 합니다. 이런 때에는 앞에서 이야기했듯 "또 공평하지 못한 일을 당했다고 느꼈니? 우리가 무얼 해주었으면 좋겠니?" 하고 솔직히 묻는 게 좋습니다.

이야기를 듣는다

우리는 보통 아이에게 용기를 북돋워줄 때 가장 먼저 아이의 이야기에 귀를 기울이는 것부터 시작하려 듭니다. 하지만 그 전에 신뢰를 받을 수 있는 마음 상태를 만들어야 합니다. 아이에게 친구처럼 다가가야 합니다. 우월하다고 표현해서는 안 되며 억누르거나 엄하게 대해서도 안 됩니다.

아이의 신뢰를 얻어 다른 사람과 인생의 과제에 관심을 가지게 만드는 일은 원래 어머니의 역할이었습니다. 그러면 아이는 용기를 가지고 자립해 자신이 다른 모든 사람들과 대등하다고 느낍니다.《인생 유형》

이야기를 듣는 건 쉬운 일이 아닙니다. 이 사람에게는 말해도 괜찮다고 생각할 수 있는 신뢰 관계가 먼저입니다. 그러려면 상대가 이 사람은 내 이야기를 결코 따지려 들지 않고, 끝까지 말을 가로막지 않고 들어준다고 생각해야 합니다. 어떤 관계에서도 마찬가지이지만 특히 아이와 이야기할 때 어른은 아이의 이야기를 가로막고 설교하기 쉽습니다.

어머니의 역할

어머니가 해내야 할 역할은 아이에게 자기 자신의 노력으로 자유와 성공을 얻어낼 기회를 만들어주고, 그렇게 함으로써 아이가 생활 양식을 확립해 차츰 올바른 방법으로 우월성을 추구할 수 있도록 하는 것입니다. 그리고 어머니는 아이가 천천히 다른 사람과 삶의 보다 넓은 영역에 관심을 가지도록 이끌어야 합니다.

이 두 가지 도움, 다시 말해 자립심을 주고 가정과 주변 세계의 상황을 처음으로 바르게 이해하는 방법을 가르치는 역할을 맡는 한 아이는 공동체 감각과 자립심 및 용기를 발달시키게 됩니다. 그리고 아이도 좋은 친구, 바람직한 동료, 사랑하는 사람의 진정한 동반자가 되겠다는 자기 자신의 목표를 발견합니다. 이런 인생의 통과의례에 의해 뛰어난 사람이 되려는 노력이 공동체 감각과 이어져 아이는 꼭 필요한 삶의 위치에서 용기 있고 낙관적인 활동을 하게 됩니다. 사람의 감각은 모두, 그가 삶에서 얼마만큼의 공동체 감각을

가지고 우월성을 추구해 왔는지에 따라 정해집니다.《신경증 문제》

뛰어난 사람이 되려는 노력, 우월성의 추구 그 자체는 누구에게나 볼 수 있는 평범한 소망이라는 걸 앞에서 말했습니다.

그것이 허영심으로 나타난 경우에는 개인적인 우월성 추구라 합니다. 한편 올바른 방향의 우월성 추구는 공동체 감각이 따르는 우월성 추구라고 합니다.

이 경우 공동체 감각은 도덕적인 이상과 목표로써 우월성 추구에 방향성을 줍니다.

이 일을 어머니가 할 수 없을 때는 아이에게 믿을 수 있는 동료라는 인상을 주고 어머니 역할을 대신할 사람이 필요합니다. 그럴 수 있다면 아이가 싹틔운 공동체 감각을 다른 사람에게로 넓히는 어머니의 두 번째 역할도 무리 없이 이루어질 것입니다.《인생 유형》

여기서 다른 사람이란 보통은 아버지를 말하는데 때로는 상담사가 어머니 역할을 할 때도 있습니다.

신뢰를 얻는다

아이의 신뢰를 얻으려면 부모가 아이의 앞날에 희망을 가지고 있다고 믿을 수 있도록 용기를 북돋는 방법이 좋습니다.《인생 유형》

아이의 일, 아이의 앞날에 부모가 절망하면 그 일은 아이 자신이 모든 희망을 잃은 것을 당연하게 만듭니다. 그러나 아이의 앞날에 희망을 가진다는 건 아이가 유명 대학에 들어가 일류 기업에 일자리를 얻는 일이 아닙니다. 그런 기대는 아이에게 부담이 될 뿐, 결코 용기를 북돋워주지 못합니다.

잘못을 인정한다

나는 그 어머니가 아이에게 자신의 잘못과 실수를 바로잡고 싶어 하는 마음을 고백해 주길 바랐습니다. 그래서 나는 "당신은 이 일을 해내기 어려울 거라고 생각하지만 내가 이 상황에 놓여 있다면 나는 그렇게 할 것입니다"라고 말했습니다. 그러자 그녀는 자신도 해보겠다고 다짐했습니다.《신경증 문제》

이 어머니는 아홉 살 난 딸에게 공부를 지나치게 강요했습니다. 딸은 시골에서 양부모와 몇 년간 지낸 뒤 최근 어머니와 살게 되었습니다. 처음에는 어머니와 함께 지내는 게 즐거웠지만 학교 성적이 떨어지자 아이의 실패를 두려워한 어머니는 갑자기 아주 엄한 모습을 보이기 시작했습니다. 아들러는 그렇게 엄하게 대하면 아이는 자기 자신에게 실망해서 용기가 꺾인다고 알려주었습니다. 그러나 아이에게 잘못을 저지른 건 어머니라는 것과 그녀가 실수를 바로잡고 싶어 하는 마음을 고백하길 바랐습니다.

어머니는 아들러의 조언에 따랐습니다. 두 사람은 서로의 뺨에 입을 맞추며 끌어안고 울었습니다. 어머니와 딸은 2주 뒤 함께 아들러의 진찰을 받았습니다. 둘은 웃으며 무척 즐거워하고 있었습니다. 어머니는 3학년 선생님이 보낸 편지를 가져왔습니다.

"기적이 일어난 게 틀림없습니다. 반에서 1등입니다."

이 어머니는 딸의 성적이 나쁜 이유가 아버지로부터의 유전이라는 생각에 사로잡혀 있었습니다. 아들러는 그런 생각을 하는 건 아무런 도움이 되지 않는다고 설명했습니다. 실제로 어머니의 행동이 바뀌자 딸의 성적이 올랐습니다.

동료가 된다

누군가를 진정한 동료라고 여길 때 사람은 변할 수 있습니다.

보호관찰 중 물건을 훔친 이 아이가 올바른 자신감을 가지도록 하는 것, 그러려면 먼저 그를 도우려는 교사나 의사를 좋아하게 해야 합니다.《인생 유형》

언젠가 조현병에 걸린 소녀를 치료해 달라는 부탁을 받은 적이 있었습니다. 그녀는 8년 동안 그런 상태에 있었으며, 마지막 2년은 입원해 있었습니다. 개처럼 울부짖고, 침을 뱉고, 옷을 찢고, 손수건을 먹으려고 했습니다. 이런 증상은 그녀가 다른 사람에 대한 관심으로부터 얼마나 멀리 떨어져 있는가를 똑똑히 보여주었습니다. 소녀는 개처럼 굴고 싶어 했고 그 이유는 쉽게 이해할 수 있었습니다. 어머니가 자신을 개처럼 대했다고 느꼈던 그녀는 아마 이렇게 말하고 싶었을 것입니다.

"나는 사람을 보면 볼수록 개가 되고 싶다."

나는 그녀와 8일 동안 계속 만났지만, 한마디도 이야기를 나누지 못했습니다. 나는 그녀에게 끈질기게 말을 걸었고, 30일이 지나자 그녀는 혼란스럽고 이해할 수 없는 말을 하기 시작했습니다. 그녀가 나를 친구로 받아들였으며, 용기를 얻었기 때문입니다.

이런 유형의 환자가 용기를 얻으면 대부분 그 용기를 어떻게 해야 할지 모릅니다. 주위 사람들에 대한 저항은 매우 강합니다. 우리는 용기가 돌아왔을 때 그 환자가 어떻게 행동할지 어느 정도는 예측할 수 있지만, 곧바로 협력적인 태도를 갖출 것이라고는 여전히 생각하지 않습니다. 문제행동을 하는 아이들과 비슷합니다. 주위를 괴롭히는 일이라면 뭐든지 합니다. 손에 잡히는 것은 아무거나 다 부숩니다. 또는 간호사를 때리기도 합니다.

다음에 내가 그녀를 만났을 때, 그녀는 나를 때렸습니다. 나는 어떻게 해야 할지 생각해야 했습니다. 그녀를 놀라게 할 만한 유일한 반응은 절대로 저항하지 않는 것이었습니다. 그 어린 소녀는 그다지 힘이 세지 않았습니다. 나는 그녀가 나를 때리도록 그냥 내버려두었습니다. 그리고 나는 그녀를 너그러운 표정으로 바라보았습니다. 물론 그녀는 이런 반응을 전혀 예상하지 못했습니다. 마침내 그렇게 함으로써 나는 그녀로부터 모든 도전을 멈추게 했습니다.

그래도 그녀는 다시 일깨워진 용기를 어떻게 해야 할지 몰랐습니다. 그녀는 창문을 깨더니, 유리로 자신의 손가락을 베었습니다. 나는 그녀를 비난하지 않고 붕대만 감아주었습니다. 이런 폭력에 대응하는 일반적인 방법, 즉 그녀를 방에 가두는 것은 매우 잘못된 치료법입니다. 이 소녀와 같은 사람을 설득하려면 다른 방법을 써야 합니다.

정신적으로 혼란스러운 사람에게 정상적인 사람과 똑같은 행동을 기대하는 것은 가장 큰 잘못입니다. 거의 모든 사람들이 당황하고 그들에게 화를 냅니다. 보통 사람들처럼 반응하지 않기 때문입니다. 그들은 먹지 않고, 옷을 갈기갈기 찢습니다. 하지만 그렇더라도 내버려두세요. 그들을 도울 수 있는 다른 방법은 없습니다.

이런 일이 있은 뒤, 소녀는 회복되었습니다. 1년이 지나자 완전히 건강을 되찾았습니다. (중략)

나는 요즘도 가끔 그녀를 진료하는데, 그녀는 10년 동안 건강을 유지하고 있습니다. 또한 스스로 돈을 벌고 있으며 인간관계도 좋습니다. 그녀를 본 사람이라면 그녀가 예전에 정신병을 앓았다는 말을 좀처럼 믿지 못할 것입니다.《인생방법 심리학》239~241쪽)

다른 형제와 구별하지 않는다

우리의 치료는 상담 대상인 아이가 다른 형제들과 대등하며 가족들에게 무시당하고 있지 않다고 느끼게 만드는 것을 목표로 삼아야 합니다. 이것은 아이가 나쁜 행동이 아닌 좋은 행동으로 부모님의 관심을 얻을 수 있음을 설명함으로써 가능합니다.《인생 유형》)

아이는 처음부터 문제행동을 일으키지 않습니다. 동생이 태어났을 때 첫째는 지금까지 자신에게만 향하던 부모의 관심을 새로 태어난 동생이 아닌 자신에게만 붙잡아두려 처음에는 부모님을 도와주는 등 성숙한 행동을 보입니다. 그러나 미숙한 첫째의 행동은 때로 도움이 되지 못할 수 있고 오히려 부모를 번거롭게 만들기도 합니다. 생각지 못하게 호의를 거절당한 첫째는 생각을 바꿔 문제행동을 일으키는 것으로 부모에게 주목받으려 합니다.

부모가 할 수 있는 일은 그런 행동을 하지 않아도 아이를 사랑하고 있다고 알리는 것입니다.

함께 아침 식사를 한다

근본적인 가족애를 쌓아갈 기회가 많지 않은 우리 시대에는 다가올 아이들을 위해 가족 모두가 함께 아침 식사를 하는 일이 무척 중요합니다. 식사를 함께하지 못하면 많은 문제가 일어납니다. 가족이 한자리에 모일 때 어떻게 행동해야 하는지 어릴 때부터 훈련받지 못하면 공동체 감각은 올바르게 발달하지 않습니다.

식사 때는 밝고 즐거운 분위기를 만들어야 합니다. 다시 말해 서로 의견을 주고받으며 열린 마음으로 이야기를 나누고 결코 다른 가족원을 비판하거나 가정 밖에서의 행동을 예로 들며 비난해서는 안 됩니다. 그것은 다른 시간으로 미뤄둬야 합니다.

가족이 정해진 시간에 함께 아침 식사를 하는 일의 좋은 점은 얼마든지 있습니다. 나는 이 조언을 20년 넘게 해왔습니다. 이 말을 들으면 사람들은 믿지 못하겠다는 듯 웃어버리곤 합니다. 하지만 그래도 나는 어떤 종류의 잘못은 이런 습관이 분명히 세워지지 않았기에 생겨났다고 확실히 말할 수 있습니다.《개인심리학의 기술》

아버지와의 산책

아버지는 아이를 온화하게 대하고 때로는 함께 즐거운 시간을 보내야 합니다. 예를 들면 주말에 아이와 둘이서 산책을 하며 아버지와 아이가 충분히 대화할 기회를 갖는 것입니다. 그러면 아이는 부모에게 반항심을 가지지 않게 되고 가족들이 기대하는 주말의 기쁨을 물거품으로 만들지도 않습니다.《개인심리학의 기술》

아들러는 이미 아버지를 향해 반항심을 보이고 있는 여덟 살 소년의 경우에서 아버지가 자신보다 여동생을 더 좋아한다고 여기는 소년의 생각을 바꿔주려, 소년의 아버지에게 아들과의 산책을 권했습니다.

카를이 자신이 존중받고 부모님에게 정당한 평가를 받고 있으며 아버지가 자신에게 여러모로 관심을 가지고 있음을 느낄 수 있도록, 아들과 산책을 하며 이야기를 나누는 간단한 방법을 아버지에게 제안합니다.《인생 유형》

학업에 절망한 열한 살 소년의 부모에게는 이런 조언을 했습니다.

로버트가 어머니하고만 너무 가까이 지내는 일은 좋지 않습니다. 아버지와 더욱 유대감을 키우는 편이 좋겠습니다. 남편에게 로버트와 가까워질 기회를 가져보라고 권하십시오. 며칠이라도 아버지가 여행에 데려가 동료로 지내는 것도 괜찮습니다. 아이와 이야기를 많이 나눠 아버지가 로버트의 성공을 믿고 있음을 전해야 합니다.《인생 유형》

아들러는 이 아이가 용기를 잃은 건 어머니에게 너무 의존해 자신감을 잃었기 때문이라 생각했습니다. 그래서 어머니와 보내는 시간을 줄이라고 조언했습니다.

아들러는 아버지와 아이의 유대가 중요하다고 여겼습니다. 이것은 아들러 자신의 아버지와 이룬 관계를 비춰 한 말입니다.

회피하고 있는 과제를 분명하게 한다

나의 발견을 분명히 하기 위해 여러 종류의 정보를 끌어와 차례차례 환자의 반응을 확인합니다. 예를 들면 나는 "만일 당신이 조만간 낫게 된다면 무엇을 하겠습니까?"라고 묻습니다. 이 물음으로 이제까지 환자가 숨겨온 현재의 문제가 무엇인지 분명히 드러낼 수 있습니다.《신경증 문제》

아들러는 이 설명에서 "지금의 증상이 나으면 무엇을 하고 싶습니까?" 또는 "지금의 증상이 나타난 뒤 하지 못하게 된 일이 있습니까?" 이런 물음의 답으로 신경증 환자가 피하려 하는 과제가 무엇인지 알 수 있다고 말합니다.

적면증(홍조증)이 있는 여성은 이 질문에 남자 친구를 만들고 싶다고 답했습니다. 자존심 때문에 그저 남성과 교제를 할 수 없다고 말하지는 못하기에, 그럴 수 없는 이유로 적면증이 필요한 것입니다. 이 여성은 남자 친구를 만들고 싶은 게 아닙니다. 오히려 남자 친구를 만드는 상황을 피하고 싶어 합니다.

낯선 사람과 불확실한 기대감 속에 대화를 시작해야 한다는 두려움이 있는 것입니다.

행동의 목적을 분명히 한다

그 밖의 접근 방법도 있겠지만 나는 전혀 다른 방법을 좋아합니다. 가능하다면 나는 이렇게 말할 것입니다. "학교 교육은 사람의 삶 가운데 가장 중요합니다. 그 일로 더 큰 소동을 일으켜야 합니다"라고 과장함으로써 나는 그녀에게서 이런 종류의 행동에 대한 경향을 잃게 할 것입니다. "당신의 행동과 중요성을 충분히 드러내려면 끊임없이 큰 소동을 일으켜야 합니다. 평범한 방법으로 당신을 사람들의 관심 한가운데에 두기는 어려워 보이기 때문입니다." 카우스가 말하듯 양심을 잃는 방법은 수백 가지가 넘습니다. "종이에 큰 글자를 써서 머리맡에 붙여두세요. 아침마다 나는 가족들을 크게 긴장시켜야 합니다. 이렇게 말입니다."

이 여성 환자는 양심에 따라 무의식적으로 해온 이전의 일들을 기억하지만, 결국 양심 잃은 행동을 하게 될 것입니다. 그리고 내 환자 가운데 이 마지막 조언을 따른 사람은 본 적이 없습니다.《개인심리학의 기술》

행동의 목적은 무의식이기에 그것을 의식화하면 더는 전과 같이 행동할 수 없게 됩니다. 아들러는 그것을 다른 사람의 수프에 침을 뱉는다는 비유로 설명했습니다. 침이 들어간 음식은 먹을 수야 있겠지만 더 이상 전처럼 맛있어 보이지 않듯 한번 행동의 목적을 알아차리면 이전처럼 천진난만하게 행동할 기분이 들지 않습니다.

의사의 역할은 이런 환자에게 그 자신이 하고 있는 행동이 사실 무엇인지 분명히 알게 하는 것이며 자기중심적인 사고방식을 사회생활에 도움이 되는 활동으로 바꾸게 하는 것입니다.《신경증 문제》

아들러는 죄책감을 지닌 강박신경증 환자를 의사가 어떻게 도와야 하는지 설명합니다. 행동의 목적을 분명히 하면 환자가 오직 자신에게만 관심을 가지고 살아왔다는 사실이 밝혀집니다. 그 관심이 다른 사람을 향하게 함으로써 환자가 공동체 감각을 느끼게 하고 사회에 이바지되는 행동을 할 수 있도록 돕는 게 진정한 치료입니다.

개인심리학은 환자가 전부터 익숙하게 저질러온 잘못을 인정하고 그것을 바로잡는 일이 필요하기에 이러한 치료를 하는 사람은 대단한 기술과 정교함이 필요합니다. 우리는 정신의학의 다른 학파가 신경증을 치료하는 데 성공한 사례가 있음을 부정하지 않습니다. 그러나 우리의 경험으로 그 치료는 방법에 의해서라기보다 우연히 환자와 의사가 좋은 인간관계를 이루거나 의사가 환자에게 용기를 북돋워주었기 때문에 가능했을 것입니다. 의사가 아닌 사람이나 오스테오파시(Osteopathy : 뼈를 바르게 맞추는 대체 의학) 전문가가 환자의 삶에 대한 태도를 매우 좋게 만든 일이 가끔 있습니다. 그래서 생 안드 보프레(St. Anne de Beaupré) 성지나 크리스천 사이언스(신앙치료주의를 내세운 기독교의 일파), 쿠에(자기암시에 의한 정신요법을 창시한 에밀 쿠에) 또는 루르드 (Lourdes : 성모 마리아 발현지의 샘물이 성수로 알려짐)를 찾아가 같은 결과를 얻을 수도 있겠습니다.

하지만 우리는 모든 정신과 치료는 그것이 비록 더 어렵고 힘든 일이라 하더라도 환자에게 자기 자신의 잘못을 이해시킨다는 보다 단순한 과정 속에 있음을 앞으로도 확신합니다.《신경증 문제》

행동의 목적은 무의식이기에 그것을 의식화하면 더는 전과 같이 행동할 수 없게 됩니다.

좋은 관계를 쌓는 일은 중요합니다. 부모 자녀이든, 의사나 상담가와 환자이든 조언은 좋은 관계를 바탕으로 해야만 받아들여집니다. 하지만 앞서 말했듯 좋은 관계를 쌓는 것, 나아가 용기를 북돋아주는 일보다 환자 자신이 잘못을 이해하는 게 중요합니다.

나는 용기를 북돋아주는 일이 특별한 위치를 준다고 생각합니다.

행동의 목적을 이해해도 저항은 일어납니다. 환자가 저항 없이 행동의 목적을 이해하고 조언을 실행하려면 그 조언자와 좋은 관계일 필요가 있습니다. 그러나 마침내 이해하고 조언을 실행할지 말지 정하는 건 환자 자신입니다. 본인이 결단을 내릴 수 있도록 돕는 일을 '용기를 북돋아준다'고 합니다. 물론 실제로 결단하는 용기를 내는 사람은 환자이며 우리는 그것을 북돋워줄 수만 있을 뿐입니다.

한계를 만들지 않는다
자신의 능력을 과소평가하지 않으면 더욱 행복해집니다.《인생 유형》

교사가 만약 아이들의 발달에 한계가 있다고 믿는다면, 아이들이 스스로 정한 한계를 없애고 더 성장하도록 도울 수 없습니다. 교사가 아이들에게 "너는 수학에 재능이 없다"고 말한다면, 그 교사는 자신의 상황을 변호할 수 있을지도 모릅니다. 하지만 그런 말은 결국 아이들의 용기를 꺾을 뿐입니다.

나도 이와 같은 일을 겪은 적이 있습니다. 나는 몇 년 동안 수학을 못하는 학생이었습니다. 그래서 내게 수학적 재능은 처음부터 없다고 확신했습니다. 그러던 어느 날 놀랍게도, 나는 선생님을 골치 아프게 한 문제를 풀게 되었습니다. 예기치 않았던 이 성공이 수학에 대한 나의 태도를 완전히 바꾸었습니다. 전에는 수학에 도무지 관심이 없었던 나는 그 뒤로 그것을 즐기며 내 능력을 키우기 위해 모든 기회를 이용하기 시작했습니다. 그 결과 나는 학교에서 가장 수학을 잘하게 되었습니다. 이 경험 덕분에 나는 특별한 재능이나 타고난 능력에 대한 이론이 잘못된 것임을 깨달았습니다.《인생방법 심리학》 162쪽)

수학을 못하는 딸 알렉산드라가 어느 날 시험을 치지 않고 집으로 돌아온 일이 있었습니다. 그때 이렇게 말했지요. "왜 그랬니? 넌 정말로 누구나가 풀 수 있는 이런 간단한 문제를 풀지 못할 거라고 생각하는 거야? 하려고 들면 해낼 수 있어." 그 뒤 알렉산드라는 짧은 기간에 수학 성적이 올라서 1등이 되었습니다.《알프레드 아들러 : 우리가 그를 기억할 때》

나도 산수를 못했고 적성에 전혀 맞지 않다고 생각했습니다. 그래서 1학년 과정을 계속 들어야 했습니다. 그런데 어느 날 갑자기 교과 가운데 산수를 가장 잘하게 됐습니다. 만일 아버지가 선생님의 조언을 따랐다면 나는 학교를 그만두고 기술자가 되었을 것입니다. 아마도 뛰어난 기계공이 되어 오늘날 산수에 적성이 있는 사람과 그렇지 않은 사람이 있다고 확신하고 있을지 모릅니다. 나는 자신이 산수를 못한다고 생각했던 괴로운 상황 속에서 어찌할 바를 몰랐지만 더 이상 그것이 사실이라 믿지 않습니다.《개인심리학의 기술》

아버지 레오폴트는 성적이 오르지 않는 아들러에게 김나지움(독일의 중등교육기관)을 그만두게 한 뒤 구두장인 밑으로 들여보내서 기술을 익히게 하겠다며 으름장을 놓았습니다. 어린 시절의 아들러는 이 말에 엄청난 충격을 받았었는지 열심히 공부해 조금씩 성적을 올린 덕분에 수학도 잘하게 되었습니다.

이때의 경험으로 아들러는 재능이나 유전의 영향을 인정하지 않고 아이는 자신이 무턱대고 짐작한 한계를 뛰어넘을 수 있다고 여기게 됐습니다.

이 이야기는 뒷날 강제적인 교육을 옳지 못하게 여기는 아들러의 교육론에 비추어 생각해 보면 잘못된 것처럼 보입니다. 하지만 이 이야기가 사실이라면 아버지는 아들러의 반면교사(反面敎師)가 되었다고 할 수 있습니다.

누구나 무엇이든 할 수 있다

유전 이론은 교육이나 심리학 이론 및 그 실천에서 결코 강조되어서는 안 됩니다. 누구나 필요한 일은 모두 해낼 수 있다고 여겨야 합니다. 물론 이 말은 유전에 따라 모두 다른 소질을 지니고 있음을 부정하는 건 아닙니다. 중요한 건 언제나 그것을 '어떻게 사용하는가'입니다. 그러므로 올바른 교육은 무척 중요합니다. 적절한 교육이란 능력과 무능력에 상관없이 사람을 성장시키는 방법입니다.

무능력이 용기와 훈련에 의해 위대한 능력으로 탈바꿈되어 보상받는 경우도 있습니다. 능력이 모자란다는 자각은 적절히 대처하면 훌륭한 일을 해내도록 사람을 자극합니다. 처음에는 자신에게 능력이 없다는 강한 열등감을 가졌던 사람이 삶에서 눈부신 성공을 거둔 예가 자주 있음에 놀랄 필요는 없습니다. 한편 자신은 유전으로 이어받은 결점과 무능력의 희생양이라 믿는 사람이 절망하고 노력하지 않아 성장이 더뎌지는 일도 있습니다.《신경증 문제》

개인심리학이 영재 아동 문제에 보여줄 수 있는 해결법은 문제행동을 하는 아이를 위한 해결법과 같습니다. 개인심리학자는 늘 "누구나 무엇이든 할 수 있다"고 말합니다. 이 말은 언제나 주변의 무거운 기대감에 밀린 영재 아동이 자기 자신에게만 지나친 관심을 쏟게 하며, 그 자신감을 꺾게 할 수도 있습니다. 개인심리학자들의 이러한 주장을 따르는 사람은 아이를 아주 총명하게 키울 수 있지만, 그 아이들이 너무 자만하거나 자기 미래에 필요 이상의 욕심을 지니지 않도록 보살펴야 합니다.

아이들은 자신이 해낸 것은 훈련과 노력의 결과라는 사실을 이해합니다. 적절한 훈련이 이어지면 다른 사람이 할 수 있는 일은 무엇이든 해낼 수 있습니다. 바람직하지 않은 훈련이나 교육을 받은 아이들도 선생님이 올바른 방법을 알려준다면 금세 성과를 보입니다.

그다지 좋지 않은 훈련을 받아온 아이들은 이미 용기를 잃었을지도 모릅니다. 그렇기에 이러한 아이들도 강한 열등감에서 지켜줘야 합니다. 누구도 이런 열등감을 오랜 기간 견딜 수 없습니다. 원래 아이들은 지금 학교에서 마주친 것과 같은 여러 가지 어려움을 만난 적이 없었습니다. 어려운 일에 압도당해 꾀를 부려 수업을 빠지거나, 심하면 학교에 가고 싶지 않다고 생각하며 그곳에는 아무런 희망이 없다고 여깁니다. 만일 그것이 옳다면 그런 아이들이 자신의 생각을 따라 보이는 일관된 행동에 동의할 수밖에 없습니다. 하지만 개인심리학은 그들이 학교에는 아무런 희망이 없다고 여기는 생각을 받아들이지 않습니다. 오히려 그곳의 모든 사람이 유익한 일을 해낼 수 있다고 생각합니다. 잘못은 언제나 존재합니다. 그러나 이 잘못은 바로잡을 수 있고 아이들은 앞으로 나아갈 수 있습니다.《삶의 과학》

아들러가 누구나 무엇이든 할 수 있다고 말한 건 미국에서 크게 비평받았습니다. 하지만 앞에서 이야기한 예시로 알 수 있듯이, 사실 사람들에게 능력이 없다기보다는 처음부터 과제를 피하기로 결심한 경우가 더 많습니다. 이 결심을 위해 과제의 어려움을 구실로 삼는 경우도 있습니다.

과제를 피하는 이유는 모든 일을 불확실한 가능성 안에 그대로 두면 평가받지 않기 때문입니다. 하면 할 수 있다는 가능성 안에서 지내는 편이 끝내 해내지 못한 현실을 살아가는 것보다 낫다고 여기는 것입니다.

용기가 있는 사람은 설령 과제를 완전히 해결할 수 없다고 하더라도 자신이 해낼 수 있는 부분부터 시작합니다. 조금이라도 할 수 있는 부분에서 시작하려 노력하는 일은 용기 그 자체이며 이 일을 아들러는 앞에서 말했듯이 불완전할 수 있는 용기라고 부릅니다.

어떤 사람이 되고 싶은지를 묻는다

아들러 : 너는 계산을 잘하는구나. 나중에 커서 뭐가 되고 싶니?

소년 : 대양항로선의 선장이요. 함부르크에 가고 싶어요.

아들러 : 수습선원부터 시작해야겠구나. 함부르크에 가려면 몇 살쯤 되어야 하니?

소년 : 스무 살이요.

아들러 : 열다섯 살이나 열여섯 살 정도만 되어도 갈 수 있을 거야. 하지만 선장이 되려면 그 뒤에 많은 일을 배워야 해. 왜 이 일이 좋아? 배에 타본 적 있어? 어떤 게 마음에 들었어?

소년 : 명령을 내리는 거요.

아들러 : 선장이 되고 싶다면 이치에 맞는 방법으로 명령을 내릴 수 있어야 한단다. 누구나가 옳다고 여길 명령을 내려야 해. 그리고 학교 친구들과 있을 때 너는 선장이 아니란다. 거기서는 명령을 할 필요도 없어. 무엇 때문에 학교에서 명령을 해야 하는지 나는 이해하지 못하겠구나. 어쩌면 나는 네가 요즘 친구들과 어울리지 못하는 이유를 알 것도 같아. 있잖아, 명령은 나

중에 커서도 내릴 수 있어. 그렇지만 아주 가까운 친구는 지금밖에 만들 수 없지. 선장도 선원들과 사이가 좋아. 선장은 명령을 내리는 일 말고도 여러 가지를 할 줄 알아야 해. 다른 사람들이 선장을 싫어하면, 만일 선장을 미워한다면 명령을 따르지 않을 거야. 그러니 일단 다른 아이들과 친하게 지내는 방법을 익혀야 해. 다른 사람들이 이해할 수 없는 명령을 따르라고 하는 건 누구도 좋아하기 어려운 행동이야. 넌 물건을 교환하는 걸 좋아하지? 그리고 으스대기를 좋아해. 다른 사람이 너를 선장으로 보기를 언제나 바라지.

(중략)

아들러 : 넌 아껴서 저축한 돈으로 무엇을 사고 싶어?

소년 : 언젠가 돈이 필요할 때를 대비해 모으고 있어요.

아들러 : 그럼 돈이 부족해서 어려운 상황에 처하는 게 무섭니? 열심히 일하는 게 어려워지지 않기 위한 최선의 방법이야. 부자라고 해서 늘 안전하지는 않다는 걸 아니? 너는 으스대고 싶지?

소년 : 네.

아들러 : 그러면 좋지 않아. 선장이 되고 싶다면 선원들이 너를 좋아할 수 있게 겸손해지는 편이 더 나아. 어머니도 선생님도 너를 좋아해. 아이들도 곧 너를 좋아하게 될 거야. 열심히 공부하고 훌륭한 사람이 되면 뭐든 할 수 있어. 선장이 되고 싶다면 기초를 단단히 쌓아야 해.《개인심리학의 기술》

아들러와 대화하는 소년은 열한 살입니다. 아들러는 앞으로 무엇을 하고 싶은지 모르면 안 된다고 말합니다. 그 이유는 대학에 진학할지 실업학교로 갈지를 일찍 정해야 하는 오스트리아와 한국의 교육제도가 달라서이기도 하지만, 이미 청년인 상담자와 대화를 나눌 때조차 앞으로 무엇이 되고 싶은지 물어도 대답이 돌아오지 않는 경우가 있기 때문입니다. 대학에 들어간 뒤나 졸업한 뒤 정할 수밖에 없다는 현실적인 대답이 돌아오기도 합니다.

그러나 이 소년과의 대화에서 알 수 있듯이, 아들러의 이러한 질문은 아이에게 목표를 지니고 공부함을 권하려는 것이 아닙니다. 물론 이것은 어른들의 기대를 위해 막연히 공부하는 일보다는 훨씬 낫습니다. 하지만 이보다 먼저 중요하게 여겨져야 할 일이 있습니다. 예를 들어 선장이 되고 싶다면 이치에 맞는 방법으로 명령을 내려야 하지만 학교에서는 그럴 필요가 없습니다. 또한 선장은 명령을 내리기 이전에, 선원들이 자신을 좋아해서 명령에 귀 기울이게끔 노력해야 합니다. 그러니 지금은 다른 아이들에게 명령하거나 거만하게 구는 게 아니라 사이좋게 지내는 방법을 배워야 한다고 아들러는 말합니다. 다른 사람과 사이좋게 지내는 일은 선장이 되고 안 되고를 떠나서 평소에도 필요한 일입니다. 반대로 말하면 다른 사람과 사이가 나쁘면 자격을 얻으려 공부한다고 해도 뛰어난 선장은 될 수 없습니다.

아들러는 다시 기계공이 되고 싶다는 열두 살 소년에게 말합니다.

그림을 잘 그린다면 유능한 기계공이 될 수 있겠지. 그러나 용기를 지녀야 한단다. 두려워해서는 안 돼. 무서운 일은 일어나지 않아. 겁먹지 않는 방법을 알고 싶다고? 그러면 선생님 앞에서 어린아이처럼 행동하지 말아보렴. 넌 이미 많이 컸고 아이가 아니니까 안 좋은 점수를 받아도 무서워할 필요는 없어. 나도 점수가 낮았던 적이 있어. 하지만 그냥 열심히 공부했단다. 그랬더니 성적이 올랐어. 노력만 한다면 그만큼의 결과가 뒤따르게 마련이야. 무서운 일은 아무것도 생기지 않아. 그러니까 뭐든 두려워해선 안 돼. 네가 무서워할 때는 어린아이 같아.《개인심리학의 기술》

아들러는 이 소년에게도 앞으로 무엇이 되고 싶은지 묻고, 기계공이 되고 싶다는 소년에게 용기를 지녀야 한다고 말합니다. 앞날의 목표를 세우고 그 목표를 이루려면 지금 무엇을 해야 하는지 생각합니다. 하지만 그 내용은 흔한 직업 교육과는 다릅니다.

직업 교육
(범죄자의 교정에 대한 발언)
우리는 또한 아이들의 미래 직업을 위해 보다 훌륭한 교육을 제공해야 합니다. 이는 아이들이 더 많이 준비해 더 넓은 직업적 선택지를 갖추고 인생에 맞서게 하기 위해서입니다.《인생방법 심리학》220쪽)

열아홉 살이나 스무 살 청년이 노력은 하지만 뭘 해야 좋을지 모르는 경우가 있습니다. 이런 사람을 이해하고 직업 선택에 조언하는 것은 중요한 일입니다. 다시 처음부터 무언가에 흥미를 가지도록 훈련할 수 있기 때문입니다.

한편 이 나이의 청년이 아직 삶에서 뭘 해야 좋을지 모른다는 건 곤란한 일이긴 합니다. 그런 사람들은 대부분의 일을 완전히 해내지 못하는 유형인 경우가 많습니다. 가정에서도 학교에서도 이 나이가 되기 전에 앞으로의 직업에 관심을 가지는 노력을 해야만 합니다. 학교에서는 '나는 커서 무엇이 되고 싶은가'라는 주제로 작문 숙제를 내면 좋습니다. 이런 과제는 어쩌면 아이들이 먼 뒷날까지 미뤄두고 마주하지 않을지도 모르는 질문에 좋든 싫든 맞서도록 합니다.《삶의 과학》)

열두서너 살 아이는 자기가 하고 싶은 일에 대해 더 분명한 생각을 가져야 합니다. 그리고 나는 언제나 이 나이의 아이들이 앞으로 무엇이 되고 싶은지 잘 모르겠다는 말을 들으면 실망하게 됩니다. 야심이 전혀 없다는 것은 아무것에도 관심이 없음을 뜻하지 않습니다. 아이들은 꽤 큰 야심이 있지만, 그 야심을 드러낼 만큼의 용기가 없는 것입니다.

이런 경우에는 아이의 주된 관심과 흥미를 찾아내기 위해 노력해야 합니다. 어떤 아이들은 고등학교를 마치는 나이가 되어도 여전히 앞으로 무엇이 될지 정하지 못합니다. 그들 가운데는 성적이 우수함에도 자신의 인생이 앞으로 어떻게 될 것인지에 대해 아무 생각도 하지 못하는 아이들도 있습니다. 이런 아이들은 아주 야심적인 반면 그다지 협력적이지는 않음을 알 수 있습니다. 그들은 분업에서 자신의 위치를 제대로 찾지 못하고 있으며, 야심을 이룰 실제적인 방법을 아직 발견하지 못하고 있는 것입니다.

이렇듯 아이들에게 일찌감치 어떤 일을 하고 싶은지 묻는 것은 바람직합니다. 나는 때때로 아이들이 이 문제를 잊어버리거나 대답을 피하지 않고 생각할 수 있도록 교실에서 질문을 던졌습니다.

또한 나는 아이들에게 왜 그 일을 선택했는지를 묻는데, 그 대답은 이따금 아주 흥미롭습니다. 아이의 생활 방식은 아이가 어떤 일을 골랐느냐로 그 전체를 알 수 있습니다. 아이는 우리에게 모든 노력의 주된 방향, 인생에서 무엇을 가장 중요하게 생각하는지를 보여줍니다.

우리는 아이가 선택하는 것을 아이에게 평가하도록 해야 합니다. 우리 스스로 어떤 일이 더 높고 더 낮은가를 판단할 수는 없기 때문입니다. 아이가 진심으로 일에 매달려 다른 사람의 행복에 기여하기 위해 시간을 쓴다면, 그는 어떤 사람과도 동등하며 그가 하는 일은 쓸모 있고 중요합니다. 아이의 유일한 과제는 분업의 틀 안에서 자신을 훈련하고 북돋우며 자신의 관심을 따르는 것입니다.(중략)

대부분의 사람들은 인생의 처음 4~5년 동안 자신이 몸에 익혀온 것들에 관심을 가지고 있습니다. 그리고 그것을 잊을 수는 없지만 나중에 경제적인 이유라든가 부모의 압력에 의해 흥미도 없는 직업을 갖도록 강요받았다고 느껴왔을 것입니다. 이 또한 어린 시절 훈련의 영향력과 중요성을 보여줍니다.(《인생방법 심리학》 228~229쪽)

그리고 이 점을 무시하는 사람들은 다른 사람에게 짐이 됩니다. 그러나 아이가 오로지 돈을 버는 데만 관심이 있다면, 쉽게 협력의 길을 벗어나 자신의 이익밖에 찾지 않게 될 것입니다.

'돈을 버는 것'이 유일한 목표이고 다른 사람에 대한 관심이 전혀 없다면, 아이는 강도를 저지르거나 사기를 쳐서 돈을 모으는 게 왜 해서는 안 되는 일인지 모르게 됩니다. 이만큼 극단적이지 않더라도 목표와 연결된 공동체 감각이 조금밖에 없다면, 그런 사람은 돈은 많이 벌지 몰라도 그의 활동은 주위 사람들에게 그다지 이익이 되지 않습니다. 우리 시대에서는 이런 길을 걸음으로써 부유해질 수 있습니다. 잘못된 길도 때로는 몇 가지 점에서 성공하는 듯이 보입니다.

우리는 올바른 태도로 인생을 살아가는 사람이 쉽게 성공한다고는 약속할 수 없습니다. 하지만 그런 사람이 계속 용기를 가지고 자존심을 잃지 않는다면 성공하리라 약속할 수 있습니다.(《인생방법 심리학》 233쪽)

좁은 의미의 직업 교육이라면 돈을 버는 방법을 배우는 것으로 충분할지 모릅니다. 그러나 자신의 이익밖에 생각하지 못하고 협력을 배우지 않으면 직업을 가지더라도 동료에게는 도움이 되지 않습니다. 많은 돈을 버는 건 중요하지 않습니다. 협력을 배웠다고 바로 성공을 보장할 수는 없지만 협력을 배운 사람은 단순히 성공하는 것 이상의 일을 해낼 수 있습니다.

홀로서기 훈련

삶의 첫날부터 아이들은 나이가 허락하는 한 홀로 설 수 있도록 훈련받아야 합니다. 아이들이 자기 자신의 힘으로 할 수 있는 일이 많아질수록 자신감과 적응력은 커집니다. 우리는 오히려 아이들에게 언제나 도움을 구해야 합니다. 자신의 과제를 혼자 힘으로 할 수 없다거나 혼자서는 아무것도 할 수 없다고 느끼는 것보다 용기가 꺾이는 일은 없습니다.(《아들러의 말》)

부모의 과제는 스스로 자신의 일을 해낼 수 있도록 아이에게 삶을 위한 최선의 준비를 시키는 것입니다.(《자녀 교육》)

홀로서기의 필요성

로버트는 독립심을 지닌 행동이 필요하다고 생각하지 않았습니다.(《인생 유형》)

로버트에게 아들러는 다음과 같이 말했습니다.

당신이 어머니를 좋아하는 것은 멋진 일입니다. 그러나 어머니가 무엇이든지 당신을 위해 해주길 기대해서는 안 됩니다. 더 많은 일을 스스로 해낸다면 당신은 더욱 행복해질 겁니다. 뭐든 자신의 힘으로 해내는 것부터 시작해야 합니다. 다른 사람들은 훨씬 일찍 시작합니다. 당신이 지금 가진 문제는 시작이 늦었기 때문에 생겨난 것입니다. 하지만 이제라도 더 많은 일을 혼자서 시작한다면, 다시 말해 스스로 양치를 하고, 목욕을 하고, 옷을 갈아입기 시작한다면 혼자 힘으로 더 여러 가지 일들을 해낼 수 있게 됩니다. 어머니 손을 빌려서는 안 됩니다. 그리고 자신의 일을 스스로 해낼 수 있다면 훨씬 멋지지 않겠습니까?《인생 유형》

홀로서기를 도우려면

학생 : 어떻게 하면 아이를 어리광 부리게 하지 않고 사랑할 수 있습니까?

아들러 : 자네가 원하는 대로 아이를 사랑할 수는 있지만 의존하게 만들어서는 안 되네. 자네는 아이를 자립한 사람으로 키워야 할 의무가 있고 처음부터 아이를 바르게 훈련해야 해. 아이가 '부모는 내 부탁이면 뭐든지 들어준다'는 인상을 가지면 사랑에 대해 잘못된 생각을 하게 될 걸세.《인생 유형》

아들러는 뉴욕의 사회연구 뉴스쿨(New School for Social Reserch : 지금의 더뉴스쿨)에서 개인심리학 강의를 하며 공개 상담을 열었습니다. 학생이란 이 학교에서 아들러의 가르침을 받은 사람을 말합니다.

어리광을 받아주는 건 사랑하는 것과 전혀 다른 일입니다. 부모가 아이의 부탁을 모두 들어주면 아이는 커서 자신의 배우자도 부모와 마찬가지로 모든 부탁을 들어주리라 여기게 됩니다. 그런데 만일 배우자가 그렇게 자란 이의 기대에 응하지 않고 요구를 거부한다면 그는 갈수록 배우자가 자신을 사랑하지 않는다고 생각하게 될 것입니다.

홀로서기가 유일한 치료다

유일하고도 진정한 치료법은 아이가 홀로 서도록 하는 것입니다.《인생 유형》

보다 정확하게 말하자면 홀로 서게 할 수는 없습니다. 그저 아이가 남의 도움을 받지 않고 스스로의 힘으로 생활해 나가도록 도울 수 있을 뿐입니다.

책임져야 할 일을 준다

어머니는 아이에게 심부름을 시킵니다. 아이는 심부름 가는 걸 좋아해서 자주 가게에 나갔습니다. 그리고 때때로 두 개 또는 그 이상의 물건을 사야 할 때는 종이에 써주어야만 했습니다. 하지만 가게 주인이 어머니에게 종이에 써주지 말라고 제안하자 차츰 나아졌습니다.《인생 유형》

아이의 능력을 파악하는 일은 어렵지만 대부분 어른이 짐작하는 것보다 뛰어납니다. 부모가 아이의 능력을 제한해 버리면 아이도 자신이 해낼 수 없으리라 여기게 됩니다.

부모는 소년에게 책임져야 할 일을 주라는, 그리고 올바른 행동에만 주목해 아이 앞에서 누나들을 칭찬하지 말라는 조언을 들었습니다. 선생님은 교실에서 그에게 종이를 나눠주거나 환기시키는 일을 맡겼습니다. 소년은 이제 쉬는 시간 종소리에 빨리 반응합니다. 처음에는 종이가 얼마나 필요한지 잘 몰랐지만 조금씩 나아졌습니다.《인생 유형》

다만 이러한 아이에게 책임져야 할 일을 줄 때는 주의가 필요합니다.

"교장은 그녀에게 날마다 달력을 넘기는 일을 맡겼다."

이것은 학교에서 아이를 조용하게 만드는 한 방법입니다. 게다가 여기에는 더 깊은 의미가 있습니다. 그것은 아이가 스스로 책임져야 할 일을 맡김으로써 아이에게 홀로 설 좋은 영향을 주고 아이 자신이 가진 개인적 우월성의 추구를 가라앉히는 것입니다. 하지만 이 아이가 바라는 것은 이런 일 이상의 무언가입니다. 다른 아이들보다 많은 걸 원하고 있습니다. 나는 아이가 전보다 조용해졌다고 생각하지 않습니다.《개인심리학의 기술》

아이가 만일 자신이 책임져야 하는 일을 맡아 그 일을 함으로써 스스로 만족한다면 이 교장처럼 아이에게 일을 맡기는 것은 바람직한 방법입니다. 그러나 아이가 바라는 게 일 이상의 무언가이며 그것이 선생님의 주목이라면 책임감이 필요한 일을 맡겨도 아이는 그것만으로 만족하지 못합니다. 일을 맡겼으니 됐다고 생각한다면 얼마 지나지 않아 다시 문제를 일으킬 수 있습니다.

어른으로 대한다

집안의 사소한 문제에 아이의 의견을 구하고 어른으로 대하길 바랍니다. 또한 책임을 지고 상냥하게 행동하면 존중받을 수 있음을 느끼게 해야 합니다.(《인생 유형》)

사실은 무엇이든지 부모가 결정해 버리는 것이 편합니다. 그렇지만 부모가 정하기 전에 아이에게 의견을 구하고 그에 대한 책임감을 가질 수 있도록 도울 필요가 있습니다. 아이는 때로 잘못된 의견을 말할 것입니다. 하지만 그런 경우 역시 어른으로서 아이를 타이르는 게 아니라 대등한 동료로서 아이의 생각에 자신의 의견을 말하는 게 좋습니다.

일을 해낼 수 있도록 도움을 준다

그러한 사람들이 사회적 현실에 관심을 가지도록 하는 것이 우리의 중요한 과제입니다. 신경질적인 사람은 좋은 의도를 가지고만 있다면 신경질을 부려도 괜찮다고 생각합니다. 그러나 좋은 의도를 갖고 있다 하더라도 그러한 행동은 옳지 않습니다. 우리는 사회 속에서 살아가고 있다는 사실, 서로에게 영향을 주고 있다는 사실의 중요성을 깨우쳐주어야 합니다.

언제나 이렇게 말하는 사람을 보기도 합니다.

"해보겠습니다." "그 일을 맡아서 잘 해보겠습니다." "저 사람보다 더 잘하도록 경쟁해 보겠습니다······ 하지만······"

여기서 "하지만······"과 같은 말들은 모두 큰 열등감을 나타냅니다. 실제로 이러한 말을 조금 달리 해석해 본다면 그 사람에게는 '의심'이라는 감정이 너무 분명히 나타나고 있음을 알 수 있습니다. 의심 많은 사람은 언제나 그 생각에서 빠져나올 수 없으며, 어떠한 일도 끝까지 해낼 수 없습니다.(《삶의 과학》)

좋은 의도를 가진 신경증, 불확실한 가능성 속에서 사는 것은 어렵지 않습니다. 모든 상황은 이미 조율되고 있다고 말한 정치가가 있었지만 이 말은 사실 조율되었으면 하는 희망에 지나지 않습니다. 정말 중요한 것은 행동입니다.

이 말에 다른 정치가는 굳은 결심을 나타냈을 뿐이라고 변명했습니다. 만약 그렇다면 누구나 행동 없이 같은 말을 할 수 있습니다. 부모님이 숙제를 했는지 물어보면 아이는 "네, 했어요!"라고 대답할 것입니다. 하지만 사실 아직 하지 않았으므로 말뿐인 이러한 변명은 자신의 입장을 갈수록 나쁘게 만듭니다.

다른 사람에게 관심을 갖게 한다

대인 관계의 문제는 다른 사람에게 관심을 가져야만 해결될 수 있습니다. 이 규칙에 예외란 없습니다. 다른 사람을 돕고, 또 도움받는 훈련을 해오지 않으면 우리는 삶의 문제에 올바르게 대처할 방법을 배우지 못할 것입니다. 예를 들어, 결혼 문제를 생각해 봅시다. 서로 돕는 방법을 배우지 않았다면 결혼에 성공할 수 있을까요? 다른 사람에게 관심 갖는 방법을 배우지 않았다면 결혼에 성공할 수 있을까요?

우리는 모두 공동체 감각을 지니고 태어나지만, 공동체 감각은 훈련을 통해 발달시킬 필요가 있음을 이해하는 자세가 중요합니다. 또한 아이를 훈련시키는 방법이 올바른지, 그렇지 않은지에 따라 공동체 감각의 발달은 방해받을 수도 있습니다. 그 훈련 방법으로 인해 아이들이 더 큰 세계에 관심을 갖지 못할지도 모르기 때문입니다. 모든 실패는 공동체 감각의 발달을 가로막습니다. 우리는 그 누구도 아이들이 삶에서 실패하기를 바라지 않습니다. 용기를 잃게 된 사람은 삶을 위해 필요한 준비를 해놓지 못했음은 굳이 실험을 해보지 않더라도 여러 사례를 통해 충분히 알 수 있습니다.《아들러의 말》

아들러는 삶을 위한 준비가 제대로 되어 있는지 알 수 있는 방법 가운데 하나로 독일의 한 풍습을 소개했습니다.

결혼을 앞둔 연인이 그 준비가 되어 있는지를 알아볼 수 있는 오래된 방법이 있습니다. 이는 시골 풍습으로, 친척이 지켜보는 가운데 두 사람에게 양쪽 손잡이가 달린 톱을 주고 서로 한쪽씩 잡아 나무 그루터기를 자르게 합니다.

이렇게 해서 나무를 완전히 자르는 것이 연인의 과제입니다. 두 사람 모두 서로에게 관심을 갖고 자신의 움직임을 상대의 움직임에 맞춰야 합니다. 이 방법은 두 사람이 결혼을 해도 되는지 확인할 수 있는 좋은 테스트입니다.《삶의 과학》

두 사람이 협력하지 않으면 나무 그루터기를 자를 수 없습니다. 상대를 믿지 않는다면 서로 반대로 잡아당기게 될 뿐이며, 한 사람이 혼자만의 힘으로 해내려 한다면 둘이서 자를 때보다 곱절의 시간이 걸리게 됩니다.

이렇게 되지 않으려면 상대에게 관심을 갖고 두 사람이 함께 서로의 움직임에 힘을 맞춰 조절해야 합니다. 두 사람이 결혼을 해도 되는지는 그 작업에 어떻게 임하는지 보면 알 수 있습니다.

나는 이 협력 능력은 꼭 배워야 한다고 강조하고 싶습니다. 그것이 유전적인 것이냐 아니냐는 문제되지 않습니다. 협력의 가능성은 누구에게나 있으며 이 가능성은 타고난 것입니다. 이는 모든 인간에게 공통적으로 주어졌지만 그것이 발달하려면 훈련받고 연습해야 합니다.

범죄에 대한 다른 모든 견해는, 협력 훈련을 받았음에도 범죄자가 된 사람의 증거를 듣지 못한다면 잘못된 것입니다. 나는 그런 사람을 한 번도 본 적이 없고 그런 사람과 만난 적이 있다는 사람 또한 보지 못했습니다. 범죄에 대한 올바른 예방은 적절한 공동체 감각입니다. 이것을 인정하지 않는 한, 범죄의 비극은 피할 수 없습니다.《인생방법 심리학》 215쪽)

소녀가 더 많은 사람들을 사귀고, 다른 사람에게 관심을 갖도록 해야 합니다.《인생 유형》

'최소의 노력으로 다른 모든 사람들보다 앞서가기'위해 의사가 되겠다는 목표를 품은 소년에게 아들러는 다음과 같이 말했습니다.

"너는 의사가 되고 싶구나. 의사는 좋은 직업이야. 물론 나도 의사고. 좋은 의사가 되려면 네 자신 이외의 다른 사람에게도 관심을 가져야 해. 아플 때 다른 사람이 무엇을 필요로 하는지 이해하기 위해서 말이야. 좋은 친구가 되어

주어야 하고, 네 자신이 필요로 하는 것은 대부분 양보해야만 해."《인생 유형》

여기에서는 '좋은 의사가 되려면 자신 이외의 사람에게도 관심을 가져야 한다'는 사실을 알려주고 있는데, 이렇게 다른 사람을 향한 관심은 그 사람이 지닌 공동체 감각의 깊이를 나타내는 하나의 기준이 됩니다.

환자와 좋은 친구가 되는 일은 원만한 신뢰 관계를 이루려면 반드시 필요하며, 이렇게 하지 않는다면 어떠한 치료나 상담도 할 수 없습니다.

도둑질을 해서 자신을 더 나은 사람으로 보이게 할 수는 없습니다. 인내하고, 공부하고, 자신이 얼마나 가치로운지를 나타내야 합니다. 때로는 부당한 취급을 당할 때가 있습니다. 하지만 스스로 강해져 잘못된 행동을 저지르지 않도록 조심해야 합니다. 다른 사람에게 관심을 갖고, 정직한 행동을 하는 것은 다른 사람에게 사랑받는 좋은 방법입니다.《인생 유형》

삶에 중요하지 않은 부분에서 쉬운 방법으로 우월성을 추구하려는 사람이 있습니다. 그 예로 도둑질을 말하기도 하는데, 자신의 가치를 나타내려면 보다 착실한 노력이 필요합니다.

우리는 자신의 잘못이 드러남에 감정적으로 반응하기보다 그 이전에 잘못을 저지르지 않도록 강해져야 할 필요가 있습니다. 이것은 저마다의 개인뿐만이 아닌, 오늘의 정치에도 마찬가지입니다. 아들러는 부정 의혹을 받았다고 언성을 높여서는 안 된다고 말합니다. 부정을 저지른 것은 우리나라뿐이 아니라고 말하는 정치가는 매우 미숙하다 할 수 있습니다. 자기 자신 또는 자기 나라가 부정을 저지르지 않는다는 사실만이 중요하며, 다른 사람이나 다른 나라와 비교하는 일은 아무런 의미가 없습니다.

친구를 사귄다

아이들이 자신과 나이나 능력이 엇비슷한 친구를 사귀는 것은 언제나 가장 좋은 일입니다. 아이들은 또래의 무리 안에서 공동체 감각과 협력을 가장 잘 배울 수 있기 때문입니다. 이 속에서 아이들은 같은 나이에, 비슷한 능력과 경험을 가진 아이와 자신을 빗대어보기 시작합니다. 게다가 용기는 사회 속에서만 훈련시킬 수 있습니다.

그 누구도 용기를 지녀야겠다는 생각만으로, 또는 무리에서 나와 용감해지겠다는 결심만으로 용기를 얻을 수 없습니다. 용기는 실천을 통해서만 배울 수 있기 때문입니다. 모든 용기의 기초는 사회적인 용기–다른 사람과의 관계 속 용기를 말합니다.《아들러의 말》

부모는 아이가 친구들과 더 친해져야 할 필요가 있음을 이해해야 합니다. 새로운 사람과 좀 더 많은 시간을 보내면 그만큼 부모와 보내는 시간을 줄어들겠지만 올바른 성장을 위해서라면 내가 아이라고 해도 방과 후 모임 활동이나 취미 동아리에 들 것입니다.《인생 유형》

아들러는 여기에서 아이들이 부모와 보내는 시간을 줄이고 친구와 친해질 것을 제안하고 있습니다.

다른 사람을 돕는다

이러한 사람이 사교 모임을 열어 친구들과 즐거운 시간을 보내거나 더 나아가 친구의 관심거리에 흥미를 갖게 되면 아주 좋을 것입니다.《삶의 과학》

사교 모임을 마련한 사람은 모임의 분위기가 자신의 즐거움에 맞춰져야 한다고 생각해선 안 됩니다. 어떻게 하면 모임에 찾아온 친구들이 즐거운 시간을 보낼 수 있을까를 생각해야 하며, 그러기 위해서는 친구들의 관심거리에 흥미를 느껴야 합니다.

모두의 주목을 받기 위해서 다른 사람의 걸림돌이 되는 것은 매우 비겁한 행동입니다. 다른 사람을 돕는 편이 훨씬 용기 있는 행동입니다.

선생님은 아이의 진정한 친구로서, 명령하고 소리를 질러 반장의 역할을 하는 것이 아닌 협력을 통해 리더가 되는 방법을 이야기했습니다. 이러한 점을 당신도 그 아이와 대화할 수 있지만, 무턱대고 아이의 잘못을 짚어내서는 안 됩니다.《인생 유형》

다른 사람이 하기 싫어하는 일을 한다

그렇다면 다음 주에, 다른 아이들이 하기 싫어하는 일을 두 개만 해오렴. 그리고 한 번 더 이곳에 와서 나와 만나도록 하자.《인생 유형》

아들러가 상대에게 주는 조언의 특징은 그것이 언제나 구체적이라는 점입니다. 다른 사람이 하기 싫어하는 일은 아마 그 소년도 하기 싫은 일이었을 겁니다. 하지만 그 일을 해낸 뒤에 무엇을 느끼게 될지는 일단 해보지 않고는 모릅니다.

'다른 사람이 하기 싫어하는 일'의 예로 설거지를 떠올려봅시다. 아들러는 직접 해보기 전에 가졌던 느낌과는 달리 막상 해보고 나면 뿌듯함을 느낄 가능성이 높음을 알고 있었으므로 소년에게 이렇게 조언을 했을 것입니다.

노력의 필요성을 전한다

지금은 아무런 문제 없이 물놀이를 하는 아이들이, 처음 헤엄치길 배울 때는 모든 것이 어렵기만 했음을 기억하고 있을까요? 지금처럼 헤엄칠 수 있게 될 때까지는 많은 시간이 걸렸을 것입니다. 무슨 일이든 처음은 힘듭니다. 하지만 곧 해낼 수 있습니다. 이렇듯 수영을 잘할 수 있게 되었다면 곧 책 읽기나 수학도 잘할 수 있게 될 것입니다. 하지만 집중하고 인내하는 그 어떠한 일이든 늘 부모가 대신 해주리라 기대해서는 안 됩니다. 다른 아이들이 자기보다 더 잘한다고 해서 걱정할 필요는 없습니다.《인생 유형》

다른 사람이 얼마나 잘하는지는 나와 상관이 없습니다. 다른 사람이 어떤 수준에 있든, 나는 나 스스로 해내야만 하기 때문에, 잘할 수 있게 되려면 노력과 시간이 필요합니다.

게다가 아들러는 노력만으로 수영을 할 수 있게 되는 건 아니라고 이야기합니다.

다른 사람을 신뢰한다

아이가 열등감에 시달리는지는 수영을 배우면서 괴로움을 느끼는지를 살펴보면 알 수 있습니다. 아이가 수영을 즐기게 된다면 다른 어려움도 이겨낼 준비가 되었다는 바람직한 모습으로 볼 수 있습니다. 반대로 좀처럼 수영을 배우지 못하는 아이는 자신도, 수영 교사도 믿지 못합니다.

많은 아이들이 처음에는 어려움을 느끼지만 나중에는 곧잘 헤엄치게 된다는 결과에 주목할 필요가 있습니다. 아이들은 이겨내기 힘든 처음의 어려움을 떨치고 마침내 목표를 이뤘다는 사실에 용기를 얻습니다. 이들 가운데에는 이따금 더욱 노력해 챔피언이 되는 경우도 있습니다.《자녀 교육》

수영을 잘하려면 자신과 교사에 대한 믿음이 필요합니다. 실제로 수영을 못하는 아이는 물속에 얼굴을 담그는 것조차 무서워하며, 괜찮다고 말해도 결코 그렇게 생각하지 않습니다.

아들러는 때때로 수영과 수학을 못하는 아이들은 용기를 잃어서라고 이야기합니다. 좀처럼 수영 실력이 늘지 않는 아이는 그 누구도 믿지 못하지만, 단지 믿지 못해서 수영을 못한다기보다 수영도, 수학도 결국 다른 누군가가 대신할 수 없기 때문에 실력이 늘지도, 익숙해지지도 않는 것입니다.

어떤 과목이든 '다른 사람이 도와줌으로써' 쉽게 해결되는 경우가 있습니다. 하지만 수학에는 그러한 경우가 없으며, 자기 자신의 힘으로 문제에 달려들고, 생각해야 합니다. 어리광 부리는 아이들은 학습을 위한 충분한 준비가 되어 있지 않습니다.《학교에서의 개인심리학 Individualpsychologie in der Schule》

재능을 키운다

서너 살쯤 된 여자아이가 혼자 있다고 가정해 봅니다. 아이는 인형에 씌우려고 모자를 만들기 시작합니다. 아이가 바느질하는 모습을 보고 우리는 그것을 아주 멋진 모자라고 말하면서, 어떻게 하면 더 멋지게 만들 수 있을지 의견을 내놓습니다. 소녀는 용기가 생기고 더 노력하여 기능을 향상시킵니다.

그러나 소녀에게 다음처럼 말한다면 어떻게 될까요?

"다치니까 바늘을 내려놓으렴. 네가 모자를 만들 필요는 없단다. 지금 나가서 더 좋은 걸 사주마."

이러면 소녀는 곧바로 포기해 버릴 것입니다.

이런 두 경우 소녀의 미래에 비교한다면, 처음과 같은 상황에서 소녀는 예술적인 취미를 키워 그러한 일에 관심을 갖게 될 것입니다. 이와 달리 두 번째 상황에 있던 소녀는 무엇을 해야 할지 몰라, 스스로 만들기보다는 그저 좋은 것을 사려고만 할 것입니다.(《인생방법 심리학》 232~233쪽)

물론 어린아이가 모자를 꿰매는 일은 바늘에 손가락을 다칠지도 모른다는 위험이 있습니다. 그 위험을 알고도 바느질을 하는 아이에게 용기를 북돋워주면, 아이는 기쁘게 자신의 일을 하며 능력을 키울 것입니다.

하지만 아이 혼자 해낼 수 없으리라 여기는 어른은, 위험하다며 아이가 할 수 있는 일까지 빼앗고 맙니다. 그러면 두 번째 소녀처럼 노력을 포기하게 됩니다.

어른이 이러한 행동을 하지 않고 아이가 스스로 자신의 과제를 해낼 수 있도록 격려하며 지켜봐준다면 아이는 이 일을 통해 자신감을 키울 수 있고 자신이 가치로움을 느낄 수 있지만, 만일 그러지 않는다면 아이는 이 모든 기회를 빼앗기게 됩니다.

용기는 전염된다

용기와 협력은 용기 있고 협력적인 사람에게만 배울 수 있습니다. 쉬운 출구를 찾지 않고 삶의 과제에 마주하는 사람, 다른 사람과 함께 살아가려는 사람, 삶에 있어서 창조적인 노력을 할 준비가 되어 있는 사람은 다른 사람이 용기를 낼 수 있도록 도와줍니다. 용기는 겁과 마찬가지로 전염됩니다. 만약 스스로 우리의 용기를 지킨다면 다른 사람들이 용기를 키워나가도록 도울 수 있습니다.(《아들러의 말》)

아들러는 마음이 전염되는 예로 용기와 겁, 두 가지를 들었습니다. 그리고 겁은 큰 노력 없이 쉽게 전염되지만 용기를 '전염'시키려면 전염 그 자체에 용기가 필요합니다.

5 상담을 통한 도움

심리상담사(정신과의사)의 역할

심리상담사는 자신을 되돌아보고, 높은 평가를 받으려는 마음을 모두 버려야 하며, 환자에게 어떠한 요구도 해선 안 됩니다. 부모의 마음으로 환자를 받아들이는 이가 심리상담사입니다. 이러한 마음가짐을 환자의 요구에 대한 헌신을 통해 나타내야 합니다. 프로이트학파가 말하는 전이(轉移)는 성적 의미를 제외하면 공동체 감각의 또 다른 표현에 지나지 않습니다. 환자는 공동체 감각을 어느 정도 지니고 있는데, 이는 심리상담사와의 관계에서만 가장 잘 표현될 수 있습니다.

이른바 '저항'은 삶을 잘 헤쳐나갈 용기가 없음을 뜻합니다. 이것은 치료 저항을 일으킵니다. 또한 심리상담사에게 삶의 문제를 해결하기 위한 능력을 키우도록 강요받을 수도 있는데, 이러한 강요는 문제 해결을 어렵게 할 뿐입니다. 그러므로 결코 환자에게 강요하지 않고 해결책에 더욱 쉽게 다가갈 수 있도록 다정한 태도로 이끌어나가야만 합니다.《신경증 문제》

환자에게 있어서 상담사와의 관계는 그 사람의 대인 관계 모범이 되어야 합니다. 그 관계에서도 저항은 일어나겠지만 환자가 '인생을 잘 헤쳐나갈 용기'를 지닌다면 인생의 과제를 해결할 용기를 가질 수 있게 됩니다.

"프로이트학파가 말하는 전이란 성적인 의미를 제외하면 공동체 감각의 또 다른 표현에 지나지 않습니다." 이 말은 아들러학파 심리상담사와 환자와의 관계를 가리킵니다.

아들러학파에서 상담사와 환자와의 관계는 애정의 관계, 즉 부모 자식이나 애인에 가까운 관계가 아닌, 친구 관계를 모범으로 합니다. 아무 관계 없

는 타인이 아니므로 온 힘을 다해 상담에 몰두하지만 그럼에도 적정한 거리
는 있어야 하며, 심리상담사가 어디까지 도울 수 있는지를 파악한 뒤에 상담,
곧 심리 치료를 시작합니다.

자신의 경험을 떠올린다

어떠한 강요도 하지 않는 가능한 가장 자유로운 관계—이것이 환자와 심리
상담사의 사이에서 뺄 수 없는 조건입니다. 심리 치료의 성공 여부는 환자가
이제까지 굳게 지켜온 목표를 정확하게 이해함에 달려 있기 때문입니다. 나
는 이미 알코올의존증, 모르핀 중독, 그 밖의 비슷한 행동을 보이는 개인 생
활 양식의 가장 중심에 있는 마음을 이해해야 한다고 말했습니다. 그저 다정
하게 용기를 북돋는 말을 해주는 것만으로는 도움이 되지 않습니다.

환자가 '왜' 음주를 시작했는지 이해해야 합니다. 또한 개인심리학의 일반
적 원리인 '만취한 사람은 용기와 공동체 감각을 잃는다' 또는 '패배의 두려
움에 용기를 잃었다'는 것을 이해함만으로 충분하지 않습니다. 심지어 환자가
습관적으로 술을 마시게 된 것은 어린 시절에 시작된 열등감 때문이라는 심
리상담사의 말은 믿기 쉽습니다. 하지만 그저 말로는 아무런 변화도 일어나지
않습니다. 상담사는 환자가 충분히 이해받고 있음을 느끼게 하고, 자신의 잘
못을 깨달을 수 있도록 환자의 삶이 가진 고유한 구조와 성장 과정을 파악
해 알기 쉽게 설명해야 합니다.

환자와 상담사가 나를 찾아와 "나는 모두 설명했습니다"라거나 "나는 모
두 이해했습니다. 하지만 잘 안 돼요"라고 말하지만 나는 이를 이상하다고 생
각합니다. 이러한 실패 사례를 살펴보면 언제나 상담사도 환자도 모든 사정을
이해하고 있지 않고 어떠한 설명도 하지 않았음을 알 수 있습니다.

때로는 환자가 열등감을 갖고 상담사의 말에 더욱 용기를 잃어 정확한 설
명에도 저항하는 경우가 있습니다. 반대로 환자가 상담사를 치료하는 경우
도 있습니다! 또는 경험이 모자란 상담사가 "당신은 공동체 감각이 없습니다."
"당신은 다른 사람에게 관심이 없습니다." "당신은 열등감이 있습니다." 이 같

은 말을 하며 환자에게 개인심리학의 이론을 가르칠 때가 있습니다. 이것은 대단히 잘못된 방법이라고밖에 할 수 없습니다. 바람직한 설명은 알기 쉬워야 하며 환자가 그 설명을 들은 뒤 곧바로 자신의 경험을 떠올릴 수 있어야 합니다.《신경증 문제》

용기를 북돋는 말만 하거나 술을 끊게 해주듯 표면적인 행동만으로는 충분하지 않습니다. 또한 "알코올의존증 환자를 맑은 정신으로 만드는 것만을 적절한 치료라고 할 수는 없다"고 말합니다. 그것만으로는 환자의 생활 태도를 바로잡을 수 없기 때문입니다.

아들러가 치료하던 알코올의존증 환자는 2년 동안 입원을 했지만 완전히 나을 수는 없었습니다. 그는 아무런 준비 없이 사회로 돌아갔는데, 이번에는 환각이 시작되었습니다. 어떤 증상이든 '왜' 그렇게 되었는지를 이해해야 합니다.

"알코올의존증 환자는 헤쳐나가야 할 인생의 과제로부터 벗어나고 싶어 한다"고 아들러는 말했습니다. 아들러는 알코올의존증 환자만이 아닌 신경증 환자, 범죄자에게도 이와 똑같은 원인이 있다고 말합니다. 증상, 또는 행동 자체를 없애거나 나아지게 하려는 자세만을 중요시하지 않는 이유는 헤쳐나가야 할 인생의 과제로부터 벗어나려는 생활 태도를 바로잡지 않으면 더욱 괴로운 증상이 나타나기 때문입니다.

앞에서 이야기한 환자가 처음에 일을 할 수 없었던 이유는 알코올의존증을 보였기 때문이지만 그 증상이 사라진 뒤에는 환각이 보여 일을 할 수 없게 되었습니다. 그러나 사실 이 증상은 환자의 주장일 뿐이며 정확히 말하자면 처음에는 알코올의존증을 이유로, 그다음에는 환각을 이유로 일하지 않았을 뿐입니다.

'환자에게 어떠한 강요도 하지 않는다'는 원칙에 따라 환자와 심리상담사(정신과의사) 사이에 자유로운 관계가 확실히 만들어지지 않으면 인생의 과제 해결을 강요받기 두려워, 결국 환자가 치료에 저항하게 됩니다. 옳은 말일수록 저항이 일어나기 쉽습니다.

이와 관련해서 심리상담사가 '자신을 되돌아보고, 높은 평가를 받으려는 마음을 모두 버려야' 한다는 뜻은 자신의 해석이 뛰어나다고 과시하거나, 저항하는 환자에게 "당신이 모르고 있을 뿐입니다"라고 말해서는 안 된다는 것입니다.

직접적인 치료와 간접적인 치료

나는 신경증 환자를 치료할 때, 늘 될 수 있으면 단순하고 직접적인 방법을 씁니다. 그러나 신경증 환자에게 "당신은 지배적인 사람이군요. 당신은 지금 병을 이용해 주변 사람들을 지배하려 들고 있어요"라고 말해도 아무런 효과를 보지 못합니다. 분명 환자는 화를 낼 테니까요. 먼저 신뢰 관계를 만들고 환자의 편에 서야만 합니다. 어떤 신경증 환자라도 부분적으로는 올바른 이야기를 합니다.《신경증 문제》

여기서 말하는 '직접적인 방법'은 다음과 같이 설명할 수 있습니다. "신경증 환자는 늘 인생의 과제로부터 벗어나는 일을 정당화할 가장 적합한 이유를 찾습니다. 하지만 자신이 저지르는 일을 이해하지는 못합니다. 환자를 더 주의 깊게 이끌지 않으면 안 됩니다. 단순하고 직접적인 설명으로 환자를 이해시키는 일이 심리상담사의 의무입니다."

신경증 환자들 대부분은 자신이 인생의 과제로부터 벗어날 정당한 이유를 찾고 있음을 깨닫지 못합니다. 이럴 때, 그런 점을 분명하게 알려주어야만 합니다. 그러나 앞서 말했던 사례에서처럼 직접적으로 지적을 하면 환자는 저항을 하게 됩니다. 신경증 환자는, 자신이 특정한 목적을 이루려 어떤 병적 증상을 만들어낸다는 것을 의식하지 못하므로 누구나 인정할 수밖에 없을 만큼 단순 명쾌한 말도 쉽게 인정하지 못합니다. 부모와 자녀의 관계처럼 치료를 하는 이와 환자 사이에 깊은 믿음이 쌓여야만 합니다. 또한 환자가 치료하는 이를, '내 편' 또는 '동료'로 여기지 않으면 어떠한 방법으로든 치료는 불가능합니다.

간접적인 치료에서, 나는 우울증을 치료할 때 앞서 말한 신뢰 관계를 바탕으로 한 방법을 씁니다. 서로에게 공감하는 관계를 확실하게 이룬 뒤, 다음과 같은 두 단계에서 치료를 위한 제안을 합니다.

제1단계의 제안은 이렇습니다. "당신에게 있어서 기분 좋을 일만을 하십시오." 환자의 일반적인 대답은 이렇습니다. "기분 좋을 일 따위 없습니다." 나는 또 이렇게 말합니다. "그러면 조금이라도 불쾌한 일은 하지 않도록 노력해 주십시오." 증상을 나아지게 하기 위해 익숙지 않은 일을 하도록 권유받은 환자는, 나의 조언들 가운데서 새로움을 발견하고는 기분이 좋아집니다. 그리고 경우에 따라서는 스스로 행동을 변화시킬지도 모릅니다.

시간이 흐르고 나는 다음 단계로 나아가서 행동의 제2단계를 제시합니다. "이번 제안은 앞선 것보다 어려워서 당신이 해낼 수 있을지 나도 잘 모르겠습니다"라고 말한 뒤, 나는 입을 다물고 환자를 가만가만 살펴봅니다. 이렇게 해서 나는 환자의 호기심을 불러일으키고 집중하게 한 뒤 다음과 같이 말하지요. "만일 당신이 이 제안을 잘해 낼 수 있다면 2주 뒤에는 상태가 훨씬 좋아질 겁니다. 이 제안이라 함은, 어떻게 하면 다른 사람에게 기쁨을 줄 수 있을지 생각해 보는 일입니다. 그러면 곧 잠이 올 것이고 당신이 품고 있는 슬픈 생각들도 모두 없앨 수 있을 겁니다. 맡은 역할을 잘해 내면서 자신이 가치롭다고 느끼게 될 테니까요."

나의 이 제안에는 아주 여러 가지 대답이 돌아옵니다. 그리고 모든 환자들이 이 제안은 행동으로 옮기기 어려우리라고 여깁니다. 만일 대답이 "나 자신도 아무런 기쁨을 느낄 수가 없는데 어떻게 다른 사람을 기쁘게 하라는 거죠?"라면 "그럼 4주만큼의 시간이 필요하겠군요"라고 말해서 뒷날 일어나게 될 일을 기대하게 만듭니다. "누가 나에게 기쁨을 줄 수 있을까요?" 이처럼 진솔한 대답에는 나는 다음처럼 말합니다. "내 제안에 따르며 자신을 조금이라도 훈련시켜 두면 좋겠지요. 그렇지만 다른 사람을 기쁘게 하는 일을 행동으로 옮기진 마세요. 그저 어떻게 하면 그럴 수 있을까, 그 생각만 해보세요." 우울증 환자는 이렇게 말할 겁니다. "그쯤은 아주 쉬운 일입니다. 늘 해오던 생각이니까요." 그러면 우리는 이렇게 의심해 볼 수 있습니다. '이 환자가 다른 사람보다 우위에 서기 위해 친절을 베풀어온 것은 아닌가.' 나는 그런 사람들에게 "당신이 친절을 베풀면 그 사람은 진심으로 기뻐하나요?"라고 질문합니다.

때에 따라 나는 양보를 통해 환자의 연습과 훈련이 필요하다는 이유를 대면서 이 일의 어려움을 인정합니다. 이렇게 타협함으로써 더 쉬운 방법을 제안하지요. "당신이 전날 밤에 생각했던 것들을 모두 기억하는 겁니다. 다음 날 그 생각들을 모두 알려주는 것으로 나를 기쁘게 해주세요." 그리고 이튿날, 밤에 생각했던 것들을 말해 달라고 하면, 아마도 환자는 이제까지 며칠째 못 잤음에도 불구하고 "그냥 잠들어버렸어요"라고 대답할 겁니다. 그러나 심리상담사는 환자의 증상이 사라졌다고 여겨서는 안 됩니다. 오히려 더 열심히 온갖 쓸모 있는 사실들을 모아 환자의 생활 양식을 다시 구성하려 노력해야 합니다.(《신경증 문제》)

이러한 과정을 통해 아들러는 치료 규칙으로 '싫어하는 일은 하지 않아도 괜찮다'고 제안함으로써 제안해 환자의 긴장을 풀어줍니다. 만일 우울증이 있는 사람이 어떤 일에라도 즐거워할 수 있다면 누구를 비난할 수 있을까요? 어떻게, 무엇으로써 복수할 수 있을까요?

우울증 환자는, 자살함으로써 다른 사람에게 자신의 고통을 되갚으려 합니다. 자신이 바라지 않는 일을 억지로 하는 것으로 앙갚음의 구실을 만들지요. 그러나 무엇이든 자신이 바라는 일이라면 자살의 구실이 될 수 없습니다. 또한 극장에 가고 싶다거나 쉬고 싶다면 그렇게 하라고 말하십시오. 만일 도중에 싫증이 난다면 고민할 필요 없이 그만둬버리라고 말하는 겁니다. 이렇듯 자기가 좋아하는 일만 한다면 누군가를 탓하거나 무언가를 앙갚음할 수가 없습니다. 그게 어떤 일이라 하더라도 자유롭게 원하는 일을 할 수 있다면 그것은 누구에게라도 가장 좋은 상황이 됩니다. 그러나 다른 사람을 지배하고 누군가를 탓하려고만 드는 사람에게는 이런 일이 생활 양식에 맞지 않습니다. 다른 사람이 하는 일에 찬성하면 그 사람을 지배할 수 없기 때문입니다.

제2규칙에서는, "이번 제안은 앞선 것보다 어려워서 당신이 해낼 수 있을지 나도 잘 모르겠습니다"라고 말했습니다. 이것은 환자에게 있어 하나의 도전과 같습니다. '내가 못 해낼 것 같아? 꼭 해내고 말 거야.' 환자는 이렇게 생각합니다. 우울증 환자가 아니더라도 심리 상담에서 상담사를 향한 환자의 저항을 줄이기 위해 이렇게 말할 때가 있지만 도발처럼 들리게 되면 환자와의 관계를 망가트리기도 합니다.

'어떻게 하면 다른 사람에게 기쁨을 줄 수 있을까'를 생각해 보라고 한다면 환자는 그런 일은 못하리라고 여기기 쉽습니다. 이제까지 기쁨을 주기는커녕 늘 누군가를 곤란하게 만들려 애써왔기 때문입니다. 그럼에도 누군가에게 기쁨을 주거나, 그게 어렵다면 어떻게 하면 그렇게 할 수 있을까를 생각하도록 조언을 합니다. 환자가 "에이, 그쯤은 간단한 일입니다. 그런 생각은 늘 해왔으니까요"와 같은 대답을 하더라도 사실은 그렇게 여기지 않습니다. 이런 환자들에 대해 아들러는 이렇게 주장합니다. "그들은 한 번도 다른 사람에게 기쁨을 줄 방법을 생각해 본 적이 없습니다." 그리고 많은 경우에 심리상담사의 조언은 환자의 완강한 저항에 가로막힙니다.

앞서 말했듯이 다른 사람에게 기쁨을 줄 수 있는 방법을 생각해 보고 알려달라고 한 상담사의 조언을 그대로 따르지 못한 채 잠들어버린 환자가 많습니다.

증상이 아닌 '생활 양식 재건축'이야말로 환자에게 가장 필요한 일입니다. 환자는 타인에게 기쁨을 준 경험이 없습니다. 다른 사람이 자신을 기쁘게 해주지 않는데 왜 나는 다른 사람을 기쁘게 해주어야 하느냐고 환자들은 묻습니다. 하지만 환자가 마침내 이 제안을 받아들인다면, 다른 사람이야 어떻든 자신이 먼저 그들에게 기쁨을 주었을 때 '나는 누군가에게 도움이 되고 가치가 있는 사람이야!'라고 느낄 수 있음을 알게 될 겁니다. 이것이 바로 '환자의 공동체 감각을 깨우는 일'이라 할 수 있겠습니다.

직접 이야기할 수 없어

'그 아이에게 직접적으로 이야기하지 않는 것'은 때때로 쓰여야 하는 기교입니다. 우리는 이 기교를 눈에 띄지 않는 방법으로 씁니다. 저항하는 아이는 상황에 맞게 행동하지 않고 개인적으로 반응하기 때문입니다. 아이들은 다른 사람이 직접적으로 말을 걸어와도 대답을 할 때 저항합니다.

"나는 오히려 여섯 살인 네 여동생에 대한 이야기를 들었어."

우리는 부모가 칭찬하는, 소녀의 여동생 이야기를 물었습니다. 우리는 이 소녀의 여동생이 모든 상황에 잘 적응하고 부모로부터 더 큰 사랑을 받고 있으므로 아마 그녀가 여동생을 미워하고 있다는 짐작을 할 수 있었습니다. 여동생에게로 눈을 돌린 기교는 아주 적절한 방법이었습니다. 보통 여동생은 모든 관계에 있어서 언니보다 뛰어나려고 노력하기 때문입니다. 당황한 아이는 주의 깊게 이야기를 들었습니다. 이 소녀는 이 이야기의 주된 내용을 이해한 것 같았습니다. 그러나 우리는 오히려 이 소녀가 여동생이 가진 것을 갖고 싶어 한다는 걸 짐작할 수 있었습니다. 그리고 이 소녀도 우리의 이야기를 들으려 하기 시작했습니다. 우리는 처음의 상황에서 저항하던 아이로부터 차츰 이런 모습을 보게 됩니다. 아이는 조금씩 조용해졌으며 나중에는 이야기에 큰 관심을 보였습니다.

사람은 누군가가 자신에게 직접 말을 걸 때보다도 다른 사람이 자신에 대해 이야기하는 것을 전해 들을 때, 그 이야기에 큰 관심을 보이며 귀를 기울입니다. 아들러 심리학에서 여러 상담사들이 한 환자에 대한 상담을 진행하는 '다중 심리 치료'를 할 때는, 환자 앞에 상담사들끼리 모여 환자의 증상을 이야기합니다. 환자는 그들의 이야기에 열심히 귀를 기울입니다. 둘 가운데 한 사람이 환자를 대신해 말합니다. 또 하나의 상담사는 환자의 대변자를 설득합니다(대리설득). 여기서, 두 상담사가 결론을 내리면 처음에는 저항하던 환자도 '그렇구나. 그런 이유였구나' 하고 이해를 하면서 상담사의 조언을 받아들이게 됩니다.

심리 치료 때 피해야 할 것

개인심리학은, 상담 치료 때 다음과 같은 행동을 멀리합니다. 환자에게 관심이 없거나, 어려운 단어를 쓰고, 또 성급한 조언을 하는 것. 그리고 자신을 마지막 근거로 삼거나, 시간을 엄수하지 않거나, 다툼을 일으키는 것. 또한 어떤 이유에서든 희망이 없다고 말하는 것입니다.

치료될 희망이 없다는 것은, 치료를 하는 사람의 능력이 모자란다는 뜻입니다. 자신의 역량으로는 치료할 수 없다면 다른 상담사에게 환자를 맡겨야 하는데, 그 사실을 받아들이지 못한 채 무턱대고 치료될 희망이 없다는 말을 해선 안 됩니다. 상담사는, 환자를 위해 주어진 시간 모두를 써서 온 힘을 다해 치료해야만 합니다.

친구로 대하다

심리상담사는 어떠한 것도 강제할 수 없음을 알아두어야 합니다. 환자를 우호적인 태도로 대해 자신이 가까운 사람으로 받아들여지도록 해야 합니다. 의사나 상담사가 해야 할 일은 환자에게 '친구'와 마음을 나누는 경험을 주는 것이며, 이렇게 해서 일깨워진 공동체 감각을 다른 사람에게 전달하도록 하는 것입니다.《신경증 문제》

환자에게 있어서 심리상담사와의 관계는 대인 관계의 본보기가 되어야 합니다. 환자는 상담사가 '친구'임을 알게 되는 경험을 통해 이제껏 다른 사람들은 자신을 위험에 빠뜨릴지 모르는 '적'이라고 여기던 생각이 잘못되었음을 깨달을 수 있어야 합니다.

우호적인 상담사를 믿지 못하는 환자는 아들러가 자신의 예를 들어 말하듯이, 상담사를 때리려 들지도 모릅니다. 때로는 이성을 좋게 생각하지 않는 환자가 자신과 성별이 다른 상담사에게 도무지 믿음을 주지 못하는 경우도 있습니다.

상담 치료를 통해 '적'으로 보지 않아도 되는 사람과 마음을 주고받으며 공동체 감각을 살리고, 그것을 다른 사람에게도 전할 수 있게 되어야 합니다.

환자는 다른 사람들도 자신과 같으리라 생각하며, 친구로 대하려 해도 공격적인 행동을 보이기도 하지만, 한번 심리상담사와 마음을 주고받게 되면 다른 이에게도 새로운 시각을 갖게 되는 변화를 나타낼 수 있습니다.

치료의 성공 여부

상담사가 우월함을 드러내는 태도는 치료를 실패로 이끌며, 거만한 태도 또한 치료에 걸림돌이 됩니다. 심리상담사는 처음부터 치료의 성공 여부는 환자에게 있음을 또렷하게 느끼도록 노력해야 합니다. 왜냐하면 영어의 속담이 말하고 있듯이 '말을 물가에 끌어다 놓을 수는 있어도, 물을 먹일 수는 없기' 때문입니다.《삶의 의미》

이 속담은, 상담사가 무엇을 강요해도 결국은 아무런 소용도 없다는 것을 이야기해 줍니다.

상담사는 환자가 나아질 수 있도록 도울 수는 있지만 그 이상은 할 수 없습니다. 치료에서 가장 중요한 부분은, 환자가 자신의 병에 대한 이해와 나으려는 의지를 가지는 것입니다. 상담사는 도움을 주는 일 이상은 할 수 없으며, 낫고 낫지 않고는 환자의 결정에 달려 있음을 안다면, 상담사가 권위자처럼 행동할 필요는 없습니다. 상담사의 조언을 받아들이지 않더라도, '스스로 깨닫지 못하는 것'이라는 취지로 말을 해서도 안 됩니다.

물론, 상담사로서의 책임도 있습니다. 신경정신과적 질환의 치료 시, 그 병을 올바르게 이해하는 일입니다. 잘못된 이해를 가지고 치료해서는 환자를 도울 수 없습니다.

최면이란

치료를 위해 최면을 쓰는 것은 위험합니다. 최면은 환자가 그 외의 방법을 믿지 않을 때만 씁니다. 최면에 들어간 사람은 매우 공격적인 행동을 보입니다. 최면 뒤 처음에는 환자가 어려움을 이겨낸 듯 보입니다. 하지만 그가 진정으로 생활 양식을 바로잡은 것은 아닙니다. 최면은 약이나 기계적인 방법과 같습니다. 사람의 본성 자체에는 닿지 못하기 때문입니다. 정말로 환자를 돕고 싶다면 그에게 용기와 믿음을 주며 자존감을 쌓게 해야 합니다. 최면은 그런 일을 할 수 없습니다. 그렇기에 특별한 몇몇 경우를 제외하고 써서는 안 됩니다.

최면은 환자가 상담사의 말을 따르겠다 결심하고, 상담사가 자신을 잠들게 할 것을 알고 있는 형태로 진행됩니다.《삶의 과학》

전제는 "이제부터 잠이 듭니다"와 "네, 잠이 듭니다"라는 관계의 성립입니다. 아이에게 부모가 "자, 이제 자는 거야!" 하면, 아이가 그 말을 따르는 행동도 하나의 최면이라고 할 수 있습니다.

최면에서 상담사가 바라는 결과가 일어나는 이유는 최면에 들어간 환자가 상담사에게 순종하기 때문입니다. 그리고 그 순종의 정도가 높을수록 최면에 들기 쉬워집니다.《삶의 과학》

문제는 심리상담사에게 이러한 감정이 꾸준히 이어질 수 없다는 것입니다. 분명 처음에는 상담사에게 순종한 듯 보이지만 그것이 나중에 상대를 경시(輕視)하기 위한 준비 단계인 경우도 있다고 아들러는 지적합니다.

아들러가 치료 방법으로 최면이 위험하다고 하는 까닭은, 상담사와 환자의 관계가 다른 사람과의 관계와 마찬가지로 대등해야 한다고 여기는 데에 있습니다. 최면을 사용할 때 상담사와 환자의 사이에는 수직적인 관계가 이루어집니다. 이것은 대등한 관계가 아닙니다.

치료는 환자의 성공

환자의 치료를 심리상담사의 성공이 아니라 환자의 성공으로 여겨야 함을 엄격한 규칙으로 두어야 합니다. 상담사는 잘못된 부분을 제시하는 데에서 그쳐야 하며, 그것을 자신의 것으로 받아들이는 이는 환자임을 분명히 알아야 합니다. 우리가 보아온 모든 실패 사례의 원인은 협력의 의지가 모자랐음에 있습니다. 그러므로 먼저 환자가 상담사와 협력할 수 있도록 모든 수단을 이용해야 합니다. 협력은 환자가 상담사를 신뢰할 수 있을 때만 가능하다는 것은 분명한 사실입니다. 그렇기 때문에 공동체 감각을 높이기 위한 협력 작업은 상담 치료의 가장 처음에 행해지는, 진지하고 과학적인 시도로서 아주 중요합니다.《삶의 의미》

수직적 관계에서 치료를 하는 심리상담사는 환자의 행동과 증상을 분명 예리하게 해석합니다. 하지만 그것을 자신이 가진 우월한 능력이라 여겨, 환자가 그 해석을 받아들이지 못하는 경우에도 그것은 환자의 잘못이라고 말하며 자신의 해석을 받아들이기를 강요합니다.

심리 치료를 이어가기에 앞서

첫 내담을 했을 때 환자가 치료에 올지 말지 의구심을 갖는다면, 며칠 시간을 두고 환자가 결정하도록 해야 합니다. 치료가 얼마나 오래 이어지는지 묻는 질문에 짧게 대답하는 것은 불가능합니다. 그러나 우리는 그와 같은 질문이 정당하다고 생각합니다. 치료를 받으러 오는 대부분의 사람이 8년이나 치료를 다녔는데 잘되지 않았단 이야기를 듣고 있기도 하기 때문입니다. 개인심리학이 올바르게 행해진 치료라면 늦어도 3개월 이내에 성과가 나타나며, 많은 경우 그것보다 더 빨리 나타납니다. 하지만 성공은 환자에게 달려 있기 때문에 처음부터 공동체 감각의 문을 열기 위해 상담을 계속해 나가는 것은 환자의 협력에 의존해야 합니다. 의사에게 개인심리학이 제대로 확립되어 있다면 30분 뒤에는 방향이 보이기 시작할 테지만 환자 자신이 생활 양식과 그 오류를 인정할 때까지 기다려야 합니다. 이것이 올바른 상담의 순서입니다. 또한 심리상담사는 환자에게 다음과 같이 덧붙일 수 있습니다. "당신이 일주일 또는 이주일 뒤에, 우리가 올바른 길을 걷고 있다는 확신이 들지 않는다면 나는 치료를 단념하겠습니다."《삶의 의미》

환자가 자신의 잘못된 부분을 인정하는 일은 쉽지 않습니다. 신경증 환자는 증상을 필요에 의해 스스로 만들어냈음을 인정하는 데서부터 시작해야 하기 때문입니다. 신경증의 경우, 인생의 과제를 회피하려는 것이 생활 양식의 '오류'입니다. 환자에게 나타나는 증상들은 인생의 과제를 회피하는 자신의 행동을 정당화하기 위함입니다.

치료와 심리 상담은 초기 단계, 가능하면 첫 내담의 30분 뒤에는 상담의 목적을 결정해야 합니다. 치료를 언제까지고 계속할 수는 없으므로 정해진 목표에 다다르게 되면 상담을 끝내겠다고 결정하는 겁니다.

많은 환자가 진찰이나 심리 상담에 오는 목적은 자신의 증상이 없어지길 바라는 데 있습니다. 하지만 중요한 것은 환자가 필요에 의해 그 증상을 스스로 만들어냈음을 이해하고 '제대로 된 발판을 확립'하는 일입니다. 자신의 오류를 받아들이고 생활 양식을 올곧게 바로잡았을 때 더는 필요하지 않게 된 증상들은 사라지게 됩니다.

아들러 삶의 고민을 해결하는 100가지 말

한성자 풀어 엮음

아들러 삶의 고민을 해결하는 100가지 말

"저는 아들러의 책을
처음부터 끝까지 세 번을 읽었습니다.
어느 화요일 아침, 저는 의자에서 일어났습니다.
세상은 어제와 달라져 있었습니다…….
아들러는 저에게 가르쳐주었습니다.
'세계는 믿을 수 없을 만큼 단순하다'고요."

정신과 전문의 리디아 지허(Lydia Sicher)

자기 계발의 아버지 아들러는 왜 세상에 잘 알려지지 않았을까

오스트리아 빈 근교에서 태어난 알프레트 아들러(1870~1937)만큼, 현대 심리학에 많은 공적을 남겼음에도 사람들에게 제대로 알려지지 않은 인물은 아마 없을 것입니다.

우리는 심리학을 어렵게만 생각하고 잘 모른다 해도, 지크문트 프로이트(1856~1939)나 카를 구스타프 융(1875~1961)의 이름은 알고 있습니다. 하지만 이 둘에 필적할 공적을 이룬 아들러에 대해서는 많은 사람들이 이름조차도 들어본 적이 없을 것입니다.

아들러는 '자기 계발의 아버지'로 불립니다. 지금은 자기 계발서의 고전이며 정석이 된 데일 카네기의 《인간관계론 *How to Win Friends and Influence People*》, 《자기관리론 *How to Stop Worrying and Start Living*》, 스티븐 코비의 《7가지 습관 *The 7 Habits of Highly Effective People*》과 같은 책을 읽어보면, 그 이론의 많은 부분이 아들러 심리학(Individual Psychology)의 큰 영향을 받았다는 사실을 알 수 있을 것입니다. 또한 커뮤니케이션(의사소통)의 기술로 널리 알려진 코칭(Coaching)이나 NLP(Neuro Linguistic Programming)의 많은 부분도 아들러 심리학에서 깊은 영향을 받았습니다.

아들러 심리학은 '인간성 심리학의 원류'라고도 불립니다. 아들러에게 영향을 받은 심리학자는 수없이 많습니다. 에이브러햄 매슬로(Abraham Harold Maslow), 빅터 프랭클(Viktor Frankl), 칼 로저스(Carl Ransom Rogers), 앨버트 엘리스(Albert Ellis), 아론 벡(Aaron T. Beck), 에릭 번(Eric Berne), 에리히 프롬(Erich Fromm), 윌리엄 글래서(William Glasser)를 들 수 있습니다.

이렇게 많은 영향을 주었음에도 그 원류인 아들러의 이름은 이제까지 그다지 알려져 있지 않았습니다. 캐나다 정신과의사 앙리 엘랑베르제(Henri Ellenberger)는 그의 저서 《무의식의 발견 *The Discovery of the Unconscious*》에 다음과 같이 말합니다.

"아들러의 업적이 모두에게 묵살당하고, 그가 제창한 학설들이 하나씩 하나씩 조직적으로 그가 아닌 다른 학자의 업적이 되어버리는, 말도 안 되는 현상이 일어나고 있다."

"허락도 없이 여러 학자들에게 이렇게나 많은 표절을 당하는 사람은 알프레트 아들러밖에 없지 않을까. 그의 학설은 프랑스어 표현을 빌려 말하면 '공동채굴장(une carrière publique)' 같아서 아무나 들어가 거리낌 없이 금을 마음대로 파 간다. 인용을 꼼꼼히 밝히는 사람도 그 출전이 아들러 심리학(개인심리학)일 때는 그렇게 하지 않는다."

아들러 또한 자신의 이론을 다른 사람이 이용하는 것에 대해 무척 너그러우며 관심조차 없었던 것 같습니다.

아들러는 말합니다.

"내 이름을 아무도 기억하지 못하는 때가 올지도 모른다. 아들러학파가 존재했다는 사실조차 잊힐지 모른다. 하지만 그래도 상관없다. 언젠가 심리학 분야에서 일하는 모든 사람이 다 함께 공부한 듯 행동하게 될 것이기 때문이다."

이 밖에도 아들러가 그 공적에 비해 크게 이름이 알려지지 않은 이유는 여러 가지가 있습니다.

1. 논문이나 저작을 많이 남기지 않았고, 이론이 체계화되기 전에 세상을 떠났다.
2. 프로이트와 달리, 학파 제자들을 조직화하지 않았다.
3. 나치스(국가사회주의독일노동자당)의 유대인 핍박에 의해 아들러학파의 많은 사람들이 죽임을 당했다.

이번 장은 학술서나 심리학 입문서와는 달리 쉬운 단어를 쓰고, 간략하게 의미 해석을 하여, 알기 쉽게 설명했습니다. 심리학이나 학술서를 부담스럽게 느꼈던 이들이 한 사람이라도 더 많이 읽어주면 좋겠습니다.

여기 실린 내용은 모두 단순하며 명쾌합니다. 그렇기 때문에 '마땅'하게 들릴지 모르겠습니다. 하지만 그 '마땅함'이야말로 진실이며 올바른 답입니다.

이런 일화가 있습니다.

아들러 강연을 들은 한 수강생이 말했습니다.

"오늘 강의는 너무나 당연한 이야기(common sense) 아닌가요?"

아들러는 그 말에 이렇게 대답했습니다.

"그게 뭐가 잘못됐나?"

It is less important what one has than what one does with what one has.
**중요한 것은 사람이 무엇을 갖고 태어나는가가 아닌
주어진 것을 어떻게 사용하느냐이다.**

전부 당신이 결정한 것

'자기결정성'에 대한 아들러의 말

**인생이 힘든 것이 아니다.
당신이 인생을 너무 힘들게 하고 있는 것이다.
인생은 너무나도 단순하다.**

'인생이 힘들고 괴로운' 게 아닙니다. 당신 스스로가 '인생을 힘들고 괴롭게'
하고 있는 것입니다. 아들러는 그와 관련해 이러한 예를 들었습니다.

"높이가 5피트(약 1.5미터)밖에 안 되는 문을 통과하는 방법은 두 가지입니
다. 하나는 똑바로 걸어가는 것이며, 또 하나는 머리를 숙이는 것입니다. 앞의
방법을 쓴다면 통과하기 전에 문틀에 부딪치고야 말 겁니다."

즉 '인생은 괴롭고 힘들다'고 느끼는 사람은, 낮은 문을 지나갈 때 똑바로
걸어가서 문틀에 머리를 부딪치는 사람입니다. 머리를 숙여 문을 통과하면
아무런 문제가 되지 않습니다. 하지만 많은 사람들은 낮은 문이 '원인'이며,
자신은 잘못한 게 없다고 말합니다. 그렇지 않습니다. 머리를 숙이지 않은 자
신이 잘못한 겁니다.

그렇다면 어떻게 하면 인생이 괴롭고 힘들어지고, 어떻게 하면 인생이 단
순해지는 걸까요? 그 답은 한마디로 표현할 수 없지만, 아마 이 책을 읽어가
면 조금씩 알 수 있을 겁니다. 지금 단계에서 말할 수 있는 것은 오늘 내 인생
을 결정하는 것은 '운명'이나 '과거'의 트라우마가 아니라, 나 자신의 생각이라
는 것입니다. 그렇기 때문에 우리는 언제든 마음만 먹으면, 자신의 인생을 단
순하게 할 수 있습니다. 이제 스스로 문틀에 머리를 부딪히는 것은 그만합시

다. 내 인생을 힘들게 하는 것은 바로 나 자신입니다.

인간은 자신의 인생을 그리는 화가다.
오늘의 당신을 만든 것은 당신 자신이며,
앞으로의 인생을 결정하는 것도 당신 자신이다.

'운명'이란 마치 내 힘으로는 아무것도 할 수 없는 것처럼 느껴지기도 합니다. 그러나 바꿀 수 없는 것은 '숙명'이며 '운명'의 운(運)이란 글자는 '옮기다, 움직이다'라는 의미입니다. 즉 '운명'은 스스로가 '움직일 수 있는 것'이며, 이제껏 자신이 '움직여온 결과'인 겁니다.

지금까지 우리의 인생은 유전이나 자라난 환경, 태어난 지역이나 입사한 회사 등 많은 것들의 영향을 받아왔습니다. 하지만 그것보다 큰 결정 요인은 자신이 내린 수많은 결단들입니다. 그것은 누군가가 강제한 것이 아니며 자기 의지로 내린 결단입니다.

오늘의 회사를 선택한 것도 자신이며, 그 회사를 그만두지 않고 계속 다니기로 결정한 것도 자신입니다. 지금의 배우자를 선택한 것도 자신, 부모의 가치관을 따랐다고 한다면 따르기로 결정한 것도 자신입니다. 우리는 싫으면 언제든 거부할 힘과 권력을 갖고 있습니다. 싫으면 회사를 그만둘 권리, 부모의 가치관에 따르지 않을 권리, 우리는 이런 권리들을 갖고 있는 겁니다.

이제까지의 인생을 만든 것은 나 자신이며, 앞으로의 인생을 만드는 것도 나 자신입니다. 이렇게 생각하면 인생은 정말 멋집니다. "할 수 없는 건 없다. 사람은 뭐든 할 수 있다"는 아들러의 말은 우리의 마음을 든든하게 해줍니다.

불치의 병에 걸린 상황에서도
하늘을 원망하고 울며 시간을 보낼지
주위에 감사하며 남은 시간을 충실하게 보낼지
그것은 자신이 결정할 수 있다.

"사람은 뭐든 할 수 있다"거나 "운명은 스스로 바꿀 수 있다"고 아무리 말해도 당신은 불가능한 것이 있다고 생각할지 모릅니다.

'내 잘못도 아닌데 교통사고로 크게 다쳤다. 이래도 스스로 바꿀 수 있다고 말할 수 있나?'

'말기 암이라 가망이 없다. 이것도 내가 만든 현재인가. 이래도 미래는 스스로 결정하는 것이라고 말하는가?' 이렇게 생각하는 사람도 있을 겁니다.

맞습니다. 병이나 사고를 비롯해, 스스로의 힘으로는 아무것도 할 수 없는 일이 있습니다. 하지만 상황을 바꿀 수 없다 해도, 그것을 어떤 마음으로 받아들이고, 어떠한 의미를 부여할지는 늘 우리의 선택에 달려 있습니다.

분홍 렌즈로 보면 세상은 분홍색이지만, 파랑 렌즈를 통해 보면 세상은 온통 파란색입니다. 컵에 물이 절반 들어 있는 것을 보고, '반밖에 없어!' 생각할지, '반이나 남아 있어!' 생각할지는 나에게 달려 있습니다. 현실을 받아들이고 거기에서 긍정적인 의미를 발견해 나가는 것, 이는 누구나 할 수 있는 쉬운 일입니다. 건전한 사람은 괴로운 상황에서도 무언가를 배웁니다. 그리고 감사할 수 있는 것을 찾아냅니다. 아들러는 우리에게 그러한 삶을 살아가자고 말합니다.

유전이나 자라난 환경은 '재료'일 뿐이다.
그 재료를 써서
살기 불편한 집을 지을지, 살기 편한 집을 지을지는
스스로 결정하면 된다.

아들러는 유전이나 자라난 환경을 100퍼센트 부정한 것은 아닙니다. 물론 유전의 영향은 있습니다. 그리고 부모가 어린 시절에 나를 어떻게 키웠는지 —애정을 들여 키웠는지, 방치했는지, 이러한 것들은 우리의 성격 형성에 영향을 주었음이 분명합니다.

하지만 그 영향은 작은 것일 뿐 전부가 아닙니다. 어머니가 날마다 나에게 야단만 쳤기 때문에 내가 소극적인 사람이 된 게 아닙니다. 그렇게 되는 방향을 스스로 고른 것뿐입니다. 그렇게 되는 것 이외에도 방향은 얼마든지 있습니다. 예를 들면 어머니와 말다툼하며 자립심이 강한 성격이 될 수도 있었을 것이고, 어머니와 달리 냉정하고 침착한 판단력을 갖게 되었을 수도 있었습니다. 아니면 어머니의 단점을 통해 배움을 얻어, 가족들을 다정하고 따뜻하게 지켜봐주는 사람이 되었을지도 모릅니다.

아들러는 유전이나 자라온 환경을, 집을 지을 때의 건축자재에 빗댔습니다. 같은 재료(유전이나 환경)를 썼다 해도, 똑같은 집(인생)이 지어지는 것은 아닙니다. 어떤 사람은 운치 있는 한옥을 짓고, 어떤 사람은 기능적인 빌딩을 지을 수도 있습니다. 재료는 어디까지나 재료에 지나지 않습니다. 그것을 어떻게 쓸지는 우리의 자유입니다. 오늘 당신의 인생은 당신의 재료를 써서 자신의 손으로 지은 '자신의 집'입니다.

'부모 때문이야.'
'저 아이 잘못이야.'
'시대 탓이야.'
'타고난 운명이니까.'
이런 것들은 책임 전가의 전형적인 변명이다.

변명을 하고 책임 전가를 하면, 그 순간의 마음은 편해집니다. '부모 때문이야, 상사 탓이야, 부하가 잘못했어, 배우자를 잘못 만났어, 사회가 잘못되었어. 그러니까 내 탓이 아냐' 이런 식으로 생각하면 마음이 한결 편해지겠지요. 하지만 그것은 한순간일 뿐입니다.

자신의 불행한 상황에 운명을 탓하며 한탄해 봐야, 아무것도 바뀌지 않습니다. 스스로 행동하지 않으면 운명은 좋은 쪽으로 나아가지 않기 때문입니다. 이 나라의 정치는 잘못되었다고 아무리 이야기한들 이 세상은 아무것도 바뀌지 않습니다. 정말로 정치를 바꾸고 싶다면 스스로가 정치가가 되든, 투표를 하든 그에 맞는 노력을 해야 합니다. 유전이나 부모의 양육 방식을 원망해 봐야 아무 소용이 없습니다. 과거를 받아들이고 그것을 그저 전제 조건으로 봐야 합니다. 나를 이해해 주지 않는 배우자나 상사에게 책임을 미룬다

한들 문제는 해결되지 않습니다. 책임을 떠안은 상대는 더욱더 반발해 당신을 괴롭힐 겁니다.

사람은 과거와 타인을 변화시킬 수 없습니다. 자기 자신의 생각, 행동을 바꾸는 것 말고는 미래를 바꿀 수 있는 방법은 없습니다. 그리고 사람은 누구나 스스로를 변화시킬 수 있는 힘을 갖고 있습니다. 즉 미래를 바꾸는 힘을 갖고 있다는 것입니다.

그러니 언제까지나 눈앞의 과제로부터 달아나서는 안 됩니다. 언젠가 분명 그것을 나의 것으로 받아들이고 마주해야 할 때가 옵니다. 치통으로 고생할 때, 아무리 진통제를 먹는다고 해도 충치는 낫지 않습니다. 정면으로 마주하고 근본적인 치료를 해야 합니다.

사람은 과거에 얽매여 있지 않다.
당신이 그리는 미래가 당신을 규정한다.
과거의 원인은 '해설'이 될 수는 있지만 '해결'은 될 수 없다.

아들러는 같은 시대에 살았던 지크문트 프로이트나 구스타프 융과 어깨를 나란히 하는 심리학의 거장입니다. 하지만 아들러가 심리학자로서 논문을 발표하기 시작했을 무렵, 심리학회에서 큰 힘을 갖고 있던 것은 프로이트의 이론이었습니다. 프로이트는 인간은 과거에 축적된 '성적인 힘(리비도)'에 영향을 받아 움직이는 것이라고 주장했습니다. 즉 사람은 과거로 규정되며, 스스로 미래의 자신을 제어할 수 없다고 말했습니다.

이에 정면으로 반론한 것이 아들러입니다. 아들러는 유전이나 양육 방식과 같은 '원인'에 의해 행동이 규정당하는 것이 아니라고 생각했습니다. 그리고 사람은 미래의 '목적'에 따라 스스로 행동을 결정한다고 했습니다. 그렇기 때문에, 자신의 의지로 언제든 자신을 바꿀 수 있다는 '목적론'과 '자기결정성'을 주장했습니다. 그 사상은 현대 심리학의 상식이 되었고, 프로이트의 '원인론'은 과거의 유물이 되었습니다. 그러나 우리의 일상생활에서는 아직도 과거의 유물인 '원인론'이 힘을 떨치고 있습니다. 그런데 원인은 '해설'은 될 수 있지만,

무언가의 '해결'은 될 수 없습니다. 과거를 바꿀 수는 없기 때문입니다. 아들러 심리학에서는 얼마든지 문제 '해결'이 가능합니다. 자신의 의지로 미래의 '목적'을 바꾸고, 오늘의 '행동 방식'을 다시 고르면 됩니다.

패배를 피하기 위해, 때로 사람들은 병을 만들어낸다.
"이 병만 아니면 나는 할 수 있었어."
이러한 변명을 하며 안전지대로 도망가 안도한다.

어떤 청년은 회사에서 늘 좋은 결과를 냈습니다. 그리고 다른 사람보다 더 빨리 관리직으로 승진해 부하를 두게 되었습니다. 하지만 훌륭한 선수가 명감독이 되는 것이 아니듯, 자신의 방식을 부하들에게 강요한 결과, 그는 부하들에게 미움을 사게 되었습니다. 그리고 그 사실이 주변에도 널리 알려졌습니다. 그는 이제 회사에 가는 것이 두려웠습니다. 어느새 그는 우울증에 시달리게 되었고, 이로써 회사에 가지 않아도 되는 면죄부를 손에 얻습니다.

어느 신인 여배우가 첫 주연 무대를 준비하던 중, 몸의 떨림이 멈추지 않아 무대가 중단될 처지에 놓였던 경우가 있었습니다. 본인은 열심히 하려 했지만, 일어서는 것조차 제대로 안 될 만큼 몸을 가눌 수 없었다고 합니다.

아들러는 "사람은 인생의 패배를 피하기 위해, 모든 것을 이용한다"고 말했습니다. 사람은 자기도 모르는 새로운 병까지 만들어내기도 합니다. 병이 나면 회사나 학교에 가지 않아도 되며, 사람들 앞에서 망신당할 일도 없습니다. 이렇게 생각하다 보면, '두통' '복통' '발열' '구토' '공황(패닉)' 등의 증상이 무의식중에 만들어지는 경우도 있다는 겁니다. 이것을 심리학에서는 '질병이득(疾病利得)'이라고 합니다.

병이 나면 괴롭습니다. 그러나 사람들 앞에서 자신의 패배를 모조리 드러내는 것에 비하면 별일 아닙니다. 지는 게 불 보듯 뻔한 전쟁에 나가야 한다면 병이 나는 게 훨씬 낫기 때문입니다.

건전한 사람은, 상대를 바꾸려 하지 않고 자신을 바꾼다.

그렇지 않은 사람은, 상대를 조종해 바꾸려 한다.

"과거와 타인은 바꿀 수 없다. 하지만 지금 여기서부터 시작하는 미래와 자신은 바꿀 수 있다." 이는 아들러를 원류로 하는 인간성 심리학에 속해 있는 에릭 번이 한 말입니다. 이 말은 많은 이들의 인생을 바꿨으며 좌우명이 되었습니다. 이 말을 실천할 때에 중요한 점은 뭐가 잘못되었던 걸까 하는 '원인'을 쫓지 않는 것입니다. 직장이나 가정에서도 재판관은 필요 없습니다. '누구의 잘못인가' 시시비비를 가리는 데 시간이나 노력을 쏟는 것보다 그 힘을 문제 해결에 쏟는 것이 훨씬 생산적입니다. 상사나 부하, 배우자가 잘못했다 해도 '지금 내가 할 수 있는 것'만을 보십시오. 만일 상대가 알아주기를 바라는 것이 있다면, 알아주지 않는 상대를 비난하는 게 아니라, 나의 전달 방식을 바꿔보는 겁니다. 내 말에 설득력이 있도록, 상대에게 신뢰를 얻는 노력을 해야 합니다.

건전한 사람은 예컨대 다른 사람이 100퍼센트 잘못한 상황이라도 '지금 내가 할 수 있는 일'에만 주의를 쏟습니다. 하지만 그렇지 않은 사람은 과거에 대해 불만만을 이야기하고, 다른 사람의 험담을 합니다. 자신이 피해자라고 호소하며, 스스로는 아무런 행동도 하지 않습니다. 어떤 인생이 행복할지는 말하지 않아도 알 수 있을 것입니다.

의욕이 없어진 게 아니라

의욕을 내지 말자고 스스로 결정한 것뿐이다.

변할 수 없는 게 아니라

변하지 말자고 스스로 결정한 것뿐이다.

자극(Stimulus)반응(Response)모델이라는 것이 있습니다. '꾸중'이라는 자극에 대해 '화가 난다'란 반응(감정, 사고, 행동)이 있다고 생각하는 것입니다. 하지만 현대 심리학에서는 이러한 생각을 거부합니다. 아들러를 원류로 하는 현대 심리학자들은 자극과 반응 사이에 '인지'라는 주관이 있다고 생각합니다. 이

'인지'가 앞서 비유한 분홍색 또는 파란색 렌즈입니다. 분홍색 인지를 통해서 보면 세계는 분홍색이고, 파란색 인지를 통해서 보면 세계는 파란색이 되는 겁니다.

야단을 맞았을 때도 그것을 어떻게 '인지'하고 '의미부여'를 하는지는 저마다 다릅니다. 분노하는 사람도 있을 테고, 우는 사람도 있을 겁니다. 한편, 야단쳐줘서 고맙다고 생각하는 사람도 있을 겁니다. 사람은 '인지'나 '의미부여'를 바꿈으로써 사고, 행동, 감정 등의 반응을 바꿀 수가 있습니다.

'야단맞아 화가 나서 의욕이 없어졌다'가 아니라, 혼나는 순간 여러 '인지'와 '의미부여'의 선택지 속에서 자신의 의지로 분노를 선택하고, 그것을 핑계 삼아 의욕을 내지 않는 것입니다. 상사 탓을 해서는 안 됩니다. 모든 것은 내 선택의 결과이며, 선택은 얼마든지 바꿀 수 있기 때문입니다.

유전도 트라우마도 당신을 지배할 수 없다.
어떤 과거든 간에,
미래는 '오늘 여기 있는 당신'이 만드는 것이다.

어느 살인범에게 "왜 사람을 죽였냐"고 물으니 "나는 부모에게 버림받았기 때문이다"라고 대답했습니다. 부모에게 버림받고, 제대로 된 가정에서 자라지 못했기 때문에 자신은 살인범이 되었다, 내 탓이 아니라 말하고 있습니다. 하지만 부모에게 버림받은 아이들 모두가 살인범이 되는 건 아닙니다. 그중에는 자기와 같은 괴로움을 다음 세대의 고아들이 겪지 않기를 바라며 고아들의 자립 지원에 힘쓰는 사람도 있습니다. 같은 환경에서 자랐다고 해도 사람은 자신의 의지로 다른 미래를 선택할 수 있습니다.

그러나 우리는 현재의 문제를 과거의 탓으로 돌려버립니다.

"어린 시절, 엄마가 나를 혼자 두고 일만 하셔서 나는 이렇게 어두운 성격이 되어버렸어. 내 탓이 아냐. 엄마 탓이야."

"집이 가난해서 대학에 갈 수 없었어. 만일 여유 있는 형편이었다면, 지금쯤 대학을 졸업해서 좀 더 좋은 직업을 갖고 있었을 텐데."

이렇게 과거 환경 탓을 하는 겁니다. 하지만 이것은 오로지 변명에 지나지 않습니다. 과거의 체험을 발판 삼아 미래를 개척할지, 자신은 피해자라고 변명만 하며 인생을 보낼지, 그것을 결정하는 것은 나 자신입니다. 어떠한 길로 나아갈 것인지 모두 내 선택에 달려 있습니다.

To be human mean to feel inferior.

인간이란, 늘 열등감을 갖고 있다.

있는 그대로의 나를 인정할 것

열등감에 대한 아들러의 말

당신이 뒤떨어지기 때문에 열등감이 있는 게 아니다.
아무리 우수한 사람이라도 열등감이 있다.
목표가 있는 한 열등감은 늘 존재한다.

우리는 주위에서 밝은 성격에, 머리 좋고, 외모도 빼어난 사람인데도 '나는 아무짝에도 쓸모없는 사람'이라고 열등감에 고민하는 사람들을 흔히 봅니다.

인간은 누구나가 열등감을 갖고 있습니다. 왜냐하면 인간은 스스로 의식하지 못할지라도 '이런 사람이 되고 싶다. 이런 인생을 걷고 싶다' 하는 저마다의 목표를 갖고 있기 때문입니다. 그리고 목표는 늘 현재보다 높게 설정됩니다. 설령 주위에서 보기에 순풍에 돛을 단 배처럼 잘나가고 있고 더 이상 위로 올라갈 데가 없어 보이는 사람이라도, 그는 더 높은 목표를 갖고 있는 겁니다. 즉 아무리 시간이 지나도 목표는 영원히 이루어지지 않습니다. 열등감은 이러한 이유로 생겨납니다.

또한 사람은 어린 시절, 자신을 부모 또는 형제와 비교하면서도 열등감을 품게 됩니다. '어른은 저렇게 쉽게 뭐든 해내는데 나는 아무것도 못해.' 이렇게 어린 시절 어른을 향해 품은 열등감은 마음속에 깊이 새겨지게 됩니다. '나는 무력한 존재다', '아무리 열심히 해도 따라잡을 수 없다'고 말입니다. 그리고 이러한 열등감은 어른이 되어도 그대로 남아 있습니다.

이처럼 열등감은 '다른 사람들보다 특별히 뒤떨어지는 사람만' 갖는 것이 아닙니다. 완벽하고 뛰어나 보이는 사람들 또한 갖고 있는 '주관적'인 것, 그것이 열등감입니다. 열등감은 당신만 갖고 있는 것이 아닙니다.

열등감이 나쁜 것은 아니다.
열등감을 어떻게 다루냐가 중요하다.

아들러는 '열등성', '열등감', '열등 콤플렉스' 이 세 가지를 뚜렷이 구분해 사용했습니다. '열등성'이란, 시력이 나쁘다, 키가 작다, 위장이 약하다 등, 구체적인 사실로 어딘가가 뒤떨어진 성질을 말합니다. 반면 열등감이란, 스스로가 뒤떨어졌다고 '주관적으로 생각하는 것'입니다. 즉 구체적인 '열등성'이 있을 때, 그것을 본인이 뒤떨어졌다고 생각하면 '열등감'이 되고, 그렇게 생각하지 않으면 열등감이 되지 않습니다. 열등감은 어디까지나 주관적인 것입니다. 그렇기 때문에 누가 봐도 날씬한 사람인데도 '나는 뚱뚱해'라고 생각한다면, 그것은 열등감이 됩니다.

'열등 콤플렉스'는 일반적으로 앞에 나온 열등감과 혼동되어 쓰이는데, 아들러는 이를 뚜렷이 구분합니다. 열등 콤플렉스란 열등감을 핑계로 인생의 과제에서 달아나는 것을 말합니다. 열등감을 계기로 더 열심히 노력하는 사람은 열등감은 갖고 있지만 열등 콤플렉스는 갖고 있지 않다고 말할 수 있습니다.

'부모님 유전으로 내가 공부를 못하는 거야.' '집이 가난해서 성격이 어두워졌어.' 이처럼 지금의 문제에 다른 사람을 탓하며, 노력도 하지 않고 달아나려는 것, 그것이 곧 열등 콤플렉스입니다. 우리가 피해야 할 행동은 열등감이 아닙니다. 열등 콤플렉스입니다.

열등감을 변명으로 인생에서 달아나는 겁쟁이는 많다.

하지만 열등감을 발판으로

업적을 이뤄낸 사람도 헤아릴 수 없이 많다.

사람은 열등감에서 달아나지 않고 당당히 맞서 평범한 사람 이상의 업적을 이룰 수 있습니다. 작곡가 루트비히 판 베토벤은 귀가 들리지 않았습니다. 화가 클로드 모네는 눈이 잘 안 보였습니다. 장애는 육체적인 것만이 아닙니다. 집이 가난해 학교에 갈 수 없었지만 위대한 업적을 이룬 사람도 수없이 많습니다. 교육자이자 흑인지도자로 유명한 부커 워싱턴은 노예 신분인 어머니에게서 태어나 교육받을 자격도 없었지만 척박한 환경에서도 배움을 향한 열망으로 끊임없이 노력해 존경받는 지도자가 되었습니다.

다른 사람들보다 뒤떨어진 유전자나 환경은, 분명 불리한 요인입니다. 하지만 그것이 '할 수 없는 이유'는 아닙니다. 오히려 그 환경을 계기로 더 분발해 다른 사람 이상으로 노력할 수도 있습니다. 아들러는 이를 '보상'이라고 불렀습니다. 열등감을 계기로 한 보상을 통해 사람은 업적을 이룰 수 있습니다.

당신은 이렇게 말할지도 모르겠습니다. "베토벤이나 모네는 뛰어난 재능을 가진 사람이었다. 나는 그저 잘난 거 하나 없는 보통 사람이다." 그렇지만 그것이 변명입니다. '공부방이 없었으니까', '부모님 학력이 낮으니까', '몸이 약해서' 등등. 이같이 유전이나 자라온 환경을 변명으로 내세워서는 안 됩니다. 당신이 무언가를 하지 못하는 진짜 이유는 환경을 변명으로 '노력에서 도망'치고 있기 때문입니다. 환경은 결코 원인이 아닙니다.

사람은 긍정적인 주목을 받지 못하면

때로는 부정적인 주목이라도 받으려고 한다.

인생을 비참하게 만드는 노력은 하지 말자.

공부를 해서 좋은 성적을 받는 것, 불량한 친구들과 어울려 비행을 일삼는 것. 정반대로 보이는 이 행동들을, 아들러는 같은 목표를 추구하며 한 행동이라고 생각했습니다. 두 행동의 목적은 부모님이나 주변 사람들에게 주목받고 싶다는 의미에서 완전히 일치하기 때문입니다.

아이는 누구나 부모에게 인정받기 위해 온 힘을 기울입니다. 아들러는 이를 '우월성 추구의 노력'이라고 불렀습니다. 하지만 열심히 노력해도 공부로는 1등이 될 수 없다고 생각되면, 아이는 전략을 바꿉니다. '그러면 운동으로 1등이 되자. 그래도 안 되면 이번에는 음악이나 그림 같은 예술로, 그래도 안 되면……' 그리고 결국에는 비행, 범죄 등으로 주목받으려 하는 겁니다.

사람은 칭찬받는 '긍정적 주목'을 받을 수 없다는 사실을 알게 되면, 그 대신 야단맞는 '부정적 주목'을 받으려 합니다. 마더 테레사는 '애정의 반대란 무관심'이라 했습니다. 아이들은 무시받는 것보다, 차라리 혼나는 것이 낫다고 생각합니다. 그리고 이러한 태도가 어른이 되어도 그대로 남아 있는 경우가 있습니다. 어른이 되어서도 긍정적 주목을 받지 못하면 부정적 주목을 받으려 하는 겁니다.

물론 이러한 방식이 인생에 좋을 리 없습니다. 이런 방식으로는 결코 행복해질 수 없습니다. 비록 작은 말 한마디라 해도, '부정적 주목'이 아닌 '긍정적 주목'을 받으려 노력해야 합니다. 인생을 비참한 쪽으로 이끄는 노력은 해서는 안 됩니다.

강한 척하는 것은 콤플렉스의 반증이다.
강하게 보이려는 노력이 아닌
강해지는 노력을 해야 한다.

열등 콤플렉스란 열등감을 변명으로 인생의 과제로부터 달아나는 행동을 말합니다. 자신이 열등감을 느끼고 있다는 것을 솔직하게 인정하는 사람은 많지 않습니다. 오히려 "그렇지 않아. 나는 다른 사람보다 더 뛰어나"라고 말하며 우월함을 드러내려는 사람이 더 많습니다. 이러한 것이 '우월 콤플렉스'이며, 이는 다른 형태의 '열등 콤플렉스'입니다. 정말로 자신감 있는 사람은 그것을 과시할 필요가 없습니다. 우월을 내세우려는 것은 열등감의 반증입니다.

우월 콤플렉스를 가진 사람은, 진정으로 '강해지기 위한' 노력을 하지 않습니다. 그저 '강해 보이려는' 노력을 합니다. 그리고 다음과 같은 행동을 계속해서 되풀이하게 합니다. 겉모습만 꾸미기, 여자인데 남자처럼 행동하기, 자랑하기, 다른 사람 무시하기, 약한 사람에게 으스대기, 집에서만 난폭하게 행동하기, 병이나 몸 상태를 이유로 가족을 마음대로 조종하기, 말하기만 하고 듣지 않기 등. 이러한 행동들은 '강하기'에 하는 행동이 아닙니다. 강하게 '보이려' 노력을 쏟고 있는 것입니다. 그리고 그 배경에는 커다란 열등감이 숨겨져 있습니다.

남을 잘 챙기는 사람은 그저 친절한 사람이 아니다.
상대를 자신에게 의존하게 하여
자신이 중요한 인물이라고 느끼려 하는 것이다.

사람들은 열등감을 숨기고 '나는 중요한 사람'이라는 우월함을 확인하기 위해서, 상대를 깔보거나 비난해 자신의 가치를 높이려고 합니다. 하지만 이런 단순한 전략이 아닌 좀 더 복잡한 수법을 선택하기도 합니다.

여러분 주위에 남을 잘 챙기는 사람은 없습니까? "볼펜 빌려줄까?" "이 수건 써!" "이제 밥 먹는 게 좋을 것 같은데⋯⋯" 이렇듯 남에게 유독 신경 쓰는 사람은 단순히 친절함만으로 그러한 행동을 하는 것이 아닙니다. 눈에 띄는 배려심으로, 상대를 자신에게 의존하도록 만드는 것입니다. '내가 없으면 이 사람은 아무것도 못해.' 이렇게 자신이 중요한 인물임을 증명하려는 것이라고 아들러는 지적합니다.

이보다 더 고도의 전략으로, 자기 자신을 꾸짖으며 자신을 상처 주는 방법도 있습니다. 예를 들면 스스로 자기 몸에 상처를 내거나, '나란 인간은 살 가치도 없다'고 자기 부정을 하는 것입니다. 이들은 언뜻 보면 자책하는 듯 보이지만, 실제로는 그 반대입니다. 자신을 꾸짖으며 상처를 주면서, 가족이나 주위의 사람들을 꾸짖는 겁니다. '나는 당신들 때문에 이렇게 괴로워. 그런데도 당신들은 아무것도 해주지 않아'라는 마음을 드러내 보이고 있습니다. 주위의 사죄나 동정을 얻기 위해 자신을 비난하는 것입니다. 사람은 가능한 모든 수단을 써서 자신이 중요한 인물이라는 것을 증명하려 합니다.

사람은 주목받지 못하면
나쁜 짓을 해서라도 주목받으려고 한다.
그에 실패하면
이번에는 자신의 무능함을 드러내 보인다.

부모가 자신을 봐주었으면 하는 아이는, 부모가 다른 아이와 대화를 나누지 못하게 하거나, 자기가 잠들 때까지 곁에 있어달라고 합니다.(목표① 관심 끌기) 그것이 잘 되지 않는 경우, 아이는 짜증을 부리거나 밥을 먹지 않는 등, 모든 수단을 써서 주목을 받으려 합니다.(목표② 힘 겨루기) 그것을 어른이 더 큰 힘으로 막으려 하면 아이는 상처받아 부모에게 앙갚음을 하려고 합니다. 문제행동을 일으키거나, 일부러 부모의 기분을 언짢게 하는 것이지요.(목표③ 복수) 이윽고 아이는 포기하고 노력하지 않게 됩니다. 그리고 자신은 무능하며, 결함이 있다고 어른들에게 드러내 보이곤, 인생의 여러 과제에서 달아나려 합니다.(목표④ 회피)

위에서 살펴본 내용은, 아들러 심리학을 체계화한 루돌프 드라이커스(Rudolf Dreikurs)가 주장한 '부적절한 행동의 네 가지 목표'입니다. 이 네 가지 목표는 아이에게만 한정된 것이 아닙니다. 어른이 되어도 부모나 부부, 상사와 부하, 친구들 사이에서도 되풀이되는 일입니다. 예를 들어 일에 쫓겨 가정을 돌보지 못하는 남편에게 부인은 "집안일에도 좀 관심을 가져요"라고 요구합니다. 그리고 그것이 이루어지지 않으면, 남편에게 화를 내거나 눈물을 보입니다. 그래도 안 되면, 부인은 남편에게 불만을 갚아주기 위해 자신도 놀러다니거나 살림살이를 방치합니다. 그리고 마지막에는 포기하고, 자신의 나약함이나 낙담해 있는 모습, 몸져누워 있는 모습을 남편에게 보여주는 것입니다.

모두 나를 싫어해.

이번에 실패했으니 다음에도 안 될 거야.

이러한 생각들은 냉정하게 입증해 보면 없어진다.

사람은 누구나가 열등감을 갖고 있습니다. 하지만 지나친 열등감은 옳지 못하므로 극복해야 합니다. 그러면 과도한 열등감이란 어떠한 것일까요? 아들러는 자학적이며 스스로의 성장을 가로막는 잘못된 사고를 기본적 오류(Basic Mistake)라고 부르며, 이것은 과도한 열등감으로 이어진다고 했습니다.

'이번에 안 됐으니 다음번에도 안 될 거야', '우리 반 애들은 모두 나를 싫어해', '저 사람은 나를 무시해서 웃고 있는 거야' 등과 같은 생각은 지나치며, 올바르지 못합니다. 이번에 실패했다고 해서, 다음번에도 반드시 실패하는 것은 아닙니다. 객관적으로 다시 생각해 보면, 실패의 확률은 반반일지도 모릅니다. 반 아이들 모두가 자신을 싫어할 리 없습니다. 냉정하게 자신을 싫어하는 친구들의 이름을 들어보면, 실제로는 생각보다 훨씬 적은 수라는 것을 알게 될 것입니다.

기본적 오류를 극복하기 위해서는 이러한 생각 하나하나에 냉정히 증거를 들어보거나, 숫자로 확인해 보는 것이 효과가 있습니다. 그렇게 하면 나의 생각들이 지나친 짐작이었음을 깨닫게 될 겁니다. 그렇게 거듭하며 쌓아나가다 보면 과도한 열등감을 극복할 수 있습니다.

자신을 꾸짖는 한

영원히 행복해질 수 없다.

지금의 자신을 인정하고 용기를 갖는 자만이

진정으로 강한 사람이 될 수 있다.

열등감을 극복하기 위해서는, 지나친 생각(기본적 요구)을 고쳐야 한다고 말했습니다. 하지만 그것만으로는 열등감을 완전히 극복할 수 없습니다. 그러면 우리는 도대체 어떻게 해야 하는 걸까요? 먼저, 자신을 있는 그대로 받아들이는 것이 필요합니다. 즉 완전해지려고 하는 것이 아니라, 불완전한 자기 자신을 그대로 받아들이는 겁니다.

아들러의 제자 루돌프 드라이커스는, 아들러의 사상을 바탕으로 이러한 말을 남겼습니다. "사람은 불완전함을 인정하는 용기가 필요하다." 완전하려 하면 괴로워집니다. 왜냐하면 완전한 인간은 세상 어디에도 없기 때문입니다. 모자라는 부분, 못하는 것도 많은 자신을 인정하고 사랑하는 겁니다. '있는 그대로의 자신을 받아들이는 것'을 심리학 용어로는 '자기수용(自己受容)'이라 고 합니다. '불완전함을 인정하는 용기'가 바로 자기수용을 위해 가장 필요한 마음가짐입니다.

'만약 결점을 극복한다면 나는 괜찮을 것이다'가 아닌, '결점이 있어도 나 는 괜찮을 것이다'라는 용기, 그것이야말로 '불완전함을 인정하는 용기'입니 다. 그러한 용기를 갖는 사람만이 진정으로 강한 인간이며, 행복해질 수 있습 니다.

Ask Not whence but whether.

가장 중요한 물음은 '어디서부터?'가 아닌 '어디를 향해?'이다.

감정에는 숨겨진 목적이 있다.

'감정'에 대한 아들러의 말

슬프니까 눈물을 흘리는 게 아니다.
상대를 꾸짖고 주위의 동정을 얻기 위해
눈물을 흘리는 것이다.

아들러는 "모든 행동에는 (본인도 깨닫지 못하는) 목적이 있다"고 말합니다. 이를 아들러 심리학에서는 '목적론'이라고 합니다. 그리고 '감정이 사람을 움 직이는 것'이 아니라, 사람은 목적을 위해 '감정을 이용하는 것'이라고 합니다.

그것을 '이용의 심리학'이라고 부릅니다.

사람이 눈물을 흘릴 때, 거기에는 목적이 있습니다. 그것은 눈물에 보다 많은 감정을 모으거나, 주의를 끌려는 숨겨진 마음입니다. 때로 눈물은 상대나 주위 사람에 대한 항의 또는 복수가 되기도 합니다. '나를 이렇게 울리다니, 당신은 나쁜 사람이다'라고 호소하는 겁니다.

더 나아가, 이렇게 상대를 꾸짖거나 동정을 얻는 것에 그치지 않고, 더욱더 상대를 자기 뜻대로 움직이게 해 자신에게 유리한 상황을 만들려고 하는 사람도 있습니다. 회사에서 상사가 부하를 야단쳤더니 부하가 갑자기 울어버려 더 이상 꾸짖지 못하게 되는 경우를 본 적이 있을 겁니다. 그 사람은 마음속에 그 상황을 피하려는 목적을 갖고 눈물을 흘린 것입니다.

그러나 이런 복잡한 감정의 움직임은 본인도 의식하지 못한 채 일어나는 경우가 많습니다. 이제까지 그러한 행동으로 자신이 원하는 상황을 불러온 경험을 기억해, 무의식적으로 되풀이해 사용하는 것입니다.

울컥 화가 나서 소리친 게 아니라
상대를 '지배'하기 위해
'분노'라는 감정을 만들어 이용한 것이다.

"나도 모르게 그만 화가 나서 평정심을 잃었다." 사람들이 자주 하는 말입니다. 하지만 아들러는 그것을 부정합니다. 아들러가 주장한 "모든 행동에는 목적이 있다"는 '목적론'과 '이용의 심리학'에 따라 생각하면, 분노라는 감정은 상대에게 내가 화가 났다는 것을 알리며 상대를 지배하려는 '목적'을 위해 '이용'되었다는 것을 알 수 있습니다.

프로이트를 중심으로 한 아들러 이전의 심리학에서는, '목적론'과 정반대인 '원인론'이 주류였습니다. 사람은 무의식중 '감정'에 의해 행동한다는 발상입니다. 화를 낸 것은 무의식의 분노가 '원인'이며 자신은 잘못한 것이 없다고 말합니다. 하지만 아들러의 '목적론', '이용의 심리학'의 결론은 완전히 다른 의견을 보여줍니다.

감정은 주로 두 가지 목적으로 이용됩니다. 하나는 상대를 조종해 지배하기 위해서입니다. 화가 난 표정과 행동으로 상대를 위협하고, 자신이 말하는 대로 상대를 조종해 지배하는 겁니다.

두 번째는 자기 자신을 움직이기 위해서입니다. 사람은 감정을 이용해 자신의 행동을 부추깁니다. 즉 감정이 행동하도록 등을 떠미는 겁니다. 사람은 이성만으로 판단하고 행동하는 것이 아닙니다. 분노, 슬픔, 기쁨, 두려움과 같은 감정이, '앞으로 나아가게' 하거나 '멈출 수 있도록' 행동에 힘을 더해 주는 것입니다. 이처럼 감정은 상대와 자신을 움직이기 위해 이용됩니다.

감정은 자동차를 움직이는 가솔린과 같다.
감정에 '지배'당하지 말고 '이용'하라.

아들러의 제자 루돌프 드라이커스는 감정을 가솔린과 같은 연료에 비유했습니다. 냉정한 판단을 내렸다고 해도 사람은 좀처럼 행동으로 옮기지 못합니다. 감정을 이용해 탄력을 주어야 합니다. 감정은 행동을 일으키거나, 또는 멈추기 위해 이용됩니다.

예를 들어 당신이 사귀고 있는 이성과 '결혼하고 싶다'는 마음이 들었습니다. 하지만 결혼에는 여러 두려움이 따릅니다. 그때 당신의 행동을 격려하는 것이 '감정'입니다. '사랑한다', '계속 함께 있고 싶다' 등의 감정들이 두려움으로 말미암은 불안을 떨치고, 결혼을 결심하게 해줍니다. 감정이 가솔린이 되어, 엔진에 시동을 걸고, 차를 달리게 해주는 것입니다.

때로 감정은 제동기(브레이크)의 역할을 하기도 합니다. "그다지 기분이 내키지 않아서 안 하기로 했어"와 같은 경우가 그러한 예입니다. 가속페달(액셀러레이터)을 밟을지, 제동기를 밟을지 그것은 자기 자신이 결정합니다. 그 결정을 뒷받침하기 위해 감정을 만들어내 '이용'함으로써, 자신이나 타인을 움직이는 것입니다. 결코 먼저 감정이 있고, 감정에 지배당한 것이 아닙니다.

감정에 지배당하지 않고, 감정을 잘 이용하면 됩니다. 감정이라는 마음의 목소리에 가만히 귀를 기울이면 앞으로 한발 내딛는, 또는 뒤로 물러나는 계기를 찾을 수 있을지도 모릅니다. 어떻게 해야 할지는 자신이 이미 잘 알고 있습니다.

불안하니까 밖에 나가지 않는 게 아니라
밖에 나가고 싶지 않기 때문에 불안을 만들어내는 것이다.
'밖에 나가지 않겠다'는 목적이 먼저다.

불안증 환자가 회사에 가려고 전철을 타니 갑자기 불안이 몰려와서 회사에 갈 수 없었다고 이야기합니다. 아들러는 그 증상을 이렇게 말했습니다.

"불안하니까 밖에 나가지 않는 것이 아니다. 밖에 나가고 싶지 않기 때문에 불안을 만들어 내는 것이다."

불안이라는 원인에 의해 행동이 정해지는 것이 아니라, 목적이 원인을 앞섭니다. 회사에 가고 싶지 않다는 목적을 현실화하기 위해서 불안을 만들어내는 겁니다. 그러면 왜 회사에 가고 싶지 않은 걸까요? 이유는 사람마다 다릅니다. 회사에서 다른 동료들보다 능력이 뒤떨어질 때, 더 이상 그런 자신의 모습을 보고 싶지 않단 마음이 원인일지도 모릅니다. 아니면 상사에게 질책당하는 것이 두려워서 회사에 가고 싶지 않은 것일지도 모릅니다. 어떤 이유이든 간에, 목적이 먼저라는 것이 아들러가 생각하는 '목적론'입니다.

적면증(홍조증)도 이처럼 생각해 볼 수 있습니다. 적면증이 있어 남자 친구가 안 생기는 게 아닙니다. 남자 친구를 만드는 것이 두려워서 적면증이 된 겁니다. 남자 친구를 만들기 위해서는 고백을 해야 합니다. 이때, 거절당할 수도 있다는 위험이 따릅니다. 그게 무서운 겁니다. 막상 사귀어보니, 행복하지 않고 불행할지도 모릅니다. 사귀게 된 남자 친구가 다른 남자들보다 뒤처져 보일지도 모릅니다. 이러한 위험에 공포를 느끼면 사람은 적면증을 만들어냅니다. 목적이 앞서는 것입니다.

아이가 어른을 지배할 수 있는 방법은 '감정'밖에 없다.

어른이 되어서도 사람을 움직이려는 것은 유치하다.

태어난 지 얼마 안 된 아기는 말을 할 수 없습니다. '배고파요', '기저귀 갈아 주세요', '안아주세요' 등등 기분을 알릴 수 있는 유일한 방법은 '운다'란 감정 표현뿐입니다. 그렇기 때문에 아기는 '운다'란 감정 표현으로 모든 욕구를 해소합니다. 그리고 그것을 되풀이하며, '감정을 이용'하면 필요한 것을 얻을 수 있다고 '학습'합니다.

아이는 두 살이 되기 전부터 성격 형성을 시작합니다. 즉 말을 하기 전부터 성격이 만들어지기 시작합니다. 아기 때부터 울거나 화를 내면 바라는 것을 모두 얻을 수 있다고 학습한 아이는, 그 행동 방식이 '성격'이 됩니다. 그리고 그 성격을 어른이 되어서도 그대로 사용하는 것입니다.

만약 당신 주위에 감정적인 사람이 있다면, 그 사람은 어린 시절의 행동 방식을 되풀이해 이용하는 걸지도 모릅니다. 화를 내는 것으로 주위를 움직이려 하고, 눈물로 상대를 내 뜻대로 하려는 겁니다.

감정 표현은 목적을 이루는 유일한 방법이 아닙니다. 그럼에도 어른이 되어서도 감정 표현으로 사람을 움직이려고 하는 사람은 내면이 어린아이인 채 머물러 있는 것입니다.

질투로 상대를 움직이려 하면,

언젠가 상대는 떠나갈 것이다.

어른이라면 이성적으로 대화를 나눠야 한다.

감정 표현으로 목표를 이루는 것은 아기들이 이용하는 방법입니다. 결코 어른들의 방법이 아닙니다. 그러나 유소년기에 감정으로 사람을 움직이는 것에 익숙해진 사람은 어른이 되어서도 어린 시절의 방식을 되풀이하는 경우가 있습니다.

한 예로 남편의 관심을 끌기 위해서 질투라는 감정을 쓰는 부인이 있습니다. 하지만 그 질투를 너무 자주 이용하면 남편은 그에 질려, 끝내 부인 곁을 떠나가게 될 겁니다.

　어른은 목표를 이루기 위해, 이성적으로 상대를 설득해야 합니다. 우리는 이성적인 대화로 서로의 이익이 되는 결과를 얻을 수 있습니다. 상대의 힘을 빌리면서도 자신 또한 상대에게 힘이 되어줄 수 있으며, 서로 협력해 서로의 목표를 이룰 수 있습니다. 울거나, 소리치고, 질투해, 감정으로 억지스럽게 사람을 움직이는 것이 유일한 방법은 아닙니다.

　우리는 어릴 때와 달리 스스로 문제를 해결하고 목표를 이루는 능력을 갖고 있습니다. 다른 사람을 움직이지 않고도 혼자의 힘으로 가능한 일이 수없이 많습니다. 자신의 몫은 스스로 책임을 다한다, 이것이 어른 사회의 기본적인 규칙입니다. '내가 하면 실패할지도 모르니까 누군가가 나 대신 해주었으면 좋겠다'고 생각하는 사람은 사회 속에서 고립될 것입니다.

연인에게는 다정한 목소리로
배달원에게는 엄한 목소리로
사람은 상대와 상황에 따라 행동을 달리한다.
모든 행동에는 목적이 있기 때문이다.

　젊은 여성이 애교 섞인 목소리로 통화를 하고 있습니다. "어머, 정말? 고마워! 자기랑 바다에 가고 싶었는데, 너무 기대된다!" 아마도 남자 친구와 통화를 하는 거겠지요. 그때, '띵동' 현관 벨소리가 울렸습니다. 택배가 온 모양입니다. 현관문이 열리고 배달원이 물건을 놓습니다. 그 여성은 남자 친구에게 "잠깐만 기다려줘"라고 상냥하게 말한 뒤, 전화를 내려놓고 배달원에게 이렇게 말했습니다. "뭐예요? 사인? 빨리 좀 해줘요. 지금 바빠요." 그녀는 쫓아내듯 서둘러 배달원을 보낸 뒤, 다시 수화기를 들고 다른 사람이 된 것처럼 목소리를 꾸며 말합니다. "미안해. 오래 기다렸지? 자기랑 빨리 이야기하고 싶었는데."

　그녀의 행동이 잘못된 게 아닙니다. 왜냐하면 모든 행동에는 '상대'가 있으며, 그 상대에게 보이고 싶은 '목적'이 있기 때문입니다. 그녀는 남자 친구라는 상대에게 귀여운 여자로 보이고 싶다는 목적이 있어 애교 섞인 목소리를 꾸몄습니다. 그리고 배달원이라는 상대에게는 빨리 물건을 받은 뒤 일을 마무리 짓고 싶다는 목적을 갖고 딱딱한 말투로 대응한 겁니다. 모든 행동에는 '상대'와 '목적'이 있습니다. 그것을 추측하면서 관찰하면 상대의 마음이 보이기 시작합니다. 상대는 누구이며, 목적은 무엇인가. 흥미로운 결과가 보일 겁니다.

의식과 무의식, 이성과 감정이 갈등한다는 것은 거짓이다.
알지만 하지 못한다는 것은
단지 하고 싶지 않다는 뜻일 뿐이다.

프로이트를 중심으로 하는 이전 심리학에서는 의식과 무의식을 뚜렷이 구별했습니다. 그리고 의식과 무의식이 모순되어 갈등하기 때문에 여러 신경증 증상이 나타난다고 생각했습니다. 하지만 아들러는 그러한 사상을 부정했습니다. 의식과 무의식이 모순되어 보일지라도, 같은 한 가지의 목적을 향해 통일적으로 상호 보완하며 작용한다고 말했습니다. 그것은 마치 가속페달과 제동기와 같은 관계입니다. 정반대의 기능인 듯 보이지만, 자동차가 목적지에 닿기 위해 양쪽 모두 필요한 역할을 하고 있는 겁니다. 아들러는 이것을 분할할 수 없는 통일체란 의미로 '전체론(全體論)'이라고 불렀습니다.

루돌프 드라이커스는 《아들러 심리학의 기초 *Fundamentals of Adlerian Psychology*》에서 다음과 같은 예를 통해 전체론을 설명하고 있습니다.

"어느 여행자가 여행길에서 매우 친절한 사람을 만났다. 그 사람은 둘이서 여행을 하고 있었다. 친절한 사람이었기 때문에 경계심을 내려놓고 그들과 여행을 함께했는데, 친절한 사람의 일행에게 지갑을 도둑맞고 말았다. 그러나 사실 그 두 사람은 한패였다. 미리 짜고, 지갑을 훔치기로 처음부터 계획한 것이었다. 이 한패인 두 사람이, 즉 의식과 무의식이며, 둘은 가속페달과 제동기의 역할을 맡아 같은 목적, '도둑질'을 달성한 것이다."

이처럼 이성과 감정도 모순되는 것이 아닙니다. 둘은 하나입니다. 그것이

'전체론'입니다.

나도 모르게 해버렸다.

이성이 욕망에게 져버렸다.

이러한 말들은 변명에 지나지 않는다.

아들러는 '의식과 무의식', '이성과 감정'처럼 대립하는 요소로 나누어 생각하는 것을 명확하게 부정했습니다. 그들은 하나이며, 언뜻 모순처럼 보일지라도 같은 목표를 이루기 위해 서로를 돕는 것이라고 말했습니다.

예를 들어 다이어트를 결심한 사람이 과자를 먹어버렸다고 합시다. 그리고 "나도 모르게 먹고 있었어" 또는 "식욕을 이기지 못해 먹고 말았어"라고 말했습니다. 하지만 그것은 변명에 지나지 않습니다. 실제로는 자신의 의지로 판단하고, 먹는 것이 더 '이익이 큰 선택'이었기에 고른 것입니다.

'한번 먹는다 해서 그게 상관은 없을 거야', '몸무게가 줄어드는 것보다, 지금 눈앞에 있는 맛있는 과자를 먹는 게 더 중요해' 등과 같은 생각을 하면서 '먹는다'는 선택을 했을 뿐입니다.

그러면 왜 우리는 '의식과 무의식', '이성과 감정'을 대립시켜 원인으로 들려고 할까요? 아들러는 그것은 자신과 타인에게 하는 변명이라 했습니다. '책임지고 싶지 않아서', '패배를 인정하고 싶지 않아서', '양심의 가책을 숨기기 위해서', "그건 내 탓이 아냐. 무의식과 욕망 때문이야"라고 변명하며 자신과 다른 사람을 속이고 있는 것뿐입니다.

분노의 감정을 조절해도 소용없다.

감정은 '배설물'이다.

'배설물'을 조작해 본들 아무것도 변하지 않는다.

우리는 분노나 슬픔과 같은 감정에 지배된다고 느낍니다. 그래서 '분노를 조절하는 방법'과 같은 책이 사람들의 관심을 받는 겁니다. 그러나 아들러는 감정 조절을 부정합니다. 아들러는, 감정은 생활 양식(=성격)의 '배설물'이라고 말했습니다. 그 배설물을 조작한들 결과는 아무것도 변하지 않습니다. 하지만 생활 양식을 바꾸면, 감정도 저절로 변한다고 말합니다.

생활 양식이란 모든 것을 받아들이는 일정한 방법이나 형식이며, 인식의 핵심을 이루는 기본적 신념입니다. 우리는 상대의 언행이나 세상의 자극(Stimulus)에 직접적으로 반응(Response)하는 것이 아닙니다. 그 사이에 그 사람만의 받아들이는 방식, 즉 인지(Cognition)가 있습니다. 예를 들어 복도를 걷고 있던 이성이 피식 웃는 것을 보고, '바보 취급당했다'고 인지하고 '분노'라는 감정을 느낀 사람도 있고, '나를 좋아하는 거야'라고 인지하고 '기쁨'이라는 감정을 느끼는 사람도 있습니다.

그때, 분노라는 감정을 조작하는 것은 불가능합니다. 감정이 아닌, 그 '감정'을 낳게 한 '인지'를 수정해야 합니다. '바보 취급당했다'란 인지의 바탕에는 '사람들이 나를 좋아할 리 없어'라는 자기 부정적 생활 양식이 숨겨져 있습니다. 고쳐야 할 대상은 그것입니다. '분노'를 바꾸려 노력해 본들 아무 의미도 없습니다.

The child arrives at his law of movement which aids him after a certain amount of training to obtain a life style, in accordance with which we see the individual thinking, feeling and acting throughout his whole life.

**모든 사람은 자신에 대한 생각과, 인생 모든 문제에 대한 의견,
또는 스스로 이해할 수도 설명할 수도 없으나
자신이 늘 지키고자 하는 행동의 법칙을 가지고 살아간다.**

성격은 지금 이 순간에도 바꿀 수 있다.

'생활 양식'에 대한 아들러의 말

생활 양식(=성격)이란

인생의 설계도이며, 인생이라는 무대의 각본이다.

생활 양식이 바뀌면 인생 또한 완전히 바뀐다.

친구들과 모여서 이야기를 나눌 때 대화의 중심이 되어 이야기를 이끌어 가는 사람이 있고, 말수가 없는 조용한 사람도 있습니다. 아들러는 이러한 행동의 차이를 생활 양식, 곧 성격 차이로 보았습니다. '세상 사람들은 나를 인정해 준다', '사람들은 나를 좋아해'라는 신념 체계를 갖고 있는 사람은 남들 앞에 나서기를 즐기며 대화의 중심이 되려 하겠지요. 그와 반대로 '세상 사람들은 나를 거부할 거야', '사람들이 나를 좋아할 리 없어' 하는 신념 체계를 갖고 있는 사람은 남 앞에 나서서 말을 하려 들지 않을 것입니다.

생활 양식이란 살아가는 방법의 버릇과 같은 것이며 이렇게 행동하는 게 옳다고 믿고 있는 신념입니다. 일반적으로는 성격, 인격이라고 부르는 것입니다. 하지만 성격이라고 하면 바꾸기 이려운 것으로 여겨지기 쉽기 때문에 아들러는 일부러 생활 양식으로 바꾸어 말하고 있습니다. 그리고 그것은 '원인론'처럼 선천적으로 결정되는 것이 아니라, 자신의 의지로 결정한 것이기 때문에 언제나 바꿀 수 있다고 생각했습니다.

친구들 가운데 말이 없는 사람은 '얌전한 성격'이 아니라 '사람을 믿지 않는 성격', '사람들이 자신을 좋아할 리 없다고 생각하는 성격'인 것입니다. 이처럼 얌전하다는 겉모습보다 더 깊숙한 곳에 있는 핵심이 되는 신념을 찾아내어 바꿔야 합니다. 그로 인해 행동이나 감정이 크게 바뀌게 됩니다. 그것이 생활 양식을 바꾼다는 것입니다.

성격의 뿌리에는,

'나는 ○○이다'

'세상 사람들은 ○○이다'

'나는 ○○이어야 한다'

이 세 가지 가치관이 있다.

'밝은 성격', '어두운 성격', '사람을 잘 따르는 성격', '낯가리는 성격' 등 성격에 대한 여러 정의가 있습니다. 그러나 이것은 겉으로 드러나는 얕은 성격에 지나지 않습니다. 마음속에는 모든 성격의 근본이라고 할 수 있는 세 가지 가치관, 신념이 있습니다. 아들러는 그것을 생활 양식이라고 불렀습니다. 그 세 가지란 ①자기개념(나는 ~이다) ②세계관(세상 사람들은 ~이다) ③자기이상(나는 ~이어야 한다)입니다. 앞서 말한 성격은 이 세 가지의 조합에 의해 결정되는 것입니다.

예를 들면 아래와 같은 생활 양식—세 가지 마음을 갖고 있는 사람이 있다고 합시다. ①자기개념 : 나에 대해 관심을 갖고 있는 사람은 아무도 없을 거야. ②세계관 : 사람들은 시시한 인간은 상대를 해주지 않아. ③자기이상 : 나를 상대해 주는 사람은 아무도 없을 테니 눈에 띄지 않게 그저 가만히 있는 게 좋을 거야.

아마도 이 사람은 밝은 성격이라기보다 어두운 성격을 지니고 있으며, 누군가를 잘 따르기보다 낯을 가리는 편일 것입니다. 이처럼 표면적인 성격의 근본에는 생활 양식이 있습니다. 그렇기 때문에 어두운 사람이 그저 밝아지려고만 하는 것은 의미가 없습니다. 생활 양식을 바꿔야만 합니다. 먼저 자신의 생활 양식을 파악하는 데서부터 시작합시다. 그것이 자신을 바꾸는 첫걸음입니다.

사람은 스스로 열 살까지
생활 양식을 결정해 완성시켜 나간다.
그리고 그것을 평생 동안 사용한다.

생활 양식은 아기가 말을 익히기 전, 한 살 무렵부터 이미 만들어지기 시작합니다. 그리고 대부분의 경우 열 살까지는 완성됩니다.

우리는 어린 시절 가정을 중심으로 한 사회 속에서, 스스로가 바라는 지위를 손에 넣으려 합니다. 그러기 위해 상대의 주목이나 사랑을 받으려고 여러 시행착오를 되풀이합니다. 처음에는 부모의 애정을 받으려 합니다. 하지만 그것이 잘 되지 않으면, 떼를 쓰며 관심을 얻으려고 할지도 모릅니다. 혹은 자신은 약한 존재라는 것을 눈에 띄게 드러내며 보호 본능을 일으키려 할지도 모릅니다. 아니면 지나치게 밝은 행동으로 주의를 끌려 할 수도 있습니다.

이처럼 우리는 시행착오를 거듭하며 그 안에서 '이렇게 하니 상대는 이렇게 반응했다', '이건 잘됐다', '이건 잘 안됐다'를 학습해 나갑니다. 그리고 행동의 결과에 따라 그 방식을 조금씩 바꿔나갑니다. 예를 들면 '밝게 행동해도 안 통하네. 그러면 훌쩍훌쩍 울면서 나는 연약한 사람이란 걸 보여야겠다'라거나 '나는 보호받아야 할 존재야'라고 생각을 고정해 나갑니다. 이렇게 생활 양식의 중심이 되는 자기개념, 세계관, 자기이상이 형성되어 가는 것입니다.

분홍색 렌즈 안경을 쓰고 있는 사람은
세상이 분홍색이라고 착각한다.
자신이 안경을 쓰고 있다는 것을 깨닫지 못한 채.

당신이 복도를 걷고 있는 장면을 상상해 보십시오. 그때, 반대편에서 당신이 평소 호감을 갖고 있던 사람이 걸어와 스쳐 지나갔습니다. 그 순간 그 사람이 당신을 보고 가볍게 웃었습니다. 당신은 어떻게 느낄까요? '나를 비웃었어'라고 생각할까요, 아니면 '저 사람도 나에게 호감이 있어서 웃었어'라고 생각할까요?

사람은 같은 상황도 저마다 다르게 받아들입니다. 같은 경험에 기뻐하는 사람도 있고, 슬퍼하는 사람도 있습니다. 그것은 인지의 중심에 자리한 생활 양식에 의해 결정되는 것입니다. 사람들이 나를 좋아할 리 없단 자기개념을 갖고 있는 사람은 '나를 비웃었어'라고 생각할 것이며, 사람들은 나를 좋아한 다는 자기개념을 갖고 있는 사람은 '나에게 좋은 감정을 갖고 있어서 웃었다'고 생각할 것입니다.

많은 사람들은 자신이 저마다의 인지를 갖고 있다는 사실을 깨닫지 못합니다. 모든 것이 분홍색으로 보이는 것은 '세계가 분홍색이니까'라고 생각하는 것입니다. 그러나 사실은 다릅니다. 자신이 분홍색 렌즈의 안경을 쓰고 있는 것뿐입니다. 이처럼 생활 양식은 세상을 바라볼 때에 색안경과 같습니다. 이것을 인지 편향(Cognitive Bias)이라고 합니다. 우리는 인지 편향을 통해서 세상을 볼 수밖에 없습니다. 완벽한 객관적 시선으로 보는 것은 불가능합니다.

자신의 생활 양식이 문제를 일으킨다 해도
사람은 그것을 바꾸려 하지 않는다.
현실을 왜곡해서라도
나는 올바르다고 굳게 믿는다.

우리는 인지 편향에서 벗어날 수 없습니다. 인지 편향을 통해 나에게 유리한 정보만을 받아들이고, 그 밖의 것들은 생각하지 않으려 합니다. 또한 나에게 유리하도록 해석을 바꾸어 '지금까지 내 생각은 틀리지 않았다'고 억지로 받아들이려 하는 것입니다. 그렇게 하는 게 마음이 편안하기 때문입니다.

'사람들은 나를 좋아해'란 생활 양식을 지닌 사람은, 많은 친구들을 만들고 '역시 나는 모두에게 사랑받고 있다'는 신념을 굳혀 나갑니다. 반대로 '사람들은 나를 싫어해'라고 생각하는 사람은, 사람들과 관계 맺기를 피할 것이고, 결과적으로 친구도 생기지 않아 '역시 사람들은 나를 싫어해'라며 더욱더 그 신념을 굳히는 겁니다.

어느 신흥 종교의 교주가 "반년 뒤 세상이 멸망할 큰 지진이 일어날 겁니다. 기도 하십시오"라고 예언했습니다. 그러나 지진은 일어나지 않았습니다.

보통의 경우에는 '예언이 빗나갔군. 적당한 말을 꾸며 댄 거야'라고 생각할 것입니다. 하지만 '교주님은 늘 옳아'란 인지 편향을 가진 신자들은 완전히 다른 결론을 내립니다. '교주님 기도 덕분에 지진이 일어나지 않았어. 역시 교주님의 힘은 위대해.' 이렇게 자신들의 신념을 더욱 강화해 나갑니다. 우리도 이처럼, 일상에서 인지 편향을 통해 왜곡시키며 세상을 나에게 유리한 방향으로 해석하며 살아가고 있습니다.

늘 꾸중만 들은 사람이 어두운 성격이 된다고 단정할 수 없다.
부모를 그대로 따를 것인가,
부모를 반면교사로 삼을 것인가는 '자신의 의지'이다.

생활 양식의 성립은 태어난 순서, 기관열등성(몸의 약함), 가족 구성, 가족 간의 관계, 가족의 분위기, 부모의 기대 등에 크게 영향을 받습니다. 하지만 앞서 살펴본 것처럼 그것은 영향 요인에 지나지 않습니다. 원인에 의해 자동적으로 생활 양식이 정해지는 것이 아니라, 본인의 '목적'에 따라 생활 양식을 골라 자신의 의지로 완성해 가는 것입니다. 이 영향 요인들은 건물을 세울 때의 목재, 못과 같은 재료에 지나지 않습니다. 그것을 써서 고풍스러운 한옥을 지을지, 현대적인 빌딩을 지을지는 본인 의지에 달려 있습니다.

사사건건 잔소리만 하는 어머니 밑에서 자란 아이가 어둡고 부정적인 성격을 갖게 된다고 단정할 수 없습니다. 오히려 어머니의 단점을 교훈으로 삼고 배움을 얻어, 밝고 구김살 없는 성격이 되거나 너그러우며 작은 일에 치우치지 않는 어른이 될 수도 있습니다. 이렇게 다양한 가능성이 있음에도, 어둡고 부정적인 성격이 되었다면, 그것은 어머니의 양육 방식만이 원인이라 할 수 없습니다. 영향이 전혀 없지는 않겠지만, 그것을 받아들인 것은 자신입니다. 받아들일지, 반발할지, 무시할지는 스스로 결정하는 겁니다. 모든 것은 자신의 결정이기에 자신이 바꿀 수 있습니다. 사람은 언제나 생활 양식을 바꿀 수 있습니다.

행복한 사람들의 생활 양식은

반드시 공동감각(Common Sense)과 일치한다.

일그러진 사적 논리에 바탕을 둔 성격은,

행복해질 수 없다.

생활 양식은 사람에 따라 다양한 모습을 가지고 있습니다. 그렇지만 행복한 인생을 보내는 사람들과 불행한 인생을 보내는 사람들 사이에는 공통적인 특징이 존재합니다. 그것은 바로 공동감각입니다.

공동감각이란 일반적이고 공통적인 감각을 의미합니다. 즉 '개인에게도, 조직이나 가정에서도 보편적으로 받아들여지는 의미부여'를 '공동감각'이라고 부릅니다. 이 단어를 사전에서 찾아보면 '상식'이라고 번역되어 있습니다. 하지만 아들러는 "공동감각과 상식이 반드시 같지는 않다"고 말합니다. 아이는 학교를 다녀야 한다는 것이 세상의 상식입니다. 그러나 만약 아이가 학교에서 심한 따돌림을 당하고 있다면, 무리해서 학교에 가야 할 필요는 없습니다. 아들러는 이 경우, 무리해서 학교에 가지 않는 것이 공동감각이라고 말합니다.

또한 아들러는 이와 반대되는 말로 사적 논리(私的論理)라는 개념을 주장했습니다. 이것은 '공동체에서는 받아들일 수 없는 개인적인 의미부여'를 말합니다. 일그러진 사적 논리로 살아가면 반드시 벽에 부딪치게 됩니다. 지금부터라도 늦지 않았습니다. 생활 양식을 공동감각에 맞춰 바꿔야 합니다. 그것이 행복하게 살기 위한 방법입니다.

화를 잘 내는 성격인 사람은 없다.

화라는 감정을 늘 사용하는 사람이다.

전부 다 바꿀 필요는 없다.

감정의 사용법만 바꾸면 된다.

"세 살 적 버릇 여든까지 간다"는 말처럼 성격은 바꿀 수 없다고 생각하는 사람이 많습니다. 그러나 성격을 바꾸기 위해 다시 태어날 필요는 없습니다. 그것은 내 소유물의 '사용법'을 바꾸는 일일 뿐입니다.

아들러는 어린 시절 '화내지 않겠다'고 결심을 했는데, 그 뒤 정말로 화내지 않게 되었다고 합니다. 이것은 '화내는 사람'에서 '화내지 않는 사람'으로 다시 태어난 것이 아닙니다. 늘 사용하던 화라는 감정을 억제하도록 감정의 사용법을 바꾼 것입니다. 이러한 방법으로 성격을 바꿀 수 있습니다.

성격을 바꾼다는 것은 사람이 가진 정신적 소유물의 목록을 완전히 바꾸는 것이 아닙니다. 지금 갖고 있는 것들을 보다 잘 쓸 수 있는 사용법을 배우는 일입니다. 화를 품을지 품지 않을지가 아니라, 화를 어떻게 사용할지, 화를 얼마나 자주 사용할지를 다시 정하는 것, 그것이 성격을 바꾸는 일입니다. 만일 소유물 자체를 바꾸는 것이라면 쉽지 않을 겁니다. 익숙한 소유물을 잃고 싶지 않을 것이며, 새로운 소유물에 대한 저항이나 망설임이 생길지도 모릅니다. 하지만 사용법을 바꾸는 것은 어렵지 않습니다. 그렇기 때문에, 성격을 바꿀 수 있는 것입니다.

스스로가 바뀌려고 노력하면
생활 양식은 충분히 바꿀 수 있다.
성격은 죽기 직전에도 바꿀 수 있다.

'성격을 바꾸기에 너무 늦은 나이'가 언제인지 아들러에게 질문을 했더니 '죽기 전'이라고 대답했다고 합니다.[셸던 M. 로스(Sheldon M. Ross)] 이 말은 많은 사람들에게 용기를 줍니다. 스스로가 '바뀌고 싶다'고 생각하면 바뀔 수 있습니다. 생활 양식은 자기 자신이 만들어내는 것이기 때문입니다.

생활 양식을 바꿀 때는, 먼저 현재의 생활 양식을 제대로 파악하는 데서부터 시작해야 합니다. 그것은 '밝은 성격'이라든가 '어두운 성격'과 같은 표면적 표현이 아닙니다. 근본에 있는 핵심적 신념인 '자기개념' '세계관' '자기이상'을 형태화해야 합니다.

이를 위해서 아들러 심리학은 가족 배치(구성)를 살펴보고 조기회상(早期回想)이라 불리는 유소년기의 기억을 분석합니다. 다른 사람의 도움을 받아 생활 양식을 스스로 직접 바꿔 써나가는 겁니다. 물론 생활 양식은 한번 종이에 썼다고 해서 바로 바꿀 수 있는 것이 아닙니다. 굉장한 주의를 기울이지 않으면 이전의 낡은 행동 방식으로 다시 돌아가버립니다. 하지만 그렇게 몇 번이나 거듭해 나가다 보면, 조금씩 자신이 바뀌어가는 것을 느낄 수 있을 것입니다. 충분한 시간을 들여 완전하게 바꿔 쓰기를 끝내야 합니다.

Individual Psychology has found that all human problems can be grouped under these three headings:occupational, social and sexual.

아들러 심리학에서, 일·친구·사랑
이 세 가지에 속하지 않는 인생 문제는 없다.

모든 고민은 결국 대인 관계이다.

'생활 양식'에 대한 아들러의 말

모든 고민은 사람들과의 관계에 대한 과제이다.
선인인 듯 세상일에 초연해 보이는 사람도,
실은 다른 사람의 눈을 신경 쓰고 있다.

아들러는 모든 고민은 사람들과의 관계에 대한 과제라고 했습니다. 세상을 등지고 혼자 살아가는 듯 보이는 사람도, 실은 다른 사람의 눈을 신경 쓰고 있습니다. 이를 잘 보여주는 이야기가 있습니다.

어느 마을에, 세속적인 욕심을 버린 선인과 같은 사람이 있었습니다. 그는 마을에서 함께 사는 것을 거부하고, 산속에 오두막을 지어 혼자서 자급자족의 생활을 시작했습니다. 마을 사람들과 교류해야 할 필요를 느끼지 못했기 때문입니다.

어느 날, 그 마을에 큰불이 났습니다. 마을은 모두 불타 사람들은 지금까지 살던 곳을 잃어버렸습니다. 마을 사람들은 다 같이 다른 곳으로 옮겨가기로 했습니다. 그러자 놀랍게도, 선인처럼 속세를 버린 듯했던 그 사람도 그들을 따라 새로운 마을이 내려다보이는 산으로 옮겨온 것입니다. 속세를 버린 사람은 인간관계를 버린 것이 아니었습니다. 그는 마을 사람들에게 '세속의 욕망을 버린 선인처럼 청렴하며 특별한 인간'으로 보이고 싶어 산속으로 떠난 겁니다. 그렇기 때문에 '관객'이 없는 곳에서 사는 것을 견딜 수 없었습니다.

모든 사람의 고민은 전부 대인 관계 문제입니다. 늘 주위의 눈을 신경 쓰며 자신은 어떤 사람이고 싶은지 생각하는 것입니다.

"요즘 우울해요."

"바빠서 쉴 틈도 없어요."

내면의 고민처럼 보여도 모두 대인 관계에서 비롯한 것이다.

"이제 나이 들어서 젊은 사람을 이기기 힘들어요"라고 말하는 사람이 있습니다. 개인적인 내면의 고민인 듯 보이지만 사실은 그렇지 않습니다. 이렇게 말하면서 '나이에 비해 그래도 꽤 잘하고 있지 않나요?'라는 뜻을 표현하고 있습니다.

"요즘 우울해요"라는 말도 그대로만 받아들여서는 안 됩니다. '우울'해질 만큼 섬세하고, 예민한 자신을 내보이고 있는 겁니다.

"바빠서 쉴 틈도 없어. 나도 좀 푹 쉬어보고 싶어." 이 말 또한 자신이 바쁘다는 것을 인정받으려는 표현에 지나지 않습니다. 결코 낙담하고 있는 게 아닙니다.

이처럼 내면의 고민인 듯 보여도 거기에는 '상대'가 있으며, 자신의 우위성을 드러내려는 '목적'이 있습니다. '이용의 심리학'인 것입니다.

우리의 언행과 감정에는, 모두 '상대'가 있고 '목적'이 있습니다. 앞서 봤던 선인인 양 숨어 사는 사람처럼, 늘 '관객'을 의식하며 말하고 행동하는 것입니다. 그만큼 우리에게는 대인 관계가 중요하므로 모든 고민 또한 사람들과의 관계와 연관되는 것입니다.

몸 상태가 안 좋거나, 신경증에 걸리는 것 또한 대인 관계의 문제입니다. 아픈 사람이 됨으로써 특별해지고, 상대에게 자신의 목적을 드러낼 수 있기 때문입니다. 그러므로 그 사람은 아파야 할 필요가 있는 것입니다. 모든 것은 대인 관계의 문제입니다.

고민을 완전히 없애기 위해서는
우주에서 완전한 혼자가 될 수밖에 없다.

모든 고민은 대인 관계 때문입니다. '하고 있는 일이 잘 안 풀린다', '목표를 이루지 못했다' 등의 고민도, 대인 관계가 원인입니다. 만약 일이 잘 안 풀리고 목표를 이루지 못해도 상사나 주변 사람들이 "괜찮아, 문제될 거 없어"라고 말한다면 고민할 필요가 없습니다. 그것은 일에 대한 고민이 아닌, 상사나 주변사람들에게 안 좋은 인상을 줄지도 모른다는 대인 관계의 고민인 것입니다.

물론 그렇지 않다고 말하는 사람도 있습니다. 주변 사람은 괜찮다고 하지만, 회사에서 잘릴 수도 있기에 고민하는 거라는 사람이 있을지 모릅니다. 아들러 심리학에서는 이것 또한 대인 관계의 고민이라고 생각합니다. 즉 '직장을 잃을지도 모른다'는 고민은 '회사나 사회라는 사람들 무리 안에서 내 자리를 확보할 수 있나 없나'의 고민이라는 것입니다. 그래서 사람은 자신이 어떠한 역할을 하고 어떠한 공헌을 해야 하는가를 고민합니다. 이것은 분명 대인 관계의 문제입니다.

누구도 혼자서는 살아갈 수 없습니다. 만약 대인 관계의 고민에서 완전히 벗어나고 싶다면, 우주에 나가 혼자 살 수밖에 없습니다. 그렇게 하지 않는 한 대인 관계에서 달아날 방법은 없기 때문입니다.

인생에는 세 가지 과제가 있다.

첫 번째는 '일의 과제'

두 번째는 '교우의 과제'

세 번째는 '애정의 과제'

그리고 뒤로 갈수록 해결하기 어렵다.

아들러는 모든 인생의 과제는, 대인 관계로 집약되며 그것은 세 가지로 분류된다고 했습니다. 그것은 일의 과제, 교우의 과제, 애정의 과제입니다. 그리고 뒤로 갈수록 과제는 어려워진다고 말합니다. 아들러는 이 세 가지 과제를 인생의 과제(Life Task)라고 불렀습니다.

한 회사원은 이런 고민을 갖고 있었습니다. "상품을 팔기 위해 고객과 이야기할 때는 긴장하지 않고 자연스럽게 말할 수 있는데, 잡담을 나누려 하면 긴장해서 말이 안 나옵니다." 또한 이 남성은 이성과 이야기를 나눌 때도 긴장해 말이 안 나온다고 합니다. 이를 아들러의 세 가지 인생의 과제와 함께 생각해 보면 간단히 설명이 됩니다.

상품을 팔기 위해 나누는 이야기는 일의 과제입니다. 이것은 인간관계에서 가장 간단한 것입니다. 그보다 어려운 것이 교우의 과제이며, 애정의 과제입니다. 잡담이나 이성과의 교제가 일보다 훨씬 어렵습니다. 그렇기 때문에 잡담이나, 이성과의 교제에서 긴장하는 것은 자연스러운 일입니다. 교우 과제나 애정 과제는, 일 이상으로 깊은 대인 관계입니다. 그래서 더 어렵습니다.

다른 사람은 당신을 위해 존재하는 것이 아니다.

다른 사람이 나에게 무언가를 해주지 않는다는 고민은

나밖에 생각하고 있지 않다는 가장 큰 증거다.

'나에게 아무것도 해주지 않아', '나를 소중하게 생각해 주지 않아', '내 의견을 들어주지 않아' 등과 같은 이유로 상대를 친구가 아니라고 말하는 사람이 있다면, 그는 크나큰 실수를 저지르고 있는 것입니다. 그 사람은 '자기 자신밖에' 생각하고 있지 않습니다. 그러한 자세로는 교우 과제를 해결하고 행복하게 살아갈 수 없습니다.

좋은 사람이란, 만일 상대가 자신의 기대와 다른 행동을 한다 해도, 상대를 친구로서 인정하고 관계를 맺어나갈 수 있는 사람입니다. 당신 주변의 사람들은 당신의 기대를 채워주기 위해서 곁에 있는 것이 아닙니다. 그리고 당신만이 세상의 중심에 있는 것도 아닙니다. 한 사람 한 사람이 똑같이 자기 인생의 주인공이며, 누구나 자신을 특별하게 생각하고 있습니다. 당신만이 남다른 권리를 갖고 있는 게 아닙니다.

교우 관계의 과제는 일의 과제와 달리 겉치레, 역할 같은 것이 없는 자유로운 세계입니다. 그렇기 때문에 어렵습니다. 일에서는 보이지 않았던 그 사람의 생활 양식이 가진 문제점이 있는 그대로 드러나기 때문입니다. '나에게 무언가 도움을 주지 않는다'는 이유로 상대를 친구에서 제외해 버리는 사람은 교우 관계에서만 문제를 안고 있는 것이 아닙니다. 교우 관계 이상으로 어려운 애정 문제에서도 똑같이 상대를 비난하고 괴롭히게 될 겁니다. 어떤 과제든 같은 생활 양식으로 대응하기 때문입니다.

교우·애정 과제의 실패에서 벗어나기 위해
필요 이상으로 일에 집중하는 사람이 있다.
그런 사람은 주말이 오는 것도 무서워한다.

흔히 일벌레라고 불리는, 쉬지도 않고 날마다 밤늦게까지 일하는 사람들이 있습니다. 그들은 그렇게까지 일이 좋아서 하고 있는 걸까요?

물론 그런 사람도 있을 것입니다. 하지만 그렇지 않은 사람도 있습니다. 교우 과제나 애정 과제에서 벗어나기 위해서 일에 열중하는 사람도 많습니다.

"아내와 사이가 냉랭해서 집에 가기 싫어. 집사람이 잠든 뒤 들어가려고 늦게까지 회사에 있어." 이렇게 말하는 남자가 있었습니다. 이 남자야말로 애정 과제에서 벗어나기 위해 필요 이상 일에 집중하는 예입니다.

그들이 일에 열중하는 이유는 '현재의 교우·애정 과제'에서 벗어나기 위해서만은 아닙니다. '미래의 교우·애정 과제'에서 벗어나기 위해서도 일에 열중합니다. "결혼하고 싶긴 한데 일이 바빠서 못 해"라고 말하는 사람이 있습니다. 아들러 심리학 관점에서 보면, 이 사람은 사실은 결혼하고 싶지 않은 겁니다. 결혼에 실패해 패배한 인생을 보내는 것을 걱정한 나머지 과제에 맞닥뜨리는 것을 피하고 있습니다.

"일이 바빠서 친구가 안 생겨"라고 말하는 것도 마찬가지입니다. 이는 친구들과 잘 사귀지 못하는 자신을 다른 사람들에게 들키지 않기 위해 필사적으로 일을 하며, 친구를 만들지 않으려 노력을 하는 겁니다.

애정의 과제란 이성 교제나 부부 관계를 말한다.
인생에서 가장 어려운 과제이기 때문에
이 과제가 해결되면 깊은 평온이 찾아온다.

남편 또는 아내에게 주의를 주거나 조언을 해도 듣지 않더니, 아무 관계 없는 사람이 똑같은 말을 했을 때는 바로 받아들이는 모습을 보고 화가 난 적은 없습니까? 사람은 가까운 이의 충고는 소홀히 하기 쉽습니다. 가까운 사람보다 적당히 거리가 있는 사람의 이야기를 더 쉽게 받아들입니다.

한라산은 멀리서 보면 아름다운 산입니다. 하지만 가까이서 보면 울퉁불퉁한 바위도 많고, 사람들이 버리고 간 쓰레기에 더러워진 부분도 눈에 들어옵니다. 가까운 사람, 연인, 부부 사이도 이와 같습니다. 멀리서 보고 있을 땐 좋은 면만 보였는데, 늘 함께 있다 보니 상대의 안 좋은 면만 눈에 들어오는 겁니다. 그리고 남성, 여성은 가치관이나 사상, 사회적 역할이 다릅니다. 이러한 차이가 있음에도 가장 가까이에 있습니다. 그렇기 때문에 가장 어려운 관계인 겁니다.

그러나 살아가면서 우리는 애정 과제에서 벗어날 수 없습니다. 그리고 애정 과제가 해결되면 다른 데에서는 얻을 수 없는 깊은 평온을 얻게 됩니다. 그렇다면 애정 과제를 해결하기 위해서는 어떻게 해야 할까요? 그것은 일·교우 과제와 크게 다르지 않습니다. 그보다 좀 더 높은 수준이 요구될 뿐입니다. 그렇기 때문에 일·교우 과제를 해결하지 못하는 사람은 애정 과제에서도 어려움을 겪게 되는 겁니다.

**배우자를 나에게 맞춰 길들이려고
비난만 하다가는,
결코 행복한 결혼생활을 누릴 수 없다.**

결혼이라는 것은, 상대를 소중히 생각해 나 자신보다 상대를 귀중히 여기는 것입니다. '무엇을 받아낼까?'나 '어떻게 내 말을 듣게 하지?'가 아닌, '상대에게 무엇을 해줄 수 있을까?'와 '상대를 어떻게 기쁘게 하지?'를 생각하고 그것을 실천하는 것. 그것을 한 사람만이 아닌 두 사람 모두 실천하는 것. 이것이 행복한 결혼생활을 보내는 유일한 방법입니다.

'내 말이 맞아! 당신 말은 틀렸어'라고 생각하는 것은 옳지 않습니다. 또한 '내가 당신보다 더 나아. 그러니까 부족한 당신에게 내가 다 알려줘야 해'라는 생각도 옳지 않습니다. 평등하지 않기 때문입니다.

말로만 배우자를 지배하는 것은 아닙니다. 물리적 또는 사회적으로 힘이 약한 아내는 남편을 지배하기 위해서 눈물을 흘리거나, 소리 지르거나, 몸져 눕는 방법으로 지배하려 들기도 합니다. 그것 또한 보이지 않는 힘의 지배입니다. 그렇게 해서는 안 됩니다. 어디까지나 두 사람은 평등해야 하며, 받기보다 주기를 더 중요하게 생각해야 합니다. 그렇게 할 때 비로소 애정과 결혼의 과제가 해결되어 평온이 찾아옵니다.

사랑과 결혼 과제는, 남성과 여성이 평등하다는 것을 가장 큰 바탕으로 합니다. 이 바탕이 무너지면 두 사람은 늘 문제를 안고 살아가게 될 것입니다.

The investigation of the family constellation reveals the individual's field of early experience, the circumstance under which he developed his personal perspective and biases, his concept and others, his fundamental attitudes, and his own approach to life, which are the basis of his character, his personality.

**가족 배치를 조사하면 그 사람의 생활 양식이
어떻게 형성되었나가 뚜렷해진다.**

가족이 세상이다.

'가족 구성'에 대한 아들러의 말

아이에게 가족은 '세상'이며
부모의 사랑이 없으면 살아갈 수 없다.
그렇기에 아이의 사랑을 받기 위한 필사적인 전략이
그대로 성격 형성과 연결된다.

동물과 관련한 다큐멘터리 방송에서 망아지가 태어나는 장면을 본 적이 있을 겁니다. 망아지는 어미 배 속에서 나오자마자 자기 다리로 걷기 시작합니다. 하지만 인간은 다릅니다. 아기는 다른 동물보다 미성숙한 상태로 태어나기 때문에, 부모의 도움 없이 혼자 살아갈 수 없습니다. 이러한 이유로 아기는 부모에게 버림받는 것을 극도로 두려워합니다. 약한 존재인 아기가 부모에게 버림받는 것은 사형선고와도 같습니다. 그렇기에 아기는 부모에게 사랑받고 인정받으려 필사적으로 노력합니다.

어떤 아이는, 부모의 말을 잘 듣고 착하게 행동해 사랑받으려고 합니다. 또 한 아이는, 우등생이 될 수 없어 자신의 약함을 드러내 부모의 관심을 끌려고 합니다. 또 다른 아이는, 문제행동을 일으키고 사람들을 곤란하게 해, 억지로 부모가 자신을 돌아보게 합니다. 이 아이들은 저마다 다르게 행동하지만 목적은 하나입니다. 부모의 애정과 관심을 끌기 위한 전략을 펼치고 있는 것입니다. 아이는 이러한 전략을 시행착오를 거치며 시험합니다. 그러면서 성공한 방법만 남게 되고, 어른이 되어서도 그것을 거듭 사용합니다. 그것이 그 아이의 생활 양식이 됩니다.

첫째는 공부, 둘째는 운동, 막내는 독서.
형제들 사이에서 특기 분야가 다른 것은 이유가 있다.
저마다 다른 분야에서 인정받으려 하기 때문이다.

첫째는 공부 잘하고 품행이 바른 성격, 둘째는 운동 잘하고 활발한 성격, 막내는 독서나 게임을 좋아하는 내성적인 성격, 이렇게 형제들은 저마다 다른 특기 분야와 성격을 갖고 있습니다. 이것에는 뚜렷한 이유가 있습니다.

아들러는 가족 관계, 특히 형제, 자매 관계가 생활 양식 형성에 큰 영향을 준다고 생각했습니다. 가장 처음 태어난 첫째는 부모의 애정을 독차지하고 자라납니다. 하지만 둘째가 태어나면, 갑자기 동생에게 부모의 사랑을 빼앗기게 됩니다. 그때부터 부모를 사이에 둔 형제간의 애정 쟁탈전이 시작됩니다. 첫째, 둘째, 셋째는 저마다의 특기 분야를 드러내, 부모의 사랑과 관심을 쟁취하려 합니다. 그러나 서로의 특기 분야를 굳이 함께하지는 않습니다. 독자적인 새로운 분야로 형제보다 우월하다는 것을 부모에게 인정받으려고 합니다.

이처럼 아들러는 아이의 생활 양식 형성에 부모 관계 이상으로 형제 관계가 큰 영향을 끼친다고 생각했습니다. 그리하여 가족 배치라고 부르는 가계도나 가족 사이의 관계, 나아가 가족의 분위기, 가족이 공유하는 가치관 등을 파악하며 내면을 분석해 나갑니다.

첫째는 부모의 사랑을 독점하다가
둘째가 태어남과 동시에 '왕좌와 특권'을 빼앗기게 된다.
첫째는 이전의 제국을 되찾으려 애쓴다.

첫째는 부모가 처음 안아보는 아이입니다. 그래서 부모의 깊은 애정을 한 몸에 받으며 그 사랑을 완전히 차지합니다. 그러나 둘째가 태어남과 함께 갑자기 '왕좌를 빼앗기게' 됩니다. 지금껏 많은 특권을 독점해 왔는데 갑자기 또 한 사람이 더해져 부모의 시간, 사랑을 빼앗기는 겁니다. 첫째는 이를 견딜 수 없습니다. 첫째는 있는 힘을 다해 다시 부모의 주의를 끌어보려 합니다. 하지만 그게 잘되지 않으면, 이번에는 긍정적 주목이 아닌 부정적 주목이라도 받으려 문제행동을 일으키기도 합니다.

첫째는 형제들 사이에서 나이가 가장 많기 때문에 체격이나 학습 능력이 뛰어나며, 리더의 역할을 맡습니다. 그 결과 어른이 되어서도 책임감이 강하며, 리더십을 발휘하게 되는 경우가 많습니다.

또한 높은 목표를 설정해 그것을 쫓아 열심히 노력합니다. '나는 언제나 앞서 있어야 해', '늘 바르게 행동해야 해'라고 생각하며 이상주의자, 완벽주의자가 되기 쉬우므로 능력 이상의 무리를 하기도 합니다. 또한 규율, 권위, 체면을 중요하게 여겨 보수적인 성격이 되기도 합니다.

이러한 이유에서 아들러는, 첫째는 사회적으로 꼭 필요한 사람이 되거나 또는 지배적인 사람이 될 가능성이 높다고 말합니다.

둘째는 부모의 사랑을 독점해 본 적이 없기 때문에
경쟁적이며, 공격적이고, 비뚤어진 사람이 되기 쉽다.
'내 인생은 스스로가 개척해야 한다'고 생각한다.

둘째는 나이 많은 형이나 언니, 나이 어린 남동생이나 여동생 사이에 끼어 있습니다.

첫째는 둘째가 태어나기 전까지 부모의 사랑을 독차지했습니다. 또 막내는 꽤 긴 시간 동안 아이 취급을 받으며 응석받이로 자라게 됩니다. 하지만 둘째는 첫째와 막내 사이에 끼어 한 번도 부모의 사랑을 독점하지 못하고 늘 경쟁해야 합니다. 아들러는 이러한 둘째들이 다른 형제들을 밀어제치고 의견을 말해야 하기에 경쟁적인 성격이 되기 쉽다 말합니다.

또한 언제나 위아래 형제들과 경쟁하기 때문에 지위가 불안정하여 '나는 무시당하고 있어', '사랑받지 못하고 있어', '부당한 취급을 받고 있어'라고 느끼기 쉽습니다. 그래서 '부당함과 불공평'에 민감해져 '나는 싸워야 한다'고 생각해, 공격적이며 비뚤어진 사람이 되기도 합니다.

더불어 둘째는 언제나 형, 언니라는 따라잡을 수 있는 목표가 명확하기 때문에 현실주의자가 되기 쉬워, '명분보다 실리를 취하는' 경향이 강해집니다.

삼 형제의 경우, 첫째가 활발하면 둘째는 얌전한 성격이 되는 것처럼 둘째는 때때로 첫째와 정반대의 성격이 됩니다. 둘째는 첫째와 경쟁하지 않는 분야에서 자신의 특기를 표출하려 하기 때문입니다.

막내는 응석받이로 자라기 쉽다.
그렇기에 스스로 노력하지 않고 무력함을 드러내며
다른 사람이 해주기만을 바라는 '영원한 아기'가 될 수도 있다.

막내는 다른 형제들과 달리 부모에게 "자, 너는 오늘부터 형(언니)이 되는 거야. 자기 일은 스스로 해야 해"와 같은 말을 듣지 않습니다. 그래서 막내는 계속해서 응석 부릴 수 있습니다. 흔히 부모는 '이 아이가 마지막'이라고 마음속으로 결정하는 경우가 많기 때문에 막내는 응석받이가 될 확률이 높아집니다.

이처럼 응석받이로 자라난 막내는 문제가 생겼을 때 첫째나 둘째처럼 '스스로 해결해야 한다'고 생각하기보다, 자신의 약함과 무력함을 내보여, 부모나 형제에게 문제를 해결받으려 하는 의존적인 아이가 되기 쉽습니다. 또한 이 때문에 문제아가 될 확률이 높다고 아들러는 생각했습니다.

더욱이 막내는 위로 본보기가 되는 형제가 있기 때문에 대인 관계에 어려움이 없습니다. 그리고 세 명 이상의 형제 사이에 경쟁이 생길 때는, 첫째 형제와 힘을 합쳐 중간의 형제와 자주 맞서기도 합니다.

그러나 모든 막내가 응석받이에 의존적인 경향을 보이는 것은 아닙니다. 막내들은 다른 순서의 아이들보다 성장에 더 도움이 되는 위치에 있기도 합니다. 그래서 이를 바탕으로 형제들보다 더 노력해 성공하는 경우도 많다고 아들러는 말합니다.

외동은 부모의 영향을 많이 받는다.
또한 막내와 달리 형제가 없기 때문에
인간관계에 서툰 경우가 많다.

외동은 경쟁 상대가 없습니다. 늘 부모의 애정과 관심을 독점하며 자라기 때문에 응석 부리며, 자기중심적인 아이가 되기 쉽습니다. '나는 늘 주목받아야 해', '나는 도움받아야 하고, 나를 도와주지 않는 사람은 적이야'라고 생각하게 되는 겁니다.

또한 부모와의 관계가 깊기 때문에, 그 영향을 강하게 받습니다. 부모가 걱정 많은 성격인 경우, 아이 또한 자신감이 없으며 쉽게 불안을 느끼는 성격이 되는 일이 많습니다.

형제들과 경쟁하거나, 싸우고 화해한 경험이 없기 때문에, 대인 관계에 서툰 사람이 되기 쉽습니다. 그리고 주위에 늘 어른들이 있으므로 비슷한 또래의 아이들과는 잘 어울리지 못하나, 자기보다 나이가 많은 사람과는 잘 지내기도 합니다.

또한 주위의 어른들 때문에 자신은 무력하고 모자란 존재라고 느끼곤 하며, 그 결과 자신감 없는 의존적인 성격이 되기도 합니다. 문제를 스스로의 힘으로 해결하기보다 다른 사람에게 의지하며, 자신의 무력함과 약함을 드러내 대신 문제를 해결받으려 하는 경향이 있습니다.

하지만 용기를 북돋아주는 부모와 자란 아이는 책임감 강한 자립적인 사람이 되기도 합니다.

부모의 몸짓이나 말투를 닮는 데는 이유가 있다.
아이는 부모 흉내를 내며 부모의 권력을 얻으려 하기 때문에
결과적으로 진짜 닮게 되는 것이다.

아이가 부모를 닮는 것은 유전만이 원인이 아닙니다. 아이는 시키지 않아도 스스로 나서서 부모를 흉내 내려 합니다. 거기에는 몇 가지 이유가 있습니다.

한 가지 이유는 부모와 이어져 있다는 것을 다른 가족들에게 주장하기 위해서입니다. "저 아이는 아버지를 쏙 빼닮았네"라거나 "엄마를 많이 닮았구나"라는 말을 들으며, 부모가 자신의 든든한 보호자임을 스스로 확인합니다. 그리고 그것을 다른 형제들에게 강하게 내보임으로써 가족 가운데 보다 우위의 지위를 차지하려 합니다.

아이는 부모와 사이가 좋을 때만 부모를 흉내 내는 것은 아닙니다. 부모와 대립해 사이가 좋지 않아도 그 행동을 닮기도 합니다. 이 경우는 두 번째 이유가 되는데, 그것은 충돌하면서도 그 부모가 갖고 있는 권력을 똑같이 누리길 바라기 때문입니다. 엄격한 부모는 아이에게 권력의 상징입니다. 가족 안에서 힘을 갖고 싶어 하는 아이는, 권력을 잡기 위해 무의식적으로 주도권을 갖고 있는 부모를 흉내 내는 것입니다.

첫 번째 이유도, 두 번째 이유도 목적은 같습니다. 즉 아이가 부모를 흉내 내는 것은, 가족 내에서 보다 높은 지위를 손에 넣으려는 전략인 것입니다. 아이는 자신도 모르는 사이에 부모의 몸짓과 표정을 따라 하며 어느덧 행동 방식까지도 닮아가게 됩니다,

아이는 부모가 갖고 있는 가치관을 무시할 수 없다.

전면 복종하거나 전면 부정한다.

경찰관의 아이인데도

문제행동을 하는 것은 이와 같은 이유다.

부모가 갖고 있는 가치관을 가족 가치라 합니다. 가족 가치는 가족의 이상이기도 하며 목표이기도 합니다. '학력이 중요하다'거나 '남자는 남자답고 여자는 여자다워야 한다', '사람은 근면해야 한다', '가장 중요한 것은 경제력이다' 등과 같은 것들입니다.

부모가 서로 동의하고 있는 가치관뿐만 아니라, 가치관이 달라 늘 부딪치

는 화제 또한 가족 가치입니다.

아이는 가족 가치를 무시할 수 없습니다. 많은 경우 아이는 부모의 훈육을 따르며 가족 가치를 온전히 자신의 가치로 받아들이거나, 그 반대로 완전히 거부합니다. 예를 들어 경찰관의 아이는 '규칙적으로 생활해야 한다'란 가족 가치에 대해 두 가지 모습을 보일 수 있습니다. 한 가지는 가족 가치를 원만히 받아들여 자신도 규칙에 따르는 모습입니다. 또 하나는 이를 강하게 거부하며 부모의 가치와 정반대되는 문제행동을 저지르는 모습입니다. 교사 부모를 둔 아이가 학교에서 문제아가 되는 것은 강한 거부의 대표적 예입니다.

가족 가치는 아이의 가치관 형성에 큰 영향을 끼칩니다. 하지만 주의해야 하는 것은, 부모의 가치관을 '원인'으로 아이 성격이 결정되지는 않는다는 사실입니다. 아이는 스스로의 의지로 그것을 받아들일지 거부할지를 결정합니다. 언제나 아이들이 '자기결정성'을 갖고 있음을 잊어서는 안 됩니다.

'똑똑한 아이' '응석꾸러기' '덤벙이' '부끄럼쟁이'
아이들은 부모의 평가를 만족시키기 위해 노력한다.

"우리 아이는 책임감이 참 강해"라는 말을 듣고 자란 아이는 부모의 기대에 따르기 위해 더욱 노력합니다. 그래서 지금보다 더 '책임감 있는 아이'가 되려 합니다. 이것은 '책임감이 강하다'라는 긍정적인 평가뿐만이 아니라, '응석꾸러기' '덤벙이' '부끄럼쟁이'와 같은 평가도 마찬가지입니다.

아이는 부모의 기대나 평가를 만족시키려 노력합니다. 부모의 기대를 저버리면 부모에게 버림받을지도 모른다고 생각하기 때문입니다. 또한 부모의 평가에 꼭 맞는 모습을 보여줌으로써 주위의 주목을 받고 기쁨을 줄 수 있다는 이유에서도 노력합니다. 이유가 무엇이든 아이는 부모를 실망시키지 않기 위해 열심히 노력합니다.

그러나 이것이 너무 지나치면 역효과가 나기도 합니다. 더 이상은 무리라고 생각해 반대로 무책임한 행동을 보이기도 합니다. 또 말 잘 듣는 아이로 있는 것에 지쳐 갑자기 '말 안 듣는 아이'가 되기도 합니다.

이렇게 부모의 기대와는 반대되는 모습에 부모는 아이가 '기대를 저버렸다' 고 생각합니다. 하지만 그렇게 된 것은 부모의 기대가 원인일 수도 있습니다. 이와 같이 부모의 기대와 평가는 아이의 성격 형성에 영향을 끼칩니다.

아들러학파의 심리 치료는
가족 구성과 어린 시절을 파악함으로써
현재의 '성격'을 알아낸다.

성격, 즉 생활 양식은 인생의 각본이며 지도입니다. 사람은 유소년기 열 살 쯤에 완성시킨 이 행동 방식의 지도를 사용해, 평생에 걸쳐 같은 사상·감정·행동 유형을 보이게 됩니다.

심리 치료를 통해 내담자의 정신적, 신체적인 괴로움을 없애기 위해서는, 먼저 현재의 생활 양식을 명확하게 알아야 합니다. 만약 그것이 잘못된 것이라면 올바른 생활 양식으로 다시 써나가는 데 도움이 될 방향을 보여주어야 합니다.

아들러학파의 심리 치료는 내담자의 생활 양식을 진단할 때, 가족 배치 분석과 조기회상 분석을 사용합니다. 가족 배치 분석은 유소년기에 함께 살았던 가족의 나이, 직업, 성격, 신체 및 지적 능력, 사회적 지위나 직업 등을 살펴보는 것입니다. 그리고 그들과의 관계가 어떠했는지도 분석합니다. 그래서 부모나 형제들이 어떻게 그 사람을 대했는지 헤아려, 거기에서 만들어졌을 현재의 생활 양식(자기개념, 세계관, 자기이상)을 추측해 나갑니다.

조기회상 분석은 유소년기의 기억을 검토하는 것입니다. 내담자가 기억하고 있는 가장 오래된 기억, 또는 가장 생생한 기억을 세 개에서 여섯 개쯤 말하게 합니다. 이 기억은 분명하지 않든, 극단적인 이야기든, 지어낸 이야기든 상관없습니다. 수정된 기억이나 창조된 기억 또한 의미가 있기 때문입니다. 이를 통해 내담자의 현재 성격이 뚜렷해지게 됩니다.

Everybody can do everything.

어느 누구나 무엇이든 할 수 있다.

꾸중해서는 안 되며 칭찬해서도 안 된다.

'교육'에 대한 아들러의 말

**야단맞거나 칭찬받으며 자란 아이는
야단맞거나 칭찬받지 않으면 행동하지 않게 된다.
그리고 평가해 주지 않는 상대를 적이라고 생각하게 된다.**

아직도 당근과 채찍—혼내거나 칭찬하면서 아이를 키우는 것이 좋은 방법이라 믿는 사람이 많습니다. 그것은 잘못된 생각입니다. 아이가 보상이나 칭찬에 이끌려 부모가 말하는 대로 행동했다면, 그것은 자신의 의지에서 나온 행동이 아닙니다. 이로 인해 아이는 보상이나 칭찬이 없으면 행동하지 않게 됩니다. 즉 이러한 방법으로 아이를 움직였다면 앞으로도 계속해서 보상과 칭찬을 해줘야 하는 겁니다. 게다가 아이는 부모가 보고 있지 않으면 행동하지 않습니다. 부모가 보고 있을 때만 그렇게 행동하는 겁니다.

그 반대로 벌이나 꾸중을 이용해 아이의 옳지 못한 행동을 막으려는 방법도 마찬가지입니다. 자신의 의지로 행동을 그만두는 것이 아니기 때문에, 강제가 없으면 문제행동을 계속해서 일으킵니다. 아이는 부모의 감시가 없는 곳에 숨어 문제행동을 합니다. 당근과 채찍은 아무런 해결책이 되지 않습니다. 그뿐만이 아닙니다. 당근과 채찍, 칭찬받거나 꾸중받는 것으로 통제당함에 익숙해진 아이는 자신을 칭찬해 주지 않을 때 상대를 적이라고 여기게 됩니다. '왜 칭찬해 주지 않는지' 상대를 비난하게 되는 것입니다. 우리는 아이를 통제해서는 안 됩니다. 그것은 교육이 아닙니다. 오히려 역효과를 불러옵니다.

혼내면 일시적으로는 효과가 있다.
하지만 그것은 본질적인 해결책이 아니다.
오히려 상대는 시무룩해져
더욱더 말을 듣지 않게 될 것이다.

"뭐하는 거야! 그만하라고!" 큰 소리로 꾸짖으면, 아이는 일시적으로 그 행동을 하지 않을지 모릅니다. "계속 그렇게 하면 과자를 안 준다"고 말하면서 아이를 야단치면, 그 순간은 내 뜻대로 아이를 움직일 수 있을지 모릅니다. 하지만 야단치고, 벌주고, 으름장을 놓는 것은 어디까지나 일시적인 효과입니다. 본질적인 해결에서는 오히려 더 나쁜 영향을 주는 경우가 많습니다.

늘 야단맞는 아이는 자신감을 잃고 크게 상처받게 될 것입니다. 어려움에 도전하는 용기를 잃고, 그로부터 달아나며, 올바르지 못한 행동을 보이게 됩니다. 또 벌을 주거나 으름장을 놓는다면 그러한 부모를 원망하며, 더더욱 고집을 피우고, 말을 듣지 않게 될 겁니다. 부모와 자녀 사이만이 아닙니다. 선배가 후배를, 또는 상사가 부하를 혼내는 일도 마찬가지입니다. 역효과밖에 없습니다.

하지만 많은 사람들이 이러한 사실을 모르고 임시적인 방편을 본질적 문제해결이라 착각합니다. 그리고 야단치고, 벌을 주고, 으름장을 놓는 잘못된 교육을 되풀이하는 겁니다. 그래서는 안 됩니다. 같은 눈높이에서 이야기를 나눠야 합니다. 아이를 억눌러 얻은 잠시뿐인 효과로 모든 것을 해냈다고 생각해서는 안 됩니다.

잘못을 깨닫게 하기 위해서는
친근한 대화를 해야 한다.
중요한 것은 친근한 대화가 가능한 신뢰 관계를 쌓는 것이다.

야단쳐서는 안 된다는 것은 알겠지만 그래도 상대의 문제행동이 고쳐지지 않는다면 어떻게 해야 할까요? 야단치지 않고, 상대가 스스로 자신의 문제를 깨달을 수 있게 하려면 어떻게 해야 할까요? 이 질문에 대해 아들러는 명확하게 대답합니다.

"야단치고, 벌을 주고, 으름장 놓지 않아도 된다. 상대에게 간단한 설명을 하거나 상대와 친근한 대화를 나누는 것으로 충분하다. 신뢰 관계가 있다면, 상대는 그것을 받아들일 것이다."

중요한 것은 신뢰 관계를 쌓는 일입니다. 그렇게 하면 상대는 나의 조언을 받아들입니다. 그러나 상대의 문제행동이 일어난 뒤 곧바로 그런 자리를 가져서는 안 됩니다. 그것은 말투만 온화할 뿐인 질책으로 받아들여지기 쉬운 까닭입니다.

가능하면 문제행동 뒤 시간이 지나고 온화한 분위기가 된 다음 상대와 이야기를 하는 편이 좋습니다. "나는 이렇게 하는 게 좋을 것 같아", "네가 이렇게 행동한다면 나는 굉장히 슬플 거야"와 같이 이야기를 나눌 때 상대를 지배하거나 통제하는 말을 써서는 안 됩니다. 자신이 어떻게 느끼는가를 전달하는 데에서 멈추십시오. 그리고 상대가 자신의 의지로 행동을 바꾸길 기다립니다.

**문제행동에 지나치게 주목하면
사람은 그 행동을 되풀이한다.
야단치는 것은 나쁜 습관을 만드는 최고의 훈련이다.**

아이가 코에 손을 갖다 대기만 했는데, 부모는 아이를 혼냅니다. "코를 파면 안 돼!" 그러면 아이는 또 코를 팝니다. 그때마다 부모는 야단을 칩니다. "하지 말라고 했잖아!" 그러면 코 파는 것은 아이에게 습관으로 뿌리내리게 됩니다. 아이가 습관을 만든 게 아닙니다. 부모의 꾸중이 아이에게 코 파는 습관을 만든 겁니다.

꾸중은 나쁜 습관을 만드는 최고의 훈련이며 가장 효과적인 방법입니다. 아이는 부모가 주목하면 계속해서 그것을 되풀이합니다. 아이는 부모에게 칭찬이라는 긍정적 주목을 얻지 못하면, 이번에는 꾸중이라는 부정적 주목을 받으려 합니다. 아이가 가장 무서워하는 것은 부모의 무시입니다. 무시당하는 것보다 야단맞는 게 훨씬 낫다고 여깁니다. 그래서 아이는 부모가 혼내도 기분이 나쁘지 않습니다. 혼나기 위해서 코를 계속 팝니다. 이것은 비단 부모와 자녀 사이에서만 일어나는 일이 아닙니다.

만약 상대의 문제행동을 멈추게 하고 싶다면, 그러한 행동을 발견해도 크게 주목해 꾸짖지 않아야 합니다. 그리고 문제행동을 하지 않았을 때 보인 바른 행동에 더욱 주목해 인정해 주는 겁니다. 문제행동에 집중하는 것은 역효과입니다. 충분하지는 않더라도 올바르고 적절한 행동에 관심을 보여주는 것이 교육자가 취해야 할 올바른 태도입니다.

다른 사람과 비교해서는 안 된다.
아주 조금이더라도 잘하는 부분을 찾아
그것을 깨닫게 해주는 것이 중요하다.

"옆집 A를 봐! 저렇게 말을 잘 듣잖니! 너는 왜 이렇게 말을 안 듣니?" "동생은 저렇게 잘하는데, 너는 오빠인데도 이렇게 못하니! 동생 좀 본받아!"

부모는 아이에게 무언가를 가르치려 할 때 친구나 형제들을 이야기하며 비교하는 경우가 많습니다. 그렇게 본보기를 보여주면서 잘못된 점을 알게 하고, 야단도 치는 효과를 노립니다. 그러나 그 방법은 옳지 않습니다. 비교당할 때 아이는 자신감을 잃고 상처를 받습니다. 그리고 열등감은 더더욱 커져 잘못된 쪽으로 그것을 보상하려 합니다. 많은 경우, 그것은 문제행동으로 이어집니다. 다른 사람과의 비교로 문제행동이 없어지는 게 아니라, 반대로 문제행동이 더 늘어나게 하는 겁니다. 선배와 후배, 상사와 부하 사이에서도 마찬가지입니다. 그 경우도 주위 사람과 비교해서는 안 됩니다.

만약 올바른 본보기를 보여주고 싶다면 조금 부족하더라도 그 사람 안에 있는 좋은 부분을 찾아내어, 깨달을 수 있도록 하는 것이 중요합니다. 작은 부분일지라도 이야기하고 인정해 더욱더 키워나가도록 합니다. 만약 비교를 해야만 한다면 그 사람의 과거와 현재를 비교해야 합니다. 지금 더 나아진 그 사람에게 주목하는 겁니다.

사람은 실패를 통해서 배운다.

실패를 경험하고

스스로 '변하자!'고 결심하는 것을 지켜보자.

아들러 심리학의 교육은 '결말을 체험하게 하는 것'을 중요하게 여겼습니다. 정리하지 않는 아이를 꾸짖어 억지로 정리를 하게 해도 아이는 사실 그 필요성을 느끼지 못합니다. 그것보다, 혼내지 않고 그냥 내버려두는 편이 효과적입니다. 아이는 정리가 안 된 방에서 자기가 갖고 놀려는 장난감을 못 찾아 고생을 할 겁니다. 그리고 정리를 하는 게 장난감 찾을 때 편하다는 것을 배우게 됩니다.

하지만 장난감을 방바닥에 너저분히 놓아두는 것도 부모에게는 스트레스가 될 겁니다. 그럴 때에는, 큰 상자 하나를 마련해 아이가 어질러놓은 장난감, 옷가지를 모조리 상자에 던져 넣어두는 겁니다. 이러면 바닥은 깨끗해지고 부모의 스트레스도 없어집니다. 아이는 뒤죽박죽 된 상자에서 장난감을 찾느라 고생하며 정리의 중요성을 배울 겁니다.

'결말의 체험'은 아이의 교육만이 아니라 어른들에게도 적용되는 법칙입니다. 사람은 실패에서 배웁니다. 그렇기 때문에 실패의 위험이 있는 일도 맡기는 것이 중요합니다. 한두 번의 실패를 걱정해 아무것도 안 시키는 것보다, 실패의 경험을 위해 일을 맡겨보는 마음가짐이 중요합니다. 잘하게 된 다음 맡기는 것이 아니라, 맡기기 때문에 잘하게 되는 겁니다. 아들러의 가르침은 어른들의 교육에도 적용됩니다.

야단치기보다

결말을 체험하게 하는 것이 중요하다.

아이가 식사 시간이 되도 오지 않거든 야단치지 마라.

밥을 주지 않으면 된다.

저녁 식사 시간은 오후 6시라고 정했음에도 불구하고, 놀다가 늦게 들어오는 아이가 있습니다. 엄마는 그때마다 음식을 다시 데우고, 두 번 설거지를 해야 합니다. 그러나 아이는 신경도 쓰지 않습니다. 아무렇지도 않은 듯 늘 늦게 들어옵니다. 부모들은 아이를 야단치지만 나아질 기미는 없습니다. 하지만 결말을 체험하게 하면 아이는 혼내지 않아도 자신의 의지로 제시간에 집으로 돌아오게 됩니다.

아들러의 제자 루돌프 드라이커스는 이런 경우를 위해 다음과 같이 조언합니다.

"'식사 시간을 지키지 않으면 밥은 주지 않을 거야'라고 아이와 약속을 하고 그것을 지키면 된다. 아이가 늦게 들어와서 '엄마, 밥은요?'라고 묻는다면, '네가 늦었으니 밥은 줄 수 없어'라고 대답해라."

이것은 앞서 말한 자연적인 결말과는 다른, 이론적인 결말을 겪게 하는 방법입니다. 이것은 아이뿐만이 아니라 어른들에게도 효과가 있는 방법입니다. 기한을 지키지 않으면 담당자를 바꾼다는 식으로 응용할 수 있습니다. 단, 그 약속이 지나치게 엄격할 경우 상대는 그것을 약속이 아닌 '벌'이라고 생각합니다. 그리고 결말을 체험하게 할 때에 부정적인 말이나 꾸중을 해서는 안 됩니다. 그러면 '벌'이 되어버리기 때문입니다. 벌을 주는 것이 아니라, 결말을 체험함으로써 깨닫게 하는 것이 아들러의 교육입니다.

"얘는 말을 익히는 게 좀 느려서요……" 하며
엄마가 아이의 말을 대신한다.
그러면 아이는 스스로 말할 필요를 잃게 되어
정말로 말 익히는 것이 늦어진다.

부모가 아이에게 고생을 시키지 않으려고 아이를 도와줍니다. 그러나 이것이 결과적으로 아이를 온실 속에 둔 게 되어 아이의 교육에 문제를 만듭니다. 아이가 어려움 없이 자라게 하는 것은 아이가 스스로 무언가를 해보려는 기회를 빼앗는 일입니다.

"너한테는 힘들 거야. 그러니까 내가 대신 해줄게"라고 말함으로써 엄마는 아이의 학습과 성장의 기회를 빼앗는 겁니다. '이 아이는 내가 없으면 아무것도 하지 못한다'고 생각하며 아이를 자신에게 기대게 하고, 그를 통해 자신의 존재 의미와 가치를 높이는 겁니다. 그 결과 아이는 부모 없이 아무것도 못하는 의존적인 사람이 됩니다. 이는 부모와 자식 이외에서도 적용됩니다. 부하 직원이 고생하지 않도록 편한 일만 맡기는 상사 밑에서 부하는 능력을 키울 수 없습니다.

교육이란 상대가 혼자서 과제를 해결하도록 이끌어주는 것입니다. 결코 상대를 편안하게만 감싸는 것이 아닙니다. 그것은 상대를 도움만 바라는 사람으로 만들어버립니다. 어려움에 부딪혀보지 못한 상대는 스스로의 힘으로 문제를 해결하려는 의욕을 잃습니다. 그 결과, 혼자서 과제를 해결하는 능력도 키울 수 없게 됩니다. 부모는 아이의 과제를 대신 하는 것이 아니라 아이가 혼자서 과제를 해결할 수 있도록 용기를 북돋워주어야 합니다.

아이를 키우다 벽에 부딪쳤을 때는
스스로에게 질문을 해보자.
'이 체험을 통해, 아이는 무엇을 배울까?'
이 질문을 통해 분명 답을 찾을 수 있을 것이다.

"뒷정리를 안 하면 다음번엔 장난감을 가지고 놀 수 없다"고 아이와 약속을 했다고 합시다. 아이도 알겠다고 약속을 했습니다. 그런데 전날 정리를 안 한 아이는 다음 날 장난감을 가지고 놀 수 없게 되자 화를 내며 떼를 씁니다. 주위에는 사람들이 있고, 아이 울음소리가 다른 사람들에게 피해가 되고 있습니다. 당신은 아이와의 약속을 깨고 장난감을 줘야 할지 고민합니다.

이때, 자기 자신에게 이런 질문을 해보십시오. '아이는 이 체험을 통해 무엇을 배울까?' 만약 약속을 깨고 장난감을 준다면, 아이는 '약속을 해도 떼를 쓰면 들어주는구나'라고 배울 겁니다. 이 대응은 아이에게 잘못된 생각을 심어줍니다. 그렇기 때문에 이때 아이에게 장난감을 줘서는 안 됩니다. 대신 혼내지 말고 아이에게 차분히 이야기합니다. "네가 장난감을 가지고 못 놀아서 엄마도 속상해. 그러니까 다음번에는 같이 뒷정리하자."

이 방법은 어른들에게도 적용할 수 있습니다. 누군가를 이끌어나가며 어떻게 해야 할지 모르겠을 때 스스로 질문해 봅시다. '이 체험을 통해 상대는 무엇을 배울까?' 그러면 무엇을 해야 할지 그 답을 찾을 수 있을 겁니다.

There is one single and essential point of view which helps us to overcome all these difficulties; it is the view-point of the development of the social feeling.

모든 어려움을 이겨내는 자세가 있다면
그것은 공동체 감각을 발전시켜 나가는 자세일 것이다.

행복해지는 유일한 방법은 다른 사람을 위한 공헌.

'공동체 감각'에 대한 아들러의 말

나 자신만이 아니라 동료의 이익을 소중히 생각하는 것.
받은 것보다 더 많이 상대에게 줄 수 있는 것.
이것이 행복해지는 유일한 길이다.

아들러 및 그의 제자 루돌프 드라이커스는 '공동체 감각'의 중요성을 계속해서 강조했습니다. 오로지 그것만이 고민에서 벗어나고 행복해질 수 있는 방법이기 때문입니다. 그리고 공동체 감각이란 '다른 사람을 위한 공헌'으로 형성된다고 말했습니다. 사회에서 자신의 자리가 없다는 것은 무척 슬픈 일입니다. 그러나 어려움을 호소해 봐야 아무도 도와주지 않습니다. 자신의 자리는 스스로 만들어야 합니다. 그러기 위해서 '다른 사람을 위한 공헌'부터 시작해야 합니다. 그렇게 함으로써 다른 사람에게 감사받고, 그에 대한 보답으로 그 사람의 도움을 받으며 사회 속에 자신의 자리를 꾸릴 수 있게 되는 겁니다.

아들러가 주장한 공동체 감각은 기독교나 자기 계발 이론과 매우 비슷한 개념이 포함되어 있습니다. 그런 까닭에 아들러 심리학은 그 무렵 심리학자들에게 과학적이지 못하다는 비판을 받았습니다. 하지만 건전한 대인 관계, 건전한 인생을 보내기 위해서는 공동체 감각이 반드시 필요합니다. 현대 심리학에서는 아들러의 개념은 이미 '상식'이 되었습니다. "아들러의 이론이 그때의 이론보다 1세기는 빨랐다"고 말하는 이유가 여기에 있습니다.

'내 자리가 없다'고 느낀다면 "주위 사람이 나를 몰라준다"고 푸념만 하는 것이 아니라, 주위를 위해서 공헌해야 합니다. 그러면 분명 나의 자리가 생겨날 것입니다.

누군가 시작해야 합니다.
아무도 돌아봐주지 않는다 해도
아무도 인정해 주지 않는다 해도
'당신부터' 시작해야 합니다.

아들러 심리학 이전에 사람들에게 큰 영향을 준 지크문트 프로이트의 이론은 아들러와 달랐습니다. 프로이트 심리학은 "왜 곁에 있는 사람을 사랑해야 하는가?" 또는 "내 곁에 있는 사람은 나를 사랑해 주는가?"처럼 어리광 부리는 아이 같은 이론을 보여주었습니다. 반면 아들러는 성숙한 어른의 이론을 펼쳤습니다.

"왜 곁에 있는 사람을 사랑해야 하는가?", "내 곁에 있는 사람은 나를 사랑해 주는가?"라고 묻는 사람은 협력하는 훈련이 되지 않아 자신밖에 관심이 없습니다. 아들러는 인생의 모든 실패 원인은, 이러한 이기적인 생각에 있다고 말했습니다.

아들러가 말한 공동체 감각과 거의 같은 메시지를 다른 여러 종교가 말하고 있습니다. 이에 대해 아들러는 "나는 사람들이 서로 협력하는 것을 최종 목표로 삼는 모든 활동과 노력에 뜻을 같이한다. 그러한 생각이 가치가 있다는 것을, 지금은 과학적으로도 확인할 수 있다. 이것은 우리와 같은 뜻을 가진 사람들에게 큰 의미가 있는 일이다"라고 말했습니다.

아들러의 심리학은 특히 기독교의 가르침과 비슷한 부분이 있습니다. "누군가는 시작해야 한다. 다른 사람이 돌아봐주지 않는다 해도, 당신이 시작해야 한다"거나 "다른 사람이 당신을 사랑해 주지 않는다 해도 당신이 먼저 사랑하라"고 말하고 있습니다. 이러한 문장 안에 모든 괴로움에서 빠져나올 수 있게 하는 가장 중요한 뜻이 담겨 있습니다.

'다른 사람은 나를 도와줘.'
'나도 다른 사람을 도울 수 있어.'
'나는 혼자가 아니야.'
이런 감각이 당신을 모든 어려움에서 벗어나게 해줄 것이다.

'공동체 감각'은 아들러 심리학의 핵심이라고 할 수 있습니다. "아들러 심리학의 실천 목표는 '공동체 감각'의 육성이며, 아들러는 공동체 감각이 발달하면 모든 어려움에서 벗어날 수 있다"고 말합니다. 공동체 감각은 세 가지로 구성되어 있습니다.

①주위의 사람들은 나를 도와준다=타자 신뢰 ②나는 주위 사람을 위해 공헌할 수 있다=자기 신뢰 ③(그 결과로서)공동체에는 나의 자리가 있다=사회적 소속감, 이 세 가지입니다.

①타자 신뢰와 ②자기 신뢰는 서로에게 원인과 결과가 되는 관계입니다. ①타인이 나를 도와준다고 느끼기에 나는 다른 사람을 위한 공헌을 할 수 있는 겁니다. 만약 주위 사람을 적이라고 느낀다면, 아마도 나는 두려움에 빠져 남을 도우려는 생각조차 못 할 겁니다. 좋은 마음에서 비롯된 행동을 거부당할 때, 사람은 더 큰 상처를 받기 때문입니다.

반대로 ②와 같이 나는 다른 사람을 위해 공헌할 수 있다고 느낀다면, 자신감을 갖고 다른 사람을 위해 공헌할 수 있습니다. 만약 자신에 대한 믿음이 없고, 나는 다른 사람에게 아무것도 해줄 수 없다고 생각한다면 누구도 도울 수 없을 겁니다.

그러면 ①도 ②도 없는 사람은 어떻게 하면 좋을까요? 정답은 앞서 말한

대로입니다. 당신부터 시작하면 됩니다. 누군가 봐주길 바라지 않고, 인정받기 또한 바라지 않고, 당신부터 시작하는 겁니다.

나만을 생각하고 있지 않은가.
빼앗는 사람, 지배하는 사람, 달아나는 사람,
이러한 사람들은 행복해질 수 없다.

아들러는 1933년, 아래와 같은 이론을 발표했습니다. '공동체 감각'이 높은 사람, 낮은 사람이란 축에, 활동성이 높은 사람, 낮은 사람이란 축을 더해 사분면(四分面)으로 사람들의 행동 방식을 분류한 것입니다. 둘 모두 높은 사람은 '사회적으로 도움되는 사람'으로 이러한 부류가 가장 올바르다고 생각했습니다. 또한 공동체 감각은 높은데 활동성이 낮은 사람은 없다고 말했습니다. 공동체 감각이 높으면 반드시 무언가를 행동에 옮기기 때문입니다. 그리고 공동체 감각이 낮은 사람을 다시 두 부류로 나누었습니다.

하나는 활동성이 높은 사람입니다. 이 사람은 주변의 사람들을 '지배하는 사람'입니다. 상대보다도 자신을 우선시하는 행동을 많이 합니다. 주변 사람들은 차츰 그를 떠나게 되고 그 인생은 결코 행복할 수 없습니다.

또 다른 하나, 공동체 감각도 활동성도 낮은 사람입니다. '상대보다 자신을 우선시해' '활동하지 않는' 사람들은 다시 두 종류로 나뉩니다. 하나는 '빼앗는 사람'입니다. 다른 사람이 무언가 해주는 것을 당연시하고, 감사하지 않습니다. 더 나아가 자신을 도와주지 않는 사람에게는 원망하고 화를 냅니다. 이런 자세로는 대인 관계도, 인생도 행복할 수 없습니다.

다른 한 부류는 '달아나는 사람'입니다. 공동체 감각이 낮아 잘 풀리지 않는 대인 관계를 귀찮다고 여기며, 사람과 만나지 않고 혼자 고립되기를 자청합니다. 신경증 환자도 여기에 속합니다. 우리는 공동체 감각을 높이지 않고는 결코 행복한 인생을 보낼 수 없습니다.

사람은 자신의 자리가 없다고 느끼면

정신병에 걸리거나 술에 빠져 지내게 된다.

다른 사람을 도우며 자신의 자리를 확보해 나가야 한다.

범죄자, 신경증 환자, 알코올의존자, 성도착자, 자살자…… 언뜻 저마다 전혀 다른 문제를 안고 있는 것처럼 보이는 사람들이지만, 아들러는 그들의 근본적 문제는 하나라고 말합니다.

"공동체 감각의 결여. 이러한 사람들은 다른 누구보다도 자신을 우선시하기 때문에, 자신이 누군가의 도움을 받고 있다는 사실도 깨닫지 못하고 사회적으로 고립한다. 자신의 자리가 없다고 느껴, 그것을 보상하기 위해 저마다의 문제행동을 일으키는 것이다." 아들러는 이렇게 말했습니다. 그리고 공동체 감각이 퍼져나가면 모든 어려움에서 벗어날 것이라고 확신했습니다.

범죄자는 사회를 속이고 경찰을 우습게 여기며 우월감을 느낍니다. 그것은 공동체 감각이 부족해 사회에서 자신의 자리가 없다고 느끼고 그것을 보상받기 위해 하는 행동입니다. 신경증 환자는 주변의 걱정 속에서, "병이니까 어쩔 수 없지"라는 핑곗거리를 얻어 "나는 이 병만 아니면 괜찮았다"고 둘러댑니다. 여러 문제행동은 '사회에서 자신의 자리'를 얻지 못한 사람들의 필사적 일탈행위인 겁니다. 그러나 이러한 행동을 통해 얻는 것은 진정한 자신의 자리가 아닙니다. 그렇기에 또 쓰러지게 됩니다.

일하지 않았기에 일에서 실패한 적이 없는 사람

친구를 사귀지 않았기에 인간관계에서 실패한 적이 없는 사람

그의 인생은 완전하지만 최악의 인생이다.

실패나 패배를 피하는 가장 확실한 방법은 도전하지 않는 것입니다. 회사 내의 경쟁에서 지지 않는 가장 확실한 방법은 회사에 다니지 않는 것입니다. 연애에서 이성에게 차이지 않는 가장 확실한 방법은 고백하지 않는 것입니다. 사람들 가운데 있지 않으면 상처받을 일도 없습니다. 인간관계에서 상처받을 바에야 혼자 있는 게 낫다고 판단한 결과입니다.

하지만 사람은 사람들 속에서 행복을 느낍니다. 아무도 없는 무인도에서 호화로운 차를 타고, 큰 집에서 산다고 해서 행복감을 느낄 수 없습니다. 일의 과제, 교우의 과제, 애정의 과제…… 인생은 과제의 연속입니다. 그 과제에 용기를 갖고 도전해 극복할 때 비로소 행복이 찾아옵니다. 그리고 그 과제를 극복하기 위해서는 힘이 필요합니다. 그 힘이란, 가솔린이 되는 '용기'와 그 방향을 정해 주는 '공동체 감각'입니다. 이것만 있으면 모든 과제는 반드시 해결할 수 있습니다.

일의 과제는 고객에게 공헌함으로써 해결해야 합니다. 교우의 과제는 동료에 대한 공헌과 친구에 대한 믿음이 없으면 해결할 수 없습니다. 애정의 과제는 필요한 두 가지를 더욱 깊게 실천함으로써 해결할 수 있습니다. 그렇게 하면 저마다의 장소에서 소속감이라는 자신의 자리를 얻을 수 있습니다. 그리고 마음의 평화가 찾아올 것입니다.

상대의 권리를 함부로 침범해서는 안 된다.
권리를 존중하고 스스로가 결정하도록 하면
상대는 자신을 믿고 다른 사람을 믿게 된다.

부모와 자녀, 상사와 부하, 선배와 후배 같은 위아래 관계에서도 상대의 권리를 함부로 침범하면 반드시 대립이 일어납니다. 부모가 아이에게 명령해 방을 정리하게 하면, 아이는 부모가 시키는 대로 하지 않겠다고 고집을 피우며 정리하기를 거부합니다. 이것은 어느 쪽이 더 힘을 갖고 있나를 겨루는 부모와 자녀 사이의 다툼입니다. 이와 같은 일이 상사와 부하, 선배와 후배 사이에서도 일어납니다.

무언가를 강제적으로 명령하면 대립과 다툼이 일어납니다. 그렇게 해서는 안 됩니다. 상대에게 스스로 결정하도록 하고 상대의 권리를 인정해야 합니다. 그러면 대립은 사라지고, 상대는 이성적으로 판단할 수 있게 됩니다. 그리고 그 판단에 따라 정리가 필요하다는 결론에 닿으면, 자기 의지로 정리를 할 겁니다.

강제와 대립을 거듭하면, 공동체 감각은 자라나지 않습니다. 혼내서 어떤 것을 강제적으로 시키면 열등감이 강해져 자기 신뢰가 약해집니다. 그리고 강제하는 상대를 적이라고 생각해, 타자 신뢰도 약해집니다. 그 결과, 사회에는 자기 자리가 없다고 생각하게 되는 것입니다.

하지만 부모나 상사가 아이, 부하에게 스스로 결정하게 하고, 상대의 권리를 존중해 주면, 아이나 부하는 차츰 자기 신뢰와 타자 신뢰를 형성하게 됩니다. 그 결과 가정과 조직, 사회에서의 자신의 자리를 찾을 수 있게 되어 공동체 감각을 배우기 시작하는 겁니다. 공동체 감각을 기르는 첫걸음은 강제하지 않는 것, 다른 사람에게 존중받는 체험을 늘려가는 것입니다.

"참 잘했어"라는 칭찬이 아니라,
"고마워, 네 덕분이야"라는 감사를 전하자.
누군가에게 도움이 되는 기쁨을 알면,
스스로가 나서서 도움이 되려고 할 것이다.

부모나 교사가 아이의 '공동체 감각'을 높이려면, 자기 신뢰와 타자 신뢰의 체험을 쌓아나가는 데서부터 시작해야 합니다. 구체적으로는 아이에게 도와달라고 요청하고, 그에 대해 감사의 말을 전하는 겁니다.

다른 사람에게 감사의 말을 듣는 것은 누구에게나 기분 좋은 일입니다. 뿐만 아니라 이를 통해 사람은 자신이 어떠한 능력을 지녔다는 만족감을 느끼게 되고, 자기 신뢰를 느끼게 됩니다. 그와 함께 상대에 대해서도 신뢰감을 갖게 됩니다. 즉 타자 신뢰도 생겨나는 겁니다.

'감사하는 것'과 '칭찬하는 것'은 다릅니다. 예를 들어 아이가 정리를 도와줬을 때, "고마워, 다 네 덕분이야"와 "장하네, 참 잘했어"는 받아들일 때 인상이 다르다는 것을 알 수 있습니다. '감사'는 옆에서 바라보는 시선, '칭찬'은 위에서 내려다보는 시선입니다. 신입사원이 사장에게 "참 잘했네요"라고 칭찬한다면, 사장은 버럭 화를 낼 겁니다. 칭찬은 위에서 내려다보는 시선이며, 또한 상대에게 기대하지 않았다는 바탕이 깔려 있기 때문입니다.

위에서 내려다보며 칭찬하기보다 옆에서 바라보며 고마움을 전하는 것이 자기 신뢰와 타자 신뢰를 이뤄가는 일에 훨씬 효과적입니다. 공동체 감각을 기를 때, 공헌과 감사의 체험을 쌓아가는 것이 가장 중요합니다.

괴로움에서 벗어나는 방법은 오직 하나뿐이다.
다른 사람을 기쁘게 하는 것.
내가 무엇을 할 수 있을지 생각해서 그것을 실천해야 한다.
신경증, 불면증으로 고민하는 환자가 물었습니다.
"어떻게 하면 이 괴로움에서 벗어날 수 있을까요?"
아들러가 말했습니다.
"다른 사람을 기쁘게 하는 겁니다. 내가 무엇을 할 수 있을지, 어떻게 하면 다른 사람이 기뻐할지를 생각해서 그것을 실천하는 겁니다. 그러면 슬픔도 불면증도 사라지고, 모든 게 해결됩니다."
이후 그는 아들러의 말을 행동에 옮기기 위해서 수첩을 활용했습니다. 수첩에 '가족' '친구' '동료' '고객' 이렇게 주위 사람들을 나누어 적어놓고, 상대를 기쁘게 하는 방법이 떠오를 때마다 써넣었지요. 그리고 기회가 올 때마다 그것을 실천하고 있습니다. 상대를 기쁘게 하고, 감사 인사를 듣는 것만큼 행복한 일은 없습니다. 이렇게 하면 사회 속에서 자신의 자리를 찾을 수 있으며, 공동체 감각 또한 더욱더 커져갈 겁니다.
작은 선행부터 쌓아나가는 게 좋습니다. 길에 떨어진 쓰레기를 쓰레기통에 버리거나 몸이 불편한 사람에게 자리를 양보하는 등 작은 일을 하나씩 해나가는 것은 아주 큰 도움이 됩니다. 나 자신보다 상대를 소중하게 생각하면, 공동체 감각은 높아집니다. 그것이 행복으로 한 걸음 더 가까워지게 해줄 겁니다.

나와 다른 의견을 말하는 사람은

나를 비판하는 게 아니다.

다른 것이 마땅하며, 그렇기에 의미가 있는 것이다.

아들러는 공동체 감각을 높이는 것은 기독교에서 말하는 "네 이웃을 사랑하라"와 같은 일이라고 했습니다. 그리고 네 이웃을 사랑한다는 것은 '이웃 사람이 나를 사랑해 주니까, 나도 사랑하자'가 아닌, '이웃 사람이 나를 사랑해 주지 않는다 해도, 내가 먼저 사랑하자', 즉 보상을 바라지 않는 사랑을 의미합니다.

그것뿐만이 아니라, 자신과 다른 가치관을 인정하고 받아들일 줄 알아야 합니다. 사람들의 가치관은 저마다 다릅니다. 그렇기에 의견도 다를 수밖에 없습니다. 우리는 자신과 다른 의견을 들으면, 마치 자신이 비난당하는 느낌이 들어 불쾌해합니다. 그리고 그 의견에 맞서 경쟁하려는 자세를 취합니다. 하지만 그렇게 해서는 공동체 감각을 높일 수 없습니다.

자신과 다른 의견을 비난이라 여기지 말고 그저 다른 것이라고 인정해야 합니다. 달라도 됩니다. 다른 의견이기에 의미가 있습니다. 또한 자신의 의견을 상대에게 강요해서도 안 됩니다. 상대가 자신과 다른 의견을 갖는 것을 허용하고, 다른 것이 마땅하다고 받아들입니다. 이렇게 한다면, 공동체 감각은 저절로 높아질 겁니다. 그리고 자신의 자리도 확보할 수 있게 됩니다. 행복에 한 걸음 더 가까워지게 되는 겁니다.

자신의 불완전함을 인정하고 받아들이십시오.

상대의 불완전함을 인정하고 용서하십시오.

앞서 자신과 다른 의견을 허용하고, 자신의 의견을 상대에게 강요하지 않는 것이 공동체 감각을 높이는 구체적인 방법이라고 이야기했습니다. 그와 함께 필요한 것은 상대와 자신의 불완전함을 인정하는 자세입니다.

A는 친구인 B 부부의 결혼을 축하하는 자리에서, 예의 없이 소란을 피우는 사람들에게 화가 났다고 합니다. A는 B 부부가 주인공이고 나머지 사람들

은 바라봐주는 역할에 있어야 한다고 생각했습니다. 하지만 다른 사람들은 그런 건 전혀 신경 쓰지도 않고 신이 나 있었습니다. A는 그 사람들에게 주의를 줬습니다. 그러나 그 사람들은 건성으로 대답만 하며 듣지 않았습니다. A는 예의 바르지 못한 그들을 하찮게 느끼며 노려보았습니다. A는 그들을 꾸짖어 그 행동을 멈추게 하려는 겁니다.

A의 생각은 나쁘지 않다고 생각합니다. 그러나 자신의 생각을 다른 사람들에게 강요하는 것은 공동체 감각에 어긋나는 일입니다. 배려 없이 소란을 피우는 이들은 불완전한 사람들입니다. 그런 그들을 노려보는 A 또한 불완전한 사람입니다. 똑같이 불완전합니다. 그렇다면 그들을 용서하듯이 자기 자신도 용서해야 합니다. 그렇게 하지 않고는 공동체 감각을 높일 수 없습니다. 불완전해도 괜찮습니다. 그렇기에 인간적이며, 그렇기에 사랑스럽습니다. 언제나 그런 넓은 아량을 가져야 합니다.

'신용'이 아니라, '신뢰'해야 한다.
'신뢰'란, 근거도 담보도 없이 상대를 믿는 것이다.
만일 배신당할 가능성이 있다 해도 상대를 믿는 것이다.

'신용○○' 이런 말을 들으면 무엇이 떠오릅니까? '신용거래' '신용금고' 같은 금융 관련 단어들을 떠올리는 사람이 많지 않을까요? 그러면 '신용'이라는 말을 '신뢰'로 바꿔봅시다. 그 말은 어떨까요? '신뢰거래' '신뢰금고' 왠지 어색할 겁니다.

왜냐하면 '신용'과 '신뢰'는 분명히 다르기 때문입니다. 신용거래란, 그 사람의 예금 잔고나 보유 자산, 과거의 거래 실적, 담보와 같은 근거가 있어야 가능합니다. 즉 '신용'이란 근거나 담보와 맞바꿔 상대를 믿는 것입니다.

하지만 '신뢰'는 다릅니다. 신용과 달리, 근거나 담보 따위를 전혀 필요로 하지 않고 상대를 믿는 것이 신뢰입니다. 근거가 없다는 것은, 상대가 나를 배신할지도 모른다는 겁니다. 그렇습니다. 그래도 믿는 것, 그것이 신뢰입니다.

아들러가 주장한 공동체 감각은 '신뢰'를 바탕으로 하고 있습니다. 자기 신뢰와 타자 신뢰는 근거 없이, 배신당할 가능성이 있다고 해도 믿는 데서부터 시작합니다. 상대를 의심한다면 신뢰 관계는 이뤄지지 않습니다. 아무런 조건 없이 믿어야 합니다. 그리고 내가 먼저 상대를 믿어야 합니다. 그것이 행복해지는 길, 공동체 감각을 높이는 방법입니다.

'내가 다른 사람에게 도움이 되고 있다'고 실감할 때,
상대의 감사나 칭찬은 필요치 않다.
공헌감(貢獻感)은 '자기만족'으로 충분하다.

공동체 감각을 높이기 위해서는 '공헌감(貢獻感)'을 느끼고, 자기 신뢰를 높여야 합니다. 하지만 그렇다고 해서 다른 사람의 감사나 칭찬이 필요한 건 아닙니다. 비록 아무도 알아주지 않는다 해도, '공헌감'은 느낄 수 있습니다.

그것은 자기만족입니다. 가장 올바르게 공헌감을 느끼는 방법은 '나는 올바른 일을 했어. 아무도 인정해 주지 않지만 누군가에게 도움이 되었어'라고 혼자서 느끼는 것입니다. 상대의 감사나 평가 없이 공헌감을 느낄 수 없다면, 당신은 언제나 상대에게 의존하게 됩니다. 상대가 칭찬하지 않으면, 분노를 느끼고 감사를 요구할 겁니다. 그것은 진정한 공헌감이 아닙니다. 진정한 공헌감은 상대에게 의존하지 않은 채 스스로 만족하는 것입니다. 다른 사람의 인정과 감사를 바라지 말고 올바른 길만을 바라보며 행동하십시오.

유교의 경전 《대학(大學)》에는 '신독(愼獨)'이라는 말이 있습니다. 홀로 있을 때에도 도리에 어그러짐이 없도록 몸가짐을 바로 하고 언행을 삼가라는 의미입니다. 행복으로 통하는 길은 언제 어디서나 마찬가지입니다.

결정할 수 없을 때는,
보다 많은 사람들의 이익을 우선시하라.
나보다 동료들을
동료들보다 사회 전체를.
그러면 잘못된 결정은 하지 않을 것이다.

아들러가 말하는 공동체 감각의 '공동체'란, 어느 특정 조직을 지칭하지 않는 추상적인 개념입니다. 그렇기에 그것을 일상에서 행동에 옮기며 구체적으로 생각하다 보면, '나보다 사회를 중요하게 여겨도 될까?' 망설임이 생길 때도 있을 겁니다. 하지만 추상적 개념인 공동체는 사회뿐만이 아니라 가족과 지역사회, 나아가서는 국가나 세계, 동식물 모두를 포함한 우주까지도 아우를 수 있습니다. 그리고 저마다의 이익을 생각할 때, 다른 답이 나오기도 합니다. 기업 제품에 불량이 있는 경우, 그것을 사회에 공개하고 회수하면, 기업은 일시적으로 큰 타격을 입습니다. 회수 비용이나 자재 폐기로 직접적인 손실을 입게 되고, 기업의 신용 또한 낮아져 매상과 이익은 크게 떨어지게 되기 때문입니다. 그렇기 때문에 기업은 자신들의 잘못을 밝히는 일에 망설입니다. 그러나 작은 기업이 아닌 보다 큰 사회 전체의 이익을 생각한다면 한시라도 빨리 사실을 공개해야 한다는 것을 알 수 있습니다.

이처럼 개인, 회사, 사회 등 저마다의 공동체 이익이 다른 경우, 보다 큰 집단의 이익을 우선시해서 생각하면 잘못된 판단을 내리지 않습니다. 나 자신의 이익만을 생각한다면 우리는 바르지 못한 길로 갈 수 있습니다.

부당한 상사나 교사에게
억지로 인정받을 필요는 없다.
가치가 높은 사람이 되면 된다.
보다 큰 공동체에서 생각하라.

공동체 감각을 높이는 것이 행복해지는 유일한 길입니다. 이에 대해 자기 생각은 버리고 상사나 회사에 무조건 맞추라는 뜻으로 오해하는 사람이 있습니다. "부당한 상사에게 인정받기 위해서 잘못된 일도 해야만 하나요?"라고 질문하는 사람도 많습니다. 그 대답은 다음과 같습니다. "그럴 필요 없습니다. 잘못되었다고 생각하는 것은 잘못되었다고 말하세요." 부당한 상사나 교사에게 이의를 다는 것은 결코 공동체 감각에 반하는 일이 아닙니다.

앞서 살펴본 것처럼 공동체란 회사나 학교가 아닌, 넓게는 나라, 세계를 포함합니다. 그리고 결정이 망설여질 때는 보다 큰 공동체를 중심으로 생각하면 됩니다. 부당한 상사, 교사에게 인정받을 필요는 없습니다. 더 큰 공동체에서 인정받는 사람이 되어야 합니다. 만약 다른 의견을 말했다는 이유로 회사나 학교에서 쫓겨난다면, 처음부터 그곳은 가치 있는 공동체가 아니었던 겁니다.

단, 우리는 '목적'을 생각해야 한다는 것을 잊어서는 안 됩니다. 어쩌면 부당하다 생각하는 건 당신이 회사나 학교를 그만두고 싶다는 '목적'이 먼저 있었던 건지도 모릅니다. 이를 주의하며, 이성적으로 공동체를 판단하길 바랍니다.

The aim of Individual Psychology treatment is always to increase an individual's courage to meet the problems of life.

**아들러 심리학의 치료 목표는, 언제나 인생의 모든 문제에
당당히 맞서는 개인의 용기를 강하게 키우는 것이다.**

어려움을 극복하는 용기를 지녀라.

'용기'에 대한 아들러의 말

**'용기'란 어려움을 극복하는 힘이다.
용기 없는 사람은 어려움에 처하면
인생의 암흑 속에 빠져버린다.**
인생에는 언제나 어려움이 따릅니다. 일의 과제, 교우의 과제, 애정의 과제

모든 곳에 어려움은 몰려듭니다. 그리고 이것으로써 우리의 공동체 감각은 시험받습니다. 우리는 여유가 없을 때도 '상대를 먼저 생각하는' 공동체 감각을 갖고 있는지 날마다 시험받고 있는 겁니다.

아들러는 '용기'란 어려움을 극복하는 힘이라고 했습니다. 용기가 있으면 공동체 감각을 지키며 어려움을 해결해 나갈 수 있습니다. 그러나 용기가 모자라면 어려움을 극복할 힘을 내지 못하고 달아나게 됩니다. 공동체 감각을 내버리고, 편한 길—범죄, 알코올의존증, 마약중독, 신경증, 정신병 등 인생의 암흑으로 달아나는 겁니다.

누구나 어려움이 닥치면 높다란 벽 앞에 서게 됩니다. 어려움에 맞서 공동체 감각을 갖고 문제를 뛰어넘을지, 공동체 감각을 내버리고 달아나 암흑에 빠질지. 그것을 결정하는 것이 용기의 유무입니다.

우리는 용기를 갖고 있을까요? 그리고 주위 사람들에게 용기를 북돋워주고 있을까요?

사람은 '공헌감'을 느끼고,
'자신의 가치'를 느낄 때
용기를 갖는다.

아들러는 "나는 나의 가치를 느낄 때만 용기를 얻는다. 내가 나의 가치를 느낄 때는 나의 행동이 주위 사람들에게 도움이 되었다고 생각될 때이다"라고 말했습니다.

사람은 자신이 누군가에게 공헌했다고 느낄 때 용기를 가질 수 있습니다. 그렇다면 우리가 주위 사람들에게 용기를 북돋워줄 수 있는 방법이 무엇인지도 알 수 있을 겁니다. 바로, 주위 사람들에게 "고마워요" 또는 "다 당신 덕분이에요"라고 마음을 전하는 일입니다.

아들러가 가장 중요하게 생각한, '공동체 감각'과 '용기' 둘 모두 다른 사람들을 위한 공헌에서 시작됩니다. 하지만 용기를 잃은 사람에게는 공헌할 힘이 더는 남아 있지 않을 수도 있습니다. 그런 상대에게 주위 사람들이 할 수 있는 격려는 빗대어 말하면 비행기의 프로펠러를 손으로 돌려주는 것과 같습니다. 주위 사람들이 손으로 프로펠러를 돌려 날아갈 힘을 주는 것입니다. 감사와 응원의 마음을 전하며, 프로펠러를 부르릉 돌립니다. 이를 되풀이해 나가다 보면 자신의 힘으로 프로펠러를 돌리기 시작할 겁니다. 스스로 공헌을 하고 자신의 내면에서 '감사'를 느낄 수 있게 됩니다.

타인의 평가에 좌우되지 말라.
있는 그대로의 자신을 받아들이고
불완전함을 인정하는 용기를 가져라.

아들러는, 용기란 '공동체 감각의 한 측면'이라고 말했습니다. 용기는, 어려움에 처했을 때도 '상대를 생각하고' '상대를 우선시'하는 마음을 버리지 않으며, 문제를 해결하도록 하는 힘입니다. 용기가 없는 사람은 어려움에 부딪히면, '상대보다 나 자신을 우선시'합니다. 공동체 감각을 잃어버리기 때문입니다.

자신만을 생각하는 사람, 즉 용기가 없는 사람은 다른 사람의 평가를 신경 씁니다. 상대에게 도움을 주려는 생각보다, 자신이 다른 사람에게 어떻게 비칠지만을 고민하기 때문입니다. 용기가 있는 사람은 다른 사람의 평가를 신경 쓰지 않습니다. 아무도 칭찬해 주지 않고, 인정해 주지 않아도 자신이 상대에게 베푼 공헌 그 자체에 만족감을 느끼기 때문입니다.

용기를 북돋움은, 상대가 다른 사람의 평가를 신경 쓰지 않고, 실제보다 자신을 더 크게 보려 하지 않아도 괜찮다고 알려주는 일입니다. '다른 사람이 어떻게 생각하는지는 중요하지 않아', '있는 그대로의 내 모습으로 충분해'라고 스스로 깨닫게 해주는 것이 용기를 북돋워주는 일입니다. 이것은 불완전한 자신을 인정하는 용기와도 이어집니다.

"이것을 할 수 있다면 당신을 인정하겠어"라거나 "이것을 못하면 당신을 인정할 수 없어"라고 어떤 조건을 달아서는 안 됩니다. 다른 사람을 있는 그대로 받아들이고 인정하는 것, 그것이 그 사람에게 용기를 주는 겁니다.

칭찬해서는 안 된다.
칭찬하는 것은 "당신은 나보다 낮은 존재이다"
"당신이 해낼 수 있을 리 없어"라고 말하는 것과 같다.

열 권이 넘는 책을 낸 작가이자 강사이기도 한 사람이 어느 날 독자에게 "글을 참 잘 쓰시네요"라는 칭찬을 듣고, 강한 위화감을 느꼈다고 말했습니다. 왜냐하면 칭찬이란 행위는 '해낼 수 없을 텐데'와 같은 예상이 전제로 깔려 있기 때문입니다. 마땅히 할 수 있을 거라 생각한다면 상대를 칭찬하지 않습니다. 그렇기 때문에 칭찬하는 것은 "당신이 하지 못할 거라 생각했는데, 해냈군요"라고 말하는 것과 같습니다. 또한 칭찬한다는 것은 위에서 아래를 내려다보는 시선, 상하 관계의 시선입니다. 상대가 나를 아래라고 생각하는 것에 기분 좋을 사람은 없습니다. 그렇기 때문에 더욱, 칭찬이라는 행위는 스스로 일어서려는 사람에게 좋지 않은 영향을 줍니다.

칭찬은 내려다보는 시선입니다. 용기를 주는 것은 옆에서 바라봐주는 시선입니다. 만약 독자가 그에게 칭찬이 아닌 용기를 주려고 한다면, "글을 참 잘 쓰시네요"가 아니라, "책을 감명 깊게 읽었습니다. 감사합니다"라고 말해야 합니다. 그랬다면 그는 사람들에게 도움이 되는 글을 써냈다는 공헌감을 느낄 수 있었을 겁니다. 육아나 기업의 인재 육성에서도 이러한 상황을 빗대어볼 수 있습니다. 칭찬이 아닌 용기를 주는 것, 위에서 내려다보는 것이 아니라 옆에서 마주 바라보며 용기를 줘야 합니다.

실패나 미숙함을 지적해서는 안 된다.
잘못한 일을 문제 삼아서도 안 된다.
상대의 용기를 빼앗아버리기 때문이다.
그것은 스스로 어려움을 극복할 기회를 빼앗는 것이다.

상대의 실패나 미숙함을 보았을 때 우리는 흔히 "틀렸어. 잘못했잖아"라거나 "내가 할 테니까 그냥 둬"라고 말하곤 하는데, 이것은 상대의 용기를 빼앗는 대표적인 실수입니다. 실제로 상대가 미숙해 잘못을 했더라도, 그것을 지적한 순간 용기를 빼앗는 게 됩니다. 지적으로 상대는 자신의 무능함과 뒤떨어짐을 알게 되기 때문입니다. 그리고 문제를 지적한 사람은, 자신도 모르는 사이에 상대와 자신을 비교하며 우월감에 빠지게 됩니다. 그 결과 상대는 용기는 물론이고, 어려움을 이겨내는 힘을 잃게 됩니다.

상대가 못하는 것은, 지금 단계에서 아직 능력이 부족하기 때문입니다. 그러나 능력 부족과 상대의 가치는 아무런 관련이 없습니다. 못한다고 해서, 상대의 가치를 부정하는 말을 해서는 안 됩니다. 또한 능력이 모자란 것도 어디까지나 지금 단계에서 그러한 것이며, 앞으로 잘하게 될 가능성이 충분합니다. 하지만 상대의 용기를 빼앗는 것은 상대가 그 가능성에 도전하려는 노력에 찬물을 끼얹는 것과 같습니다.

우리는 자신도 모르는 사이 다른 사람의 용기를 빼앗고 있습니다. 용기를 주기 전에, 먼저 용기를 빼앗지 않는 것이 중요합니다. 그것이 용기를 북돋는 것과 같기 때문입니다.

사람의 심리는 물리학과는 다르다.
문제의 원인을 지적해 봤자 용기를 빼앗길 뿐이다.
해결책과 가능성에 집중해야 한다.

아들러는 "아이들은 학교에서 용기를 빼앗긴다. 하지만 학교와 교사는 용기를 빼앗긴 아이들의 자신감을 회복시킬 수 있다"고 말합니다.

용기를 빼앗는 행동이란 상대의 문제를 찾아 지적을 하는 것이며 원인을 밝히겠다는 구실로 이미 주눅 든 사람을 몰아세우는 것입니다. 용기를 빼앗는 부모나 교사, 회사의 상사들은 상대에게 도움이 될 거라 생각해 이러한 행동을 저지르고 있습니다. 아이, 부하의 잘못을 짚어내어, 문제의 원인을 찾고 해결책을 고민합니다. 지금껏 배워온 '물리학'의 해결법을 그대로 사람의 심리에 적용하려는 겁니다.

그렇지만 물리학과 심리학은 분명히 다릅니다. 물리학은 물질적이고 단순한 일을 다룰 때의 방법입니다. 그것을 사람에게 적용해서는 안 됩니다. '원인'

은, 아이나 부하에게 비난으로밖에 받아들여지지 않으며, 자신감을 잃게 만듭니다. 그들은 마침내 용기를 잃고 어려움에 도전하기를 포기하며 과제에서 도망치게 됩니다.

누군가의 용기를 북돋우려면 우리는 심리학적인 접근을 해야 합니다. 심리학에서는 원인을 찾아내는 데 주의를 기울이기보다, 해결법을 생각하는 일에 많은 시간을 쏟아야 합니다. 가능성에 집중하는 겁니다. 그것은 용기를 북돋워주는 것과 이어집니다.

사람의 행동 95퍼센트는 긍정적 행동이다.
하지만 우리는 그것을 당연하다며 무시해 버린다.
5퍼센트뿐인 부정적 행동에 집중해서는 안 된다.

입사한 지 3년쯤 된 어느 회사원이 한 가지 고민에 잠겼습니다. '상사는 왜 잘한 것은 칭찬해 주지 않고, 실수만 크게 지적하는 걸까'란 생각입니다. 그는 기획팀에서 경영 회의 자료를 맡고 있었습니다. 그는 자료를 만들고 상사는 그 자료를 확인했습니다. 그가 작성한 자료는 대부분 70~80점 정도였고, 모자란 20~30점을 고쳐야 했습니다. 하지만 상사는 한 번도 70~80점의 잘되어 있는 부분을 인정해 준 일이 없었습니다. 자료를 확인한 상사는 언제나 모자란 20~30점 부분만을 가리켰습니다. 그는 그것이 불만이었습니다. '문제를 지적하기 전에 잘된 부분을 이야기해 주면 더 의욕이 솟을 텐데' 하고 생각했습니다.

많은 부모와 상사는, 이런 상사처럼 모자란 20~30점 부분에만 집중합니다. 잘되어 있는 70~80점은 무시해 버립니다. 그것은 용기를 빼앗는 일입니다. 잘된 부분에 관심을 가지는 것이 용기를 북돋워주는 일입니다. 그러한 부분을 무리해서 찾지 않아도, 이미 평소부터 잘하고 있어 눈에 띄지 않았던 부분은 많이 있습니다.

어두운 성격이 아니라 침착한 것이다.

굼뜬 게 아니라 신중한 것이다.

실패만 하는 게 아니라 많은 도전을 하고 있는 것이다.

"저는 원래 성격이 좀 어두워요." "저는 굼뜨단 얘기를 많이 들어요."

이처럼 자신을 비하하며 스스로 용기를 짓밟는 사람이 많습니다. 부하나 아이의 용기를 빼앗는 부모나 상사도 많습니다. 하지만 보는 시각을 조금만 바꾸면 단점은 장점으로 변합니다. 전부 그대로 둔 채, 바라보는 방법을 바꾸기만 하면 됩니다.

어두운 성격이 아니라 침착한 겁니다.

굼뜬 게 아니라 신중한 겁니다.

성급한 게 아니라 재빠른 겁니다.

참견쟁이가 아니라 친절한 겁니다.

둔감한 것이 아니라 자신의 세계를 갖고 있는 겁니다.

실패만 하는 게 아니라 많은 도전을 하고 있는 겁니다.

이처럼 바라보는 방법만 바꾸어도, 세계는 완전히 변합니다. 자기 자신을 부정하는 말을 반대편에서 봐주십시오. 그리고 그것을 소리 내어 말해 보십시오. 이렇게 하는 것만으로도 용기가 생겨납니다. 용기를 북돋는 것은 결코 어렵지 않습니다.

중요한 것은 '공감'이다.

'공감'이란 상대의 눈으로 바라보고, 상대의 귀로 듣고,

상대의 마음으로 느끼는 것이다.

용기를 북돋을 때, 중요한 것은 공감입니다. 하지만 우리는 자주 공감의 의미를 착각하고, "안됐다. 힘들었지" 말하면서 동정해 버립니다. 자신의 감각을 상대에게 끼워 맞춥니다.

공감이란 상대가 갖고 있는 관심에 마음을 쏟는 것입니다. 그러나 동정하거나 강요하는 사람은, 상대의 관심이 아닌 자신의 관심에 집중해, 그것을 상대의 상황에 끼워 맞춰버려 공감에 실패합니다.

공감을 좀 더 자세하게 정의해 보면, '상대가 지금 놓여 있는 상황, 상대의 의도와 생각, 감정과 관심에 마음을 쏟는 것'입니다. 아들러는 이를 매우 알기 쉬운 예로 설명합니다.

"공감이란 상대의 눈으로 보고, 상대의 귀로 듣고, 상대의 마음으로 느끼는 것이다"라고 말입니다.

그렇지만 이것은 쉽지 않은 일입니다. 공감의 의도가 자칫하면 잘못된 행동이 되는 경우가 많습니다. '나의 눈, 나의 귀, 나의 마음으로 느낀 것'을 상대에게 끼워 맞추며 상대를 공감하고 있다고 착각하는 겁니다. 혹시나 나의 시점을 상대에게 강요하고 있진 않은지 늘 스스로에게 묻는다면 이러한 실수는 피할 수 있게 될 겁니다.

명령이 아닌,
부탁하는 마음으로.
그것만으로도 상대에게 용기를 줄 수 있다.

"이거 복사해 둬요" 또는 "메일에 파일 첨부해서 보내요"라는 말은 언뜻 부드럽게 들리지만, '명령'이라는 사실은 변함이 없습니다. 이 말들은 상대에게 선택의 여지를 주지 않기 때문입니다. 이처럼 '명령하는 말투'는, 듣는 사람으로 하여금 '자신의 입장이나 상황이 존중받지 못한다'는 느낌을 갖게 합니다. 그리고 불쾌감을 줌과 동시에 용기 또한 빼앗아가게 됩니다.

그러나 이와 같은 말을 '부탁'하듯 바꾸기만 해도, 상대의 용기를 북돋워줄 수 있습니다.

"복사 좀 해줄 수 있을까요?"처럼 상대에게 선택의 여지가 있는 방식으로 부탁하는 것만으로도, 상대는 존중받고 있다고 느끼며 용기를 얻게 됩니다.

'부탁'뿐만이 아니라 '나 전달법(I-message)'을 쓰는 것 또한 효과가 있습니다. 나 전달법은 "복사해 주면 '나는' 굉장히 고마울 거야"처럼 주어가 '나'인 어조를 말합니다. 그 반대인 '너 전달법(You-message)'은 "'너는' 복사를 해야만 해"

와 같은 명령조가 되겠지요. 너 전달법이 차갑고 단정적인 인상을 주는 반면, 나 전달법은 따뜻하면서도 상대에게 선택의 여지를 주고 있기 때문에, 상대는 '내 입장이나 상황이 존중받고 있다'고 느끼는 겁니다. 부탁의 말 하나만으로도 용기를 북돋워주기도, 용기를 빼앗기도 합니다.

"내 케이크를 맘대로 먹어버린 거야!"라며
화내고 노려보는 것보다는
"내가 먹고 싶었는데, 아쉽다"가 낫다.

나중에 먹으려고 남겨놓았던 좋아하는 케이크를 가족 누군가가 먼저 먹어버렸을 때, "너무해! 왜 내 허락도 없이 맘대로 먹는 거야!" 소리 지르며 화를 낸 경험이 있는 사람도 있을 겁니다. 분명 허락도 없이 마음대로 먹어버린 가족에게 문제가 있는 것은 사실입니다. 하지만 그렇다고 해서 따져 묻거나, 노려 보는 것은 좋지 않습니다. 계속해서 그런 행동을 하면 상대의 용기를 빼앗아버리기 때문입니다.

우리는 이런 경우, 용기를 북돋아주는 방법을 쓸 수 있습니다. 그것은 좀 전에 배운 나 전달법을 사용하는 것입니다. "너는 너무해!"는 너 전달법입니다. 그것을 나 전달법으로 바꾸면 됩니다. "아, 내가 먹고 싶었는데." 이렇게 나 전달법으로 바꾸면, 상대를 비난해 용기를 빼앗지 않고도 부드럽게 자신의 생각을 전달할 수 있습니다.

'분노'는 2차적인 감정입니다. '서운함' '분함' '슬픔'이라는 1차 감정이 있고, 그 감정을 상대가 알아주지 않을 때 '분노'로 바뀌는 겁니다. 그때, 2차 감정인 분노를 "왜 네 마음대로 먹어버리는 거야!"라는 너 전달법으로 표현하기보다, 1차 감정을 나 전달법으로 말합시다. "내가 먹고 싶었는데. 아쉽다"고 말하는 것이 상대의 용기를 북돋는 것으로 이어집니다.

아직 어려울지 모르지만 한번 해보자.

실패해도, 다음에는 잘할 거야.

이렇게 격려해 주는 것이 중요하다.

부모가 주스를 컵에 따르는 것을 보고, 아이는 자기도 직접 해보고 싶어 합니다. 부모들은 "아직 무리야. 흘리니까 내가 해줄게. 다른 일을 도와줘"라고 말할 겁니다. 이것은 용기를 빼앗는 일입니다. 이 말은 아이에게 자신이 무능하다는 인식을 심어줍니다. 그리고 주스를 컵에 따른다는 새로운 도전을 해보지도 못한 채, 아이의 용기를 빼앗는 겁니다.

아이가 자신감을 잃어버리는 것보다는 주스를 흘리게 하는 게 더 낫지 않을까요? 흘려도 괜찮으니까 스스로 해보게 합니다. 그리고 흘린 주스를 닦으면 됩니다. 아이는 실패를 맞닥뜨리고, 새로운 격려를 원할 겁니다. 그때는 이렇게 말하면 됩니다. "다시 한번 해보렴. 이번엔 분명 잘할 수 있을 거야." 이것이 용기를 주는 행동입니다.

가족에서의 부모, 기업 조직에서의 관리자는 자신의 말이 상대에게 자신감을 주는가, 자신감을 잃게 하는가, 즉 용기를 북돋워주는가, 용기를 빼앗아버리는가를 언제나 생각하고 있어야 합니다. 실패하지 않기 위해 한 말이 용기를 빼앗게 된다면, 오히려 실패하도록 놔두는 것(주스를 흘리게 하는 것)이 낫습니다. 그렇지 않으면 용기를 길러줄 수 없습니다.

어리광을 받아주면 상대의 용기를 빼앗는 게 된다.

도와주거나 받아주지 말고,

홀로서기 연습을 시켜라.

갓난아기 때부터 벌써 아이는 생활 양식을 만들어가기 시작합니다. 만일 아이가 울 때마다 부모가 안아주고 달래준다면, 아이는 '울면 무엇이든 얻어낼 수 있다'고 배우게 됩니다. 또한 자신에게 언제나 긍정해 주는 것이 마땅하다고 생각할 겁니다. 그리고 주위에서 자신을 떠받들어 주지 않을 때에 고독감을 느끼게 됩니다.

하지만 언제까지나 아이의 어리광을 받아줄 수는 없습니다. 아이 스스로 해낼 수 있게 해야 합니다. 계속해서 응석만 부리며 자란 아이는, 홀로서기를 해야 할 때 큰 좌절감을 느낄 겁니다. 이제껏 홀로서기에 도전할 시도조차 못 해보았기 때문입니다.

부모가 아이를 믿고, 홀로 설 수 있단 가능성을 믿는다면, 아기 때부터 지나치게 보호해 어리광을 받아주지 않도록 주의해야 합니다. 아이가 울면서 떼를 쓴다고 해도, 울고 싶은 만큼 울게 내버려두십시오. 그리고 장난감을 주며, 혼자 놀 수 있도록 준비시킵니다. 그것이 아이에게는 마침내 용기를 낼 수 있게 합니다. 조금 운다고 해서 바로 안아주며 달래는 건 아이의 홀로서기를 방해하고 용기를 빼앗습니다. 용기를 북돋워주는 것은, 아이가 스스로 어려움을 극복할 수 있는 힘을 주는 것입니다. 결코 아이의 요구를 뭐든 들어주는 게 아닙니다.

**잘못을 지적하지 말고, 원인을 찾아내려 하지도 말고,
"이렇게 해보는 건 어떨까?" 제안하라.
그것이 상대를 성장할 수 있게 하는 효과적인 방법이다.**

용기를 빼앗지 않기 위해 상대의 잘못을 지적하고 싶지 않지만, 그렇다 해서 잘못된 것을 그냥 둘 수도 없습니다. 어떻게 해야 할까요? 이런 때는 용기를 북돋워주며, 조언을 하는 것이 효과적입니다.

많은 경우, "그렇게 하면 안 되지"라고 말한 다음 "이렇게 하면 돼" 조언을 합니다. 그러나 처음 한 말은 문제 지적이기 때문이 용기를 빼앗게 됩니다. 문제 지적을 해서는 안 됩니다. "이렇게 해보는 건 어떨까?" 하고 먼저 조언을 하는 겁니다.

해결중심(Solution-Focused)이란 방법이 있습니다. 다른 것보다 문제 해결에 초점을 맞추는 것입니다. 문제 지적이나 원인 분석을 하지 않고, 바로 건설적인 문제 해결에 대해 이야기하는 겁니다. 상품 발송 오류로 고객에게 항의를 받았을 때, 보통의 경우에는 '출하 지시를 잘못 내린 것이 원인'이며 이는 '담

당자의 실수'라고 문제 지적이나 원인 규명부터 시작할 겁니다. 하지만 그러면 용기를 빼앗게 됩니다. 문제 지적과 원인 규명이라는 과정을 생략해야 합니다. 바로 "그럼 어떻게 하면 잘못을 해결할 수 있을까?"를 물어보는 겁니다. 그리고 스스로 "이런 방법은 어떨까?" 하고 제안해 봅니다. 이를 통해 용기를 북돋울 수 있습니다.

낙관적으로 생각하라.
과거를 후회하지 말고,
미래를 불안해하지도 말고,
지금 '여기'만을 바라보라.

용기 있는 사람은 모두 낙관적입니다. 비관적인 사람은 '과거'의 실패를 계속 생각하며, '미래'를 걱정합니다. 하지만 용기 있고 낙관적인 사람은 '지금 현재'에 집중합니다. 지나버린 과거를 끙끙대며 돌아보지 않고, 미래를 불안하게 생각하지도 않고, 지금 현재 할 수 있는 것에만 집중합니다.

낙관적으로 생각하는 것의 중요성에 대해 이야기하면, 사람들은 흔히 다음과 같이 반론합니다. "그렇게 하면 실패합니다. 여러 가지 위험에 제대로 대처할 방법을 찾아놓아야 하지 않을까요?"

여기서 확인할 것이 있습니다. 아무런 근거도 준비도 없이 덜렁거리며 대응하는 사람은 낙관적이 아니라, 낙천적이라 합니다. 낙관적인 사람이란 근거와 준비가 있는 사람을 말합니다. 비관적으로 검증하고, 비관적으로 준비하고, 그리고 나서 긍정적으로 행동하는 것, 그것이 낙관적인 것입니다.

세계적인 명작인 《행복론 *Propos sur le bonheur*》에서, 철학자 알랭(Alain)은 "비관주의는 기분에 따르며, 낙관주의는 의지에 따른다"라고 정의했습니다. 즉 낙관주의는 선천적 성격이 아니라, 의식적으로 노력하는 의지입니다. 낙관주의라는 의지를 갖고 우리는 자기 자신에게 용기를 줄 수 있습니다.

행동에 문제가 있다 해도,
그 배경에 있는 동기나 목적은 반드시 '선'이다.

엄마가 볼일이 있어 나갈 때 아이가, "나도 갈래요" 하고 말합니다. 하지만 엄마는 "누나랑 같이 집 잘 보고 있어"라고 말합니다. 아이는 장난감을 던지며 떼를 씁니다. 엄마는 아이를 야단칩니다. 아이의 행동은 결코 칭찬받을 만한 것이 아닙니다. 그러면 이 아이에게 용기를 줄 순 없는 걸까요? 그렇지 않습니다. 떼를 쓰는 아이의 목적을 생각해 봅시다. 이 아이의 목적은 '엄마랑 같이 있고 싶다'입니다. 이 목적은 악이 아니라 선입니다. 행동은 문제가 되지만, 목적은 그렇지 않습니다. 우리는 이런 부분에 눈길을 두고 용기를 북돋워줄 수 있습니다. "엄마랑 같이 있고 싶었구나"라고 공감해 주고, "엄마도 같이 있고 싶어"라고 말하며 용기를 길러줄 수 있습니다. 그런 뒤에 잘못된 행동이 아닌, 다른 방법을 선택할 가능성에 대해서 이야기를 나누면 됩니다.

이것은 상대가 아이일 때만의 이야기가 아닙니다. 완성도가 떨어지는 보고서를 쓴 부하의 목적 또한 선입니다. 갑자기 보고서의 문제점을 짚어내는 게 아니라, 선이 되는 목적에 대해 용기를 북돋워줄 수 있습니다. 설령 행동에 문제가 있다 해도 그 목적은 분명 선입니다.

How you feel is up to you.
어떻게 느낄지는 당신에게 달렸다.

다른 사람의 과제를 대신 해서는 안 된다.
'과제 분리'에 대한 아들러의 말

당신이 고민하는 문제는 정말로 당신의 문제인가?

그 문제를 방치하면 곤란한 사람은 누구인가?

이성적으로 생각해 보라.

아들러 심리학에서는 "그것은 누구의 문제인가?"라는 질문을 중요하게 여깁니다. 예를 들어 아이가 공부를 하지 않는다고 합시다. 부모들은 "공부 좀 해!" 아이를 야단칠 겁니다. 하지만 공부라는 과제는 누구의 과제일까요?

어떤 과제의 주체를 명확하게 하는 건 간단합니다. '그 문제를 그냥 두었을 경우, 곤란해질 사람은 누구인가?'를 생각해 보면 됩니다. 성적이 떨어지면 난처해질 사람은 아이 자신입니다. 좋은 학교에 들어갈 수 없게 되고, 커서 후회하게 되는 것은 아이입니다. 아이가 공부를 해야 한단 과제는 어디까지나 아이의 과제이며, 부모의 과제가 아닙니다.

그러나 많은 부모들은 아이의 과제를 자신의 과제로 여깁니다. '아이를 위해서'라고 주장하며, "공부 좀 열심히 해"라거나 "좋은 학교 들어가야 해"라며 부모의 뜻대로 통제하려 합니다. 그리고 자신의 우월감을 만족시키며, 체면을 세우려고 합니다. 아이는 그것을 알기 때문에 부모의 말을 받아들이지 않습니다.

인간관계에서 일어나는 대부분의 문제는 타인의 과제를 멋대로 침범하는 데에서 생깁니다. 부모와 자녀뿐만 아니라 교우 관계, 상사 부하 사이에서도 마찬가지입니다. 다른 사람의 과제를 함부로 침범해서는 안 됩니다. 우리가 할 수 있는 일은 도와주는 것뿐입니다. 만약 아이가 공부하고 싶다고 말하면 도와주겠다고 말하며 뒤에서 지켜봐주어야 합니다.

아내의 기분이 안 좋은 것은 남편의 책임이 아니다.

아내의 기분은 아내의 과제.

그 과제를 함부로 짊어지니 괴로운 것이다.

아내가 우울해하는 것을 보고, 남편이 기분을 풀어주려 하고 있습니다. 아내를 행복하게 하지 못하는 자신을 무능하다 느끼며, 자신의 가치를 부정당했다고 느끼기 때문입니다. "우리 드라이브 갈까? 아니면 산책이라도 할까?" 하지만 아무리 권해도 아내는 나가고 싶지 않다며 거절합니다. 그런 아내에게 남편은 점점 화가 나기 시작합니다. 그리고 결국 소리치고 말았습니다. "내가 이렇게 신경을 쓰는데, 왜 알아주지 않는 거야!" 그리고 그날 부부는 험악한 분위기로 하루를 보내게 됩니다.

이 경우, 남편은 아내의 기분이나 감정을 자기 뜻대로 통제하려 합니다. 아내의 과제에 끼어들고 있는 겁니다. 이렇게 하면 둘의 관계가 좋아질 리 없습니다.

아내의 기분이 좋지 않은 것을 알았을 때, 남편이 초조하지만 꾹 참고 아무 말도 하지 않았다고 합시다. 그렇다면 이 경우에는 문제가 해결될까요? 아니요, 그래도 남편에게는 문제가 남습니다. '상대가 어떻게 느끼는가'는 '상대의 과제'입니다. 그러나 그것을 자신의 책임인 양 짊어지려는 시점에서 남편은 아직, '과제의 분리'가 되어 있지 않습니다. 상대의 과제에 책임을 느껴서는 안 됩니다. 상대의 과제를 함부로 짊어지려 하니까 괴로운 겁니다. 상대와 자신 사이에 선을 긋고 뚜렷하게 분리하는 것이 필요합니다.

그것이 당신의 과제라면,
만일 부모가 반대한다고 해도 따를 필요는 없다.
자신의 과제에 누군가가 끼어들게 해서는 안 된다.

부모가 결혼을 반대한다면 사람들은 어떻게 할까요? 많은 사람들은 '부모를 슬프게 하고 싶지 않다'는 마음과, '상대와 헤어지고 싶지 않다'는 마음 사이에서 괴로워할 겁니다. 그리고 마지못해 부모의 말에 따라 결혼을 포기하는 사람도 있을 겁니다. 혹은 부모를 설득하기 위해 애쓰는 사람도 있을 겁니다.

물론 실제로 어떠한 결정을 내리는가는 본인에게 달렸습니다. 정답은 없습니다. 하지만 대인 관계의 기본 원칙인 '과제의 분리'에 비추어 생각해 보면, 아래와 같은 대응을 생각할 수 있을 겁니다.

"찬성해 주시지 않는 것은 무척 마음이 아프지만, 저는 제 스스로 선택한 사람과 결혼하겠습니다." 이렇게 선언하면 됩니다. '이러면 부모님이 슬퍼할 텐데' 하고 주저하는 사람도 있겠지요. 그러나 자녀의 결혼으로 슬퍼하는 것은 '부모의 과제'입니다. 당신의 과제가 아닙니다. '부모의 과제'에 참견해서는 안 되며, '자신의 과제'에 부모가 들어오게 해서도 안 됩니다. 침착하면서도 분명하게 아니라고 이야기해야 합니다.

물론 그때 부모를 비난하거나, 공격해서는 안 됩니다. 또한 부모의 생각을 꺾어 억지로 찬성하도록 해서도 안 됩니다. 찬성하느냐 반대하느냐는 부모의 과제이기 때문입니다. 당신의 과제가 아닙니다.

남들이 내 험담을 하더라도
나를 싫어하더라도
신경 쓸 필요 없다.
'상대가 나를 어떻게 느끼냐'는 상대의 과제이기 때문이다.

"나는 내 길을 가고, 당신은 당신의 길을 간다. 나는 당신의 기대를 맞추려고 이 세상에 있는 것이 아니고, 당신은 내 기대에 맞추려고 이 세상에 있는 것이 아니다. 당신은 당신이고, 나는 나다. 우연히 서로를 이해한다면 더없이 좋으리라. 하지만 그러지 못하더라도 어쩔 수 없다." –프레더릭 살로몬 펄스 (Frederick Salomon Perls)

"주여, 우리가 변화시킬 수 없는 것은, 담담하게 받아들일 수 있도록 은혜를 베풀어주시고, 우리가 변화시켜야 할 것들은, 우리가 그것을 바꿀 수 있도록 용기를 주소서. 그리고 우리가 이 둘을 분별할 수 있도록 지혜를 주소서." –라인홀드 니부어(Reinhold Niebuhr)

우리는 다른 사람의 감정이나 행동을 통제할 수 없습니다. 할 수 없는 것을 해내려 들기에 괴로운 겁니다. 상대의 과제에 끼어들지 말고, 자신의 과제에 상대를 들여놓지도 말아야 합니다.

상대가 당신을 어떻게 평가하는지는 상대의 과제입니다. 만일 험담을 한다

해도 당신이 잘못된 것이라 단정할 수 없습니다. 자신이 옳다고 느끼는 것을 꾸준히 해나가면 됩니다. 다른 사람이 어떻게 생각할지 신경 쓰기 때문에 괴로운 겁니다. 과제를 뚜렷하게 분리하십시오.

'과제의 분리'가 가능하게 되면, 그것은 행복한 인생으로 나아가는 첫걸음이 될 겁니다. 당신의 마음은 가벼워지고, 대인 관계도 좋아질 겁니다. 인생에 혁명이 일어나는 순간입니다.

인간으로서 어떻게 살아가야 하는지, 또 사회나 조직(직장)의 구성원으로서 어떻게 역할을 해나가야 할지를 고민하는 수많은 사람들에게 아들러는 어둠을 비추는 등불이며 터널의 출구와 같은 희망의 빛입니다. 그런 고민을 가진 사람들 대부분이 아들러를 만나 '인생은 복잡하지 않으며 너무나 단순하다는 것'을 깨닫고, 한순간에 눈앞이 밝아졌습니다.

이처럼 깨달음을 얻은 이들은 더 이상 다른 사람 탓을 하지 않으며, 자신이 만족하면 그걸로 충분하다고 생각하게 되었습니다. 아들러의 가르침에 따라 공동체 감각을 높이기 위해 조금씩 공헌을 쌓아가고, 자기 스스로에게 용기를 주며 긴 터널을 빠져나오는 데 성공한 겁니다.

아들러의 책은 모든 사람이 일상생활을 할 때 도움이 되는 생각, 행동을 보여주는 책입니다. 그의 책이 일의 과제, 교우의 과제, 애정의 과제 저마다에 있어 여러분을 비쳐주는 등불이 되길 바랍니다.

아들러 '인생방법 심리학'에 대하여

한성자

아들러 '인생방법 심리학'에 대하여

개인심리학 창시

지크문트 프로이트의 동료이기도 했던 알프레트 아들러는 오늘날 개인심리학의 창시자로, '과잉보상'이나 '열등 콤플렉스'라는 심리학 개념 발안자로서 대중들에게 널리 알려져 있다.

아들러는 보상에 대한 생각을, 1907년에 출판한 저서 《기관열등과 그 심적 보상 연구 *Study of Organ Inferiority and Its Psychical Compensation*》에서 처음으로 문을 열었다. 요컨대 생리적 결함(예를 들면 청각장애 등)의 존재는 때때로 보상 충동을 가져오고 그 사람에게 있어서 자신의 장애와 가장 관계가 깊은 분야로 뛰어나 보이게 하는 것이다. 아들러는 젊었을 때 말더듬이었던 고대 그리스 정치가 데모스테네스가 이 장애를 극복하여 위대한 웅변가가 된 사례나, 핀란드의 육상 챔피언 파보 누르미(Paavo Johannes Nurmi)가 어렸을 때 다리를 자기 마음대로 움직이지 못했던 사례를 지적한다.

그 뒤 연구에서 아들러는 이 사고방식을 넓히고 생리적 결함의 존재가 반드시 필요치는 않다고 말한다. 그에 따르면 아이는 누구라도 열등감을 안고 있다. 이는 무시를 당하거나 학대를 당한 아이에게 특히 뚜렷하지만, 가장 좋은 환경 속에 있어도 아이는 어른의 세계에 맞닥뜨리게 되면 자신이 너무도 작고 무력하다는 것을 느낄 수밖에 없다. 그 결과, 아이는 이러한 열등감을 보상하기 위해 어렸을 때부터 권력과 우월성을 추구하게 된다.

이 상황에 신경질적으로 반응하면 아이는 사회에서 격리되고 인식한 열등감이 표현된 그 상황을 피하려고만 한다. 이것이 해결되지 않은 채 어른이 되면 열등 콤플렉스가 생겨날 가능성이 높아진다. 그렇게 되면 대부분의 경우,

그 사람은 '가상적 목표(이상)'를 달성할 수 없는 상태가 되고 그 상태를 신경질적으로 해석하게 된다.

아들러는 열등감 그 자체가 병적인 상태라고만 생각지는 않았다. 실제로, 개인이 권력과 우월성을 추구하는 것은 발달의 정상적인 부분이다. 다만 이 추구는 사회, 일, 섹스라는 과제 면에서 현실적인 것이어야만 하며 그렇지 못하다면 과잉보상을 하거나(예를 들어 약한 아이가 남을 괴롭히는 아이가 되는 등) 또는 신경질적으로 자라날 위험성이 높아진다.

살아간다는 건 괴로운 일이다

그리스 철학자 플라톤은 "어떤 생명체에게 있어서도 살아간다는 것은 괴로운 일이다"라고 말했다. 그리스인에게 있어서는 태어나지 않는 게 가장 행복하고 그다음으로 행복한 건, 태어난 뒤 서둘러 세상을 떠나는 것이다. 물론 이런 사고방식은 오늘날 받아들여지지 않을 테지만 길게 살면 살수록 괴로운 날들도 더욱 많이 경험하리라는 것도 마땅하다. 그렇다고 해서 삶을 포기해서는 안 된다. 살아간다는 건 그저 괴로운 일인 걸까? 새는 진공 속에서는 날아다닐 수 없다. 공기의 저항이 있어야 비로소 새는 날아다닐 수가 있는 것이다. 이와 마찬가지로 인생에서 경험하는 많은 사건들이 괴롭고 견디기 힘들지도 모르지만 고통이 있기 때문에 삶을 꿋꿋하게 살아갈 수 있으며, 더 나아가서는 그것을 지렛대 삼아 살아가는 기쁨을 느낄 수 있다고 할 수 있다.

행복하게 살아간다는 것의 의미

어떻게 하면 행복하게 살아갈 수 있을까? 이 물음은 행복해질 수 있거나 행복해지고 싶다는 바람을 전제로 하고 있지만 행복해질 수 없다고 포기하거나 행복 따위 필요 없다는 사람이 있을지도 모른다. '행복'이라는 말을 입에 올리는 일조차 부끄러워할 수도 있다.

만일 행복한 삶의 의미가 좋은 학교에 들어가고 좋은 회사에 들어가 출세를 한다거나 누구나 부러워할 만한 결혼을 한다는 것이라면 그런 통속적인 의미의 행복은 자신과는 전혀 관계가 없는 일이니, 이에 어떤 흥미도 느끼지 않는다는 사람도 많다. 언젠가 인터넷에서 알게 된 사람들이 모여 자살을 시도했을 때, 그 가운데 대학생 한 명만이 살아남은 사건이 있었다. 자살을 시도하려고 한 이유를 물어보니, 앞으로 40년이나 같은 생활을 이어나가는 게 괴로웠기 때문이라고 대답했다고 한다. 이 대학생은 아마도 대학을 졸업하면 취업을 하여 결혼을 한다는 인생 설계를 이미 끝내놓았으리

알프레트 아들러(1870~1937)

라. 앞날이 훤히 보이면 안심은 할 수 있을지 모르지만 추리소설을 읽을 때, 미리 마지막 페이지를 읽어버리는 행위나 마찬가지이다. 앞으로 일어날 일들을 모두 알아버리면 삶은 시시하고 재미없어질까? 이렇듯 덧없는 생각에 사로잡힌 사람은 일반적으로 행복이라 일컬어지는 일들에 등을 돌려버리기도 할 것이다.

그러나 아들러는 세상에 넘쳐나는 "어떤 상황 속에서도 중요한 것은 마음먹기에 달렸으며 행복의 의미는 주관적인 것이다"라는 손쉬운 행복의 권유와는 선을 그으며 지금 이 순간부터 행복해질 수 있다는 표현이 절대로 과장이 아님을 이야기한다. 어떤 먹을 것에 대해 어느 사람이 맛있다 말하고 다른 사람이 그렇지 않다고 말해도 그저 취향이 다를 뿐이다. 그런데 이 음식이 유용한가, 유해한가를 생각하면 주관적으로는 결정 내릴 수 없다. 행복 또한 이와 마찬가지로 어떤 삶의 방식을 취해도 행복해질 수가 없다. 어떻게 하면 행복해질 수 있는가라는 물음에는, 자동판매기에서 먹을 것이 나오듯 간단

하게 대답할 수 없다. 이런 간편한 안내서를 만들 수도 없다. 그러나 행복해지기 위해서 어떤 식으로 살아가면 좋을까라는 하나의 지침을 아들러 심리학은 분명하게 이야기한다.

생로병사

아들러는 인간의 괴로움이 모두 대인 관계로부터 온다고 말한다. 대인 관계 고민으로부터 벗어나면 행복에 가까이 다가설 수가 있다는 것이다. 이에 알맞게 불교의 가르침으로서 인간이 피할 수 없는 네 가지 괴로움―태어나서 살아가는 것과 늙는 것, 병에 걸리는 것, 죽는 것―을 이야기했듯이 누구도 피할 수 없는 생(生), 노(老), 병(病), 사(死)에 직면한 때야말로 행복의 가치가 거론되기 때문이다. 이 고통들은 삶의 끝에서 우리를 기다리는 게 아니라 늘 삶의 아래에 있다. 괴로워하는 사람도 예외는 아니다.

너무 어렵지 않은 아주 쉬운 행복론

아들러의 강연을 처음으로 들은 사람이 아들러에게, "오늘 하신 이야기는 모두에게 상식 아닙니까?"라고 물었다. 아들러는 대답했다. "그래서 그 상식들 가운데 무엇을 실천할 수 없으십니까?" 아들러의 이야기가 완전히 요점을 벗어난 것이었다면 이 사람은 그 이야기가 상식이라고는 하지 않았을 것이다. 천재는, 새로운 자명성을 만들어내는 능력을 갖고 있다 말하는 사람이 있다. 전부터 존재했음에도 불구하고 누구 하나 그 존재를 알아채지 못했던 것을 발견하고 말로써 표현하는 능력이라는 뜻이다. 말로 표현된 그 순간, 그것이 마땅한 일처럼 여겨져 건전한 상식 범주에 들어가게 되는 것이다.

인생 목표는 열등감, 부족함, 불안감에 따라 결정된다

허영심을 일으키는 동기는 누구에게나 있다. 허영심이 강한 사람은 도저히 이룰 수 없는 목표를 세우게 된다. 누구나 중요한 사람, 성공한 사람이 되려고 한다. 이것은 부족함이 가져다준 목표임에 틀림없다.

프로이트와 그 추종자들 1909년 프로이트는 클라크대학교 총장 스탠리 홀(사진 가운데)의 초빙으로 미국으로 건너갔다.

아이가 어디까지 성장해 나아갈지, 책이나 경험을 통해 얻은 지식을 어떻게 쓸지는 아이들 저마다에게 달려 있을 뿐이다. 또한 인간을 더 잘 이해하기 위한 방법 따위는 존재하지 않는다. 인간에 대한 이해는 여전히 화학이 아직 연금술에 지나지 않던 시절과 크게 달라진 게 없다.

1920년 매주 수요일마다 오스트리아 빈에 있는 한 아파트에서 의사들이 중심이 된 유대인 남성 모임이 열렸다. 지크문트 프로이트가 주최한 이 '수요 심리학회'는 빈 정신분석협회로 발전하며 초대 회장으로 알프레트 아들러가 취임했다.

빈 정신분석학계의 이인자이고 개인심리학의 창시자이기도 한 아들러는 스스로를 프로이트의 제자라고 생각한 적은 없었다. 권위 있고 귀족적인 풍모를 지녔으며 지식층 집안 출신으로 빈의 고급주택가에 살았던 프로이트에 비해, 아들러는 곡물상 집안에서 태어나 마을 변두리에서 자랐고 풍채도 조그마했다. 고전문학에 정통하고 골동품 수집을 하기로 잘 알려진 프로이트와 달리, 아들러는 노동자들의 건강과 교육의 개선 및 여성해방운동에 힘을 쏟았다.

1911년, 프로이트와 아들러 두 사람은 결별한다. 모든 심리적인 문제는 억압된 성적 욕구가 원인이라는 프로이트의 학설에 대해 쌓였던 불만이 터진 결과였다. 이보다 몇 년 전에 아들러는 《기관열등과 그 심적 보상 연구》를 출판하여 자신의 신체와 열등한 기관에 대한 인식이 인생의 목표를 결정하는 중요한 요인이 된다는 학설을 발표했다. 이 책에서 아들러는 "사람은 신체적 장애와 이에 따르는 열등감을 심리적으로 극복하려고 노력하며, 만족스럽지 못한 보상은 신경증 및 수많은 감정과 정신의 기능적 장애를 가져올 수 있다"고 말했다. 1908년, 본능 또는 공격적 충동이 원초적인 것이며 다른 충동들은 이에 종속되어 있다고 주장했다. 2년 뒤 그는 열등감에 대한 비판적인 반응은 '남성다움에 대한 과시', 또는 여자다움과 동일시되는 사회적으로 조건화된 나약함을 극복하려는 시도라고 단언한다.

그는 아동기 초기의 성적 갈등이 정신 질환을 불러온다는 프로이트의 견해에 동의하지 않았고, 나아가 성(性)의 역할을 사람이 무력감을 극복하기 위해 애쓰는 과정에서 상징적인 역할을 하는 것일 뿐이라고 제한했다. 인간 행동은 완전히 무의식의 지배를 받는다고 믿었던 프로이트와 달리, 아들러는 인간은 환경과 부족함에 맞추어 생활 양식을 창조하는 사회적인 존재라고 생각했다. 인간은 원래 권력 지향적이고 자신의 정체성 확립을 추구해 나아가지만, 이와 동시에 심리적인 문제만 없다면 사회에 순응해 공공의 복지에 기여하려는 존재라는 것이다.

'부족함'이 능력을 끌어낸다

인간의 정신은 유아기에 형성되고 행동 양식은 어른이 되어도 바뀌지 않는다는 아들러의 생각은 프로이트와 같았다. 그러나 프로이트가 소아성욕에 초점을 맞춘 데 비해 아들러는 아이의 권력 지향성에 관심을 가졌다. 주변 사람이 모두 자신보다 덩치가 크고 강해 보이는 환경에서 자라게 되면 어떤 아이라도 가장 손쉬운 방법으로 필요한 것을 손에 넣으려 할 것이라고 생각했다.

아들러는 '출생 순위', 즉 몇 번째로 태어났는지를 문제시한 사람으로 널리 알려졌다. 예를 들어 막내는 몸이 가장 작고 힘도 약해서 다른 사람들을 다 제치고 온갖 일에 1등을 하려 노력하는 성향이 있다. 또한 아이는 성장 과정의 어느 시기에 이르면 어른 흉내를 내며 자기주장이 강해지고 영향력을 발휘하려 들거나, 일부러 약점을 드러내서 어른의 도움과 관심을 끌어내려는 두 유형으로 나뉜다. 즉 어떤 아이라도 자신의 결점을 가장 잘 보완할 수 있는 형태로 성장하게 된다. "인간은 부족함에서 비롯되는 재능과 능력이 매우 많다"고 아들러는 지적한다.

열등감과 함께 인정받고자 하는 욕구도 일어난다. 잘 성장하면 이런 열등감은 사라지고 다른 사람을 희생시켜서까지 성공하겠다는 이기적인 발상도 사라지게 된다. 신체와 마음의 문제든 환경 문제든 어린 시절의 열등의식이 문제라고 생각해 버리는 경향이 일반적이지만, 무엇이 유리하고 불리할지는 상황에 따라 달라진다. 중요한 것은 결점을 결점으로 받아들일지의 여부이다.

열등감을 어떻게 떨쳐내느냐에 따라 인생이 결정되지만, 때로는 극단적인 방법으로 열등감을 보완하려는 경우도 있다. 이를 설명하기 위해 아들러가 내놓은 유명한 학술어가 바로 '열등 콤플렉스(inferiority complex)'이다.

콤플렉스 때문에 더 소심해지고 내성적이 되기도 하지만, 남들보다 성과를 올려서 그 열등의식을 보완하려 하는 사람들도 있다. 이러한 '병적인 권력 지향'이 겉으로 드러나면 타인과 사회가 희생이 된다. 아들러가 열등 콤플렉스의 전형적인 예로 꼽는 게 바로 온 세계를 충격으로 몰아넣은 키가 작은 나폴레옹이었다.

아들러의 개인심리학에 따르면 인간의 가장 중요한 동기인 완성을 위한 노력은 곧 우월함을 위한 노력이 될 수 있으며, 따라서 열등감을 지나치게 보상하려고 한다는 것이다. 자신과 세계에 대한 한 인간의 견해는 그의 모든 심리적 과정에 영향을 준다. 생활의 모든 중요한 문제는 사회적인 것이므로 개인은 사회적 맥락 안에서 고려되어야 한다. 인간의 사회화는 타고난 사회적 본능의 발달을 통해 이루어진다. 개인의 독특한 성격 구조가 생활 양식을 구성하는데, 이것은 어느 정도 그의 의식 밖에 있다. 스스로 하나의 일관된 단위인 개인은 특정한 충동과 감정을 그의 생활 양식에 복종시킨다. 이 생활 양식은 아동기 초기에 형성되는데, 중요한 요소들은 출생 순서, 육체적인 열등, 방임되었는지 또는 응석받이로 자랐는지 등이다.

정신이 건강한 사람은 이성, 사회적 관심, 자기 초월 등의 특징이 있는 반면, 정신질환을 앓는 사람은 열등감, 타인을 지배할 수 있는 힘, 우월감 및 자기 안전을 위한 자기중심적인 관심 등의 특징이 있다. 의사와 환자가 동등하게 문제를 토론하는 정신 치료는 건전한 인간관계와 사회적인 관심을 강화시켜야 한다.

성격 차이는 왜 생기는가

아들러는 인간의 정신이 기본적으로 유전적 요인보다는 사회적 영향에 따라서 형성된다고 믿었다. '성격'은 두 개의 대립하는 욕구의 힘겨루기로써 만들어진다. 하나는 권력욕, 즉 자기 권력을 확대하려는 욕구이고, 다른 하나는 '공동체 감각'과 연대감에 대한 욕구이다.

인간의 성격은 이 대립하는 두 욕구를 어떻게 받아들이는지에 따라 달라진다고 보았다. 예를 들어 공동체가 무엇을 추구하는지를 인식하게 되면 자연히 지배하려는 욕구는 제한되고 허영심과 자존심도 억제된다. 그러나 야심과 허영심에 사로잡히는 순간, 정신적인 성장은 멈추고 만다. 아들러는 "권력에 굶주린 인간은 파국으로 치닫는다"고 과장되게 표현한다.

공동체의 감각과 연대감을 무시하거나 해치게 되면, 허영심·야심·질투·선망·만능주의·탐욕 등과 같은 공격적인 성향이 드러나기도 하고, 반대로 내성적 성향·불안·공포·무례함 등 비공격적인 성향이 나타나기도 한다. 어느 쪽이든 이러한 특징이 두드러지게 나타나게 되는 원인은 부족함에 대한 뿌리 깊은 인식에서 비롯된다. 그리고 이 경우, 마음속에 긴장감이 커지고 때로는 엄청난 에너지를 생성하기도 한다. 이런 유형의 사람은 부족함을 메우기 위해서 인생의 대역전을 기대하며 살아가지만, 자의식이 지나쳐서 현실감이 떨어지기도 한다. 남에게 어떤 인상을 주어야 할지, 남이 자신을 어떻게 생각할지에만 신경을 쓰며 살아간다. 스스로는 얼마쯤 영웅심에 사로잡혀 살아가지만, 남이 보기에는 지나치게 자기중심적이어서 인생의 가능성을 닫아버리고 사는 사람일 뿐이다. 자신도 다른 사람과 관계를 맺고 살아가는 인간이라는 사실을 잊어버리기 때문이다.

허영심이 '사회의 적'을 만든다

아들러에 따르면 허영심이나 자존심이 강한 사람은 자신의 속내를 드러내려 하지 않고, 자신은 그저 '야심가'이거나 '정력가'에 지나지 않는다고 변명한다. 또한 허영이 없다는 것을 보여주려는 듯이, 옷에 무관심한 척을 하거나 지나치게 겸손한 태도를 취하며 진짜 속내를 교묘하게 감춘다.

그러나 아들러는 "허영심이 강한 사람은 무슨 일에서든지 '이것이 나에게 어떤 이익을 가져다줄까?' 이런 관점에서 벗어나지 못한다"고 말한다.

그렇다면 인류에 공헌한 위대한 업적들은 허영심의 산물에 지나지 않는 것인가? 세계를 변혁하고 평가받기를 바라는 욕구 뒤에 숨겨진 참된 동기는 자신의 권력을 확장하려는 욕구인가?

아들러는 이 의문을 부정한다. 진짜 천재에게는 허영심을 찾아볼 수 없다. 어떤 위업이든지 허영심으로 이룬 것은 그 가치를 잃어버린다. 진실로 인류의 복지에 기여하는 뛰어난 업적을 이루려면 허영심과는 서로 어긋나는 공동체 감각이 그 동기가 되어야 한다. 누구나 얼마간 허영심을 가지고 있지만, 건전한 사람은 그것을 사회에 기여하는 쪽으로 서서히 바꾸어가기 때문이다.

허영심이 강한 사람은 처음부터 사회적 요구에 쉽게 굴복하지 못한다. 오로지 지위와 신분 상승을 추구하며 목표를 이루려 하기 때문에 사회와 가족에 대해 져야 할 마땅한 의무를 아무렇지 않게 여긴다. 그 결과 혼자만 남게 되고 인간관계도 빈약해진다. 그러나 자기중심적인 사고에 익숙해져서 그러한 자신의 처지도 다른 사람의 탓으로 돌리고 만다.

사회생활에는 개인이 반드시 지켜야 할 법과 원칙이 있다. 정신적으로나 육체적으로나 인간은 혼자서는 살아갈 수 없다. 다윈이 지적했듯이 약한 동물은 결코 혼자 살아가지 않는다.

아들러는 "인간이 습득하는 심리적 기능 가운데에서 '사회에 대한 적응력'이 가장 중요하다"고 주장한다. 겉으로는 많은 업적을 이루었다 하더라도 더 중요한 사회에 대한 적응력이 없다면 스스로를 가치 없는 인간이라고 느낄 테고, 주변에서도 그렇게 판단할 것이다. 아들러는 이러한 인간은 볼 것도 없이 사회의 적이라고 말한다.

목표가 인간을 움직인다

아들러 심리학의 핵심이 되는 생각은 '개인은 언제나 목표를 향해 노력한다'는 것이다. 프로이트가 인간행동의 원인을 과거에 일어난 일에서 찾아낸 데 반해, 아들러는 목적론적인 견해를 밝혔다. 즉 의식하든 않든 인간은 목표에 따라서 움직인다고 생각했다.

이기적인 목표든 사회적인 목표든 목적이 있는 사람은 마음에 활기가 넘치고 목표를 이루기 위해 끊임없이 노력한다. 현재의 자신은 어떤 사람이고 미래에는 어떤 사람이 되고 싶은지 자신이 쓴 이야기에 따라 살아간다. 사실에 바탕을 두고 있다고 단정할 수는 없지만, 이 이야기 덕분에 언제나 목표를 향해 씩씩하게 나아가는 것이다.

아들러는 인간의 마음이 잘 깨지지도 변하지도 않는 이유는 바로 이 목표 지향성 때문이라고 말한다.

"자기를 알고 자기를 바꾸는 것이 인간에게는 가장 어려운 일이다."

바로 이 때문에 개인적인 욕구와 사회적인 통념의 균형을 유지할 필요가 있다.

진실로 원인을 찾는 것만이 심리학

어린아이가 갑자기 울음을 터뜨린다. 아무리 지나도 울음을 그치지 않는
다. 이럴 때 아이가 울음을 멈추지 않는 이유를 아이의 기질이나 심리에서 찾
아봤자, 또 더 나아가 유전까지 들먹이며 자기 아버지와 똑같다고 말해 봤자
아무런 소용이 없다. 이러한 '심리학적 시도(ces essais de psychologie)'는 바늘을 발
견할 때까지 이어진다. 프랑스 철학자 알랭은 말한다. 이 바늘이야말로 모든
'진짜 원인(cause réelle)'이라고.(《행복론》)

아이가 바늘 때문에 우는 거라면, 바늘만 없애주면 아이는 곧 울음을 그
칠 것이다. 이 경우, 바늘에 의한 아픔(원인)과 울음(결과) 사이의 인과 관계는
직접적이며, 원인만 없애면 대부분의 아이는 곧 울음을 그칠 것이다.

그러나 바늘을 없애면 해결되는 문제만 있는 것은 아니다. 신경증으로 상
담을 받으러 온 사람은 언제부터 그런 증상이 시작되었느냐는 질문에 발병
원인이 된 사건을 이야기할지도 모른다. 그것이 지금 앓고 있는 신경증의 원
인이라고 생각하기 때문이다. 그러나 그것을 바늘처럼 없앨 수는, 즉 시간을
거슬러 올라가 없었던 일로 할 수는 없다. 과거로 돌아가기란 불가능하기 때
문이다. 게다가 아이에게 아픔을 주는 바늘과는 달라서, 지나간 경험과 오늘
의 문제 사이에는 인과 관계가 없을 수도 있다. 똑같은 것을 겪어도 모든 사
람이 똑같이 되지는 않기 때문이다.

한편, 지금의 문제를 앞에 두고 기질이나 유전을 염두에 두는 '심리학적 시
도'를 해보아도 소용없다. 이는 현재 상태를 설명하는 시도이지만, 현재 상태
가 바뀌지 않으리라는 것을 전제로 하기 때문이다. 그럼에도 과거의 경험이
'진짜 원인'인 바늘인 것처럼 보거나 문제를 처음부터 끝까지 사후적으로 설
명하는 것은 심리학의 과제가 아니다. 필요한 것은 '진짜 원인'을 찾는 일이다.
그러나 탐구의 방향성을 그르치면 효과 없는 '심리학적 시도'가 된다.

아들러는 얼마나 펄쩍 뛰어오르는가를 보기 위해 아이를 핀으로 찌르거나,

얼마나 웃는지를 보겠다고 간질이는 것은 심리학이 아니라고 말한다. 아들러는 '트라우마나 충격을 주는 체험'의 영향을 더듬어보는 것, 또 유전된 능력을 음미하고 그것이 얼마나 발달했는가를 관찰하는 것은 생리학이나 생물학의 주제이지 심리학의 주제는 아니라고 말한다.

그렇다면 아들러에게는 무엇이 주제이고, 무엇이 우는 아이의 '바늘'이란 말인가? 대체 무엇을 찾는다는 것일까? 그것은 인간이 자신의 경험, 이 세상이나 인생, 또 자신을 어떻게 규정하느냐이다. 자기 자신이나 세상에 대한 규정의 총체가 생활 양식이다.

인간은 이 생활 양식에 기초해서 어떤 목적을 세우고 그것을 이루려고 하지만 그렇게 하기 위해서는 어떤 행동을 하는가, 그 행동이 목적을 이루는 데 이바지하는가, 또는 근본적으로 그 목적 자체, 더 나아가서는 그 목적이 의거하는 세상과 인생에 대한 규정이 잘못되어 있느냐 아니냐를 살펴보는 것이다. 그리하여 아들러는 알랭이 말하는 바늘에 해당하는 '진짜 원인'으로서, 어디로 향하고 있는가, 즉 '목적'이나 '목표'를 발견하려고 한다.

아이가 울음을 그치지 않는 원인으로 바늘만 찾아서는 부족하다. 그러나 사람의 말과 행동의 진짜 원인을 알기 위해서는 발상의 전환이 필요하다. 플라톤은 사형선고를 받은 소크라테스가 탈옥하지 않고 얌전히 앉아 있는 것은 신체 조건에 근거해서 설명할 수 있지만, 복역을 선이라고 생각하지 않았다면 진작 외국으로 달아났을 거라고 소크라테스에게 말하게 했다. 감옥에서 순순히 형을 받는 것을 선이라고 판단하는 것이 '진짜 의미에서의 원인'(《파이돈 *Phaidon*》 플라톤)이라고 생각했다.

아리스토텔레스는 조각을 예로 들어 원인을 다음의 네 가지로 구별했다. (《자연학 *Physica*》). 청동, 점토 등의 '질료인'(무엇으로 되어 있는가), '형상인'(무엇인가, 무엇을 만들려고 하는가 하는 이미지), '작용인'(움직임이 일어나는 시작점), '목적인'(무엇을 위해)이다. 소재가 있고 조각가(작용인)가 무엇을 파느냐 하는 이미지(형상인)를 갖고 있어도, 그것을 조각하는 목적이 없다면 조각은 존재하지 않는다.

아들러가 말하는 목적이나 목표는 아리스토텔레스가 말하는 이 네 가지 원인 가운데 '목적인'이고, 플라톤이 말하는 '진짜 의미에서의 원인'이다. 알랭이 인용한 어린아이를 울게 만든 바늘은 작용인에 해당한다.

알랭은 울음을 그치지 않는 아이의 이야기에 이어서 알렉산드로스 대왕에게 바쳐진 명마 부케팔로스의 이야기를 인용한다. 부케팔로스는 처음에는 어떤 조련사도 올라탈 수 없었다. 보통 사람이라면 부케팔로스를 못된 말이라고 이야기하고 말았겠지만, 알렉산드로스는 '바늘'을 찾아냈다. 부케팔로스가 자기 그림자에 겁

알랭(1868~1951)
"아이가 바늘때문에 우는 것이라면, 바늘만 빼주면 곧 울음을 그칠 것이다." 알랭은 그의 명저 《행복론》(1925)에서 '진실한 원인'을 찾는 것이 심리학적 시도라고 말한다.

을 먹었다는 사실, 겁을 먹어서 날뛰면 그림자도 날뛰어서 더욱 겁을 먹게 되었음을 알아낸 것이다. 아들러라면 부케팔로스가 뭔지 알 수 없는 그림자로부터 달아나기 위해 날뛴다는 식으로, 부케팔로스가 겁먹고 날뛰는 행동의 목적을 알아챘을 것이다.

알렉산드로스는 부케팔로스의 코를 해가 비치는 쪽으로 고정시켰다. 그렇게 해서 말을 안심시키고, 멈추게 할 수 있었다. 부케팔로스는 자기가 왜 날뛰었는지 알고 있지 않았다. 필요한 것은 그저 이 말의 성질을 분석하거나 과거에 있었던 일을 조사하는 게 아니라, 자기에게는 보이지 않는 자신의 위치,

어디를 보고 있는가를 알아내는 일이었다. 이렇게 하는 것만이 문제 해결을 위한 변화를 일으킨다.

모두 함께 공동체 감각

아들러는 여러 분야에 걸쳐서 유전 등에 따른 결정론을 배척하고, 공동체 감각을 기르기 위한 학교 교육의 중요성을 강조한다. 인간은 같은 세계에서 살고 있는 게 아니라 인생을 저마다 독자적인 방식으로 규정하며 살고 있다. 아들러는 개인이, 더 나아가서는 인류가 행복하게 살아갈 수 있게 하는 하나의, 그리고 가장 중요한 의미를 공동체 감각에서 찾았다.

그 의미는 이 책에 여러 번 자세하게 나온다. 이 세상은 위험한 곳이 아니다. 타인은 적이 아니라 동료(Mitmenschen)이고, 이러한 타인과 관계를 맺음으로써 자신의 생존 근거를 동료인 타인으로부터 얻을 수 있다고 보는 것이다. 또한 타인으로부터 받기만 하는 게 아니라, 자신도 타인에게 공헌하고 싶다. 그렇게 함으로써 자신이 타인에게 도움이 된다고 느낄 수 있다면, 대인 관계를 내실로 하는 인생 과제에 맞설 수 있다고 생각한다.

그런데 타인을 적으로밖에 보지 못하는 사람은 타인에게 이바지하려 하지 않으므로 공헌감을 가질 수 없다. 그 때문에 자신감을 가질 수 없어서 타인으로부터 독립해 살아가면서 피해 갈 수 없는 인생 과제에서 멀어지게 된다.

게다가 인생 과제를 앞에 두고 그저 망설이는 게 아니라 신경증을 인생 과제에 맞닥뜨릴 수 없는 구실로 삼는다고 아들러는 생각한다. 신경증이 아니더라도 과거에 겪은 사건을 끄집어내어, 그런 일이 있었으니 이런저런 일을 못하는 것도 어쩔 수 없다는 식의, 자신과 다른 사람 모두 이해할 만한 이유를 찾는다. 자칫 잘못하면 거의 무의식에 빠뜨리는 함정이라고 해도 좋을 정도이다.

이러한 인생 과제를 회피하려는 사람의 관심은 자신에게만 향해 있다. 그래서 치료 또는 예방으로서의 교육은 자신에게만 쏠린 관심(Self Interest)을 타인에게 향하도록 함으로써 이루어진다. 타인에 대한 관심이라는 의미에서의

Social Interest는 공동체 감각의 어원인 Gemeinschaftsgefühl의 영역으로서 아들러가 가장 즐겨 썼던 단어이다.

인간은 어떻게 자신이나 세상을 규정하더라도 상관없지만, 지나치게 사적인 의미를 부여한다면 살아가는 것조차 불가능하다. 타인과 함께 살기 위해서는 그 사적인 의미 부여(Private Sense)를 공동감각(Common Sense)으로 바꿀 필요가 있는데, 공동감각은 이른바 상식이 아니다. 상식이 반드시 옳은 것은 아니다. 많은 사람에게 공통된 생각이라 할지라도 꼭 옳다고는 할 수 없다. 모두가 틀리는 경우도 있을 수 있기 때문이다.

〈깨닫는 노예〉 미켈란젤로. 1523~30.
아리스토텔레스가 대리석상을 예로 들어 4원인을 질료인, 형상인, 작용인(시동인), 목적인이라 했다.

아들러는 우리가 절대 진리를 갖고 있지 않다고 말했지만, 이는 절대 진리가 없음을 뜻하는 것은 아니다. 어떤 규정이 검증되지 않은 채 절대적으로 생각되는 일이 있어서는 안 된다. 진리에 더욱 가까운 공동감각을 발견하려는 끝임없는 노력이 필요하다. 아들러는 그러한 공동감각으로서 공동체 감각을 제창한 것이다.

모든 결정론에 반대

"누구든지 하면 된다"가 아들러의 신조였다. 미국에서는 이 낙관주의가 열렬히 환영받았다. 그러나 나중에 아들러는 자신의 이 신조를 글자 그대로 이해해서는 안 되고, 문제아를 대하는 교육자와 치료자들에게 낙관주의를 심어주려 했을 뿐이라고 변명해야 했다. 아들러의 참뜻은 다음에 있다. 교육에서 가장 커다란 문제는 아이가 자신에게 한계가 있다고 생각함으로써 일어난다. 아이가 이런 잘못된 인생 규정에 의해 자신에게 만들어놓은 제한을 없애주어야 한다. 자기중심적인 공명심, 허영심, 개인적인 우월성의 추구도 아니고, 끊임없이 타인에게 공헌하며 살아야 할 사람에게 자질이나 환경이 전진을 가로막는 것도 아니고, 아들러의 용어를 빌리자면 '운명'도 아니다. 중요한 것은 인생 과제 앞에서 유전이나 환경 등의 온갖 이유를 들어 과제에 도전하기를 망설이는 것이다.

결정론이 환영받는 이유

원래 스스로 결정할 수 있다는 것은 기쁜 일이지만, 일반적인 결정론이 환영받는다. 그 이유는 명백하다. 책임을 회피할 수 있기 때문이다. 당신이 나쁜 게 아니라고 해도, 성격은 바꿀 수 없다고 해도, 과거의 체험이 현재 문제의 원인이라고 해도 절망할 뿐 아닌가? 아들러는 그런 말은 하지 않는다. 알렉산드로스가 부케팔로스의 몸을 돌려세웠듯이, 앞으로 어디를 향해야 좋은가 하는 것만을 문제로 삼는다.

치료자에게도 같은 태도가 보인다. 딸 알렉산드라가 이런 이야기를 들려주었다. 통합실조증에 걸린 소녀를 진찰하며 아버지를 불렀다. 주치의는 아들러 앞에서, 걱정하고 있는 부모 앞에서, "회복할 가망은 없습니다"라고 말했다. 아들러는 곧 동료 의사에게 물었다. "어떻게 그렇게 단정할 수 있나? 앞으로 무슨 일이 일어날지 어떻게 아나?"《알프레트 아들러 : 우리가 그를 기억할 때》)

범죄자로 태어나는 사람은 없다

어떤 의미에서도 결정론을 지지하지 않는 아들러는 범죄자로 태어나는 사람은 없다고 생각했으며, 어떤 범죄자도 갱생할 수 있다고 믿었다. 처벌만으로는 유효하지 않다. 그것은 범죄자에게는 도전으로만 받아들여질 뿐이다. 사형조차도, 범죄자가 그것을 두려워할 거라고 생각해서는 안 된다. 범죄자는 어떻게 하면 들키지 않을까만 생각한다. 거의 게임으로 여긴다.

어느 날 한 남자가 아들러를 찾아와서는, 강도죄로 복역 중에 교도소 도서관에서 아들러의 책을 읽었는데 석방되면 꼭 찾아가겠다고 생각했었다고 털

부케팔로스를 다루는 알렉산드로스
알렉산드로스는 날뛰는 부케팔로스에게 달려들어 고삐를 잡아챘다.

어놓았다. 그는 정원사로 임시로 고용되어 일하다가 나중에는 어엿한 정원사가 되었는데, 고용된 지 얼마 안 되었을 때 나무를 사러 묘목상에 갔다가 아들러가 준 돈으로 살 수 있는 것보다 훨씬 많은 나무를 가지고 돌아왔다. 아들러는 그 정원사에게 부당하게 가지고 온 나무를 돌려주라고 했다. 아들러는 말했다. "나는 그가 정직한지 아닌지를 그런 식으로 시험한 것이다."《알프레트 아들러 : 우리가 그를 기억할 때》 아들러의 이러한 태도가 정원사에게 영향을 주지 않았을 리가 없으리라. 범죄자의 갱생에 필요한 것은 벌이 아니라 공동체 감각의 육성, 즉 타인은 동료이며, 그러한 동료에게 협력하고 공헌해야 한다는 것을 가르치는 일이다. 처벌은 타인이나 사회가 적대적이라 협력

따위는 할 수 없다는 확신을 심어줄 뿐이다.

전체론

이 결정론에 대한 논의의 연장선상에서, 아들러가 말하는 전체론을 살펴보고자 한다. 아들러가 창시한 개인심리학은 나눌 수 없는 전체로서의 인간을 연구하는 것이다. 오늘날 뇌 연구자들은 뭐든지 뇌와 연관 지어 해명하려는 경향이 있다. 아들러도 오늘날 살아 있었다면 뇌 연구에 관심을 보였겠지만, 뇌는 마음의 도구이지 기원(起源)이 아니라고 생각하는 아들러의 접근은 그들과는 전혀 달랐다.

어느 날, 뇌와 마음이 어떤 차이가 있느냐는 질문을 받고 아들러는 이렇게 대답했다. "뇌는 도구이고 마음은 생명의 부분이다."《알프레트 아들러 : 우리가 그를 기억할 때》

엄밀히 말하면 전체로서의 생명(나)은 마음과 신체로 이루어져 있지만, 그것들은 부분이 아니다. 아들러 개인심리학의 '개인(individual)'은 나눌 수 없는 것이고, 개인심리학은 분할할 수 없는 전체로서의 개인을 다루는 심리학이라는 의미이다. 아들러는 마음은 생명의 과정이라고 설명했는데《삶의 의미》, 신체도 생명의 과정이다. 이 책에서는 모두 생명의 표현이라고 되어 있다. 이렇듯 마음과 신체는 함께 같은 생의 과정, 표현이므로 마음은 신체에, 신체는 마음에 영향을 미친다. 단, 플라톤의 논의를 채용한다면 신체는 질료인이며, 신체가 없으면 마음은 작용할 수 없지만 '참된 의미에서의 원인'은 아니다.

예를 들면 신체로서의 손이 마비되거나 묶여 있으면 손을 움직일 수 없다. 뇌에 어떤 장애가 있는 경우에도 손이 마음대로 움직여지지 않는다. 그러나 뇌(신체)가 마음을 지배하는 것은 아니다. 전체로서의 내가 손을 움직이려고 생각한다. 마음은 운동의 목표를 정하고 무엇을 위해 손을 움직이는가를 판단하며, 뇌는 이런 마음의 도구이다. 뇌(신체)는 마음의 기원이 아니며, 뇌(신체)가 마음을 다스리는 것도 아니다.

마음은 생명의 전체가 잘못된 추구 노력을 할 때 쉽게 균형을 잃는다. 지나치게 완벽을 추구하고 실패를 두려워할 때, 그리고 실제로 뭔가에 실패했을 때 강한 열등감이 생긴다. 이때 눈앞의 과제로부터 물러나기 시작하며, 신체적 또는 정신적인 쇼크 증상이 나타나면 그로써 확실하게 뒤로 물러나게 된다.

신체 상태도 마음의 과정에 영향을 미친다. 선천적인 신체 상태가 가장 큰 영향을 준다. 이것이 아들러가 말하는 기관열등성이다. 그러나 그 영향은 결정적이고 고정적인 것이 아니다. '창조력', 즉 자유의지가 작용하기 때문이다.

더없이 민주적인 아들러 심리학

개인의 권력 지향성과 공동체 감각이라는 두 힘의 관계가 개인의 성격 형성에 중요하다고 주장했던 아들러는 이를 이해함으로써 성격을 의식적으로 고칠 수 있다는 주장도 펼쳤다.

이 책에서 소개하는 실존 인물들의 일화에 자신의 모습을 비춰보는 독자도 있을 것이다. 과거의 꿈 따위는 잊어버리고 가족과 사회의 보호를 받으며 평온한 삶을 살아가는 사람이든지, '세상의 지배자'가 된 듯이 사회 관습을 무시하고 제멋대로 살아가려는 사람이든지 균형을 잃어버린 채 끝내 자신의 가능성을 좁히고 말 뿐이다.

《인간 본성에 대한 이해》에는 심리학보다는 철학에 가까운 글이 많다. 인간의 성격에 대해 일반화한 많은 글들은 모두가 일화에 바탕을 두었을 뿐, 이를 증명할 수는 없다. 이렇듯 과학적인 반증이 없다는 이유 때문에 아들러의 저서가 비평을 받기도 한다.

그러나 열등 콤플렉스를 비롯해 아들러 심리학의 여러 개념들은 이제 일상용어처럼 쓰이고 있다.

프로이트와 아들러는 둘 모두 연구 목표를 뚜렷이 설정했지만, 사회주의적 성향이 강했던 아들러는 매우 탄탄한 목표를 세웠다. 유아기의 경험이 자라면서 그 사람의 인생에 미치는 영향을 구체적으로 설명하고, 이것을 사회 전체의 이익에 보탬이 되도록 하려고 했다.

문화적인 엘리트주의를 표방했던 프로이트와는 달리, 아들러는 무지가 가져다주는 폐해를 생각한다면 심리학자만이 아니라 모든 사람이 인간성에 대해 이해하려고 노력해야 한다는 신념을 갖고 있었다.

심리학에 대한 더없이 민주적인 접근 방식으로 탄생한 것이 바로《인간 본성에 대한 이해》이다. 빈 시민대학에서 1년 동안 강의한 내용을 정리한 이 책은 누가 읽더라도 이해하기 쉽도록 만들었다.

너와 나 '모두'의 삶을 위한 아들러 심리학

알프레트 아들러는 1870년 2월 7일 오스트리아 빈 서쪽에 있는 루돌프스하임(지금의 루돌프스하임-퓐프하우스)에서 태어났다. 7형제 가운데 둘째로 5세 때 폐렴을 심하게 앓고 남동생의 죽음을 목격한 뒤 의사가 되기로 결심했다. 빈대학교에서 의학을 공부하고 1895년에 졸업하여 의사 면허를 취득했다.

아들러는 영향력 있는 개인심리학 체계를 세웠으며, 열등감이라는 용어를 도입했다. 이것은 후에 때때로 열등 콤플렉스라고 부정확하게 불렸다. 그는 열등감에 의해 감정적으로 무능해진 사람들을 성숙하고 상식적이며 사회적으로 유능한 방향으로 인도하는 유연한 지지적 심리 치료법을 개발했다. 일생을 통해서 그는 사회적 문제를 강하게 인식하고 있었고, 이것은 연구를 위한 주요 동기로 작용했다.

그는 1898년 재봉사의 건강 상태와 노동 조건에 대한 의학논문을 발표하고, 그 이듬해 지크문트 프로이트와 처음으로 만났다. 1911년까지 빈 정신분석협회 일을 담당하다가 이듬해 갈라서서 8명의 동료와 함께 개인심리학협회를 창설했다. 이 시기 저작으로는 뒷날 큰 반향을 일으킨《신경증적 기질 *The Neurotic Constitution*》이 있다.

제1차 세계대전이 터지면서 연구 활동을 일시적으로 중단하고 육군병원에서 의사로 근무하는데, 이때의 경험으로 반전 성향이 더욱 확고해졌다.

전쟁이 끝난 뒤인 1921년 빈에 어린이의 정신위생을 전문으로 하는 최초의 진료소를 개설, 이를 계기로 빈을 중심으로 다른 지역에도 진료소가 개설된다. 아동 교육을 사회적 가치를 영속시키는 데 필수적인 것으로 보았던 그는 지칠줄 모르고 건전한 아동지도에 헌신했고, 그의 진료소에서는 관심 있는 관찰자들 앞에서 아동·부모·교사 등이 상담을 받았다.

1932년 (아들러가 유대인이라는 이유로) 정부가 진료소를 폐쇄하자, 미국으로 이주해 롱아일랜드의과대학에 교수로 취임했다. 1927년 이후 컬럼비아대학교 객원교수를 역임하고 유럽과 미국에서 실시한 공개강의를 통해 아들러의 명성은 더욱 널리 퍼지게 된다.

아들러가 창시한 개인심리학이 오스트리아를 넘어 국제적으로 인정받게 되자,

제1차 세계대전(1914) 참호 속의 독일군 병사들
아들러는 제1차 세계대전이 일어나자, 군의관으로 육군병원 신경정신과에 소속되어 신경증으로 입원하는 병사들을 다루면서 병사들의 '공동체 감각', 즉 다른 사람을 동료로 본다는 의식을 이끌어낸다.

치료 말고도 강연과 대학 강의까지 영어로 하게 되었다. 미국에서 강연을 시작했을 무렵에는 강연 횟수가 많지 않았지만, 이윽고 하루에 수차례의 강연을 하게 되었고 강연은 언제나 호평을 받았다. 아들러의 강연을 기록한 영상을 보면 아들러의 영어는 강한 빈 사투리가 섞여 있음에도 유창하다고 생각되지만, 작가이자 아들러의 전기를 쓴 필리스 보톰에 따르면 아들러의 강연은 잘 이해하지 못하는 사람은 없었지만 의식해서 듣지 않으면 안 되었다고

한다.(《알프레트 아들러 : 인생의 초상화 *Alfred Adler : A Portrait From Life*》 필리스 보틈) 그래서 이런 것에 익숙하지 않은 사람들이나 아들러에게 반감을 갖고 있는 사람들은 아들러의 영어가 이해하기 어렵다고 하면서, 그런 점을 아들러를 인정하지 않는 구실로 삼기도 했다.

아들러는 저서를 영어로도 쓰게 되었다. 쓰기는 보통 말하기보다 훨씬 어렵다. 이윽고 영어로 즉문즉답이 가능하게 된 아들러이지만, 쓰기에서는 만년에 배운 아들러의 영어가 스타일도 없고 체계적이지도 않다는 지적을 받았다. 활자로는 명료함이나 정확함이 결여된 문체라는 한계는 있을 것이다. 말은 악센트, 억양, 제스처, 웃음에 의해 의미가 보충되지만, 활자는 그런 것들을 절대로 전달하지 않는다. 듣고 있을 때는 잘 이해되었던 것이 문자로는 의미를 잘 알 수 없는 경우가 있을 것이다. 쓰기는 말한 것을 단순히 문자로 옮기는 것 이상의 행위이며, 쓰기에 익숙해지려면 훈련이 필요하다.

아들러와 빈 정신분석협회에서 함께 연구하다가 나중에 헤어진 프로이트는 괴테상(Goethe-Preis)을 수상할 만큼 훌륭한 작가였던 데 비해, 아들러는 치료나 소모임에서 강의하기를 좋아하고, 남은 인쇄물에는 그다지 집착이나 관심이 없었다고 한다. 그렇다면 아들러는 그리스의 철학자 소크라테스처럼 저서를 하나도 남기지 않을 수도 있었다. 그러나 실제로는 꽤 많은 저서를 남겼다.

특히 1930년 이후, 아들러의 저서는 '폭죽이 폭발하는 속도'로 출간되었다(《자아를 향한 추진력 : 알프레트 아들러와 개인심리학의 창시 *The Drive For Self : Alfred Adler And The Founding Of Individual Psychology*》 에드워드 호프만) 그는 저서를 계속 펴내는 것이 자신의 사상을 일반에 알리기 위한 효과적인 방법이라고 확신했던 것 같다. 독일어로 쓴 것을 나중에 영어로 옮겨서 펴내는 방법도 있지만, 아들러는 자신의 사상을 알리기 위해 처음부터 영어로 펴냈다. 앞에서도 보았듯이, 아들러의 영어는 말로는 그럭저럭 이해할 수 있지만, 그대로 인쇄할 수 있을 정도는 아니었다고 한다.[하퍼 앤드 로(Harper & Row)에서 출간된 《신경증 문제》에 실린 하인츠 안스바허의 소개글] 그래서 아들러의 저서

빈 강연 제1차 세계대전이 끝난 뒤 아들러는 빈에서 열정적인 사회비평가로 활동하였다.

가운데 대부분은 강의 노트에 기초한 것이거나 강연 기록을 바탕으로 편집자가 정리한 것이다. 단, 아들러는 편집자에게 모두 일을 맡긴 게 아니라 수정된 원고를 스스로도 검토했다.

이렇게 해서 출판된 영어로 된 저서는 독일어로 된 저서와 얼핏 꽤 다른 인상을 준다. 영어 저서는 비유하자면 흑백 사진 같다. 그 흑백 사진에서는 컬러 사진과 달리 색깔이 아니라 형태나 구도에 주의가 향하듯이, 문체나 미묘한 표현을 없앤 내용 그 자체가 직접적으로 독자의 의식으로 날아드는 듯이 보인다. 그러나 이 점이 아들러가 독일어로라면 어렵게 썼으리라는 것을 뜻하지는 않는다.

아들러는 '모두'를 위한 심리학에 애썼다. 한번은 아들러가 뉴욕의 의사회로부터 정신과 치료용으로 아들러의 가르침만을 채용하고 싶은데 그것을 의사들에게만 가르치고 다른 사람들에게는 가르치지 않겠다는 조건을 제시받았다. 아들러는 이 제안을 다음과 같은 말로 거절했다. "나의 심리학은 (전문가들만의 것이 아니라) 모든 사람의 것이다."《알프레트 아들러 : 우리가 그를 기억할 때》 그런 까닭에 아들러는 전문용어를 최대한 쓰지 않았다. 전문용어를 쓰지 않았기 때문에 아들러의 저서는 읽기 쉽다.

이렇듯 평생 인간의 긍정성을 강조한 심리학 연구에 몰두했던 아들러는 1937년 5월 28일 유럽 강연 여행 도중에 스코틀랜드 애버딘에서 심장발작을 일으켜, 1897년에 결혼한 아내 라이샤(Raissa Epstein)와 4명의 아이들을 남기고 세상을 떠났다.

아들러 심리학, 인간의 존엄성을 되찾다

1937년 아들러가 심장발작으로 돌연 세상을 떠났을 때, 그는 성공을 이루어온 세상으로부터 많은 강력한 지지자를 얻은 뒤였다. 처음에는 고향 오스트리아에서만 그러했지만 이윽고 유럽, 북아메리카, 그 밖에 지역에서도 지지자를 모았다. 아들러는 카리스마가 있었으며 열정적으로 강연을 이어나갔다. 또한 호의적인 자애로 가득한 태도였기에 건강한 인격 발달에 대한 생각을 처음에는 반대하던 많은 전문가들까지도 그의 편으로 만들었다.

알프레트 아들러는 사회이론가로서 또 개인심리학의 창시자로서만이 아니라 부모로서 치료자로서 때로는 교사나 강사, 친구로서 많은 사람에게 영향을 주었다. 그는 자신의 일을 그 시대 일반 사회나 정치적 사건에서 독립시키지 않고 안락의자에 앉아서 관념만을 추구하는 지식층(인텔리)과는 정반대의 존재였다. 아들러는 자신이 지적 엘리트에는 속하지 않고 보통 사람들의 일원이라고 생각했다. 그렇기에 철학적, 심리학적, 사회학적 이론이나 개념을 몇 개나 확립하고 자세히 풀어냈는데도 모든 사람이 이해할 수 있도록 늘 쉬운 말을 사용하려고 노력했다.

아들러의 이론에서 매우 중요한 개념인 공동체 감각은 곧 사람이 자신의 존재를 인류의 일부로 느끼고 인류와 함께 살고 있다고 실감하는 감각이다. 그는 이러한 공동체 감각을 갖는 일이 인류를 구하는 오로지 하나의 방법이며, 한 사람 한 사람의 정신 상태가 건전한지 아닌지를 판정하는 수단이라고 생각했다. 또한 인간이 행복해지기 위한 참된 해결법으로 공동체 감각을

알프레트 아들러의 무덤 빈

증진하는 사회 제도를 만들어내야 한다고 거듭 강조했다. 그렇게 생각했기에 각 개인뿐만 아니라 가족, 공동체, 국가, 더 나아가 궁극적으로는 온 세계를 이롭게 하는 심리학적인 원칙의 발견을 커다란 목표로 삼았고 그러한 삶을 실천해 왔다. 그가 이 공동체 감각과 같은 인식과 발상을 심리학에 도입한 덕분에 인간은 다시 사람으로서 존엄성을 되찾을 수 있었다고 근대 심리학자 사이에서는 평가되고 있다. 아들러는 사람이 스스로 창출해 낸 '목적'이야말로 그 사람의 성격과 기질을 만드는 결정적 영향력이라는 것을 세상에 선언함으로써 심리학을 한 번 더 우리에게 되찾아준 것이다.

아들러는 언제나 자기의 심리학적 지식을 넓은 의미에서 보다 좋은 사회를 표현하기 위해 쓰고자 했다. 아들러는 자신이 가진 모든 에너지와 지식, 그리고 창조력을 구사하여 이 목적을 위해 끊임없이 노력해 왔다. 오늘날 우리는 탄생 순위, 가족 역동, 유아 상담, 생활 양식, 건강한 인격의 발달(사랑, 친밀, 결혼, 육아, 직업 계획, 성공, 건강한 신체를 포함)에 대한 아들러의 가르침에 깊이 공감하고 있다. 아들러 심리학은 인간의 행복과 조화를 이루는 삶에 관심이 많은 모든 사람들에게 역사적인 기회를 제공하고 있는 것이다.

삶을 더욱 풍요롭게, 아들러 심리학

그 소작농 집안의 여섯 사람은 살아 있는 듯한, 그러면서도 무언가 살피는 표정으로 이 그림을 바라보는 우리를 빤히 쳐다본다. 작은 탁자는 소박한 천으로 덮었고 나란히 앉아 있는 젊은 어머니와 아버지는 거친 천으로 만든 두꺼운 옷을 입고 있다. 모자를 쓰고 있는 걸 보니 이 그림은 겨울 풍경일지도 모른다. 어머니 뒤로는 어린아이 둘이 보인다. 보닛을 쓴 무뚝뚝한 표정의 여자아이는 어머니 바로 옆에 딱 붙어 있다. 한편 맨발의 남동생은 만족스런 표정으로 바닥에 앉아 있다. 남자아이의 발치에는 큰 국자와 찌그러진 버드나무 바구니가 있으며 곁에 있는 냄비 뚜껑 옆에서 잿빛과 흰색 줄무늬 아기 고양이가 이쪽을 보고 있다.

수염을 기른 아버지 옆에는 입술을 오므리고 나무 피리를 부는 소년이 서 있다. 그 소년도 맨발이다. 정신없이 피리를 부는지 그 소년은 옆에 앉아 있는 할머니를 바라보고 있다. 마치 할머니가 연주를 어떻게 듣는지 살피는 것만 같다. 할머니는 다른 사람들보다 훨씬 나이가 많은데도 불구하고 허리를 쭉 펴고 맑은 눈빛으로 포도주가 담긴 잔을 들고 있다. 무릎 위에 큰 물병을 올려놨다. 방 한구석에는 작은 개 한 마리가 바닥에 앉아 있는 남자아이를 경계하는 듯한 눈빛으로 바라본다.

이 그림 속 사람들은 그다지 기분이 좋아 보이지 않는다. 하지만 슬픔에 빠진 것도 고통스러워하는 것도 아니다. 화를 내는 사람도 없으며 두려움에 벌벌 떠는 사람, 고독으로 괴로워하는 사람도 없다. 이 그림에서는 침착함과 위엄이 흘러나온다고 말할 수 있다. 17세기 프랑스 시골 마을의 생활이 어떤 상황이었는지는 모르지만 가족들은 이 순간 마음이 하나가 되었다.

〈실내에 있는 농부의 가족 *Famille de paysans dans un intérieur*〉이라는 이 그림은 1642년 무렵에 화가 루이 르 냉(Louis Le Nain)이 그렸으며 루브르 미술관에

〈실내에 있는 농부의 가족〉(1642 무렵), 루이 르 르냉. 파리 루브르 박물관 소장.

서 오랫동안 전시한 작품이다. 이 그림은 알프레트 아들러가 가장 좋아하는 그림이다. 사람들 앞에서는 언제나 밝고 온화한 인물이었으며 뛰어난 심리의 재능을 가진 아들러의 마음 깊숙한 곳에 숨어 있는 진정한 성격을 들여다볼 수 있는 귀중한 창문일지도 모른다.

한때는 무명이나 다름없던 알프레트 아들러는 이제 아이들 교육이나 사회 복지 같은 분야의 확립과 발전에 이루 말할 수 없는 영향을 미쳤을 뿐만 아니라 널리 서양 문화에까지 커다란 충격을 안겨준 인물로 꼽힌다. 미국으로 이주한 뒤로는 세상을 위해 독자적인 심리학 체계를 만들고 보급하는 일에 미친 듯이 자신을 채찍질했다.

여기서 말하는 독자적인 체계란 루이 르 냉의 그림 속 여섯 사람처럼 저마다 태어나면서부터 공동체 감각을 지니고 있다는 굳건한 신념을 바탕으로 하는 심리학이다. 9년 동안 함께 지내던 프로이트와 완전히 다른 길을 걸은 아들러 관점에서 보면 인간에게 가장 중요한 감정은 성적(性的)인 충동이 아니라 어린 시절 가진 무력감과 열등감이다. 즉 우리의 인생을 결정하는 것은 성(性)에 대한 감정을 어떻게 처리하느냐가 아니라 우리 저마다가 태어나면서 가지고 있는 무언가를 훌륭히 완수하는 일, 뛰어난 능력을 갖추는 일, 나아가 지배하는 힘을 얻으려는 강한 마음과 욕구를 어떻게 표현하느냐에 있다고 본 것이다. 프랑스인 화가가 그린 어른 셋과 아이 셋은 생물학 요소나 나이와 같은 사회적인 상황이 얽혀 저마다 다른 형태로 자신의 인생을 걸어가면서 이 강한 욕구를 분명하게 만들어간다.

아들러가 이 〈실내에 있는 농부의 가족〉이라는 그림을 좋아한 또 다른 까닭은 그가 평생 먹고 마시는 일, 그리고 방심할 수 없는 사람들과의 교류 같은 생활 속에서 소박한 기쁨을 소중히 했다는 점에 있을지도 모른다. 아들러는 어릴 때부터 친구와 함께 지내기를 좋아했다. 어른이 된 뒤 더욱 그런 경향이 강해졌고 친구들과 함께 빈의 카페에서 심리학이나 사회 개념에 대해 시간 가는 줄 모르고 대화를 나눴다. 앞서 이야기했듯이 프로이트를 중심으로 한 모임에서 자신의 의지로 나온 뒤 얼마 안 되어 아들러는 부모나 교사처럼 아이들과 관련된 사람들을 대상으로 한 낙관적인 심리학 상담을 진행했다. 그리고 이 일이야말로 그 뒤 36년이라는 세월 동안 아들러의 전문 분야가 된다.

아들러는 학자 성향의 어딘가 데면데면한 프로이트와 여러 의미로 대비되는 존재였다. 중년에 들어설 때까지 세계적인 명성을 얻은 아들러는 아이들 교육 기사를 주로 일반 잡지에서 열심히 집필했다. 그리고 유럽뿐만 아니라 미국까지 발을 넓혀 왕성하게 강연을 했다. 실제로 아들러는 제2의 고향 미국에서 행동주의를 주장한 존 브로더스 왓슨(John Broadus Watson)과 함께 현대 심리학을 확립하고 일반인에게 퍼트렸다고 평가를 받았다.

아들러는 67년의 삶 동안 글자 그대로 마지막 순간까지 전문가뿐만 아니라 일반 대중에게도 열심히 자신의 주장이나 생각을 강의했다. 검소하고 조용히 살면서도 왕성하게 강연을 한 이유는 자신이 개인심리학이라 이름을 붙인 생각을 실천하면서 어떤 심리학 이론도, 조직 종교도 해내지 못한 세상을 보다 좋은 곳으로 만드는 일을 할 수 있다고 굳게 믿었기 때문이다. 창시자의 열정적인 낙관주의가 반영되어서인지 아들러의 개인심리학에는 프로이트나 융에게서 볼 수 있는 복잡하고 어두운 분위기의 깊은 숙고의 과정이 거의 없다.

오늘날 우리는 다양한 심리학 이론이나 심리요법을 중시하는 문화 속에서 살고 있다. 그래서 프로이트나 융, 매슬로, 스키너(Burrhus Frederick Skinner)를 시작으로 하는 저명한 학자들이 저마다의 주장을 가지고 인간성을 어떻게 풀어내려 했는지를 한 번 더 찬찬히 생각하고 이해할 필요가 있다. 아들러의 영향은 그 자신이 직접 만나 치료한 몇천 명의 사람들뿐만 아니라 근대 심리학의 온 영역에도 미치고 있다.

그의 대표 저서 《인생방법 심리학》을 포함한 그의 많은 후기 저작들은 일반 독자들을 위한 것이다. 다른 저서로는 《삶의 과학》, 《개인심리학의 실천과 이론 *The Practice and Theory of Individual Psychology*》 등이 있다. 이 책들에서 〈삶의 용기는 어떻게 일어나는가〉 〈삶의 고민을 해결하는 100가지 말〉을 주제로 삶을 고민하는 이들이 즐겁게 읽을 수 있도록 옮긴이가 가려 뽑아 엮었다. 또한 아들러 심리학을 우리의 일상생활에서 어떻게 적용해 삶의 문제들을 헤쳐나갈 것인가를 헤아려 이해하기 쉽도록 풀이하여 엮었다. 그런 이유로 독자는 이 책을 읽는 동안 조금은 중복되는 듯한 느낌을 받을 수도 있다. 그러나 이렇게 여러 관점에서 아들러 심리학을 만남으로써 독자는 이제껏 자신이 고민해 온 문제를 정면으로 마주할 용기를 얻을 수 있으리라. 아들러가 언제나 믿었듯이 심리학적 지식과 통찰력을 활용할 때야말로 우리가 사는 이 세상은 더 좋아질 것이다.

한성자
한국어외국어대학교 일본어과 졸업. 교육학 부전공.
독일 빌레펠트대학교 어학연수교육과정 수료.
A director of HAPPY CHILDREN HOUSE
행복한 어린이집 원장.
지은책《선생님도 수업전략 있어야 성공한다(1. 연구편 2. 실천편 3. 완성편)》

세계사상전집100
Alfred Adler
WHAT LIFE SHOULD MEAN TO YOU
아들러 인생방법 심리학
알프레트 아들러/한성자 옮김
동서문화창업60주년특별출판
1판 1쇄 발행/2017. 5. 5
1판 3쇄 발행/2023. 9. 1
발행인 고윤주
발행처 동서문화사
창업 1956. 12. 12. 등록 16-3799
서울 중구 마른내로 144(쌍림동)
☎ 546-0331~2 Fax. 545-0331
www.dongsuhbook.com

✳

이 책의 출판권은 동서문화사가 소유합니다.
의장권 제호권 편집권은 저작권법에 의해 보호를 받는 출판물이므로
무단전재와 무단복제를 금합니다.
사업자등록번호 211-87-75330
ISBN 978-89-497-1615-2 04080
ISBN 978-89-497-1514-8 (세트)